高等学校交通运输与工程类专业教材建设委员会规划教材

城市轨道交通概论

（第2版）

蒲 琪　钱存元　主 编

孙 章　主 审

人民交通出版社股份有限公司

北 京

内 容 提 要

本书为高等学校交通运输与工程类专业教材建设委员会规划教材之一,内容包括引论、城市轨道交通的分类与制式选择、城市轨道交通工程项目的前期工作、城市轨道交通土建设施系统、城市轨道交通车辆系统、城市轨道交通列车运行自动控制系统、城市轨道交通通信系统、城市轨道交通供电系统、城市轨道交通车站机电设备、城市轨道交通运营管理。

本书可作为高等院校土木工程专业、交通运输专业、交通工程专业城市轨道交通方向教材,同时也可供城市轨道交通设计、施工、运营管理等技术人员培训及学习参考使用。

图书在版编目(CIP)数据

城市轨道交通概论 / 蒲琪,钱存元主编. — 2 版.
— 北京 : 人民交通出版社股份有限公司,2021.8
高等学校交通运输与工程类专业教材建设委员会规划教材
ISBN 978-7-114-17058-4

Ⅰ. ①城⋯　Ⅱ. ①蒲⋯ ②钱⋯　Ⅲ. ①城市铁路—轨道交通—高等学校—教材　Ⅳ. ①U239.5

中国版本图书馆 CIP 数据核字(2021)第 025534 号

Chengshi Guidao Jiaotong Gailun

书　　名:	城市轨道交通概论(第 2 版)
著 作 者:	蒲　琪　钱存元
责任编辑:	钱　堃
责任校对:	刘　芹
责任印制:	张　凯
出版发行:	人民交通出版社股份有限公司
地　　址:	(100011)北京市朝阳区安定门外外馆斜街 3 号
网　　址:	http://www.ccpcl.com.cn
销售电话:	(010)59757973
总 经 销:	人民交通出版社股份有限公司发行部
经　　销:	各地新华书店
印　　刷:	北京虎彩文化传播有限公司
开　　本:	787×1092　1/16
印　　张:	27.75
字　　数:	667 千
版　　次:	2010 年 1 月　第 1 版 2021 年 8 月　第 2 版
印　　次:	2024 年 1 月　第 2 版　第 4 次印刷
书　　号:	ISBN 978-7-114-17058-4
定　　价:	60.00 元

高等学校交通运输与工程类专业(道路、桥梁、隧道与交通工程)教材建设委员会

序

　　我国的交通运输业目前正处在大发展、大建设时期,正在全面、协调地发展综合运输体系。在城市客运交通领域,在"以人为本、公交优先"方针指引下,为了给市民提供安全、便捷、环保、节能的交通工具,各大城市正在加快发展城市轨道交通。以北京、上海为例,目前城市轨道交通的运营里程都已超过了 200 km。由于城市轨道交通具有运能大、速度快、安全准点、节约资源、对环境友好等优点,其深受人民群众的欢迎,已成为广大市民出行的首选。

　　现代城市发展和客流的轨迹是纵向和横向的双向运动。纵向发展的主要标志是市中心区的高层建筑林立及地下结构的深度开发;横向发展的主要标志是城市人口向周边地区扩散,上班时,城市人口向市中心聚集,下班时,城市人口向郊区扩散。聚集和扩散并存构成了当代城市的矛盾运动。而城市轨道交通则是这一矛盾运动的主要载体。

　　回顾 20 世纪的城市交通史,城市交通经历了分别以有轨电车、汽车、地铁和轻轨为主的三个阶段。20 世纪初,有轨电车曾是城市交通的主角;从 30 年代起城市交通逐渐转为主要依靠汽车;从 70 年代开始,出于应对能源危机、减少城市大气污染、缓解道路交通拥堵等原因,地铁和轻轨成为城市公共交通的骨干。有轨电车—汽车—地铁和轻轨,这是个否定之否定过程,呈现出螺旋式上升的态势。

　　2008 年,在北京奥运会开幕前夕,运营区段为北京北站至延庆站的市郊铁路开通,为方便北京市民出行、为国内外游客游览八达岭长城提供了快捷的交通方式,促进了北京市中心城区与西北部远郊区之间的城乡统筹发展;2008 年 9 月 1 日,上海市郊铁路线路浦东铁路开通,上海市郊铁路线路金山铁路也即将开建。铁路部门参与城市轨道交通建设和服务,在大城市远郊线采用大站距、2.5 kV 交流制供电是发展城市轨道交通的一种新思路、新体制。

　　十分可喜的是,在孙章、蒲琪主编的《城市轨道交通概论》一书中,上述新理念、新举措以及新技术(如基于通信的列车控制)都得到了及时的反映和概括。我想,作为一本面向现代化、面向未来的教材,资料新、数据新、理念新是必不可少的,这本教材应该说对此进行了有益的探索。

　　编写教材如何创新,是一个值得研究的问题。除了资料新、数据新、理念新之外,还应该做到体系新。本书将城市轨道交通看作一个大系统,分别就固定设施、移动设施和控制设施三个子系统进行论述,用系统论思想驾驭全书,颇有新意,也是本书的特色之一。

一本优秀教材不仅要反映新理论、新技术，还要对学生进行基本原理、基本方法的熏陶。不仅授人以鱼，更要授人以渔。在本书中，只要一有机会，编者就会介绍学科的基本原理与科学方法，这样做能使学生在接受大量知识的同时不断提高自己的能力，十分可取。

祝愿本书在使用过程中多多吸取广大教师和学生的意见，不断改进，争取成为精品力作。

中国交通运输协会常务副会长　王德荣

2009 年 9 月

第2版前言

在综合交通体系中,城市轨道交通发挥着举足轻重的作用。结合我国的国情,大运量、高效率、省资源、利环保,这些轨道交通的特点,符合建设可持续发展综合交通系统的战略要求。近些年,城市轨道交通的发展在我国取得了举世瞩目的成就,城市轨道交通事业的发展方兴未艾。2019 年 9 月 19 日,《交通强国建设纲要》(中发〔2019〕39 号)的发布,掀开了交通发展新篇章。《交通强国建设纲要》指出,我国交通发展关键突破点之一是发展轨道交通,支撑绿色发展新格局。发展城市和城市群轨道交通,破解交通拥堵的关键,是构建以轨道交通为骨干的综合交通系统,在科学规划的前提下,加大多层次轨道交通建设力度。

本次修编,结构上继承了前版教材的编写思路,稍作调整,以城市轨道交通系统的专业组成为板块进行章节编排,使专业特征更加清晰;内容上对前版教材进行了重新梳理,更新补充了新的专业技术内容,修订了最新的数据资料。

本书共分十章。第一章引论,介绍了城市轨道交通的发展历程和社会功能,回顾了我国城市轨道交通发展概况,介绍了世界五大城市地铁概况。第二章城市轨道交通的分类与制式选择,介绍了城市轨道交通的分类、技术制式及制式选择需要考虑的要素。第三章城市轨道交通工程项目的前期工作,介绍了城市轨道交通工程项目前期工作阶段与审批程序,概述了城市轨道交通线网规划、建设规划、项目工程可行性研究的主要内容。第四章至第十章,主要以组成城市轨道交通系统的专业子系统为单元展开介绍,分别是:第四章城市轨道交通土建设施系统,第五章城市轨道交通车辆系统,第六章城市轨道交通列车运行自动控制系统,第七章城市轨道交通信息通信系统,第八章城市轨道交通供电系统,第九章城市轨道交通车站机电设备,第十章城市轨道交通运营管理。

全书由蒲琪、钱存元主编,由孙章主审。各章的编写人员分别是:第一章由同济大学铁道与城市轨道交通研究院蒲琪、上海申通地铁集团有限公司技术中心王思韬编写;第二章由同济大学铁道与城市轨道交通研究院蒲琪、黄先谨编写;第三章由同济大学交通运输工程学院顾保南编写;第四章由同济大学交通运输工程学院李海锋、许玉德编写;第五章由同济大学铁道与城市轨道交通研究院周劲松编写;第六章由同济大学国家磁浮交通工程技术研究中心虞翊、同济大学电子与信息工程学院徐金祥编写;第七章由同济大学电子与信息工程学院薛小平编写;第八章由同济大学电子与信息工程学院张明锐编写;第九章由同济大学铁道与城市轨道交通研究院钱存元编写;第十章由同济大学铁道与城市轨道交通研究院蒲琪、孙越,城市轨道交通研究杂志社李素莹编写。

我们邀请本书前版的主编、《城市轨道交通研究》杂志主编孙章教授作为本书的主审。从11年前初次出版的精心组织、倾心编著,到今次再版修订的悉心指导,无不浸透着孙章教授的劬劳付出,在此谨向孙章教授深致敬意。

本书标有＊号的内容为选学内容,由学校根据深时情况在教学时灵活选用。

本书的主要编写人员均为原上海铁道学院的教师,谨以此书献给我们记忆深处的母校!

限于编写人员水平,书中难免存在不妥之处,恳请广大读者批评指正。

编　者

2021 年 5 月于同济大学

《城市轨道交通研究》杂志社

第1版前言

在人民交通出版社和同济大学交通运输工程学院的主持下,我们成立了由教授、高级工程师、博士后、博士、硕士组成的产学研、老中青相结合的编写组。

本书共分八章,全书由孙章、蒲琪主编。各章的编写人员分别是:第一章由上海地铁运营有限公司李素莹、同济大学交通运输工程学院孙章编写;第二章由上海申通轨道交通研究咨询有限公司杨耀编写;第三章由同济大学铁道与城市轨道交通研究院李晓龙编写,其中第二节由上海市城市规划设计研究院胡志晖编写;第四章、第五章由同济大学交通运输工程学院顾保南编写;第六章由上海市交通运输和港口管理局张波编写,其中第五节由李晓龙编写;第七章由上海工程技术大学城市轨道交通学院徐金祥编写;第八章由李素莹、同济大学铁道与城市轨道交通研究院蒲琪编写。

书中标注有＊号的内容为选学内容,由各高校根据课时情况在教学时灵活选用。

本书在编写过程中,参考了国内外有关专著、研究报告和文献,也借鉴了在《城市轨道交通研究》杂志上发表的论文,虽然在书末列出了主要参考文献,但挂一漏万,在此,我们对广大作者表示衷心感谢。

中国交通运输协会常务副会长王德荣教授在百忙中为本书作序,谨向他深致敬意。本书的主审——北京城建设计研究总院的沈景炎为本书提出了很多有益的修改意见,在此一并表示谢意。

在本书编写过程中,《城市轨道交通研究》杂志社的柏雅琴、徐雷两位老师协助收集资料和进行图表制作,付出了辛勤劳动。

限于编写人员水平,书中定有不妥之处,恳请广大读者批评指正。

编　者
2009 年 9 月于同济大学
《城市轨道交通研究》杂志社

目录

第一章

引论

随着城市化进程加快、城市规模扩大和居民收入提高,城市人口和外来人员的流动性日益频繁,市内交通需求持续增长。为了适应城市迅速发展的需要,缓解城市交通日益紧张的状况,我国政府加大了对城市轨道交通建设的投入力度,加快发展运能大、污染小的大容量城市轨道交通系统。

《"十三五"现代综合交通运输体系发展规划》(国发〔2017〕11号)指出,要发展引领新型城镇化的城际/城市轨道交通;加强城市交通建设,完善优化超大、特大城市轨道交通网络,推进城区常住人口达300万以上的城市构建城市轨道交通网络;加快建设大城市市域(郊)铁路,有效衔接大中小城市、新城新区和城镇;优化城市内外交通,完善城市交通路网结构,提高路网密度,形成城市快速路、主次干路和支路相互配合的道路网络,打通微循环;推进城市慢行交通设施和公共停车场建设。

现代城市发展的几何轨迹是纵向和横向的双向运动。纵向发展的主要标志,是市中心区的高层建筑林立及地下结构的深度开发;横向发展的主要标志,是城市人口向周边地区扩散,即上班时城市人口向市中心凝聚,下班时城市人口从市中心分散到各个副中心、卫星城。凝聚和扩散并存,构成了当代城市的矛盾运动。客流的集散是这一运动的表现形式,而城市轨道交通则是这一矛盾运动的主要载体。

城市人口猛增仅仅是城市交通需求不断扩大的原因之一。由于社会经济发展和居民收入提高,人们上班、上学、出差、经商、购物、探亲访友、休闲旅游等出行需求越来越强烈。以上海市为例,1986 年 OD 调查(交通起讫点调查)结果显示,每人每天的出行次数为 1.79 人次/(人·日),1995 年 OD 调查结果显示这个指标为 1.95 人次/(人·日),2004 年为 2.21 人次/(人·日),2009 年为2.23 人次/(人·日)。

然而,由于汽车生产的相对无限性与道路建设的相对有限性,人们出行越来越困难,道路交通也越来越拥堵。商务部统计数据显示,2017 年我国汽车销量达 2887.9 万辆,同比增长3%,再创历史新高,连续 9 年居全球第一位。此外,公安部统计数据显示,截至 2017 年底,全国机动车保有量达 3.1 亿辆,其中汽车为 2.17 亿辆;机动车驾驶人达 3.85 亿人,其中汽车驾驶人为 3.42 亿人。2016 年我国千人汽车保有量为 131 辆,千人汽车保有量与人口密度相关,目前国内人口密度与欧洲相当,假设未来我国人口达到 15 亿,参考欧洲国家平均 600 辆/千人的汽车保有量水平,预计我国千人汽车保有量在 400 辆左右,即 15 亿人口对应 6 亿辆汽车保有量。但由于我国人口众多、土地相对短缺,目前大城市交通拥堵已十分严重。一旦我们的经济收入与汽车保有量都达到发达国家水平,如果不独辟蹊径,那时交通拥堵之严重就不堪设想。

2017 年,我国原油消费保持中速增长,全年原油表观消费量为 6.10 亿吨,同比增长6.0%,增速较 2016 年增长 0.5;原油进口量突破 4 亿吨,较 2016 年增长了 10.1%;成品油进口增长 6.4%。在石油消费中,约 60% 的原油用于生产成品油,而 75% 左右的成品油用于交通运输,其中汽车是交通运输业中的用油大户。而城市轨道交通使用的是电能,并非成品油。据统计,小轿车的单位能耗是城市轨道交通的 12 倍。

我国是仅次于美国的世界第二大温室气体排放国,作为发展中国家,2012 年前不必承担《京都议定书》中的减排义务。但进入"后京都时代"以来,温室气体减排压力会不断增加。大约 1/4 的碳排放量来自运输业,汽车运输又占了其中的绝大部分。据统计,汽车的单位碳排放量是城市轨道交通的 26.7 倍。

因此,为了解决大城市的交通难题,必须走资源节约、环境友好的可持续发展之路,坚持"公交优先"的方针,发展以城市轨道交通为骨干、道路公共交通为基础、出租车为补充的大城市公共交通系统,尽可能吸引使用私人交通工具的市民选择公共交通出行。这是 20 世纪世界各国发展城市交通的共同经验,业已成为人们的共识。

城市轨道交通(Urban Rail Transit 或 Urban Mass Transit)是指采用专用轨道导向运行的城市公共客运交通系统,包括地铁系统、轻轨系统、单轨系统、有轨电车、磁浮系统、自动导向轨道系统及市域快速轨道系统[《城市轨道交通技术规范》(GB 50490—2009)]。现代化的城市轨道交通,是一项集多种专业技术于一身的系统工程,在列车自动控制和集中调度指挥下,能够迅速、安全地完成高运量市郊铁路、大运量地铁和中运量轻轨的旅客输送任务。

城市轨道交通推动城市科学发展。

城市轨道交通让城市生活更美好。

第一节　城市轨道交通的发展历程

一、城市交通和城市规模

从城市和交通的发展历史看,城市规模与城市交通工具的技术密切相关,城市的直径一般是当时最快交通工具 1h 走行的距离。美国科学史研究者屈菲尔(J. Trefil)提出:城市的规模取决于人们在其中移动的难易程度,大部分人不愿意花 1h 以上时间在 1 次出行上。例如,1819 年时伦敦只有行人、手推车和数量不多的马车,因此,当时城市半径不超过 5km;伦敦有了城市轨道交通后,城市半径逐渐扩大到了 40mi(约 64km),如图 1-1 所示。东京城市规模的扩展过程也充分说明了这一点(图 1-2)。

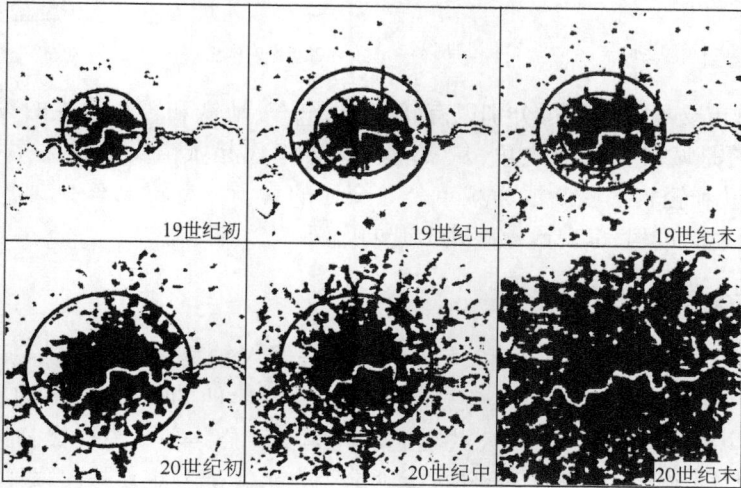

图 1-1　伦敦的变迁

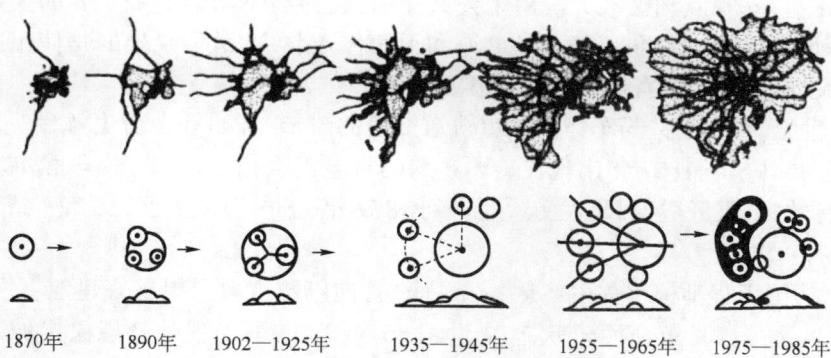

图 1-2　东京的变迁

　　以我国上海(图 1-3)为例,在 19 世纪中叶上海开埠之前,当时的主要交通方式是步行、马车和船运,城区面积不足 10km²。1908 年上海第一条有轨电车投入运营,随后有轨电车成为主要公共交通工具,到 1949 年上海城区面积接近 100km²。1995 年地铁 1 号线建成通车,城市快速道路也投入使用,地铁的最高运行速度是 80km/h,这时上海的城区面积已超过 600km²。截至 2017 年底,上海轨道交通全网络运营线路里程已达 666km(地铁 637km + 磁浮 29km),位居世界第一,其中上海城市轨道交通 16 号线列车运行的最高速度可达 120km/h,实际旅行速度达到 60km/h。

　　法国社会科学高等研究院维列留(P. Virillio)教授说:"20 世纪欧洲的哲学史,基本上可以视为'回应速度变迁冲击'的历史,更简单地说,就是一部交通史。"可见发展城市轨道交通对城市发展,甚至对整个社会进步都具有重要意义。

3

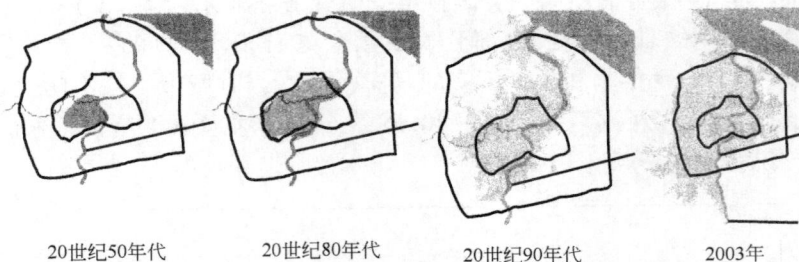

| 20世纪50年代 | 20世纪80年代 | 20世纪90年代 | 2003年 |

图1-3　上海的变迁

20世纪的城市交通史经历了分别以有轨电车、汽车、地铁和轻轨为主的三个阶段。20世纪初,有轨电车曾是城市交通的主角;从20世纪30年代起城市交通转为主要依靠汽车;从1970年开始,地铁和轻轨又逐渐成为城市公共交通的骨干。有轨电车—汽车—地铁和轻轨,这是个否定之否定的过程,呈现出螺旋式上升的态势。

二、从公共马车到有轨电车

19世纪以前,城市交通以步行和马车为主。法国人帕斯卡尔(B. Pascal)于1662年向法国政府提交了一份公共马车计划,很快得到国王路易十四的许可,允许帕斯卡尔在巴黎的5条街上提供公共马车的服务,城市公共交通从此诞生。公共马车为现代公共交通奠定了最基本的运营规则,即有固定的路线和班次、无论是否有乘客都要定点按时发车、乘客按里程付费等。

17世纪末,马车在欧洲已被大量用于公共交通,成为当时陆地上最重要的大众化交通工具。20世纪初,公共马车自欧洲城市经上海和天津传入北京,最早乘坐的是使馆区的西方外交人员和商人,后来清政府官员和富商也开始乘坐。

进入19世纪,有轨公共马车作为城市轨道交通的雏形,开始登上历史舞台。世界上第一条城市有轨公共马车于1827年出现在美国纽约的百老汇大街上。由于有轨公共马车比无轨公共马车更有效率、更舒适,因此大受欢迎。到1879年,法国巴黎大区已有38条有轨公共马车线路(图1-4)。

1845年,法国工程师柯里佐(M. de Kerizouet)曾向巴黎市政府提出修建地下铁道的计划,但因1848发生法国二月革命而告吹。19世纪60年代,法国工程师又想象出城市高架铁路(图1-5)。儒勒·凡尔纳(J. Verne)在《八十天环游地球》中对此曾有十分精彩的描述。如今看着在城市高架轨道交通线上奔驰的列车,联想起160多年前法国人丰富的想象力,不禁令人感叹。

19世纪80年代,有轨电车登上历史舞台。在1881年德国柏林工业博览会上,展示了一列3辆编组的小型有轨电车,只能乘坐6人,在400m长的跑道上演示。世界上第一个投入商业运行的有轨电车系统,于1888年在美国弗吉尼亚州的里士满市投入使用。20世纪20年代,美国的有轨电车线路总长为25000km,成为当时市民出行的主要交通工具。到了20世纪30年代,欧洲部分国家、日本、印度和中国的有轨电车也有了很大发展。

19世纪末,有轨电车开始进入我国。1899年,德国西门子公司在我国北京修建了马家堡至永定门的有轨电车线路,并配备了数辆有轨电车。然而,1900年6月义和团大举进京,出于对外国入侵者的愤恨,将刚刚建成的有轨电车线路和车辆拆毁、砸烂。

a) 法国里昂建于1844年的有轨公共马车

b) 1890年的英国伦敦有轨公共马车

c) 意大利道格拉斯市在1976年发行的有轨公共马车100年纪念邮票

图1-4 19世纪出现在欧洲的有轨公共马车

图1-5 19世纪60年代法国工程师想象的城市高架铁路

　　1904年,按照清政府和比利时政府的有关条约,比利时商人创办了"天津电车电灯公司"。1906年,天津第一条有轨电车线路投入运营,天津成为我国第一个拥有有轨电车的城市。1908年3月5日,由英商"上海电车公司"经营的有轨电车线路(从静安寺到广东路外滩)投入运营,上海成为国内第二个拥有有轨电车的城市。同年,大连第一条有轨电车线路竣工并投入运营。1924年12月17日,从北京前门至西直门的有轨电车线路开通。随后,沈阳、大连、哈尔滨、长春、香港等城市也相继修建了有轨电车线路。

有轨电车在我国投入运营后不久,无轨电车开始登上世界舞台。世界上第一辆无轨电车是由德国人冯·西门子发明的。早期的无轨电车很像轮式马车,配有木制车厢、实心橡胶轮胎,从车顶上的高架电线获得电流作为驱动力,车身可左右移动,比行驶在固定轨道上的有轨电车更具灵活性,但后面的无轨电车不能超车。1911 年,这种无轨电车在英国的布拉德福德市投入运营。无轨电车同样具有不排放有害气体、驾驶操作简便等优点。到 20 世纪30 年代,无轨电车在世界上得到了广泛应用,英国还制造了双层无轨电车。20 世纪 40 年代,意大利制造了铰接式无轨电车。到 20 世纪 50 年代,世界上有 500 多座城市拥有无轨电车。

1914 年 11 月 15 日,英商"上海电车公司"在上海开通无轨电车线路,上海成为国内最早使用无轨电车的城市。1950 年 12 月,我国第一辆自主研制的无轨电车在天津试车成功。1951 年 10 月 1 日,沈阳无轨电车投入运营,1957 年投入批量生产。1957 年 2 月 26 日,北京无轨电车在阜成门至北池子北口线路上投入试运行,此后不久,终点站延至朝阳门。阜成门至朝阳门是北京的第一条无轨电车线路。

三、有轨电车的曲折发展

随着汽车大量涌上街头,道路面积明显不够使用。由于有轨电车行驶在道路中间,与其他车辆混行,运行速度不高,同时又受路口红绿灯的控制,正点率低,因此 20 世纪 50 年代开始,国外一些城市纷纷拆除有轨电车线路。从此,城市公共交通进入公共汽车加无轨电车时代。

1920 年,福特汽车厂已能实现每分钟生产 1 辆汽车。到 20 世纪 30 年代,美国因已拥有3000 万辆小汽车而率先进入汽车时代。由于人们开始追求个性化和田园式居住模式,房屋建设项目不再局限于沿有轨电车线路分布,呈现出分散、蔓延扩张的态势,大量住宅被吸引到了轨道线路之间的比较空闲的土地上。这种土地利用格局,使得有轨电车的继续发展遇到了困难。到 1939 年,美国有轨电车线路的长度由原来的 32180km 锐减为 4344km,这反过来又促使人们更加依赖小汽车。

这股"有轨电车拆除风"也波及了我国。到 20 世纪 50 年代末,我国只剩下大连、长春、鞍山和香港 4 座城市还保留着有轨电车线路。以大连市为例,大连早在 1909 年就有了有轨电车,到 20 世纪 50 年代有轨电车线路总长已达 50.2km,保有车辆 144 辆。受国际上"有轨电车拆除风"的影响,大连只留下了 3 条有轨电车线路,运营里程仅为 15.2km。香港早在 1904 年就有了有轨电车,到 1912 年又开始使用双层有轨电车,是当时世界上唯一全部使用双层车辆的有轨电车系统。目前香港有 8 条总里程约 16km 的有轨电车线路。这两个城市的有轨电车,是我国保留下来最完整的有轨电车系统。

进入 21 世纪后,有轨电车在我国迎来了新的发展机遇。截至 2017 年 12 月 31 日,我国已有 14 个城市开通有轨电车,线路多达 20 条,运营里程超过 220km。2018 年、2019 年是现代有轨电车开通运营的密集期,2020 年底,现代有轨电车实际开通运营里程超过 640km。

四、地铁的发展历程

伦敦是地铁的诞生地。1863 年 1 月 10 日,一条由英国律师皮尔逊(Charles Pearson)投资建设的地铁线路（Metropolitan Railway）正式通车运营。这条地铁线路从帕丁顿（Paddington）到弗灵顿（Farringdon），总长 6km。皮尔逊因此被誉为"地铁之父"。"Metro"也成了世界上绝大多数国家城市轨道交通的标志和代号。早期的地铁由蒸汽机车牵引，为了把烟雾排出，车站内甚至没有顶棚。虽然当时地铁设施简陋，而且污染严重，但由于它不像地面道路交通那样拥堵，因此还是受到了广大市民的欢迎。

世界第一条地铁的诞生，为人口密集的大都市如何发展公共交通提供了宝贵经验。特别是 1879 年电力驱动的车辆研制成功，标志着地铁开始进入电力牵引时代。由于环境条件大为改善，地铁显示出了强大的生命力。从此以后，世界上一些著名的大都市相继建造地铁。

1890 年第一条电气化地铁开通。在此之前，除伦敦的地铁外，只有纽约一个城市于 1870 年在第九大街上建造了高架城市铁路。而在 1890 年以后，建造地铁的城市逐渐多了起来。

1863—1899 年，英国的伦敦和格拉斯哥、美国的纽约和波士顿、奥地利帝国（奥匈帝国）的布达佩斯和维也纳以及法国的巴黎共 4 个国家的 7 座城市建成了地铁。

受伦敦成功建设地铁的影响，纽约也于 1867 年建成了第一条地铁。随着纽约城市规模的扩大，地铁线路里程也在不断增加。2014 年纽约地铁总客运量达 27.43 亿人次，日均 751.51 万人次。

为举办"凡尔赛展览会"而修建的巴黎第一条地铁，从巴士底通往马约门，全长约 10km，它为巴黎地铁网络的不断发展和完善打下了基础。

在 20 世纪的最初 24 年里（1900—1924 年），欧洲和美洲有 9 座大城市相继建成地铁，如德国的柏林、汉堡，西班牙的马德里及美国的费城等。

1939—1949 年间，由于第二次世界大战，各国的地铁建设处于低潮，但仍有日本的东京、大阪，苏联的莫斯科等少数城市在此期间修建了地铁。

第二次世界大战以后，1950—1974 年间，世界地铁建设蓬勃发展。在此期间，有加拿大的多伦多、蒙特利尔，意大利的罗马、米兰，美国的费城、旧金山，苏联的列宁格勒（今圣彼得堡）、基辅，日本的名古屋、横滨，韩国的首尔以及我国的北京等约 30 座城市相继建成了地铁。其中北京的第一条地铁于 1969 年 10 月建成通车，线路长度为 23.6km。

1975 年以来，地铁建设在原有基础上取得了长足进步。20 世纪 70—80 年代，是世界各国建设地铁的高峰期。世界上超过 30 座城市建成或开始修建地铁。美洲有华盛顿、温哥华等 9 座城市，欧洲有布鲁塞尔、里昂、华沙等 9 座城市，亚洲则更多，有神户、加尔各答、天津、上海、香港等城市。其中上海地铁 1 号线于 1993 年 5 月建成通车。

据日本地铁协会统计，到 1999 年全世界已有 125 个城市建成地铁，线路总长度超过 7000km，发达国家的主要大城市纽约、芝加哥、伦敦、巴黎、柏林、东京、莫斯科等已经完成了地铁网络的建设。到 20 世纪末，除上述城市外，华盛顿、马德里、斯德哥尔摩、大阪、首尔、墨西哥城的地铁运营线路也已超过了 100km。

回顾 20 世纪的地铁建设，1900 年世界上只有 6 条地铁线路，到 2000 年已增加到 106 条（图 1-6）。世界各国城市轨道交通的建设速度，大致可以将第二次世界大战作为分界点，"二战"前每 5 年兴建 2 条线路，而"二战"后则为每 5 年兴建 12 条线路。截至 2000 年，世界上 80% 的地铁线路是在第二次世界大战后修建的。特别是从 1970 年开始，由于发生了两次能源（石油）危机，修建地铁的速度大大加快。

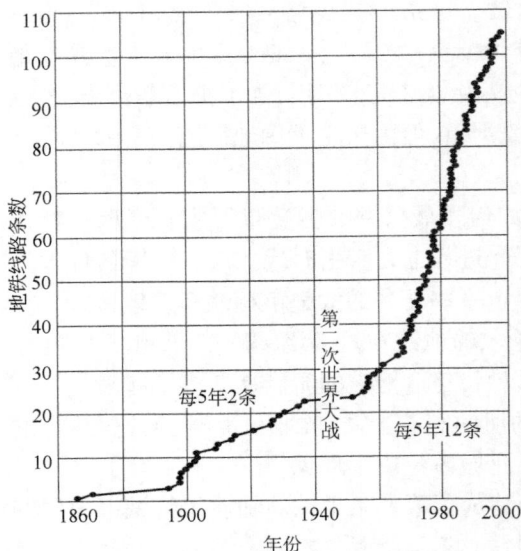

图1-6 20世纪建设的地铁线路条数

五、新一代有轨电车——轻轨

20世纪下半叶以来,由于流动人口以及汽车的猛增,城市交通量急剧增长,城市道路的相对有限性与汽车生产的相对无限性产生了尖锐矛盾。行车难、乘车难不仅成为市民工作和生活的一个突出问题,而且制约着城市经济的发展。

经过反思,人们逐渐形成了共识:大城市必须大力发展公共交通,特别是城市轨道交通,尽量把使用私家车的出行者吸引到便捷、舒适的轨道交通方式上来。政府不限制人们购买小汽车,而通过大力发展公共交通来改变小汽车的使用性质——小汽车并非上班、上学的通勤工具,而是休闲工具。大力发展城市轨道交通,这一反思的结果导致地铁的大发展和新一代有轨电车——轻轨的兴建。

地铁列车在地下行驶无障碍,运能大、速度快,但造价高昂,建设进度受财政和其他因素制约,因此欧洲的一些大城市在建设地铁的同时,又重新把注意力转移到地面轨道上来,并对老式有轨电车进行技术创新和改造,使之现代化。经过现代化技术改造的有轨电车,就是轻轨。今天的轻轨列车与100多年前的有轨电车已不能同日而语,它不仅速度快、运量大、乘坐舒适,而且节能环保,如图1-7所示。

图1-7 意大利佛罗伦萨的轻轨

20世纪70年代后,技术人员又开发出了噪声低、速度高、走行部转弯灵活、乘客上下车方便,甚至能照顾到老人和残疾人的低地板新一代轻轨车辆。在线路结构上,也采用了降噪减振的技术措施。在速度要求较高的线路上,采用专用车道;在繁忙道路交叉口,采用立体交叉,实现专用路权。在对速度要求并不高的线路,也可与道路平齐,和汽车混合运行。

1978年3月,国际公共交通联合会(UITP)在比利时首都布鲁塞尔召开会议,确定了新型有轨电车的统一名称,即 Light Rail Transit,简称轻轨交通(LRT)。20世纪80—90年代,环保问题、能源结构问题突出,在可持续发展战略指引下,全世界掀起了新一轮的轻轨交通的建设高潮。目前世界上已有超过50个国家建设运营轻轨线路。

必须指出的是,随着实践的发展,如今"地铁""轻轨"的内涵与外延都已突破原来的含义,有了相当大的拓展。"地铁"并不专指在地下隧道中运行的技术制式,而是泛指每小时单向运输能力为2.5万~5万人次,地下、高架、地面线路三者结合的大容量快速轨道交通。其通常在市中心为地下隧道线,市区以外为高架或地面线。

同样,广义的轻轨已成为具有中等运输能力(每小时单向运输能力为1万~3万人次)的各种轨道交通方式的代名词。

UITP曾为轻轨下过定义,认为轻轨交通车辆施加在轨道上的载重,相对于干线铁路和地铁的荷载来说比较轻,因而称之为轻轨。

在欧洲,轻轨一般特指在地面行驶的现代有轨电车,因为轻轨的运能小于干线铁路和地铁,属于中等运量,随着轨道交通技术制式的多样化发展,轻轨渐渐成了中等运量轨道交通的代名词。中等运量的轨道交通系统不仅仅局限于传统的钢轮钢轨制式,而是形成了一个形式多样的全新集合,如直线电机车辆系统、橡胶轮体系的新交通系统、跨座式单轨交通以及悬挂式单轨交通等。从运输能力角度说,它们都属于轻轨范畴。因此,目前国内外都以客运能力或车辆轴重(每根轮轴传给轨道的压力)的大小来区分地铁和轻轨。轻轨现在指的是运输能力或车辆轴重稍小于地铁的轻型快速轨道交通。在我国,《城市轨道交通工程项目建设标准》(建标104—2008)中,把每小时单向运输能力为1万~3万人次/h的轨道交通定义为中运量轨道交通,即轻轨。狭义的轻轨车辆,即现代有轨电车,主要指《城市轨道交通工程项目建设标准》(建标104—2008)中的C型铰接车和D型铰接车,后者为低地板新一代轻轨车辆。狭义的轻轨车辆有4轴非铰接车、6轴单铰接车、8轴双铰接车。

回顾20世纪城市交通的发展历程,不难看出是一个"否定之否定"发展过程:有轨电车从大发展到大拆除;汽车登上历史舞台,逐渐成了城市交通的主角;到20世纪末,以地铁和轻轨为代表的城市轨道交通又恢复了它的主导地位。这是个螺旋式的上升过程。

六、单轨交通发展历程

单轨交通历史悠久,早在1821年,英国人 P. H. 帕尔默(P. H. Palmer)就开始了单轨铁路的研究,并因此获得了发明专利。1824年,为运送货物,世界上第一条单轨铁路建成于伦敦,这比1825年开通的蒸汽机牵引的铁路更早。当时的单轨铁路采用木制轨道,用马来牵引前进。

1888年法国人在爱尔兰铺设了约15km的跨座式单轨铁路,用蒸汽机车牵引,从此单轨走向实用化阶段。

1893年德国人兰格(Langer)发明了悬挂式单轨车辆,1901年在伍珀塔尔开始运营,长度为13.3km,其中10km线路跨河架设,成为利用河道上空建设单轨铁路的先驱(图1-8)。这条线路一直沿用至今,仍在交通系统中发挥着重要作用。它已成为伍珀塔尔市的一道历史景观(该市的市徽就是悬挂式单轨车辆)。在2001年,伍珀塔尔为悬挂式单轨安全运营100周年举行了隆重的庆祝典礼。

图 1-8　德国伍珀塔尔市的悬挂式单轨交通

第二次世界大战后,随着科学技术的发展,单轨铁路的技术逐步成熟。1958 年,出生于瑞典的德国工业家阿克塞尔(Axel Lennart Wenner-Gren)成功研制跨座式混凝土轨道和橡胶充气轮胎的单轨交通制式。之后美国、日本、意大利等国家都建有这种形式的单轨交通。

尽管单轨交通已经经历了一个多世纪的发展历程,但因为单轨的导向、稳定及转辙装置等关键技术问题尚未完全解决,而且单轨交通的运输能力又与有轨电车不相上下,技术要求却高得多,因此其在世界范围内未能得到广泛应用。

七、磁浮交通发展历程

自轨道交通问世以来,磁浮技术成为轮轨系统靠黏着力驱动的重大突破。在磁浮交通研究中,德国和日本起步最早,但两国采用的制式却截然不同,德国采用常导磁吸式,而日本则采用超导磁斥式。这两种制式在车辆和线路结构上,在悬浮、导向和推进方式上虽各有不同,但基本原理是相同的。

日本于 1972 年用 ML100 型试验车,实现了 60km/h 的悬浮运行;1975 年着手修建宫崎试验线;1977 年开始对倒 T 形导轨和跨座式 ML500 型试验车进行了无人驾驶的试验;1979 年 12 月,在宫崎试验线上的试验速度达到了 517km/h。但因常温下的超导材料尚未出现,磁浮列车未能投入商业性的载人运行。

德国从 1968 年开始研究磁浮列车。1983 年在曼姆斯兰德建设了一条长 32km 的试验线,已完成了载人试验。他们采用的 TR600 型试验车,在该线上的试验速度达到 412km/h,并打算在下一步突破 500km/h。

英国于 1973 年开始进行磁浮铁路的研究,经过 10 多年的研究和试验,到 1984 年 4 月,从伯明翰机场至国际车站之间开通运行了低速磁浮列车,平均速度为 25km/h。这是目前世界上最早投入商业运行的磁浮线路。令人遗憾的是,到 1995 年,当时世界上唯一从事商业运营的磁浮列车在运行了 11 年之后宣布停止营业,其运送旅客的任务被机场班车所取代。

加拿大从 1970 年开始研究磁浮列车,目的是在多伦多—渥太华—蒙特利尔之间修建一条超高速磁浮铁路。他们的专家认为,在加拿大的气候环境条件下,采用超导磁浮系统比常导系统更优越。

苏联从 1976 年开始进行磁浮交通的研究,在莫斯科附近一条长 600m 的试验线上,其 05 号磁浮列车速度达到 60km/h。

经过了各国多年的试验以后,一般认为,磁浮交通系统的行车速度高于干线铁路,低于飞机,是弥补铁路与飞机之间速度差距的一种有效的运输工具,有朝一日可以部分代替飞机,以节约宝贵的石油资源。由缩短乘车时间而带来的社会效益是巨大的,因此得到不少国家的重视。法国、比利时、德国和荷兰四国曾商议在巴黎、布鲁塞尔、科隆和阿姆斯特丹之间 750km 的线路上,采用磁浮高速列车的方案。

已经投入可行性研究的磁浮铁路有:美国的洛杉矶—拉斯维加斯(450km)线路、芝加哥—密尔沃基(120km)线路;加拿大的蒙特利尔—渥太华(193km)线路;德国至法国的法兰克福—巴黎(515km)线路、比利时至瑞士的布鲁塞尔—巴塞尔(500km)线路;澳大利亚的墨尔本—悉尼(810km)线路;沙特阿拉伯的利雅得—麦加(880km)线路;韩国的首尔—釜山(500km)线路等。

2000 年 6 月,中德两国政府正式签订合作开展上海磁浮列车示范运营线可行性研究的协议。2003 年 12 月,上海磁浮列车线路开通试运营,是目前世界上第一条投入商业运营的高速磁浮线路,如图 1-9 所示。

图 1-9 上海磁浮列车

上海磁浮列车线路从浦东机场至地铁 2 号线龙阳路站,全长 30km,总投资 100 亿元人民币,于 2004 年 4 月正式投入商业运营。最高运行速度超过 400km/h。

2005 年,在爱知县世博会期间,日本第一条中低速磁浮交通线"东部丘陵线"投入运营,建在爱知县名古屋市。该线两端分别连接爱知环状铁路和名古屋地铁东山线,外来参观者可通过换乘直接到达世博园区。

东部丘陵线采用常导吸引式磁浮系统,最高设计速度为 100km/h,线路全长 8.9km,设 9 座车站,除一个区间为地下和地面过渡段外,其余线路和车站均采用高架形式。

2016 年 5 月 6 日,我国首条具有完全自主知识产权的中低速磁浮商业运营示范线——长沙磁浮快线开通试运营,乘客从长沙火车南站至长沙黄花机场 T2 航站楼,仅需约 10min。该线路也是世界上最长的中低速磁浮运营线。

相较从德国引进、飞驰在世界首条商业运营磁浮专线的上海高速磁浮列车,长沙中低速磁浮列车具有安全、噪声小、转弯半径小、爬坡能力强等特点,多项成果达到国际领先水平。我国也由此成为世界少数几个掌握中低速磁浮列车技术的国家之一。

八、轨道交通全自动无人驾驶技术

自 1920 年无人驾驶汽车问世,人们在无人驾驶领域的探索实践至今已有近 100 年的历史。就技术水平、路况环境、政策条件、社会认知等方面来看,相比汽车无人驾驶的发展,轨道交通"无人驾驶"所面对的难题其实要少一些，且较容易实现，也更加切合实际。无人驾驶列车具有以下优势。

首先，无人驾驶列车的自动化程度更高。其信号系统采用了基于无线通信技术的移动闭塞系统，通过与车辆的高精度控制系统的技术接口，实现列车精确定位、高速运行、实时跟踪和自动折返，有效地缩短了列车运行间隔，提高了行车密度和旅行速度，可适应大客流的需要。

其次，无人驾驶列车实现全自动运营，自动实现列车休眠、唤醒、准备、自检、自动运行、停车和开关车门，以及在故障情况下实现自动恢复等功能。

再次，无人驾驶列车更节能环保。无人驾驶技术能使列车整个运行过程实现全自动控制，使得车辆按照接近优化的运行曲线运营，达到节能环保的目的。

最后，无人驾驶列车的安全性更好。无人驾驶列车实行全自动化运营，可以有效避免人为操作失误导致的运营故障，同时在遭遇恶劣天气、意外时，也能及时调整运营状态和运行处置。无人驾驶列车采用两套系统，即ATO自动驾驶系统和ATP自动防护系统，前者控制列车行进停靠，后者通过列车信号测算两车之间的距离，若低于设定区间距离就会启动紧急措施（就是急刹车），可有效保障行车安全。

2014年8月9日，上海轨道交通10号线正式以有人值守的全自动无人驾驶（国际上称之为"GoA4 with Attended"）模式运行，成为国内首个GoA4级运行的轨道交通线路，并于2017年3月10日实现了所有列车在客流低谷时段以无人值守的全自动无人驾驶（即"GoA4 without Attended"）模式运行，自此国内轨道交通进入了无人值守的全自动无人驾驶时代。2014—2018年，该线路以其优异表现，成为全球首个日均客流突破百万人次的全自动无人驾驶线路，系统可靠性居上海各线之首，获得了号称建设界诺贝尔奖的FIDIC奖和上海市科技进步一等奖。

国外无人驾驶技术发展得较早，在1983年5月16日，世界上第一条无人驾驶的全自动地下铁道VAL线路在法国里尔市建成并通车，随后无人驾驶技术在世界很多城市轨道交通中得到了广泛应用，并在大运量的城市轨道交通中取得了成功，如哥本哈根、巴黎、新加坡、纽伦堡及香港等城市的全自动无人驾驶系统均已投入运营，运行情况良好。

目前我国在轨道交通领域整体处于世界领先水平。继续向无人驾驶领域进军，正是轨道交通智能化发展的重要阶段和显著标志。21世纪初，我国成功建设北斗卫星导航系统。2010年，我国就提出基于高RAMS的全自动运行轨道交通系统理念，致力自主研发轨道交通全自动运行系统。这些技术基础的建构，为我国智能交通发展奠定了良好基础。

第二节　城市轨道交通的社会功能

已建成的城市轨道交通线路，承担了大量的客流。轨道交通在城市公共交通中逐步发挥不可替代的作用，其客运量占公共交通客运量的比重逐年上升。轨道交通既能方便城市居民出行，又能引导城市发展，在节约资源、能源与环保等方面也具有优势，还能促进沿线土地开发，加快城市发展，产生明显的经济效益、社会效益和生态效益。城市轨道交通的建设和运营实践都证明，轨道交通的发展对缓解城市交通拥堵、优化城市布局结构、节约资源、改善环境以及拉动城市社会经济持续发展，都具有重要意义。

一、城市轨道交通的基础性功能——缓解城市交通拥堵

我国大城市的交通拥堵日益严重,加快发展城市轨道交通,是城市交通走出困境的必由之路。

如何走出困境?世界各国纷纷在探索和思考后得出了一个结论——实施"公交优先"战略。大城市应建设以轨道交通为骨干、道路公交为基础、出租车为补充的公共交通系统。

2000 年,我国城市居民出行量已在 1800 亿人次以上,年公交运输量达 600 亿～700 亿人次。单一结构(即地面公交汽车和无轨电车)的城市公共交通无法承受城市交通需求的增长压力,因此,在大城市大力发展快速轨道交通势在必行。

城市快速轨道交通是一种大运量交通工具。由于轨道交通有利于实现自动控制,地铁最高速度可达 80km/h,平均速度为 40km/h;轻轨的最高速度可达 70～80km/h,平均速度为 30km/h;而公共汽车的平均速度仅为 20km/h 左右。因此,在城市道路公交客运方式中,公共汽车、电车的客运能力较小,每小时单向运送能力约为 3000～5000 人次,使用公交专用道路最大单向客运能力可达 10000 人次;轻轨交通每小时单向客运能力为 1 万～3 万人次;地铁每小时单向客运能力可达 3 万～6 万人次;在理想的地铁网络和市郊铁路上,每小时单向客运能力最大可达 6 万～8 万人次。国外许多大城市轨道交通系统所承担的客运量,占整个城市公交客运量的一半甚至 80% 以上。

二、城市轨道交通的先导性功能——优化城市布局结构

随着可持续发展战略的实施,人们对修建城市轨道交通的意义有了新认识:一是认识到城市轨道交通对城市规划的导向作用;二是认识到修建城市轨道交通有利于建设资源节约型、环境友好型社会,有利于生态文明建设。

城市轨道交通规划虽然是城市规划的子系统,但城市规划与城市轨道交通规划之间的关系,并不是一般意义上的包含与被包含关系,更有互动关系,后者对前者具有强大的推动作用,这就是城市轨道交通规划对城市规划的导向作用。由于轨道交通可以为中长距离的上班族提供快速和低成本的交通工具,因此,城市轨道交通的建设,必将促进居民沿轨道线向城郊扩散。

缓解城市交通拥堵是城市轨道交通的基础性功能,而引导城市布局结构的优化则是它的先导性功能。当前世界各国修建城市轨道交通的目的,除了缓解交通拥堵外,还有一个更重要的目的,即引导城市发展的结构性优化,从摊大饼式的弥漫式发展转变为组团式轴向发展(图 1-10)。组团式轴向发展的骨架就是城市轨道交通线路。

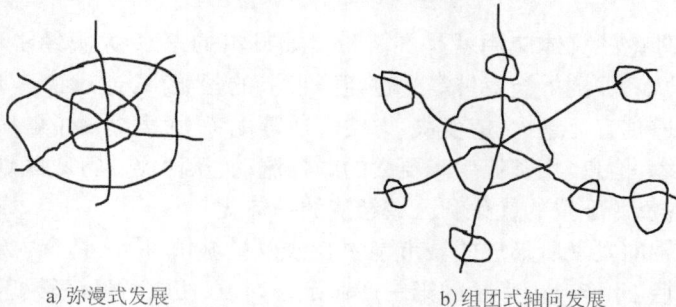

a)弥漫式发展　　　　　　　　　　b)组团式轴向发展

图 1-10　从摊大饼式的弥漫式发展转变为组团式轴向发展

城市交通方式是改变城市空间结构和土地利用形态的重要因素。从城市发展历史看,人类先后经历了步行和马车时代、有轨电车时代、汽车时代、城市轨道交通时代。与此相应,城市的布局结构先后经历了单中心轴向发展、分散低密度弥漫式发展、多中心轴向发展等不同的城市形态。

城市轨道交通对城市发展的导向作用起源于有轨电车的发明。1882年,西班牙工程师马塔(Arturo Soria Y Mata)提出了"带形城市"(Linear City)理论,主张在40m宽的干道上设置有轨电车,两旁是方格状的居住区和绿地(图1-11)。

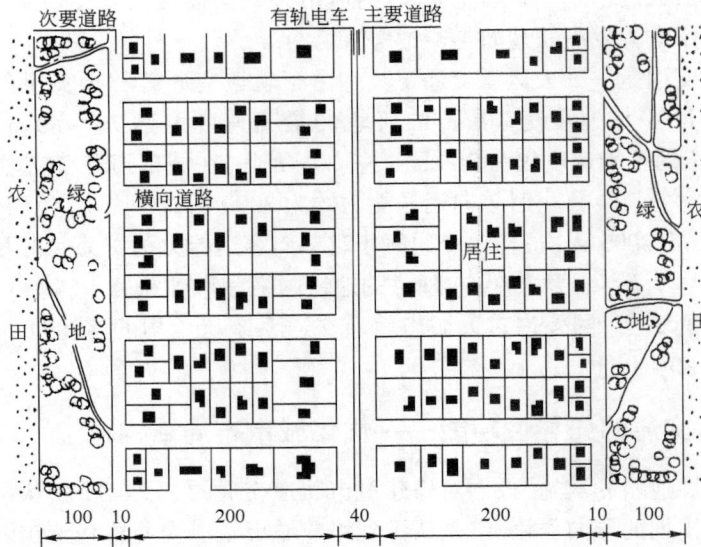

图1-11 马塔的"带形城市"理论(尺寸单位:m)

马塔认为"带形城市"可以无限延伸发展,并在马德里周围规划了一个马蹄形的带形城市。他还设想用带形城市把西班牙的港口城市加的斯同俄国的圣彼得堡连接起来。"带形城市"理论尽管存在许多问题,但对近现代城市规划影响很大。

现代城市规划发展了"带形城市"理论,出现了沿主要交通轴线发展的现代带形城市。现代带形城市可以采取沿两条主要交通干道发展的模式:一条是位于居住区和管理服务区之间的客运交通干道;另一条是为工业区服务的货运交通干道,设在工业区的外沿。此外,还可以有两条平行的辅助道路:一条作为居住区的发展轴;另一条作为工业区和管理服务区之间的发展轴(图1-12)。

现代带形城市理论的具体应用就是经济带。如日本的东京-大阪经济带,韩国的首尔-釜山经济带,我国的沪宁、沪杭甬经济带等。在经济带上的各城市,通过快速城际轨道交通互相连接。由于轨道交通具有运量大、速度快、方便舒适等优势,大大缩短了各城市间时空距离,有利于人才、技术、资本、信息、物资等生产要素的顺畅流动,从而突破行政区划的羁绊,使各城市间优势互补,以实现资源配置的优化和区域经济的一体化。

大城市组团式轴向发展所形成的城市副中心或卫星城镇,应该具有一定的规模。因为只有达到一定的规模后,才能产生大量的第三产业工作岗位,使农村经济转变为城市经济。如果城镇规模过小,无法产生规模效应,农民就不可能真正转变为市民,这样的城市化既不牢固,也不可持续。另外,城市副中心或卫星城镇具有一定规模后,其工作、居住、采购、教育、休闲等配套设施比较齐全,一般不需要远距离出行,就能适当抑制大城市的交通总需求。而必须远距离出行时,轨道交通就能发挥其运量大、速度快的优势,在生态型、哑铃状的城市结构中,充分发挥其交通主轴的功能。

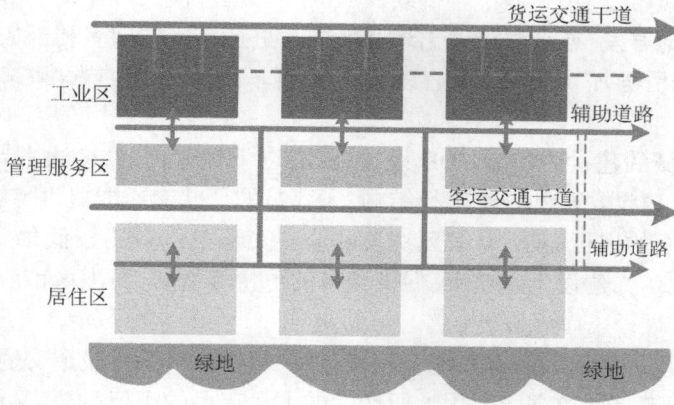

图 1-12　现代带形城市

2008 年 6 月,英国《单片眼镜》杂志(*MONOCLE*)评选出了"全球最宜居的 25 座城市",其中 14 座在欧洲,日本、美国并列成为入选城市最多的国家。位居第一的哥本哈根就是典型的指状发展型生态城市,如图 1-13 所示。

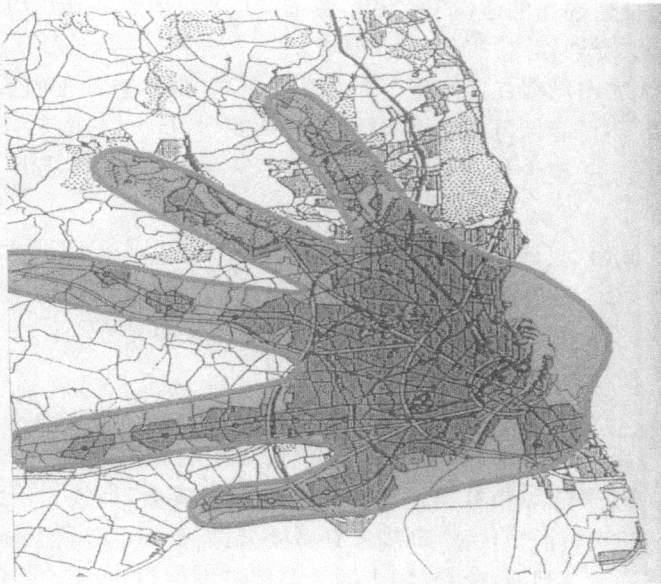

图 1-13　哥本哈根的指状发展示意图

上述两种功能(基础性功能和先导性功能)对应着两种不同类型的城市轨道交通发展模式——服务引导发展模式和公共交通引导发展模式。

服务引导发展,即 Service Oriented Development,简称 SOD。在这种模式下,轨道线路的走向是沿着行人最多的交通走廊延伸。例如,上海轨道交通 1 号线,从上海站通往徐家汇、上海南站。中间的线路走向曾经有过三个可选方案,最后选定了地下穿越淮海中路的方案,这样能最大限度地吸引客流,满足更多人的出行需要,充分发挥轨道交通的客流效益。

公共交通引导发展,即 Transit Oriented Development,简称 TOD。在这种模式下,将公共交通系统作为城市发展的骨架,引导城市沿公共交通走廊有序扩张,从而避免摊大饼式的无序蔓延。公共交通引导城市发展,是城市可持续发展的一种理想模式。在哥本哈根,轨道交通系统的建设先于沿线土地开发,或者与沿线土地开发同时进行。这样做有利于从城市扩展之初,就利用轨道交通系统引导城市发展,塑造以轨道交通车站为中心的紧凑、多功能的用地开发形态。

在新城和卫星城的建设中实施 TOD 模式,具有以下优势:公共交通主导的出行模式会有效控制小汽车出行,建设合理的城市出行结构;大容量的公共交通能提供足够客运能力以满足新城与中心城区之间的出行需求;从郊区房价和公共交通出行费用较低角度上体现了社会公平,促进郊区城市化。为建设生态城市、促进城市的可持续发展,我国城市应大力推广 TOD 模式,引导城市合理扩展。

城市轨道交通系统为什么能有效地引导城市发展? 第一,城市轨道交通能快速、可靠地运送大量乘客,它既能满足周边高密度用地所产生的大量市民的出行需要,又能够为沿线的商业设施提供足够的客源;第二,城市轨道交通系统建设成本高昂,具有大量的固定设施,这些都带有永久性,容易吸引开发商在沿线进行大量投资;第三,和常规道路公交相比,城市轨道交通系统具有技术先进、科技含量高的象征意义,有利于吸引投资。相比之下,公交专用道路系统由于设施相对简单、运送能力较小等,在以上三个方面都稍逊一筹。然而,在我国并不是每个城市都能承担城市轨道交通高昂的建设资金和运营维护成本,所以,各城市应考虑采用不同模式的大容量高品质的公共交通模式,实现 TOD 模式。

目前,国内一些大城市已存在客流量很大的交通走廊,大多数都是由常规公交提供服务,因道路交通严重拥堵,不可能像哥本哈根那样,一开始就利用轨道交通来引导开发。但可以在这些既有的交通走廊中,先建设快速公交专用道路系统,最终再发展成大容量快速轨道交通系统。

对于不同规模的城市,应选择适合自身特点的公共交通模式,而不是盲目追求大容量、高标准的快速轨道交通系统。特大城市、大城市可以建立以大容量城市轨道交通和快速公交专用道路为骨架,常规公交等其他公交方式为补充的多层次公共交通体系。对于小城市,常规道路公交就足以满足市民出行的需要。

三、有利于节约资源、改善环境

按照科学发展观的要求,城市社会经济的发展,需要有安全、高效、节能、环保、经济的交通运输系统提供支持。建设资源节约型、环境友好型社会,需要制定有利于资源节约和环境改善的交通政策。城市交通发展目标必须与城市的社会经济发展目标相协调,与城市可持续发展目标相一致。

用城市轨道交通作为城市公共交通的骨干,使它成为市民出行的首选,就能减少在市中心运行的汽车数量,将在很大程度上节省能源并降低市区汽车尾气的排放,改善空气质量。有研究表明,城市轨道交通的人均二氧化碳排放量,仅为小汽车的10%和公共汽车的25%。

快速大容量城市轨道交通在一百多年的发展中,显示出了一系列优越性。首先,城市轨道交通运量大、速度快。由于采用全封闭专用通道,组织高密度、列车化运行,加上技术不断进步,车速大大提高,运量也大幅增加。在客运高峰期,地铁每小时单向客运量可达6万人次、市郊铁路可达8万人次。例如,在拥有3000多万人口的东京都市圈里,每天通勤交通量的90%以上是由12条地铁线和20多条地面、高架轨道交通线承担的。在客运高峰时段,东京、伦敦、纽约和巴黎的城市轨道交通分担率已分别达到了91%、76%、75%、75%。

汽车的发明使交通工具的机动化程度有了极大的提高,实现"门到门"运输,人们的活动范围有了极大的扩展,然而汽车交通所带来的负面影响也不可忽视,主要有以下几个方面:

1. 道路、立交桥、停车场等需要占用大量的土地资源

发达国家城市道路和停车场的面积占城市总面积的比例高达30%~50%。这一点对于我国来说,尤其值得注意。我国人均耕地面积只有美国的1/6、印度的1/2。各种城市交通方式的客运量和占用土地面积比较见表1-1。

各种城市交通方式的客运量和所占用的土地面积　　　　　　　表1-1

比 较 项 目	客运量(人/h)	占用道路面积(m²/人)	运输速度(km/h)
自行车	2000	6~10	10~15
小汽车	3000	10~20	20~50
常规公交	3000~5000	1~2	20~40
轻轨	10000~30000	0.25(高架),0.5(专用道)	40~60
地铁	30000~60000	0.25(高架),不占用(地下)	40~80
市郊铁路	60000~80000	0.5(专用道),0.25(高架)	50~100

2. 能源消耗大

截至2018年6月底,我国机动车保有量达2.4亿辆,目前全世界汽车保有量超过10亿辆,截至2020年底我国汽车保有量达到2.8亿辆。运输业所消耗的能源约占全球石化燃料消耗量的一半。从单位能耗看,我国轨道交通、公共汽车、飞机、小汽车的单位能源消耗比为1:1.8:4.1:5.9(图1-14)。各种交通工具能源消耗比较见表1-2,地铁、轻轨由于车体轻、路况好,单位能耗较市郊铁路更低。

千卡（人·km）

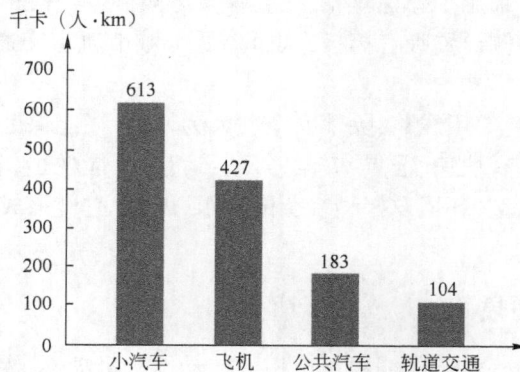

图1-14　各种交通工具的单位能源消耗比较图
注:1千卡 = 4.18×10³J

以2020年我国国民经济发展数据估算,城市轨道交通客运量每增加1个百分点,将少占

用333.4km^{2}土地,同时较少消耗2Mt标准煤。

3. 造成环境污染

汽车不仅是最大的石化燃料消耗者,也是城市环境污染的主要来源。据统计,来自机动车的尾气排放和噪声对城市环境的污染占污染源的50%~70%。各种交通方式的环境污染比较见表1-2。

各种交通方式的能源消耗、环境污染比较表(以市郊铁路为基准)　　　　表1-2

比较项目	市郊铁路	航空	汽车	地铁、轻轨
能源消耗比	1.0	5.3	4.6	0.8
人均 CO_2 排放量	1.0	6.3	4.6	1.0
人均噪声污染	1.0	1.5	0.7	0.4

以北京为例,其汽车排放的一氧化碳、碳氢化合物、氮氧化物,占总排放量的40%~70%。而被称为"绿色交通"的城市轨道交通,由于采用电力牵引,可以在城区实现大气污染的零排放,人均噪声污染也是各种交通方式中最低的。

由于轨道交通使用的是清洁能源——电能,没有尾气污染,因此被称为"绿色交通"。

4. 道路交通的安全性差

我国是交通事故多发国家。据公安部发布的全国道路交通事故统计数据显示,2016年全国共发生道路交通事故21万多起,造成6.3万多人死亡,22万多人受伤,直接财产损失12.1亿元。据联合国估计,道路交通事故大多发生在发展中国家的城市地区,道路交通伤害还是全球10~24岁人口的首要死亡原因。

城市轨道交通与汽车交通相比,环境污染小、能源和土地资源消耗少、安全性好。城市轨道交通的安全性要比轿车和公共汽车的安全性高出若干倍,其原因是路权独用和沿轨道行驶。

虽然城市轨道交通的投资较大,每千米地下线造价约为5亿元,路面轨道交通线路造价较低,可能为地下线的1/3;高架线则为地下线的1/2。但由于城市轨道交通的运输能力大,其高峰小时每位乘客的平均建设费用并不比街面轨道线路和高架线高出多少,而且它的运营费用更低于公共汽车。

由于在轮对、转向架上采用了弹性车轮、橡胶弹簧等减振、消音新技术,在轨道上采用无缝线路,在高架或地面轨道两侧设置吸音挡板,从而降低了城市轨道交通的噪声,也增强了乘客的舒适度。

由于轨道交通大部分是专用线路,除了安全性大为增加,还能保证准点运行。

总之,城市轨道交通具有快速、准点、安全、舒适、运量大、能耗小、节约土地资源、环境友好等特点,符合建设资源节约型、环境友好型社会的要求,因此,它应该成为大城市公共交通网络的骨干。

四、促进社会经济发展

方便快捷的城市轨道交通系统,能提高市民的流动性和机动性,并大大提升沿线物业及房地产的开发价值,带动城市轨道交通沿线的旧城改造及新城区的开发。城市轨道交通还具备发展轴作用,即有助于商贸向城市轨道交通沿线集聚,使城市形态发生积极变化,资源配置更加合理,并且有利于产业结构和消费结构的升级。

五、人防功能

我国对于城市轨道交通人防功能的定位是:"以交通为主,实现人防及地下空间综合开发等多功能结合。"在城市轨道交通设计、规划以及建设过程中遵照"平战结合"的总体原则,按照国家有关标准进行强制性规范,以达到兼顾人防的标准。将城市轨道交通系统在建设时通过与周边的人防工程和人防通道合理连通,纳入人民防空体系;平时以交通功能为主,在战时等特殊情况下可作为市民的避灾避难场所,也可作为战备物资的运输通道。

城市轨道交通庞大的地下网络不仅增加了整个城市区域人防系统的连通性,而且连接车站的众多出入口,又能够增加网络的辐射范围,形成了大面积的人防功能网,从而提高了大城市的总体防灾减灾能力。

六、文化功能

城市轨道交通车站建筑、站内装饰等都可以是文化的载体,其中最有名的要数莫斯科地铁和蒙特利尔地铁。伦敦地铁被认为是最有电影缘的地铁之一,曾有100多部电影和电视剧在这里取景。

巴黎利用夜间地铁开行仿古游,重现几十年前的站台和列车,用当时的炊具品尝咖啡,欣赏几十年前的音乐,如同在时间隧道里旅行。纽约利用废弃的地铁车站和区间线路,通过电视屏幕发出指令,玩起"警察抓罪犯"的仿真游戏,惊险异常。伦敦地铁和上海地铁之间开展文化交流,在上海的地铁车厢里挂有英国诗人的名句,在伦敦的地铁车厢里则装饰有我国的唐诗。

莫斯科地铁在2007年推出了"水彩画文化地铁"专列,2008年又推出了"爱阅读的莫斯科"地铁专列。文化专列不仅可以使人忽略地铁内刺耳的噪声,而且能获得有益的信息,愉悦心灵,给人以力量。

2017年6月29日,我国首届地铁公共文化艺术节在上海开幕。这是自2013年首届上海地铁公共文化周启动以来,上海首次以"地铁文化艺术节"的形式,展现更丰富的文化内容,凸显更高水准的艺术品质,为更多的市民乘客打造"可阅读、有温度"的"城市第二空间"。

第三节 我国城市轨道交通发展概况

在我国,最早建设有轨电车的城市是上海。1906年,英商上海电车公司成立,着手铺设从静安寺至广东路外滩的电车轨道。该线于1908年3月5日正式建成通车,全长6.04km。这不仅是上海,也是我国的第一条有轨电车线路,我国的城市轨道交通从此诞生。到1911年,上海共开通8条有轨电车线路,总里程为41.1km,电车总计65辆。

而最早建设地铁的城市是北京。

一、我国城市轨道交通百年回眸

自20世纪初开通第一条有轨电车以来,我国轨道交通的发展历经110多年。进入21世纪以来,我国城市轨道交通建设取得了迅猛发展。

1. 有轨电车时代(1906—1949 年)

1906—1949 年,是我国城市轨道交通的有轨电车时代。在这期间,北京、上海、天津、沈阳、大连、鞍山、长春、哈尔滨、武汉等城市,先后建成了多条有轨电车线路。这一期间我国城市轨道交通不仅数量少,而且技术标准低、质量低、布局不合理。

2. 缓慢发展期(1950 年至 20 世纪 80 年代末)

从 1950 年到 1978 年,有轨电车渐行渐远,逐渐退出历史舞台,地铁建设处于起步阶段,我国的城市轨道交通处于时断时续的缓慢发展期。

一方面,由于机动性强的汽车大量涌上街头,大部分城市的老式有轨电车线路被相继拆除,至今,我国内地只有长春和大连等少数城市仍保留着有轨电车交通;另一方面,在 20 世纪 60 年代,北京开始兴建具有交通和人防双重功能的第一条地铁线路,并于 1969 年 10 月投入运营,从而开创了我国地铁建设的先河。但这一阶段地铁建设基本处于起步阶段,形式比较单一,贯彻以战备为主、兼顾交通的指导思想,建设以人防设施为主的地铁。

进入 20 世纪 80 年代,北京建设了第二条地铁线,运营里程达到 54km,天津建设了地铁 1 号线7.4km,于 1984 年 12 月投入运营,在一定程度上缓解了城市道路交通拥堵现象,但尚未形成城市轨道交通网络。

3. 快速发展期(20 世纪 80 年代末至今)

为适应城市发展的需要、缓解城市交通的紧张状况,从 20 世纪 90 年代开始,我国政府加大了对城市交通基础设施的投入力度,强调城市轨道交通对解决城市交通问题和引导城市发展的作用,城市轨道交通开始进入能力扩张与质量提高并进的发展阶段。加快建设以大容量城市轨道交通为骨干的公共交通系统,成为这一阶段城市发展的主要特点。在 20 世纪 90 年代末,轻轨交通也开始得到了发展。

改革开放以来的快速发展期,我国城市轨道交通发展大致经历了三个阶段:

(1)第一阶段:开始建设阶段(20 世纪 80 年代末—20 世纪 90 年代中期)。以上海地铁 1 号线、北京地铁复八线、北京地铁 1 号线改造项目、广州地铁 1 号线建设为标志,我国真正以提供交通服务为目的的地铁项目开始建设,随着上海、广州地铁项目的建设,大批城市包括沈阳、天津、南京、重庆、武汉、深圳、成都、青岛等地开始上报建设轨道交通项目,纷纷要求立项审批。

(2)第二阶段:调整整顿阶段(1995—1998 年)。20 世纪 90 年代前期,上海、广州等地开始修建地铁时技术装备基本依赖进口,产生了造价高(初期估算地铁每千米造价达 8 亿元,工程实际核算为 6.7 亿元/km)、建设周期长、维护费用高等负面影响。另外,由于地铁建设发展迅猛,许多地方不考虑经济的承受能力和社会发展的实际需要,城市轨道交通建设带有很大盲目性。针对工程造价高、轨道交通车辆全部引进、大部分设备大量引进等问题,1995 年 12 月,国务院办公厅发布《暂停审批城市地下快速轨道交通项目的通知》(国办发〔1995〕60 号),要求除北京、上海、广州的在建地铁外,所有城市地下快速轨道交通项目一律暂停审批,并要求做好轨道网络发展规划和高新技术装备的国产化工作。在这一期间的近 3 年时间内,国家暂停了对城市轨道交通项目的审批。

(3)第三阶段:蓬勃发展阶段(1999 年至今)。1997 年底,国家发展和改革委员会研究了城市轨道设备国产化实施方案,提出深圳地铁 1 号线、深圳地铁 4 号线一期工程、上海明珠线、广州地铁 2 号线、南京地铁 1 号线一期工程作为国产化的依托工程,于 1998 年批复上述项目立项,轨道交通项目重新开始启动。

在这一阶段,随着国家积极财政政策的实施,国家从资金上给予城市轨道交通建设以有力支持。同时通过技术引进,国际先进制造企业与国内企业合作,实现了城市轨道交通车辆与设备的本土化、国产化,使城市轨道交通工程的造价大为降低。我国轨道交通建设从此进入高速发展期。

《中共中央关于制定国民经济和社会发展第十一个五年规划的建议》提出:"加快发展铁路、城市轨道交通。"截至 2017 年末,我国内地共计 34 个城市开通城市轨道交通并投入运营,开通线路 165 条,运营线路长度达到 5033km。尤其是北京、上海这两个特大城市分别建成 22 条和 15 条轨道交通线路,总运营里程分别达到了 608km 和 666km,工作日日均客流量都在 1000 万人次以上。

至今,北京、上海、广州等特大城市的轨道交通已从单线建设转向进入网络化运营建设新阶段,不仅路网规模不断扩大,轨道交通服务质量也明显提高。

除了线路和运营里程大幅增加外,我国的轨道交通也由原先只有地铁一种形式向多样化发展。在已建成的轨道交通系统中,不仅有天津、长春的轻轨,还有北京、上海的郊区铁路,重庆的跨座式单轨,广州的直线电机列车,上海的高速磁浮列车,北京首都机场的旅客自动输送系统(Automated People Mover System,APM S 或 APM)等。

目前全国在建的轨道交通系统项目达几十项,线路里程、投资规模、建设速度都大大超过以往,2017 年我国内地城市轨道交通完成建设投资 4762 亿元,共 62 个城市的城市轨道交通线网规划获批,规划线路长度达到 7424km。

目前开通或在建城市轨道交通系统的城市,除了直辖市、省会城市之外,还包括若干地级市。这些城市有一个共同特征,就是经济发展水平高,并在区域经济中占有重要地位。

二、投入运营的城市轨道交通系统

近 10 年来,我国城市轨道交通规模和类型都有了很大变化,2007—2017 年间,我国内地拥有城市轨道交通的城市从 10 个增加到 34 个;运营线路总长由 695.6km 增加到 4396.7km,年均增长 335.7km;运营线路条数由 27 条增加到 138 条;运营车站数由 460 座增加至 2890 座。

1997 年以前,我国已经有了地铁和轻轨,但还没有市域铁路及现代有轨电车。2007 年,我国开始有了现代有轨电车。2008 年,市域铁路建成。同时,轻轨的类型也越来越多,2002 年,长春首先运用了钢轮钢轨制式的轻轨。2004 年,重庆首先采用了跨座式单轨系统。2010 年,广州首先使用了旅客自动输送系统(APM)。2016 年,长沙首先出现了中低速磁浮系统。在有轨电车中,胶轮制式的现代导轨电车(2007 年)虽然早于钢轮钢轨制式的现代有轨电车(2013年),但它并没有得到大力发展。近年来快速发展的是钢轮钢轨制式的现代有轨电车。

目前,我国城市轨道交通运营的主要车辆是钢轮钢轨制式,包括高地板的 A 型车、B 型车、C 型车、铁路动车组(中低速)及低地板的现代有轨电车。还有少量车型属于胶轮制式,包括跨座式单轨、APM 及现代导轨电车。它们覆盖了高、中、低三种运量等级,交通服务半径多为 10 ~ 30km,旅行速度多为 25 ~ 60km/h。

本节讨论的城市轨道交通,是指城市区域内主要为城市交通服务的轨道交通系统,主要有城市快速轨道交通、市域铁路和现代有轨电车三种类型。

(1)城市快速轨道交通:采用直流供电(750V 或 1500V)高地板车辆、路权全封闭、单向断面运能在 1 万人次/小时以上的轨道交通系统,包括我国通常所说的地铁、轻轨系统。其中,轻轨单向断面运能为 1 万 ~ 3 万人次/小时,地铁单向断面运能在 3 万人次/小时以上。轻轨中有钢轮钢轨、单轨、磁浮等多种制式。

（2）市域铁路:采用交流供电(25kV)高地板车辆、路权全封闭、以城市内部客运为主的轨道交通系统。

（3）现代有轨电车:采用直流供电(600V 或 750V)现代低地板车辆、路权非全封闭(部分封闭或不封闭)、单向断面运能在 0.6 万 ~ 1.5 万人次/小时的轨道交通系统。

1. 城市快速轨道交通

（1）截至 1997 年底,我国有 6 个城市运营城市快速轨道交通运营线网,共有线路 11 条,总长为 188.8km,车站 150 座。其中,港澳台之外的城市有 4 个,线路 5 条,线网长为 75.6km,车站 61 座。

（2）截至 2005 年底,我国有 12 个城市运营城市快速轨道交通运营线网,共有线路 39 条,总长为 733.9km,车站 490 座。其中,港澳台之外的城市有 10 个,线路 5 条,线网长为 481.8km,车站 319 座。

（3）截至 2010 年底,我国有 16 个城市运营城市快速轨道交通运营线网,共有线路 67 条,总长为 1742.9km,车站 1154 座。其中,港澳台之外的城市有 13 个,线路 49 条,线网长为 1404.0km,车站 907 座。

（4）截至 2017 年底近 20 年中,我国城市快速轨道交通线网新增长度达到 4634km,而欧洲及美洲近 20 个城市在 1900—1940 年地铁建设高峰期内建成城市快速轨道交通线网约 1400km;我国近 20 年建成的城市快速轨道交通线网规模约为欧美 40 年间新增线网长度的 3.3 倍、年均新增线网长度的 6.6 倍。

截至 2017 年底,我国(不含港澳台)有 34 个城市开通城市快速轨道交通并投入运营,累计开通运营线路 156 条,总长为 4814.4km,车站 3182 座。

2. 市域铁路

2010—2017 年,市域铁路线网长度年均增长约 29km。与城市快速轨道交通相比,我国市域铁路发展起步较晚,且进展缓慢。但是,在东京、巴黎、伦敦等大城市中,市域铁路线网规模比城市快速轨道交通线网规模大得多。我国 500 万人以上的特大城市越来越多,随着城镇化进程的推进,特大城市的范围越来越大,市域出行人数及出行距离都在快速增长,借鉴国外大城市的经验,我国特大城市需要大力发展市域铁路。

截至 2017 年底,我国开通市域铁路的城市共 4 个,计有 5 条线,共 364.0km,50 座车站。

截至 2017 年底
我国部分城市
快速轨道交通
运营线路统计

截至 2017 年底
我国市域铁路
运营线路统计

截至 2017 年底
我国部分城市
现代有轨电车
运营线路统计

3.现代有轨电车

2012年12月,《国务院关于城市优先发展公共交通的指导意见》(国发〔2012〕64号)提出:科学研究确定城市公共交通模式,根据城市实际发展需要合理规划建设以公共汽(电)车为主体的地面公共交通系统。现代有轨电车作为公共交通的一种,在我国处于发展初期,但呈现出强劲的发展势头。截至2017年12月31日,我国开通现代有轨电车线路的城市由2016年的11个升至14个,计有17条线,共332.1km,388座车站。新增开通有轨电车线路的城市共4个(北京、珠海、深圳、武汉),新增运营线路7条,新增线路长度96.5km,新增车站120座。

第四节 世界五大城市地铁概览

英国新假日旅游公司曾对世界各国的地铁按知名度进行排名,2007年拥有"世界上最著名地铁"的前11个城市分别是英国伦敦、法国巴黎、俄罗斯莫斯科、西班牙马德里、日本东京、韩国首尔、美国纽约、加拿大蒙特利尔、中国北京、中国香港、巴西圣保罗。

2008年8月4日俄罗斯《权力》周刊发布了"全球地铁排行榜",名列前10的依次是伦敦地铁、纽约地铁、东京地铁、莫斯科地铁、首尔地铁、马德里地铁、上海地铁、巴黎地铁、墨西哥地铁、北京地铁。

下面对国外5个有代表性的城市地铁系统作一简要介绍,以了解其概貌,可作为读者学习本书以下各章内容的参考案例。

一、伦敦地铁

伦敦地铁是欧洲最大、世界上历史最悠久的地铁系统,其首条地铁线路建成于1863年1月10日。

1863年,世界第一条地铁——伦敦"大都市铁路"(Metropolitan Railway)建成通车,成为当时轰动世界的大新闻。伦敦地铁初期用蒸汽机车牵引,从1890年开始,蒸汽机车逐渐被电力机车取代。

伦敦有12条地铁线路,总长为461.5km,设有368座车站,其中3线及3线以上换乘枢纽共17个。2014年总客运量达18.62亿人次,日均客运量为510.06万人次。

表1-3为每条运营线路的基本情况。由于有共线运营区段和共用车站,因此运营总量超过了土建工程总量。

伦敦地铁各运营线路长度和车站数 表1-3

线　　路	运营公司	线路长度(km)	车站数(座)
Bakerloo Line	BCV	23.2	25
Central Line	BCV	74.0	49
Circle Line	SSL	22.5	27
District Line	SSL	64.0	60

线　　路	运营公司	线路长度(km)	车站数(座)
East London Line	SSL	8.0	9
Hammersmith and City Line	SSL	14.5	19
Jubilee Line	JNP	36.2	27
Metropolitan Line	SSL	66.7	34
Northern Line	JNP	58.0	50
Piccadilly Line	JNP	71.0	52
Victoria Line	BCV	21.0	16
Waterloo & City Line	BCV	2.4	0
总计		461.5	368

在地铁线路布局上,伦敦地铁各条线路间的长短差距很大,如最长线路 Central Line 长达74.0km,而最短线路 Waterloo & City Line 只有2.4km。伦敦的地铁线路有不少断头线,这主要是由伦敦郊区有很多卫星城镇,其向心交通量很大所决定的。另有一些地铁线路拥有很多支线,如 District Line 西端有5个支线段,支线上采用 C 型车,与主线使用的车型不同,行车安排比较复杂。

伦敦地铁乘客的平均乘距为7.7km,可见地铁的服务范围主要在市区范围内。

伦敦地铁行驶的全是电动车组,每列6~8节编组,非高峰时段采用4节编组。市中心高峰时段的行车间隔为90~120s,每站停车20~25s。

同一个公司下的 District Line、Circle Line 和 Hammersmith and City Line,都使用 C 型车,便于实现资源共享。这3条线路共享车辆和车辆段,能充分利用既有的车辆资源和维修资源,统一进行调配。

伦敦地铁的管理体制属于公私合营型。伦敦地下铁道公司(London Underground)成立于1985年,负责所有地铁线路的运营。和世界上大多数运营公司一样,伦敦地下铁道公司没有足够的收入来维持整个网络的运营和维护。1998年,伦敦市政府提出要实施公私合作(Public Private Partnership,简称 PPP)战略,以确保地铁运营的可持续发展。2003年,伦敦地下铁道公司运营机构重组完成。

在 PPP 的框架下,伦敦地下铁道公司在管理层面上只负责长期规划和整体网络协调,保持地铁运营的社会公益性。而与运营有关的核心部分,如轨道、信号、桥梁、隧道、电扶梯、车站、列车等设施及运营职责,全部下放给下属的3个私营企业:BCV、JNP 和 SSL。这3个公司负责提供车站和列车服务,以满足乘客需求,并下设10个线路经理,专门负责运营所管辖线路,改造和更新线路基础设施,直接负责列车、车站的管理。

伦敦的城市轨道交通系统除地铁外,还包括轻轨和市郊铁路。伦敦都市圈整个轨道交通系统的日均客运量约为672万人次。

伦敦的轻轨:在伦敦市区东部有3条轻轨线(由道克兰兹铁路公司运营),总长26km,共设33座车站。高峰期运行间隔为2min,平均日客运量为8.0万人次。

伦敦的市郊铁路:伦敦铁路枢纽的铁路线有20条,其中大部分为复线和多线,主要铁路干线有10条。大部分线路已实现电气化,线路网十分稠密,呈放射状,且均以客运为主。在大伦敦地区 13665km² 范围内, 市郊铁路营业里程超过了 1000km, 铁路密度为 0.62km/km², 铁路车站 550 余座, 日均客运量 411 万乘次(包括城市间客运量)。实际上, 伦敦市郊铁路的辐射范围覆盖了英国东南地区 27000km² 的范围, 相应的市郊铁路长度近 3500km。需要注意的是, 在一个发达的、成功的城市轨道交通网络中, 市郊铁路的地位举足轻重。

二、纽约地铁

纽约的城市轨道交通包括地铁和市郊铁路。

纽约地铁是全世界唯一全天 24h 运营的地铁系统, 其首条线路建成于 1904 年。

纽约地铁线路总长 394km, 其中 219km 位于地下。纽约地铁共有 27 条线 468 座车站(其中 60% 为地下车站);2014 年总客运量达 27.4 亿人次, 日均客运量达 751.5 万人次;工作日的日均客流量为 450 万人。

纽约地铁分成三大系统:一是纽约 5 个行政区之间的区间快速线路(Interborough Rapid Transit, IRT);二是独立经营的地铁线路(Independent Subway, IND);三是布鲁克林-曼哈顿运输股份有限公司的线路(Brooklyn Manhattan Transit, BMT)。

纽约中央车站是世界上规模最大、最繁忙的铁路、地铁换乘枢纽站, 每天有 500 多个班次列车到发、五六十万人次进出。

纽约地铁在高峰时段发车间隔为 2~4min, 非高峰时段为 15~20min。部分线路 24h 昼夜服务。

纽约地铁的另一特色就是同一区段内有好几个股道, 大部分线路是 3~4 线平行布置, 只有少数的线路是双线形式。这些区段可在一对线路上行驶普通地铁列车(站站停), 而在另外的线路上行驶快车, 这些快车仅在部分车站停靠。

从 1940 年至今, 纽约的地铁系统都在纽约大都会运输署(MTA)的管理下运营, MTA 的主要任务是通过纽约轨道交通系统的预算, 并争取政府的资金补助。

纽约的市郊铁路主要服务上下班的通勤客流, 由 8 个铁路公司经营, 共拥有线路 3630km。其中长岛铁路公司及北方铁路公司拥有 19 条线(共计 1057km), 254 座车站, 承担着纽约市区近一半的通勤客流。图 1-15 所示为纽约长岛的市郊铁路。

图 1-15 纽约长岛的市郊铁路

纽约地铁是世界上最大最复杂的地铁系统之一, 属于线路富余型, 运营里程为 394km, 但是线路的建设总长度却达到 1100 km 左右。这是因为大部分线路是 3~4 线平行布置, 只有少数的线路是双线形式。另外,3个站之间至少有1处设置配线(渡线、折返线或存车线),且绝大多数采用双向道岔。这样的线路设计,对实施复杂多样的行车方式提供了保障,且最大限度地减少了由于某线路出现故障所引起的综合网络效应。

例如,曼哈顿区是纽约的中心地区,大多数地铁线路都经过该区。为了避免线路资源的浪费,在2条及2条以上线路重合区段,采用快速线行车方式。因此,线路设计时,将所有从布鲁克林区延伸过来的10条线路(在布鲁克林区均为站站停)集中到3个换乘点(125st、145st、96st),以方便乘客换乘。进入曼哈顿区后开始采取快慢线相结合的行车方式。这就是说,一般以区域为界限开行快慢速列车,如3号线在曼哈顿区是快速线(只停靠大站),到布鲁克林区则为慢速线(站站停靠)。

有的线路以运营时段区分快慢速:只在高峰小时开行,且只在一些既定的车站停靠,属于快速线(如7号线);运行18h以上,且停靠在途经的每个车站,属于慢速线。

与此相适应,车站类型具有多样化的特点,可以方便列车越行、开行大站车,也可以减少运营延误。纽约地铁站以侧式车站为主,有的车站在2个站台间有2条线路,有的车站在2个站台间有3～4条线路,中间的线路为越行线。岛式车站均采用双岛形式:2站台2线路,或2站台3线路。少部分车站采用混合式:3站台2线路,或3站台3线路,中间的线路为越行线。

停车场、车辆段为了实现资源共享而统一设置。27条线路有22个综合基地,其中6个仅作为停车场,多布置在线路末端。平均3～5条线路共用一个车辆段(综合维修中心),一般布置在距离线路端部3～5座车站处。部分线路的末端设置2～4根折返线(存车线),有的线路中部也设有存车线,这样做可以在一定程度上缩小停车场或车辆段的规模。

按运营时间的不同,纽约地铁有4种类型线路:①全天24h运营;②拥挤时段运营(工作日上午6:30至9:30,下午3:30至8:00);③除深夜外的其余时段运营(上午6:30至午夜12:00);④双休日运营时段(上午6:30至午夜12:00)。

与此相适应,行车间隔也不尽相同。在运输高峰时段,列车运行间隔为1.5～5min,一般时段运行间隔为6～15min,在午夜至凌晨5点之间为20min。

在不同时段,同一条线路的停站类型也可以不同:全天都站站停;拥挤时段开行大站车;除深夜外所有时段站站停;除深夜及拥挤时段外站站停。

三、东京地铁

日本东京地铁是亚洲建设最早的地铁系统,其首条线路建成于1927年。

东京地铁线路总长度约312.6km,共有13条线274座车站;2016年总客运量超过40亿人次,日均客运量1100万人次。此外,东京还有2条轻轨线——都电荒川线和上野动物园线。

在东京的13条地铁线路中,日客流量超过100万人次的线路有5条,即东西线、丸之内线、日比谷线、千代田线及银座线。这些线路都经过市中心繁华地段,线路开通时间较长,线路也较长,有很强的辐射能力。

东京是世界上典型的以轨道交通为主导的大都市。东京的轨道交通属于资源节约型,工程师设计线路时充分考虑了不同的运营状况,因此线路设置非常合理,几乎不存在线路资源浪费,甚至配线的设计也一丝不苟,能做到既不缺也不滥。

著名的东京轨道站地下共有 6 层,地铁车站与地面火车站浑然一体,是亚洲最大的地铁枢纽站。东京站的停车场规模很大,为了节约市中心的土地资源,采用上下 2 层的停车场布置形式。东京站共有 28 个站台,其中地面站台 20 个(铁路既有线 8 个、新干线 10 个),地下站台 8 个(地铁和快速铁路线使用)。地下人行通道,将这些站台连接,还很好地进行了车站周边的商业开发。因此,东京站不仅是一个换乘车站,还是一个综合商业中心,如图 1-16 所示。

图 1-16 东京铁路和地铁的综合枢纽站——东京站

东京的轨道交通包括地铁、JR(Japan Railways,日本铁路公司)线路、其他民营铁路三类,其中绝大部分位于市区。有公交化的线路 10 余条,其他民营铁路线路 20 条。市区的轨道交通线路除地铁外,还有 JR 180km、其他民营铁路 200km。

轨道交通是东京客运线路交通的主导方式。大东京圈轨道交通出行比重达 58%,早高峰时段进入东京市中央三区的机动化出行方式中,轨道交通所占比例超过 80%。

东京地铁由东京地下铁株式会社和都营地下铁两家公司合作运营管理。

(1)东京地下铁株式会社负责东京都 9 条地铁线路的运营,运营里程为 203.6km,168 座车站,2017 年拥有车辆 2766 辆,年客运量约为 26.4 亿人次,下属有 9 个子公司。

(2)都营地下铁负责运营东京的 4 条地铁线路,运营里程为 109km,车站 106 座,2017 年拥有车辆 1132 辆,日均客运量为 267 万人次。

东京的地铁线路几乎没有断头线,其端部都与铁路相连接;而且制式能相互兼容,铁路线还可以与部分地铁线路共线运营,直接进入市中心。

在东京最繁华的市中心,地铁线路长度为 270km,铁路总长度为 50km,以地铁为主;在东京市域的 23 个区范围内,地铁线路长度为 312.6km,铁路总长度为 380km,以铁路为主。可见地铁绝大部分线路位于东京的市中心,地铁在市中心区域公共交通中所占比例非常大,每天利用地铁进入东京市中心的通勤客流占总客流的 80% 以上,而进入最繁华地带(市中心的 3 个区)的通勤客流所占比例更是高达 95%。

在东京的城市轨道交通系统中,以铁路环线山手线最为著名。在日本国铁民营化之前,国铁全面亏损,只有运量巨大的山手线盈利。山手线与所有径向辐射线都能直接换乘,整个网络的连通性非常好,线路间换乘方便,而且方便市郊间乘客的流动。山手线以内区域属于东京的市中心。在山手线的 29 座车站中,有 23 座车站与铁路或地铁相连。因此,山手线上的换乘客流非常大。

资源共享是日本轨道交通的一大特色,包括线路的共线运营、车辆的共同使用、停车库的合用等。东京的地铁和铁路共同承担城市交通,通过换乘枢纽实施网络的连接。

东京的铁路线在进入市中心以后,可以行驶在地铁线路上,但采用快速行车即只停大站的方式,而地铁线路则采用站站停靠的行车方式,这样可使近郊、远郊的乘客快速地到达市中心。

东京地铁和铁路之间,运营地铁的 2 家公司之间,都严格划分服务范围,所有进入对方领域的车辆必须更换乘务员和驾驶员,周转量和成本也按这种简单的方式进行划分。

四、莫斯科地铁

莫斯科地铁的首条线路——索科利尼基线于 1935 年 5 月 15 日投入运营。莫斯科地铁总长 327.1km,有 12 条线路 196 座车站。莫斯科地铁大部分是地下车站。地面车站只有 15 座。2014 年客运量达 39.5 亿人次,日均客运量 1082.1 万人次。

莫斯科地铁是世界上规模最大的地铁系统之一,更以其宏伟的车站建筑闻名于世。每座车站由建筑师和艺术家精心设计,以不同的历史事件或人物为主题,采用五颜六色的大理石、花岗石、陶瓷和彩色玻璃镶嵌出各种浮雕和壁画装饰,辅以华丽的照明灯具、富丽堂皇的大理石地面,因此莫斯科地铁车站素有"地下宫殿"之美誉,如图 1-17 所示。

图 1-17　莫斯科某地铁站

莫斯科地铁的布局由莫斯科市中心呈放射状向四周延伸,间以环形线路,密布于城市地下。莫斯科地铁沟通了市中心和郊区的绝大部分住宅区,并将莫斯科市内的 7 个火车站和 10多个广场串联起来(莫斯科市内共有 9 个火车站)。

莫斯科地铁许多线路的列车运行间隔只有 90s,它也是世界上速度最快的地铁系统,列车最高速度可达 120km/h。

值得一提的是,在第二次世界大战期间,莫斯科地铁曾被当作防空洞使用。有报道称,莫斯科地铁中有一条名为"地铁 2 号"的绝密地铁支线,直接通往克里姆林宫。

近年来,莫斯科地铁出现了一些专题列车,如画廊专列、阅读专列等,可见地铁也可作为文化的载体。

五、巴黎地铁

法国巴黎的首条地铁线路建成于 1900 年 7 月 19 日。巴黎地铁的开通是为了迎接 1900年在巴黎举行的世博会。地铁最初的法文名称是从伦敦"大都市铁路"(Metropolitan Railway)

的英文名直译过来的,后来缩短成 Metro。

巴黎地铁分为两部分:运行范围在巴黎二环之内的,称作 Metro,该系统共有 14 条地铁线和 2 条轻轨线;运行范围超出巴黎二环的,称作"市域快速轨道线"(简称 RER),共有 5 条线,分别用字母 A、B、C、D、E 表示,即从 RER A 至 RER E。

巴黎市中心区地铁(Metro)线路总长度约 215km,共有 384 座车站,2006 年总客运量达 14.09 亿人次,日均客运量 386 万人次。RER 运营线路总长约 363km,其中 114km 与地铁共线运营,249km 为 RER 专线。RER 的年客运量为 4 亿多人次,日均客运量 109.6 万人次。

巴黎地铁的一大特点是线网密度高、站间距短,因此覆盖率高,市区居民步行不超过 500m,就能到达一处地铁站。

巴黎城市轨道交通的另一个特点,就是具有发达的市郊铁路网。巴黎郊区铁路网的总长度为 970km,它能将居住在巴黎近郊和远郊的上班族快速送达市中心。

RER 线路的建设充分利用了既有铁路线路,大部分线路采用既有的郊区铁路线,只是在市中心区新建地下线,将两端的市郊铁路地面线连接起来。这些新建地下线的站间距比地铁长,以保持 RER 的快速特性;同时,RER 路网中市中心区新建的地下线大多与市区既有地铁线相交,可以使郊区乘客方便换乘市区地铁;RER 线路也可以在市中心地区老式地铁的底下铺设线路运行,被称为深层地铁,从而缓解巴黎地面交通和老式地铁线路的压力。RER 线路支线多,可覆盖较大的郊区面积。

巴黎市郊铁路网在形成过程中,重新使用了很多法国古老的铁路线路。这也是巴黎 RER 线目前由巴黎公共交通公司(RATP)和法国国有铁路公司(SNCF)联合运营的原因之一。

如果将巴黎地铁与市域快速轨道 RER 线进行"同中求异"的比较(表 1-4),对于我们认识巴黎城市轨道交通的特色、了解轨道交通引导城市发展的功能都大有裨益。

巴黎地铁与市域快速轨道 RER 线比较表 表 1-4

项 目	地 铁	市域快速轨道 RER 线
经营单位	RATP	RATP 和 SNCF 联合运营
站间距(km)	0.58	2~6
运营类型	全部地铁	市域快速轨道交通线
日均客运量(万人次/日)	330~390	110
线路数量(条)	14	5+n
车站数量(座)	>300	≈200
平均出行距离(km)	4.8	10.5
轨距(mm)	1435	1435
供电方式	DC750V,第三轨(相当于我国的 B、C 型车)	DC1500V,架空线(相当于我国的 A 型车)
车辆	MF88,MP89CA 等	MS61,M12N 等
服务面积	大部分在市区范围内,仅后期建设的几条向近郊延伸	扩展到 8400km²
每条线的平均长度(km)	15	>100

表 1-7 说明,首先,大巴黎地区的轨道交通系统由巴黎公共交通公司(RATP)和法国国有铁路公司(SNCF)联合运营。RATP 负责整个巴黎地区的地铁网络。部分 RER 线路和两条轻轨线路的运输工作。SNCF 负责部分 RER 线路和区域铁路的运营。这两个公司通过与巴黎公共交通联合管理委员会(STP)签订租约,获得线路的运营权。

其次,地铁和 RER 的站间距离差异很大。地铁平均站间距为 579m,极大地方便了乘客,这也是巴黎市中心以地铁为主要交通方式的重要原因;相比之下,RER 线站间距较大,如 A 线西支线的站间距达到 5.6km。这是由市郊的交通布局、交通需求、城镇布置等决定的。轨道交通市郊线的主要功能,是将近郊和远郊的居民快速送达市中心。

巴黎轨道交通属于方便宜人型,其地铁线网车站多,站间距较小,最小站间距不足 200m,平均站间距为 579m。巴黎地铁在规划时就确定了这样的理念:在巴黎市区任一处只需步行 5～8min 就能到达一个地铁站,十分方便。

巴黎地铁大部分线路分布在市区,网络密度大。地铁线路离中心区最大辐射半径仅 11.5km;地铁网络呈蛛网状,主要分布在巴黎市区,市区线路占到了地铁网络总长度的 80%。巴黎中心城区($105km^2$)的轨道交通线网长度达到 260km,轨道交通线网密度为 $2.47km/km^2$;巴黎市区 $762km^2$ 内的轨道交通线网长度达到 551km,线网密度为 $0.72km/km^2$。

巴黎地铁的换乘十分方便。中心城区几乎所有的径向线路都可与 RER 换乘,其中有 4 条地铁线路与所有的 RER 线都能换乘。

巴黎地铁线路在主要换乘站通过地下通道连接相邻的换乘系统(包括铁路车站),构成大型的换乘枢纽。在换乘枢纽,乘客可以直接进行地铁与地铁、地铁与 RER、地铁与国有铁路之间的换乘。但是,巴黎的每一条地铁线路都有独立的车站,即使在换乘站,线路之间也不会共享同一站台。巴黎地铁的主要换乘枢纽见表 1-5。

巴黎地铁的主要换乘枢纽　　　　　　　　　　　　　　　　　表 1-5

主要换乘枢纽	衔接线路
夏特莱站(Chatelet)	1,4,7,11,14,A,B
北站(Gare de Nord)	2,4,5,B,D
歌剧院(Auber)	3,7,8,9,A
戴高乐广场站(Charles de Gaulle Etoile)	1,2,6,A
圣米歇尔站(St-Michel)	C,B,4,10
巴士底广场站(Bastille)	1,5,8
里昂站(Gare de Lyon)	1,14,A,D
民族广场站(Nation)	1,2,6,9,A

巴黎地铁的行车方式单一,所有地铁线路均采用站站停的行车方式,极大地方便了乘客,减少步行距离和换乘时间,但也导致乘客旅行时间较长,线路周转时间较长,需要的车辆数目较多。

地铁列车的编组数目为 3～6 节不等,依据客流量决定;但是,在既定的线路上采用的编组数目不会随着运营时段的改变而改变。

巴黎地铁 1、4、6、11 号线采用橡胶轮胎车辆,其特点将在本书第二章中加以论述;14 号线采用全自动驾驶方式。

相比较而言,RER 线路的运输组织方式灵活,为了适应郊区各区段客流不均衡的特点,在距离市中心 15km 半径范围内每 15min 发一列车,距离市中心 30km 半径范围内每 30min 发一列车。在高峰时段内,列车数量根据客运量的需求来决定,一般为平常时段的 2 倍,有时达到 4 倍。

思考题

1. 简述综合交通体系中城市轨道交通运输方式的特点。
2. 分析我国发展城市轨道交通的必要性及发展前景。

第二章

城市轨道交通的分类与制式选择

　　"优先发展公共交通"是解决当前我国城市交通问题的必由之路,也是世界各国的共同经验。在有条件的大中型城市中,应鼓励发展城市轨道交通;但由于各城市经济实力、地理环境等诸多因素不同,在选择城市轨道交通形式时应该从实际出发,因地制宜。

　　本章论述互相关联的三个问题:一是城市轨道交通的分类,二是城市轨道交通的技术制式,三是城市轨道交通的制式选择。

第一节　城市轨道交通的分类

　　交通运输是一个复杂的大系统,任何系统都有其层次结构。

　　轨道交通可分为干线铁路(含高速铁路)、地区性城际铁路或城际轨道交通、城市轨道交通 3 个层次。

　　城市公共交通可分为道路公共交通和城市轨道交通两大类。在城市发展的不同时期,城市公共交通系统出现不同的形式,相继经历了公共马车时代、有轨电车时代、公共汽车、无轨电车时代,现在正在步入城市快速轨道交通时代。

　　所谓"城市快速轨道交通"主要是指地铁和轻轨。地铁为高运量、大运量轨道交通,轻轨为中运量轨道交通,其中不包括速度较低的、不具有独立路权的地面有轨电车。尽管地面有轨电车也属城市轨道交通范畴,但不能算是快速轨道交通工具。

随着城市轨道交通技术的不断进步,出现了许多新的城市轨道交通制式,一般可以分为市郊铁路、地铁、轻轨、单轨、自动导向轨道系统、线性电机车辆、有轨电车、磁浮列车等几种。

下面采用不同方法对城市轨道交通进行分类。

1. 按运能分类

线路运能指的是线路输送客流的最大能力。根据《城市轨道交通工程项目建设标准》(建标 104—2008)规定,按照不同的线路运能,城市轨道交通可以分为高运量、大运量和中运量 3 种类型,4 个等级(中运量可分为全封闭和部分平交道口两个等级),详见表 2-1。

2. 按路权分类

路权是指城市轨道交通运行线路与其他交通的兼容程度。以此为依据,轨道交通系统可分为独有路权、半独立路权和共有路权 3 种基本类型。

独有路权的城市轨道交通系统,与其他交通方式完全隔离,不受平交道、人与车的干扰,一般用于高运量、大运量及运量 1.5 万人次/h 以上的中运量轨道交通系统。

半独立路权的城市轨道交通系统,车辆在专用隧道或高架桥上运行;在地面上行驶时,采用路堑、路堤、隔离栅等方式与其他交通工具隔离,但在交叉路口仍与横向道路的人和车平交混行,受色灯信号控制,一般用于 1.5 万人次/h 以下的中运量轨道交通系统。

共有路权即地面混合交通,例如,有轨电车可以与汽车等地面交通工具共享路面,混合出行,在十字路口都按照所显示的交通信号行车;实施公交优先策略,有轨电车也可享有一定的优先权,诸如采用道路标线保留车道在上下班高峰时段独用,有轨电车司机还可在规定条件下用遥控装置控制色灯信号优先通过十字路口等。

3. 按敷设方式分类

根据不同的敷设方式,城市轨道交通系统可分为地下隧道、高架和地面 3 种形式。大运量轨道交通在交通繁忙的市中心区多采用地下隧道形式,在城市郊区可采用高架和全封闭的地面形式;中运量城市轨道交通可兼有 3 种敷设方式,且通常不与道路机动车混行,但可以有部分平交道口;小运量轨道交通系统一般采用地面形式,可与道路机动车混行,大多是平交道口,运行效率较低。

按敷设方式分类的方法,往往被人们绝对化。例如,列车在地下行驶的就是地铁,这在大多数情况下是正确的;但反之则不然,在高架上行驶的列车未必一定是轻轨,如果其每小时运量在 3 万~5 万人次之间,就应归入地铁这一类别。上海轨道交通 3 号线主要在高架上行驶,但它的运量大,所以是地铁,并非轻轨。实际上,"地铁"已成为一历史名词,地铁不一定都建在地下。随着城市规模的扩大,为了节省投资、降低造价,现在通行的做法是,市中心区线路建在地下,延伸到郊区时,则建在地面或高架上。正因为如此,现在人们不再以敷设方式作为分类的主要依据了。

4. 按轮轨关系分类

根据轮轨关系的不同,城市轨道交通系统可分为钢轮钢轨系统、橡胶轮系统和磁浮系统。地铁、轻轨、有轨电车等属于钢轮钢轨系统。橡胶轮地铁、单轨、无人驾驶的自动导向轨道系统等属于橡胶轮系统。利用电磁力导向、浮起、驱动的则为磁浮系统。线性电机车辆属于中间状态,靠电磁力驱动,但车体并不浮起,承重钢轮凭借钢轨导向。这充分说明了分类的模糊性——大体如此,定体则无。

5.按技术特征分类

城市轨道交通按其技术特征可分为市郊铁路、地铁、轻轨、单轨、线性电机系统、自动导向轨道系统、有轨电车等类型。

城市轨道交通种类繁多、技术指标差异较大,各国标准不一,因此无法进行严格的分类。例如,德国和奥地利将城市轨道交通简单地分为两大类:U-bahn 和 S-bahn,前者为市区轨道交通,主要指地铁;后者主要指市郊列车,或称市域线,也包括干线铁路在城市郊区的延伸线等。

《城市轨道交通工程项目建设标准》(建标 104—2008)中,将城市快速轨道交通线路运能等级分为高运量、大运量和中运量三种,各级线路相关技术特征见表 2-1(低速城市轨道交通如有轨电车未包括在表 2-1 内)。

城市轨道交通各级线路相关技术特征　　　　　　　　　　　　　　　　表 2-1

线路运能分类	Ⅰ	Ⅱ	Ⅲ	Ⅳ
	高运量	大运量	中运量	
		(钢轮钢轨)		(钢轮钢轨/单轨)
线路类型		全封闭型		部分平交道口
列车最大长度(m)	185	140	100	60
单向运能(万人次/h)	4.5~7	2.5~5	1.5~3	1~2
适用车型	A	B 或 L_b	B、C、L_b 及单轨	C 或 D
最高速度(km/h)		80~100		60~80
平均站间距(km)		1.2~2		0.8~1.5
旅行速度(km/h)		35~40		20~30
适用城市城区人口规模(万人)		≥300		≥150

注:1. Ⅰ、Ⅱ、Ⅲ 级线路是全封闭快速系统,采用独立的专用轨道和信号,高密度运行。Ⅳ 级线路具有专用轨道和部分信号的中低运量系统,但部分路段设置平交道口。

2. "适用城市城区人口规模"是指人口规模能达到或超过此限的城市轨道交通线网中的主干线等级,其余线路可根据运量选用较低等级。

3. 旅行速度是指一般情况下的特征数据。当车辆最高速度大于 100km/h 时,有关技术标准应另行研究确定。

第二节　城市轨道交通的技术制式

世界上城市轨道交通的制式种类繁多,为了介绍方便,本书将城市轨道交通制式分为地铁系统、轻轨系统、单轨系统、磁浮系统、自动导向轨道系统、市域快速轨道系统和索轨系统共 7 大类 14 小类(14 小类依据不同车辆类型划分),见表 2-2。

我国城市轨道交通分类表　　　　　　　　　　　　　　　　表 2-2

		A 型车辆
城市轨道交通	地铁系统	B 型车辆
		直线电机 B 型车辆
		胶轮地铁

城市轨道交通	轻轨系统	C 型车辆
		直线电机 C 型车辆
		现代有轨电车
	单轨系统	跨座式单轨车辆
		悬挂式单轨车辆
	磁浮系统	中低速磁浮车辆
		高速磁浮车辆
	自动导向轨道系统	橡胶轮特制车辆
	市域快速轨道系统	地铁车、市郊铁路或专用车
	索轨系统	悬挂车辆

城市轨道交通系统各模式的技术特点如下所述。

一、地铁系统

地铁系统(Metro)是一种大容量的城市轨道交通系统,也是世界各个国家城市轨道交通的主要模式。按照我国的建设标准,地铁系统采用钢轮钢轨导向,标准轨距为 1435mm,主要在大城市地下空间修筑的隧道中运行,当条件允许时,也可穿出地面,在地上或高架桥上运行。

地铁车辆的基本车型为 A 型车、B 型车和直线电机 B 型车 3 种。A 型车车辆基本宽度为 3000mm;B 型车车辆基本宽度为 2800mm;直线电机 B 型车车辆基本宽度为 2800mm。每种车型有带驾驶室和不带驾驶室、动车和拖车之分。

地铁系统的列车编组通常由 4 ~ 8 辆组成,列车长度为 70 ~ 190m,要求线路有较长的站台相匹配,最高行车速度不应小于 80km/h,主要技术规格见表 2-3[见《地铁设计规范》(GB 50157—2013)]。

地铁车辆的主要技术规格 表 2-3

名　　称		A 型 车	B 型 车	
			B₁ 型车	B₂ 型车
车辆轴数		4	4	4
车体基本长度 (mm)	无驾驶室车辆	22000	19000	19000
	单驾驶室车辆	23600	19600	19600
车钩连接中心点间距离(mm)	无驾驶室车辆	22800	19520	19520
	单驾驶室车辆	24400	20120	20120
车体基本宽度(mm)		3000	2800	2800
车辆最大高度 (mm)	受流器车	有空调	—	3800	—
		无空调	—	3600	—
	受电弓车(落弓高度)	≤3810	—	≤3810
	受电弓工作高度	3980 ~ 5800	—	3980 ~ 5800
车内净高(mm)		2100 ~ 2150	2100 ~ 2150	2100 ~ 2150
地板面距轨面高(mm)		1130	1100	1100

名　　称		A 型 车	B 型 车		
			B₁ 型车	B₂ 型车	
轴重(t)			≤16	≤14	≤14
车辆定距(mm)		15700	12600	12600	
固定轴距(mm)		2200～2500	2000～2300	2000～2300	
每侧车门数(对)		5	4	4	
车门宽度(mm)		1300～1400	1300～1400	1300～1400	
车门高度(mm)		≥1800	≥1800	≥1800	
载员 (人)	座席 单驾驶室车辆	56	36	36	
	座席 无驾驶室车辆	56	46	46	
	定员 单驾驶室车辆	310	230	230	
	定员 无驾驶室车辆	310	250	250	
	超员 单驾驶室车辆	432	327	327	
	超员 无驾驶室车辆	432	352	352	
车辆最高运行速度(km/h)		80、100	80、100	80、100	

注:1. 每平方米有效空余地板面积站立的人数,定员按6人计,超员按9人计。

　　2. 有效空余地板面积,指客室地板总面积减去座椅垂向投影面积和投影面积前250mm内高度不低于1800mm的面积。

1. 地铁 A 型车和 B 型车

地铁 A 型车、B 型车分别如图 2-1、图 2-2 所示。

图 2-1　在上海地铁 4 号线上行驶的 A 型车

图 2-2　在北京八通线上行驶的 B 型车

1)主要优点

(1)应用范围广,技术成熟。地铁 A 型车和 B 型车在伦敦、巴黎、莫斯科等国外发达城市具有较长的应用历史,同时 A 型车在我国上海、广州已有 20 余年的应用历史;B 型车在北京的应用历史更长,技术性能成熟、可靠。

(2)运量大,超载能力强。相比其他城市轨道交通车辆,地铁 A 型车和 B 型车的车厢容积较大,载客量较大,故运输能力较强。同时,由于车辆轴重也相对较大,具有较强的超载能力。

（3）运行速度较快。地铁系统的最高运行速度通常为 80km/h，但根据线路实际需求也可以采用更高的速度，如 100km/h、120km/h，甚至可达 140km/h，以缩短乘客的旅行时间，提高乘客出行的快捷性。

列车速度大于等于 80km/h，旅行速度可大于 35km/h，行车间隔最小可达 90s 左右。根据工程和线路要求，列车编组可由全动车或按不同动车拖车比组成。

（4）国产化程度高。国内铁路钢轮钢轨系统的运营应用历史较长，并通过上海、北京、广州地铁多年的使用，为 A 型车和 B 型车的车辆和部件制造以及轨道线路和机电系统积累了一定的技术基础。其中，2007 年 9 月，国内首列具有自主知识产权的地铁 A 型车在上海下线，这标志着我国地铁 A 型车的国产化水平大大提高。而 B 型车在更早就具有国内自主知识产权。

2）主要缺点

（1）性能受黏着条件限制。轮轨系统牵引/制动力是靠钢轮与钢轨之间的黏着力来实现的，计算时黏着系数一般采用 0.15 ~ 0.17。黏着系数受天气、轨面清洁状况等因素影响，数值不稳定，变化较大，列车容易发生空转或打滑，给控制和安全带来隐患。

（2）噪声、振动较大。地铁 A 型车和 B 型车自重较大，且载客能力强，但列车在运行过程中钢轮与钢轨存在着明显的摩擦和撞击，噪声和振动较大，对沿线的环境具有一定的影响。

（3）转弯半径较大。根据地铁 A 型车和 B 型车的技术标准，正线最小曲线半径分别为 300m 和 250m，相比其他轨道交通车辆转弯半径较大，对线路条件的要求较高。

（4）建设投资大，建设周期长。由于地铁系统大都在地下运行，因此，建设投资额相对较大，从我国建设的实际情况来看，建设投资一般都在 6 亿 ~ 7 亿元/km，而且建设周期大都在 4 ~ 5 年。

（5）地下区段救援难度大。由于隧道是一个封闭的距离很长的狭小空间，如果发生火灾、地震、洪水等自然灾害或人为、机械故障，列车应尽量行驶至车站，否则，列车将被迫停在区间隧道内，乘客疏散比较困难。

3）适用范围

通过对地铁系统主要技术特点的分析，采用 A 型车或 B 型车的地铁系统比较适用于以下范围：

客流较大、中心城的地下线路。

客流较大、环境条件要求相对宽松的城市外围区域与中心城之间的联络大站距，速度高的地下线路。

2. 直线电机 L_b 型车

广州地铁 4 号线所采用的直线电机 L_b 型车如图 2-3 所示。

1）主要优点

（1）运量较大。直线电机 L_b 型车宽 2.8m，长 16.8m，车厢容积相对较大，载客量较多，以广州地铁 4 号线为例，4 辆编组列车载客量达 918 人/列，客运能力达到 2.5 万 ~ 4 万人次/h，可适应中、大运量等级的客流运输需求。

图 2-3　广州地铁 4 号线的直线电机 L_b 型车

（2）加减速快、转弯半径小、爬坡能力强。直线电机 L_b 型车依靠直线电机所产生的电磁力推动列车前进,车辆车轮仅起到承载作用,不受轮轨黏着因素的制约。因此,车辆可以获得很强的起动、加速和减速动力性能,使得系统能够适应车站较为密集的线路、频繁加速减速,也能适应对旅行速度要求较高的线路;具有突出的爬坡能力,同时由于车辆转向架安装直线电机,省去了旋转动力源、齿轮箱等一系列传动设备,有利于采用径向转向架;轴距较小,正线最小曲线半径可达 100m,甚至更小。结合国内的具体情况,广州地铁 4 号线正线最小曲线半径为 150m,最大坡度可达 6%,可以大大缩短地下至地面的过渡平面距离,使线路的选择更容易适应复杂环境,有效地节省征地费用,并减少对景观的影响。

（3）振动小、噪声低。首先,直线电机车辆没有齿轮传动机构的啮合振动和噪声;其次,车轮不是驱动轮,没有动力轮对与钢轨蠕滑滚动产生的振动和噪声;最后,径向转向架具有良好的曲线通过性能,有效减少了通过曲线时轮轨冲角带来的振动和噪声。

（4）工程造价相对较小。对于地下线路,由于直线电机车辆可降低底板高度,且不牺牲车内的空间,其轮廓尺寸较传统的采用旋转电机的钢轮钢轨车辆小。因此,隧道直径可以减小,可大大节省区间土建的工程投资。

对于高架线路,由于直线电机车辆尺寸小、质量轻,高架桥可设计成轻型的结构,大幅降低工程造价,土建基本费用可以节省 30% 左右。

由于直线电机车辆转弯半径小,车场咽喉区的有效长度可明显缩短,车辆段设置更加紧凑,车辆基地的土建投资也有所降低。

（5）人员及维修成本较低。采用高度自动化和无人驾驶技术后,工作人员能够大幅度减少,以温哥华 ALRT 系统为例,平均每千米 15.7 人,大约为国内地铁系统的 1/7 ~ 1/4。

由于直线电机车辆车轮仅仅起到支承和导向作用,故轮缘和轨道的磨耗大大减少,转向架和直线电机结构都比采用旋转电机的钢轮钢轨车辆简单,因此,车辆维修工作量可明显减少,同时维修人员数量也相应减少,维修成本较低。

（6）良好的编组灵活性和运营适应性。由于直线电机车辆具有比传统车辆更强的加减速性能、更高的停车位置控制精度,因此,更容易实现小编组、高密度、自动驾驶的运行模式,可以实现 2 ~ 10 辆的灵活编组,以适应不同的客运量需求,发车间隔可达60s。同时,由于直线电机车辆仍采用钢轮和钢轨来支承和引导车辆运行,所以仍可采用长期运用的、技术成熟的、安全可靠的轨道电路信号系统来实行对列车的信号传输、运行监控和集中调度,运营适应性较好。

2)主要缺点

(1)直线电机技术不如旋转电机技术成熟。温哥华、蒙特利尔、多伦多、东京、大阪、吉隆坡、纽约等10多个城市修建了直线电机轨道线路,已投入运营的线路超过了100km,一些新线路仍在建设之中。在国内,目前广州地铁4号线采用了直线电机B型车的地铁系统,成为国内首条采用直线电机车辆的轨道交通线路。自1985年世界上第一条采用直线电机车辆的加拿大多伦多Scarborough线开通运营至今,也只有30余年的应用历史,技术不如旋转电机技术成熟。

(2)运营能耗大。由于直线电机定子和转子之间有较大的空气间隙,直线电机效率比旋转电机低。在相同的转差率条件下,直线电机的效率接近70%,而旋转感应电机的效率接近90%。因此,直线电机每t·km需要多消耗20%的能量,比旋转电机车辆运营能耗大。

(3)国产化水平较低,车辆造价较高。目前世界上只有日本和加拿大具有直线电机车辆的设计制造能力,主要包括加拿大的MK1、MK2型车以及日本的70系和12-000系等车辆类型,供应厂商数量少,且主要生产中小运量的直线电机车辆。

3)适用范围

通过对主要技术特点的分析,采用直线电机B型车的地铁系统一般适用于以下范围:

(1)客流较大、构筑物密集、线路转弯半径小、坡度大、环境条件要求较高的中心城地下或高架线路。

(2)客流较大、线路条件较差、联络中心城与外围区域的地下或高架线路,如丘陵复杂地段等。

3. 胶轮地铁

胶轮地铁虽然应用较少,如法国巴黎地铁1号线(图2-4)和14号线、我国台湾地区台北的木栅线等,因此这里也作简单论述。

图2-4 巴黎地铁1号线的胶轮地铁系统

(1)胶轮地铁的走行系统。传统的橡胶轮制式车辆在基本原理和设计上并无太多的特殊之处,只是在普通车辆的钢轮转向架上增加了驱动和导向橡胶轮(图2-5)。

图 2-5　MP89 型车辆的转向架

胶轮地铁车辆的走行轮,行驶在一对平行的采用宽翼工型钢或混凝土筑成的带形平板轨道上,两条平板轨道分别设在左右两条钢轨的外侧。列车依靠各转向架前后的一对水平胶轮紧抵道床两侧的导向轨滚行实现导向运行。

列车正常运行工况下利用胶轮与混凝土或钢制轨道梁的接触摩擦来实现列车驱动;在胶轮漏气的紧急情况下由钢轮来替代实现黏着驱动;在列车通过道岔区段时,因侧向导向轨中断,钢轮也承担导向和走行的功能。因此,胶轮地铁虽有两套系统,但钢轮只作为安全备用装置,并不作为主要的走行系统。

(2)胶轮地铁的优点。胶轮制式车辆具有较高的黏着系数,能发挥较大的起动牵引力和制动力,爬坡能力也高于常规的钢轮制式车辆,运行时的噪声相对较低,乘坐舒适性较好。随着技术的进步,胶轮地铁也实现了现代化的改造。如巴黎 1998 年开通的胶轮地铁 14 号线,已实现了列车的无人驾驶。

(3)胶轮地铁的缺点。胶轮车辆的走行部结构较为复杂、运行阻力较大、能耗相对较大,胶轮磨损带来的粉尘会污染环境,胶轮的承载能力相对较小,使用寿命也短。同时,与传统的钢轮地铁相比,胶轮承载力低,负荷受限,因此,胶轮地铁在世界各地使用不多,除因旧线改造创造了这种制式的法国外,只有日本的札幌和南美洲的少数城市采用。但日本札幌的胶轮地铁与法国的胶轮地铁有所不同,虽然主要还是依靠胶轮驱动,但导向系统采用设在道床中央的倒 T 形(早期采用工形)钢质导向轨,列车水平导向轮夹行于导向轨的两侧,实现导向行驶。且日本的胶轮地铁完全摒弃了钢轮系统,实现了构造的简化。

(4)胶轮地铁的适用范围。胶轮制式车辆适用于线路坡度大、沿途环境对噪声较敏感的线路,如居民区、学校、医院、办公场所等附近的地区及高架线路。

二、轻轨系统

轻轨系统(Light Rail Transit)是一种中运量的轨道运输系统,采用钢轮钢轨导向和标准轨距(1435mm),主要在城市地面或高架桥上运行,线路采用地面专用轨道或高架轨道,遇繁华街区也可进入地下或与地铁接轨。

根据我国《城市轨道交通工程项目建设标准》(建标 104—2008),轻轨泛指中运量的城市轨道交通系统;而欧洲部分国家所说的"轻轨"LRT(Light Rail Transit)特指现代有轨电车。因此,在我国"轻轨"一词所涵盖的范围比欧洲部分国家更广,一般包括使用小型地铁车辆 C 型车的准地铁(图 2-6)、使用 C 型车的直线电机系统以及现代有轨电车(图 2-7)。这里需要说明的是,地铁和轻轨按运输能力的分类只具有相对意义,并无精确的界线,这也符合模糊聚类分析的一般原理。因此,在《城市轨道交通工程项目建设标准》(建标 104—2008)中,只按运输能力将城市快速轨道交通分为三大类:高运量(单向运能为 4.5 万~7 万人次/h)、大运量(单向运能为 2.5 万~5 万人次/h)和中运量(单向运能为 1 万~3 万人次/h)。这里并未指明高运量一定是市郊铁路,大运量一定是地铁,中运量一定是轻轨,其边界是有搭接的,以适应具体线路的客运能力。

图 2-6 武汉轻轨

a)

b)

图 2-7 现代有轨电车

和地面公交相比,轻轨的造价高,但人均运营费用低,运营速度高,污染小;和地铁相比,轻轨的建设费用和运营成本低,但运营速度也相对较低。因此为了定义"兼容",本书的轻轨包含"准"地铁 C 型车、直线电机 C 型车和新型有轨电车。

由于轻轨造价低、建设速度快,因此其是世界各国轨道交通建设的首选。目前世界上拥有轨道交通的许多城市中,轻轨系统占到了 90% 以上。总体来看,国外轻轨的发展有 3 种模式:改造旧式有轨电车为现代化的新型有轨电车,这种模式以德国以及东欧各国为典型代表;利用废弃铁路线路改建成轻轨线路,这种方式以美国圣迭戈(San Diego)轻轨交通为代表,瑞典的哥德堡和德国的卡尔·马克思城区也采用了这种方式;新建轻轨交通线路,以马尼拉、鹿特丹等城市为代表。

根据《轻轨交通设计标准》(GB/T 51263—2017)的规定,轻轨车辆基本形式应为钢轮钢轨、多模块铰接 C_j 型车辆,车辆规格通常按车辆地板面距轨面高度,分为低地板车和高地板车。低地板车的地板面距轨面高度不宜大于350mm,高地板车不宜大于950mm,见表2-4。

轻轨车辆主要技术规格 表2-4

名　称	C_j 型(铰接)车	
	高地板(G)	低地板(D)
车辆基本长度(m)	15～23	30～36
车辆基本宽度(mm)	2650	
车辆最大高度(mm)	≤3700	
地板面距轨面高度(mm)	≤950	≤350
车内净高(mm)	2100	1950
固定轴距(mm)	≤1900	
轴重(t)	≤12	
车轮直径(mm)	760	560、660
客室侧门净开度(mm)	≥1300	
客室侧门净高度(mm)	≥1800	
定员(人/车)	250	250～300
最高运行速度(km/h)	70、100	70、100
最小曲线半径(正线/辅助线)(m)	50/25	
启动平均加速度(0～40km/h)(m/s²)	≥0.95	
最高级别常用制动平均减速度(m/s²)	≥1.1	
安全制动最高减速度(m/s²)	≥1.5	
紧急制动平均减速度(m/s²)	≥2.5	

注:1. 高地板车辆基本长度根据最小平面曲线半径通过能力不同进行选择;低地板车辆基本长度根据采用储能装置与否进行选择。

　　2. C_j 型低地板车辆根据其低地板布置情况分为70%低地板和100%低地板两类。

　　3. 车辆基本宽度不含后视镜或摄像头。

　　4. 车辆最大高度包含车载储能设备。

　　5. 车厢内地板斜度不大于6°。

　　由于准地铁车辆特性与地铁车辆类似,而采用C型车的直线电机轻轨系统在我国尚无应用实例,所以下面重点讨论现代有轨电车这种轻轨模式。此外,为了进行比较,本书将低运量城市轨道交通系统的有轨电车(本书认为其不属于轻轨)也一并加以论述。注意:有轨电车在城市轨道交通范畴之内,但并不属于城市快速轨道交通,后者只包括高运量、大运量、中运量城市轨道交通系统。

　　1. 现代有轨电车(铰接车)

　　1)主要优点

　　(1)运行速度较快。现代有轨电车最高运行速度为80～90km/h,有的甚至可达100km/h,

便于缩短乘客的旅行时间,提高乘客出行的快捷性。

（2）转弯半径小,爬坡能力较强。现代有轨电车一般采用铰接车,其宽度、长度较地铁系统车辆小,能够适应较小的转弯半径。同时由于编组较小,动拖比一般较高,列车具有较强的爬坡能力,可以适应线路条件较差的线路。

（3）运营相对灵活。现代有轨电车转向架布置具有较大的灵活性,列车长度可根据断面客流灵活配置,从而提高了运营的灵活性,加强了车辆的满载率,保证了较高的客流效益。

（4）整体造价相对较低。车辆轴重较轻,土建造价较低,相比同等规模的地铁系统,工程前期整体造价只有地铁系统的 1/5 ~ 1/2。

（5）车辆采用低地板,方便乘客上下车。采用低地板的 C 型车技术比较成熟,车辆地板面距轨面高度较小,可有效降低站台高度,方便乘客上下车。

（6）振动和噪声相对较小。传统车辆同一车轴两侧车轮固定压装在车轴上,两侧车轮一直保持同步转动状态,在直线上运行时,线路的不平顺使其产生蛇行运动;在曲线上运行时,轮对在同步转动条件下,内外轨上行走的不等距离不能完全依靠车轮不同半径的滚动圆来弥补,因此,在轮轨之间产生很大的滑动、磨耗和噪声。

而应用大量现代技术后现代有轨电车适用性能得到较大提升,例如,独立车轮技术的应用,使两个车轮能够分别独立旋转,在理论上不存在纵向蠕滑力,不会产生蛇行运动,可有效减少振动和噪声,对环境的影响较小。

2）主要缺点

由于 C 型车的宽度、长度一般相对地铁车辆较小,编组也较小,其客运能力较小,一般只能满足中小运量等级的客流运输需求。

3）适用范围

通过对主要技术特点的分析,采用现代有轨电车的轻轨系统一般适用于以下范围:

（1）客流较小、构筑物比较密集、线路条件一般、环境要求较高的中心城地下或高架线路。

（2）联络中心城与城市外围区域之间、客流较小、线路条件一般的线路,敷设方式以地面和高架为主。

（3）联络城市外围区域内部客流集散点、客流相对集中、线路条件一般的线路,敷设方式以地面和高架为主。

（4）联络新城内部客流集散点的接驳线路,敷设方式以高架或地面为主。

（5）旅游区域景点之间的联络线路或旅游观光线路。

2. 有轨电车

有轨电车属于低运量的城市轨道交通系统,电车轨道主要铺设在城市道路路面上,车辆与其他地面交通混合运行。根据街道条件,又可分为三种情况:①混合车道;②半封闭专用车道——在道路平交道口处,采用优先通行信号;③全封闭专用车道——在道路交叉口采用立体交叉方式通过。

有轨电车以单车运行为主,车辆基本长度为 12.5m,也可联挂运行,但不宜超过 2 辆车联挂。当前有轨电车的车型发展趋势为低地板车厢,车站可考虑设在街道两旁人行道上的单侧布局或设在道路中央分隔带上的中央布局,具体选用应与地区规划、周围地形和环境密切配合,形式可灵活多样。有轨电车线路站间距通常不超过1.0km,适用于线路较短、客流较小、线路条件较好、交通干扰较小、环境要求较高的城市外围区域,新城内部的地面线路,以及观光旅游等具有特殊服务需求的线路。我国大连市目前运营的有轨电车如图2-8所示。

图2-8　大连有轨电车

三、单轨系统

单轨系统从运输能力角度讲,虽然同属中运量的轻轨系统,但由于其走行方式和结构形式比较特殊,近来人们更倾向于将它单列出来,以区别于一般以轮对(双轨)为支承和导向的轨道交通系统。在此,我们再次见证了轨道交通分类的模糊性。

单轨系统(Monorail Transit),又称为独轨系统,车辆在高架线路上运行,轨道为一条带形的梁体。车辆跨坐于其上或悬挂于其下行驶,因此单轨系统分为跨座式单轨(Straddle Monorail)和悬挂式单轨(Suspended Monorail)两种类型。跨座式单轨系统,如图2-9、图2-10所示,车辆骑行于轨道梁的上方,车辆除底部的走行轮外,在车体的两侧下垂部分尚有水平安装的导向轮和稳定轮,夹行于轨道梁的两侧,保证车辆沿轨道安全平稳地行驶(见图2-11)。悬挂式单轨交通是指车辆悬挂于轨道梁下方行驶,如图2-12所示。轨道梁为下部开口的箱型钢梁,车辆走行轮与导向轮均置于箱型钢梁内,沿梁内设置的轨道行驶。单轨系统主要技术标准见表2-5。

图2-9　日本的跨座式单轨

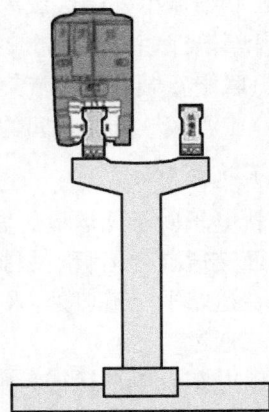

图2-10　日立1000型跨座式单轨

图 2-11　跨座式单轨系统的走行装置

图 2-12　德国 Wuppertal 市的悬挂式单轨

单轨系统主要技术标准表　　　　　　　　　　　　　表 2-5

项　　目		标准及特征
车辆	列车编组(辆)	4 ~ 6
	列车长度(m)	60 ~ 85
线路	形态、形式	高架
	线路半径(m)	≥50
	线路坡度(‰)	≤60
客运能力(万人次/h)		1.0 ~ 2.5
供电电压及方式		DC750V 或 1500V,接触网或三轨供电
平均运行速度(km/h)		20 ~ 35

1. 轨道

单轨系统的轨道结构主要为轨道梁,它不仅是列车的承重结构和运行轨道,也是供电、信号、通信等缆线的载体,构造比较复杂。为满足列车安全和乘行舒适的需要,梁体的制作和施工安装的质量及精度要求都很高。

跨座式单轨的轨道梁,一般为工字形截面或矩形截面,截面尺寸随荷载的不同而改变。为使轨道梁能够做到截面小、跨度大,且保证较高的质量和精度,除少数特大梁跨外,一般都采用在工厂预制的钢筋混凝土梁。在车场内的地面线路等对行车舒适度要求较低的地段,通常采用精度略低的现场浇筑混凝土梁。在正线上桥跨很大的地方,常采用钢梁或组合梁。

跨座式单轨在正线地段为保证车辆的平顺通过采用关节可挠型道岔,即曲线道岔(图 2-13);在车场内等低速通过的和无乘客乘坐的车辆通过的道岔,一般采用关节型道岔,即折线形道岔。道岔由多节钢制道岔梁联结组成,曲线道岔构造较折线形道岔复杂。悬挂式单轨车辆改变行车方向时,通过箱型钢梁内可动轨的水平移动实现。

跨座式单轨轨道梁的支柱通常采用钢筋混凝土结构,依据线路途经道路条件的限制,外形主要有 T 形、倒 L 形、门形、叠式 T 形等。悬挂式单轨轨道梁的支柱有 T 形、倒 L 形、门形、球拍形等多种形式,如图 2-14 所示。

图 2-13　跨座式单轨的道岔结构

图 2-14　悬挂式单轨轨道梁支柱的 3 种类型

2. 车辆

跨座式单轨的车辆跨骑于轨道梁的上方,车辆上部乘坐乘客的厢体与一般轨道交通的车辆构造基本相同,只是根据客运要求对车辆的尺寸采用不同的设计。由于车辆采用充气橡胶车轮,承载力受到制约,一般采用铝合金焊接结构来减轻车体重量。

3. 单轨系统的技术特点

1)单轨系统的优点

(1)行驶速度快、运量大。单轨系统是立体型交通,不会受到地面其他交通工具和行人的干扰,因此可以快速行驶,车辆运行的最高速度可达 80km/h,平均速度为 20～35km/h,略低于地铁及轻轨的速度。

(2)转弯半径小,爬坡能力强。单轨系统由于车辆采用橡胶轮胎,具有较强的爬坡能力,最大坡度可达 10% 甚至更大,车辆能够通过的最小曲线半径为 30m,这是一般钢轮钢轨系统无法达到的。

(3)建设工期短、造价低。单轨系统结构构造比较简单。跨座式单轨系统的混凝土支柱通常采用现场浇筑,但主要部件轨道梁则在工厂预制,现场架设安装;悬挂式单轨系统的基本工程结构为钢结构,更利于采用工厂预制、现场组装的方式,因此,建设速度快、工期短。

(4)占地面积小、空间体积小。由于承受的荷载比其他轨道交通相对要小,单轨系统高架结构的支柱直径一般为1.0~1.5m,占地面积不大。支柱通常又设置在城市道路中央隔离带内,对地面交通和景观影响都比较小。有的城市,如马来西亚的吉隆坡和我国重庆,单轨的支柱柱面还布置了灯饰、广告及垂直绿化等,使柱体成为街景的有机组成部分。

(5)乘行安全、舒适。单轨系统为立体交通,路权专有,因此不会因与其他交通系统冲突而危及安全。跨座式单轨的车辆由于有两侧稳定轮夹行于轨道梁上,而悬挂式单轨车辆走行于箱型梁内,因此均无脱轨危险。走行轮、导向轮、稳定轮均配有辅助车轮,当充气轮胎爆裂或泄气时,也可保证行驶车辆安全。雪天,跨座式单轨轨道梁面窄小,积雪容易清除,而悬挂式单轨走行系统均内嵌在箱型梁内,不会受到雨雪影响。此外,单轨交通车辆和道岔系统均有自动保护和自动控制系统,可防止发生意外,能保证行车安全。由于车辆采用充有惰性气体的橡胶车轮,转向架又配有空气弹簧,因此乘坐舒适。同时,单轨系统基本多为高架结构,车厢视野开阔,乘客可凭窗眺望,观赏城市市容和周边景色。

(6)对环境污染较小。现代单轨系统均采用电力牵引,不会产生废气而污染周边环境。高架线路的结构顶部仅为两根细长的纵梁,透空性好,不像地铁、轻轨和公路的板块式高架桥,影响地面机动车废气的排散和地面绿化的采光。

由于单轨交通系统采用胶轮车辆,产生的噪声和振动都比较小,车辆行驶振动激发梁柱形成的二次辐射噪声也很小。

(7)对居民正常生活干扰小。许多城市交通的高架桥,由于大型的实体结构遮挡阳光,以及车辆运行产生的电磁波和夜间远光灯强光照射都会给沿线居民的正常生活带来影响,而单轨系统在这些方面的干扰影响都比较小。

2)单轨系统的缺点

(1)事故救援较困难。列车在空中行驶,如果在区间发生故障,虽然事故列车可采用其他动力牵引至邻近车站,或采用本线或相邻线路列车将乘客接走等方式解救乘客,但救援工作毕竟复杂,而且乘客只能被动等待救援。不过由于当代技术可靠性高,安全保障系统一般都很可靠,正常状态下发生事故的概率是极小的。日本单轨系统已运行40年,从未发生过重大安全事故;德国乌伯塔尔市的悬挂式单轨已运营100多年,也未发生过重大事故。

(2)道岔构造比较复杂。跨座式单轨道岔形体比较笨重,转换一次道岔的时间一般需要10s以上,而且列车还须减速通过道岔,降低了列车平均运速且延长了折返时间,使增加行车密度受到了制约。单轨系统的行车间隔很难低于2.5min,因此,增加运量只能靠加大列车编组。比较而言,悬挂式单轨的道岔转换要比跨座式单轨简单。

(3)能耗大,寿命短。单轨系统由于采用橡胶轮胎在混凝土梁上行驶,其滚动摩擦阻力约为钢轮钢轨的5~8倍,故能耗相对较高。同时,橡胶轮耐磨性差,使用寿命比钢轮短。另外,单轨系统受轮胎承载力的限制,每一个橡胶车轮的承载力不超过5.5t,其载客量和车辆长度均受到一定的限制。

(4)有粉尘污染。胶轮行驶磨耗下的橡胶粉尘和集电器与导电轨滑行摩擦产生的金属粉尘,对大气也会产生污染。

4.跨座式单轨与悬挂式单轨的比较

跨座式单轨系统和悬挂式单轨系统在构造等方面尚有许多其他差异,主要区别见表2-6。

跨座式单轨系统和悬挂式单轨系统的比较　　　　　表 2-6

比较内容	跨 座 式	悬 挂 式
工程结构	车辆行驶在轨道梁上,梁下最小净高满足街道车辆限界尺寸即可; 轨道梁等可采用预应力混凝土及钢筋混凝土结构,造价低; 支柱及部分轨道梁采用现场浇筑的钢筋混凝土结构,施工工期较长	车辆行驶在轨道梁下,故桥梁结构抬起高度大; 轨道梁等采用钢结构,造价高; 钢梁等可在工厂内预制,现场拼接建设速度快
维修保养	混凝土结构维修保养工作量小; 轨道梁、导电轨、道岔均显露于外部,检查方便	钢结构维修保养工作量大; 导电轨、走行系统等均藏于钢梁内部,不能直观检查
站台安全	站台面距道床底板高约3m,需考虑防跌落措施	站台面距道床底板高约0.5m,比较安全
线路曲线	最小曲线半径受到一定制约(因车辆构造与轨道梁的关系等)	最小曲线半径受限制极小,可平顺通过
气候影响	轨道梁面易受雨、霜、雪影响; 虽易于清除,但也影响黏着力,有些地方需考虑防滑措施	走行系统均在钢梁内部,不受气候影响,钢结构受气温影响大,在气温变化剧烈地区,要采取相应措施
橡胶轮磨耗	混凝土梁面(一般经耐磨处理)摩擦力大,橡胶轮磨耗相对大	轨道面为模制或用树脂、砂浆制成,与橡胶轮磨合性能好,磨耗小。悬挂式单轨交通的橡胶轮使用年限约比跨座式长1倍

5. 单轨系统的适用范围

单轨系统是一种组成比较灵活的轨道交通系统,根据需求,其系统规模可以设计成从小型到大型的各种尺寸,设备配置可简单可复杂,又具有爬坡能力强、转弯半径小等特点,所以能够满足各类城市的不同交通量需求,适应不同地形及道路条件。从使用功能方面区分,单轨系统可以作为中运量城市客运交通系统和低运量短途客运交通工具。

1)中运量城市客运交通

单轨系统是多节车辆编组成列运行的立体型轨道交通,因此,运量和平均运行速度高于在地面行驶的公共汽车、电车。单轨系统由于走行系统用充气橡胶车轮,承载力受到一定的限制,又因基本沿城市街道上方空间走行,车站长度不宜过大,以免对城市景观环境带来较大的负面影响(日本规定,高架车站站台长度不得超过100m),所以,列车编组的车辆节数受到限制,加之道岔转换时间较长,制约了行车密度。

因此,依据单轨系统的运送能力,其可以作为大城市轨道交通网络中的中运量交通线路,如日本东京的多摩线、我国重庆的较新线、马来西亚吉隆坡市的单轨交通线(KL Monorail)。在中等城市,单轨系统则可作为主要交通干线,如德国乌伯塔尔市的悬挂式单轨交通、日本冲绳的跨座式单轨系统等。

2)低运量短途客运交通

由于单轨系统构造灵活、建设简单,规模大小又可根据需要选择,因此,其在城市短途、低运量客运交通中也得到了广泛应用。

（1）市区通向机场、码头等对外交通枢纽的专用线，或者范围较大的机场内部交通线。这种交通线路通常不长，一般为几千米，大机场内部联络的线路则会更短，这类客流不是很大而且性质比较单一，基本是两点间交通，但服务质量要求较高，乘客都期望乘行快速、准时、舒适、安全的交通工具，单轨系统能很好地满足这些要求。

（2）大型游乐场所、博览会等内部客运专用线。大型游乐场所和博览会的场地范围一般都很大，而且这些场所的景点或展馆多而分散，为满足游客和参观者的交通需求和增加观光游览的乐趣，许多地方都采用系统较简单、规模较小的单轨系统，如日本东京的上野公园、名古屋东山动物园、向丘乐园，都分别建有长度为 0.5km 或 1km 左右的单轨系统。我国深圳"世界之窗"游乐园也建有游览兼代步的简易单轨系统。

四、自动导向轨道系统

自动导向轨道交通（Automated Guideway Transit，简称 AGT）是一种车辆采用橡胶轮胎在专用轨道上运行的中运量旅客运输系统，其列车沿着特制的导向装置行驶，车辆运行和车站管理采用计算机控制，可实现全自动控制和无人驾驶，通常在繁华市区线路可采用地下隧道，在市区边缘或郊外宜采用高架结构。

这种交通模式最早出现在美国，当初多为一种穿梭式往返运送乘客的短距离交通工具，故曾被称为"水平电梯"（Horizontal Elevators），因轨道线路一般采用高架形式，也有的被称为"空中巴士"（Sky Bus）或"快速交通"（Transit Expressway）。在逐渐发展成一种城市客运交通工具后，人们一般便统称其为"客运系统"（People Mover System，简称 PMS）。法国与日本将 AGT 技术进一步发展并应用于城市地区的中运量公共运输，在法国称 Vehicile Automatique Leger，简称 VAL；日本则以"新交通系统"（新交通システム）统称 AGT 技术类型的中运量运输系统。

1. 自动导向轨道系统的分类

当前，作为客运交通工具的自动导向轨道系统在不同的国家被分为多个类别。

1）美国的客运系统

（1）穿梭/环形短途运输系统（Shuttle/Loop Transit，简称 SLT）。这是 AGT 系统中最简单的一种，分穿梭与环形运输两种。穿梭式使用较大型车厢（容量约 100 人），通常具有站位，沿固定路线行驶；从甲地驶到乙地，再从乙地驶回甲地，如此来回运输，其作用如同高楼中的自动电梯，故又称"水平电梯"。除可作两点间直接运输外，中途亦可设站。环形式则沿环状路径绕圈行驶，中途设站停留。

（2）团组快速交通（Group Rapid Transit，简称 GRT）。这种系统的主要服务对象为具有相同出发地点与目的地的团组型乘客，通常使用载运量为 12～70 人的中型车厢，故可视为一种自动行驶的公共汽车（Automated Bus）。其与 SLT 不同处在于，因容量较小，除可有较密的班次外，还可设置分岔路线，以便选择性地绕行主线，收集支线的乘客。服务方式可分定时排列班次或中途不停留的区间快速运输。1974 年 1 月启用的美国德州达拉斯机场的 PMS（图 2-15）以及 1975 年通车的西弗杰尼亚大学摩根镇（Morgantown）的客运系统（图 2-16）均属于 GRT 的应用例子。2008 年投入运营的我国北京首都机场第三航站楼也开通了 PMS，如图 2-17 所示。

图 2-15　美国达拉斯机场的 PMS

图 2-16　美国 Morgantown 的 GRT 系统

图 2-17　北京首都机场的 PMS

（3）个人快速交通（Personal Rapid Transit，简称 PRT）。从技术层次及载运形态而言，这种系统才是真正的运"人"系统（True Personal Rapid Transit）。其主要特色为在精密电脑自动化控制系统的管制下，使用 2～6 人容量的小型车厢，在复杂的路网中运载乘客，并经由岔道（Switch）转出或进入主干线。

通过以上分析可知，穿梭/环形短途运输系统（SLT）虽然在技术应用层面上较简单，但它可提供机场或都市特定区内的往复或环流交通功能，也可以在各种活动中心（如购物中心、运输中心、娱乐园区等）间作串联式的联络服务，因此其运载容量不但高于团组快速交通（GRT）与个人快速交通（PRT），而且可以通过联挂成列车的方式来适应中运量的运输需求。

2）日本的新交通系统（新交通システム）

自动导向轨道运输系统在日本被称为"新交通系统"（新交通システム），1960 年后期，当美国极力发展 AGT 技术时，日本已开始注意这种新技术的研究。1968 年，首先由东京大学着手进行一个类似美国 PRT 的"CVS（Computer-Controlled Vehicle System，计算机控制的车辆系统）计划"。这种新型交通工具的开发，引起了钢铁、汽车制造、通信、机电等各行业企业的广泛兴趣，纷纷独立或联合美国公司合作试验，积极开发。图 2-18 是日本关西机场的新交通系统。

图 2-18　日本关西机场的新交通系统

3）法国的 VAL 系统

"VAL"英文字义为"Light Automated Vehicle"，意即
"轻型自动化运行车辆"，如图 2-19 所示。另外一种非正
式的说法是，因为这种自动导向轨道系统首先用于连接里
尔南方新镇 VilleNeuve D Ascq 及 Lille 市区的轨道交通，
所以取地名缩写"VAL"作为系统名称。不管怎样，VAL
现在已成为法国中运量自动导向轨道运输系统的代名词。
我国台北木栅线采用的就是 VAL 系统。

2. 自动导向轨道系统的技术特点

自动导向轨道系统的线路通常采用高架形式，也有因
城市地形、地貌、已有建筑物等部分走行于地面或地下隧
道内，其支撑或维护结构，如高架桥、隧道等，与常规的城
市轨道交通采用的结构没有实质区别。

图 2-19　法国的 VAL 系统

自动导向轨道系统的轨道，一般采用两条平行的钢筋混凝土长条形板带，供车辆橡胶走行
轮在上面行驶。导向轨则有两种布置形式：一种布置于轨道线路的两侧，车体侧向的水平轮沿
导向轨铅垂面导向运行。另一种是导向轨设于两条轨道之间，有的采用在线路中心线处设工
字形钢质导轨，两水平导向轮夹其腹板导向行驶；有的为两条行车轨道间的中央沟槽中，导向
轮沿行车轨道侧壁导向行驶。

自动导向轨道系统改变行驶路线时采用的道岔，有水平移动式道岔和竖向沉浮式道岔两
种，普遍采用的是水平移动式道岔。

车辆走行轮和导向轮均采用橡胶车轮。

车辆行驶通常采用直流 750V 电源，自动控制、无人驾驶，也有的采用在一名司机监护下
自动控制运行。

1）优点分析

自动导向轨道系统全自动化运作，车辆体型相对短小、质量小、构造独特，具有许多一般中
运量轨道交通难以相比的优点。计算机控制的自动导向轨道系统，可以使行车间隔缩短至
1min，实现高密度、小编组、安全快速运行，克服了常规地面交通运行密度高但速度不快，地铁

等轨道交通速度快而难以达到高密度运行的缺点,可使乘客快速、准点、安全地到达目的地,并且可以缩短车站候车时间,乘坐舒适性强,从而进一步提高了客运服务质量。从功能角度分析,自动导向轨道系统还具有以下优点:

(1)自动化驾驶可以准确地按运行指令运作,反应快速,准确度很高,可以避免人工驾驶因长时间操作而引起的疲劳和思维迟钝,造成驾驶失准和失误;自动化控制有一系列安全保障配置,可以防超速、防追尾等,安全性高。

(2)自动化运行可以使行车安排和调度具有很强的科学性和灵活性,能够恰当、经济地满足运营需求。特别是对客流变化幅度很大的线路,如沿线有产生突发性客流的场所,像剧院、展览馆等,此系统可以迅速补添车次或改变列车编组,以满足和适应及时运送乘客的需要。

(3)在行车指挥、车站管理、电力调度、防灾报警、售检票、数据统计等方面广泛采用了计算机系统,不仅极大提高了功效,而且由于列车无驾驶人员,车站及许多设备无人或只需要很少人员值守,大大节省了人力。

(4)基于应用高水平自动化技术,列车可以采用高密度、小编组运行。由于列车节数少、所需站台长度小,因此可以减少车站建设费用,还可以减少地下车站通风、空调、照明等设备的数量及能源消耗。

自动导向轨道系统不仅车辆体型小,而且车体材料采用轻质金属,因此质量也较轻,可采用较小的隧道断面和较窄的高架桥体,由于减轻了高架结构的负荷,因此可以较大幅度地降低土建工程造价,车体的质量轻还能节省牵引动力的能耗。

(5)列车采用电力牵引,不会产生废气污染大气。列车采用橡胶车轮对车内和周围环境产生的噪声和振动影响都非常小,噪声值一般不超过75dB,在线路附近往往感觉不到列车通过,因此采用这种交通方式有利于环境保护。从景观看,由于车辆体型不大,地面工程结构体量相对也较小,如外观造型设计得当,易融入周围环境,产生较好的景观效果。

(6)车辆采用橡胶车轮,车轮与轨面的黏着性能好,与钢轮钢轨相比能产生较大的摩擦力,可缩短加减速时间,增大爬坡能力,使车辆最大爬坡能力高达7%,无乘客的情况下最大爬坡能力可达10%。

(7)列车最小平面曲线半径仅为30m,又具有较大的爬坡能力,因此可以适应较为复杂的地形。在城市内易于避开现有的建筑物,减少拆迁工程量,可降低建设成本并有利于保护有价值的历史文化建筑。

(8)自动导向轨道系统行车密度调节范围大,并能以极高的密度运行,车体大小和列车编组又可以在一定范围内改变和调整,所以应用范围较广。除可作为城市中运量轨道交通外,其还可用于运行距离短、行车密度高、客运量较大的接驳运输,如用于机场、博览会、游乐园等场所的内部交通等。

2)自动导向轨道系统的缺点

自动导向轨道系统由于采用橡胶车轮在表面粗糙的板式轨道上行驶,摩擦损耗较大,不如一般轨道交通采用的钢轮钢轨那样经久耐用,车轮使用寿命相对较短,同时运行能耗也相应加大。此外,该系统采用充气橡胶车轮,还需要有预防爆裂和发生爆裂后的安全措施以及应急装置。另外,露天的线路在雨雪天行车易打滑。自动导向轨道系统由于采用的是充气橡胶车轮,其载客能力相对较低,因此这种交通制式的载运量也受到了一定限制。

五、磁浮系统

磁浮列车是根据电磁学原理,利用电磁铁产生的电磁力浮起列车,并以电磁力推动列车前进的现代交通工具。由于它运行时悬浮于轨道之上,因而轮轨之间没有摩擦,这就能突破轮轨黏着极限速度的限制,可填补火车和飞机之间的速度空白,有望创造出地面交通的最高速度。

1. 磁浮技术的发明

磁浮技术的研究源于德国。1922 年,工程师开普尔(H. Kemper)提出了磁浮原理,并于 1934 年获得了"没有车轮的磁浮车辆"的专利。由于战争,这一发明被拖延。进入 1970 年,日本、德国开始研究开发磁浮列车技术。

磁浮列车主要由悬浮系统、推进系统和导向系统三大部分组成。尽管可以使用与磁力无关的推进系统,但在目前的绝大部分设计中,这三部分的功能均由电磁力来完成。磁浮列车基于电磁铁同性相斥、异性相吸的原理,实现列车的浮起、推进和导向。它与轮轨铁路的根本区别在于列车悬浮在轨道之上,运行时没有轮轨接触,不存在黏着极限速度,这就为不断提高地面交通工具的速度提供了可能。铁路列车主要靠钢轨与钢轮之间的黏着力向前推进。速度越快,黏着力越小,列车牵引力也越小,同时速度越快空气阻力越大。根据理论公式推算,轮轨时速很难超过 375km。尽管 2007 年 4 月 3 日法国高速铁路 V150 试验列车以 574.8km 的铁路最高时速冲破了上述极限,但这一黏着极限速度肯定存在。

日本于 1972 年成功进行了 22t 重的超导磁浮列车试验,时速达到 50km。1977 年 12 月在宫崎磁浮试验线上,列车最高速度达到了 204km/h;1979 年 12 月,这一数值又进一步提高到 517km/h;1982 年 11 月,磁浮列车的载人试验获得成功。1995 年,载人磁浮列车试验的最高速度达到 411km/h。为了进行东京至大阪间修建磁浮线路的可行性研究,日本又于 1990 年着手建设山梨磁浮试验线,首期 18.4km 长的试验线已于 1996 年全部建设完成。2003 年 12 月,日本铁道公司在山梨试验线上创造了最高速度 581km/h 的陆上列车速度世界纪录。

1984 年,德国在埃姆斯兰德建成一条全长 31.5km 的常导磁浮列车试验线,至今磁浮列车已更新了三代。近几年研制成功的 TR-08 型磁浮列车的最高速度可达 450km/h。在这条试验线上,磁浮列车已累计运行了 67 万 km,有 26.3 万人乘坐过这条线路。1992 年,德国政府批准了柏林至汉堡间修建磁浮线路的计划,但由于建设资金来源、沿线居民不愿拆迁等问题久拖不决,2000 年 2 月该计划被德国议会否决。

苏联曾研制出一辆 18t 的磁浮列车,并在一条 600m 长的线路上进行运行试验。我国于 1991 年开始对磁浮列车进行有计划的研究,目标是中低速列车。国防科技大学、西南交通大学、中国铁道科学研究院、中国科学院电工研究所等单位独立或合作研制出了小型试验样车。

磁浮列车速度快,占地少,使用电能,对环境友好,这些优势与高速铁路类似;此外,由于列车悬浮在轨道上,所以对轨道冲击小、振动小、噪声低,也比高速铁路更节能;列车爬坡能力强;由于不存在黏着极限速度,从长远看,可代替飞机以避免空中线路过于繁忙,并节省汽油。

2. 磁浮技术的分类

磁浮技术按是否利用超导电磁铁分为超导和常导两类:超导以日本的 MLX 型为代表;常

导以德国的 TR 型和日本的 HSST 型为代表,分别如图 2-20 所示。电磁铁在通电时产生磁性:当两块电磁铁的磁性相同时,它们之间产生斥力;当磁性相异时,则产生吸力。这种电磁力就是磁浮列车得以浮起的原动力。日本的中低速磁浮 HSST 型采用常规电磁材料所构成的两大电磁铁之间的吸引力使列车浮起,所以称为常导磁浮技术,此系统由车上支持磁铁(定子)及轨道上的转子组成。这种悬浮方式具有自动恢复车辆悬浮高度的功能,不用控制就可以稳定悬浮。超导按温度不同又可以分为两种,日本研究的 MLX 型是低温超导(−269℃,液氦冷却),利用浸入低温槽内的超导材料制成电磁线圈,由于此时电阻为零,可产生更强磁场,然后依靠两大电磁铁之间的斥力使列车浮起,所以称为超导磁浮技术。

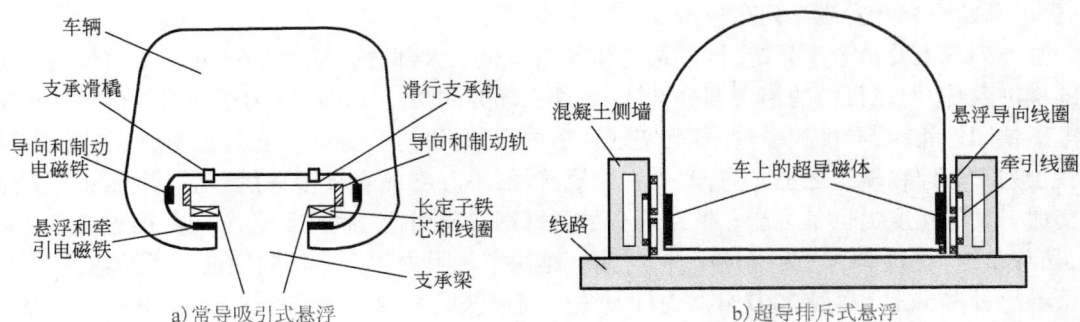

图 2-20　常导吸引式悬浮和超导排斥式悬浮

　　磁浮技术按速度可分为高速磁浮(时速约 500km)和中低速磁浮(时速约 100km)两类,前者用于干线交通与地区交通,后者用于城市交通。由于超导磁浮列车只有当时速超过 150km 时才能浮起,所以超导都是高速磁浮。常导磁浮包括高速和中低速两种类型,上海浦东磁浮线采用的是常导高速磁浮技术,最高运行速度为 430km/h(图 2-21),日本名古屋东部丘陵线采用的是常导中低速磁浮技术,最高运行速度为 100km/h。唐山轨道交通装备有限责任公司与国防科技大学合作研制的中低速磁浮工程化样车如图 2-22 所示。超导磁浮列车的悬浮高度约为 100mm,常导磁浮列车只有 10mm,超导对轨道的精度要求低于常导,但低温超导应用难度大,常导容易实现。超导磁辐射对人体有害,需进行磁屏蔽,常导不需要磁屏蔽。

图 2-21　上海浦东高速磁浮线　　　　　图 2-22　我国研制的中低速磁浮工程化样车下线

高速磁浮与中低速磁浮的比较见表 2-7。

高速磁浮与中低速磁浮的比较   表 2-7

项目	高速磁浮	中低速磁浮
线性电机	长定子、短转子	短定子、长转子
转向与稳定	有专门的转向控制系统	依靠自稳
供电	不需向车辆供电(定子在轨道上)	需向车辆供电(定子在车上)
适用范围	超长距离运输	城市轨道交通
最高速度(km/h)	500	120

3. 磁浮列车的工作原理

磁浮列车前进的动力也是电磁力,它是由直线电机提供的。直线电机的工作原理如同将旋转电动机的定子和转子剖开展平,即把转子与定子的半径想象为无穷大,这时转子的转动就改变为向前推进的平动了。

电磁力不仅能支承车体重量、推动列车前进,而且能用来导向。当车体没有左右位移时,导向线圈内无电流流通,也没有能耗;当车体有左右偏移时,在导向线圈内则有与左右位移成比例的电流流通,产生复原力,从而保证磁浮列车在前进过程中始终与导轨的方向保持一致。磁浮列车的工作原理如图 2-23 所示。

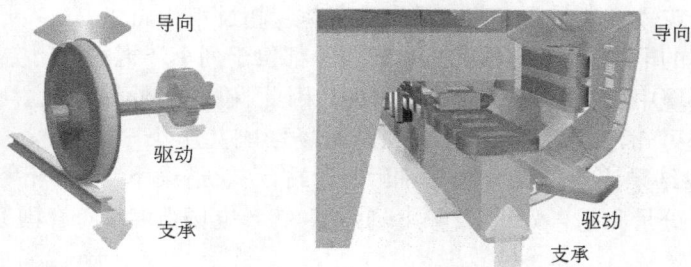

图 2-23　磁浮列车的工作原理(比照轮轨系统)

从以上磁浮列车工作原理的简介中可知,悬浮、导向、直线电机等系统及其控制机构是磁浮技术的核心,无论在常导还是超导磁浮系统中,这些技术都在不断发展、进步。

4. 磁浮技术的应用

世界上正式投入运营的磁浮线有 4 条,即英国伯明翰线、日本名古屋东部丘陵线、上海浦东磁浮线和长沙磁浮快线。上海磁浮列车线是世界上第一条投入商业运营的高速磁浮线,其余是中低速磁浮线。

1)英国伯明翰线

英国进行过时速为 50km 的低速磁浮列车试验,并建设了一条从伯明翰火车站至国家展览中心的 600m 长的运营线路。该系统于 1981 年初开工,1984 年 5 月竣工,列车最高时速为 54km,最大运量为 5.1 万人次/d。但因故障率高、维修成本高等,英国伯明翰线于 1996 年停止使用。

2)日本名古屋东部丘陵线

东部丘陵线(Linimo)是日本第一条商业运营的磁浮交通线,建在爱知县名古屋市。名古屋是爱知县的首府和对外交通枢纽,铁路运输发达,2005 年爱知县世博会期间有大量乘客通过干线铁路经由名古屋市到达世博园区。爱知县的地方铁路——爱知环状铁路,连接了两条重要的干线铁路,是名古屋的重要对外运输通道。但是,爱知环状铁路与距世博园区最近的名古屋市内地铁东山线,都不能直接到达世博园区,为提供直接到达园区的轨道交通服务,爱知县新建了东部丘陵磁浮交通线。该线两端分别连接爱知环状铁路和名古屋地铁东山线,通过换乘形成直接到达世博园区的轨道交通系统。在高峰时段客流从两条线换乘东部丘陵线进入世博园区,两个方向的客流较为均衡,很好地利用了该线的运输能力。

东部丘陵线采用常导吸引式磁浮系统,设计最高时速为100km,线路全长8.9km,设9座车站,除一个区间为地下和地面过渡段外,其余线路和车站均采用高架形式。工程总投资约1075亿日元(约合84亿元人民币,每千米造价约合9.4亿元人民币)。东部丘陵线噪声和振动较小,乘坐舒适,车体采用大开度的车窗立面,通透感强,景观效果较好。车辆采用HSST-100L型,简称TKL Linimo,3辆车固定编组,悬浮高度为8mm。每列车额定载客244人,实际载客约360人,其中座席104人,设计最小行车间隔为5min,每小时单向额定运能约3000人次。目前高峰时期行车间隔为6min,非高峰时期行车间隔为10min,每小时单向额定运能约2400人次。虽然全线车站多为高架形式,但都采用了全封闭式的站台屏蔽门,增强了安全性,也改善了候车环境。

3)上海磁浮列车线

上海磁浮列车线路从浦东机场至地铁2号线龙阳路站,全长30km,总投资100亿元人民币,于2004年4月正式投入商业运营。最高运行速度超过400km/h。

由于磁浮列车的电气、电子部件和轨道长定子都位于列车环抱的封闭空间内,强大的磁力线处于自封闭的环境中,即处于悬浮导向间隙内,因此,磁场对外界环境影响极小,如图2-24所示。由测试数据可知,磁浮列车乘客受到的磁场影响甚至小于电视。国家环境保护总局2005年8月的验收结果认为,磁浮列车车厢、车站站台、轨道梁下、沿线环境敏感点、变电站,其工频磁感应水平分量和垂直分量、工频电场强度、综合电场强度均符合国家有关标准要求。

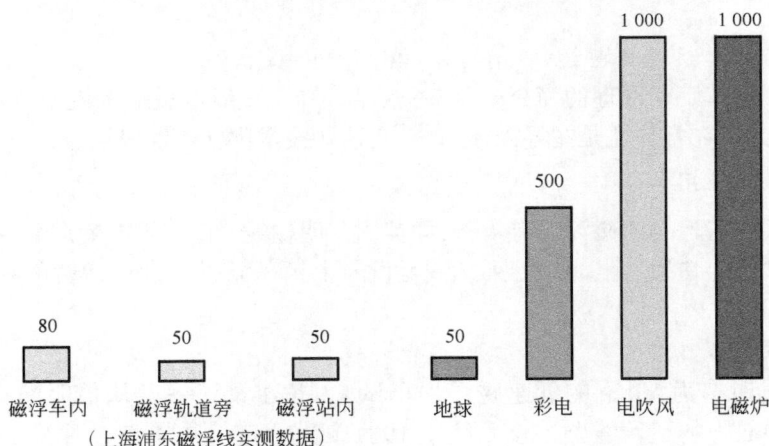

图2-24　磁浮列车与其他物体的电磁辐射强度(单位:μT)

4)长沙磁浮快线

长沙磁浮快线是服务于湖南省长沙市的一条城市轨道交通线路,是我国首条拥有完全自主知识产权的中低速磁浮铁路,于2016年5月6日开通运营,标志色为粉色,是国内第一条自主设计、自主制造、自主施工、自主管理的中低速磁悬浮系统。

长沙磁浮快线起于磁浮高铁站,途经长沙市雨花区和长沙县,连接长沙南站和长沙黄花国际机场,止于磁浮机场站,大致呈东西走向。线路全长 18.55km,全程高架敷设;设车站 3 座,预留车站 2 座;列车采用 3 节编组,设计速度为 140km/h。

5. 磁浮系统的展望

相对于高速铁路而言,磁浮列车的特点是速度更快,能耗增加不多,很适合成为接近飞机速度的陆上交通工具。在不影响乘客舒适性的情况下,磁浮列车从 0 加速至 300km/h 只需要 5km 的路程。时速为 450 km 的磁浮列车的气动阻力和能耗大致相当于时速为 300km 的高速轮轨列车。磁浮技术的不足之处主要是造价偏高。以日本为例,东京—大阪超导磁浮线每千米造价预计约合 11 亿元人民币,东部丘陵线每千米造价约合 9.4 亿元人民币,而新干线高速铁路每千米造价约合 5 亿元人民币。在日本,磁浮线路的造价大约是高速铁路的 2 倍。

从安全性角度来看,相关研究表明,德国磁浮系统的安全性大约是飞机的 20 倍,是传统铁路的 250 倍,是汽车的 700 倍。

交通工具的速度是乘客考虑的关键因素之一,由于各种交通工具的速度排列往往是不连续的,有些存在断点,有些存在交叠,而交叠的部分就呈现相互竞争的态势。磁浮作为陆地上最快速的运输工具,其主要功能是与飞机竞争。以日本为例,东京—大阪间的新干线铁路票价为飞机的 93%,而两种交通工具的乘客比例却为 84%:16%。日本市民认为,旅行时间如果在 3h 内,铁路运输相对其他运输方式就有充分的竞争力,所以 3h 内能够行驶的路程越长,这个距离范围内铁路运输市场的占有率就会越高。

六、市域快速轨道系统

市域快速轨道系统是一种高运量轨道运输系统,高峰小时单向客运量可达 4.5 万~7 万人次。市域快速轨道系统适用于城市大区域内重要经济区、新区或卫星城之间中长距离的客运交通系统。市域快速轨道列车主要在地面或高架桥上行驶,必要时也在地下隧道中运行。当采用钢轮钢轨系统时,由于线路较长,站间距相应增大,必要时可不设中间站,因而可选用最高运行速度在 120km/h 及以上的快速特种车辆,也可选用中低速磁浮列车。

市域快速轨道系统包含多种制式,如地铁、市郊铁路、磁浮列车等。

市郊铁路是建在城市内部或内外接合部,线路设施与干线铁路基本相同,以方便市民出行为目的的城市轨道交通。如果把城市作为一个单元来看,干线铁路形成对外客货运输网络,而市郊铁路则承担市内客运任务。市郊铁路能把城市与地处远郊的卫星城镇连接起来,距离可长达 40~50km,一般和干线铁路设有联络线,而且设备与干线铁路相同,线路大多建在地面,其运行特点接近干线铁路,只是服务对象不同。市郊铁路的运行速度远远大于其他城市交通工具,平均运行速度可达 40km/h 以上,最高可达到 160km/h。如前述的法国巴黎 RER 就属于这种类型,远郊的乘客只需 0.5h 就可以到达市中心,如此快捷的运输速度吸引了大量客流。虽然市郊铁路采用干线铁路的技术标准,但其功能与干线铁路不同,导致在技术性能上也略有差别。市郊铁路运行速度比干线铁路低;但其起动、制动加速度远高于干线列车,略低于地铁列车;站间距约 1~3km,甚至达 4km。日本研究资料表明,市郊铁路的运营效率、能源消耗、投资费用以及土地利用等指标明显优于其他交通方式,市郊铁路的投资额大约是地铁的 1/10~1/5,每人每千米的能源消耗是汽车的 1/7 左右,而且运送能力单向每小时可达 6 万~8 万人次,是一种经济可行的交通方式。

在欧美、日本等轨道交通运输发达的国家,市郊铁路被广泛使用。因此,建设城市轨道交通并不限于地铁、轻轨、单轨、自动导向轨道系统等形式。市郊铁路制式有以下特点:

(1)可承担的客运量大。

市郊铁路可以承担大量的客流。如1983年美国纽约市成立北线市郊铁路公司,接管5条铁路,总长546km,位于市中心的纽约总站为3条主要市郊线的终点,每天到发客车233对,每日客运量达20万人次。纽约长岛铁路局管内11条市郊线总长600km以上,遍布全岛,持通勤月票者逾10万人,客运繁忙程度居全国首位。

市郊铁路客运量占城市轨道交通总客运量的比例:巴黎为67%,东京为64%,伦敦为70%;莫斯科早高峰(7:00—9:00)期间,到达市区的市郊列车占全部到达火车的88.8%;印度每天运输的市郊客流量占全国旅客总运量的54.3%;波兰全国市郊客运量所占总客运量的68%。

相关资料表明,在欧洲,铁路的区域通勤客流占整个铁路客运(含长距离客运)的90%以上,每年承担的客运量达6.8亿人次。

(2)运行速度较快。

由于市郊轨道交通线的站间距比地铁的站间距明显要大,列车设计时速也比地铁高,因此旅行速度远比地铁快。例如巴黎RER列车的旅行速度为50km/h,而巴黎地铁列车的旅行速度仅为25km/h。

(3)装备专门化,并且不断更新。

许多国家把市郊铁路从干线铁路系统中分出来,使其成为独立系统。市郊铁路设有专门的市郊车站,即使是与干线铁路合用的客运站,也辟有专门的市郊候车室和市郊通道。同时也建设专门的市郊列车到发线,这些都是市郊列车到发量巨大的缘故。

在设备更新和采用先进技术方面,许多国家的市郊铁路实现了电气化,并采用先进的通信信号设备、电动车组和双层客车。例如,德国、法国都建有专用的市郊快速铁路;莫斯科和华沙的市郊铁路都是电气化铁路;美国旧金山的市郊海湾快速运输系统享誉世界,最高速度达120～140km/h,它设备新、速度高、行车密度大。

(4)不同轨道交通方式之间的共轨运营。

共轨运营是指通过列车改造或者线路改造,使不同定位、不同制式的列车能在同一线路上运营,具有延长列车运营里程、减少乘客换乘次数、节约旅行时间等优点。国外的共轨运营大致可以分为城市地铁与市郊轻轨的共轨运营、轻轨与市郊客运铁路的共轨运营、轻轨与货运铁路的共轨运营、通勤铁路与地面有轨电车线路的共轨运营、轻轨与地面有轨电车线路的共轨运营等多种方式。

属同一种技术制式,但线路不同的列车在同一线路上运行通常称为共线运营,如上海市轨道交通3号线、4号线在宝山路站至虹桥路站之间实现共线运营。共线运营的优点是乘客换乘方便,由于两线换乘可分散在多个站点进行,可减轻换乘车站的压力。缺点是对共线的各方来说,客运能力、发车频率等受到一定限制。

(5)运营组织形式多样。

由于市域轨道交通郊区段大部分线路都在地面上,因此,其线路附设形式简单多样,利于运营组织的灵活安排。纽约地铁通过两条途径实现快速列车和普通列车两种服务,一是轨道线路双复线化,即同一条线路由4条轨道线构成,中间两条线只开行仅停主要站的快速列车,两侧轨道开行站站停的普通列车,快速线和普通线可通过同站台换乘;另一种是同一条线路开行越站快速列车和普通列车,当然这需要在越行车站增建避让线。

1．案例分析

1）纽约通勤铁路

纽约的通勤铁路(Commuter Rail)包括两大系统:美国最大的通勤铁路是长岛铁路公司(LIRR),该公司有 11 条线路,总长约 957km,设有 134 座车站,拥有 1086 辆车,其中 134 辆为双层客车,日均客运量约 27 万人次;美国第二大通勤铁路北方铁路公司(MNR)有 6 条支线,轨道延展长 758km,设有 117 座车站,拥有 850 辆车,日均客运量 22.3 万人次。纽约通勤铁路覆盖整个大纽约地区,包括新泽西、纽瓦克和长岛地区,服务于大都市区(861 万人口,19740km²),承担外围区居民至市中心区上下班的客运任务。纽约通勤铁路的客流主要集中在上下班高峰期间,其他时段利用率则相对较低。其客流主要在市中心区与外围远郊区之间流动,因此,通勤铁路具有线路长、站距大、速度快等特点,以保证远郊居民能快速到达中心区。

2）伦敦市郊铁路

伦敦的市郊铁路由英国铁路公司负责管理,主要为伦敦东部、东北部及地铁设施较少的泰晤士河南部地区市民服务。其大部分线路已实现电气化,线路网呈放射状,密度高,线路总长 640km 左右,设有 550 个车站,市中心有 15 个终点站,大多数分布在地铁内环线上。市郊铁路的客运量很大,每天早高峰期间到达市中心的通勤人员中有 35% 乘坐市郊铁路,年客运量达 15 亿人次,即日均客运量为 411 万人次(包括城市间客运量),其辐射范围覆盖了英国东南地区 2.7 万km² 的范围。

目前,伦敦市郊铁路与伦敦区域交通管理局的地铁系统正在进一步完善其整体化布局。为方便乘客,乘坐市郊铁路除可使用一般的铁路车票外,还可以使用一种通用车票——首都卡。凭首都卡在划定的区域内可乘坐地铁、公共汽车或市郊铁路。现在,英国铁路公司正在研究如何进一步将市郊铁路与伦敦交通管理局的地铁线路联为整体,进一步完善伦敦地区的公共交通体系。

3）莫斯科市郊铁路

莫斯科轨道交通的网络结构是典型的"放射 + 环形",其轨道线网由放射状线网和内、外环线共同组成。放射状线网及外环线的一部分为市郊铁路。放射状结构的市郊铁路网为城市发展提供了发展轴,加快了城市边缘集团和卫星城的发展,使城市土地利用的空间结构趋于合理。分布在市中心区附近的内环线,可截流到市中心区换乘的客流,这样可以大大减少市中心区的客流,缓解市中心区的交通压力。分布在城市边缘的市郊铁路外环线,显著加强了市郊的可达性,特别是在外环线和放射线的交叉点上,一批分区中心迅速成长。这些分区中心吸引了大量的城市活动场所分布于此,如区域性购物中心、医院、剧场、饭店、公司、企业总部等,从而引导和加快了城市副中心的形成。这种"放射 + 环形"的轨道线网,促使城市改变了原来单中心浸润式的发展模式,加快了多中心、团块状城市结构的形成,为城市发展进入稳定期打下基础。

在莫斯科 2020 年城市总体规划中,仍旧强调莫斯科地铁的发展和新型城市快速交通的建设,把它们作为整个城市客运交通的基础。莫斯科在城市综合交通体系中,规定了将铁路用作城市快速轨道交通的具体措施,其中包括改造铁路的某些区段,修建地下隧道使铁路穿过市中心区,修建立交线路、高架桥、联络线、辅助线,发展和完善换乘中心,实行统一票价等。

4）法国巴黎的 RER 制式

RER 系统是巴黎的快速铁路网交通系统,是在巴黎既有的地铁系统之外,为了适应巴黎的发展,方便郊区与市区的交通联系而修建的。RER 系统是连接巴黎市中心区与郊区的主要纽带。RER 线呈放射状分布,全线采用穿城而过的形式。RER-A、RER-B 等几条市域快速轨道交通线,通过少量分支的形式将郊区新城、主要城镇和重要活动场所与市中心直接相连。借助于 RER 线,乘客在巴黎与郊外的往来十分方便快捷,特别是前往戴高乐机场、圣日耳曼、安雷、迪斯尼乐园、凡尔赛等场站,乘坐十分方便。

随着巴黎城市化进程的加快,城市不断地向外扩张,原来局限于中心区的地铁网络已无法适应城市的发展。20 世纪 60 年代,巴黎市在网状地铁线网的基础上,修建了放射网状结构的市郊铁路,从而形成由两个子系统组成的混合型结构的城市快速轨道网。市郊铁路不仅通达巴黎大区各个城镇集聚区,还与巴黎市区各条地铁线路连接,换乘十分方便,从而为巴黎市提供了新的发展轴,加快了巴黎市的边缘集团和卫星城镇的发展,避免了巴黎市摊大饼式的蔓延发展,形成了多中心的城市结构。

巴黎的市域快速轨道交通 RER 线是与郊区新城同步发展的。随着 20 世纪 50 年代末城市人口的迅速增长和郊区的城镇化,市郊人口增加,1965 年巴黎进行了第一次城市总体规划,提出了在距市区 25～30km 外建设 5 个人口规模约 50 万左右的新城,这一规划奠定了今天大巴黎地区的城市发展格局;1994 年的新规划将新城规模控制在 15 万～20 万人。RER 就是为支持新城的兴建和发展而建设的,是通过连接几条较短的线路和既有铁路实现电气化而逐步形成的。位于巴黎中心的 Châtelet-Les-Halles 中心站将既有的合适线路连接起来,标志着 RER 线的正式诞生。20 世纪 80 年代末,巴黎相继建成了 4 条 RER 线并形成网络,线路长度超过了400km,并以支线形式不断向远郊延伸。

RER 线在市中心区范围内设置的车站,站间距很大,相当于 3～4 个地铁车站之间的距离(2.5～3.3km),其功能只考虑与市区地铁之间的换乘。在郊区,由于缺乏地铁线路,站间距反而相对较小,目的是加大轨道交通的服务范围。由于 RER 系统具有混合性,巴黎市内运营的RER 线由巴黎公共交通公司(RATP)管理,其余部分则由国有铁路公司(SNCF)负责运营管理。

RER 编组从 5 节、6 节到 8 节不等,有一部分为双层列车,如图 2-25 所示。其中 M12N 型双层 EMUs 列车最高速度达到 140km/h,供电采用 1.5kV DC 和 25kV AC、50Hz 架空线双压制式,信号采用 SCAEM 移动闭塞系统。

图 2-25　巴黎 RER 线的双层列车

5)德国的 S-Bahn 系统

德国许多城市的快速轨道交通系统都分为 U-bahn 和 S-Bahn 两个子系统,前者相当于地铁,后者相当于市郊铁路。这里以慕尼黑 S-Bahn 的发展为例,介绍该系统在德国的发展和应用。

1965 年,联邦德国、巴伐利亚自由州、慕尼黑和 Deutsche Bundesbahn 签署了一份慕尼黑 S-Bahn 的建设合同。而 1966 年国际奥委会确定慕尼黑为 1972 年夏季奥运会的举办地,使得慕尼黑必须在短短 6 年内完成整个 S-Bahn 网络的建设计划,以应对奥运会的大客流,从而大大加快了 S-Bahn 的建设速度。慕尼黑不仅需要建设一条穿越市中心的隧道,而且其整个地铁网络的线路也被扩展,既有的市郊线路也被重建和改造,使其实现现代化。因此大量车站被翻新,站台被加长至 210m,以便能够停靠更大编组的列车。站台高度也被升高至 96cm。在 1971 年 5 月,第一列 S-Bahn 的 ET420 型列车投入运营。1972 年 5 月,整个 360km 长的 S-Bahn 网络建成,共有 101 列列车投入使用。在奥运会期间,全新的 S-Bahn 列车开行 7138 次,共运送旅客 318 万人次。2005 年,德国批准了一项花费 26.6 亿欧元的计划,S-Bahn 网络得到了进一步的改造和扩展,如部分线路改为辐射双线、投入使用新型列车等。至今,慕尼黑的 S-Bahn 网络已经被多次扩展。

近年投入运营的 474 型 S-Bahn 车辆,最高速度达 100km/h,1200V DC 第三轨受电,列车全长 65.56m,如图 2-26 所示。部分列车被改造成双流制(除直流供电外还增加 15kV AC 接触网受电),以实现与地区铁路共线运营。

图 2-26 德国最新的 474 型 S-Bahn 车辆

6)日本东京的城市铁路

日本东京的城市轨道交通网络构成见表 2-8。

东京城市轨道交通的网络构成　　　　　　　　　　表 2-8

类　型	长度(km)	网络份额(%)
公交型普通铁路	1846.1	82.2
地铁	276.2	12.3
直线电机小断面地铁	12.9	0.6
单轨	54.7	2.4
自动导向轨道系统	39.3	1.7
有轨电车	17.2	0.8
合计	2246.4	100

资料来源:冈田宏. 东京城市轨道交通系统的规划、建设和管理[J]. 城市轨道交通研究, 2003, 6(3)。

由表 2-8 可知,在东京城市轨道交通网络的组成部分中,公交型普通铁路线占整个网络长度的 80% 以上。东京地铁线有近 300km,占整个路网的 12.3%,大部分集中在山手线以内的市中心区。

在东京大都市的中心区域,由于城市的快速发展以及由此导致的自1960年以来的房地产经济猛涨,居民区不可避免地向城市郊区迁移,逐渐与市中心的商业区分离开。这意味着每个工作日的早晨,大量上班族会从郊区涌入城市。到1995年,每天进入东京市中心10个区的上班族平均客流量达404.8万人次,其中90%是由城市轨道交通承担的,特别是城市铁路的运能更是大得惊人,见表2-9。

东京城市轨道交通子系统的运能和实际运量比较　　　　　　　　表2-9

类　　型	运能(人次/h)	实际运量(人次/h)	线路名称
公交型普通铁路	49056	92760	中央线
地铁	41296	79732	千代田线
单轨	10512	11763	羽田线
自动导向轨道系统	2964	3808	Ina 线
有轨电车	1920	2398	世田谷线

资料来源:冈田宏. 东京城市轨道交通系统的规划、建设和管理[J]. 城市轨道交通研究, 2003, 6(3)。

2. 市域快速轨道系统的特征分析

在我国一些大城市正在兴建城市轨道交通市域线,市域线将大大改善市中心与卫星城的联系,推动市域经济的联动。随着我国大城市郊区的城市化,卫星城越来越多,规模越来越大,城市轨道交通市域线的作用将更充分地显示出来,因此,很有必要对其功能和技术特征进行探讨。

地处大城市郊区的城市轨道交通线路,在经济发达国家都是按照干线铁路的标准进行建设的;在我国至今没有建立起城市轨道交通郊区线路的相关标准及技术规范。目前,国内大城市大都按市区地铁线路的技术制式进行郊区轨道交通建设,或者把市区地铁线直接延伸至郊区。然而,城市轨道交通郊区段在功能定位、客流特征、运营组织等方面都与市区地铁线路不同。为此,有必要对城市轨道交通市域线的功能及技术特征进行分析和探讨。

1) 国外大都市市郊线数量大大超过市区线

凡地铁发达的国外大城市均有更发达的郊区轨道交通网作为支撑,而且市郊轨道交通线路长度都远大于市区的地铁线路长度。

为吸引居民到郊区居住,也为优化产业结构布局、减少城市污染,纽约地铁线路有400多千米,其郊区铁路有1200多千米;伦敦市区地铁有400多千米,大伦敦地区铁路有3000多千米;莫斯科也有发达的郊区铁路与地铁相接。

大巴黎是以巴黎为中心,加上若干个卫星城市和地区组成。人口有1100万,其中市区人口200万,近郊400万,远郊500万;巴黎市区地铁有211km,共11条线路,平均每条线长19.2km,平均站间距为800m;市郊铁路为1286km(其中含市域快线562km),每年运量5.48亿人次,每天开行约5000次列车,每日客运量150万人次。为了使郊区居民在1h内抵达市中心,20世纪70年代在郊区线基础上建了5条市域快线穿过市区地下,把两端的郊区线连接起来,即郊区线在地面运行,进入市区后转入地下。由于市域快线市区地下线的站间距大于2km,所以在市区地下仍能以120km/h运行,以保证郊区乘客快速到达市中心的目的地。

日本东京都市区以皇宫为中心大体分成三个圈,内圈半径为15km,即东京中心城区,以地铁为主要交通工具,地铁总长 327km;中圈半径为 30km,即近郊圈;外圈半径为 50km,即远郊圈。东京圈共有轨道交通线路 2300 多 km,其中公交化的普通铁路近 2000km,是东京城市轨道交通网络的重要组成部分。其中部分线路为快线,类似巴黎的市域快线,但东京均采用高架方式。筑波快线也是郊区市域线,同样采取高架方式。

国外市郊的轨道交通线路一般为地面线或高架线,建地面线或高架线可大大节省建设成本。市域快速线的规划,应同样遵循市民在 1h 内到达目的地的原则,并据此设计合理的站间距、车站形式和运营模式,确定运行速度和最高运营速度。由于乘客乘坐时间较长,宜采用与市区地铁不同的、以坐为主的、比较舒适的车辆,因此,其定员小于地铁车辆。

2)市域线市郊段的特点

(1)市域线市郊段主要任务。

市域线市郊段是为市域范围内中长距离乘客服务的。市区段乘客乘坐轨道交通的平均运距为 7 ~ 10km,而郊区段的乘客平均运距在 15 ~ 20m 以上。市域线市郊段的首要目标是把居民集中地——卫星城的居民尽快地送达市中心,其次是解决沿线相对集中居住的居民出行问题。现在有些城市把市郊段按照市中心区地铁模式来规划,规划的站间距离偏小,增加了市域线的全程旅行时间,旅行速度下降,这就失去了建设市郊轨道交通的意义——将卫星城居民快速、舒适地送达市中心,这正是轨道交通的优势。

市域线的主要任务是让郊区卫星城居民能快速进入市中心,从而减少郊区居民驾私家车或乘坐公共汽车直接进入市中心区,以间接减轻市中心区的道路交通压力,缓解市中心区的交通拥堵。为吸引更多的郊区居民乘坐市域快线,市域快线的设计仍应遵循居民在 1h 内从出发地到达目的地的原则,尽可能提高列车旅行速度。如果要更多照顾沿线居民需要,则可在部分车站设置待避停车股道,实现快慢车混合运营。这在发达国家郊区线的运营中已有成熟的模式。如日本东京中央线全长 53km,设站 24 个,普通列车站站停,全程运行 71min,旅行速度为 44.9km/h,快车只停 9 站,运行 53min,旅行速度可达 60.1km/h。

发达国家大城市市域线市郊段的长度及数量远超过市区地铁线,其技术制式和车辆均按郊区段的特征来选型。既不同于市中心区的地铁,也不同于干线铁路。我国大城市市域线有很大的发展空间,未来的郊区轨道交通线也会形成网状结构。

随着城乡一体化的进展,我国大城市行政区域范围越来越大,不仅有市属郊区的卫星城镇,而且有地级市下属县级市,这些城市在进行轨道交通规划时,也做了各县级市之间的轨道交通规划。因此,有些大城市在规划市域线时应考虑到与相邻城市之间、与所属经济区域内邻近城市轨道交通的连接。

(2)市域线市郊段宜采用地面或高架方式。

如果在城市规划中能事先留出通道,市郊段宜采用地面或高架方式。地面或高架线可大大节省基建投资,仅为地铁的 1/3 ~ 1/2;而且,车站可设停站股道和越行股道,为郊区线组织快慢车运营创造条件;地面、高架车站还有一个优点,即有可能进行技术改造,为以后建设支线等创造条件。

发达国家大城市郊区的轨道交通线路几乎全部是地面线或高架线,采用接触网供电的电动车组被认为是轨道交通现代化的标志。在我国,也有专家认为市域线市郊段宜建在地下,原因是地面或高架线接触网影响城市环境和景观。但更多专家认为,市郊线改成走地下是极大的浪费。事实上,地面和高架线产生的噪声,完全可以采用现代技术将之降低到符合环境标准范围内。在欧洲许多大中城市,包括环保要求严格、环境优美的城市如维也纳、日内瓦、苏黎世、法兰克福、巴黎等,为了减少城市污染和降低噪声总体水平,都在大力发展采用接触网的地面轻轨列车(即现代有轨电车);地面和高架线有可能成为一道流动的风景线。

(3)近郊线与远郊线的速度目标值应分别达到100~120km/h与120~160km/h。

当前,我国城市轨道交通中列车一般都是追踪运行,没有快慢车的越行,一样的速度,一样的停站。但随着市域快线的修建,列车速度将发生很大变化。和市中心区的地铁线路相比,市域线市郊段的站间距普遍较大。为保证位于距市中心40~50km边缘的郊区卫星城镇至市中心出行时间在45min之内,需要充分发挥市域线市郊段站间距大、列车速度快的优势,以保证良好的乘客服务水平。相关资料显示,适用于郊区的电动车组(电力牵引或内燃机车牵引)最高运行速度应达到100~160km/h。建议距市中心小于30km的近郊线路,选择最高运行速度100~120km/h,旅行速度45~60km/h;距市中心大于30km的远郊线路,最高运行速度宜采取120~160km/h,旅行速度可达到60~70km/h,远郊线可采用25kV交流供电。

(4)市域线市郊段的站间距宜为2~4km。

市郊线与市区线的最大不同就在于站间距大,市区地铁线站间距一般为1~1.5km,近郊线的站间距应定为2~3km,远郊线的站间距可定为3~4km。如果市郊线站间距偏小,列车运行速度就提不上去。如果郊区间旅行速度仅达到40km/h左右,卫星城居民就可能放弃乘坐轨道交通,仍通过私家车或直达大巴士到达市中心,那么通过市郊线的建设引导卫星城发展的主要目标就难以实现。可见,合理选取市郊线的站间距具有十分重要的意义。

(5)市域线市郊段车辆舒适性要求高。

由于市域线乘客乘坐时间较长,宜采用与市区地铁不同的、乘客以坐为主的、比较舒适的车辆,因此,其定员小于地铁车辆,并在车上附设厕所。车厢内一般采用横列式座椅,而不是像地铁那样纵向排列并以站为主。每节车厢车门的数量比地铁车辆少,但比干线铁路多,地铁车辆每侧有4~5个车门,市域线市郊段车辆一般每侧设2~3个车门。

七、索轨系统

索轨系统(Cable Rail Transit)是在普通缆车索道基础上,经过技术改造和再创新形成的一种悬索式新型城市轨道交通,也称空中轨道交通(Aerometro)或空中客车(Aerobus)。

索轨系统与普通缆车相比,外形虽然相似,但驱动原理完全不同。缆车固定在缆索上,车体随缆索一起运动。而索轨交通的车辆自带牵引动力系统,其橡胶走行轮行驶于铝合金轨道板面上;轨道板面即倒放的槽型钢底部,置于两根平行的索轨上;索轨则通过吊索悬挂在承重缆索上,承重缆索由支架支起,两端锚固在敷设于地下的钢筋混凝土基础内。

索轨车辆可采用多节车编组运行,其运能和速度接近一般城市轨道交通,故被纳入城市轨道交通系统。索轨交通多用于地形复杂,跨越河、湖、丘陵等地形障碍物较大的地方。

索轨系统在20世纪60年代由瑞士人吉哈德缪勒(Gerhard Muller)发明。系统的实际研究工作开始于1966年,第一条0.6km的试验线于1969年在瑞斯哈的斯迈列康(Smerikon)建成,每辆车可载客40人。试验线路运行半年后便拆除,出让并安装在加拿大魁北克省的一座公园内。线路由一座小山出发,跨越邻近的一个湖泊后到达一个停车场。线路长度为950m,由3个门形支架支撑。

　　第二代索轨系统于 1975 年诞生于德国的曼海姆市（Mannheim）。因为曼海姆市园艺博览会的两个展区分别设在纳卡（Neckar）河两岸相距较远的赫泽根尼公园（Herzogenried Park）和路易森公园（Luisen Park），为了连接两个展区而建立了一条采用索轨系统的线路。线路全长 3km，于 1975 年 4 月 18 日建成通车，如图 2-27、图 2-28 所示。该系统的列车由 9 节车厢连接而成，单向小时理论运量为 3600 人次，实际单向小时最大运量为 1440 人次。该线在展会期间的 6 个月内共运送 258 万人次后，按照原计划拆除，未发生任何安全事故。

图 2-27　德国曼海姆市索轨系统　　　　　　　　图 2-28　德国曼海姆市索轨系统的站台

　　现代化的索轨系统可由 2 ~ 9 节车辆编组而成，设计定员 40 ~ 222 人不等。最大型的可载客 222 人的列车满载后质量可达 30t，最小发车间隔为 90s，单向小时输送能力可达 10000 人次。

　　索轨系统在一般线路上的轨道采用柔性复合索轨，每条索轨由两根并列的缆索上部覆盖槽型铝合金轨道板构成，车辆的橡胶走行轮行驶于轨道板面上；在曲线段、道岔段和车站段，索轨则改用钢型材焊接成的刚性轨道，即硬轨。在曲线段采用硬轨可平衡离心力，增加车辆行驶的平稳度和轨道的耐磨能力。车站区段采用刚性硬轨是为了保证车辆在站内平稳停靠。

　　在缆车索道技术基础上发展起来的索轨系统，完全摆脱了普通缆车索道的运行速度低、车辆无动力、不能自动运行、索道的缆索垂度大，以及难以通过弯道等低技术水平状态。索轨交通是在普通索道技术上的一种突破，技术上的改进与创新使其具备了纳入城市轨道交通的基本条件。

1. 索轨系统的优点

1）工程结构简单，施工速度快

　　车辆走行的索轨及悬吊索轨的缆索，其主件和配件均可在工厂生产，在现场快速组装。支架一般都采用箱形截面的钢构件组成，结构比较简单，架设技术也不复杂，建设周期短。同时由于支架间距大，数量少，所以索轨交通系统建设速度快。据介绍，一般支立一处支架不超过 4 天，10km 的索轨系统可以在 10 个月内建成，而且施工时对地面交通和城市居民生活的干扰也非常小。

2）能够适应各种复杂地形

　　索轨系统由于轨道悬吊于承重索下，承重索又具有高承拉力，因此，索轨交通支架间可以采用较大的跨度，两支架间的距离按标准的经济跨度 300m 来设计，需要时也可以增至 450m，最大跨度可达 800m。所以索轨交通可以从空中跨过江河、湖泊、丘陵、山谷以及地面低层结构和其他障碍物,建设时不会受到这些自然或人工的地形、建筑物的阻隔。由于系统构造和配置的动力特性,索轨系统的最大爬坡能力可达7%,短距离(200m内)的坡度可达9%,其平面曲线半径正线一般不小于300m,最小半径可为50m。当然,和其他城市轨道交通工具一样,索轨交通在小半径曲线地段需减速通过。索轨系统车库线路最小平面曲线半径允许采用15m。

3)工程造价低

索轨是一种构造简单的悬索系统,在建造时,极少会引起地面建筑和地下管网的拆迁,而且占地极少,因此,建造费用比轻轨,地铁低很多。据美国20世纪80年代的统计资料,每千米索轨的综合造价为0.1亿~0.2亿美元,同期建设的轻轨交通(包括地面和高架线路),每千米的综合造价为0.48亿美元,处于地下的地铁工程造价为1.53亿美元,即索轨系统的造价分别为轻轨、地铁的1/3和1/10。

4)对城市环境影响小

当代城市十分重视环境保护,因此对城市交通所产生的噪声、振动、废气等均有严格的控制。

索轨系统采用的电力牵引,不会产生废气污染大气。索轨系统的驱动和走行系统产生的噪声很小,其驱动的动力采用分散在各节车厢顶部的小型电动机;此外,走行系统采用充气橡胶车轮,在金属板轨面上行驶也非常安静。根据对曼海姆空中客车线路的噪声实测,常速运行时噪声为60dB,最大速度时噪声为74dB。同时车辆又是行驶在柔性轨道上,几乎对周围环境不会产生振动影响。因此,索轨系统实为一种"环保型"城市轨道交通方式。

5)优化城市景观

一座横跨城市江河两岸的悬索桥,其轻盈的曲线造型,会增添城市的美感。同样,索轨系统的结构形态,与悬索桥十分相近,在弧状的缆索下悬挂着平直简洁的轨道系统,于其上行驶着动态的车辆,只要支架结构选型得当、注意车辆的造型和色彩设计,索轨系统不仅不会影响城市景观,而且会为城市增添新的景色。此外,索轨系统轨道纤细,支架间跨距大,柱式结构很少,不会像一般高架城市轨道交通的桥面和林立的柱体那样给城市景观和生态带来负面影响。

6)灵活性大,易于扩建和迁移

索轨系统构造简单,施工简便,速度快,干扰少,易于扩建和迁移。当线路需要扩建延长时,很少受到客观条件的限制,快速地加以延长。当需要拆除或移建别处时,也非常灵活方便,而且这种移建也不会造成过大的损失。这种工程建设的灵活性是其他城市轨道交通方式难以比拟的。

2. 索轨系统的缺点

1)速度较低

据一些空中客车提供的资料,列车设计的最高速度为每小时45英里(约73km/h),可能的更高速度为每小时72mi(约115km/h),平均速度一般为40km/h。在曼海姆索轨交通开通时,原采用的最高速度为40km/h,后为安全考虑,此速度值又有所降低。因此,采用这种类型的交通,其最高速度虽在理论上可以达到近80km/h,但未见有实践证明。

2)乘客有颠簸感觉

索轨使用均匀分布的吊索吊结在其上空的承重悬索上。索轨与吊索联结的节点处刚度较大,而跨间索轨较柔,列车近似走行在波形索上,因此当列车快速驶过各节点时,乘客会有颠簸感觉,犹如行走在洗衣搓板上,这就是所谓的"搓板效应"。经研究,表面采用加密吊索,改变吊索与轨索联结方式可大大弱化这种影响;采用索轨上覆盖槽形金属轨面,也是为了有效地减弱搓板效应。

3)受大风、雷电天气影响

因索轨系统车辆悬吊在空中,运营会受风速和雷电影响。当风速较大时,车身不仅会摇晃,而且也不安全,故索轨系统规定当风速大于 80km/h 时,必须停运。同样,在雷电天气也不宜运行。

4)发生事故时救援较困难

索轨系统高悬于城市上空,基本行驶在柔性轨道上,一旦列车在区间发生断电、机械故障或其他灾害时,救援工作比较困难。虽然可采用类似单轨交通发生停留区间事故时的救援方式,但是由于索轨系统采用的是柔性悬索结构,并非固定式承重结构,因此,无法在同一线路上采用与救援车对接,或与另一侧线路上的救援列车通过门对门搭桥等方式来疏散乘客。当索轨系统在城市道路上空走行且其高度又不大时,可采用地面救援的方式,此时与单轨系统没有什么不同。

5)车厢弃物和配件松脱危及地面安全

走行在城市市区上空的索轨系统,无论是乘客丢弃任何废物还是车辆任何配件的脱落,都会危及地面行人和车辆的安全。因此,需要在索轨车辆的设计上防止类似情况的发生,如采用密封车窗、紧固零配件等方法。另外,必须通过严格管理和加强维护等措施以杜绝此类现象的出现。

6)道岔结构较复杂,转换时间长

道岔段的轨道必须采用刚性硬轨,道岔转换尚须配置专门的控制系统、动力系统和特制道岔轨结构。转换道岔时必须完成解锁、位移和锁闭 3 个过程,需要花费较多的时间,有的长达 25s,限制通过能力的提高。

第三节　城市轨道交通的制式选择

城市轨道交通的制式选择是确定轨道交通工程建设标准和总体方案的核心环节,关系到工程审批、运营服务、维护保障等方面,制式选择还关系到未来轨道交通带动城市发展的程度。因此,城市轨道交通的制式和技术标准的选择,应当根据各城市不同的经济基础、城市布局、线路特征、客流性质、客流强度等因素,通过充分、全面的技术经济比较后才能确定其最终方案。制式选择的基本原则是在满足客流需求、引导城市合理发展的基础上,尽可能节约投资。

一、线路功能定位

建设一条轨道交通线路的根本目的,是满足该方向客流、城市发展的特定需要,因此,该线路的功能定位是城市轨道交通系统制式选择的首要考虑因素,功能定位直接影响着线路的客流特征和客流的服务需求。

一般来说,根据线路所在的城市区域空间便可以基本判断该线路的功能定位。如线路全线位于市区,则该线路以缓解市内交通拥堵为主,线路客流量较大,客流出行目的以上下班、上学、商务、采购、探亲访友、休闲娱乐活动等为主,且全日客流强度较高,平均出行距离相对较短,线路站间距较小,同时需要注意环保要求。如线路连接市区和郊区,则主要承担向心运输客流的任务,兼有引导郊区和卫星城发展功能,客流往往以上下班、上学为主,平均出行距离较长,全日客流时段性明显,对旅行速度、舒适性、换乘等要求较高,因此,需要注意与市内其他线路的衔接,且在市区段可以采用较小站间距,在市郊段可以适当延长站间距以提高运行速度,还需采用速度较高的车辆,注意在高峰、低谷时段列车的合理组织调配。如全线在郊区,则是为了支持郊区新城的自身客流的小运转、微循环,因此,对速度等的要求相对较低,可采用造价相对较低的系统制式。另有一些满足特定功能需求的线路,如连接机场、大型赛场、展馆会、港口等特定区域的线路,则需要综合考虑其功能的特殊性选择相应的制式。

二、线路工程条件

轨道交通线路的工程条件一般包括地形地质条件、线路的平纵断面条件、线路敷设方式以及沿线景观建筑条件等方面内容,它们对于城市轨道交通系统的制式选择具有重大影响力。

不同的系统制式对线路工程条件的适应性大不相同,如钢轮钢轨驱动的系统对转弯半径、线路坡度等方面的要求相对较高,但在高架区段的噪声污染较严重。橡胶轮驱动的系统对线路的坡度、平顺度适应性较强,噪声污染小。直线型电机驱动的系统可以适应较小的转弯半径和较大的线路纵坡,噪声污染小。磁浮系统对线路的平顺度要求相当高,对转弯半径要求也高,但可以适应较大的坡度。

三、经济性

城市轨道交通是一项耗资巨大的建设工程项目,一条线路的建设成本往往达到数十亿元,甚至上百亿元。因此,在进行系统制式选择时,必须充分考虑经济因素。这就要求在满足线路功能和线路工程条件的基本前提下,要尽量采用经济性较好的系统制式,以降低工程建设投资,促进城市轨道交通的可持续发展。

不同系统制式的经济性比较须在同一标准前提下进行,同时结合前期建设与建成后运营维护两个阶段,引入生命周期成本(LCC)理念,即不仅要考虑建设成本,还要衡量投入使用后的运营与养护维修成本,以保证经济性比较科学、合理。

建设阶段的投入应包括土建、机电设备、通信信号、车辆采购等费用;运营维护阶段的成本包括列车运行能耗、照明能耗、环控能耗、列车维修及更新、设备更换费用等,因此,必须注意列车与其他设备的使用周期。

四、技术可靠性

技术可靠性会影响系统的故障水平、维护费用、乘客的安全水平等。各系统制式的发展阶段、发展历程、应用范围、科技含量不同导致了各类制式在技术可靠性上的差异。

一般来说,应用范围广、应用时间长的系统制式技术可靠性较高,因为在多年的应用中经受了实践的检验,这种系统制式往往会成为各大城市的首选。但从促进科技进步和鼓励自主创新角度出发,新型的且集成了大量高新技术的系统制式只要满足了一定的试运行时间和试运行里程,也应当选择采用。

五、网络资源共享

城市轨道交通往往不是作为单线或相互孤立的多线存在,而是作为一个网络系统存在。一般来说,网络的资源共享包括场地的资源共享,如线路、车站、车辆段等;移动设备的资源共享,如列车;固定设备的资源共享,如备品备件、维修机械等;人员的资源共享等。在制式选择时,应该推进某些制式的规模化,相对统一的制式能够使轨道交通网络中的资源实现优化配置,减少不必要的设备储备,提高资金使用效率,促进轨道交通网络的可持续发展。网络制式的相对统一,还能够为轨道交通网络的互联互通创造有利条件。

六、国产化水平

提高城市轨道交通先进技术装备的国产化率,有利于降低轨道交通造价、缩短轨道交通建设周期、提高我国轨道交通技术水平,也能降低运营和维护成本,并带动相关产业发展,能提高我国城市轨道交通装备制造业的国际竞争力。因此,选择国产化程度较高的制式,可以在降低系统投资的同时,加大对国内产业的支持力度,促进国产化水平的不断提升。

可见,在进行系统制式选择时,应在保证技术装备可靠性的基础上,尽量采用国产化程度相对较高的制式。

七、节能环保

为了建设资源节约型、环境友好型社会,我国越来越重视工程项目中的节能减排工作。因此,在我国城市轨道交通的工程可行性研究报告中必须含有节能环保章节。轨道交通的能源消耗主要是电能的消耗,对环境的影响主要在噪声、振动、粉尘、辐射、景观等方面。在进行系统制式选择时,应该优先选择节能、环境污染小的制式。

总之,影响城市轨道交通线路系统制式选择的因素很多,主要包括线路功能定位、工程条件、经济性、技术可靠性、网络资源共享、国产化水平、节能环保等方面,因此,在制式选择时需要充分考虑各种影响因素,结合各城市的发展规划与自身特点,对各种系统制式进行综合分析比较,最终确定适合远期线路网络的制式方案。

思考题

1. 城市轨道交通的分类有哪些?
2. 简述城市轨道交通的各种技术制式及其特征。

第三章

城市轨道交通工程项目的前期工作

　　城市轨道交通工程项目投资巨大,单个项目的投资少则几十亿元,多则几百亿元,为避免投资失控,我国将城市轨道交通项目纳入国家控制项目范围,在其建设(设计施工)之前需要进行论证,并上报住建部、国家发改委及国务院审批。

　　城市轨道交通工程项目前期工作是指为了使项目批准立项而开展的开工建设之前的规划和研究工作。这些工作是基于已确定或同步开展的城市总体规划和城市综合交通规划进行的。城市轨道交通工程项目的前期工作主要包括 3 个阶段,即城市轨道交通线网规划(以下简称"线网规划")、城市轨道交通近期建设规划(以下简称"建设规划")和城市轨道交通工程可行性研究(以下简称"可研")。有些项目在可研之前还须开展预工程可行性研究。本章介绍城市轨道交通工程项目的前期工作阶段与审批程序、各阶段工作报告的概略性内容。

第一节　前期工作阶段与审批程序

一、线网规划工作阶段的审批

　　线网规划是指导城市轨道交通近期建设和长远发展的重要依据,是城市综合交通体系规划的组成部分,是城市总体规划的专项规划。线网规划的审批应按照《住房城乡建设部关于加强城市轨道交通线网规划编制的通知》(建城〔2014〕169 号)的有关规定执行,具体如下。

1. 审批机构

直辖市的线网规划由住建部审批,其他城市的线网规划由省住建厅审批。

2. 审批程序

(1)线网规划编制(或者修改、修编)报告完成后,需要进行技术审查。

(2)直辖市的线网规划由住建部组织进行技术审查。

(3)直辖市之外的城市线网规划由省住建厅组织进行技术审查。

(4)线网规划经技术审查后,其中的城市轨道交通发展目标、功能定位、线网布局、车辆基地等设施用地控制要求等应纳入城市总体规划,并与城市总体规划一并报住建厅、住建部审批。

(5)线网规划经批准后,城市人民政府城乡规划主管部门应根据线网规划,将城市轨道交通线路、主要车站和车辆基地等设施,按照有关程序和要求,及时纳入相应地块控制性详细规划。

(6)线网规划经批准后,具有法定效力,任何单位和个人不得随意修改;确需修改的,应当按照城市总体规划的修改程序进行。

3. 线网规划的编制要求

(1)线网规划编制的组织工作:由城市人民政府负责,具体组织工作一般由城乡规划局承担,有些城市由发改委或交通局承担。

(2)线网规划的编制单位:应当具有丰富的城市规划、城市轨道交通规划经验,技术和人才储备,并应具有城乡规划编制资质证书。

二、建设规划阶段的审批程序

建设规划的审批程序应按照《国家发展改革委 住房城乡建设部关于优化完善城市轨道交通建设规划审批程序的通知》(发改基础〔2015〕2506 号)、《国务院办公厅关于进一步加强城市轨道交通规划建设管理的意见》(国办发〔2018〕52 号)的要求执行。

1. 审批机构

初次申报的城市首轮建设规划的审批机构为国家发展改革委、住建部及国务院;后续建设规划的审批机构为国家发展改革委。

2. 审批程序

(1)初次申报的城市首轮建设规划仍由国家发展改革委会同住建部审核后报国务院审批。

(2)对已实施首轮建设规划的城市,其后续建设规划由国家发展改革委会同住建部审批,报国务院备案。

(3)为提高工作效率,城市轨道交通建设规划及规划调整由省级发展改革委会同省级住建厅进行初审,形成一致意见。在规划环境影响审查意见、社会稳定风险评估完成后,省级发展改革委会签省级住建厅向国家发展改革委报送城市轨道交通建设规划,同时抄报住建部。

建设规划审批流程如图 3-1 所示。

建设规划主报告及专题开展编制工作

市政府听取汇报并征询相关部门意见,稳定建设规划方案,完成报审文件

市发展改革委向省发展改革委上报建设规划主报告	市自然资源和规划局向省住建厅上报建设规划主报告	市环保局向省环保厅上报建设规划环评报告

市政府主管部门组织的环评审查意见

提交环评审查意见

省发展改革委呈报国家发展改革委

省住建厅呈报到国家住建部

省环保厅呈报到国家环保部

委托评估单位对建设规划进行评审

委托省住建厅组织环评

委托环保部评估中心对环评报告进行评审

评估单位形成评估报告上报给国家发展改革委

形成评审意见

形成评审意见

国家发展改革委形成上报给国务院的请示稿

会签住建部意见

国家发展改革委将带有会签意见的请示稿上报国务院

取得国务院批复

完成立项

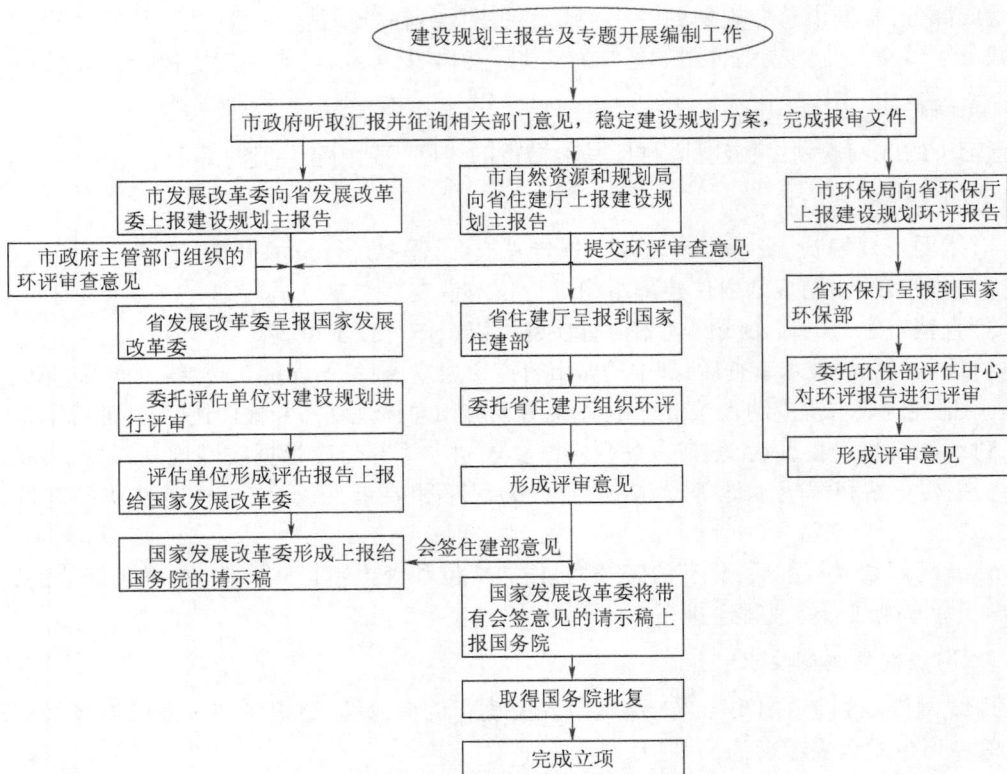

图 3-1　城市轨道交通近期建设规划审批流程图

3. 主要审查要求

根据《国务院办公厅关于进一步加强城市轨道交通规划建设管理的意见》(国办发〔2018〕52 号),城市轨道交通建设规划的主要审查要求如下:

(1)城市轨道交通系统,除有轨电车外均应纳入城市轨道交通建设规划并履行报批程序。

(2)申报建设地铁的城市:城市一般公共财政预算收入大于 300 亿元,地区生产总值大于 3000 亿元;市区常住人口原则上在 300 万人以上;各条线路的初期客运强度不低于 0.7 万人/(d·km)、远期单向高峰小时最大断面客流量大于 3 万人次。

(3)申报建设轻轨的城市:城市一般公共财政预算收入大于 150 亿元,地区生产总值大于 1500 亿元;市区常住人口原则上在 150 万人以上;各条线路的初期客运强度不低于 0.4 万人/(d·km)、远期单向高峰小时最大断面客流量大于 1 万人次。

(4)财政资金在城市轨道交通建设项目总投资中的占比不得低于 40%(在建设规划中明确采用特许经营模式的线路除外);申报建设规划的城市近 3 年的政府债务率不应高于 120%。

(5)近期建设规划中的城市轨道交通线路应包含在城市总体规划的城市轨道交通线网规划中。地铁主要服务于城市中心城区和城市总体规划确定的重点地区。

三、可研阶段的审批

1. 审批机构

可研报告的审批机构是省级发展改革委。因此,可研阶段涉及的主报告、专题报告的专家

评审会是由省级发展改革委组织召开的。

2. 审批程序

可研阶段的审批流程如图 3-2 所示。

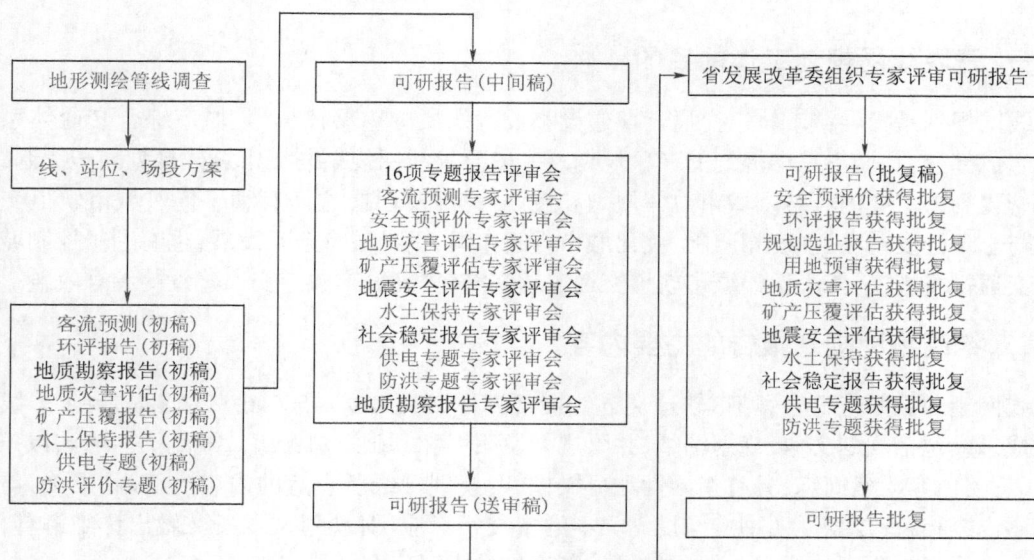

图 3-2 城市轨道交通项目可研报告审批流程图

3. 技术工作事项

城市轨道交通项目可研阶段的技术工作事项共有 16 项,具体包括:

(1)可研主报告的编制、审查和批复。

(2)客流预测报告的编制、专家评审。

(3)安全预评价报告的编制和批复。

(4)环评报告的编制、公示(两次)、公众参与(文以下简称"公参")调查与座谈、专家审查和批复。

(5)规划选址报告的编制和批复。

(6)供电专题报告的编制和批复。

(7)用地预审报告的编制和批复。

(8)地质灾害评估报告的编制和批复。

(9)矿产压覆评估报告的编制和批复。

(10)地震安全评估报告的编制和批复。

(11)水土保持报告的编制和批复。

(12)社会稳定报告的编制、公参调查与座谈、专家审查和批复。

(13)防洪专题报告的编制和批复。

(14)地质勘察报告的编制和专家评审。

(15)国产化专题报告的编制。

(16)节能评估专题报告编制。

第二节　线　网　规　划

一、开展线网规划工作的目的

线网规划是指导城市轨道交通近期建设和长远发展的重要依据,是城市综合交通体系规划的组成部分,是城市总体规划的专项规划。一般要求线网规划与城市总体规划同步编制,并把线网规划的主要内容纳入城市总体规划和控制性详细规划,这样有利于促进城市轨道交通建设与土地开发时序、强度相匹配,优化城市空间布局,引导城市合理发展;也有利于控制城市轨道交通投资规模,依法保障城市轨道交通工程实施,提高城市轨道交通建设的综合效益。

二、编制线网规划报告的主要内容

线网规划编制应符合《城市轨道交通线网规划标准》(GB/T 50546—2018)的要求。线网规划成果应包括规划文本、规划图纸,并附规划说明书和基础资料汇编。规划文本应当以条文方式表述,内容明确简练,具有指导性和可操作性;规划图纸所表达的内容应清晰、准确,与规划文本内容相符;规划说明书应与规划文本的条文相对应,对规划文本条文做出详细解释,并阐述条文执行过程中的要求。线网规划编制工作的主要内容及要求如下。

1.规划期限和范围

线网规划的规划期限和地域范围应当与城市总体规划相一致,线网规划一般应在城市总体规划确定的规划建设用地内。同时做好城市轨道交通远景线网研究,对远景线网布局提出总体框架性方案,远景线网一般应在城市开发边界范围内布置。远景年限一般要在编制年份以后30年以上。

2.交通需求分析

交通需求分析是定量论证规划线网规模、布局、建设时序等方案有效性的基础性工作。其主要工作要求有:

(1)交通需求分析应以城市综合交通需求预测模型为基础,分析年度包括基准年、远期、远景年等。

(2)交通需求预测模型的建立应基于5年之内的综合交通调查数据,模型系统校核误差要求在15%以内。

(3)交通需求分析的重点内容包括人口和就业岗位特征、主要客流走廊特征、主要截面(大河、铁路等)及交通瓶颈客流特征等。对于修编线网,还要分析线网方案对已开通线路的客流影响。

3.城市轨道交通发展的必要性论证

在城市总体规划编制或修编时,应统筹研究城市轨道交通发展的必要性。城市轨道交通发展必要性分析应建立在交通需求分析的基础上。

对于新编线网规划的城市,应论述远期在既有的城市综合交通设施规划(其中不包括城市轨道交通线网规划)下不能满足城市交通的服务水平要求,例如拥挤路段比例、平均出行时间等指标超过一定限值。对于修编线网规划的城市,应论述远期在既有的城市综合交通设施规划(其中有原线网规划)下不能满足城市交通服务水平要求及城市总体可持续发展要求。

4.功能定位论证

应依据城市总体规划和城市综合交通体系规划对城市轨道交通的功能定位进行研究。功能定位的核心内容是确定城市轨道交通在城市公共交通中的分担率。一般来说,对于500万人以上的特大城市和1000万人以上的超大城市,城市轨道交通在城市公共交通中发挥主体作用,该分担率应大于50%;对于300万~500万人的大城市,该分担率应大于40%;对于150万~300万人的城市,该分担率应大于30%。经济基础好的城市可以适当提高该分担率,以提高城市交通的服务水平。

5.发展模式与线网功能层次论证

城市轨道交通系统有地铁、轻轨、市域铁路等多种类型,应基于本城市确定的城市轨道交通功能定位,综合考虑本城市的客流特征、建设条件及不同类型轨道交通的技术经济特点等因素,合理选择城市轨道交通的系统类型和发展模式。

目前常见的城市轨道交通系统类型有地铁、轻轨、市域快速轨道交通、现代有轨电车等。不同类型的线网在服务范围、运能等级、服务水平(出行时间、舒适度等级)等方面有所不同,因而对列车最高速度、车厢尺寸、车站集散能力与安全等级等会有不同的要求。

对于超大城市和特大城市,通常会有2~3种城市轨道交通系统类型。例如,上海城市轨道交通线网有地铁、轻轨(5、6号线)、市域快轨(16号线、金山市域铁路);东京有地铁、JR(功能与市域铁路类同)等系统类型。对于一般的大城市,宜选择1~2种城市轨道交通类型。一个城市中的轨道交通类型越少,越有利于节省运营成本。

6.线网规模论证

不同的人口规模及分布形态、空间规模及形态、综合交通战略目标、城市交通服务水平、轨道交通系统类型,其城市轨道交通线网规模均有很大差别。例如,在同样的人口规模及分布形态、空间规模及形态、综合交通战略目标、城市交通服务水平下,单中心连绵区所需的线网规模比多中心组团式的要小。通常可以寻找城市交通良好的同类城市,通过类比法得到本城市的城市轨道交通线网发展模式及线网规模。由于不同类型的轨道交通系统运能差异很大,因此,比较准确的线网规模方案合理性论证还是需要把线网规模方案与交通需求预测结合起来,分析线网总体的供需适应性及有效性。

7.线网布局方案论证

线网布局规划方案应根据城市轨道交通的功能定位、城市空间结构和用地布局进行设计。对于中心城区面积较大、各方向发展较均衡的城市,在放射式线网基础上,研究设置环线的有效性;对城市外围组团,研究规划市域快线的有效性;对于超大城市和特大城市,还需要研究2~3个层次城市轨道交通线网的有效性。

在同一线网规模规划方案上,需要进行线网布局方案的比较分析。不同的线网布局方案对工程投资、运营费用、乘客便捷性等可能有很大的影响。线路条数越多,可能产生的线网布局变化方案就越多。但是,我国大城市的城市轨道交通规划线网的线路数量越来越多,其线网结构变化越来越复杂,需要对比分析,基于各种线网结构方案下的客流预测结果才能准确判断。一般会设计出多个线网布局方案,通过综合评价加以选择。

8. 重要节点研究

（1）车辆基地研究。统筹确定车辆段（停车场）、综合维修中心等车辆基地的分工、类型、规模、布局等。根据线路特征、用地条件和沿线土地使用功能，统一布局车辆基地，同时考虑远景发展的需要，确定车辆基地的基本位置。车辆基地规划应坚持资源共享的原则，集约使用土地。

（2）主要换乘节点实施的可行性研究。主要是对难以实施的三线及以上换乘站进行可实施性及有效性研究。如果不能实施或实施代价超过一定限度，则需要调整相关的线网规划方案。

（3）联络线方案研究。线网中每条线路与同制式的线路之间需要至少一条联络线。如果联络线方案不能实施，就需要调整线网方案。

（4）其他重要节点研究。根据城市特点不同，可能需要对影响线网布局的地质水文、文物古迹、供电资源共享等工程重难点开展专题研究。

9. 线网修建顺序规划

结合城市发展的进程及各条线在线网中的作用，提出线网中各条线的修建顺序。

10. 综合衔接研究

做好城市轨道交通与干线铁路、机场等综合交通枢纽的衔接。大型铁路客站和机场要规划城市轨道交通引入，规划年发送量2500万人次以上的铁路客站应研究引入多条线路的必要性；衔接普通机场优先考虑复合功能线路，衔接规划年吞吐量超过5000万人次的机场，研究设置专用线路的必要性。

11. 规划用地控制

编制与线网规划相对应的建设用地专项控制性规划，做好用地预留和控制，并与城市控制性详细规划紧密结合、相互协调。确定线路、场站、资源共享、大型交通接驳等设施用地范围，纳入城市规划管理体系。对线网规划中的线路、站点，明确其初步位置及用地控制要求，落实车辆基地等设施用地，划定城市轨道交通主要设施的用地控制界线和规划控制区。通过预留与控制设施用地，为城市轨道交通建设提供用地条件。

12. 线网规划图集

线网规划图集主要包括远期线网规划图、远景线网规划图、线网敷设方式规划图、车辆基地及联络线规划图、主变电站（所）分布规划图、控制中心分布规划图和线网分期建设规划图。

第三节　建　设　规　划

一、开展建设规划工作的目的

2003年以前，城市轨道交通建设项目是每条线单独立项审批的。经过多年的实践，出现了线路开通运营之后线路之间换乘不便、车辆段与供电等重要设施难以资源共享等问题。为了保证建成的城市轨道交通线路具有较好的社会效益，提高线网中各条线路的运营协调性及运用效果，《国务院办公厅关于加强城市快速轨道交通建设管理的通知》（国办发〔2003〕81

号），明确要求"加强城轨交通建设规划的编制、审批工作,严格项目审批程序"。此后,各城市在申报城市轨道交通项目之前,均要编制建设规划并上报国家发改委和国务院审批。

二、编制建设规划报告的主要内容

建设规划编制应贯彻"量力而行、有序发展"的方针,坚持"统筹衔接、便捷高效、经济适用和安全可靠"的原则。第一轮建设规划应根据线网规划、交通需求、建设管理能力、政府财力、新技术发展、国家政策导向等,结合城市发展重点进行编制。第二轮及以后的建设规划需要在上一轮建设规划实施情况总结的基础上编制。建设规划主报告的主要内容包括背景分析、线网规划、建设必要性、规划方案、工程方案、投资估算、建设保障、风险分析等;专题报告包括客流预测、用地控制规划、社会稳定风险分析、环境影响评价、交通一体化等。根据城市特点,部分城市还开展资源共享、网络化运营、地质灾害等专题研究,可以一并提交有关部门审查。

编制建设规划报告的主要内容和要求如下:

（1）项目范围。在合法的线网规划基础上提出近期建设项目。

（2）项目选择。优先建设客流需求大、缓解交通拥堵效果明显的线路。拟建地铁初期负荷强度不低于 0.7 万人次/$(km \cdot d)$,拟建轻轨初期负荷强度不低于 0.4 万人次/$(km \cdot d)$。

（3）建设规模。建设规划中的"近期"一般为 $5 \sim 6$ 年,建设规模应与交通需求、政府财力和建设管理能力相适应。项目资本金比例不低于 40%,政府资本金占当年城市公共财政预算收入的比例一般不超过 5%,轨道交通出资额占城市维护建设财政性资金的比例一般不超过 30%。

（4）客流预测。以 5 年内交通调查数据为基础,利用交通预测模型开展客流预测专题研究,满足规划方案比选、线路系统规模确定和经济分析等要求。预测内容包括城市交通需求,轨道交通线网客流,建设线路初、近、远期客流等,分析客流总量和结构特征,对客流预测结果进行敏感性分析和风险分析。这部分内容较多,可作为专题报告。

（5）规划方案。从规划层面提出近期建设重点,明确近期建设方案构建原则,匡算近期建设规模,从方案与城市规划和交通需求的适应性、与财力的匹配性以及投资和客流效益等方面进行多方案比选分析,提出推荐方案,明确建设任务和时序安排,确定线路服务水平和技术标准。

（6）工程方案。近期建设项目应达到预可行性研究深度,重点落实线路起讫点、基本路由、敷设方式、车站分布、系统规模、设备初步选型、资源共享等内容。对于涉及特殊不良地质、文物古迹、穿山岭跨江海长大隧道、重要交通枢纽、集中拆迁片区(旧城改造、车辆基地等)和环境敏感点的控制性工程方案,在专题研究基础上提出具体措施。

（7）投资能力。深化工程投资和前期费用的估算,确保工程投资合理可控、征地拆迁等前期费用符合实际,提高建设规划投资估算准确性。合理确定资本金比例,明确资金筹措方案,落实资本金和债务资金来源。统筹运营、在建和规划项目的分年投资计划安排,编制财政收支预算平衡表,全面考量政府的资金保障能力。编制财务计划现金流量表,确保政府财力可支撑和企业财务可持续。

（8）环境影响评价。编制建设规划时,应同步组织开展规划环境影响评价,确保规划方案在建设、运营阶段满足相关规范要求,并由生态环境主管部门按程序审查环境影响报告书。

（9）社会稳定风险分析和评估。分析和评估建设规划项目实施可能产生的社会风险,提出预防和化解风险的有效措施。

（10）综合交通衔接。开展城市轨道交通规划与国家铁路、城际铁路、机场等综合交通枢纽的衔接规划研究,强化城市轨道交通与其他交通方式的衔接融合,实现交通枢纽的方便、高效换乘。

（11）用地控制规划。除了落实建设规划中各个项目的线路、站点、车辆基地等设施用地外,还可开展节地技术和模式的创新应用研究。鼓励探索城市轨道交通地上地下空间综合开发利用,推进建设用地多功能立体开发和复合利用,提高空间利用效率和节约集约用地水平。

（12）人才保障。首次申报建设规划的城市应明确组织机构及人才保障措施。要统筹城市轨道交通建设与人才培养,将人才培养和保障措施纳入建设规划。

第四节　工程可行性研究

一、可研工作的目的

可研工作的基本目的是保证项目投资具有良好的社会效益,避免不必要的投资和低效投资。可研工作应贯彻"经济适用、安全可靠"的基本思想,从建设必要性、总体技术方案系统性、建设方案可行性、技术标准合理性投资经济性等方面进行充分论证。

（1）建设必要性。通过对交通需求分析和预测、经济社会发展需求分析、建设时机分析、功能定位分析、建设规模分析等方面的评估,判断项目建设的紧迫性、建设时机的合理性、功能定位的科学性。

（2）总体技术方案系统性。考查建设项目与建设规划、线网规划和用地控制规划的一致性,与城市总体规划、综合交通规划、相关专项规划、法律法规和规范性文件的符合性。

（3）建设方案可行性。分析工程建设条件、交通需求特点、服务标准等,评估总体技术标准是否适用,总体方案是否科学、协调,各专业技术方案是否完整、可行。

（4）技术标准合理性。分析总体技术标准、总体方案、土建工程方案、设备系统方案、组织实施方案等,判断项目建设及运营是否安全、可靠。

（5）投资经济性。分析项目总体技术标准、建设方案、资金筹措方案等,判断工程造价是否合理、投资是否可控、融资方案是否可行。存在多个投资主体时,评估判断投资方案的合规性、可行性,收益分配方案的合理性。

有些项目还需开展科技创新方面的研讨。对新开发或拟应用的新技术,需要评估新技术的可靠性、安全性、经济性,以判断新技术的开发和应用是否合理、可行。

二、可研报告编制的主要内容

1. 项目建设背景

项目建设背景是项目实施的边界条件,包括项目概述、上位规划研究、建设必要性、工程建设条件等。

（1）项目概述。包括项目名称、承办单位概况、研究依据、研究范围与年限、研究工作概述等。

（2）上位规划研究。梳理城市总体规划、综合交通规划、经济社会发展规划、城市近期建设规划以及线网规划、用地控制规划、建设规划、环境影响评价、社会稳定风险评价等与本项目相关的内容。重点明确上位规划对本项目的具体要求和约束性内容，以及上位规划变化对本项目产生的影响。

（3）建设必要性。从城市总体发展、经济社会发展、综合交通发展、环境资源等方面论证项目建设必要性。重点研究项目建设时机和紧迫性，对支撑城市近期建设重点、解决交通问题等方面的作用。

（4）工程建设条件。简要描述自然地理、地质水文、城市建设现状、经济实力和已实施项目总结等，为可研奠定基础。重点明确不良地质、大江大河、文物古迹、环境敏感区域等影响项目实施的关键控制因素，必要时开展专题研究。

2. 项目技术条件

项目技术条件是项目实施的总体原则，包括客流量预测、总体技术标准等。

（1）客流量预测。在开展项目沿线现状交通和土地利用调查的基础上，进行客流预测、客流特征分析、客流敏感性分析等工作。重点强化高峰小时客流、平均运距、客流均衡性、换乘系数、跨区 OD 等特征指标分析和风险性分析。

（2）总体技术标准。重点明确项目在综合交通体系、轨道交通线网中的功能定位，确定运输能力、旅行速度、发车间隔、舒适度、换乘便捷性等服务水平，提出安全、环境、自动化、投资控制等方面的系统标准。对市域快线、机场线等特殊功能线路开展针对性研究。

3. 项目建设方案

项目建设方案是项目实施的关键环节，在总体方案基础上，详细研究土建工程方案、设备系统方案和组织实施方案。

（1）总体方案。包括车辆、限界、线路、车站分布、运营组织、车辆基地、配线设置、控制系统构成、资源共享等。在满足总体技术标准要求的基础上，重点把握系统目标和各专业之间的协调性。

（2）土建工程方案。包括地质条件评价、车站建筑方案、结构工程方案、轨道工程方案等。主要针对工程重难点、大型交通枢纽、重要换乘站等开展深入研究，对影响安全的因素强化工程技术措施研究。

（3）设备系统方案。包括供电、通风空调、给排水及消防、通信、信号、站台门、电梯与自动扶梯、自动售检票、乘客信息、设备监控、运营控制中心等系统，以及设备国产化方案。提出供电系统、通风空调系统、信号系统的功能配置方案，结合项目特点研究分期实施等方案；提出其他各系统配置原则；关注各设备系统之间的效能均衡性。

（4）组织实施方案。包括工程筹划、征地拆迁安置、组织机构与人力资源配置、劳动安全与卫生等。重点研究工期安排、建设期交通疏解、征地拆迁安置、人才培养、建设及运营安全等，提出合理、可行的实施方案和保障措施。

4. 项目适应性分析

项目适应性分析是项目实施的重要保障，包括交通衔接、社会稳定、节约能源、环境保护、文物保护、安全评估、防灾与人防等，并根据外部条件对项目建设方案进行反馈。

（1）交通衔接。除建设方案中已涵盖的综合交通枢纽外，研究与其他交通方式的衔接换乘。重点是交通衔接设施设置原则、大型衔接设施的分布和规模、实施管理主体和保障措施等，确保同步设计、同步建设、同步投入使用。

（2）社会稳定。按照重大项目社会稳定风险评估办法的要求，主要研究内容包括风险调查、风险因素识别、风险估计和判断，提出风险防范和化解措施，以及措施落实后的预期风险等级。

（3）节约能源。按照固定资产投资项目节能评估和审查的要求，主要研究内容包括节约能源措施以及能耗指标分析等。

（4）环境保护、文物保护、安全评估、防灾与人防等。按照相关法律法规和规范性文件要求，结合项目特点开展针对性研究。

5. 项目综合分析

项目综合分析是对项目投资估算与资金筹措、效益、社会、风险等方面开展全面研究，明确结论与建议。

（1）投资估算与资金筹措。与已批复建设规划进行详细对比分析，结合分年投资计划，落实资金筹措方案。重点结合建设规划实施情况，考量本项目的政府资金保障能力。

（2）效益分析。包括财务分析和经济分析。财务分析重点研究财务费用、财务效益分析、不确定性分析等；经济分析重点研究经济费用估算、经济效益估算、国民经济评价、敏感性分析等。

（3）社会分析。重点研究项目在城市经济社会发展、交通环境、自然环境等方面的影响，分析项目的社会效益以及可能出现的社会风险，提出应对措施。

（4）风险分析。重点研究项目的规划风险、市场风险、工程风险、技术风险、资金风险、管理风险等，识别风险因素，确定风险等级，提出应对措施，并对项目建设方案进行反馈。

（5）结论与建议。通过对项目研究的全面总结，明确项目是否可行，提出下一步工作建议。

思考题

1. 简述线网规划报告的主要内容。
2. 简述建设规划报告的主要内容。
3. 简述工程可研报告的主要内容。

第四章
城市轨道交通土建设施系统

城市轨道交通土建设施系统主要由线路、轨道结构、区间结构(隧道、桥梁等)、站场、车辆段和给水、排水及消防系统等设备和设施构成。

第一节　线　　路

城市轨道交通线路(以下简称"线路")是一种空间线状结构物。从空间线形来看,其由平面、纵断面和横断面组成。线路的设计与维护需要满足旅客运输和工程实施的一系列要求。

线路所经行的地区或环境决定了其他工程结构物(如桥梁、涵洞、隧道等)的位置和形式,因此,线路走向的确定是线路综合设计的第一步工作。

一、线路走向选择

线路走向是指线路经行的大致方向。影响线路走向的因素主要包括:

(1)线路起终点位置。线路一般在起终点附近布设停车场或车辆段,这需要较大的用地,而在城市中供选择的余地较小,许多线路的起终点位置受此制约。

(2)主要客流走廊位置。城市轨道交通的根本目的是快速疏解客流,因此,线路走向应按城市的主要客流走廊布设。主要客流走廊包括现状客流走廊和规划客流走廊,后者以引导城市合理发展为出发点。

(3)沿线的大型客流集散点。例如,线路附近的城市商业中心、副中心、工业区、公交枢纽、火车站、码头、长途汽车站等。

(4)换乘站位置。城市中有多条轨道交通线路,各条线路之间存在换乘需求。如果本线在某处与其他线的换乘需求较大,同时在该处设置换乘站在技术上是可行的,那么该换乘站可作为该线途经的控制点之一。

(5)不宜经过的地点。溶洞、暗河等不良地质地带,重要历史文物保护对象(包括地面建筑物及地下结构)、军事禁区等,是线路应尽量绕避的地点。

(6)敷设方式。在城市人口密集区,线路采用高架或地面的敷设方式将会带来严重的噪声污染;在道路网密集区,采用地面敷设方式将会导致交叉口交通堵塞;在高层建筑密集区,由于地下桩基础密而深,采用地下敷设方式也很困难。因此,线路敷设方式的选择需要综合考虑环保、城市交通、施工技术、动拆迁等各方面因素,注意技术的可行性及经济的合理性。

二、线路平、纵、横断面

线路是一种空间三维结构物,构造复杂,工程中一般采用平面、纵断面、横断面三方面来表现。线路平面是线路中(心)线在水平面上的投影;线路纵断面是把线路中线展直后投影到垂直面上;线路横断面是线路实体及运营所需空间在线路中线法平面上的投影。

1. 线路平面

的线路平面由直线、圆曲线和缓和曲线组成。为了使得线路平面圆顺且符合运营要求,设计时需要遵循一定的技术要求。线路平面设计的主要技术要素包括最小圆曲线半径、缓和曲线线形及长度、最小圆曲线长度、最小夹直线长度等。

1)最小圆曲线半径

圆曲线半径是影响曲线段行车安全和舒适性的关键要素之一。列车在曲线段行驶时,会受到离心加速度的作用。离心加速度与速度的平方成正比,而与曲线半径成反比。离心加速度太大对行车安全、乘客舒适度、钢轨磨耗等均产生不利影响。为了减小离心加速度的作用,一般在曲线段的外轨设置超高,但受列车倾覆、偏压内轨等条件的制约,外轨超高不宜超过120mm。

曲线段的最高速度通常受未被平衡的离心加速度限制,而离心加速度与行车速度及圆曲线半径 R 相关。城市轨道交通的最高行车速度一般在80km/h以内。当 $R = 350$m 时,线路允许通过的最大行车速度约为 73km/h;当 $R = 250$m 时,线路允许通过的最大行车速度约为 62km/h。

因此,线路设计时需要根据行车速度等条件确定线路的最小圆曲线半径。目前,我国轨道交通正线设计中,最小圆曲线半径标准为:A 型车 300~350m,B 型车 250~300m。

2)缓和曲线线形及长度

圆曲线与直线直接相连时,存在两个问题:一是 ZY(直圆点)处的平面曲率有突变;二是 ZY(直圆点)处的外轨超高有突变。设置缓和曲线的目的就是要解决这两个问题,即实现平面曲率的渐变和外轨超高的渐变。配置缓和曲线后的曲线段如图 4-1 所示。

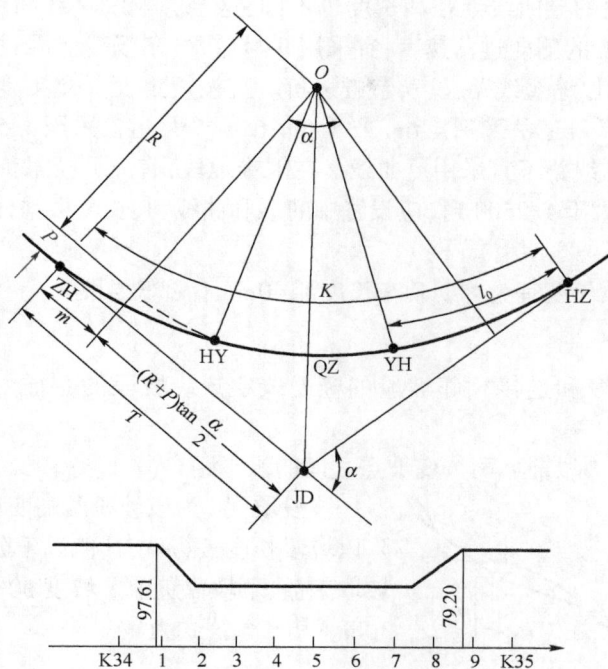

图 4-1　配置缓和曲线后的曲线段

$\alpha = 70°40',\ R = 500\text{m};\ l_0 = 130\text{m};\ T = 447.39\text{m};\ K = 781.59\text{m}$

缓和曲线要素包括缓和曲线的线形及长度。

在城市轨道交通中,因列车行驶速度只有 70 ~ 120km/h,缓和曲线线形多采用 3 次抛物线,长度则根据圆曲线半径及列车行车速度不同而变化,常用值为 25 ~ 140m。

3) 最小圆曲线长度

城市轨道交通圆曲线长度小,对改善条件、减少行车阻力和养护维修有利。但当圆曲线长度小于车辆的全轴距时,车辆将同时跨越在 3 种不同的线形上,会危及行车安全,降低列车的稳定性和乘客的舒适度。因此,《地铁设计规范》(GB 50157—2013)规定,正线及辅助线的最小圆曲线长度,A 型车不宜小于 25m,B 型车不宜小于 20m,在困难情况下不得小于一节车辆的全轴距。

4) 最小夹直线长度

夹直线是指相邻两曲线间的直线段。当相邻曲线距离较近时,可能会出现夹直线过短的情况。夹直线短于车辆的全轴距时,会出现一辆车同时跨越两条曲线的情况,引起车辆左右摇摆,影响行车平稳性;夹直线太短,也不易保持夹直线的方向,增加养护难度。因此,《地铁设计规范》(GB 50157—2013)规定:正线及辅助线上相邻曲线间的夹直线长度(不含超高顺坡及轨距递减段的长度),A 型车不宜小于 25m,B 型车不宜小于 20m,在困难情况下不得小于一个车辆的全轴距;车场线上的夹直线长度不得小于 3m。

5) 其他

(1)道岔应设在直线上。在困难情况下,道岔也可设在曲线上,但道岔端部至曲线端部的距离不宜小于 5m,车场线上可减少到 3m。道岔宜靠近车站位置,但道岔基本轨端部至车站站台端部的距离不小于 5m。

（2）不同号数道岔的导曲线半径和长度也不同,这会影响线路线间距和线路长度。正线和辅助线上为保证必要的侧向过岔速度,宜采用 9 号道岔;车场线上因过岔速度要求低,可采用不大于 7 号的道岔,以缩短线路长度,节省造价。宜按规定设置交叉渡线两平行线的间距:12 号道岔采用 5.0m;9 号道岔采用 4.6m 或 5.0m;6 号、7 号道岔采用 4.5m 或 5.0m。

（3）城市轨道交通线路不宜采用复曲线。在困难地段,有充分技术依据时可采用复曲线。当两圆曲线的曲率差大于 1/2500 时,应设置中间缓和曲线,其长度根据计算确定,在困难情况下不得小于 20m。

（4）折返线的有效长度宜为远期列车长度加 40m(不含车挡长度)。

2. 线路纵断面

线路纵断面由坡段和连接相邻坡段的竖曲线组成。坡段的特征用坡段长度和坡度来表示。

坡段长度 L_i 为该坡段前后两个变坡点之间的水平距离(m)。

坡段坡度 i 为该坡段两端变坡点的高程差 H_i(m) 除以坡段长度 L_i(m),其值以千分数表示(图 4-2),上坡取正值,下坡取负值。坡度 30‰表示每千米高差为 30m。其计算公式为

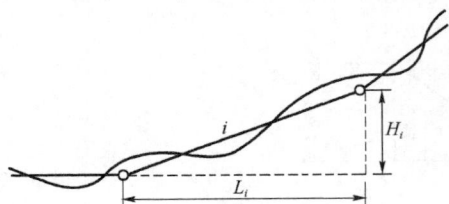

图 4-2　坡段长度与坡度

$$i = \frac{H_i}{L_i} \times 1000 (‰) \tag{4-1}$$

线路纵断面设计的主要参数包括最大坡度、最小坡段长度、坡段连接等。

1) 最大坡度

正线最大坡度是线路的主要技术标准之一,对线路的埋深、工程造价及运营都有较大的影响。因此,合理地确定线路最大坡度具有重要意义。

城市轨道交通由于载质量小、运距短,坡度已不是限制列车牵引质量的主要因素。线路纵断面的最大坡度值,不包含曲线阻力、隧道内空气阻力等附加当量坡度,与我国干线铁路设计中的限制坡度值定义有区别。

城市轨道交通列车为了适应小站距的频繁起动、制动,要求其具有良好的动力性能。城市轨道交通列车一般采用全动轴或 2/3 动轴,起动加速度要求达到 $1m/s^2$ 及以上,这就意味着列车可以爬 100‰及以上的当量坡度(最大坡度加上曲线阻力坡度、隧道附加阻力坡度)。

在实际设计纵断面时,线路坡度在满足排水及高程控制要求的前提下应尽可能平缓,一般应在 20‰以下。正线的允许最大坡度主要受行车安全(与制动设备性能有关)、乘客舒适度、行驶速度等因素影响。从保证行车安全角度出发,要求列车在失去部分(最大可达到一半)牵引动力的条件下,仍能用另一部分牵引动力将列车从最大坡度上起动,因此,最大坡度阻力及各种附加阻力之和不宜大于列车牵引动力的一半。《地铁设计规范》(GB 50157—2013)规定,正线的最大坡度宜采用 30‰,困难地段可采用 35‰,联络线、出入线的最大坡度宜采用 40‰(均不考虑各种坡度折减值)。但随着各种城市轨道交通车辆的改进,允许的最大坡度值也不断增大。例如,新型的线性电机车允许的正线设计最大坡度可以达到 60‰。目前,日本东京都营地铁 12 号线路(线性电机系统线性电机车)的正线设计最大坡度已经达到 50‰。

2）最小坡段长度

两个坡段的连接点，即坡度变化点，称为变坡点。一个坡段两端变坡点之间的水平距离称为坡段长度。如果坡段长度小于列车长度，那么列车就会同时跨越 2 个或 2 个以上的变坡点，各个变坡点所产生的附加应力和局部加速度会因叠加而加剧，影响列车运行的平稳性和乘客的舒适度。因此，线路坡段长度不宜小于远期列车长度。按每节车厢 19.11m 计算，当列车编组为 8 节车厢时，约为 150m；当列车编组为 6 节车厢时，约为 115m；当列车编组为 4 节车厢时，约为 75m。与干线铁路不同，线路不要求坡段长度取 50m 的整倍数。

3）坡段连接

（1）坡度代数差。

列车通过变坡点时，车钩产生附加应力，并致使车辆的局部加速度增加，其值与相邻两坡段的坡度代数差成正比。坡度代数差太大，会影响乘客舒适度。虽然《地铁设计规范》（GB 50157—2013）没有对坡度代数差加以限制，但根据国内外经验，如两反向坡段的坡度值均超过 5‰，即坡度代数差大于 10‰时，常采用一段坡度不大于 5‰的坡段加以连接。

（2）竖曲线。

在纵断面上，若各坡段直接相连则形成一条折线。列车运行至坡度代数差较大的变坡点处，容易造成列车脱轨、车钩脱离等问题。为避免这类情况发生，当坡度代数差等于或大于 2‰时，应在变坡点处设置竖曲线，以保证行车的安全和平稳。

竖曲线有抛物线形和圆曲线形两种。抛物线形曲率是渐变的，更适宜列车运行。但由于抛物线形竖曲线铺设和养护工作较复杂，且城市轨道交通的最高运行速度并不大，故基本上不采用。另外，圆曲线形竖曲线具有便于铺设和养护的优点，且当竖曲线半径较大时，近似于抛物线形。因此，我国城市轨道交通线路采用圆曲线形竖曲线。

《地铁设计规范》（GB 50157—2013）规定，对正线的区间线路，竖曲线半径一般取 5000m，困难情况下取 2500m；车站端部因行车速度较低，其线路的竖曲线半径可取 3000m，困难情况下可取 2000m。对联络线、出入线车场线，竖曲线半径可取 2000m，而对于 C 型车，竖曲线半径可取 1000m。

车站站台和道岔范围不得设置竖曲线，竖曲线离开道岔端部的距离不应小于 5m。渡线应设在 5‰以内的坡度上，而且竖曲线不应伸入道岔范围内。竖曲线起点至道岔基本轨起点的距离，或与辙叉根端以外短轨端点的距离，均不应小于 5m。

（3）竖曲线夹直线。

由于允许的坡段长度较小，而允许的坡度值又较大，因而实际设计时常会出现两条竖曲线重叠或相距很近的情形。为了减轻或避免列车同时位于两条竖曲线而产生的振动叠加，《地铁设计规范》（GB 50157—2013）规定，两条竖曲线之间的夹直线长度不宜小于 50m。

4）其他因素

地下隧道车站的纵断面设计，除了满足相应的坡度、坡段长度、坡段连接要求外，还要综合考虑隧道类型、拟采用的施工方法、运营特点等。

浅埋隧道，一般采用明挖法施工，宜接近地面，以减少土方工程量，简化施工条件。同时，又要考虑在隧道上面预留足够的空间来设置城市地下管道线，并有足够厚度的土壤层来隔热，使隧道内不受地面温度变化的影响。通常浅埋区间隧道衬砌顶部至地面距离不小于 2m。由于车站本身要求的净空高度大于区间，因而浅埋车站一般位于凹形纵断面的底部。这种纵断面形式是进站下坡、出站上坡,导致列车进站制动和出站加速都需要耗费更多的能量,不利于运营。

深埋隧道,通常位于比较稳定的地层内,其顶部以上的地层厚度要能够形成承载拱,为此应埋得深一些。在保证车站净空要求的前提下,深埋隧道的车站应埋得浅一些,尽量接近地面,因为这样设计的车站土建工程量较少,还可节省升降设备投资,乘客上下地面的时间也相应减少。在这种情况下,车站位于线路凸形纵断面顶部,便于进站减速、出站加速,利于节省电能和降低运营成本。

3. 线路横断面

横断面是线路实体及运营所需空间在线路中线法平面上的投影。

地下隧道的单线区间横断面的常用形式有圆形、矩形和马蹄形,其具体尺寸应根据运营时所采用的车辆及设备的尺寸所决定的各种限界来设计。在双线地段,区间和车站地段的横断面有许多形状,其典型形状如图 4-3 所示。

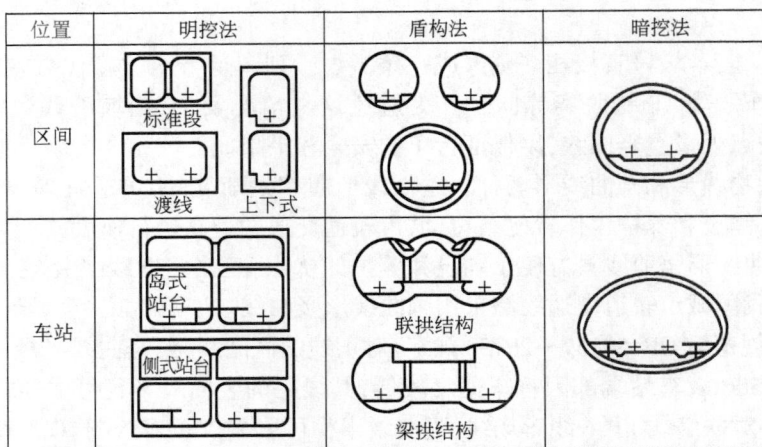

位置	明挖法	盾构法	暗挖法
区间	标准段 渡线 上下式		
车站	岛式站台 侧式站台	联拱结构 梁拱结构	

图 4-3　地下线路区间及车站典型横断面形状

三、限界

城市轨道交通列车沿固定轨道快速运动,它需要在特定的空间运行。根据各种参数和特性,经计算确定的、足以保证列车安全运行的空间尺寸称为限界。

限界是确定行车轨道周围构筑物净空大小和管线、设备安装位置的依据,也是设计与施工必须共同遵守的技术规定。

城市轨道交通的限界主要包括车辆限界、设备限界和建筑限界,如图 4-4 ~ 图 4-7 所示。它们是根据车辆外轮廓尺寸及技术参数、轨道特性、各种误差及变形,并考虑列车在运行中的状态等因素,经科学分析计算确定的。

1. 车辆限界

车辆限界是根据车辆的轮廓尺寸和技术参数,考虑其静态和动态情况下可能产生的横向和竖向偏移量,并按可能产生的最不利情况进行组合计算确定的空间尺寸。

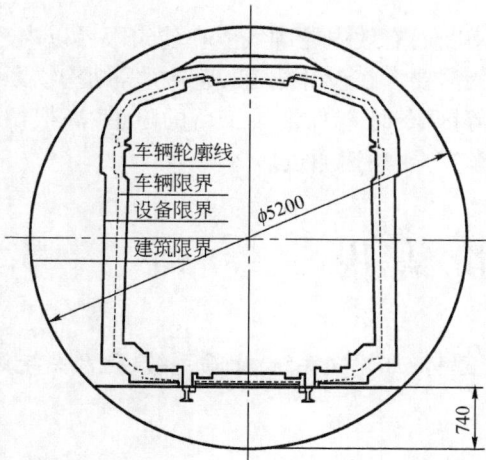

图 4-4 区间直线地段圆形隧道限界(尺寸单位:mm)

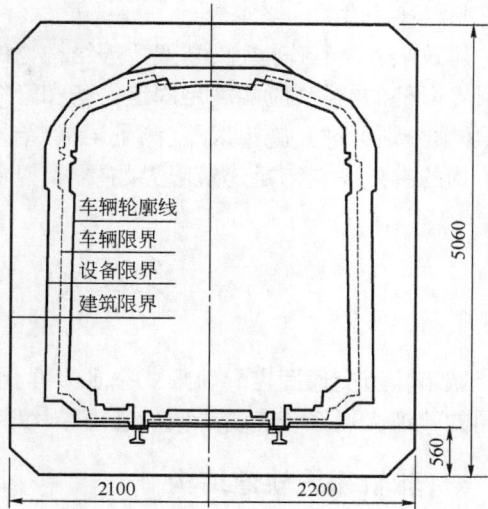

图 4-5 区间直线地段矩形隧道限界(尺寸单位:mm)

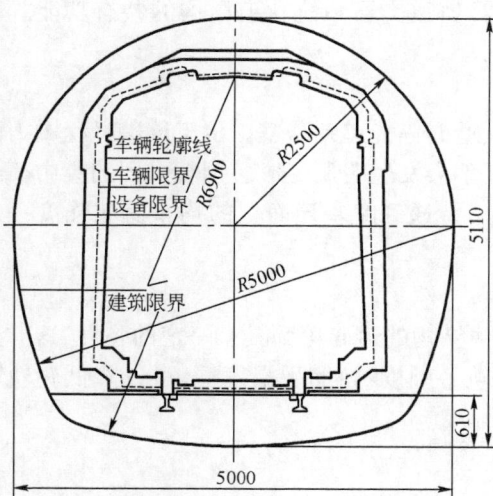

图 4-6 区间直线地段马蹄形隧道限界(尺寸单位:mm)

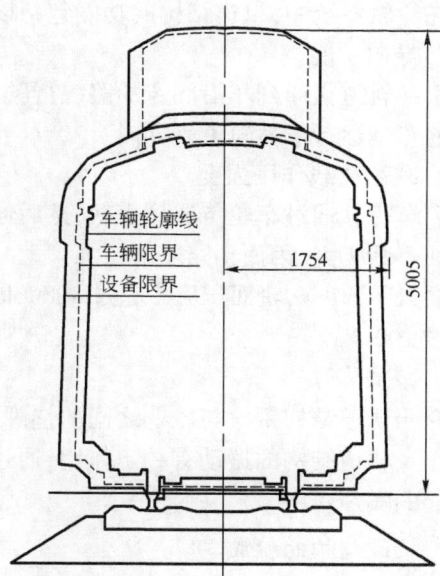

图 4-7 区间直线地段地面、高架限界(尺寸单位:mm)

2.设备限界

设备限界是在车辆限界基础上计入轨道出现最大允许误差时引起车辆的偏移和倾斜等附加偏移量,以及在设计、施工、运营中考虑其他难以预计因素(安全预留量)后确定的空间尺寸。

设备限界是一轮廓线,所有固定设备及土木工程(接触轨及站台边缘除外)的任何部分都不得侵入此轮廓线内。因此,对设备选型和安装都应分别考虑其制造和安装误差,才能满足设备限界的要求。曲线地段设备限界应在直线地段设备限界基础上,考虑平面曲线几何偏移量、过超高或欠超高引起的设备限界加宽和加高量、曲线轨道参数及车辆参数变化引起的设备限界加宽量计算确定。

87

3.建筑限界

建筑限界是行车隧道、高架桥等结构物的最小横断面有效内轮廓线。在建筑限界以内、设备限界以外的空间,应能满足固定设备和管线安装的需要。在设计隧道、高架桥等结构物断面时,必须分别考虑其施工误差、测量误差、结构变形等因素,才能保证竣工后的隧道、高架桥等结构物的有效净空满足建筑限界的要求,以保证列车安全、快速通过。

第二节 轨 道 结 构

城市轨道交通固定导轨形式呈现多样化的发展趋势,如轮轨系统、单轨系统、磁浮系统等。不同的轨道交通系统有着不同的轨道结构。

一、轮轨系统轨道结构

1.轨道结构的功能

在轮轨系统中,轨道结构的功能包括以下方面。

1)导向功能

引导轨道交通列车沿固定的路线行驶,这是各类轨道交通系统轨道结构的共有功能。轨道交通车辆运行依靠轨道来导向。

2)减小荷载作用强度

列车荷载通过车轮传递到钢轨,然后通过轨枕、道砟等传递到路基。由于传递过程中力的作用面不断扩大,因而至路基的压强大大减小,路基不会发生明显变形。钢轨受到的集中荷载一般会大于60kN,轨面压应力超过40000kPa,而最后传递到路基顶面上的均布荷载强度一般不超过100kPa。

3)减振降噪

介于轨道结构钢轨与轨枕之间的垫圈、有砟轨道结构的道砟等都具有一定的弹性,这对减少列车及轨道结构的振动有一定作用;通过改善钢轨平顺度、轨面平滑度等,可以降低轮轨摩擦引起的噪声。

2.轨道结构的组成

轮轨系统是发明最早、应用最广泛的轨道交通系统,其轨道结构已经经历了许多变化。1801年查理德·特里维西克(Richard Trevithick)制造了第一台机车,早期的轮轨结构是把槽状的车轮与槽状的路轨嵌合在一起。1813年,威廉·赫德利(William Hedley)设计出如图4-8所示的轮轨形状,光滑的车轮和光滑的铁轨无须槽沟就能充分地嵌接起来。现代轨道结构可分为有砟轨道与无砟轨道两大类,其横断面分别如图4-9a)、b)所示。

轨道结构一般由钢轨、轨枕、联结零件、道床、道岔及其他附属设备组成。

1)钢轨

钢轨的作用在于引导轨道交通列车的车轮,直接承受来自车轮和其他方面的力并传给轨枕,同时车轮滚动接触面阻力小。在电气化铁道或自动闭塞区段,钢轨还可兼作供电电路、轨道电路之用。

图 4-8 轮轨系统的轨道结构

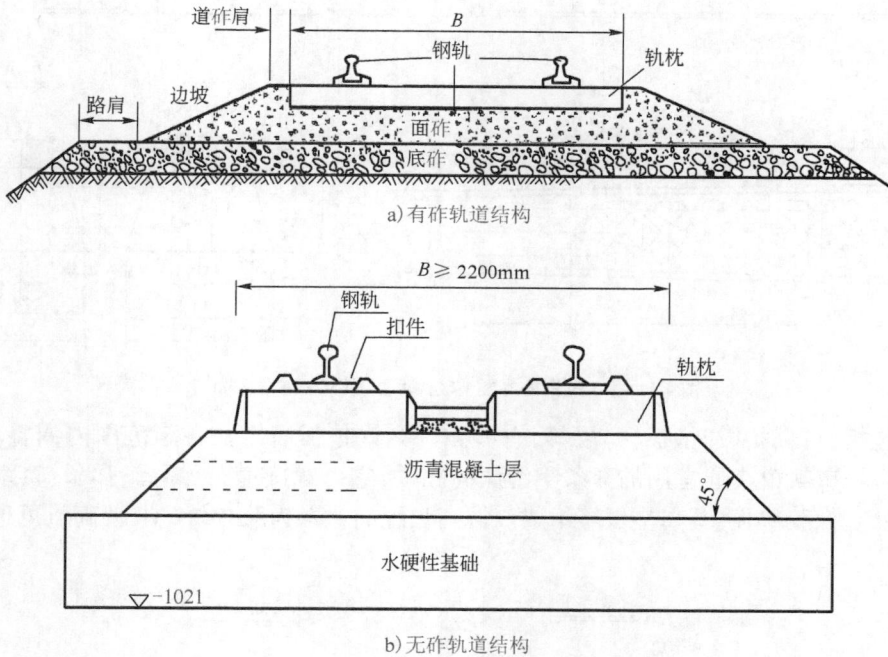

a) 有砟轨道结构

b) 无砟轨道结构

图 4-9 轮轨系统的轨道结构组成

图 4-10 是我国轨道交通的钢轨标准断面,它由轨头、轨腰和轨底三部分组成。习惯上用每延米钢轨的质量来称呼不同等级的钢轨,我国常用的钢轨质量等级有 50kg/m 和 60kg/m。对于 60kg/m 钢轨,$H=176$mm,$B=150$mm。

2) 轨枕

轨枕的作用是支承钢轨,保持轨距和方向,并将钢轨对它的各种压力传递到道床上。

图 4-11 是有砟轨道结构中常用的 J-2 型钢筋混凝土轨枕。

3) 联结零件

钢轨联结分为中间联结和接头联结两类。

(1) 中间联结。中间联结为钢轨与轨枕之间的联结,通常称为扣件。扣件的作用是将钢轨固定在轨枕上,保持轨距并阻止

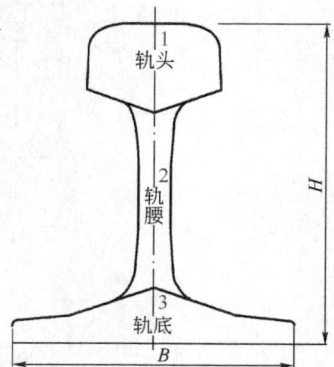

图 4-10 钢轨标准断面示意图

钢轨相对于轨枕的纵、横向移动,防止钢轨倾翻。为此,扣件应具有足够的强度、耐久性及一定的弹性,使其能长期保证钢轨与轨枕的可靠连接,并在动力作用下充分发挥其缓冲及减振作用,以减缓线路残余变形积累的速度。此外,其本身构造应简单,易于装配及卸除。

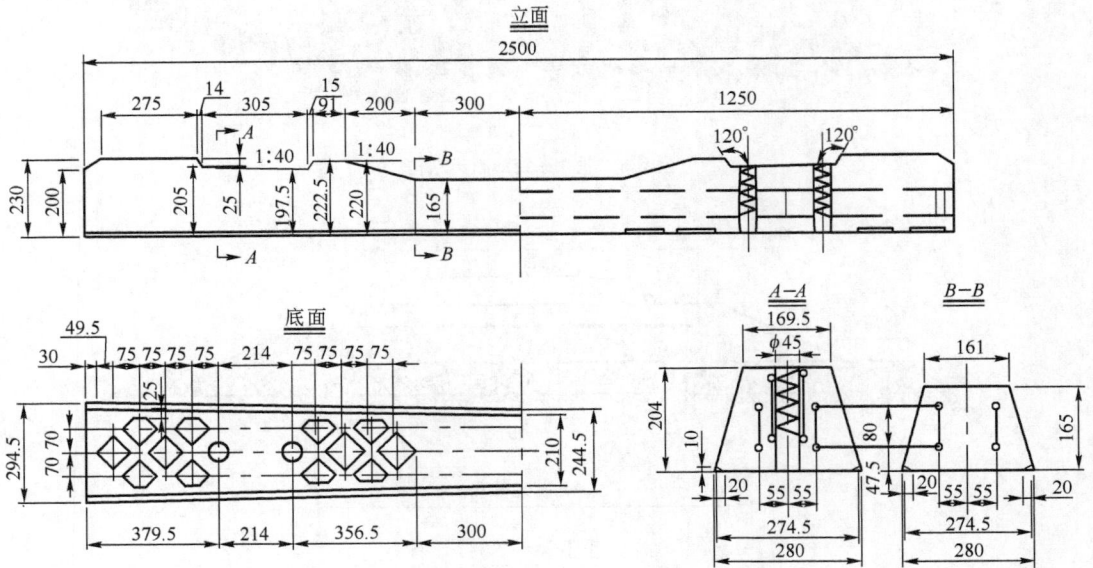

图 4-11　J-2 型钢筋混凝土轨枕示意图(尺寸单位:mm)

扣件包括道钉、扣板、垫板、垫层等,有些扣件允许垫板高度在一定范围内调整。图 4-12 所示为我国城市轨道交通常用的弹条Ⅰ型调高扣件,它由螺旋道钉、螺母、弹条、轨距挡板、挡板座、平垫圈、橡胶垫板、调高垫板等组成。调高垫板的材料为胶合竹、木,调高量可达 20mm。

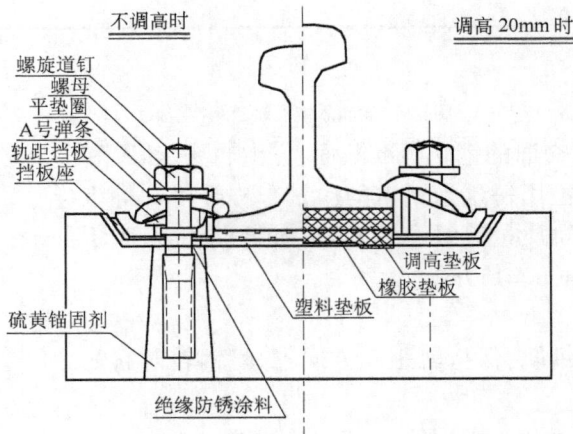

图 4-12　弹条Ⅰ型调高扣件

(2)接头联结。一定长度的钢轨连接成连续的轨线,才能供列车运行。在两根钢轨之间用接头夹板联结。城市轨道交通中,由于行车、环境以及舒适度的要求,采用无缝线路,因此钢轨接头大为减少。但在缓冲区、轨道电路绝缘区、道岔区等地段仍有接头。

按两股钢轨接头相互位置不同分为对接接头和错接接头两种。我国铁路、城市轨道交通钢轨接头均采用对接方式。其优点是运行中车轮同时冲击钢轨接头,减少冲击次数,改善运营条件,列车运行平稳,铺轨时也有利于机械化施工。

接头联结零件包括夹板、接头螺栓、螺母、弹簧垫圈等。

夹板是钢轨接头零件的主要部分,其作用是夹紧钢轨,通过螺栓等零件将两根钢轨牢固地联结起来。目前,我国标准钢轨采用斜坡支承型双头对称式夹板。其优点是在竖直荷载作用下,具有较大抵抗弯曲和横向位移的能力。

接头螺栓、螺母是用来联结夹板、钢轨的主要配件,拧紧后使夹板与钢轨联结密贴牢固。弹簧垫圈的作用是防止螺栓松动。我国目前采用高强度接头螺栓、螺母。钢轨每一接头安装6个螺栓。

为了使钢轨能因温度升降而伸缩,钢轨两端的螺栓孔,或做成长圆形,或做成大于螺栓直径的圆形。在无缝线路中,为了减小因温度变化产生的钢轨内应力,通过对扣件设置合适的扣压力、在长钢轨接头处设置钢轨伸缩器等措施使得钢轨接头处可以有较大的伸缩量而不影响列车安全行驶。钢轨伸缩器是将连接处的两个钢轨均做成角度很小的尖轨,它们在钢轨伸缩时能够合成支承车轮的完整踏面。

4)道床

道床是轨枕的基础,其主要作用有:

(1)均匀传布轨枕荷载于较大的路基面上。

(2)提供纵、横向阻力,阻止轨枕纵、横向移动,保持轨道的正确位置。

(3)使轨道具有必要的弹性及缓冲性能。在有砟轨道中,道床利用碎石颗粒之间存在的空隙和摩擦力,使轨道具有一定的弹性和阻尼,起到了缓冲和减振的作用。

(4)排水作用。路基将因含水率增加而使其承载力下降,因此,保证轨道通畅、排除地表水对减轻轨道的冻害和提高路基的承载能力非常重要。

(5)便于校正轨道的平面和纵断面。轨道不平顺可以通过捣固枕下道砟加以操平,轨道方向错乱可以通过拨道予以拨正。

用作道床的材料应满足上述功能要求。

在有砟轨道中,道床材料以质地坚韧、吸水度低、不易风化的碎石为宜;为保持道床弹性、排水通畅和方便进行捣固作业,道床石砟应具有一定的颗粒级配,面砟颗粒应较细,底砟颗粒应较粗。道床断面包括道床厚度、道床顶面宽度及道床边坡三个主要特征。通常,道床厚度为30~50cm,道床顶面宽度为300~310cm,道床边坡为1∶1.5~1∶1.75。

在无砟轨道中,用混凝土板基础替代传统轨道中的轨枕和道床,如图4-9b)所示。混凝土板基础不仅要考虑强度及变形要求,而且要考虑弹性及排水问题。通常采用由聚合物或水泥沥青混合物制成的垫层作轨下基础,使其既有足够的强度和稳定性,又有一定的弹性,残余变形的积累甚小,可大大减少轨道的维修工作量。

5)道岔

道岔是列车从一股轨道转入或越过另一股轨道时的线路设备。从广义来说,道岔包括线路的连接与交叉。它的基本形式有三种,即线路的连接、交叉,以及连接与交叉。轨道交通常用的线路连接设备有各种类型的单式道岔和复式道岔;交叉设备有直角交叉和菱形交叉;连接与交叉设备的组合有交分道岔、交叉渡线等。

根据用途和平面形状,道岔的标准类型有普通单开道岔、单式对称道岔、三开道岔、交叉渡线、交分道岔等,如图4-13所示。

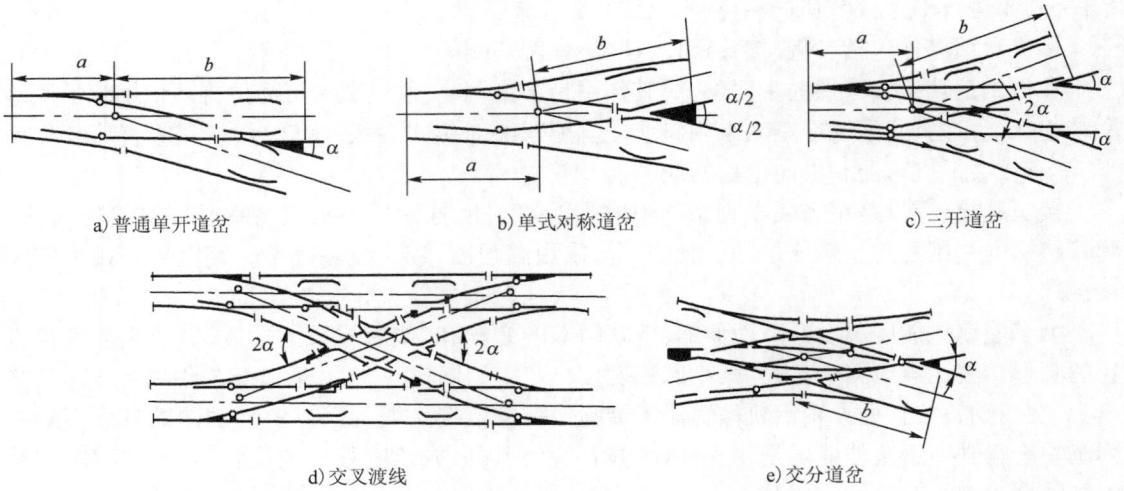

图4-13 道岔标准类型

普通单开道岔也叫单开道岔,由转辙器部分、辙叉及护轨部分和连接部分组成,如图4-14所示。

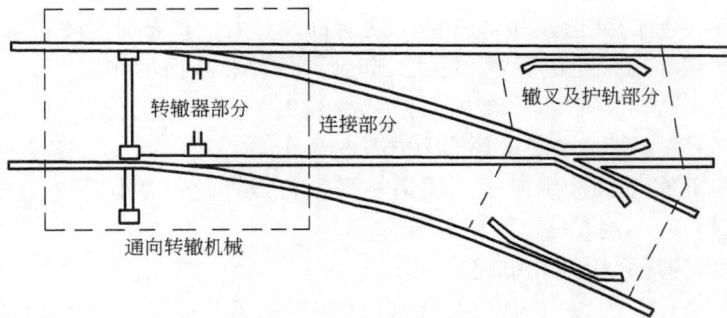

图4-14 单开道岔的组成

道岔号数为辙叉角余切的取整值,常用的道岔号数有9号、12号、18号等。号数越大的道岔,允许侧向通过的列车速度越大。例如,18号道岔的允许侧向通过速度为45~80km/h,而12号道岔的允许侧向通过速度只有30~45km/h。

转辙器是道岔最复杂的部分,单开道岔转辙器构造如图4-15所示,其辙叉及护轨部分如图4-16所示。

二、其他系统轨道结构

除轮轨式的轨道交通系统外,还有诸如单轨系统、磁浮系统等模式。

1. 单轨系统

单轨系统分为悬挂式与跨座式两种,如图4-17所示。

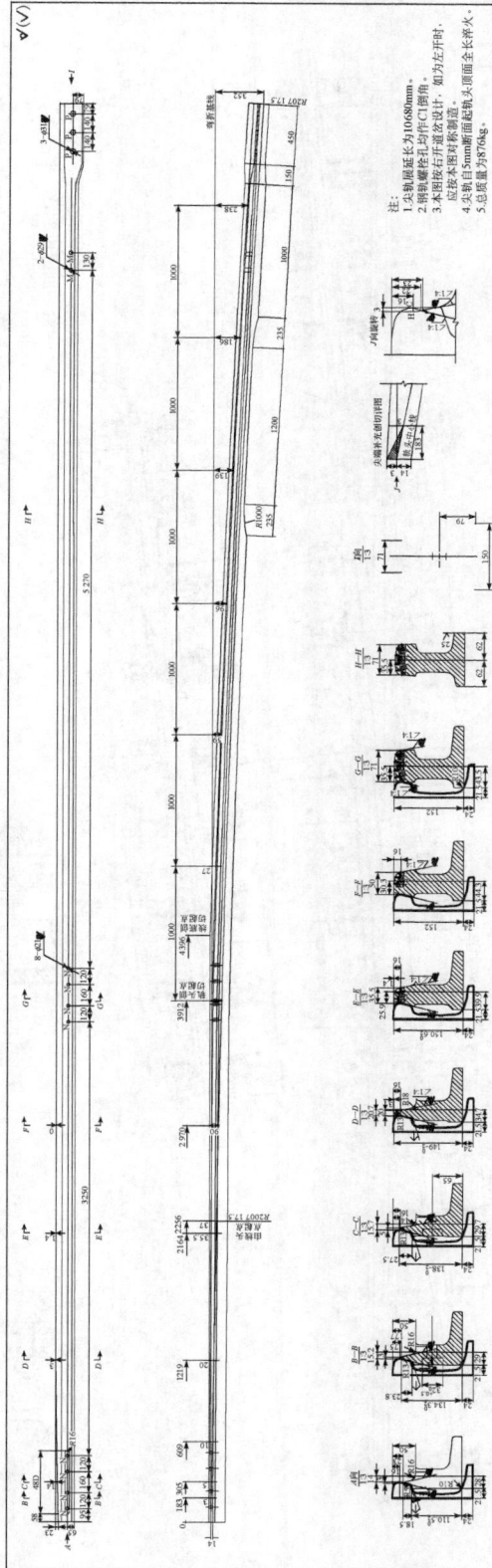

图 4-15 单开道岔转辙器构造图(尺寸单位:mm)

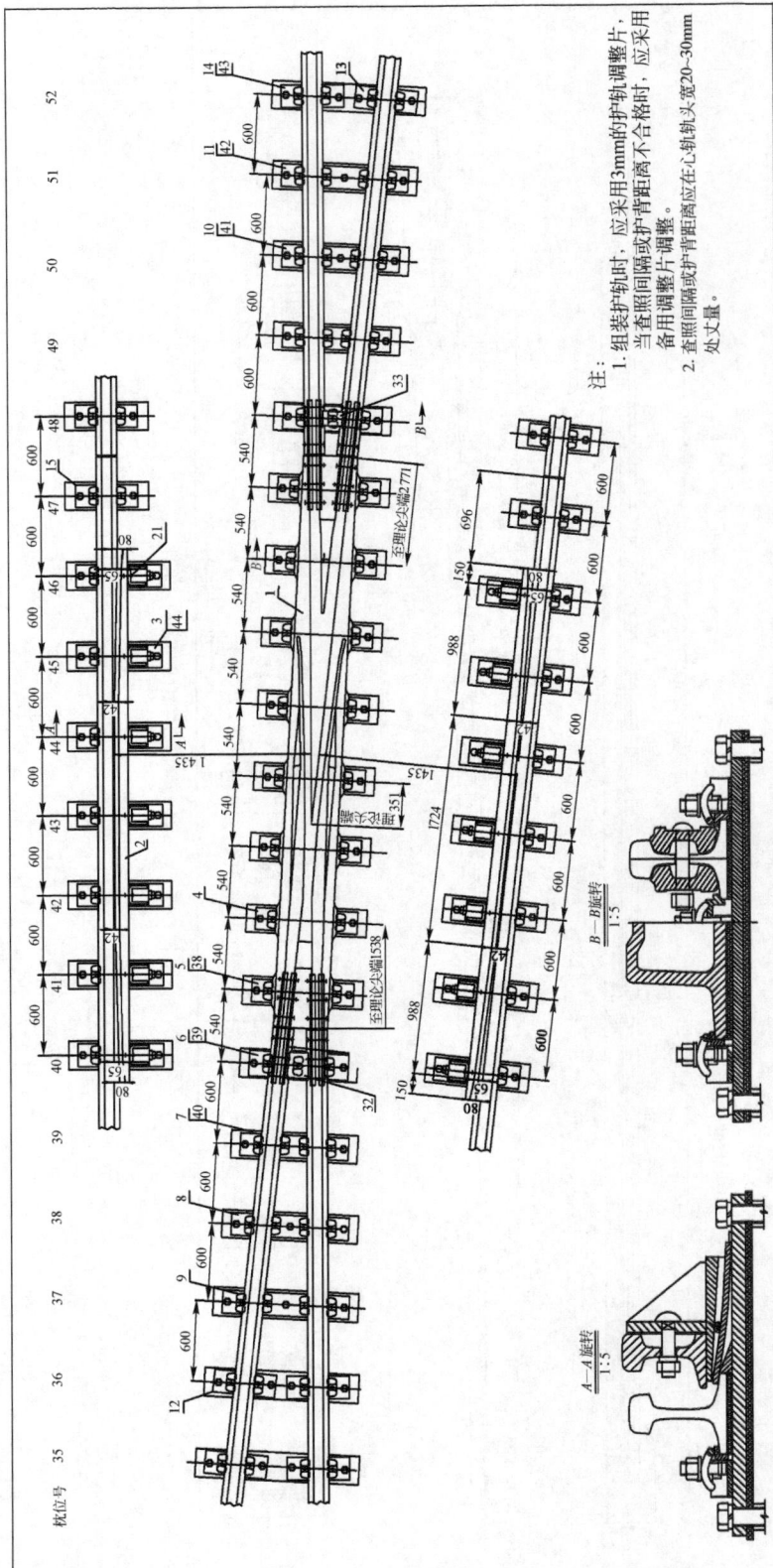

图 4-16 单开道岔辙叉及护轨部分构造图（尺寸单位：mm）

注：1. 组装护轨时，应采用3mm的护轨调整片，
当查照间隔或护背距离不合格时，应采用
备用调整片调整。
2. 查照间隔或护背距离应在心轨头宽20～30mm
处测量。

a)悬挂式   b)跨座式

图 4-17　单轨系统

1)悬挂式单轨

悬挂式单轨系统的轨道结构由轨道梁、支架、道岔等组成。轨道梁由支架、基础等支承,位于列车的上方,起着支承列车转向架、引导列车前进方向的作用。

悬挂式单轨的轨道梁一般为钢制,轨道梁呈箱形断面,底部有开口,供转向架在梁上走行,并使车辆悬挂在转向架上。轨道梁构架内部每隔 2~2.5m 加设固环,用来加固走行梁、导轨和轨道梁外部,如图 4-18 所示。

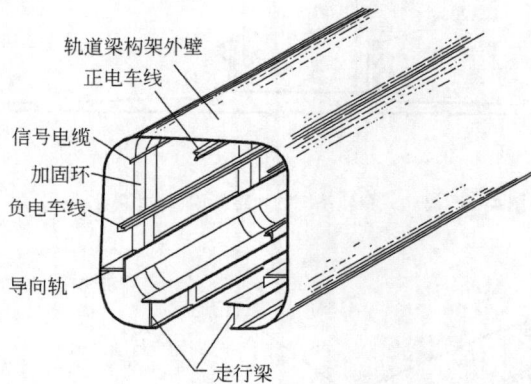

图 4-18　悬挂式单轨系统的轨道梁断面图

2)跨座式单轨

跨座式单轨系统的轨道结构由轨道梁、支柱、道岔等组成。轨道梁由支柱、基础等支承,位于列车的下方,起着支承列车荷载、引导列车前进方向的作用。

跨座式单轨系统的轨道梁一般采用预应力钢筋混凝土结构,结构断面形式多为矩形(图 4-19),建设成本较低。当轨道梁跨度很大或建筑高度很大时,轨道梁也可采用钢梁结构。列车车轮为橡胶轮胎,列车车轮与轨道之间的摩擦阻力较轮轨系统大,但噪声相对较小。

跨座式单轨系统的道岔较有特点,它也是轨道梁,其一端可以移动。道岔轨道梁固定在其下方的台车上,台车由电动机驱动。轨道梁道岔分为柔性铰接型(图 4-20)和简易铰接型。根据连接线路的数量和形式,道岔可分为单开(图 4-21)、交叉、三开等类型。

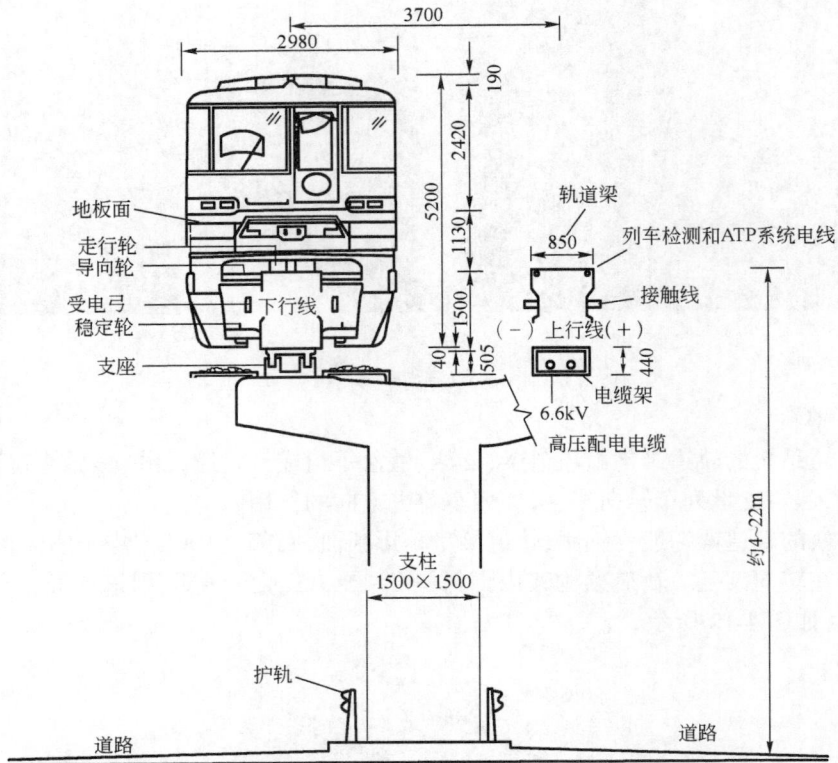

图 4-19　跨座式单轨系统的轨道断面(尺寸单位:mm)

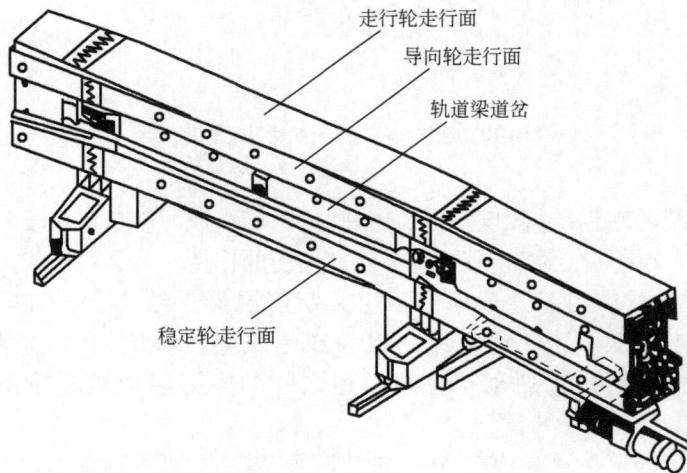

图 4-20　柔性铰接型轨道梁道岔

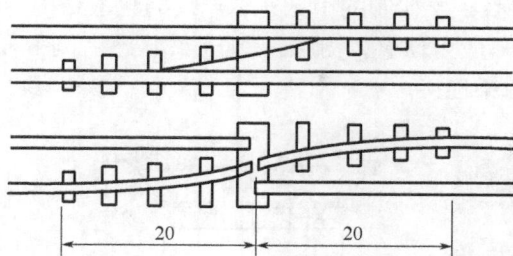

图 4-21　单开道岔(尺寸单位:m)

2.磁浮系统

磁浮系统突破了传统的钢轮钢轨系统的技术界限,是一个无车轮、无接触的轨道交通系统。

磁浮系统的轨道结构由轨道梁、支架、道岔等组成。轨道梁不仅起支承列车荷载、引导列车前进方向的作用,还是列车动力产生的要素之一。磁浮系统轨道梁的结构形式与磁浮系统类型有关。

磁浮系统有高速、中低速之分。高速磁浮系统的定子架设在轨道上,供电系统直接对绕在轨道梁定子上的电缆供电;而中低速磁浮系统的定子安装在车辆上,转子位于轨道梁上,供电系统通过接触轨对车辆上的定子供电。

图 4-22 为上海高速磁浮线的轨道梁结构。轨道梁可采用钢梁或混凝土梁,轨道梁架在混凝土支柱上。道岔为钢弯曲道岔,是一根具有一定长度的钢梁,借助机电扳道装置使钢梁弹性弯曲,达到换道目的。

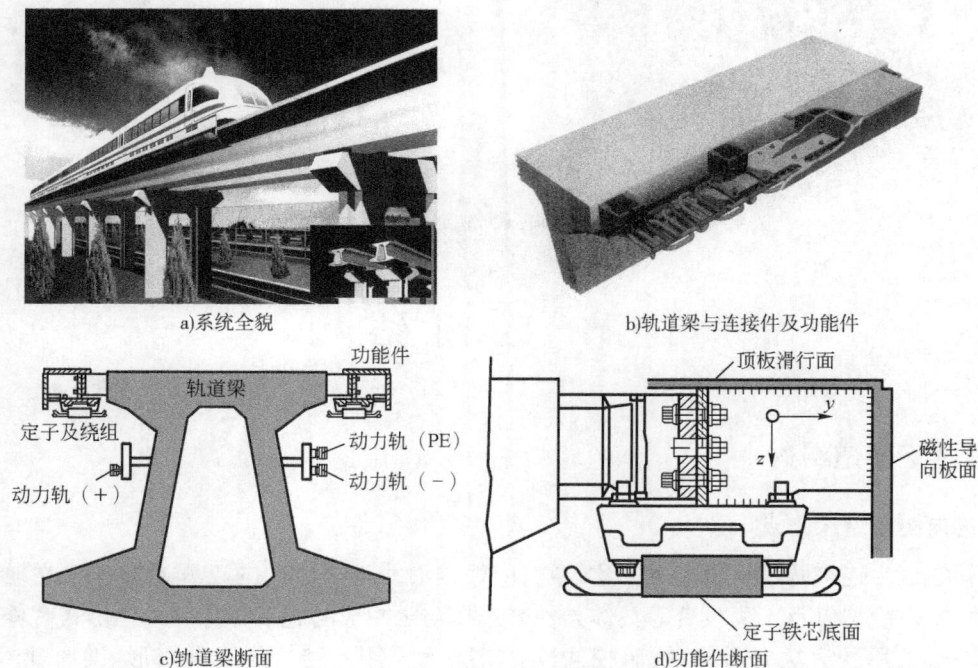

a)系统全貌

b)轨道梁与连接件及功能件

c)轨道梁断面

d)功能件断面

图 4-22　上海高速磁浮线轨道梁结构

图 4-23 为我国国防科技大学研制的中低速磁浮线的轨道结构。轨道结构包括轨道梁、轨道、支柱、基础等。轨道梁一般为预应力钢筋混凝土梁;轨道由倒 U 形导磁轨和铝反应板组合而成,轨道通过轨枕与轨道梁连接。

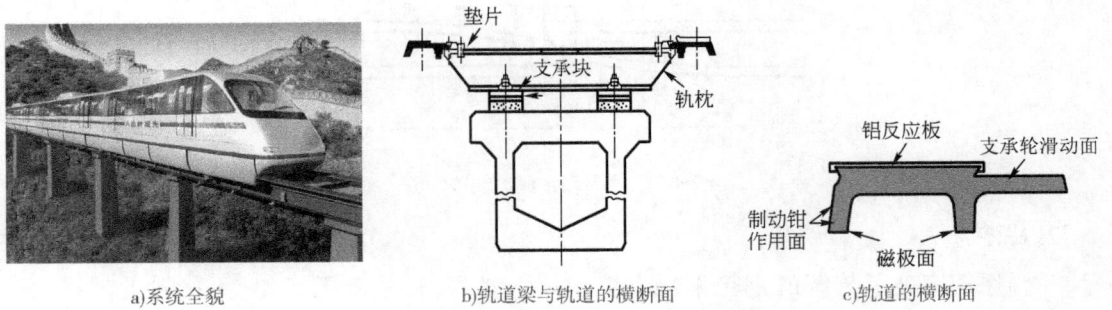

a)系统全貌　　　　b)轨道梁与轨道的横断面　　　　c)轨道的横断面

图 4-23　中低速磁浮线轨道结构

3.地面有轨电车单轨系统

法国有一种地面有轨电车的单轨系统——Translohr 系统,其轨道结构如图 4-24 所示。这种系统的车辆使用橡胶轮胎,只是在车道中间增设了一条导轨,用来限制车辆横向移动并导向。

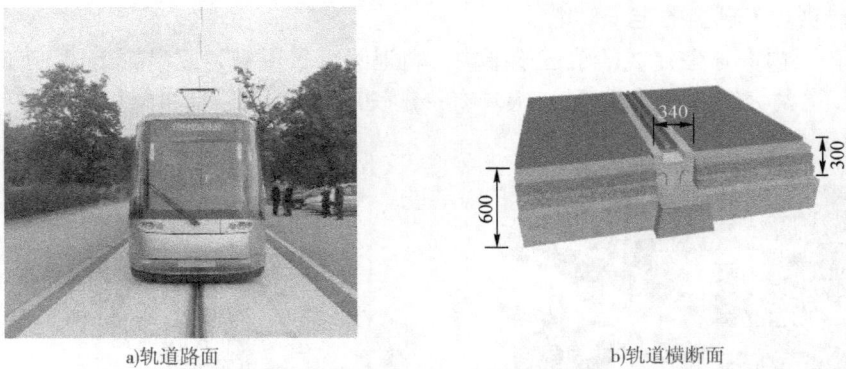

a)轨道路面　　　　　　b)轨道横断面

图 4-24　地面有轨电车单轨系统轨道结构(尺寸单位:mm)

第三节　区　间　结　构

一、地下隧道结构

1.区间隧道结构形式

区间隧道为连接两个地下车站的建筑物,应根据沿线地段不同的工程地质和水文地质条件、埋深、城市规划以及工程投资等具体条件来选择与之相应的施工方法和结构形式。修建区间隧道一般采用的方法有盾构法、暗挖法、明挖法;而采用的结构形式有矩形、拱形、圆形、U形等。

1）盾构法隧道结构形式

采用盾构法修建地铁始于1874年,当时在伦敦地铁修建区间隧道中采用了气压盾构以及向衬砌背后注浆的工艺。我国在上海地铁1号线中正式采用盾构法修建区间隧道,1993年5月28日,南段上行线试运营。

盾构法是在盾构机钢壳体的保护下,依靠其前部的刀盘或挖掘机开挖地层,并在盾构机壳体内完成出渣、管片拼装、推进等作业。盾构法施工概貌如图4-25所示。

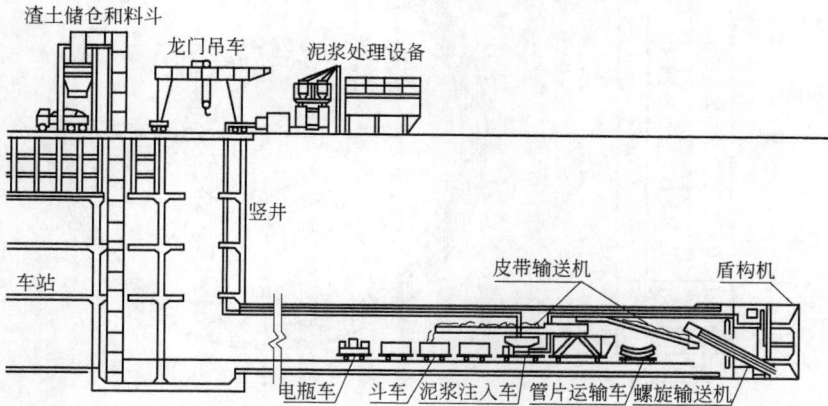

图4-25 盾构法施工概貌

盾构法施工步骤主要包括:

（1）在用盾构法修建隧道的起始端和终端建工作井或者利用车站的端头井作为工作井。

（2）盾构在起始工作井内安装就位。

（3）依靠盾构千斤顶推力（作用在已拼装好的衬砌环和工作井后壁上）将盾构从起始工作井的墙壁开孔处推进。

（4）盾构在地层中沿设计轴线推进,在推进的同时出渣和安装管片。

（5）及时向衬砌背后的空隙注浆,防止地层移动,并固定衬砌环的位置。

（6）盾构进入终端工作井,在终端工作井内的盾构可以被拆除,吊出工作井;也可在井内掉头,或穿越工作井（车站）继续推进第二条区间隧道。

盾构法施工易于管理,施工人员少,工作环境好,同时还具有衬砌精度高、衬砌质量可靠、防水性能好、地表沉降小、不影响城市交通等优点。但也存在施工设备复杂、断面形式变化不灵活、盾构选型受地层条件影响大等缺点。

盾构隧道的衬砌可以分为一次衬砌和二次衬砌。一般来说,一次衬砌是将管片组装成环形结构,也有代替管片而直接浇筑混凝土形成一次衬砌的方法（压注混凝土施工法）。二次衬砌是在一次衬砌内侧修筑,一般采用现浇混凝土施工。

盾构隧道拼装的管片一般是由钢筋混凝土或钢材制成,数个管片组装成圆形、复圆形等环形结构而形成衬砌。因此,采用盾构法修建的隧道一般为单圆或者多圆隧道。目前国内采用较多的为单圆盾构隧道,利用修建的两条单圆盾构隧道作为地铁的上、下行线。该施工方法目前已比较成熟,在上海、广州、南京、深圳等地的地铁区间隧道建设中被广泛采用,如图4-26所示。在上海地铁8号线中,采用了双圆盾构隧道,如图4-27所示。双圆盾构隧道的优点在于两区间隧道总宽度由原来的约18m（或更大）减小为现在的11m左右,缩小约40%。这样,一方面大大缩小了双区间隧道所占用的地下空间,增加了地铁选线的灵活性,并显著减少了工程量;另一方面,还可大大缩小区间隧道沿线地面构筑物的影响控制范围,更有利于城市的地面规划和建设。日本还开发了多圆形盾构,利用该盾构可以直接建造地铁车站。

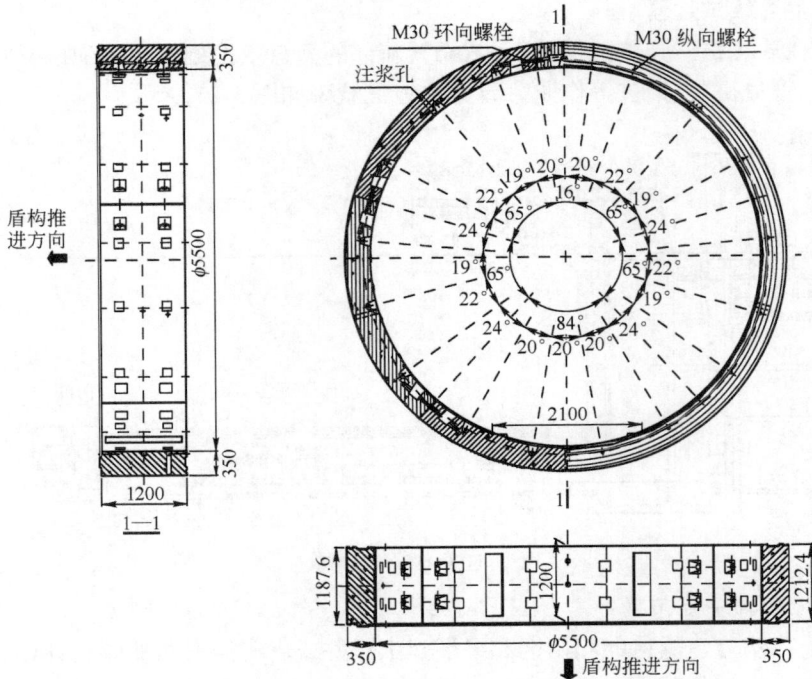

图 4-26　单圆盾构隧道断面(尺寸单位:mm)

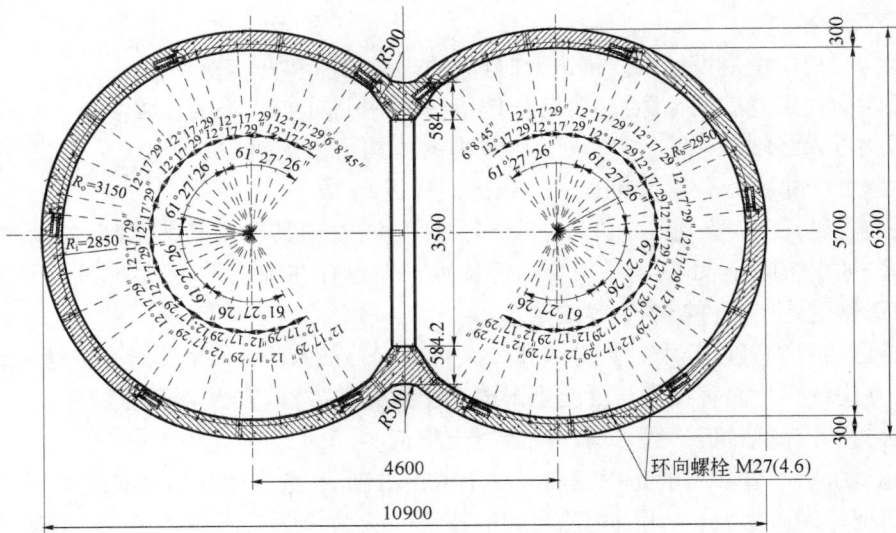

图 4-27　双圆盾构隧道断面(尺寸单位:mm)

2)暗挖法隧道结构形式

采用暗挖法修建的区间隧道一般为拱形,如图 4-28 所示。隧道的衬砌一般是由初期支护、防水层和二次衬砌组成的复合式衬砌结构。初期支护采用锚喷支护,对围岩起加固作用,并控制围岩的变形,防止围岩松动失稳。由于地铁区间隧道一般位于市区,为了减少地层变形,减小对地面道路和建筑物的影响,在开挖后应该立即开展初期支护施工,并应该与围岩密贴。根据土层和环境的具体情况,初期支护可以选用锚杆、喷射混凝土、钢筋网、钢支撑等。初期支护结束后开展防水层施工,其作用除防水外,还可以减少二次衬砌因混凝土收缩而产生的裂缝。材料一般选用抗渗性能好、化学性能稳定、耐久性好,并有足够的柔性、延伸性和抗拉性能的塑料或橡胶制品。二次衬砌为模筑混凝土或喷射混凝土,通常在初期支护封闭后尽快施工。

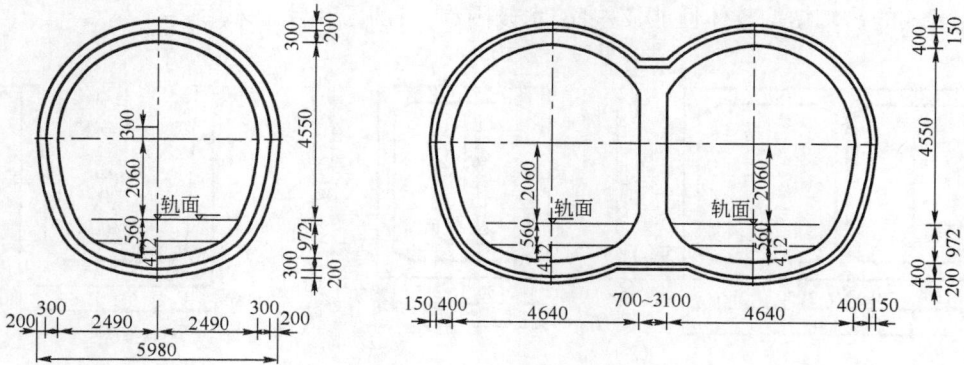

图 4-28　暗挖隧道断面(尺寸单位:mm)

　　暗挖法施工适用的基本条件:不允许带水作业,开挖面土体应具有相当的自立性和稳定性。当土体难以达到所需的稳定条件时,必须通过地层预加固和预处理等辅助措施,以增强开挖面土体的自立性和稳定性。由于暗挖法断面变化比较灵活,在设置渡线的区间结构内施工具有独特的优势。图 4-29、图 4-30 为渡线范围内隧道断面的转换。

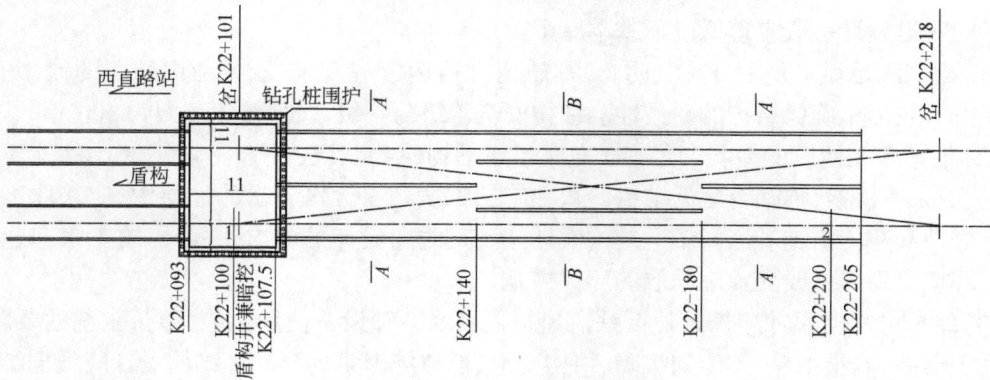

图 4-29　渡线平面

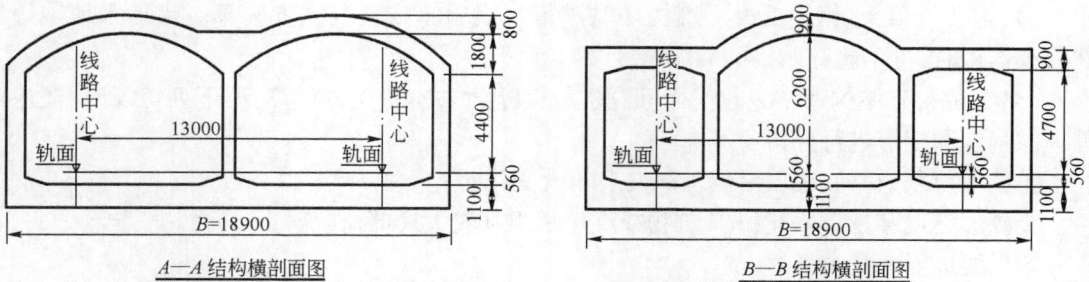

图 4-30　渡线范围内隧道横剖面(尺寸单位:mm)

3) 明挖法隧道结构形式

明挖法是一种造价经济、施工快捷的施工方法,适用于各种不同的地质条件,施工工艺简单安全,技术成熟,质量可靠。因此在有条件的地方,应优先考虑明挖法施工。采用明挖法修建的区间隧道结构,在暗埋段的结构形式一般为矩形,在敞开段的结构形式一般为 U 形,如图 4-31 所示。明挖法隧道结构衬砌可以采用现场整体浇筑式,或者采用预制结构进行装配。整体浇筑的衬砌结构整体性能好,防水性能容易得到保证,适用于各种工程地质和水文地质条件;而装配式的衬砌结构整体性能较差,防水较困难,目前已经较少采用。

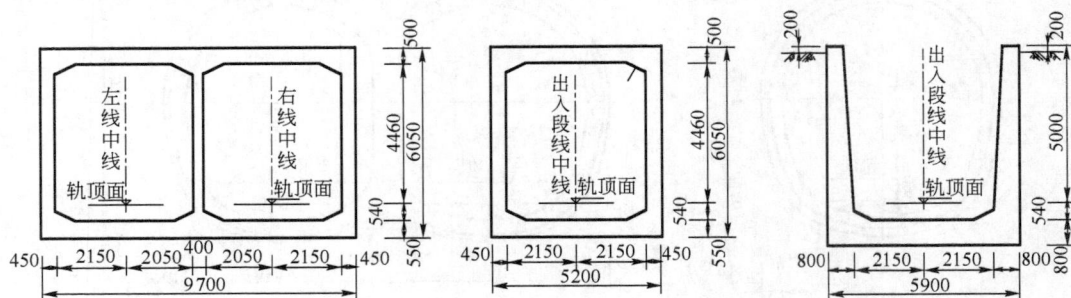

图 4-31　明挖区间结构类型(尺寸单位:mm)

明挖法对城市的道路交通影响较大,有时候为了进行明挖法施工,需要进行建筑物的拆迁。因此,采用明挖法施工隧道的适用条件如下:在基坑开挖范围内无重要的市政管线或市政管线需要改移;预测施工期间对城市道路交通和周边的商业活动的影响较小。

2. 区间隧道设计原则

区间隧道设计一般应遵循以下基本原则:

(1)应能满足城市规划、施工、防排水、轨道交通运营等要求,既要考虑结构的使用安全,又要采取有效措施确保结构的耐久性。结构安全等级为一级,设计使用年限为 100 年。

(2)根据水文地质的差异、地面建筑物和地下构筑物状况,综合比较技术、经济、环境影响、使用效果等因素,选择合适的结构形式和施工方法。在含水丰富的地层中,应采取可靠的地下水处理和防治措施。区间隧道结构设计应满足线路设计的要求,并考虑施工时和建成后对城市环境所引起的改变及应采取的环保措施。

(3)结构的净空尺寸应满足地下铁道建筑限界及各种设备使用功能、施工工艺的要求,并考虑施工误差、测量误差、不均匀沉降、结构变形、位移等因素的影响。结构设计应根据结构类型、使用条件、荷载特点等,选用与之相适应的结构设计规范和设计方法。

(4)对于混凝土、钢筋混凝土结构还需进行抗裂验算或裂缝宽度验算。当计入地震等偶然荷载作用时,可不验算结构的裂缝宽度。

(5)隧道衬砌结构通常只按平面问题进行横断面方向的受力计算,遇下列情况时,还应对其纵向强度和变形进行分析:

①覆土荷载或基底地层沿隧道纵向有较大变化时;

②圆形隧道穿越重要建(构)筑物或直接承受其较大局部荷载时;

③沿线地层变化显著时;

④地基沿纵向产生不均匀沉降时。

（6）区间隧道在结构、地基、基础或荷载发生显著变化的部位，或因抗震要求必须设置变形缝时，应采取必要的构造技术措施。同时，应合理确定施工缝、变形缝的位置和构造。结构的施工缝和变形缝应尽量避开可能遭受最不利局部侵蚀环境的部位。一般情况下，明挖区间现浇框架结构的变形缝在隧道中每隔60m左右设置一道。

（7）结构设计在满足强度、刚度及耐久性的前提下，应同时满足防水、防腐蚀、防迷流等要求，以及各设备工种的埋件设置要求。

（8）隧道施工引起的地面沉降和隆起均应严格控制在环境条件允许的范围内，并根据周围环境、建筑物基础和地下管线对变形的敏感度，采取稳妥可靠的措施。当地铁穿越重要建筑物、地下管线、河流时，应根据实际情况确定允许沉降量，并因地制宜采取有效措施。

二、高架桥梁结构

1. 区间高架桥梁结构形式

1）桥梁结构体系与跨径

根据国内城市高架结构及国外高架轨道交通线路的设计经验，可供高架区间桥梁结构选用的标准桥梁结构体系主要有简支梁体系和连续梁体系。其中，简支梁是一种最常用的桥梁结构体系。简支梁静定结构的特点决定了它结构简单，同时支座不均匀沉降、收缩徐变等因素都不会引起内力的变化，也不会产生因预应力引起的次内力。特别是在软土地区，不均匀沉降相对较大，采用简支梁是较经济合理的方案。标准跨径的简支结构易于实现标准化、规模化的设计与施工，当局部墩位需调整时影响范围小，施工组织灵活。

高架区间的标准跨径由经济和景观要求确定。从经济性而言，根据轨道交通高架结构的上下部工程费用确定的经济跨径为25～32m。针对景观要求而言，由于轨道梁的竖向刚度要求较高，需采用较大的梁高，适当加大跨径可以使梁高、桥跨与桥下净空之间比较协调，并提高桥下的通透性，改善景观。

2）梁型方案

高架区间结构采用的梁型有箱形梁、板梁、T形梁和下承式槽形梁等基本形式。

（1）箱形梁。

箱形梁简称箱梁，是比较先进且被广泛采用的梁截面形式。箱梁截面整体刚度大，景观效果好，梁底所占空间尺寸小，下部工程量较省，是轨道交通高架结构常用的形式；同时，其截面特性更适合曲线地段及在跨越较大的路口、河道时需采用的连续结构，并且施工方法多样，可以就地现浇或预制节段整体拼装。箱形梁可选用的断面形式主要有单室双箱、双室单箱和单室单箱三种。

单室双箱断面桥梁结构（图4-32）的施工方法多为现场预制（沿线路设多处预制场地），采用架桥机沿某一方向架设预制箱梁。

双室单箱亦是国内外常见的断面形式，如图4-33所

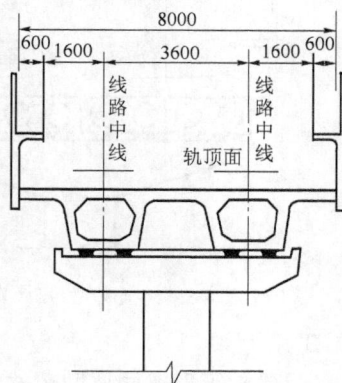

图4-32 单室双箱断面桥梁结构
（尺寸单位：mm）

示。这种形式将左右两线的上部结构合二为一,整体性好,充分利用了材料的受力性能,工程量较单室双箱方案为省,且上部质量的减轻对改善下部结构的受力也能起到一定作用。在景观方面,如采用斜腹板式的双室单箱截面,梁底宽度和墩顶盖梁的宽度都相应减小,视觉效果也优于单室双箱的形式。

单室单箱形式的梁,其受力性能不及双室单箱形式的梁优越,由于取消了中间的腹板,顶板的弯矩增加,剪滞效应更为明显,外观也不及双室单箱形式流畅、舒展,如图4-34所示。

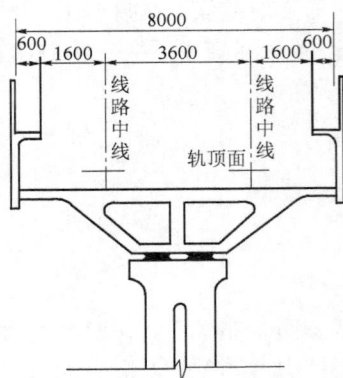

图4-33 双室单箱结构(尺寸单位:mm)

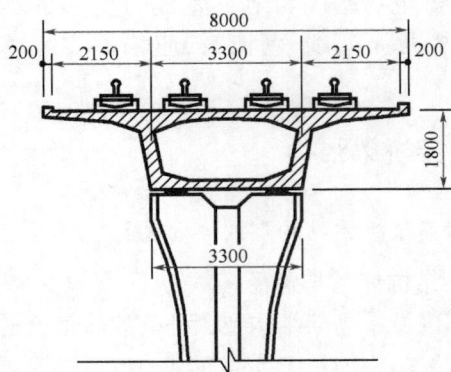

图4-34 单室单箱结构(尺寸单位:mm)

(2)板梁。

板梁结构建筑高度小,外形简洁,结构简单,便于安装施工。预应力板梁的经济跨度为16~20m。板梁截面主要有空心板(图4-35)、低高度板(图4-36)和异形板。空心板梁每跨可以根据桥面宽采用4~8片拼装而成,而低高度板梁采用两片拼装,相对来说吊装质量大。异形板梁在美观上占有优势,它采用单片梁形式,一般采用现浇施工,工期较长。从受力上讲,板梁的抗扭刚度小,对抵抗列车的偏载不利。

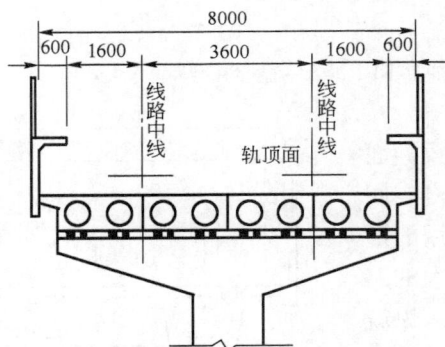

图4-35 空心板梁(尺寸单位:mm)

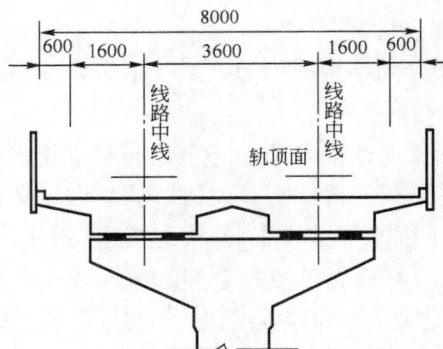

图4-36 低高度板梁(尺寸单位:mm)

(3)T形梁。

T形梁与箱形梁同属肋梁式结构,主梁一般采用工厂或者现场预制,可减薄主梁尺寸,从而减轻整个桥梁的自重。每跨梁由多片预制主梁相互联结组成,吊装质量小,构件容易修复或者更换。同时,T形截面又是最经济的桥梁截面形式,该结构与箱梁相比,可以减少25%左右的工程数量,经济效益显著。该结构形式如图4-37所示。

（4）下承式槽形梁。

图4-38为上海地铁4号线采用的下承式结构形式之一,其最大的优点是建筑高度小,且与跨度无关。在跨越横向道路而建筑高度又受到限制时,其特点尤为突出:可降低线路高程,而且两侧主梁可以作为电缆支架的基础并起到声屏障的作用,所以截面综合利用率较高。但由于该截面形式不适宜承受正弯矩的作用,因此主体结构工程数量指标较高。根据上述特点,这种结构宜用于由地下转入高架的两端高架区间及建筑高度受限制的地段,其理由如下:

①由地下转入高架区间的区段位置靠近内环线高架道路,环保要求较高;

②该结构轨下建筑高度小,可以减少敞开段的填土高度以尽早进入高架区间,平面布置与敞开段匹配,过渡自然、平顺;

③在由地下转入高架的区段中,由于受到横向道路的净空要求,一般都需尽快达到预定高度,因而纵坡较大,甚至限制了该区段桥下的净空,而槽形梁结构可以较好地缓解这一矛盾。

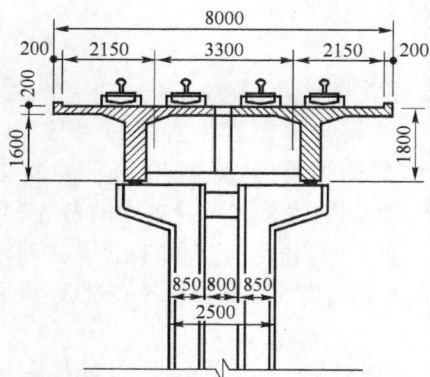

图4-37 T形梁(尺寸单位:mm)

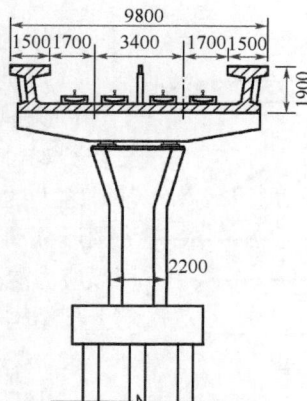

图4-38 槽形梁(尺寸单位:mm)

3）一体化高架结构

一体化高架结构是指轨道交通与公路高架一体化的高架结构,如图4-39所示。其中间为轨道交通列车走行结构,上部为高架道路汽车走行结构。上海共和新路高架是国内第一条一体化的高架结构,中间轨道交通区间结构梁采用单室单箱梁,上部道路高架区间采用的是T形梁。

4）桥墩基础结构形式

城市轨道交通高架桥的桥墩除必须承受上部结构的荷载外,还应考虑选择受力合理、体量较小,并与上部建筑风格相协调的形式。特别是高架桥多为跨线桥,常受地形、地貌、交通等限制,又与城市建筑及环境密切相关,其造型格外重要,必须使高架桥与城市环境和谐、协调,能使行人产生愉快的感觉。所以,桥梁下部结构形式及桥墩位置选择应该遵循安全耐久、满足交通要求、造价低、养护维修工作量小、预制施工方便、建设工期短、多留空间、少占地、城市环境和谐等原则。对于全线高架桥,宜减少桥墩的类型。适用于城市高架桥的桥墩形式有T形桥墩、双柱桥墩、V形桥墩、Y形桥墩等。

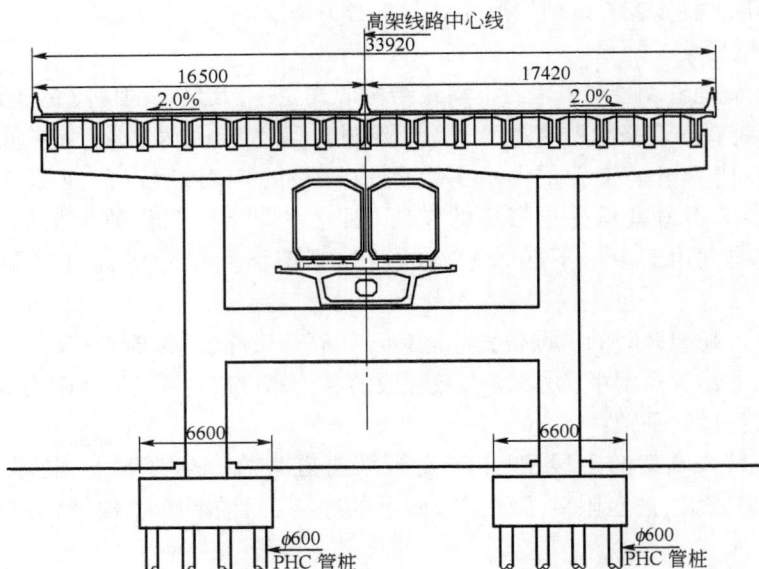

图 4-39　一体化高架结构(尺寸单位:mm)

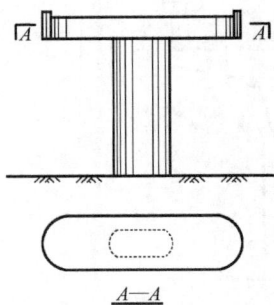

（1）T 形桥墩。

T 形桥墩既能够减轻墩身重量、节约工程材料、减少占地面积，又较美观，特别适用于高架桥与地面道路斜交的情况。T 形桥墩由基础之上的承台、墩身和盖梁组成，如图 4-40 所示。墩身截面一般为圆形、矩形、六角形等。大伸臂盖梁因承受较大的弯矩和剪力，可采用预应力混凝土结构。如将 T 形桥墩与区间 T 形梁、箱形梁、槽形梁等上部结构相结合，则上下部结构的轮廓线可平顺过渡、受力合理。

（2）双柱桥墩。

图 4-40　T 形桥墩

采用双柱桥墩的桥墩质量轻，工程材料省，且承载能力和稳定性均较强，其盖梁的工作条件比 T 形桥墩的盖梁有利，无须施加预应力，常用的结构形式如图 4-41 所示。上海地铁 3 号线的双柱桥墩设计为无盖梁结构，上部结构 T 形梁直接支承在双柱上，双柱上部设一横系梁，如图 4-42 所示。但是，双柱桥墩的美观性较差，透气性不好，占地范围大。

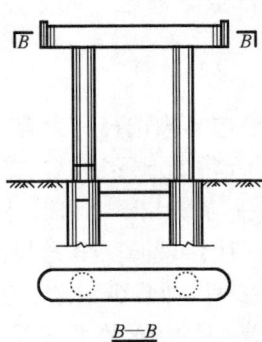

图 4-41　双柱桥墩结构形式(1)

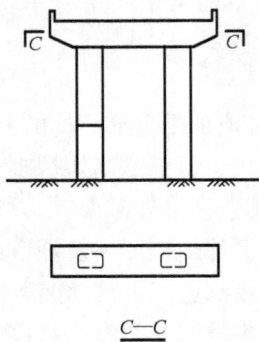

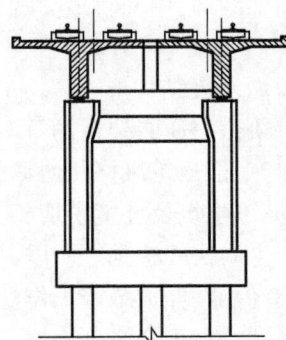

图 4-42　双柱桥墩结构形式(2)

（3）Y 形桥墩。

如图 4-43 所示的 Y 形桥墩，兼有 T 形桥墩和双柱桥墩的优点，质量轻，占地面积少，外表美观简洁，造型轻巧，视野良好，并有利于桥下交通。Y 形桥墩上部呈双柱式，对盖梁工作条件有利，但结构的施工比较复杂。

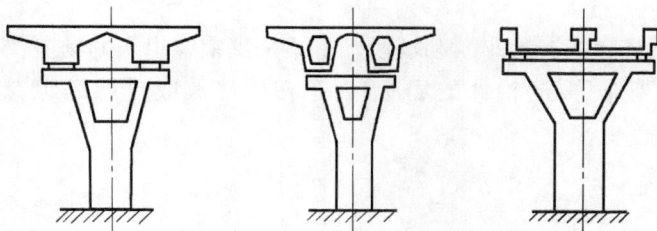

图 4-43　Y 形桥墩

高架工程基础一般全部设计为桩基础，由于轨道结构通常采用无砟道床的形式，因此，基础的设计除应满足承载力的要求外，还应受对墩台基础的沉降量及相邻墩台间的沉降差异值的控制；桩基设计应选择较好的持力层。在上海地区设计与施工均较成熟的桩基有预制方桩、PHC 管桩、钻孔灌注桩等几种类型，选择时应根据周边环境的特点、持力层的深度、经济指标等因素综合考虑。由于 PHC 管桩具有工程造价低、施工速度快、质量易保证的优点，因此通常为设计桩基形式时的首选，但由于其施工作业时对周围环境会产生较大影响，特别是有重要地下管线及对施工振动和噪声有控制要求的区域往往考虑采用钻孔灌注桩。

对于墩台基础的沉降量及相邻墩台沉降量之差，不应超过下列容许值：

①墩台总沉降量为 50mm；

②相邻墩台沉降差为 20mm。

2. 区间高架桥梁结构设计原则

区间高架桥梁结构的设计原则如下：

（1）高架桥梁结构设计应符合安全适用、经济合理、美观耐久、施工便捷的要求。

（2）高架桥梁结构设计应结合工程沿线区域规划、道路交通、周围环境、地下管线、工程地质技术条件等选择合理的结构体系，同时选用的结构应尽量减少运营中的维修和养护。

（3）结构设计力求工厂化、标准化、系列化。简化结构种类形式，方便设计和施工。桥梁跨径及形式的选择应根据城市景观、经济指标、施工条件等因素确定。

（4）高架桥梁结构的桥梁应考虑无砟、无缝长钢轨的轨道结构与桥跨相互约束而产生的纵向附加力。

（5）高架桥梁结构跨越道路或通航河道时，桥下净空应满足有关规范和相关专业技术标准的要求。

（6）单体高架桥梁的抗震设计应满足现行铁路的抗震规范。

（7）高架桥梁结构应满足供电、通信、信号、轨道、给水排水、声屏障等有关工种工艺设计及埋件设置等要求；采取必要的构造措施，满足防水、防迷流、防锈等要求。

（8）桥梁总体设计要符合建筑原理，注意空间比例，建筑美学考虑要服从结构的受力合理性。

（9）桥梁设计应因地制宜，积极采用新结构、新工艺，并广泛吸取国内外先进技术，便于机械化施工。施工方法应经济合理、成熟可靠,尽量减少对周边环境的影响。

第四节　站　　场

城市轨道交通站场包括各种车站和场段。车站是供乘客出入的场所,乘客在此办理购票、上车或下车;场段是列车停放、检修的场所,列车在此停放或进行编组、检查、维修、试车等作业。

一、站场类型

1. 车站类型

城市轨道交通车站都是为客运服务的。

车站相对于地面道路的位置关系可以是地面、高架或地下,相应的车站分别称为地面站、高架站及地下站。

车站按客运作业的不同可分为中间站、换乘站、折返站、越行站、接轨站、终点站等类型。

(1)中间站:仅供乘客乘降车之用的车站,其设施比其他各类车站简单。

(2)换乘站:能够使乘客实现从一线换乘到另一线的车站。它除了配备供乘客乘降车的站台、楼梯或自动扶梯之外,还要配备供乘客由一线站台至另一线站台的换乘设施。

(3)折返站:在车站内有尽端折返设备的中间站,能使列车在站内折返或停车。在该站到达的折返列车上的全部乘客都要下车,列车掉头后从本站出发的乘客再上车。

(4)越行站:每个行车方向具有一条以上站线(含正线)的中间站,其中靠近站台的站线供本站停靠的列车使用,离站台稍远的站线供非本站停靠的越行列车使用。

(5)接轨站:位于轨道交通线路分岔处的车站,可以在两个方向上接车和发车。

(6)终点站:位于线路起、终点处的车站。在终点站,所有乘客必须全部下车。该站除了供乘客乘降车外,还用于列车折返及停留,因此终点站一般设有多股停车线。如果线路需要延长,则终点站可作为中间站或折返站来使用。

上述各类车站如图 4-44 所示。

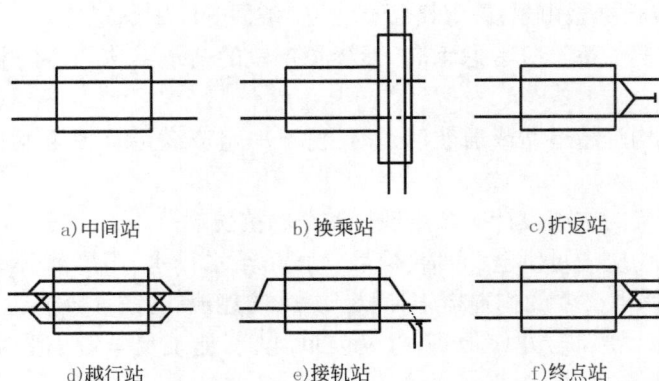

图 4-44　车站分类

2. 场段类型

城市轨道交通场段根据功能可分为运用停车场和检修车辆段,前者简称为停车场,后者简称为车辆段。车辆段根据其检修作业范围可分为定修段、架修段和厂修段。

二、中间站

1. 功能与构成

中间站的基本功能是为城市轨道交通乘客提供乘(上)车、降(下)车服务。此外,根据车站所处位置的不同,中间站还具有购物、城市景观等其他功能要求。

中间站通常由 5 个基本部分构成:

(1)站台:供乘客乘、降轨道交通列车的场所。有些站台装有屏蔽门或安全门。

(2)车站大厅或广场:供乘客聚集或疏散的场所。有些车站还有相当规模的商业空间。

(3)售票厅:为乘客出售车票的场所。当采用自动售检票设施后,售票大厅可以化整为零,只需保留少数补票窗口即可。

(4)轨道交通企业专用空间:如车站办公室、仓库、维修设施、行车轨道等。

(5)出入口通道。当车站位于地下时,还会有自动扶梯、楼梯、通风道、风亭和其他附属设施。

2. 中间站主体

中间站主体按功能的不同,通常在设计中分为两大部分:

(1)乘客使用空间。乘客使用空间又可分为非付费区和付费区。非付费区是乘客购票并正式进入中间站前的活动区域,一般应有较宽敞的空间,根据需要可在这里设售检票设施、银行、公用电话、小卖部等设施。付费区包括站台、楼梯、自动扶梯、导向标志等。

(2)车站用房。车站用房包括运营管理用房、设备用房和辅助用房三部分。运营管理用房是车站运营管理人员使用的办公用房,主要包括站长室、行车值班室、业务室、广播室、会议室、公安保卫室等;设备用房是为保证列车正常运行、保证车站内环境条件良好和在发生灾害情况下乘客安全所需要的用房,它主要包括通风与空调用房、变电所、综合控制室、防灾中心、通信机械室、自动售检票室、冷冻站、配电室等;辅助用房是为车站内部工作人员正常工作、生活所设置的用房,主要包括卫生间、更衣室、休息室、茶水室等。

3. 总体布局

城市轨道交通中乘客在中间站逗留时间较短,且没有行李寄存与货物运输等业务。在中间站上,客流只有往返两个方向,因而乘客在站内活动形成的客流线及车站服务设施都比较简单。

中间站总体布局应按照乘客进出车站的活动顺序,合理布置进出站的流线。流线宜简捷、顺畅,尽可能使流线不相互干扰,为乘客创造便捷的乘降环境。乘客进、出站活动流线如图4-45所示。

1)平面布局

中间站的平面布局主要取决于站台形式。站台是车站中最基本的部分,不论车站的类型、性质有何不同,都必须设置;其余各部分在特殊情况下,在满足功能需求的前提下,可能会被省略或部分省略。

(1)站台形式。

车站按站台形式分为岛式车站和侧式车站两种基本类型。岛式站台位于上、下行线路之间,侧式站台则是将线路夹在站台之间。两种车站平面布局如图4-46所示。

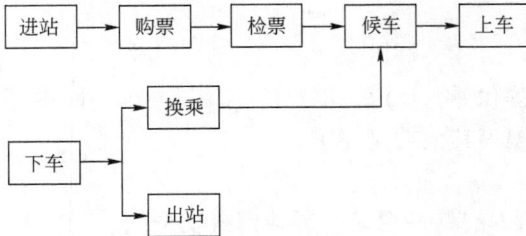

图4-45　乘客进、出站活动流线示意图　　　　图4-46　不同站台形式的车站

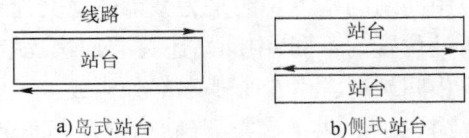

①岛式站台。

岛式站台位于上、下行线路之间,可供上、下行线路同时使用。在站台两端或中部有供旅客上下的楼梯,通至地面或站厅层。当升降高度大于5.5m时,一般要设自动扶梯。

当区间线路为深埋(埋设深度在12m以上)时,通常采取盾构法等施工方法将一条线建成两条独立的单线隧道。如果车站采用岛式站台,车辆宽度为2.8m车站上线间距(M)由站台宽度(B)决定,$M = B + 2.9$(m)[参见图4-47(左)]。区间线路的线间距一般等于车站处的线间距,以使区间隧道与车站隧道顺接。

当区间线路为浅埋(埋设深度在12m以内)时,区间隧道一般采用明挖法或盖挖法等施工方法建成双线隧道,这就要求区间采用线间距最小值。如果车站采用岛式站台,则靠近车站的地段必须将线间距加宽,形成一个喇叭状[参见图4-47(右)]。

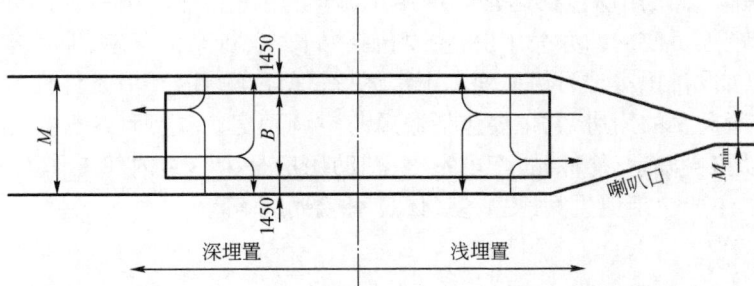

图4-47　岛式站台与区间线路的连接(尺寸单位:mm)

②侧式站台。

站台位于线路两侧,线路一般采用最小间距在两站台之间通过。当区间线路为浅埋或高架时,因区间和车站处的线间距相同,故不需修建喇叭口[参见图4-48(右)]。当区间线路为深埋时,由于区间两条单线隧道间要保持一定间距,此间距大于站上线间距,因此,在车站两端需要修建渡线室,用来把车站处的最小线间距加宽到区间线间距[参见图4-48(左)]。

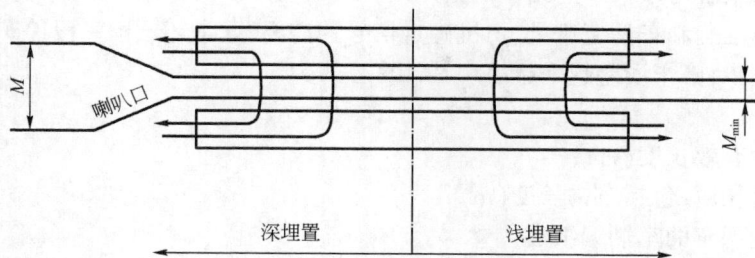

图 4-48　侧式站台与区间线路的连接

侧式站台的最小宽度视其上有无立柱而定,一般为 4～6m。因站台宽度较小,故不能在站台设置自动扶梯。因此,必须在车站的一端设置前厅,站台与前厅用楼梯相连,前厅的出口用自动扶梯与地面相联系。必要时,也可在站台中部设置出入口。

岛式站台与侧式站台相比较,在运营方面有以下优点:

a. 站台面积可以更充分地利用,当一个方向的乘客很多时,可以分散到整个站台宽度上;而侧式站台会出现一个方向的站台很拥挤、另一方向的站台尚未充分利用的失衡情况。因此,两个侧式站台的宽度之和一般大于一个岛式站台的宽度。

b. 因所有的行车控制都集中在同一站台上,故运营管理比较方便。

c. 在站台的端部可借助自动扶梯或楼梯直接通至地面,方便乘客上下车。

d. 对于乘错方向的乘客的折返也较为方便。若为侧式站台,则乘客折返时必须通过前厅或跨线设施转换。

e. 当车站的天花板为拱形时,站厅的最高部分正好在站台上方,故站厅在建筑艺术处理上较好。而用侧式站台时,站厅的最高部分位于线路上方,视觉效果受到影响。

由于岛式站台优点较多,因此,国内外现有的地下车站绝大多数都采用这种形式。例如,莫斯科地铁中除 1 座侧式站台以外,其余车站都采用了岛式站台。北京地铁 1、2 号线及上海轨道交通的绝大部分车站都采用岛式站台。

然而,当车站位于地面或高架桥上时,修建侧式站台则是有利的。当车站位于地面时,站台上必须安装雨棚,站台外必须设围墙。在这种情况下,没有必要修建过渡线间距的喇叭口,同时,将乘客从站台上疏散出去也没有什么困难。当车站位于高架桥上时,将两条线路放在当中,可以使最大荷载位于桥梁结构的中间,便于增强结构稳定性并节省造价,旅客从两侧去站台也较方便。

在某些特殊的情况下,有可能综合上述两种形式,形成混合型的三站台式车站,即既有岛式站台又有侧式站台。从运营方面看,这种车站可以实现上、下客流的分流,即中央的岛式站台用于上车,而侧式站台用于下车。初看起来似乎应该能够大大缩短停车时间而提高线路通行能力,但由于乘客上车要比下车慢得多,因而停站时间减少量很有限,效果并不明显。从工程方面看,这种车站造价较岛式高出 50%～100%,占地面积也明显增加,乘客的竖向输送设备布置尤其复杂。因此,三站台式车站用得极少。

(2)站台长度、宽度和高度。

①站台长度。

站台是供乘客上、下列车的平台,设计中一般要保证所有车辆均在站台有效长度之内。站台有效长度是指乘客可以乘降的站台范围。站台有效长度由列车编组的计算长度决定。考虑到停车位置的不准确和车站值班员、司机确定信号的需要,通常还预留一段停车误差。随着车辆控制技术的进步,停车误差越来越小。其计算公式为

$$L = nl + \Delta l \tag{4-2}$$

式中:L——站台有效长度(m);

l——车辆长度,包括车钩长度(m);

n——远期列车的车辆编组数;

Δl——停车误差,一般取 $4\sim8$m。

例如,上海地铁 2 号线远期为 8 节编组(4 动 4 拖),动车长 22.80m,拖车长 22.14m,停车误差取 8m,则站台有效长度设计成 188m。

站台两端一般还设置了一些其他的车站设备,整个站台长度则与这些设备的设置方式有关。

站台应尽可能平直,以便车站员工能够监视全部站台情况和客流拥挤状况。站台边缘与车辆边缘的间距宜为 $80\sim100$mm,最大不得超过 180mm,以免乘客掉下站台。为此,站台乘降车部分的曲线半径一般不小于 800m。

②站台宽度。

站台宽度应满足远期预测客流量、列车编组长度、站台上横向立柱数量,以及站台与站厅之间楼梯(自动扶梯)布置形式等因素的计算要求,并大于最小站台宽度。除了考虑正常的远期高峰小时客流使用空间要求之外,站台宽度还需要满足事故状态客流疏散时间小于 6min 的要求,相应的计算方法可参考《地铁设计规范》(GB 50157—2013)。

岛式站台宽度一般为 $8\sim10$m,侧式站台宽度一般为 $4\sim6$m。

③站台高度。

站台高度是指站台面至钢轨顶面的高度,其高度与车型有关。站台与车厢地板面等高,则称为高站台,站台高度一般为 900mm;站台比车厢地板面低一两个台阶,称为中站台、低站台,站台高度一般为 650mm、450mm。采用高站台时,考虑到车辆弹簧的挠度,在车辆满载时,车厢的地板下沉量一般在 100mm 以内,故站台设计高度宜低于车厢地板面 $50\sim100$mm。

2)横断面形式

中间站横断面形式多种多样,如图 4-49 所示。

地下中间站常用的两种横断面形式是矩形箱式和椭圆形,如图 4-50 所示。

高架车站的横断面形式一般要结合所在的道路及周围建筑物的情况综合设计。图 4-51 是道路中央高架车站站台平面图及横断面的一种图式。为避免车站端部出现喇叭口和方便道路两侧乘客乘降,多采用侧式站台。

3)跨线设施及竖向交通

(1)跨线设施。

由于城市轨道交通列车的速度快、密度高,要求整个线路封闭程度高。考虑乘客候车安全,侧式站台上、下行线间加防护栏杆隔开,所以有上、下行越线问题。行人过街也同样有越线问题。

对地面站来说,除了客流量特别小的情况外,一般均需设跨线设施。地面站的跨线设施可以是天桥或地道两种方案。天桥方案较经济,施工方便,对交通干扰少,应优先采用。

a) 高架式　　　　b) 地面式　　　　c) 半地下式单柱双跨式

d) 浅埋式　　　　e) 深埋双柱三跨岛式　　　　f) 双柱三跨双岛式　　　　g) 单拱岛式

h) 单层单柱双跨侧式　　　i) 双柱三跨岛侧混合式　　　j) 双层单柱双跨岛式　　　k) 塔柱式

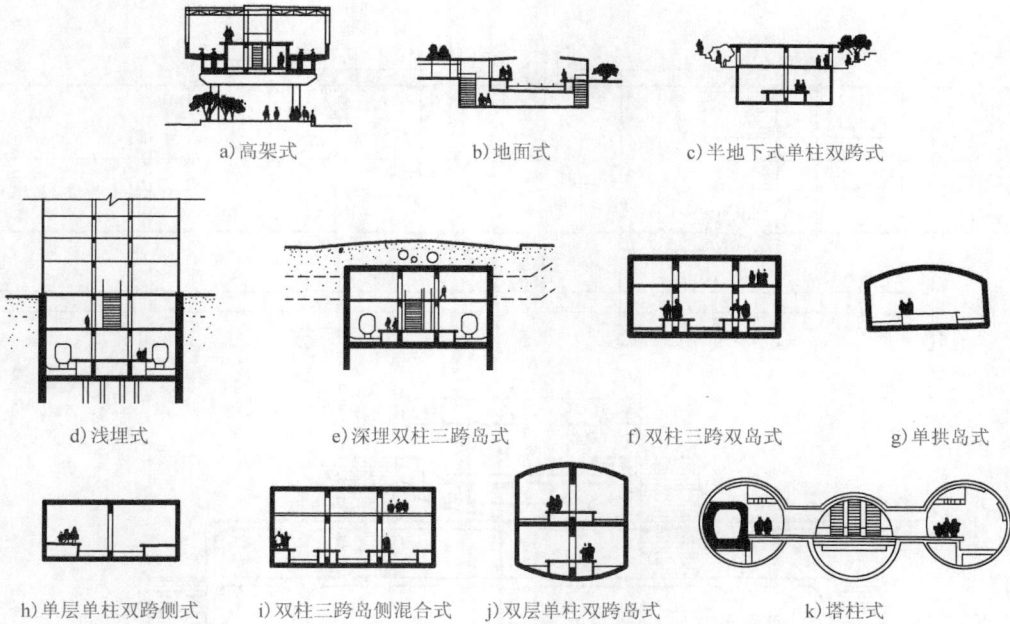

图 4-49　中间站横断面形式

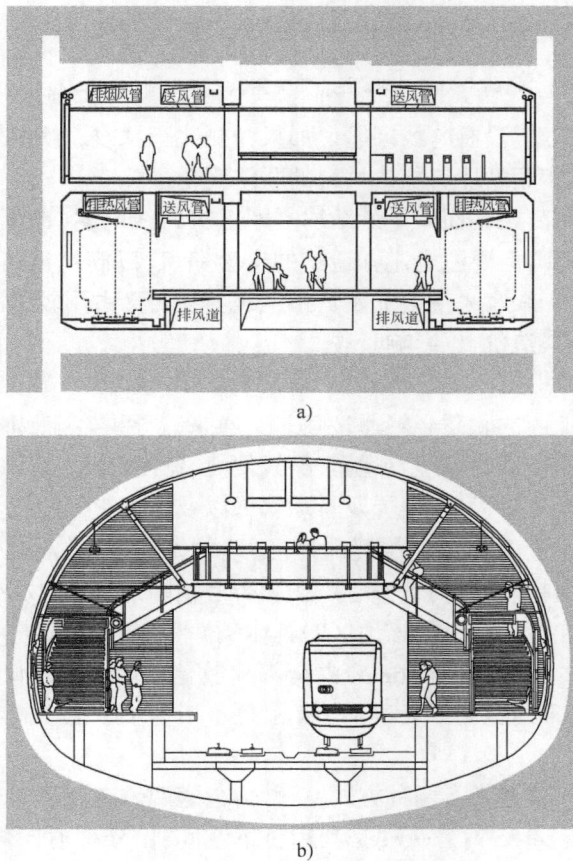

a)

b)

图 4-50　矩形箱式和椭圆形车站横断面

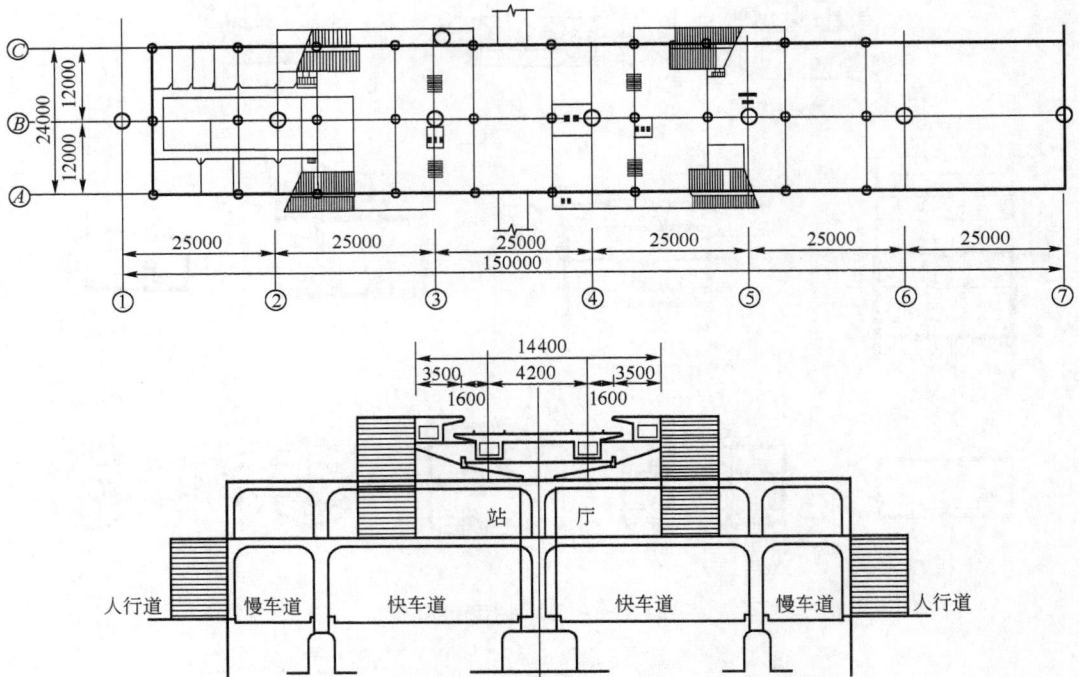

图 4-51　道路中央高架车站站台平面图及横断面图(尺寸单位：mm)

地下站一般为岛式车站，没有跨线问题。如果为侧式车站或岛侧组合车站，则利用地下一层设置跨线设施，也可以利用站厅解决各站台的联络问题。

高架站应该尽量利用高架桥面以下的结构空间解决跨线问题，也可以在解决高架站垂直交通的同时解决跨线问题。但要注意避开道路的交会路口，以满足道路上空的限高要求。如在高架桥上再设天桥，对于乘客来说会加重负担，安全感差，又占用较多高架站台面积，增加高架站结构的复杂性，提高了造价，也影响景观。

（2）竖向交通。

地下站和高架站与地面的联系必然通过竖向交通来疏导乘客，天桥或地道跨线设施也需要竖向交通。竖向交通的设计要求位置适宜、路线便捷、宽度合理。

竖向交通的设计要素有出入口、楼梯及自动扶梯以及连接它们的行人通道。

地下站的出入口位置应根据车站位置的地形、地物等确定，并满足城市规划和交通的要求，可设在人行道上、街道拐角处、街道中心广场和街心花园处、建筑物内和建筑物边。地下站的出入口及通道的数目和宽度应根据该地区的具体条件和客流量确定，并考虑紧急情况下，站台的乘客和停在列车内的乘客必须在 6min 内全部疏散至地面。出入口及通道宽度应根据高峰小时客流量计算确定，采用宽度一般不小于 2m，最小不得小于 1.5m。地下通道净高一般为2.5m 左右（图 4-52）。

高架站的竖向交通布置通常有两种方式：一种为街道两侧布置竖向交通，经天桥进入高架车站，即天桥进出方式（图 4-53）；另一种是利用桥下空间，由楼梯通向休息平台，再通向两侧高架站台或通向岛式站台，即桥下进出方式。

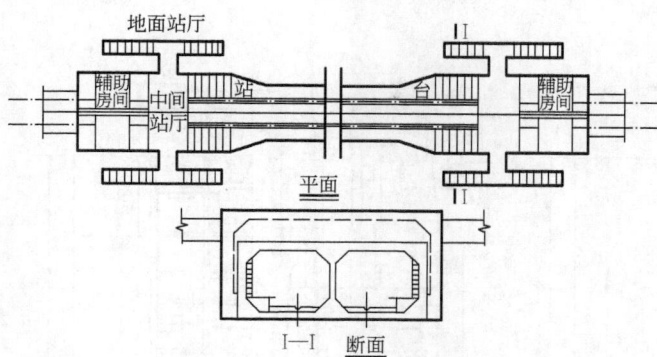

图 4-52　双跨地下侧式车站平断面图（浅埋地铁车站）

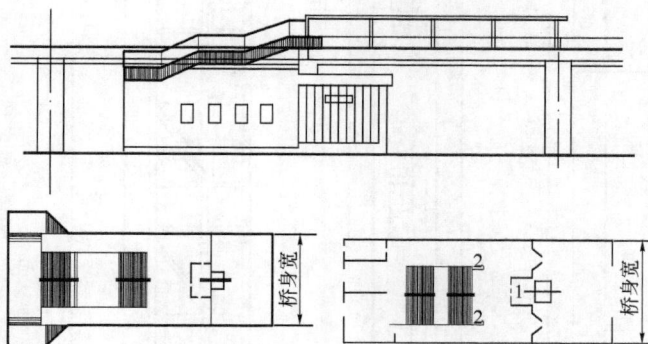

图 4-53　某高架车站天桥进出方案

1-售票处；2-检票处

4. 站房及主要设备

车站站房的组成应根据运营管理的要求决定。如果运营管理采用上车购票或车站自动售票形式，则车站可为无人管理方式，可以不设站房，而只设风雨棚；否则应设售票房。在无人管理的车站，通常需要配备集中监视的闭路电视系统，以弥补管理上的不足。当车站位于地下时，会增加环控、排水、防灾等设施，使得车站规模增大，设备布置也更为复杂。

图 4-54 为典型的地下站设备布置示意图。该例为二层的地下中间站，由于技术上的要求或为了运用上的便利，有些设备需要布置在站台层面上，而与运营管理不直接相关的设备可以布置在站厅层或地面。主要设备及其用房面积见表 4-1、表 4-2。

地下标准站站台层上主要设备及其用房面积参考表　　　　表 4-1

名　　称	面积（m²）	名　　称	面积（m²）
迂回风道断面	44×2	蓄电池室	30
降压变电所	120＋150	污水泵房	25
车站回排风室	30×2	废水泵房	30
SCADA（电力监控）室	12×4	副值班室	20
配电室	12×2	站台服务室	20
1301（自动灭火系统）室	12×2	电梯机房	7
雨淋阀室	8×4	电梯间	5
人行楼梯、电梯	100×4	清扫室	12
库房	12		

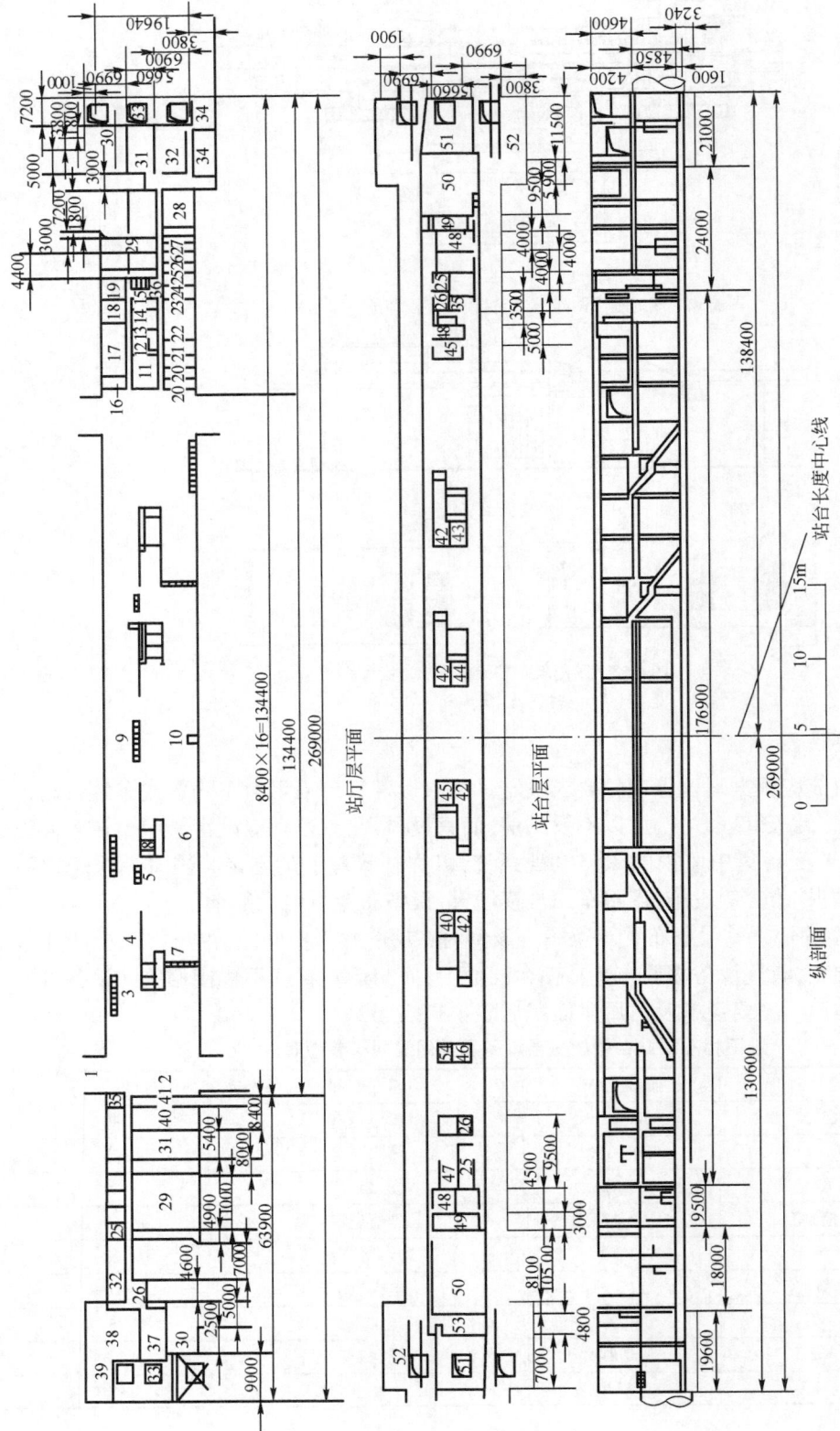

图 4-54　地下乙级标准站平面、纵断面示意图（尺寸单位：mm）

1-出入口通道；2-非付费区；3-自动售票机；4-栅栏；5-自动检票机；6-付费区；7-自动扶梯；8-人行楼梯；9-监票厅；10-补票厅；11-车站控制室；12-站长室；13-车站值班员休息室；14-茶水间；15-厕所；16-防灾报警室；17-信号设备室；18-车票分类编码室；19-票务室；20-警务室；21-通信顺设备；22-电源设备；23-通信设备；24-通信测试；25-1301室；26-配电室；27-更衣室；28-会议室；29-管理用房；30-区间通风机房；31-设备；32-环控电控室；33-吊装孔；34-站务；35-清扫室；36-管理人员专用电梯；37-消防泵房；38-冷水机组；39-水泵；40-库房；41-无障碍通道；42-副值班室；43-副值班室；44-站台服务室；45-污水泵室；46-电梯机房；47-蓄电池室；48-SCADA室；49-车站回排风室；50-降压变电所；51-迂回风道；52-推力风机；53-废水泵房

地下标准站站厅层主要设备及其用房面积参考表　表4-2

名　　称	面积(m²)	名　　称	面积(m²)
信号设备室	60	环控机房	390×2
小通风机房	60×2	环控电控室	60×2
推力风机	84×2	冷水机组、水泵	150
区间通风机房	310×2	防灾报警设备室	20
车票分类/编码室	25	警务室	12×2
车站值班休息室	12		

表4-1 列出了站台层上的设备及其用房面积,合计面积约为 1100m²,除了设在站台有效长范围内约 600m² 之外,站台之外约有 500m² 设备布设空间。表4-2 列出了站厅层的主要设备及其用房面积。

三、换乘站

换乘站是线网中各条线路的交叉点,是提供乘客转线换乘的场所。它除了供乘客乘降车之外,还要能实现两线或多线车站站台之间的客流畅通。换乘站可以由中间站补充换乘设备而成,或者一开始就建成为供两条相交线路使用的联合车站。换乘站的形式与换乘方式密切相关。换乘方式分为同站台换乘、节点换乘、站厅换乘、通道换乘、站外换乘等类型。

1. 同站台换乘

同站台换乘是指乘客通过同一站台或相距很近的两个平行站台实现转线换乘,乘客只要走到车站站台的另一边即可换乘另一条线路的列车。对乘客来说,这当然是最佳方案,尤其是在客流量很大的时候。但这种车站往往要花费较大的工程投资。由于这种换乘方式要求两条线具有足够长的重合段,近期需要把车站预留线及区间交叉预留处理好,工程量大,线路交叉复杂,施工难度大,因此,应尽量选用在建设期相近或同步建设的两条线的换乘站上。

同站台换乘的基本布局是双岛式站台的结构形式,它可以在同一平面上布置,如图 4-55a)所示;也可以双层布置,如图 4-55b)所示。这两种形式的换乘站都只能实现 4 个换乘方向(A_1 与 B_1、A_2 与 B_2)的同站台换乘,而另外 4 个换乘方向(A_1 与 B_2、A_2 与 B_1)则要采用其他换乘方式。

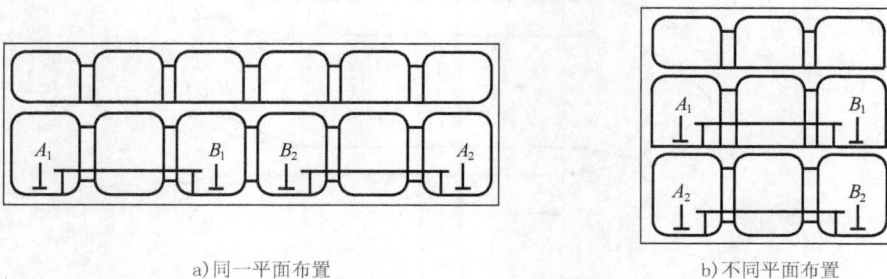

a)同一平面布置　　　　　　　　　　　　　b)不同平面布置

图 4-55　同站台换乘车站形式示意图

将两条交叉的线路在站上设于彼此平行的位置且运营时不相互干扰,就要求在出站时两线之间立体交叉。线路交叉的方式不同,会对线路长度、曲线数目及交角、线路坡度等产生不同的影响。线路交叉的方式很多,下面列举较常遇到的4种情形加以分析。

第一种情形:如图4-56a)所示,当线路在车站两端交叉时,则A线及D线的两个隧道必须在两处从B线、C线的下方穿过,穿过地点离车站较远,故使线路延长较多。然而在同一方向的两股道是并列设置的,并且在它们之间设置站台,这样就可以极方便地在最可能的换乘方向A线与B线之间或C线与D线之间进行换乘。

第二种情形:如图4-56b)所示,若线路在车站一端交叉,则相交线路的展线较短,路线运营指标较好,但A线与B线之间及C线与D线之间换乘均不方便,因为在同一方向的两股道之间,夹有一条另一方向的线路,若要跨越,必须用天桥或通行隧道跨过这一股道,当客流很大时这样做是不合适的。

第三种情形:如图4-56c)所示,B线及C线的两股道在车站范围内正好位于A线及D线两股道的上方,而且两个方向相同的股道正好位于同一竖直平面内。在这种方案中,线路在车站两端交叉没有任何困难,因为在车站上线路A、D及B、C的各股道之间高程差相当大,所以交叉点可在车站附近,展线不多。

对于跨线换乘的乘客而言,需要从车站的一层走行到另一层,但如果换乘设备布置得紧凑的话,这也不会引起太大不便。

第四种情形:如图4-56d)所示,如果上述第三种情形的线路在车站一端交叉,则同一方向的两股道均设在同一平面内,换乘较为方便。而将同一线路的两股道引入高低不同的两个水平面以及在车站线路交叉的一端上立体布置4条离站的股道,都是极端困难的。因此,这种交叉方式不予推荐。

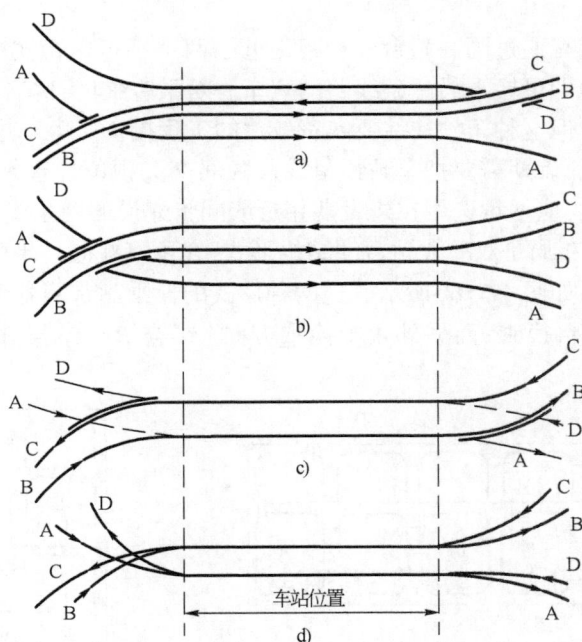

图4-56　　两条线路站台平行布置的4种方式

两平行线路不构成交叉,但两线在某站处相距很近,如果两线之间存在大量换乘客流,则可将这两站拉近,并可设计成同站台换乘站。如东京地铁银座线与半藏门线的换乘站——表参道站,其布置形式如图 4-57 所示。莫斯科诺金娜广场站、列宁格勒工学院站等也都属于该类换乘形式。

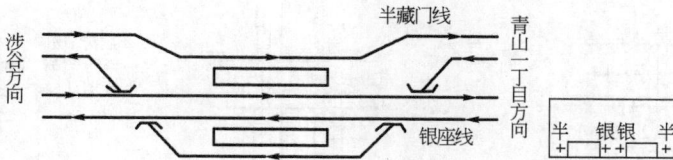

图 4-57　东京地铁表参道换乘站布置

由于每条轨道交通线路有上、下行两个方向,所以两条轨道交通线路之间的换乘组合有 8 个方向。在图 4-57 中,利用同站台可以实现的换乘方向只有 4 个,另外 4 个换乘方向则需通过高架桥或地下通道来实现,走行距离较远。为了使 8 个换乘方向都能进行同站台换乘,可以将两个同站台换乘站组合起来使用。可采用图 4-58 所示的布置形式,让其中 4 个方向在一个车站同站台换乘,另外 4 个方向在下一个车站同站台换乘。这样 8 个换乘方向上的换乘距离都很短。例如,香港地铁荃湾线和观塘线利用其共用的太子站和旺角站的组合实现了 8 个换乘方向的同站台换乘,其车站站台采用图 4-59 所示的布置形式,两条线路在站间设置立体交叉,从而使所有换乘方向都能实现同站台换乘。

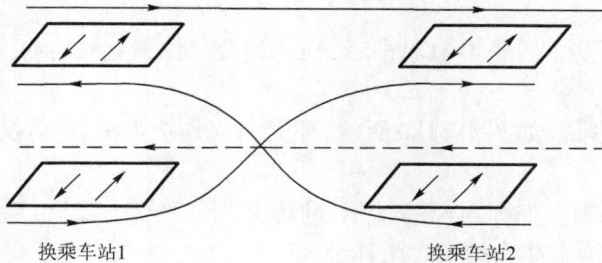

图 4-58　两个同站台换乘站的组合布置形式

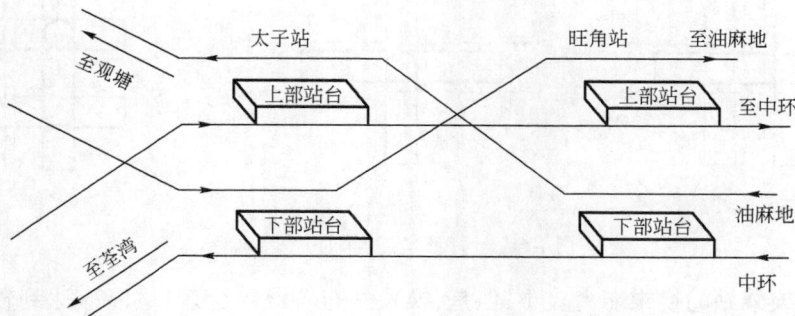

图 4-59　香港地铁太子站、旺角站的换乘布置

2. 节点换乘

节点换乘是指在两线交叉处,将两线隧道重叠部分的结构做成整体的节点,并采用楼梯将

两座车站站台连通,乘客通过该楼梯进行换乘,换乘高差一般为 5～6m。

节点换乘方式因两线车站交叉位置而不同,有十字形、T 形、L 形、双通道换乘 4 种布置形式(图 4-60)。例如,北京西直门站为十字形,复兴门站为 T 形,积水潭站为 L 形。

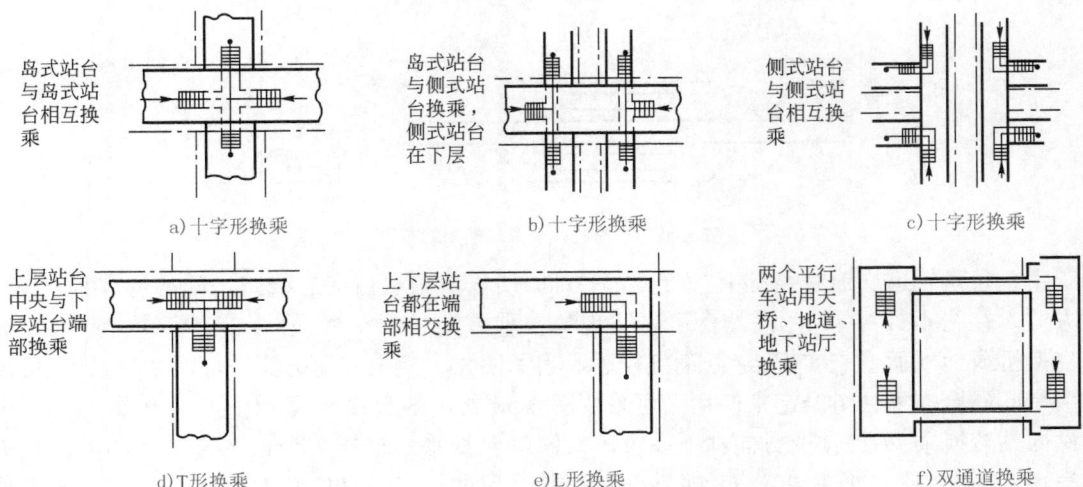

图 4-60　节点换乘方式

节点换乘方式因两站的站台形式而不同,有许多组合形式。以十字形换乘为例,常用的换乘站类型有:

(1)岛式与侧式换乘。如图 4-61a)所示,岛式站台与位于上层的侧式站台换乘,形成两个小换乘厅。

(2)岛式与岛式换乘。如图 4-61b)所示,环线与规划线形成岛-岛换乘,只有一个小换乘厅,换乘能力较小。

(3)侧式与侧式换乘。如图 4-61c)所示,利用上、下两层侧式站台层的十字交叉点形成 4 个换乘厅及换乘通道,换乘能力较上述两种都大。

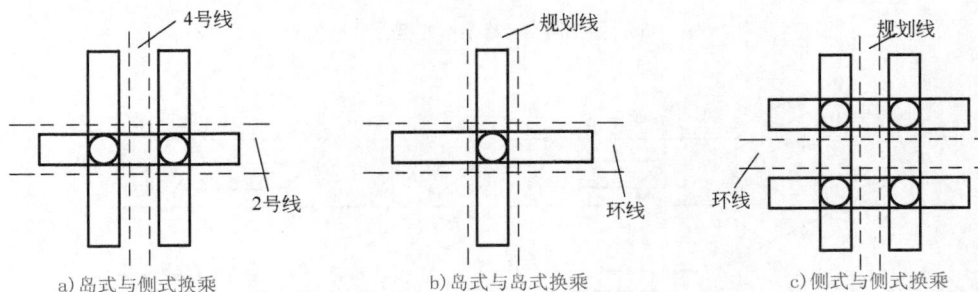

图 4-61　十字形节点换乘的 3 种形式

一般节点换乘站的换乘能力较小,但是,换乘站布置设计合理,也能够达到较大的换乘能力。例如,图 4-62 是柏林地铁的一个节点换乘站。该站为三层框架结构。地下一层设有 4 个通向地面的出入口,以吸引和疏散不同方向的客流,并设有直接通向地下二层站台和地下三层站台的自动扶梯。两条地铁线路呈十字形交叉,车站站台都采用岛式站台,两个岛式站台通过换乘楼梯相连接,实现不同线路之间的换乘。

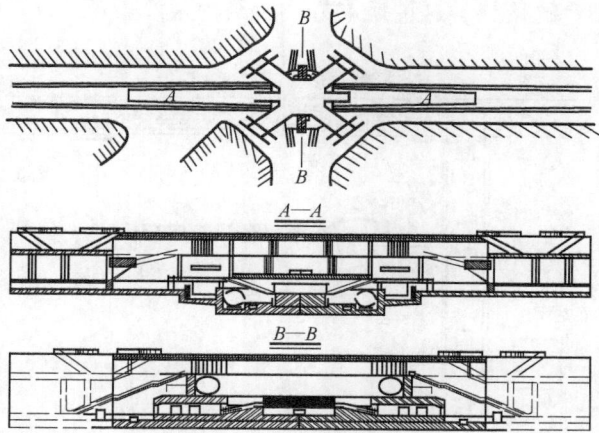

图 4-62 柏林地铁节点换乘

节点换乘方式设计的关键是要注意上、下楼的客流组织,避免进、出站客流与换乘客流发生交叉、造成紊乱。该方式多应用于侧式站台间的换乘,或与其他换乘方式组合应用,可以达到较佳效果。

两个岛式站台之间采用这种换乘方式连接一般较为困难,因为楼梯宽度往往受岛式站台总宽度的限制,其通行能力难以满足换乘客流需求。如果两条交叉线路的高差足够大,那么可以采用两个车站十字形塔式交叉,两站台之间用双层式阶梯相连接。

节点换乘方式的节点要求一次做成,预留线路的限界净空及线路位置受到制约,这就要求预留线有必要的研究设计深度,避免预留工程不到位或过剩等不良现象的产生。

3. 站厅换乘

站厅换乘是指乘客由一个车站的站台通过楼梯或自动扶梯经由另一个车站的站厅或两站的共用站厅到达另一车站站台的换乘方式。乘客下车后,无论是出站还是换乘,都必须经过站厅,再根据导向标志出站或进入另一站台继续乘车。由于下车客流只朝一个方向流动,减少了站台上的人流交织,乘客行进速度快,在站台上的滞留时间减少,可避免站台拥挤,同时又可减少楼梯等升降设备的总数量,增加站台有效使用面积,有利于控制站台宽度规模。

站厅换乘方式与前两种方式相比,乘客换乘路线通常要先上(或下)再下(或上),换乘距离较大;若站台与站厅之间是自动扶梯连接,可改善换乘条件。

上海地铁 1 号线及莘闵线(5 号线)的莘庄站,采用的是同层并列侧式站台形式(图 4-63),通过上一层共用站厅层来完成换乘。这种换乘方式有利于各条线路分期建设。

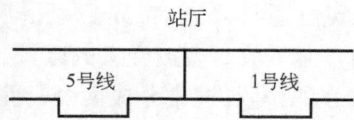

图 4-63 上海莘庄站站厅换乘形式

若浅埋线路与深埋线路交叉,则可按图 4-64 所示的方式修建换乘站。乘客可通过一个公用的地面站厅换乘。这种换乘方式虽然较经济,但对乘客来说不方便,因为要先上升再下降。较好的换乘方式是经过连接两个车站中心的一套换乘体系来换乘。此换乘体系包括一座由浅埋车站至地下站厅的通行隧道,一个地下站厅(其地板下方为自动扶梯的机器房)、一座自动扶梯隧道及张拉室、一个集散厅、几个通至深埋车站的通行隧道和通到车站股道上方的天桥、由天桥下至深埋车站站台的楼梯。这种换乘方式所经的距离最短。

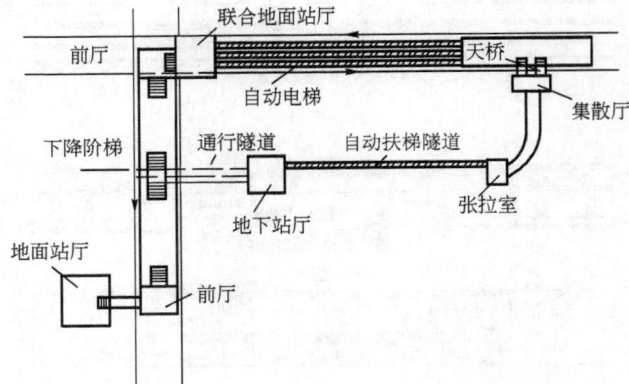

图 4-64　有联合地面站厅的换乘站

4. 通道换乘

在两线交叉处，车站结构完全分开，当车站站台相距稍远或受地形限制不能直接通过站厅进行换乘时，可以考虑在两个车站之间设置单独的连接通道和楼梯，供乘客换乘，这种换乘方式称为通道换乘。连接通道一般设于两站站厅之间，也可以在站台上直接设置。

通道换乘方式布置较为灵活，对两线交角及车站位置有较大的适应性，预留工程少，甚至可以不预留，容许预留线位置将来可以少许移动。通道宽度按换乘客流量的需要设计。换乘条件取决于通道长度，一般不宜超过100m，这种换乘方式有利于两条线工程分期实施，预留工程少，后期线路位置调整的灵活性大。

下列两种情况下常采用通道换乘方式：

（1）当两条轨道交通线路在区间相交时，构成L形，两线上的轨道交通车站均应靠近交叉点设置，并用专用的人行通道相连接。例如上海地铁1号线与2号线的人民广场站呈L形布置，2号线的地下二层站厅层与1号线的地下一层站厅层通过10m宽的地下通道实现换乘。图4-65是通道换乘方式的地下换乘站。在位置较高的车站A的站台中心安装双向阶梯或自动扶梯下降到人行隧道平面，该隧道在A站的站线下方穿过。供乘客双向走行的人行隧道，其宽度通常为7～7.5m，其长度不应超过100m。人行隧道内应有斜坡，且应朝乘客走行较多的方向下坡。客流交叉的区域，人行隧道的断面应予加宽。此人行隧道在靠近位置较低的车站B的位置，通常分成两个断面较小的隧道，这两个隧道的出口处接有跨越站线的天桥，该天桥端部应设置楼梯通到站台地板面，楼梯则设在车站B的塔柱或立柱之间。在人行隧道分支的地方应设置一间不太大的集散厅，以便在其中将不同方向的客流分隔开来。

在条件许可时，可利用联合式的地面（或地下）站厅来换乘，联合式地面（或地下）站厅用自动扶梯与两个车站相连接，而在地面只设一个共同出口，如图4-65所示。为此，两个车站集散厅的端部至线路交叉点的距离都应当与它们的埋置深度相适应，也可以同时采用上述两种方案。这时人行隧道的宽度可减小，并只用于单向通行。反向换乘时可通过自动扶梯隧道。

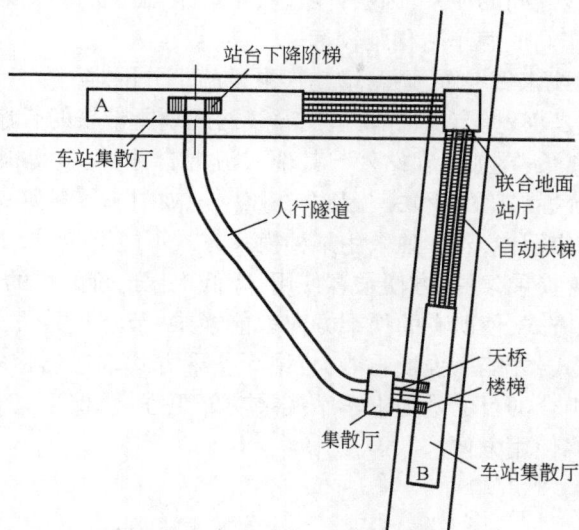

图 4-65 通道换乘方式的地下换乘站

（2）当一条线路的区间与另一条线路的车站 T 形交叉时，可按图 4-66 所示的换乘站形式组织换乘。位置较高的车站 A 的集散厅可用一个人行隧道与一个地下站厅（前厅）相连接，该地下站厅则经由自动扶梯隧道而与位置较低的车站 B 相连接。若人行隧道长度不大，则 B 站乘客可经由 A 站的自动扶梯出站，但这样对乘客是不便的，因为他们必须先上一个高度，而后再经由楼梯下降到 A 站的站台。若人行隧道很长，则可使地下站厅直接与地面相连接，以供 B 站乘客出站。这样人行隧道仅供换乘旅客使用，A 站的自动扶梯也不致超负荷。

例如，莫斯科的普希金、高尔基和契诃夫 3 个地铁车站布置呈三角形，如图 4-67 所示。车站的两端通过自动扶梯和 3 个地面大厅进、出口连接。换乘通道都衔接着每个车站的中部，这样可以使客流能在不同方向分配并使客流能按站台长度均匀分布。

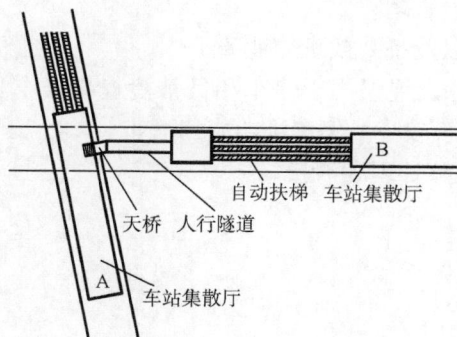

图 4-66 一条线路区间与另一条线路车站 T 形交叉时的换乘站

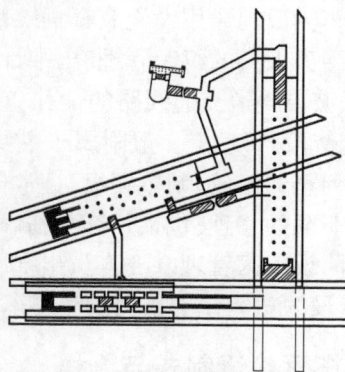

图 4-67 莫斯科的普希金、高尔基和契诃夫地铁站通道换乘示意图

5. 其他换乘方式

除了上述 4 种基本的换乘方式之外，还可采用站外换乘及组合换乘来达到换乘目的。

站外换乘是乘客在车站付费区以外进行换乘，实际上是没有专用换乘设施的换乘方式。它出现在下列情况下：

（1）高架线与地下线之间的换乘，因条件所迫，不能采用付费区内换乘的方式。

（2）两线交叉处无车站或两车站相距较远。

（3）规划不周，已建线未做换乘预留，增建换乘设施十分困难。

站外换乘方式往往是事先没有做好轨道交通线网规划所带来的后遗症。由于乘客增加一次进出站手续，步行距离长，再加上在站外与其他人流混合，因而显得很不方便。对轨道交通自身而言，其是一种系统性缺陷的反映。因此，在路网规划中应尽量避免站外换乘方式。

在换乘方式的实际应用中，若单独采用某种换乘方式不能奏效时，则可采用两种或多种换乘方式组合，以达到完善换乘条件、方便乘客使用、降低工程造价的目的。例如，同站台换乘方式辅以站厅或通道换乘方式，使所有的换乘方向都能换乘；节点换乘方式在岛式站台中，必须辅以站厅或通道换乘方式，才能增强换乘能力；站厅换乘方式辅以通道换乘方式，可以减少预留工程量；等等。这些组合的目的是力求车站换乘功能更强，既保证具有足够的换乘能力，又能使工程便于实施、乘客使用方便。

第五节 车 辆 段

车辆段是车辆的维修保养基地，也是车辆停放、运用、检查、整备和修理的管理单位，其设计的质量直接影响到轨道交通系统的工作质量和运营效率。

一、功能

车辆段的主要功能有：

（1）列车的停放、调车编组、日常检查、一般故障处理、清扫洗刷和定期消毒。

（2）车辆的修理，包括月修、定修、架修与临修。

（3）车辆的技术改造或厂修。

（4）车辆段内通用设施及车辆维修设备的维护管理。

（5）乘务人员的组织管理、出乘计划的编制，以及备乘换班等业务工作。

根据城市轨道交通线路的情况，有时可以另外设置仅用于停车和日常检查维修作业的停车场或定修段，管理上一般附属于主要车辆段，规摸较小。停车场功能如下：

（1）列车的停放、调车编组、日常检查、一般故障处理和清扫。

（2）车辆的修理，包括月修与临修。

（3）附设工区管理乘务人员出乘、备乘轮班等。

定修段的功能介于车辆段和停车场之间。

二、车辆检修制式与修程

目前各国城市轨道交通车辆检修采用两种制式：一种是厂修、段修分修制；另一种是厂修、段修合修制。

厂修、段修分修制，即修建专门的车辆大修厂（不限于1个），它承担全线网各线车辆的大修任务。车辆的架修、定修及其以下的修理工作，由各线的车辆段承担。

厂修、段修合修制，即不设专门的车辆大修厂，车辆的大修修理在车辆段内进行。

厂修、段修分修制用于线网规模较大的城市,具有一定的经济性;对于线网规模不大的城市,采用厂修、段修合修制较为经济。

从国内外情况来看,只有莫斯科和北京采用厂修、段修分修制,其他城市均采用厂修、段修合修制。我国国内已经修建和正在修建轨道交通的城市,如上海、广州、香港等,基本上采用厂修、段修合修制。

采用厂修、段修分修制的优点是实行专业化生产,形成规模效益,有利于提高修车质量。其缺点是在工程建设起始阶段必须同时修建车辆大修厂和车辆段,但形成有一定规模的轨道交通线网须经几十年时间,大修厂在建成后相当长的时间内,因系统规模小、车辆大修任务量不足,投资效益难以发挥。

采用厂修、段修合修制可避免上述缺点。另外,由于车辆进行大修所用的大部分机械设备与车辆进行架修所用的机械设备基本相同,因此将厂修与段修合并还可减少机械设备的重复投资,提高设备利用率。

城市轨道交通车辆的检修规程通常分为列检、月检、定修、架修和厂修(又称大修)。根据修理规程的规定,各种修程包含的主要检修范围和内容如下:

(1)列检:对容易危及行车安全的各主要部件(如轮对、弹簧、转向架、受电弓、控制装置、空气制动装置、车钩及缓冲装置、蓄电池、车门风动开关装置、车体、车灯等)进行外观检查,对危及行车安全的故障及时进行重点修理。

(2)月检:对车辆外观和一般功能进行检查,即对车辆主要部件的技术状态进行外观检查和必要试验,对危及行车安全的故障进行全面修理。

(3)定修:主要是预防性的修理,需要架车。对各大部件的技术状态和作用进行仔细检查,对检查发现的故障进行针对性修理,对车上的仪器和仪表进行校验,车辆组装后要进行静调和试车。

(4)架修:主要任务是检测和修理大型部件(如走行部、牵引电机、传动装置等),同时,通过架车对车辆各部件进行解体和全面检查、修理、试验,对计量的仪器、仪表进行校验,车体要重新油漆、标记,组装后进行静调和试车。

(5)厂修:全面恢复性修理。要求对车辆全面解体、检查、整形、修理和试验,要求完全恢复其性能,组装后要重新油漆、标记、静调和试车。总之,厂修后的车辆基本上要达到新车出厂水平。

城市轨道交通车辆的检修周期及检修时间标准参见表4-3。

车辆检修周期及检修时间标准 表4-3

类　　别	检修种类	检修周期		检修时间(d)
		里程(万公里)	时间	
定期检修	厂修	100~120	10~12年	35/32
	架修	50~60	5~6年	20/18
	定修	12.5~15	1.5年	8/6
日常维修	月检		1月	
	列检		每天或双日	2/2

注:1. 表中检修时间的分子为近期天数,分母为远期天数。

2. 表中检修时间是按部件互换修确定的。

三、布置图式

车辆段及停车场的平面布置应力求作业顺畅,工序紧凑、合理。根据车辆段内所需的各种线路的使用功能和有效长度,并结合地形的具体情况,车辆段的站场形式可分为贯通式和尽端式两种,如图4-68及图4-69所示。停车场的典型布置形式如图4-70所示。贯通式车辆段和尽端式车辆段的站场布置形式的特点比较见表4-4。

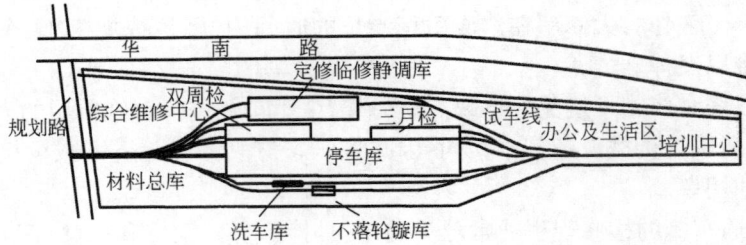

图 4-68　贯通式车辆段平面布置示意图

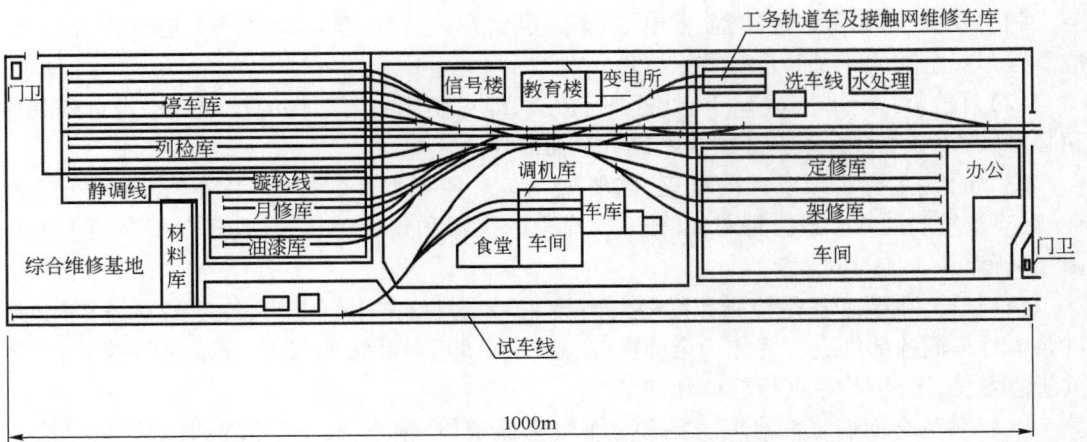

图 4-69　尽端式车辆段平面布置示意图

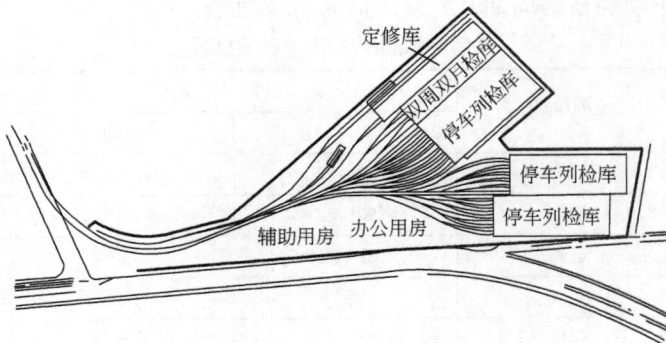

图 4-70　停车场的典型布置形式示意图

贯通式车辆段和尽端式车辆段站场布置形式的特点比较 表4-4

车辆段的布置形式	优 点	缺 点
尽端式车辆段	①对车辆段的工艺要求相对简单;一般位于城市的边缘,对城区环境污染较小; ②车场只有一个咽喉区,在相同的停车条件下,占地面积小,线路短,铺轨工程量较小	①只能一个方向发车; ②列车出入段灵活性差; ③咽喉区交叉作业多
贯通式车辆段	①可向两个方向同时发车; ②两端列车出入段灵活、方便、迅速; ③段内作业顺畅,咽喉区交叉作业少	①对车辆段的工艺要求相对复杂; ②车场两端都布置咽喉区,占地面积较大,线路较长,铺轨工程量较大; ③如果车辆段离城区较近,会对城区产生一定的环境污染

从立面看,车辆段结构形式有平面布置与立体布置之分。我国北京的古城、太平湖及八王坟和上海的新龙华车辆段均采用平面布置形式;国外有立体布置的车辆段,例如,东京都营地铁12号线光丘车辆段是一个三层结构,地面层主要设有转向架作业场所、事务所以及办公楼,地下一层主要是车辆的检修线,地下二层主要是停车线。立体布置的车辆段结构形式可以显著节省日益紧张的城市土地资源,对城市轨道交通的可持续发展具有积极意义;但从另一角度看,它会恶化地铁车辆维修职工的工作环境,所以在借鉴时应慎重进行研究,并提出改善工作环境的有力措施。

四、主要设备

车辆段主要由列车停放区、车辆清洗区、检查和小修库、大修车间、机车库组成。车辆段的典型布置形式及主要设备如图4-71所示。

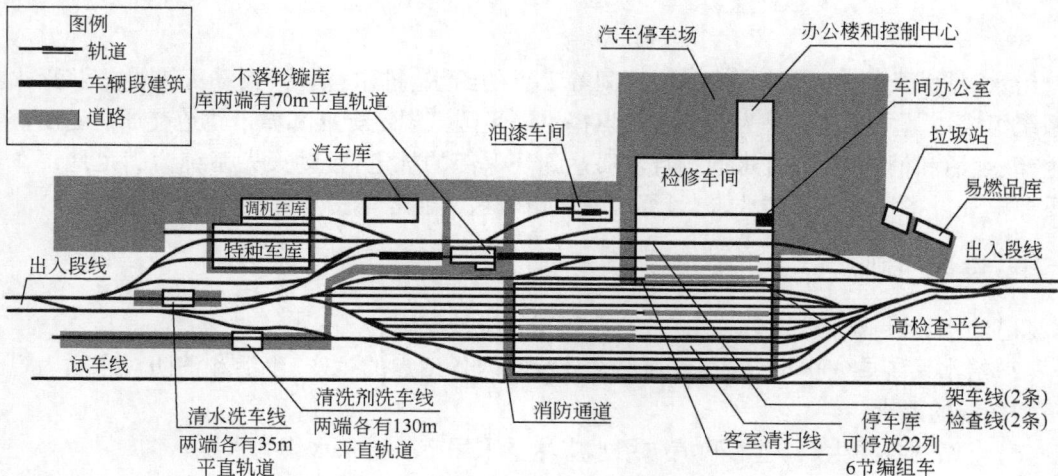

图4-71 车辆段典型布置形式及主要设备

车辆段一般需要配置以下设备:

(1)车辆段应有足够的停车场地,确保能够停放管辖线路的回段车辆。车辆段的位置应保证列车能够安全、便捷地进入正线运行，并应尽量避免车辆段出入线坡度过大、过长。

（2）车辆段内需设检修车间。检修车间的工作地点为架修库、定修库和月修库；列检作业在列检库或停车库（线）进行；架修库、定修库内要有桥式起重机和架车设备、车轮旋削机床及存轮库，必要时应设不落轮车轮镟床；架修库、定修库内应有转向架、电机、电器、制动机维修间，转向架等设备的清扫装置，单独设立的喷漆库；车辆段内还应有车辆配件的仓库。

（3）根据运营管理模式的要求，多数运营单位在段内设运用车间，车间下辖乘务队、运转值班室、信号楼、乘务员备乘休息室、内燃轨道车班等。

（4）车辆段内还应有设备维修车间，负责段内的动力设施及通用设备维修。

（5）车辆清洗设备，并设专用的车辆清扫线。

（6）车辆段内一般还设有为供电、通信信号、工务和站场建筑服务的维修管理单位。

（7）办公楼与其他服务设施，如培训场地、食堂、会议厅等。

轨道交通车辆段根据生产需要和所担负的任务范围一般应设置下列线路：

（1）连接线路：出入段线。

（2）停放线路：列车停放线。

（3）作业线路：列检作业线、月检作业线、定修线、临修线、架修线（或大、架修线）。

（4）辅助作业线路：外皮清洗线、吹扫线、油漆线、不落轮线。

（5）试验线路：静态调试线、动态试车线。

（6）辅助线路：调机停放线、牵出线、材料装卸线、回转线、干线铁路联络线、救援列车线等。

第六节　给水、排水及消防系统

给水、排水及消防系统由各车站、区间等工点的给水、排水、消防、自动灭火设施及灭火器等系统组成。其主要功能是为以上各工点提供满足国家规定标准和城市轨道交通运营所需要的生产、生活和消防用水；排水通畅且水质达到环保部的规定；自动灭火系统为满足地下车站内重要电气设备机房的消防要求，最终确保城市轨道交通运营安全可靠。

一、设计原则

（1）给水设计必须贯彻节约用水、综合利用的设计原则。

（2）给水系统应安全可靠，必须满足设计范围内各站点的生产、生活和消防对水质、水压、水量和水温的要求。

（3）车站的各项生产、生活和消防用水应尽量采用市政自来水作为水源。

（4）各车站内采用生产、生活和消防分开的给水系统，分别形成独立、安全、可靠的供水系统。生产、生活给水管网布置成枝状；消防给水管网在地下车站和地下区间内布置成环状，在高架车站内亦形成环状管网。高架车站应设有室外消防给水设施。

（5）若地下车站配建开发的地下商场或地下停车库，其面积或停车数量达到设置自动灭火系统的规定时,必须设置自动喷水灭火系统。

(6)地下车站的通信及信号机房、地下变电所等重要电气设备房间采用自动灭火系统。所选灭火介质,除满足灭火的技术要求外,还应考虑介质毒性,以及对人的危害和环保等方面的要求。

(7)在设置完善的水消防系统和自动灭火系统的同时,按照国家现行《建筑灭火器配置设计规范》(GB 50140—2005)全线车站配置灭火器。

(8)车站附近有城市污水排水系统时,车站排出的生活污水接入城市污水排水系统。

(9)排水采用分流制。排水系统对结构渗漏水、消防废水、冲洗废水、生活及粪便污水、露天出入口雨水、隧道洞口的雨水、事故水、凝结水等分类集中,就近排至城市污水系统及雨水排水系统。

(10)为满足人防要求,所有管道穿越人防结构时,应设置满足人防要求的人防密闭套管并在人防结构内侧设置工作压力不小于1.0MPa的防护阀门。

(11)地铁给水排水及消防系统尽量利用现有的市政设施。在有条件且同时满足运营要求时,换乘站的室内外给水干管宜按统一的给水系统布置,以实现资源共享、方便管理、节约能源,减少接管费用。

(12)给水排水设备的选型应采用技术先进、安全可靠、经济合理并经过实践运营考验的产品,规格尽量统一,以便安装和维修。除自动灭火系统待招标确定外,其余均采用国产设备。

(13)设计中不仅考虑工程建设投资,还需要与工程总寿命期间所有费用进行综合比较,在充分考虑节约工程建设投资的情况下,突出节能、节水等减少运营成本、建立节约型社会的具体措施。

二、系统构成与功能

1. 生产、生活给水系统

城市轨道交通站点水源以城市自来水为主。区间均不考虑生产、生活给水。

车站内的生产、生活给水系统主要是供给站内工作人员的生活用水,冷却循环系统补充水,站台层、站厅层及泵房等处的清扫用水;生活用水设备及卫生器具的水压应符合国家现行《建筑给水排水设计标准》(GB 50015—2019)的规定;生活饮用水水质应符合国家现行《生活饮用水卫生标准》(GB 5749—2006)的规定,从而保证轨道交通的正常运营。

地下车站的生产、生活给水系统一般可直接利用市政给水管网压力供给;高架车站、车辆基地及附属建筑,当市政给水管网压力不能满足生产、生活用水压力要求时,应设生产、生活给水泵房及储水箱。

2. 地下车站空调冷却循环给水系统

地下车站空调冷却循环水选择以冷却塔为主的冷却水循环系统,冷却塔台数与冷却泵台数对应,均不考虑备用。地下车站的风亭附近设冷却塔,采用变频式超低噪声横流式冷却塔,冷却塔与冷水机组一一对应。循环冷却水管采用单元制。冷却塔的变频工作由感温探头自动测定冷却供回水管的温度和温差,通过变频式超低噪声横流式冷却塔的温控装置自动完成,同时可受 BAS(环境与设备监控系统)的监控。

3. 排水系统

排水系统由污水排水系统、废水排水系统和雨水排水系统组成。排水系统的主要功能是及时收集车站和区间的雨水、消防废水、冲洗废水、生活污水以及少量的结构渗漏水,就近纳入市政排水管网,保证区间和车站的正常运营。

1)污水排水系统

对地下车站而言,卫生间通常设在紧靠卫生间处设污水泵房,泵房内设一套密闭式污水提升装置,如图4-72所示。每套污水提升装置含2台排水泵(互为备用)和3个污水箱,以及相关的配套阀门、管件、设备基础、液位计、电控箱等。污水泵房地面设局部临时集水坑并在附近预留临时泵电源,便于日常清洁。污水经泵提升后,根据车站所处位置的市政排水体制,因地制宜地确定污水处置的方式及出路。

图4-72　密闭水箱污水提升装置

对高架车站而言,站内的卫生间及其清扫废水均采用重力排至室外污水检查井,经化粪池或小型污水处理设备处理后排至室外检查井;高架车站卫生间的排水管道的伸顶透气管应结合建筑立面设置,充分考虑建筑美观,可以采取直接伸顶和从侧墙伸出两种形式。

车站排出的生活污水经化粪池后排入市政污水系统。

2)废水排水系统

高架车站冲洗废水及空调冷凝水,经管道收集后,在重力作用下排入室外污水管网,屋面雨水经管道收集后,在重力作用下排入附近的雨水管网。高架车站的雨水排放需结合车站屋面造型、站前广场与周围地面高差等因素综合确定。当设置雨水泵站时,应与土建、景观等专业协调一致。

地下车站主废水泵房设在车站下坡方向的端部,主要排除车站范围内的生产废水、结构渗水、冲洗和消防废水。

地下车站的局部废水泵房安置在折返线车辆检修坑端部,出入口自动扶梯机坑及水量较多且不能自流排水的低洼地点应设置局部排水泵站,集水坑内设两台排水泵,平时一台工作一台备用,最大水量时两台同时工作,每台泵的排水能力应大于最大小时水量的1/2。集水池的有效容积不小于最大一台泵5～10min的排水量。

3）雨水排水系统

车站露天出入口、敞口风亭底部以及地下区间在敞开段洞口处设雨水泵站,泵站的排水能力按 50 年一遇的暴雨强度计算。

所有压力排水管道在进入市政排水系统前应设混凝土泄压井。

4. 消防给水系统

消防给水系统由消火栓系统(车站与地下区间)与灭火器配置组成。车站及地下区间内的消火栓系统及灭火器的配置可满足迅速可靠地扑灭各类火灾的要求,为工程安全运行、人员生命与财产安全以及减小火灾风险提供了必要、有力的保障。

1）高架车站及区间消防给水系统

地面和高架车站采用的是稳高压消防给水系统,屋顶设高位水箱和稳压设备,消防泵房内设置消防主泵。当因车站造型所限无法设置高位水箱和稳压设备时,可采用通用做法,即仅在消防泵房内设置稳压设备,不设高位水箱。

2）地下车站及区间消防给水系统

地下车站消防泵的服务范围为其所在车站及相邻两个区间。

供水分区的消防泵房设两台恒压切线消防泵,一用一备。当工作泵发生故障时,备用泵应自动投入运行。消防泵定期进行自动低频巡检。系统设稳压设备,同时在消防引入管与车站消防环状管网之间设 $DN100$ 超越管连通。

消防系统在每个供水分区内形成相对独立的环状管网,车站和区间之间利用从车站端部的消防立管进入区间。地下区间隧道行车线的右侧沿墙设置一根 $DN150$ 消防给水管,并根据需要在区间联络通道处连通,构成车站和区间完整的消防体系。

3）车站消防给水系统设计要点

车站消火栓间距应按相关规范及计算校核确定,单口单阀消火栓一般不大于 30m,双口双阀消火栓一般不大于 50m。

车站内尽量按单口单阀消火栓进行设置,站台层因受建筑布局等因素影响,可考虑设置双口双阀消火栓。

车站内设置大型薄型消火栓箱。消火栓箱内均应设水泵启动按钮。室内消火栓的布置应保证每一个防火分区同层有两支水枪的充实水柱同时到达任何部位。

在车站室外风亭或出入口附近便于消防车使用的合适位置设地上式水泵接合器井,并考虑防冻措施,在水泵接合器井 15 ~ 40m 范围内应有室外消火栓或消防水池取水口。

车站及地下区间设有的消火栓给水系统一般为环网布置,当消火栓口的出水压力大于 0.5MPa 时,应采取防超压措施。

5. 其他灭火设施

1）自动灭火系统

地下车站的变电所、通信设备室、信号设备室、通信信号电源室、环控电控室、屏蔽门控制室、综合监控设备室等,控制中心和地下主变电站等重要电气设备用房均设气体全淹没自动灭火系统。

常见的气体灭火剂有 FM-200、IG-541、CO_2 等,各自灭火原理及物理化学等特性比较见表 4-5。

灭火剂（含替代物）特性比较

表 4-5

灭火剂名称比较项目	FM-200	IG-541	CO_2	细水雾
氧损耗潜能值（ODP 值）	接近 0	0	0	0
气层停留时间（年）	31～42	0	0	0
系统设计浓度	7%	37.50%	40%	
灭火原理	化学反应	窒息	窒息	冷却窒息
可观察不良影响水平（NOAEL）	9%			无
最低可观察不良影响水平（LOALEL）	10.50%	氧浓度低于12%保护区内人员必须疏散	20%时人就会死亡	无
化学结构	CF_2-CHF-CF_3	N_2、Ar、CO_2	CO_2	H_2O
全球变暖效应值（GWP）	有	无	有	无
储存状态	液态	气态	液态	液态
储存压力（21℃）（MPa）	2.5	15	15	4～20
气体释放时间（s）	10	60	60	
导电性	不	不	不	导电
对设备的影响	产生 HF 酸对设备有腐蚀性	无	无	对设备有影响
设备投资	高	高	一般	较高
运行费用	高	低	较低	低

灭火剂情况简介及对各类灭火剂特性分析如下：

CO_2 泄漏和误喷对人体有窒息作用，CO_2 灭火浓度为 40%，而人在浓度为 20% 时，就会死亡。该气体比重大，不易排除，沉积在地下深处，在地下站使用容易造成二次灾害。

FM-200 不破坏臭氧层，储存空间小，储存压力低。但其缺点是灭火后产生的 HF 酸对人体有害，且会造成一定程度的大气温室效应。

IG-541 是 52% N_2、40% Ar 和 8% CO_2 3 种惰性气体的混合物，其气体来自大气，灭火前后不会对人体造成伤害，不产生任何化学分解物，对精密设备及数据资料无腐蚀作用，对环保无任何影响，气体价格便宜。其缺点是钢瓶数量多，储存压力高。由于其灭火原理为物理灭火，灭火浓度高，速度略慢。

细水雾虽然能扑灭电气火灾，但会对电气设备尤其是强电设备造成一定影响，不利于火灾后地铁迅速恢复运营。

2）灭火器设置

车站灭火器根据现行国家规范要求设置，按 A 类火灾严重危险级配置，每具灭火器的最小配置级别为 3A，最大保护面积为 $50m^2/A$，灭火器的最大保护距离为 15m。扑救 A、B、C 类火灾和带电火灾选用充装 5kg 的磷酸铵盐干粉灭火器。人行通道、区间联络通道、主排水泵站、洞口雨水泵站、区间风道内设置磷酸铵盐干粉灭火器，各设备用房适当增设灭火器。车辆基地及附属设施按《建筑灭火器配置设计规范》（GB 50140—2005）设置。

6. 管道电伴热系统

地下车站风道及区间风道的洞口、隧道洞口、高架车站站台板下层和站厅层公共区的给水及消防管道均设置管道电伴热系统,其主要包括加热电缆、温控器及其相关控制系统。

三、阀门设置及管材安装

1. 水表及有关阀门设置

车站消防给水管在室外水表井内设水表。车站生产、生活给水管除在室外水表井内设水表外,室内应设总水表(远传式),卫生间、单独拖布池、洒水栓及各生产用水点设置普通水表计量。

压力排水管上的阀门为污水专用阀门,检修阀门采用闸阀。检修阀门的设置位置应便于操作,位于吊顶内时应在吊顶预留阀门操作口。

2. 管材及接口

1)给水管材及接口方式

车站铺设在站台板下的消防给水管,采用球墨铸铁管柔性胶圈接头。车站吊顶内和区间的消防给水管采用内外涂环氧复合钢管,管径不小于 $DN80$ 时采用法兰盘或沟槽式接口,管径小于 $DN80$ 时可采用丝扣接口,吊顶内的直管道每隔 50m 左右设一个不锈钢波纹软管接头或橡胶柔性接头。

生产及生活给水管(含循环冷却水管)采用符合生活饮用水卫生标准衬塑钢管。管径不大于 50mm 时采用螺纹连接,管径大于 50mm 时采用法兰连接或卡环连接,并设防结露保温和防腐处理。吊顶内的大于 $DN80$ 的给水直管段每隔 50m 左右设一个波纹补偿器。凡是通过结构伸缩缝的给水排水管均设不锈钢波纹软管,工作压力不小于 1.0MPa(胶圈接口的管道除外)。

室外埋地给水管采用给水球墨铸铁管,柔性胶圈接头。

2)排水管材选用及接口

高架车站和地下车站内所有按重力流排水的排水管均采用阻燃型 PVC-U 排水塑料管黏结。各类泵站(房)的压力排水管采用热浸镀锌钢管。室外排水管采用 HDPE 双壁波纹管。

3)管道保温

所有设在地下区间、隧道口部、地下站出入口、风道内、高架站内等非采暖区域内的生产、生活给水管及消防给水管均应设电伴热保温和防冻保温。

所有设在地下车站站厅和站台吊顶内或穿过走道、房间的生产、生活给水管均应设防结露保温。

所有设在高架站内的重力排水管(雨水管除外)均应设防冻保温。

四、节能措施

(1)最大限度地利用市政自来水供水压力,生产、生活用水尽量由市政自来水直接供水,消防给水系统平时尽量利用市政自来水稳压。

(2)所有水泵均按高效工作区选型,严格控制富余水头,并通过优化系统方案达到减少设备、减小规模、降低能耗的目的。

(3)选用行之有效的新技术、新工艺、新材料和新设备,提高供水的安全可靠性,降低水头损失和能耗。

（4）尽量使用内壁光滑的供水管材,减少管道沿程水头损失;使用低阻力阀门和倒流防止器等,减少管道局部水头损失。

（5）车辆段及高架站的生活给水采用变频供水设备或无负压供水设备,职工浴室热源可采用太阳能热水器。

思考题

1. 影响城市轨道交通线路走向的因素包括哪些?

2. 什么是限界? 限界主要包括哪几种类型?

3. 轨道结构通常由哪几部分构成? 试简析各部分的工作特点和要求。

4. 什么是道岔? 道岔的作用和类型各包括哪些?

5. 试简析区间隧道的结构形式及其典型施工方法。

6. 区间隧道设计应遵循哪些原则?

7. 高架桥梁的结构体系主要包括哪几个方面?

8. 区间高架结构的设计应遵循哪些原则?

9. 车站的作用是什么? 车站常按哪些方式进行分类? 各包括哪些?

10. 中间站的布局应考虑哪些方面? 各应如何考虑?

11. 常见的换乘方式有哪几种? 各有什么特点?

12. 车辆段的主要用途是什么? 其布局与功能应如何协调?

第五章

城市轨道交通车辆系统

车辆是城市轨道交通系统直接运载旅客的子系统。车辆的运送,能充分体现出城市轨道交通特有的快速、正点、安全、舒适和方便。目前,我国已建和在建的城市轨道交通有市郊铁路、地铁、轻轨、线性电机系统、跨座式单轨、旅客捷运系统(APM)、磁浮系统等不同技术制式。不同的轨道交通制式,所采用的车辆亦有所不同。本章将重点介绍我国目前应用最广泛的钢轮钢轨系统采用标准轨距1435mm的4轴车辆,其他类型车辆的技术特点只作简要介绍。

车辆按照有无动力装置,可分为两大类:带牵引装置的动车和不带牵引装置的拖车。在运营中,列车编组可以有多种形式——动车与拖车混合编组或全动车编组。动车、拖车可安装不同的设备;列车编组(动、拖车比例及配置方式)采取什么形式,应根据动力的分配与车下吊装设备质量的均衡确定。

车辆主要由五部分组成:车体(包括车内设备)、车辆走行装置与连接装置、电传动与控制系统、车钩缓冲装置、制动装置。

第一节 车 体

一、车辆概述

城市轨道交通车辆作为城市公共交通的旅客运载工具,不仅要保证车辆运行的安全、准点、快速,而且要为乘客提供良好的内部环境,使乘客乘车时感到舒适、方便,同时还要考虑其外观对城市景观和环境的影响。为了达到这些要求,近代在设计、制造城市轨道交通车辆上采用了大量的高新技术,如车体结构、材料的轻量化;使走行装置实现低噪声和高平稳性的技术;线性电机驱动技术;直流斩波调速技术;再生制动技术以及交流变频调压技术;等等。

不同的城市轨道交通制式所采用的车辆类型有很大的差别。但无论地铁车辆、轻轨车辆还是独轨车辆,均为电动车辆编组成列运行,有动车和拖车、带驾驶室车和不带驾驶室车等多种形式。例如,北京地铁1号线、环线按全动车设计,4辆或6辆为一固定编组,复八线为2辆车一单元,列车可按2、4、6辆编挂。

上海地铁采用A型车,分为带驾驶室的拖车(A车)、带受电弓无驾驶室的动车(B车)和不带受电弓无驾驶室的动车(C车)3类。6节编组时可按A—B—C—C—B—A编组。

我国推荐的轻轨电动车辆有3种形式:单节的4轴车、单铰接的6轴车和双铰接的8轴车。

1. 城市轨道交通车辆的特点和分类

1)城市轨道车辆的特点

(1)较强的载客能力:A型地铁车辆载客人数可达到410人/辆。

(2)良好的动力性能:速度快,加速能力强,制动效果好。

(3)安全可靠:故障率低,设备先进,可靠性、稳定性强,对灾害与突发事件有较充分的预防性措施和应急性措施。

(4)舒适的环境:通过照明、空调、座椅、扶手等组合,营造比较舒适的乘车环境。

(5)适合的牵引特征:根据不同城市、不同线路,可选择不同的牵引方式。

①动力集中牵引:车辆无动力,编组后由机车牵引,适于长大编组、站距较长、线路长的轨道交通系统(如城市铁路、市郊铁路等)。

②动力分散牵引:部分车辆自身配置牵引动力装置,有利于列车频繁加速或减速,比较适合于地铁、轻轨、单轨等站距较短、机动性能要求较高的轨道交通方式。

城市轨道交通系统的牵引动力常用电力牵引,部分线路也可采用内燃动车组。

2)城市轨道车辆的分类

(1)按牵引动力配置分类。

①动车:车辆自身具有动力装置(装有牵引电机),具有牵引与载客双重功能。动车又可分为带有受电弓的动车和不带受电弓的动车。

②拖车:车辆不装备动力装置,需动车牵引拖带,仅有载客功能,可设置驾驶室(有首位车辆),也可带受电弓。

动车与拖车的有机组合,根据牵引需要和编组情况决定,一般用符号表示,如广州地铁2号线、南京地铁、上海地铁1号线的6节编组为"$T_C + M_P + M + M + M_P + T_C$"。式中,$T_C$为带驾驶室的拖车,$M$为一般动车,$M_P$为带受电弓的动车。

电制动减速度全动车在理论上能达到1.48m/s²,动拖比67%编组的列车可以达到1.0m/s²,动拖比50%编组的列车可以达到0.74m/s²。欧洲一些国家较多采用67%的动拖比;日本则较多采用50%的动拖比。在我国,采用A型车的6节编组列车采用67%的动拖比;采用B型车的6节编组列车较多地采用50%的动拖比;4节编组列车基本上采用50%的动拖比,而3节编组列车宜采用67%的动拖比。

（2）按车辆规格分类。

①重型车辆:轴重较大(轴重:车辆总质量与轴数之比,t/轴)、载客人数较多、车体尺寸较大(断面)的车辆。

②轻型车辆:相对重型车辆,各项指标值均较小的车辆。

（3）按车辆制造材料分类。

①钢骨车:车底架、车体骨架等受力部分采用钢材制作,其余部分用木材或合成材料制作。

②铝合金车:车体采用铝合金材料大型宽幅挤压型材制造,车体承载结构仅由少数型材采用少量纵向长焊缝制成,既省工时,又节省了焊缝金属,而且由于铝合金的比重只有钢的1/3,可以实现车体轻量化。

③新材料车:车体采用复合材料、轻质高强度合金等材料,降低车辆自重,提高承载能力和运输效率。

2. 城市轨道交通车辆的组成

城市轨道交通车辆一般由以下7个部分组成,其总体结构如图5-1所示。

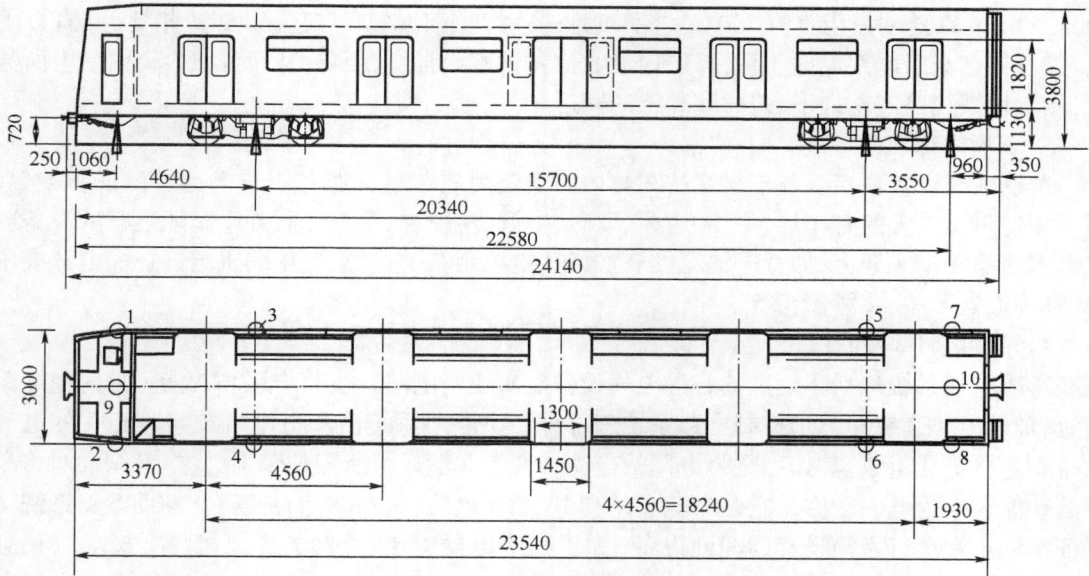

图5-1 地铁车辆总体结构图(尺寸单位:mm)

1）车体

车体分为有驾驶室车体和无驾驶室车体两种。它是容纳乘客和司机(对于有驾驶室的车辆)的地方,又是安装与连接其他设备和部分的基础。近代的车辆车体均采用整体承载的钢结构、轻金属结构或复合材料结构,以达到在最轻的自重下满足强度的要求。车体一般均设有底架、端墙、侧墙、车顶等。

2）转向架

转向架是车辆的走行部分,装设于车辆与轨道之间,用来牵引和引导车辆沿着轨道行驶,以及承受与传递来自车体及线路的各种载荷,并缓和其动力作用。它是保证车辆运行品质和安全可靠的关键部件。转向架可分为动力转向架和非动力转向架,动力转向架装设有牵引电机及传动装置。转向架一般由构架、弹簧悬挂装置、轮对轴箱装置、制动装置等组成。

3)牵引缓冲装置

车辆编组成列运行必须借助于连接装置,即所谓的车钩。为了改善列车的平稳性,一般在车钩的后部装设缓冲装置,以缓和列车冲动。另外,还必须有连接车辆之间的电气和压缩空气的管路。

4)制动装置

制动装置是保证列车安全运行所必不可少的装置。不论是动车还是拖车均需设摩擦制动装置,以使运行中的列车按需要减速或在规定的距离内停车。城市轨道车辆制动装置除常规的空气制动装置外,还有再生制动、电阻制动和在轻轨车辆上常用的磁轨制动等。

5)受流装置

从接触导线(接触网)或导电轨(第三轨)将电流引入动车的装置称为受电装置或受流器。受流装置按其受流方式可分为以下 5 种:杆形受流器、弓形受流器、侧面受流器、轨道式受流器(或第三轨受流器)和受电弓受流器。地铁与轻轨最常用的为第三轨受流器和受电弓受流器。

在受电制式上,目前世界上地铁发展较早的城市大都采用直流 750V,个别有采用直流600V 的。北京地铁采用直流 750V。上海地铁采用直流 1500V,与直流 750V 相比,其有以下优点:可提高牵引电网供电质量,降低迷流数值;增加牵引供电距离,从而可减少牵引变电所数量,便于地铁线路实现地下、地面和高架的联运。

6)车辆内部设备

车辆内部设备包括服务于乘客的车体内的固定附属装置和服务于车辆运行的设备装置。属于固定附属装置的有车灯、广播、通风、取暖、空调、座椅、拉手等。服务于车辆运行的设备装置大多吊挂于车底架上,如蓄电池箱、继电器箱、主控制箱、电动空气压缩机组、风缸、电源变压器、各种电气开关、接触器箱等。

7)车辆电气系统

车辆电气系统包括车辆上的各种电气设备及其控制电路。按其作用和功能可分为主电路系统、辅助电路系统和电子控制电路系统三部分。主电路系统由牵引电机及与其相关的电气设备和连接导线组成,其作用是将电网的电能转变为车辆运行所需的牵引力,电气制动时将车辆的动能转换为电制动力。它是车辆上的高电压、大电流、大功率动力回路。辅助电路系统为保证车辆正常运行必须设置的辅助设备(如供某些电器通风、冷却的通风机、空气压缩机、空调装置,以及车辆照明等)所提供的辅助用电系统。电子控制电路系统分为有接点的直流电路和无接点的电子电路。控制电路的作用是控制主电路和辅助电路各电器的工作,通过司机操纵主控制器和各按钮使列车正常运行或由列车自动运行控制系统控制运行。

3.城市轨道交通车辆主要技术参数

车辆技术参数是概括地介绍车辆技术规格的某些指标,是从总体上表征车辆性能及结构的一些参数,一般分性能参数与主要尺寸两大类。

1)性能参数

(1)自重、载重及容积:自重可理解为车辆本身的全部质量;载重可理解为车辆允许的正常最大装载质量。自重和载重均以 t 为单位。容积以 m^3 为单位。

(2)构造速度:指车辆设计时,按安全、结构强度等条件所允许的车辆最高行驶速度。车辆实际运行速度一般不允许超过构造速度。

（3）轴重：指按车轴形式及在某个运行速度范围内该轴允许负担的并包括轮对自重的最大总质量。轴重的选择与线路、桥梁及车辆走行部的设计标准有关。

（4）每延米轨道载重：车辆设计中与桥梁、线路强度密切相关的一个指标，同时又是能否充分利用站线长度、提高运输能力的一个指标，其数值是车辆总质量与车辆全长之比。城市轨道交通车辆该参数按设计任务书规定。

（5）通过最小曲线半径：指配用某种形式转向架的车辆在站场或厂、段内调车时所能安全通过的最小曲线半径。当车辆在此曲线区段上行驶时不得出现脱轨、倾覆等危及行车安全的事故，也不允许转向架与车体底架或与车下其他悬挂物相碰。

（6）轴配置或轴列数。例如4轴动车，设两台动力转向架，则轴配置记为B-B。6轴单铰轻轨车，两端为动力转向架，中间为非动力铰接转向架，其轴配置记为B-2-B。

（7）速度的重要参数：最大起动加速度、平均起动加速度、最大制动减速度。

（8）每吨自重功率指标，一般在10～15kW/t。

（9）供配电的重要参数：供电电压、最大网电流、牵引电机功率。

（10）制动形式：有摩擦制动、再生制动、电阻制动、磁轨制动等多种形式。

（11）座席数及每平方米地板面积站立人数。

2）主要尺寸

车辆的主要尺寸除车辆全长、车辆定距及转向架固定轴距外，还包括以下几项：

（1）车辆最大宽度、最大高度。车辆最大宽度是指车体最宽部分的尺寸；车辆最大高度是指车辆顶部最高点与钢轨水平面之间的距离。这两个尺寸均需符合车辆限界的要求。

（2）车体长、宽、高：有车体外部与内部之别。但车体内部的长、宽、高必须满足货物装载或旅客乘坐等要求。

（3）车钩中心线距轨面高度：简称车钩高。它是指新造或修竣后车钩钩舌外侧面的中心线至轨面的高度。列车中机车与各车辆的车钩高基本一致，是保证正常传递牵引力及列车运行时不会发生脱钩事故所必需的。我国铁路规定新造或修竣后的空车标准车钩高为880mm；其他国家由各自的历史条件决定了其使用的车钩高，如欧洲各国的车钩高（或盘形缓冲器的中心线高）定为1060mm。城市轨道交通车辆的车钩高无统一的标准，上海地铁车辆车钩高定为720mm，北京地铁车辆车钩高定为670mm。

（4）地板面高度：地板面距轨面的高度。与车钩高一样，其他指新造或修竣后空车的数值。它将受到两方面的制约：一是车辆本身某些结构高度的限制，如车钩高及转向架下心盘面的高度；二是与站台高度的标准有关，例如，上海地铁车辆地板面高为1.13m，北京地铁车辆地板面高为1.053m。

（5）车辆定距：车辆两相邻转向架中心之间的距离。

二、车体结构

车体是供乘客乘坐和司机驾驶车辆的场所，是车辆的上部结构。城市轨道交通车辆的车体具有以下特征：

（1）一般组成电动车组，有单节、双节、三节式等，可根据运营要求编列运行。有头车（即带有驾驶室车）和拖挂车以及带动力车和不带动力车之分。

（2）在车内的平面布置上具有如下特征:座位少、站位面积大,车门多且开度大,内部设备较简单等。

（3）质量的限制较为严格,特别是对于高架轻轨和独轨车辆。满载和空载的差异较大。

（4）对车体材料的防火要求特别严格,耐火试验时,车体外底部要能承受高于700℃的高温。特别是地铁车辆运行于地下隧道,一旦发生火灾,后果十分严重。

（5）对车辆的隔音、吸音要求严格。

（6）为使车体轻量化,车体结构一般采用铝合金中空截面挤压型材,构成整体承载筒形结构。车体其他辅助设施尽量采用轻型新材料。

（7）由于其用于市内交通,对车辆的外观造型及色彩都应美化,和城市景观相适应。

车体结构包括车体承载结构、车体内部结构和车内设备。

1. 车体承载结构

车体承载结构由底架、侧墙、端墙和车顶四部分组成。

（1）底架。钢质车体底架由侧梁、端梁、牵引梁、地板梁、枕梁和横梁组成,车体底架由型材或者各组件沿长度方向拼焊而成。

（2）侧墙:按门、窗的设置分部件构成,与下部底架和上部车顶组装。

（3）端墙:一般为型材骨架结构。当车辆之间为较大贯通道时,端墙将简化,以风挡取代;头车驾驶室的前端端墙较特殊,当车辆设置紧急疏散门时,应特殊考虑。

（4）车顶:由复杂形状断面的型材和车顶板组成,预留车顶设备的安装位置。

2. 车体内部结构

车体内部结构包括地板、天花板、内墙板、门槛等。天花板、内墙板和地板应外观平整、颜色一致;地板覆盖层和门槛应耐磨、防滑、易于清洗或清理。

3. 车内设备

车内设备主要包括立柱及扶手、座椅、车窗、车门、客室贯通道、客室空调及驾驶室。

（1）立柱及扶手。合理设置立柱及扶手,材料可用复合不锈钢管或阳极氧化（或粉末喷涂）铝合金管;表面光滑。

（2）座椅:一般采用纵列式布置。座椅材料应具有足够的强度和阻燃性能。

（3）车窗:采用大面积车窗,透明度高、对视线遮挡小。车窗装配良好,密封良好,不允许黏结。玻璃采用双层安全钢化玻璃;驾驶室玻璃采用夹层钢化电热玻璃,可加热除霜。

（4）车门。车门按照开启的方式,可分为内藏嵌入式门、外侧移门、外开塞拉门和外摆式门4种形式。轨道交通车辆一般采用内藏嵌入式门、外开塞拉门和外侧移门。

车门按照驱动方式,可分为气动门和电动门。气动门由于受气动元件及密封件的质量条件限制,可靠性较差,门机故障率高,同时产生的噪声较大,因此,目前轨道交通车辆的车门均采用电动门。

车门采用电子控制技术,可根据乘客和司机的不同要求编制程序修改操作过程;具有自动监控、自动故障报警和记录的功能,并设有防夹装置。

（5）客室贯通道:由折篷、机械连挂系统和金属渡板组成。折篷可自由伸缩、防水防尘;折篷内侧为车辆之间的机械连挂系统;渡板外形根据车辆之间相对运动的轨迹进行设计,安装在地板上,与车体铰接。

（6）客室空调。设置空气调节装置，合理布置风道，合理组织客室和驾驶室气流。

（7）驾驶室。驾驶室的座椅、控制台等设备按照人体工程学的设计概念进行设计，确保司机安全、舒适，有利于降低体力和视觉的疲劳。

三、主要技术标准

（1）在正常运行条件下，车体结构设计寿命至少为 30 年。

（2）车体结构强度能满足各种架车、起吊、救援、调车、连挂、编组列车回送车辆段等工况条件下所承受的动载荷、静载荷及冲击载荷的要求，且不产生永久变形及损坏。

（3）车体内部结构材料应采用阻燃或不燃性材料，应具备极好的防火性能。

（4）车体的地板、车顶、内侧墙内均需填充阻燃型的隔热材料（例如超细玻璃丝棉或更好的材料）；表面依据需要涂以隔音阻尼浆，以确保车辆具有良好的隔热隔音性能。

（5）客室门门框上应设紧急开门装置，供乘客在紧急情况下自行操作打开车门。

（6）车辆之间为贯通道时，该处应具有良好的隔热隔音性能。风挡材料应考虑阻燃、隔音及抗老化能力。渡板应防滑、耐磨，并能承受超员载荷（9 人/m²）的站立条件。

（7）车内应设置安全设备和设施：每个客室宜设 2 台灭火器，驾驶室设 1 台灭火器，灭火器应适宜电气设备的灭火。地铁车辆还需设置紧急疏散门，紧急脚蹬处应设置扶手，脚蹬应防滑。

（8）车内应设置标识牌、警示牌等辅助设备。

四、主要技术参数

根据《城市轨道交通工程项目建设标准》（建标 104—2008），车辆按不同技术制式划分成 A、B、C、D、L 与单轨车等类型，分别对应高运量、大运量和中运量的线路运能。在此将车体的有关技术参数列于表 5-1 中。表 5-1 中的 A、B 型车为地铁车，C 型车为铰接轻轨车，D 型车为低地板铰接轻轨车，L 型车为直线电机车辆。

各类车型车体的主要参数（m） 表 5-1

项目名称	A 型车	B 型车	C 型铰接车	D 型铰接车	L 型车	单轨车
车长	22.1	19.0	—	—	17.08	14.8
车宽	3.0	2.8	2.6	2.6	2.8	2.98
车高	3.8	3.8	3.7	3.7	3.625	3.84/5.3
转向架中心距	15.7	12.6	—	—	11.14	9.6
固定轴距	2.5	2.2/2.3	1.9	1.9	2.0	2.5
车厢地板高度	1.13	1.10	0.95	0.35	0.93	1.13

五、案例

城市轨道车辆的车体金属结构是由侧墙、车顶、端墙以及地板或空腹型材加强的地板所构成的一个带门窗切口的薄壁筒形整体承载结构。为了尽可能地降低车辆的自重（这对于降低高架轻轨和独轨线路的工程造价更具有现实意义），一般均采用全铝合金结构或不锈钢结构，并广泛采用大型中空截面挤压型材,在保证车体具有足够强度和刚度前提下,使材料得到最充分的利用。

当车辆的车体采用铝合金整体承载筒形结构时,其车体断面结构形式通常如图 5-2 所示。组成车体的底架、侧墙和车顶采用大型空心截面的铝合金挤压型材拼焊而成。底架地板由上下翼板、斜筋板和腹板组成的中空挤压型材拼焊而成,长度可达车体全长。下侧梁、侧墙板、车顶板亦采用形状各异的中空截面铝合金挤压型材。这样,在制造车体时仅留下少数几条长焊缝,制造工艺大为简化,焊接变形也易于控制,车体的制造精度也大为提高。

现以上海地铁车辆的车体为例,分析其结构及组成(图 5-3)。上海地铁车辆有 3 种车型,即带驾驶室的拖车(A 型车)、带受电弓的动车(B

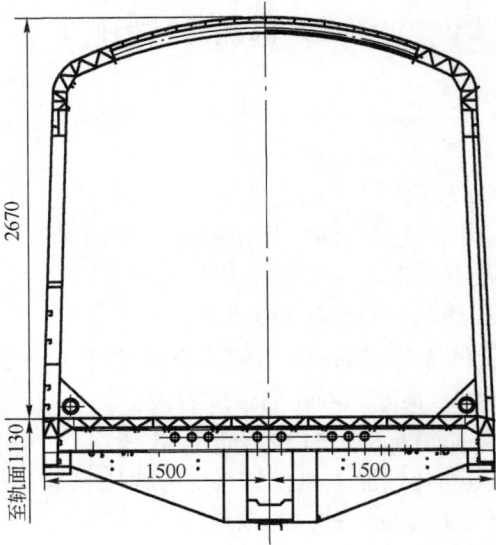

图 5-2　车体骨架结构(尺寸单位:mm)

型车)和不带受电弓的动车(C 型车)。在运行中,由 A 型车、B 型车、C 型车固定编组成电动列车组,A 型车始终处于列车两端,其他车辆位置可以互换。当为 6 节编组时,可以为 A-B-C-C-B-A,也可以编成 A-B-C-B-C-A 等形式。当为 8 节编组时,可编成 A-B-C-B-C-C-B-A、A-B-C-B-B-C-A 等多种形式。

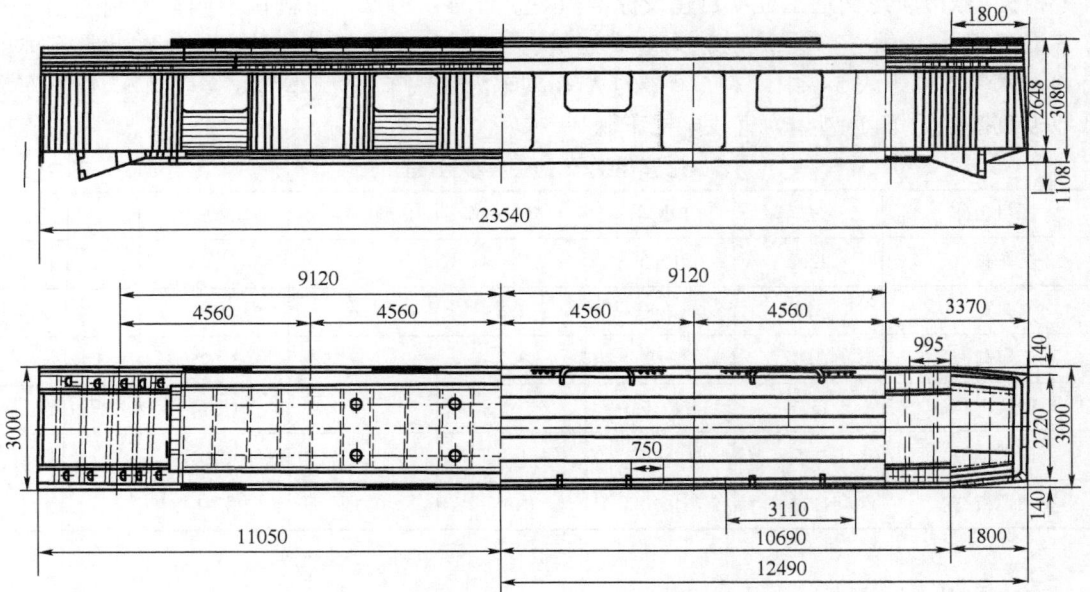

图 5-3　地铁车辆的车体结构及组成(尺寸单位:mm)

上海地铁车辆的重要技术参数为:

两端车钩连接中心线长:

有驾驶室：	24140mm
无驾驶室：	22800mm
车体长：	
有驾驶室：	23540mm
无驾驶室：	22100mm
车体最大外宽：	3000mm
车顶线距轨面高：	3800mm
车内地板面距轨面高：	1130mm
贯通道最小宽度：	900mm
车门高：	10mm
车门宽：	1300mm
车钩水平中心线距轨面高：	720mm
两转向架中心距：	15700mm
转向架轴距：	2500mm
车轮直径(新轮/最小)：	840mm/770mm
轨距：	1435mm
轨面至受电弓顶面高度	
折叠状态：	3810mm
完全伸张时：	6370mm
最小曲线半径：	300m
最大坡度：	35‰
轮对轴重：	15.15t
有效载重：	24.6t
车辆总重：	60.6t
座位数：	62
站位数：	248
超载时乘客总数（按 8 人/m² 计）：	410
最高速度：	80km/h
运行速度：	35km/h
供电电压：	1500V DC

车辆底架由地板梁、牵引梁、枕梁、横梁、端梁和侧梁组成。地板梁在其横向由 5 块含多个空心三角形的中空截面铝合金挤压型材纵向焊接起来，每块宽度达 520mm，高度为 70mm，长度可为车体全长。每块地板梁的上下翼板之间有 6 块斜筋板和 2 块腹板，板厚均为 2.5mm。每块地板梁下部还设有两对用来安装车下设备的吊挂座。车辆底架两端的牵引梁用来安装车钩缓冲装置，连接车辆并传递牵引力和冲击力。底架枕梁用来支承车体下两端的转向架，底架的两端为端梁。底架侧梁为形状复杂的中空截面铝合金挤压型材，在两腹板之间有多块斜筋板和隔板，由于侧梁在车体中受力较大，其壁厚为 4mm，个别地方达 6mm 或 12mm。

车体的侧墙左右各有 5 个车门和 4 个车窗，而门孔和窗孔的上部又与车顶部件组合在一起。所以实际上侧墙被门孔分割成 4 块带窗框的间壁和（两端）2 块侧壁，全车共 12 块，分别直接与底架、车顶组装。各间壁与侧壁小部件均有纵向和横向的 L 形、V 形或口形材予以加强。

车顶由复杂形状断面的两侧小圆弧部分挤压型材和中部大圆弧部分铝合金挤压车顶板组成。

从铝合金的力学性能可知,其比重和弹性模量仅为钢的 1/3,为使材料得到最充分的利用,常将车体构件根据其受力特点制成中空截面的大型挤压型材,经组焊成车体,其优点为:

(1)与普通钢结构相比,制造时焊缝数量大为减少,焊接工作量可减少 40% ~ 60%。

(2)采用大型中空截面挤压型材制造车体,焊接变形易于控制,制造工艺变得简单、规范,从而提高了制造质量。

(3)可根据结构强度要求制成不同截面形状的挤压型材,从而使材料得到更充分的利用。

(4)车体自重可得到大幅度的降低,与钢制车体相比,自重可降低 1/4 ~ 1/3。

(5)耐腐蚀性优良,使用寿命长,检修维护工作量少。

在制造铝合金车体时,应根据车体不同部位强度和刚度的要求,选取不同材质的铝合金。对于车辆底架主要受力件,宜选用强度高的 A7No1 铝合金;对于大型中空截面挤压型材可选用 5000 系铝合金(Al - Mg 合金)和 6000 系铝合金(Al - Mg - Si 合金);一般的挤压型材可选取 7000 系铝合金(Al - Zn - Mg 合金);对于侧墙板、车顶板可选耐腐蚀的 Al - Mg - Mn 合金板材。

在车体的外墙板与车内装饰板之间充填矿渣棉或其他保温材料,在内壁板涂覆隔音涂料,这样保证了车厢具有良好的隔热隔音性能。在选择材料时必须注意其阻燃性和燃烧无毒性。

在有空调的车辆上,空调机组一般装设于车辆两端顶棚的上方,风道沿车厢顶部两侧配置。客室车门一般采用以压缩空气为动力的气动门,有内藏嵌入式对开拉门、外移式对开拉门、拉塞门等多种形式(图5-4)。由电磁阀控制传动风缸经机械传动部分使车门动作。考虑紧急情况下疏散乘客的需要,在有驾驶室车体的驾驶室端墙上设有安全疏散门,在紧急情况下可以向前放下到路基上,作为通向地面的人行踏板。车体端部设端门和折篷,车辆连挂后,车辆之间的贯通道可供乘客在各车厢内流动,有利于车厢载荷的均衡。另外,车内还设有座椅、扶拉杆等设施。

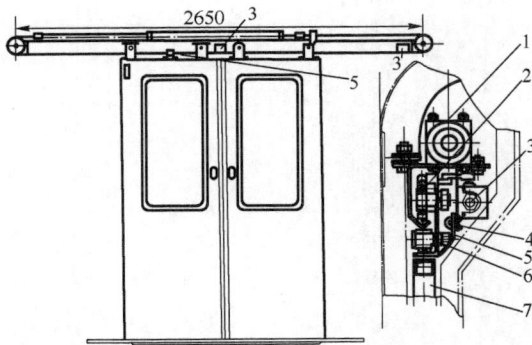

图 5-4 车门结构

1-风缸;2-滚轮;3-行程开关;4-钢丝绳;5-导轨;6-小滚轮;7-拉门

第二节 车辆走行装置和连接装置

一、车辆走行装置

城市轨道交通车辆的车体一般支承在起承载、走行和导向作用的走行装置上,也称为转向架。它承受车体底架以上各部分的质量,产生轮周牵引力和制动力,缓和冲击,是实现车辆运行的"硬件"部件。车体与转向架之间可以相对转动,便于通过曲线。为了提高车辆运行的平稳性和舒适度,在车体与转向架构架之间或转向架构架与轮对之间设有弹性较大的悬挂装置。为了保证车辆在运行时减速或在规定的距离内停车,在转向架上还设有制动装置。转向架通过以下方式实现上述性能:

(1)从结构、工艺和材料三方面实现转向架轻量化,改善车辆振动性能,减小轮轨之间的作用力。

(2)设置弹簧悬挂装置,改善车辆在垂向和横向的动力性能;设置减振阻尼装置,耗散振动产生的能量。

对于动车,在转向架上还设有牵引电机和传动装置,把牵引电机的转矩转化为列车前进的牵引力,这种转向架称为动力转向架。

1. 走行装置的结构形式

按照有无动力,走行装置可分为动力转向架和非动力转向架两大类。动力转向架增加了牵引电机及其配套设备。

根据走行副的类型,走行装置可分为以下两种类型。

(1)钢轮钢轨系统转向架。以钢轮钢轨为走行轮是最常用的类型。按构架的结构形式,它可分为常规二轴转向架、径向转向架和轻轨低地板车转向架。

(2)橡胶轮系统转向架。采用橡胶轮作为走行轮,噪声低,振动和磨耗小。它包括独轨车、新交通系统车辆和磁浮列车,均采用橡胶充气走行轮。但通常必须有导向轮和备用钢轮作为辅助部件。

2. 走行装置的组成

转向架的类型繁多,结构各异,但其作用原理和基本组成部分又都是十分相近的。转向架一般由轮对轴箱装置、弹性悬挂装置、制动装置、构架和转向架支承车体的装置组成。

(1)轮对轴箱装置。轴箱与轴承装置是联系构架各轮对的活动关节,使轮对的滚动转化为车体沿轨道的平动。轮对轴箱装置除传递车辆的质量外,还传递轮轨之间的各种作用力,包括牵引力和制动力。

(2)弹性悬挂装置。弹性悬挂装置包括弹簧装置、减振装置、定位装置等。为了减少线路和轮对沿轨道运动对车体产生的各种动态影响,转向架在轮对与构架之间和构架与车体之间设有弹性悬挂装置。前者称为轴箱悬挂装置,后者称为中央悬挂装置。

(3)制动装置。为使运行中的车辆减速或在规定的距离内停车,必须装设制动装置。其作用是传递和放大制动缸的制动力,使闸瓦与轮对之间产生的转向架的内摩擦力转换为轮轨之间的外摩擦力,从而使车辆承受前进方向的阻力,产生制动的效果。

(4)构架。构架是转向架的基础,通过它把转向架各零部件组成一整体,承受和传递各种力的作用。构架的结构和尺寸应能满足在其上安装弹簧减振装置、轴箱定位装置和制动装置的要求。

(5)转向架支承车体的装置。转向架支承车体的装置应能满足安全可靠地支承车体,承载并传递各作用力,并使车辆顺利通过曲线。转向架支承车体的装置可分为心盘集中承载、心盘部分承载和非心盘承载3种。

图5-5为现代地铁车辆所采用的具有空气弹簧的动力转向架。它的弹性悬挂装置由人字

形层叠式金属橡胶弹簧的一系悬挂(轴箱弹簧)、空气弹簧与并列配置的垂直液压减振器的二系悬挂(中央弹簧),以及抗侧滚扭杆弹簧和横向液压减振器组成。人字形的橡胶弹簧嵌入构架和轴箱的导槽内,起着轴箱定位和传递载荷的作用,并且有利于吸收和衰减轮轨间的高频振动和噪声。由空气弹簧和垂直液压减振器组成的二系悬挂具有较大的相对静扰度,用来承受和传递车体的载荷,缓和并衰减车辆在运行中的振动和冲击,同时还起着消除噪声(消声)的作用。空气弹簧空气囊下面的层叠式金属橡胶弹簧在空气囊失效时作为应急弹簧维持运行之用。在构架横梁中横穿有一根抗侧滚扭杆弹簧,其两端装有力臂杆和连杆,上端和车体相连。当车体在运行时发生侧摆倾斜时,推动连杆使两力臂杆端部作用一力偶,从而使扭杆弹簧产生扭转变形,达到抑制和衰减车体的侧滚振动、提高车辆横向稳定性的目的。另外,在转向架的中心座和构架之间设有横向液压减振器,在构架横梁中部还装有横向橡胶缓冲器,限制车体和转向架之间的横向位移,缓和并衰减车辆的横向振动。由于采用了上述多种减振和消声措施,从而保证了车辆运行的平稳性、舒适性和低噪声。

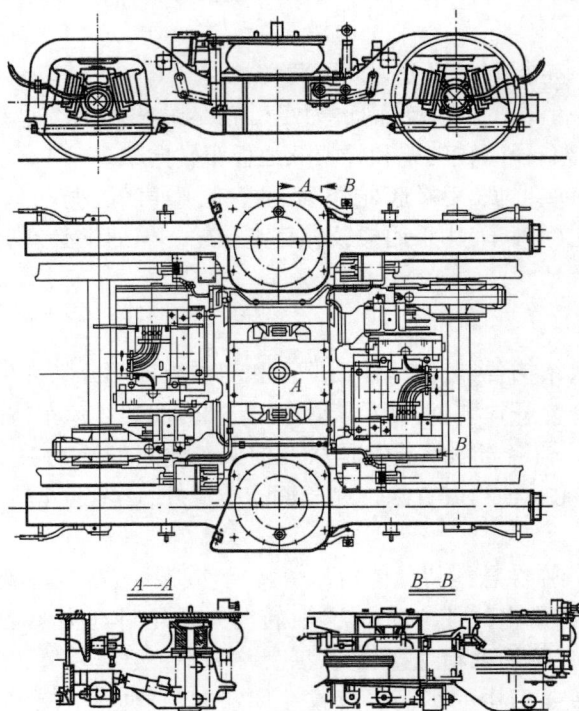

图 5-5 地铁车辆的动力转向架

该转向架的构架呈 H 形,构架侧梁的中部设有空气弹簧安装座。牵引电机横向悬挂于构架横梁的两侧,电机的驱动轴经弹性联轴节、齿轮减速箱将扭矩传递给车轴。构架横梁的中央设有中心座,通过中心座的中心销将车体与转向架连接在一起,车体与转向架可相对回转以利于车辆通过曲线。两根牵引拉杆,一端与车体中心座相连,另一端装于构架横梁上,用来传递纵向力,两根牵引拉杆呈对角配置。

在车体与转向架之间还装有高度调整阀,用来调节空气弹簧空气囊内压缩空气的压力,使车辆地板面与轨面的距离不受车内乘客的多少和分布不均的影响,始终保持恒定不变。它是通过车辆在不同荷载情况下,通过空气弹簧高度变化,使高度调整阀动作,向空气弹簧充气、放气或保压,从而实现保持车体高度的不变。

为了提高城市轨道车辆运行的平稳性,最大限度地降低转向架运行所产生的轮轨噪声,国外已设计制造了带橡胶轮胎的转向架,在法国巴黎和日本札幌的地铁中已广为采用。图 5-6 为巴黎地铁 1 号线 MP89 型列车的胶轮转向架,其结构特征为在轮对钢轮的相应部位装设橡胶轮胎,相对应地,在线路两钢轨的位置上设有橡胶轮胎的专用滚道,滚道的平面与轨面平齐。在转向架两轮对的外侧装设导向小橡胶轮,在线路两侧垂向装有与线路平行的导向轨。当转向架在直线段运行时,由于橡胶轮直径大于钢轮,橡胶轮胎在专用滚道上走行,承受车体的各种载荷,这时钢轮的踏面与钢轨脱离接触,并保持一定的间隙,利用导向小橡胶轮沿导向轨滚动导向,以保证转向架的横向稳定性。当转向架进入曲线段时,橡胶轮胎专用滚道的水平面逐渐下降,橡胶轮胎与滚道逐渐脱离接触,而钢轮与钢轨接触,利用轮缘与钢轨接触导向。这种转向架在减少车辆运行时的噪声和提高车辆运行的平稳性方面具有明显的效果。

图 5-6 巴黎地铁 1 号线 MP89 型列车的胶轮转向架

3. 走行装置主要技术要求

(1)构架应具有足够的强度和抗疲劳性能;能承受超员载荷和最高速度达到 80km/h 的运行工况下所遇到的各种应力现象。

(2)采用焊接式构架,以减轻自重;构架材料应采用焊接性能好、疲劳强度高的合金钢。

(3)一系悬挂弹簧采用适当刚度的橡胶弹簧或螺旋钢弹簧,确保抗磨耗和优良的过曲线性能。

(4)二系悬挂弹簧采用空气弹簧,配以高度调整阀,确保舒适性和基本恒定的车辆地板面高度。

(5)接地装置应保证良好接地,并能承受足够的接地电流。

4. 走行装置主要技术参数

表 5-2 所列为钢轮钢轨系统车辆二轴转向架的主要技术参数,关于低地板车的有关参数仅供参考。

二轴转向架主要技术参数 表 5-2

车辆类型	钢轮钢轨系统(四轴车)			
	A 型车	B 型车	C 型车	低地板车
转向架类型	无摇枕二轴转向架 H 形构架			独立轮 转向架
最高运行速度(km/h)	80			
最大轴重(t)	≤16	≤14	≤11	≤11
车轮直径(新轮)(m)	φ840		φ760	φ630
固定轴距(m)	2.2~2.5	2.1~2.2	1.8~1.9	1.8~1.9
平稳性指标 W 值	≤2.5			

二、车钩牵引、缓冲连接装置

车钩牵引、缓冲连接装置（简称车钩缓冲装置）是车辆最基本的也是最重要的部件之一，它用来连接列车中各车辆，使彼此保持一定的距离，并且传递和缓和列车运行中或在调车时所产生的纵向力或冲击力。城市轨道交通车辆一般采用密接式中央牵引、缓冲连接装置，它集牵引、缓冲和连挂于一体，通过车辆彼此相向缓慢走行相互碰撞，使钩头的连接器动作，实现两车辆的机械、电气和空气的自动连接。该连接装置在两连挂车钩高度具有偏差，以及有坡度线路和曲线的情况下都能安全地实现自动连挂，并且能够通过气动和手动实现两钩的分解。

密接式中央牵引、缓冲连接装置一般由机械连接、电气连接和气路连接3部分组成，按其钩头结构的不同具有多种形式。我国制造的地铁车辆一般采用凸锥和凹锥结构，在欧洲国家大都采用Schafenberg型密接式车钩和BSI－COMPACT型密接式车钩，上海地铁采用的也是近似于Schafenberg型结构的车钩。

1. 我国制造的地铁车辆密接式车钩缓冲装置

我国制造的地铁车辆所采用的密接式车钩缓冲装置如图5-7所示，它由解钩风管连接器、电气连接器、风动解钩系统等几部分组成。

车辆连挂时，依靠两车钩相邻钩头上的凸锥和凹锥孔相互插入，起到紧密连接作用，同时自动将两车之间的电路、空气通路接通，并能缓和车辆间的冲击作用。在两车分解时，亦可自动解钩，并自动切断两车间的电路和空气通路，图5-8为密接式车钩作用原理。

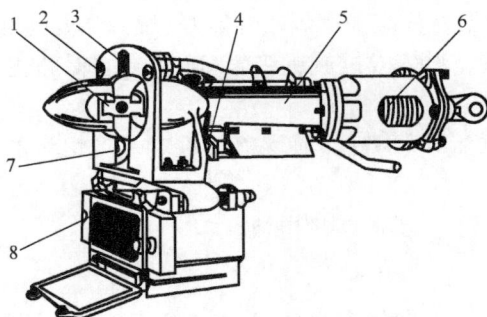

图5-7　密接式车钩缓冲装置
1-钩舌；2-解钩风管连接器；3-总风管连接器；4-截断塞门；
5-钩身；6-缓冲器；7-制动风管连接器；8-电气连接器

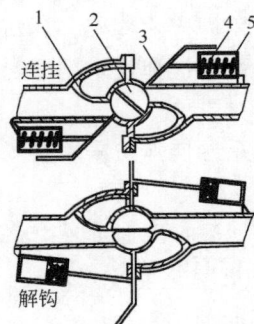

图5-8　密接式车钩的作用原理
1-钩头；2-钩舌；3-解钩杆；4-弹簧；
5-解钩风缸

两钩连挂时，凸锥插进对方的凹锥孔中，这时凸锥的内侧面在前进中压迫对方的钩舌转动，使解钩风缸的弹簧受压，钩舌沿逆时针方向旋转40°。当两钩连接面接触后，凸锥的内侧面不再压迫对方的钩舌，此时，由于弹簧的作用，钩舌恢复到原来的状态，即处于闭锁位置，要使两钩分解，需由司机操纵解钩阀，压缩空气由总风管进入前车（或后车）的解钩风缸，同时经解钩风管连接器送入相连接的后车（或前车）解钩风缸，活塞杆向前推并带动解钩杆，使钩舌转动至开锁位置，此时两钩即可解开。两钩分解后，解钩风缸内的压缩空气迅速排出，解钩弹簧得以复原，带动钩舌顺时针转动40°，恢复到原始状态，为下次连挂做好准备。如果采用手动解钩，只要人力扳动解钩杆，也能使钩舌转动至开锁位置，实现两钩的分解。

在钩身的后部装有橡胶缓冲器,用来缓和列车运行中各车辆之间的纵向作用力,以及车辆在调车时的冲击作用,提高列车运行的平稳性和舒适度,保护车辆不致损坏。缓冲器由橡胶金属片,前、后从板,牵引杆和缓冲器体组成。牵引杆由缓冲器体后端,经橡胶金属片中间圆孔插至前端,并用螺栓紧固,置于缓冲器中。

制动风管连接器由总风管、制动风管和解钩风管连接器组成,装设于钩头锥体的上、下侧。电气连接器的作用是在两车连接时自动接通两车之间的电路,使司机得以操纵全列车同步工作。电气连接器呈箱形,安装于钩头的下部。当两车连接时,风管连接器和电气连接器能自动将空气管路和电路接通。当两车分解时又能将两车间的空气管路和电路切断。

2. 上海地铁车辆的车钩缓冲装置

上海地铁车辆的车钩缓冲装置有 3 种不同的类型,即全自动车钩、半自动车钩和半永久车钩。全自动车钩可以实现机械、气路、电路的自动连接。半自动车钩的机械、气路连接结构与作用原理基本上与全自动车钩相同,但电路需要人工手动连接。半永久车钩的机械、气路、电路的连接都需要人工手动操作,一般只有在车间检修时才进行分解。

图 5-9 为自动车钩结构总图,钩头由机械连接、电气连接和气路连接三部分组成。机械连接部分居中,电气连接箱分设在左右两侧,中心轴下方设气路连接。

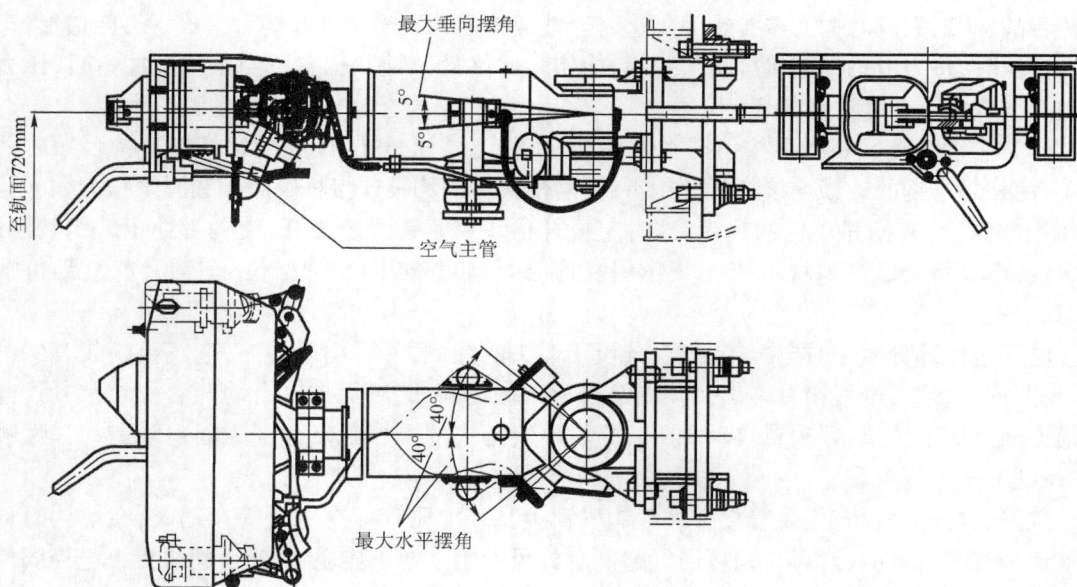

图 5-9　自动车钩的结构

钩头机械连接部分由壳体、中心轴、钩舌、钩锁连接杆、钩锁弹簧、钩舌定位杆及弹簧、定位杆顶块及弹簧和解钩风缸组成。壳体的前部一半为凸锥体,一半为凹锥孔,在连挂时,壳体和相邻车钩的凸锥体和凹锥孔对应插入;中心轴上固定有钩舌,钩舌绕中心轴转动可带动钩锁连接杆动作;钩舌呈不规则几何形状,设有供连接时定位和供解钩风缸活塞杆作用的凸舌,以及钩锁连接杆的定位槽、钩嘴等,它是车钩实现动作的关键零件;钩锁连接杆在钩锁弹簧拉力作用下使车钩可靠连接;钩舌定位杆上设有两个定位凸缘,使钩舌定位在待挂或解钩状态;定位杆顶块可以在连接时顶动钩舌定位杆实现两钩的连挂。

自动车钩有待挂、连接和解钩3种状态,其作用原理如图5-10所示。

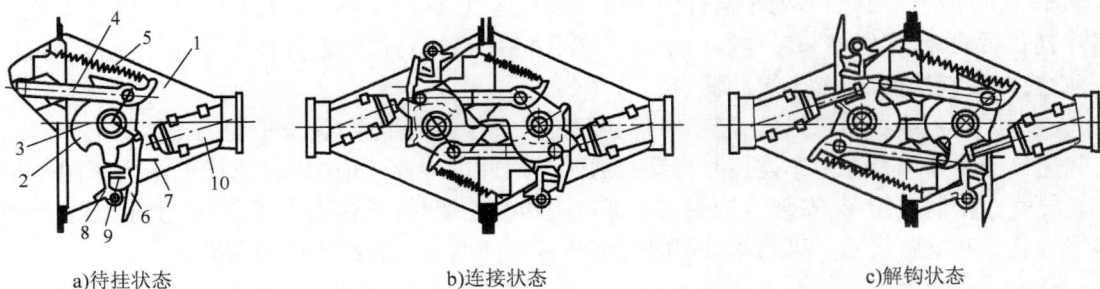

a)待挂状态   b)连接状态   c)解钩状态

图5-10 自动车钩的工作原理

1-壳体;2-钩舌;3-中心轴;4-钩锁连接杆;5-钩锁弹簧;6-钩舌定位杆;7-钩舌定位杆弹簧;8-定位杆顶块;9-定位杆顶块弹簧;10-解钩风缸

（1）待挂状态:车钩连接前的准备状态。此时钩舌定位杆被固定在待挂位置,钩锁弹簧处于最大拉力状态,钩锁连接杆退至凸锥体内,钩舌上的钩嘴对着钩头前方。

（2）连接状态:相邻车钩的凸锥体插入本钩的凹锥孔并推动定位杆顶块,定位杆顶块推动钩舌定位杆离开待挂位置,钩锁弹簧的回复力使钩舌逆时针转动,带动钩锁连接杆伸进相邻车钩钩舌的钩嘴,完成两钩的连接锁闭。这时连挂两钩的钩锁连接杆和钩舌形成平行四边形,车钩受牵拉时,拉力由钩锁连接杆均匀分担,使钩舌始终处于锁紧位置。当车钩受冲击时,压力通过两车钩壳体连接法兰传递。

（3）解钩状态:司机操纵按钮控制电磁阀,使解钩风缸充气,风缸活塞杆推动钩舌顺时针转动,使相邻车钩的钩锁连接杆脱开钩舌,同时使自身的钩锁连接杆克服钩锁弹簧拉力缩入钩头凸锥体内,脱离相邻车钩的钩舌,这时定位杆顶块控制钩舌定位杆,使钩舌处于解钩状态。当两钩分离后,定位杆顶块由于弹簧作用复位,钩舌定位杆回至待挂位,车钩又恢复到待挂状态。

电气连接部分由左右电气箱组成,分设于钩头的两侧,并可前后伸缩,电气箱外装有保护罩,当两钩连接时,电气箱可推出使其端面高于车钩端面,此时保护罩自动开启;当解钩后,电气箱退回至原来位置,保护罩自动关闭。左右电气箱内的电气触点分别为固定触点和弹性触点,保证电气连接可靠。

气路连接部分设有主风管接头和解钩风管接头。主风管配有主风管自动阀,在解钩时可自动切断气路,在连接时可自动接通气路。解钩风管始终处于连通状态,由司机操纵电控阀控制管路的通断,达到自动解钩或连挂的目的。

钩头的后面为环弹簧缓冲器,它由弹簧盒、弹簧前后座板、外环弹簧(共7片)、内环弹簧(由5片内环弹簧、1片开口环弹簧和2片半环弹簧组成)、端盖、球形支座、牵引杆等组成,其结构如图5-11所示。

当车钩受冲击时,牵引杆推动弹簧前座板向后挤压环弹簧;当车钩受牵拉时,拧紧在牵引杆后端的预紧螺母带动弹簧后座板向前挤压环弹簧。所以不论车钩受冲击或牵拉,环弹簧均受压缩作用。由于内外环弹簧相互接触的接触面均做成V形锥面,受压缩作用相互挤压时,外环扩张内环压缩,这样就产生轴向变形,起到缓冲作用。同时内外环弹簧接触面相对滑动摩擦力做功消耗了部分冲击能。

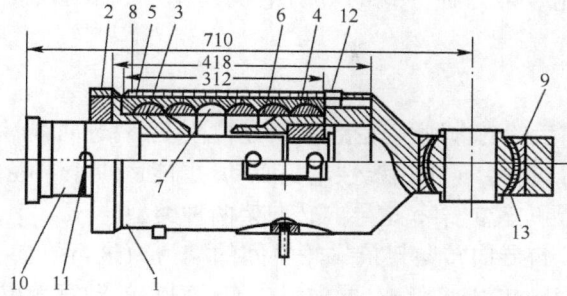

图 5-11　环弹簧缓冲器(尺寸单位:mm)

1-弹簧盒;2-端盖;3-弹簧前座板;4-弹簧后座板;5-外环弹簧;6-内环弹簧;7-开口环弹簧;8-半环弹簧;9-球形支座;10-牵引杆;11-标记环;12-预紧螺母;13-橡胶嵌块

环弹簧缓冲器的前端通过一组对开连接套筒与钩头连接,后端的球形支座通过销轴与车钩支撑座相连接。整个车钩缓冲装置在水平面内可绕销轴左右摆动 40°,在垂直面内可上下摆动 5°,可满足车辆运行于水平曲线和竖曲线的要求。

钩尾冲击座前端与车钩支撑座相连接,其后端与车体底架连接并装有过载保护鼓形套筒,当冲击力超过规定值时,保护套筒起到对车钩和车体的过载保护作用。

3. 主要技术要求

(1)车钩、缓冲器及与车体的连接件应满足一定的抗拉和抗压强度要求。

(2)车钩接触面应紧密贴合,连挂后自动锁定。

(3)保持车钩和车辆中心线一致,在接合范围的 25% 内必须对中。

(4)在连挂和解钩时,半永久车钩应能支承贯通道的载荷(9 人/m²)。

(5)车钩应采用相同型号的弹性缓冲器,弹性元件的使用寿命不少于 10 年。

4. 主要技术参数

车钩及缓冲器的技术参数包括最大牵引载荷、压缩载荷、最大冲击力、吸收能力允许最大冲击速度、允许通过最小曲线半径、车钩安装高度等。根据车型、车辆编组及线路条件的不同计算确定。

三、特殊转向架技术简述

1. 独立轮转向架

应用于低地板车的独立轮转向架,轮对无车轴刚性相连,实现相对的独立,因此具有良好的过曲线能力;同时车辆地板面距轨面高度可降至 300mm 左右,从而适应车辆运行在路面、方便乘降的要求。它具有以下特点:

(1)转向架取消贯通车轴,构架内置,实现轻型转向架。

(2)采用较小直径车轮。

驱动独立车轮有 3 种方法:一是把牵引电机悬挂设置在车体上,通过万向轴和传动齿轮箱带动车轮;二是把牵引电机纵向设置在转向架侧梁外侧,两端为输出端,驱动前后两个车轮;三是采用轮毂电机,即牵引电机安装在独立车轮的轮毂部位,电机的转子与轮毂外侧的轮辐相连,从而驱动车轮。第三种方式的牵引电机体积小、结构紧凑,形成全密闭单元,无须保养。

2.径向转向架

采用非刚性构架,前后轮对非刚性连接,回转定位刚度小;过曲线时,轮对的轴线方向和曲线线路的径向基本符合;同时由于采用线性电机驱动,更能适应小半径曲线,有效减少轮轨磨耗。径向转向架分为自导向转向架和迫导向转向架两种类型。

(1)自导向转向架。自导向转向架依靠轮轨间的蠕滑力进行导向,是应用最普遍的径向转向架结构形式。它采用对角斜撑形式,两根斜撑连接对角的轴箱承载鞍,允许前后轮对产生径向或八字形相对位移。

(2)迫导向转向架。迫导向转向架的原理为在曲线段,利用车体与转向架之间的相对回转运动,通过专门的导向机构使轮对偏转,处于曲线的径向位置。

径向转向架所具有的特点,使之不适用旋转式牵引电机及机械传动系统设备悬挂于构架的方式,而适用于线性电机驱动的形式。

3.单轨车转向架

单轨车转向架有跨座式和悬挂式两种类型,如图5-12所示。

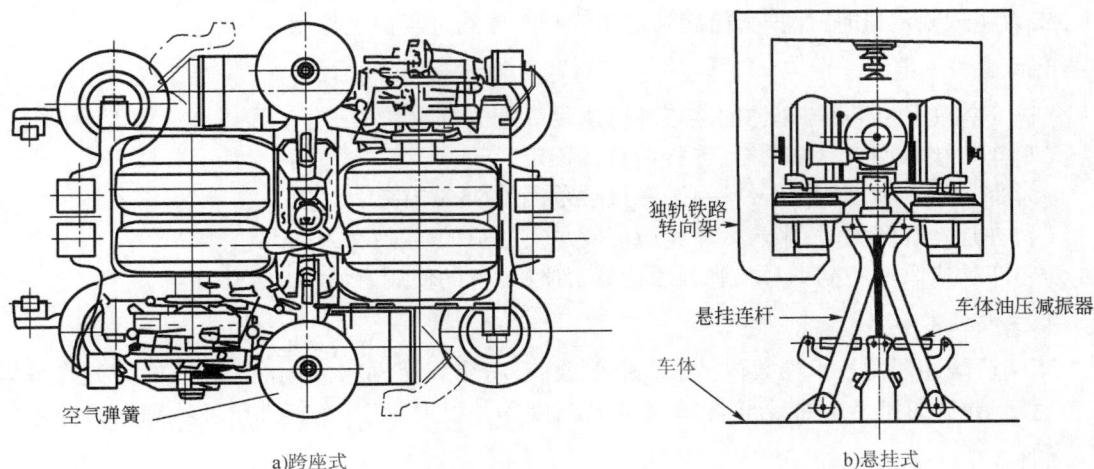

a)跨座式　　　　　　　　　b)悬挂式

图5-12　单轨车转向架

跨座式转向架相对应用较多。下面结合图5-12说明跨座式转向架的结构形式。采用无摇枕二轴转向架结构形式,每根车轴安装2个走行轮,为充氮气的钢套橡胶车轮;车轴两侧上方各设2个导向轮,下方各设1个稳定轮,均为充入压缩空气的橡胶轮。走行轮、导向轮、稳定轮均带有辅助轮,作为橡胶轮泄气时备用。每个车轴还配置橡胶车轮漏气检测装置。

4.新交通系统车辆转向架

新交通系统车辆转向架采用橡胶走行轮和导轨走行方式。在线路的中央或侧面设导向轨条,车体底架下方设置导向轮,沿着导向轨滚动,橡胶走行轮走行于混凝土结构面。由于橡胶轮的轴重受限制,因此载客量小、运行速度较低。

新交通系统车辆转向架有中央导向和侧面导向两种形式,如图5-13所示。

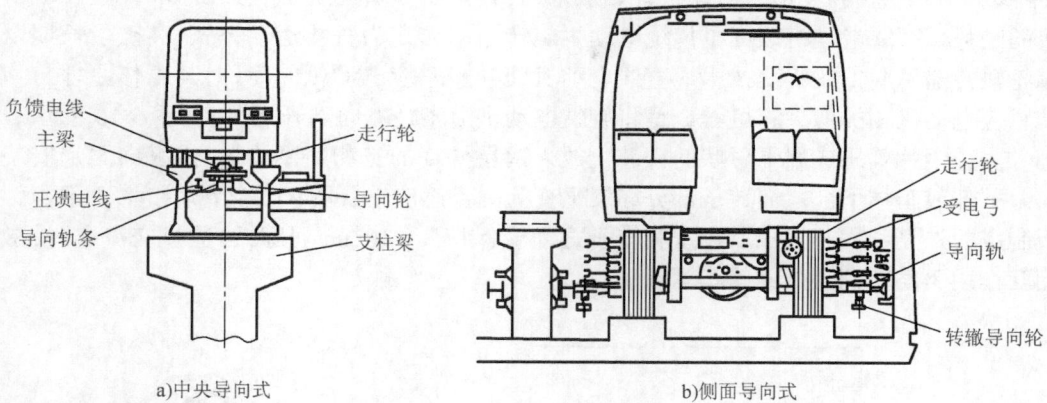

a)中央导向式

b)侧面导向式

图 5-13 新交通系统车辆转向架

5. 磁浮车辆转向架

磁浮车辆转向架的构架主要作用是装载导向电磁铁和悬浮电磁铁,相邻电磁铁的两端搭接在一个转向架上。导向电磁铁在纵向导轨上滑动,并通过橡胶金属弹簧纵向连接。每个磁悬浮转向架设 4 个空气弹簧,以承受车体荷载、减小车体振动。

第三节 电传动与控制系统

一、传动与传动控制

电传动与控制技术是反映轨道交通车辆技术水准的主要标志。它体现了采用技术的先进程度,为实现良好的车辆运行性能提供了"软件"上的技术依托。

电传动与控制系统的发展具有以下特点:

(1)直流牵引电动机的应用仍占一定比重,但正逐渐被交流电动机取代;交流异步牵引电动机代表了目前应用最广泛的牵引方式;同时线性电机的引进和研制已经成功,是发展的必然趋势。

(2)控制技术由斩波控制发展为 VVVF 变压变频技术,实现了车辆无级调速,提高了运行可靠性。

(3)微电子控制技术得到广泛应用,确保车辆在牵引、制动、辅助控制、故障信息显示和储存,以及行车安全等方面具有优良的性能。

电传动与控制技术的发展过程如图 5-14 所示。

1. 传动方式

电动车辆的动力来自牵引电动机,目前世界各国城市轨道交通车辆采用的牵引电动机有两大类,即旋转电动机和直线电动机。

旋转电动机又可分为直流电动机和交流电动机,长期以来直流牵引电动机在电动车辆上获得广泛应用,目前仍占有极大的比重。随着电气和电子技术的发展,体积小、容量大、可靠性高、维修量小的三相异步牵引电动机开始被采用，其由于显著的优点，有逐渐取代直流牵引电动机的趋势。直线电动机改变了传统电动机旋转运动方式为直线运动方式，突破了长期以来依靠轮轨传递牵引力的传统技术。直线电动机为异步感应电动机的简称，其工作原理与一般旋转感应电动机相类似。它可看成是将旋转电动机沿半径方向剖开展平，如图5-15所示。定子部分由硅钢片叠压成扁平形状的铁芯上放入两层叠绕的三相线圈构成，沿纵向固定安装在转向架下部或车体下部。而转子部分亦展平变为一条感应轨，铺设于走行轨之间，一般由铝合金板制成的外壳和铁芯组成。定子和转子之间应保持8~10mm间隙，当通过交流电时，磁场的相互作用驱动车辆运行或使车辆制动。

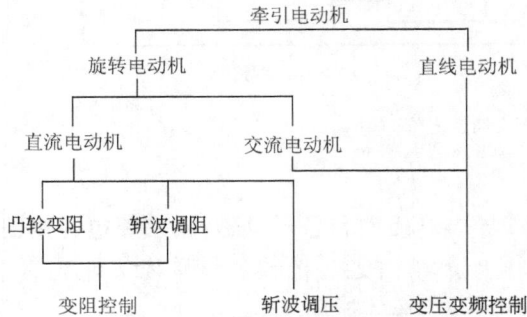

图5-14　电传动与控制技术发展过程　　　　图5-15　直线电动机工作原理

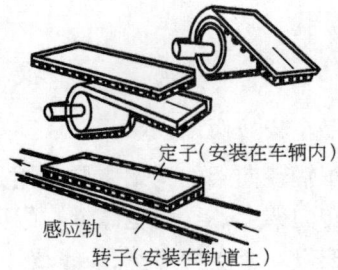

采用直线电动机的车辆，取消了传统的旋转电动机从旋转运动转换成直线运动所必不可少的一系列机械减速传动机构，从而能达到降低噪声、减轻重量的目的，特别是转向架的结构变得十分简单，可采用小轮径向转向架。直线电动机的最大缺点是效率低，约为旋转电动机效率的70%，这是因为线圈与感应轨之间的工作间隙较大，所以磁损耗大。另外，需铺设一条与线路等长的感应轨，工艺要求高，投资较大，控制技术也较复杂。目前，直线电动机车辆已在加拿大的温哥华、多伦多，美国的底特律、日本的大阪等获得应用，并取得了良好效果。

2. 传动控制方式

目前电动车辆的传动控制方式有变阻控制、斩波调压控制和变压变频控制3种。

（1）变阻控制。变阻控制是一种应用广泛的直流电动机传动控制方式，控制简单、方便。但由于城市电动车辆频繁起动和制动，采用这种控制方式使20%的电能消耗在电阻上，所以很不经济，特别是在地下铁道中将会导致隧道升温，易产生不良后果。目前，这种传动方式已逐渐被淘汰。

（2）斩波调压控制。直流电动机的斩波调压控制使用先进的大功率门极可关断晶闸管（GTO），利用晶闸管的导通和关断把直流电压转换成方波，用以调整直流电动机的端电压。GTO取消了换流装置，体积和重量均有减少，并可实现无级调整，可使车辆平稳起动和制动，实现再生制动，达到节电的效果。目前，欧洲、加拿大、日本等国家和地区生产的直流电动机电动车辆均普遍采用这种传动与控制方式。

（3）变压变频控制。变压变频控制（VVVF）是近20年来最先进的交流电动机传动与控制方式。它使用逆变器将直流变为交流，以电压和频率的变化控制交流电动机，在调速性能和节能上均优于上述两种传动控制方式，已被公认为是近代调速系统中性能最优越的一种。它与交流电动机配合，无换向部分，运行可靠，过载能力强，结构简单，几乎无须保养和维修。

现将直流电动机牵引的变阻车、直流电动机牵引的斩波调压车、交流电动机牵引的变压变频(VVVF)车以及直线电动机牵引的变压变频车在技术性能方面进行比较(表5-3)。

各种传动方式电动车辆技术性能

表 5-3

以传动方式区分的车型		直流电动机牵引变阻车	直流电动机牵引斩波调压车	交流电动机牵引变压变频车	直线电动机牵引变压变频车
主牵引电动机	电动机形式	直流旋转电动机	直流旋转电动机	交流旋转电动机	交流直线电动机
	电动机效率	较高	较高	较高	低
	调速控制	较易	较易	较难	较难
	结构	复杂	复杂	简单	简单
	质量	较重	较重	较轻	最轻
	体积	大	大	较小	小
	维修量	大	大	小	小
电气传动控制	传动形式	直流传动	直流传动	交流传动	交流传动
	控制方式	凸轮变阻	GTO 斩波调压	VVVF 逆变	VVVF 逆变
	控制技术	简单	较简单	较复杂	较复杂
转向架	转向架形式	普通型动力转向架	普通型动力转向架	普通型动力转向架	可采用径向转向架
	传动机械	齿轮变速器	齿轮变速器	齿轮变速器	不需传动机构
	转向架自重(t)	6~8	6~8	5~7	<5
	通过曲线能力	较差	较差	较差	较好
	爬坡能力	较弱	较弱	较弱	较强
	噪声	较大	较大	较大	较小
经济性	轨道工程投资	较低	较低	较低	投资大
	车辆造价	较高	较高	较高	较高
	运营耗电量	最大	较小	较小	较大
	维修费用	最大	较大	最大	较小
技术可行性		技术成熟,国内已批量生产	大功率 GTO 斩波调压器已组织攻关,经努力可实现国产化	VVVF 逆变技术,较复杂,引进关键部件可实现国产化	交流传动直线电动机,径向转向架,技术难度大,国产化难
技术先进性		已被淘汰,技术上落后	技术较先进	代表当前最先进技术	代表当前最先进技术

二、制动装置

1. 制动装置的构成及原理

车辆制动系统是保障列车安全、可靠运行的必要手段。制动是指通过司机操纵使列车减速或在规定的距离内停车。为了施行制动,在机车(多在头车)车辆上装设的由一整套零部件组成的装置，称为制动装置。

要使列车由静止状态起动加速，需对其施行驱动。处于运动中的列车为了使其减速或迅速停车，必须对它施行制动。另外，为了使有运动趋势的列车保持静止，例如，为了避免停放着的列车因重力的作用或风力的影响而滑溜，亦需对其施行制动。只有当驱动与制动两者都满足要求时，列车才能控制自如，正常运行。

良好的制动系统应保证具有足够的制动力，使列车在规定的距离内停车。要求制动速度快，制动灵敏、可靠，整个列车前后车辆的制动机作用一致。制动与缓解作用迅速、平稳，在制动调速或停车时前后动作应一致，避免列车发生过大的冲动。应设有紧急制动装置，当发生紧急意外情况时，能产生最大制动力，在规定的距离内迅速停车。另外，当列车在运行中发生分离事故时，全列车能自动起到紧急制动作用。整个系统力求结构简单，作用可靠，坚固耐用，检修、维护方便。

城市轨道车辆所采用的制动，按制动时列车动能的转换方式或制动力获得的方式可分为两大类，即摩擦制动和动力制动。

所谓摩擦制动，就是利用两物体间的摩擦把列车的动能转变为热能，散逸到周围大气中去，从而产生制动作用。轨道车辆常用的第一种摩擦制动为闸瓦制动（或称踏面制动），它是利用由铸铁或合成材料制成的闸瓦压紧车轮的踏面，使两者摩擦产生制动作用。还有一种与闸瓦制动相类似的摩擦制动，称为盘形制动，它是利用合成材料制成的闸片紧固装于车轴上或车轮辐板上的制动圆盘，使闸片与制动圆盘间产生摩擦实现制动。第三种摩擦制动为磁轨制动，在车体或转向架的下部设有电磁铁，在制动时将电磁铁放下，与钢轨相吸，利用两者间的摩擦产生制动作用。

所谓动力制动，是在制动时使电动车中的牵引电动机成为发电机，把车辆运行的动能变为电能，如果把这部分因制动而产生的电能送回到接触网，则称为再生制动；如果把这部分电能消耗在制动电阻上，使之变成热能而释放到大气，则称电阻制动。显然再生制动优于电阻制动，前者能起到节约能源的作用，特别是对于城市轨道交通车辆，制动减速、停车十分频繁，采用再生制动的节能效果更为显著。

由于动力制动的效率随着车辆运行速度的降低而下降，所以一般在高速时施行动力制动，当车辆运行速度降到一定程度后则采用摩擦制动。另外，在动力制动不足时，需同时施行摩擦制动，在地铁和轻轨车辆上最常用的摩擦制动装置为空气制动机。

空气制动机是以压力空气（压缩空气）作为动力制动和操纵制动的介质，通过压力空气的变化来操纵制动力的大小。空气制动机可分为自动制动机、直通制动机和直通自动制动机3种。直通制动机目前已被淘汰，当前最常用的为自动制动机，自动制动机的构成及原理如图5-16所示。

当制动阀4的手柄放在充气缓解位Ⅰ时，总风缸2中的压力空气经给气阀15、制动阀4送至列车管5。压力空气再由列车管经三通阀13向副风缸14充气。此时，如制动缸中有压力空气存在，可经三通阀排气口16排入大气。所以充气缓解时，副风缸充气，制动缸排气，制动机缓解。给气阀15是一个限压阀，列车管压力达到给气阀所调整的压力时，它会自动停止充气。而当列车管压力因泄漏等低于调整压力时，给气阀会向列车管自动充气。所以，列车运行时，制动阀手柄放在充气缓解位置Ⅰ，列车管、副风缸总是充满着定压空气，使各制动机处于制动的准备状态。

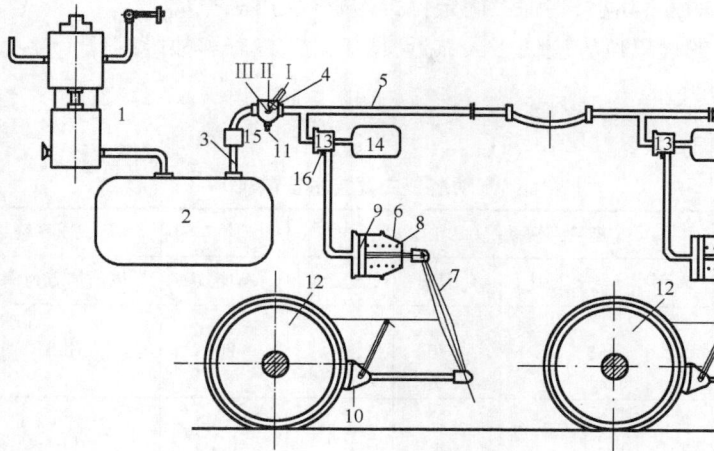

图 5-16　自动制动机的构成及原理图

1-空气压缩机;2-总风缸;3-总风缸管;4-制动阀;5-列车管;6-制动缸;7-基础制动装置;8-制动缸缓解弹簧;9-制动缸活塞;10-闸瓦;11-制动阀排气口;12-车轮;13-三通阀;14-副风缸;15-给气阀;16-三通阀排气口;Ⅰ-缓解位;Ⅱ-保压位;Ⅲ-制动位

当行车中需施行制动时,司机操纵制动阀手柄置于制动位置Ⅲ,使列车管与大气相通,列车管 5 中的压力空气经制动阀 4 的排气口 11 排入大气,各三通阀相继发生动作。原储于副风缸 14 的压力空气经三通阀 13 向制动缸 6 充气。制动缸压力上升,推动活塞通过基础制动装置 7 使闸瓦 10 紧贴车轮,制动机发生制动作用。

所以,制动机是通过司机操作列车管内空气压力变化(增压、减压)使三通阀动作,实现列车的制动、缓解或保压的作用。

上海地铁车辆的制动系统由电气制动和空气制动组成。在高速时采用电气制动,在速度降至一定范围或当电气制动不足时需采用空气制动。另外,还设有停车制动。

上海地铁车辆的空气制动装置采用电子模拟控制制动系统,它是由气源、电子控制单元、制动控制单元、基础制动单元以及防止因制动力过大而导致车轮踏面在钢轨上滑行的防滑系统等组成。所谓"电子模拟控制制动",简单来说,就是变量输入计算机,计算机控制电磁,电磁控制气路,直通空气制动。

电子控制单元为一电子装置,它输入制动指令、电制动施加与否信号、车体负载信号、空气制动实际值的反馈信号,然后输出电气模拟转换和防滑控制的电信号,由它控制各种电磁空气阀,根据制动的要求和空气制动施加的实际情况不断调整制动缸的压力。

制动控制单元实际上是一个弹簧制动器。当停车制动缓解风缸排风后,风缸内的弹簧弹力将活塞杆推出,通过制动杠杆实现将闸瓦推向轮对踏面的动作,达到停车制动的目的。当向缓解风缸充气时,压缩空气推动活塞克服弹簧弹力,使活塞杆、制动杠杆复位,停车制动得以缓解。停车制动也可通过手动操纵电磁阀使停车制动缓解。

2. 主要技术要求

(1)制动优先级应为再生制动、再生/电阻联合制动、电阻制动、摩擦制动。

(2)电气制动和摩擦制动之间过渡平稳,不产生较大的冲动。

(3)停车制动应确保车辆在超员载客工况下,不依靠空气制动而停在一定的坡道上。

（4）风源装置的安装应采用弹性固定件,以减少噪声和振动。

（5）风源装置的设置位置应便于人靠近,便于日常检查和故障维修。

3. 主要技术参数

制动装置主要技术参数见表5-4。

制动装置主要技术参数表　　　　　表5-4

轨道交通模式	钢轮钢轨系统(二轴车)				独轨车	新交通系统	磁悬浮系统
车辆类型	A 型车	B 型车	C 型车	低地板车	跨座式	以新加坡为例	TR07 型
最高运行速度（km/h）	≥80		≥70	80	80	51.5	450
常用制动减速度（m/s²）	1.0		1.1	1.2	1.1	1.0	1.0
紧急制动减速度（m/s²）	1.2		1.3	>2.73	1.25	>1.3	>1.3

三、综合案例——上海轨道交通 5 号线轻轨车辆

列车 5 节编组,即 Tc-Mp-M-Mp-Tc。式中 Tc 为有驾驶室的拖车,在驾驶室一端有一个半自动机械车钩,在另一端有一个永久性车钩;Mp 为有受电弓的动车,每端一个永久性车钩;M 为没有受电弓的动车,每端一个永久性车钩。乘客载荷见表5-5。

乘 客 载 荷 表(单位:人)　　　　　表5-5

载　荷	Tc 车	Mp 车	M 车	4 节编组	5 节编组
有座乘客数（AW_1）	40	46	46	172	218
站立乘客数（AW_2）	160	172	172	664	836
站立乘客数（AW_3）	240	259	259	998	1257
乘客总人数（AW_2）	200	218	218	836	1054
乘客总人数（AW_3）	280	305	305	1170	1475

表中 AW_1 为座位满员(没有乘客站着);AW_2 为每平方米站立 6 人;AW_3 为每平方米站立 9 人。

车辆主要尺寸

车身和底架结构:　　　　　铝合金和部分钢,铆接或焊接

车体的静态抗压强度:　　　1200kN

带车钩的车辆长度:　　　　Tc = 19.490m

　　　　　　　　　　　　Mp = 19.440m

　　　　　　　　　　　　M = 19.440m

4 节列车总长:　　　　　　77.860m

5 节列车总长:　　　　　　97.300m

车辆最大高度(轨道表面到车顶)： 3.802m

车辆最大宽度： 2.606m

地板面距轨面高： 1140mm(新轮)

转向架中心距离： Tc = 12.600m

Mp = 12.600m

M = 12.600m

转向架：

轴距： 2000mm

车轮直径：

新轮： 840mm

半磨耗轮： 805mm

旧轮： 770mm

乘客通过门：

滑动外推式电控车门： 每边 4 个

宽度(最小净开度)： 1300mm

高度(净开)： 1950mm

门的开关时间:微处理器软件进行调整

驾驶室侧门:转动式平板车门或相似的门,手动

驾驶室隔墙门:转动式带玻璃的车门,手动

车内过道门:单叶带玻璃的门,手动

乘客车厢车窗:双层玻璃,带颜色的,一整块长的位于两个门柱之间

车辆载荷:乘客载荷和列车重量

每位乘客质量： 61kg

AW_3 载荷:54.605/4 = 13.65t ± 2.5%

列车动态参数：

列车速度：

最高运行速度： 80km/h

在旧轮下最大设计速度： 80m/h

线路条件所允许的速度：

列车能够以线路曲线半径和超高(120mm)条件,允许未被平衡横向加速度 0.4m/s², 所允许的运行速度为:最高速度(m/h) = $3.9R^{1/2}$

其中： R = 曲线半径(m)

最大牵引和动态制动力:21kN(牵引)和 24kN(制动)。

下述值必须在设计阶段被证实：

直流线路电压范围：

运行电压： 1500V DC

最大电压： 1800V DC

最小电压： 1000V DC

牵引工况：

在 1500V DC,干燥、平直轨道以及 AW_2 载荷下(例如,6 人/ m^2):

初始加速度(4 节车): $0.80 m/s^2 (0 \sim 30 km/h)$

黏着限制(4 节车):   17.4%

平均加速度(4 节车): $0.48 m/s^2 (0 \sim 80 km/h)$

达到 80km/h 的时间(4 节车):   46s

初始加速度(5 节车): $\geqslant 0.95 m/s^2 (0 \sim 30 km/h)$

黏着限制(5 节车):   17.4%

平均加速度(5 节车): $0.58 m/s^2 (0 \sim 80 km/h)$

达到 80km/h 的时间(5 节车):   38s

制动模式下的工况:

在干燥、平直轨道以及 AW_3 载荷下(例如,9 人/ m^2):

平均常用减速度: $1 m/s^2$

最大冲动极限: $0.75 m/s^2$

平均紧急减速度: $1.3 m/s^2$

最大黏着限制: 15%

节能:

列车的主要设计目的之一,是尽可能要达到最低的能量消耗,从而使列车在整个运行寿命期间花费最低的运行成本。

节能方面最主要的特点是,除减轻重量外,使用再生制动使能量再反馈回线路上。

牵引故障要求:

一列 AW_3 及 4 节编组的列车,当一节动车不能工作时,它仍有能力在 3% 的坡度上起动,并行驶到最近的车站,然后空车返回车场。

一列 AW_3 及 5 节编组的列车,当一节动车不能工作时,它仍有能力在 3.5% 的坡度上起动,并行驶到最近的车站,然后空车返回车场。

牵引系统:

每一动车的牵引逆变器和其他元件一起安装在一个单一设备箱内、线路平波电抗器外。

逆变器源自 ALSTOM ONIX 1500 系列,并使用强迫冷却。每个逆变器的功率半导体安装在一个独立的、接地的、铝制散热器上,散热器安装于风道中。散热器的装配包括 IGBT 门极驱动装置和母线。这样,完整的牵引系统是由一组可容易移动的功率模块组成的。

电气制动系统由再生制动和电阻制动组成。当架空线不能保证 100% 接受时,电气制动系统利用电阻制动继续确保该性能。

第四节 车 辆 限 界 *

限界问题在本书第四章第一节"三、限界"中已有所论及。限界从根本上说是由于车辆的移动才产生的,因此在本章加以详述。由于限界的计算过程比较复杂,并不要求所有专业的同学都全面掌握,可作为选学内容,因此在节名后加上了星号" * "。

一、概述

1. 限界的定义

城市轨道交通列车沿固定轨道在特定的空间中运行。根据各种特性和参数,经计算确定的特定的空间断面尺寸,称为限界。城市轨道交通的限界是列车安全高速运行的保证,各种建(构)筑物和设备均不得侵入其中。

桥梁、路基和隧道的断面尺寸都需要根据限界来确定。限界越大越安全,但工程量和工程投资也随之增加。因此,制定限界的任务和目的,就是确定一个既能保证列车运行安全,又不增大桥隧及路基断面空间的经济合理的断面,以防止车辆在直线或曲线上运行时与各种建筑物及设备接触。

限界尺寸合理与否,一般是以有效面积比来衡量的。有效面积比由限界尺寸断面积除以车辆断面积求得。当该值为 2 ~ 3 时,就认为该限界是比较经济合理的。

限界是确定行车轨道周围构筑物净空大小及管线设备安装相对位置的主要依据,是相关专业间共同遵守的技术规定,它必须经济合理且安全可靠。

2. 限界的分类

限界是根据车辆外轮廓尺寸线及技术参数、轨道特性、各种误差及变形,并考虑列车的运动状态等因素,经科学分析计算而确定的。城市轨道交通的限界分为车辆限界、设备限界、建筑限界和接触网(或接触轨)限界。其中起控制作用的是设备限界和建筑限界。

下面分别介绍限界的相关概念。

1) 车辆轮廓线

车辆轮廓线即车辆横断面外轮廓线,是经过分析研究后确定,并作为确定车辆限界及设备限界的依据,是车辆设计和制造的基本数据。

车辆轮廓线的计算需要用到计算车辆的概念。认定具有某一横断面轮廓尺寸和水平投影轮廓尺寸及某一结构的车辆在轨道上运行,并使用该车辆作为确定车辆限界及设备限界尺寸的依据,这种车辆称为计算车辆。实际运行的新车和旧车只要符合车辆限界及其纳入限界的校核,就能通行无阻,不必与计算车辆取得一致。

2) 车辆限界

车辆限界是一个限制车辆横断面最大允许尺寸的轮廓图形,无论空车还是重车停在水平直线上,该车所有一切凸出部分和悬挂部分都应容纳在车辆限界轮廓之内。

车辆限界应根据车辆的轮廓尺寸和技术参数按可能产生的最不利情况进行组合计算来确定,并综合考虑其静态和动态情况下所能达到的横向和竖向偏移量及偏转角度。

3) 设备限界

设备限界是车辆限界以外的一个轮廓线,所有固定设备及土木工程(接触轨及站台边缘除外)的任何部分都不得侵入此轮廓线内。设备限界是在车辆限界的基础上,再计入轨道的轨距、水平、方向、高低等出现最大允许误差时,引起车辆的偏移和倾斜等附加偏移量,以及在设计、施工、运营中尚未预计的因素在内的安全预留量。因此,对设备选型和安装都应分别考虑其制造和安装误差,才能满足设备限界要求。

4)建筑限界

建筑限界是设备限界以外的一个轮廓,是行车隧道和高架桥等结构的最小横断面有效内轮廓线,它规定建筑物或设备距轨道中心和轨面有一个最小允许尺寸所形成的轮廓。在设计隧道、高架桥等结构物断面时,必须分别考虑其施工误差、测量误差、结构变形等因素,才能保证竣工后的隧道及高架桥等结构物的有效净空满足建筑限界的要求,以保证列车安全高速地运行。

建筑限界和设备限界之间的空间,应能安排各种电缆线、消防水管及消火栓、动力照明箱、信号箱及信号灯、照明灯、扩音器、通风管、架空接触网(或接触轨)及其固定设备等。

5)接触网(或接触轨)限界

接触网限界是在隧道内或地面及高架上安装接触网及其支架的尺寸限界,包括受电弓限界和受电弓设备限界,是车辆限界上部的两个轮廓线。接触网限界取决于车辆受电弓升起时的高度允许值,以及可能的偏移、倾斜、允许磨耗量和接触网安装需要的高度。接触轨(即三轨)限界是为了满足接触轨及其支座与支架安装要求的净空尺寸轮廓限界。

3.限界计算方法及需考虑的因素

1)基准坐标系

限界的基准坐标系是与线路纵向中心线相垂直的平面内的二维直角坐标。该坐标系的横坐标轴 X 与平直轨道两根钢轨在名义位置且无磨耗时的顶面相切,纵坐标轴 Y 垂直于 X 轴,为车辆横断面的垂直中心线与平直轨道横断面的垂直中心线相重合的一条轴线。X 轴与 Y 轴相垂的交点为坐标系的原点 O_{XY}。

2)车辆轮廓线

车辆轮廓线是指车辆在直线上,且车辆中心线与线路中心线重合时,新造车各部分尺寸标称值所形成的外形轮廓。

目前,我国的轨道交通车辆按车体宽度主要分为 3 种类型:A 型车、B 型车和 C 型车。上海城市轨道交通车辆采用 A 型车和 C 型车;深圳采用了宽 3.1m 的宽体车;南京、广州采用了 A 型车;北京、天津及其他拟新建轨道交通的城市大多采用 B 型车。虽然车型不尽相同,但其制定限界的内容和方法是相同的。同一种车型,因其采用的供电方式不同(主要有接触网供电和接触轨供电两种),限界也不一致。国内目前采用接触网供电的较多,接触网又分柔性触网和刚性触网两种。刚性触网相对于柔性触网而言,可以不考虑受流时导线的抬升、接触线振动以及链型悬挂结构高度占用的空间,因而所占净空相差 $100 \sim 150mm$。但近来由于柔性悬挂技术的进步,隧道断面净空的高低已不再是制约柔性悬挂的因素。在锚段关节和道岔处,柔性触网需要设置重力式下锚补偿,占用空间大;而刚性触网在锚段关节和道岔处,尤其是复式交分道岔处安装要简单得多。刚性悬挂汇流排铜当量截面积约为 $1400mm^2$,相当于 $9 \times 150mm^2$ 硬铜绞线,即使在大容量轨道交通中也可以取代柔性悬挂的承力索和辅助馈线。因此,刚性悬挂结构紧凑简单,能节省隧道内安装净空。本章主要以 A 型车(刚性悬挂接触网供电)为例,说明车辆轮廓线的计算方法。

A 型车体长 22100mm,宽 3000mm,轨面距车顶最大高度为 3800mm,车辆定距为15700mm,轴距为 2500mm,车厢地板面距轨顶面高度为 1130mm。

3)车辆限界

车辆限界是基准坐标系中车辆轮廓线况外的一个轮廓,它包容了车辆的动态包络线。车辆限界主要包括地下线车辆限界、地面及高架线车辆限界两个基本类型。

车辆限界计算所要考虑的因素主要有两类：非随机因素和随机因素。非随机因素主要包括车辆的制造误差、维修限度、转向架轮对处于轨道上的最不利运行位置、线路的几何偏差，以及因车辆制造、荷载不对称、轨道水平不平顺等引起的偏斜等；随机因素主要包括轮对相对于构架的横向振动量、转向架构架相对于车体的横向位移量、车辆的空重车挠度差及垂向位移量、一系悬挂侧滚位移量、二系悬挂侧滚位移量等正常状态下运行的各种因素。对于非随机因素，按线性相加合成，对于随机且按高斯概率分布的因素，则采用平方和开根的办法合成。两类因素相加构成车辆限界。

4）设备限界

设备限界是基准坐标系中位于车辆限界外的一个轮廓。设备限界和车辆限界之间留有一定的间隙，这个间隙主要作为未计入因素的安全留量，按照限界制定时的规定某些偏移量也计入此空隙。车辆的曲线偏移也计入这个间隙内，因此，设备限界在平曲线需要加宽，在竖曲线上需要加高。

设备限界坐标计算公式如下。

（1）直线段设备限界坐标(X_n'', Y_n'')。

$$X_n'' = X_n' + \sum X_y' \pm Y_n' i + \varepsilon$$

$$Y_n'' = Y_n' + \sum Y_x' + X_n' i + \varepsilon$$

式中：X_n'，Y_n'——车辆限界坐标值，mm；

$\sum X_y'$——轨道横向最大可能容许偏差，mm；

$\sum Y_x'$——轨道竖向最大可能容许偏差，mm；

i——轨道倾斜度；

ε——安全量，mm。

（2）圆形隧道圆曲线段设备限界内侧坐标(X_{on}, Y_{on})、外侧坐标(X_{ov}, Y_{ov})。

车辆在圆曲线上的内侧偏移量：

$$e_n = \frac{l^2 + a^2}{8R}$$

车辆在圆曲线上的外侧偏移量：

$$e_v = \frac{L^2 - (l^2 + a^2)}{8R}$$

圆曲线段设备限界内侧坐标：

$$X_{on} = (X_n'' + e_n)\cos\alpha + Y_n''\sin\alpha$$

$$Y_{on} = Y_n''\cos\alpha - (X_n'' + e_n)\sin\alpha$$

圆曲线段设备限界外侧坐标：

$$X_{ov} = (X_n'' + e_v)\cos\alpha + Y_n''\sin\alpha$$

$$Y_{ov} = Y_n''\cos\alpha + (X_n'' + e_v)\sin\alpha$$

式中：X_n''，Y_n''——设备限界坐标值，mm；

L——计算车辆长度,mm;

l——计算车辆定距,mm;

a——计算车辆转向架固定轴距,mm;

R——曲线半径,mm;

α——参数,$\alpha = -\arcsin\dfrac{h}{s}$;

h——外轨超高值,mm;

s——内外轨中心距离,mm。

A1 型车车辆限界、直线地段设备限界坐标值、区间车辆限界和区间直线地段设备限界、计算站台长度范围内附加车辆限界、直线站台及屏蔽门限界、检修库高低平台限界分别如表 5-6、表 5-7 以及图 5-17 ~ 图 5-19 所示。

A1 型车车辆限界坐标值(尺寸单位:mm)　　　　表 5-6

坐标点	$0'_k$	$1'_k$	$2'_k$	$3'_k$	$2'$	$3'$	$4'$	$5'$	$6'$	$7'$
X'	0	597	755	839	1103	1367	1503	1564	1636	1640
Y'	3900	3900	3872	3839	3712	3584	3478	3388	3246	3199
坐标点	$8'$	$9'$	$10'$	$11'$	$11'_1$	$12'$	$13'$	$13'_1$	$14'$	$15'$
X'	1626	1599	1600	1445	1430	1445	1445	1430	1405	1480
Y'	1766	960	510	510	510	295	210	210	210	300
坐标点	$16'$	$17'$	$17'_1$	$18'$	$18'_1$	$18'_2$	$18'_3$	$18'_4$	$26'$	$27'$
X'	1630	1630	1630	1405	1405	1405	995	995	837	837
Y'	300	143.5	75	25	45	75	75	25	25	-17
坐标点	$28'$	$29'$	$30'$	$31'$	$32'$	$32'_1$	F'_{1gz}	F'_{2gz}	F'_{3gz}	F'_{4gz}
X'	717.5	717.5	650.5	650.5	0	0	1565	1565	1600	1615
Y'	-17	-54	-54	30	30	45	1080	—	1800	3192
坐标点	F'_{1yz}	F'_{2yz}	F'_{3yz}	F'_{4yz}	F'_{1slm}	F'_{2slm}	F'_{3slm}	F'_{4slm}	F'_{5slm}	
X'	1595	1595	1616	1625	1615	1615	1596.5	1596.5	1565	
Y'	1080	—	1800	3199	3192	1800	1080	1032	1027	

注:$0'_k$ ~ $3'_k$ 为空调部分车辆限界,F'_{1gz} ~ F'_{4gz} 为停站进出附加车辆限界。F'_{1yz} ~ F'_{4yz} 为越行附加车辆限界。F'_{1slm} ~ F'_{5slm} 为塞拉门车停战开门附加车辆限界。

A1 型车直线地段设备限界坐标值(mm)　　　　表 5-7

坐标点	$0''_k$	$1''_k$	$2''_k$	$3''_k$	$2''$	$3''$	$4''$	$5''$	$6''$	$7''$
X'	0	600	763	851	1117	1383	1525	1590	1665	1670
Y'	3930	3930	3901	3867	3738	3610	3499	3403	3254	3200
坐标点	$8''$	$9''$	$10''$	$10''_1$	$10''_2$	$10''_3$	$11''$	$11''_1$	$11''_2$	$12''$
X'	1656	1620	1620	1745	1745	1630	1460	1780	1780	1460
Y'	1766	957.5	490	330	113.5	15	490	490	0	314
坐标点	$13''$	$14''$	$14''_1$	$15''$	$15''_1$	16	$16''_1$	$17''$	$17''_1$	$18''$
X'	1460	1496	1496	1496	1496	1604	1604	1604	1604	1660
Y'	204	204	314	194	304	194	304	204	314	204

续上表

坐标点	18"₁	19"	26"	27"	28"	29"	30"	31"	32"	
X'	1660	1660	847	847	727.5	727.5	640.5	640.5	0	
Y'	314	15	15	−17	−17	−64	−64	20	20	
坐标点	F''_{1zt}	F''_{2zt}	F''_{1sz1}	F''_{2sz1}	F''_{3sz1}	F''_{4sz1}	F''_{1pm}	F''_{2pm}	F''_{1ypm}	F''_{2ypm}
X'	1570	1570	1600	1600	1600	1570	1570	1615	1640	1631
Y'	1080		1080	1030	1025			3260	1800	3199	1800
坐标点	F''_{1spm}	F''_{2spm}	F''_{1jg}	F''_{2jg}	F''_{3jg}	F''_{4jg}	F''_{5jg}	F''_{6jg}	F''_{1yzt}	F''_{2yzt}
X'	1630	1630	1102	898	1144	1390	1451	1524	1600	1600
Y'	3260	1800	3745	3745	3625	3504	3416	3277	1080	—

注:$0'_k \sim 3'_k$为空调部分车辆限界,$F'_{1gz} \sim F'_{4gz}$为停站进出附加车辆限界。$F'_{1yz} \sim F'_{4yz}$为越行附加车辆限界。$F'_{1s1m} \sim F'_{5s1m}$为塞拉门车停战开门附加车辆限界。

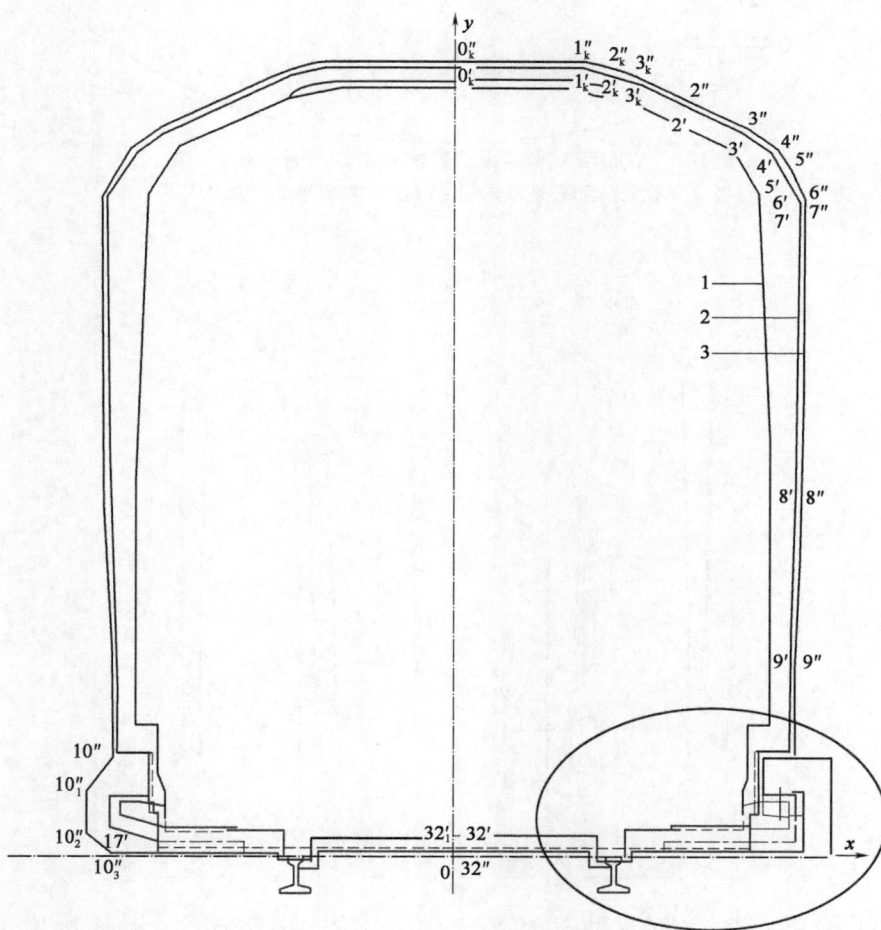

图 5-17　A1 型车区间车辆限界和区间直线地段设备限界(一)
1-计算车辆轮廓线;2-区间车辆限界;3-直线地段设备限界

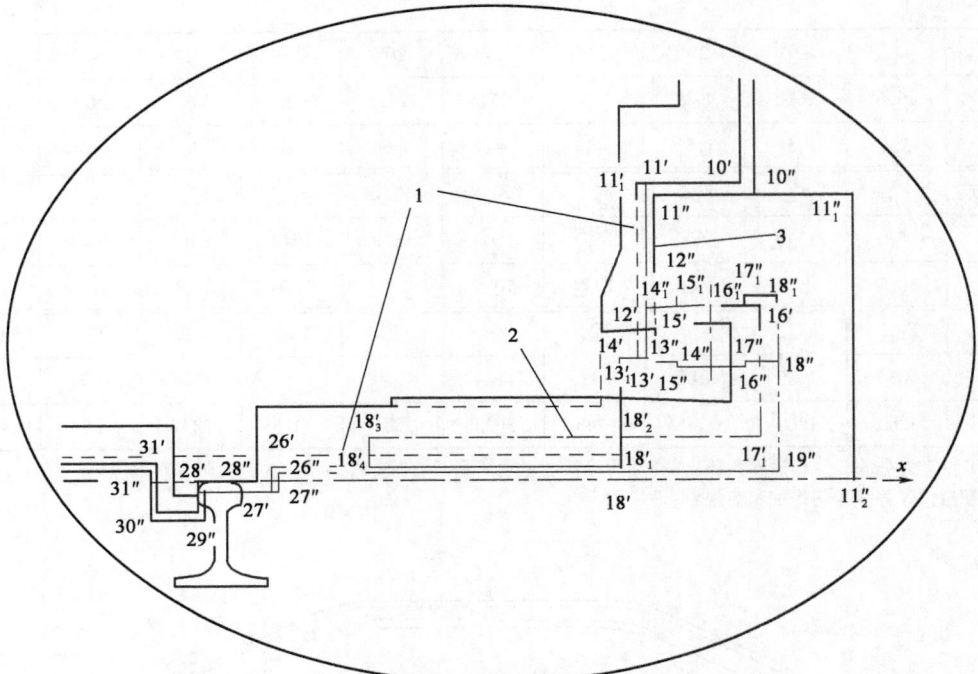

图 5-18　A1 型车区间车辆限界和区间直线地段设备限界（二）
1-车下吊挂无车辆限界；2-受流器带电体车辆限界；3-接触轨限界

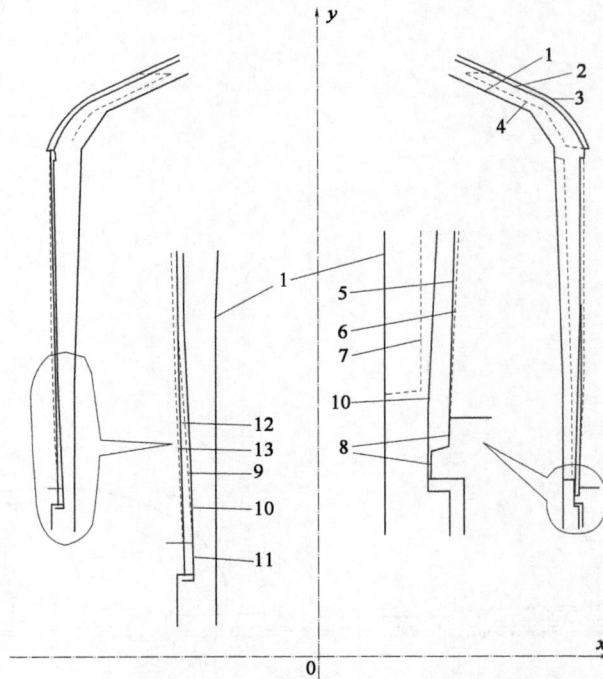

图 5-19　A1 型车计算站台长度范围内附加车辆限界、直线站台及站台屏蔽门限界、检修库高低平台限界
1-计算车辆轮廓线；2-区间车辆限界；3-直线设备限界；4-检修库高平台限界；5-塞拉门车停站开门附加车辆限界；6-塞拉门车屏蔽门限界；7-塞拉门车开门计算车辆轮廓线；8-塞拉门车站台和检修库低平台限界；9-非塞拉门车屏蔽门限界；10-停站进出站附加车辆限界；11-非塞位门车站台和检修库低平台限界；12-越行附加车辆限界；13-越行站台及屏蔽门限界

5）建筑限界

城市轨道交通的建筑限界直接决定隧道或桥面断面积的大小。城市轨道交通的建筑限界主要有隧道内建筑限界、高架桥和地面线建筑限界两种。隧道内建筑限界主要包括圆形隧道、矩形隧道、双圆隧道、马蹄形隧道等建筑限界形式。

盾构法施工的圆形隧道（含双圆隧道）和矿山法施工的马蹄形以及拱形隧道，在车辆顶部控制点范围内，建筑限界以内、设备限界以外即设备限界与建筑限界之间的空间，不宜小于150mm，以满足管线横穿的需要。

6）接触网（或接触轨）限界

接触网或接触轨（又称三轨）限界是供接触网或接触轨工作的一个空间尺寸。受电弓限界确定了受电弓工作的最低高度。受电弓设备限界与受电弓限界之间应留有不少于50mm的安全余量。A型车在隧道内接触网触线底面距轨顶面高度为4040mm，在地面及高架线上不受净空高度限制，为4600mm。接触轨限界主要根据受流器的偏移、倾斜和磨耗、接触轨安装误差、轨道偏差、电间隙等因素确定。

7）曲线偏移

在基准坐标系内，车辆横断面上的点，受线路或车辆本身影响，在运行中偏离原来在基准坐标中所定义的位置称为偏移，偏移的大小（以 mm 为单位）称为偏移量。偏移有横向偏移（X轴方向）和竖向偏移（Y轴方向）两种。

车辆纵向中心线上各点在水平投影面上偏离线路中心线的水平垂直距离称为曲线几何偏移，简称曲线偏移。车辆定距以内的车辆纵向中心线上各点向曲线的内侧偏离称为内侧偏移，反之为外侧偏移。车辆在竖曲线区段上产生的曲线偏移称为竖曲线偏移。

二、限界制定的原则、主要技术参数及技术要求

1. 限界制定的原则

轨道交通的限界是确定行车轨道周围构筑物净空的大小和各种设备及管线安装位置的主要依据，是工程设计和施工各专业间共同遵守的技术规定，因此，限界应依据以下原则进行制定：

（1）限界应保证列车安全、高速、正常地运行。确定的限界应经济合理、安全可靠，且满足各种设备和管线安装的需要。

（2）限界应根据车辆的轮廓尺寸和技术参数、轨道特性、受电方式、设备及管线安装、施工方法等因素，进行综合分析计算确定。

（3）限界制定中，对包括结构施工、测量、变形误差、设备制造和安装误差以及在施工、运营中难以预计的其他因素在内的安全留量等，都应分别进行研究并予以考虑。

（4）限界一般按平直轨道的条件制定。曲线段和道岔区的限界应在直线地段限界的基础上，根据车辆的有关尺寸以及不同曲线半径、超高和不同的道岔类型分别进行加宽和加高。

（5）设备限界与车辆限界的间隙主要为安全预留量，应全面考虑横向安全留量和竖向安全留量。

2. 限界制定的主要技术参数

城市轨道交通的限界是根据有关技术参数制定的。这些技术参数主要分为以下几大类。

1)线路与轨道参数

这类参数主要包括线路及车站最小曲线半径、辅助线及车场线最小曲线半径、轨距、轨道最大超高值、轨道建筑高度、道岔类型等。

2)车辆参数

车辆参数包括车体计算长度、车体最大宽度、车体最大高度、车辆定距、转向架轴距、车厢地板面距轨顶面高度等车体尺寸;在实际计算中,一般采用计算车辆的有关尺寸参数。

3)其他参数

其他参数如站台装修完成面距轨顶面高度,站台边缘与线路中心线距离,供电方式、接触网触线底面距轨顶面高度(采用接触网供电时)等。

上海市轨道交通3号线二期工程和5号线车辆主要技术参数见表5-8。

确定限界的主要技术参数   表5-8

序号	项目名称	明珠线二期	莘闵线
1	车型	A型车	C型车
2	车体计算长度(m)	22.1	19.0
3	车体最大宽度(mm)	3000	2606
4	车辆最大高度(mm)	3800	3802
5	车辆定距(mm)	15700	12600
6	转向架轴距(mm)	2500	2000
7	车厢地板面距轨顶面高度(mm)	1130	1140
8	站台装修完成面距轨顶面高度(mm)	1080	1050
9	站台边缘与线路中心线距离(mm)	1600	1403
10	供电方式	接触网供电	接触网供电

3.限界制定的技术要求

(1)限界制定必须符合现行有关技术规范和标准。

(2)限界制定应包括车辆轮廓线、车辆限界、设备限界和建筑限界以及接触网(或接触轨)限界。

(3)对于双线轨道交通,当两线间无墙柱及其他设备时,两设备限界之间应有不小于100mm的安全预留量。

(4)设有站台屏蔽门的车站,屏蔽门限界应考虑站台屏蔽门在弹性变形状态下,其最外凸出点与车辆限界之间保持不小于25mm的安全预留量。

(5)竖曲线地段的限界,如在限界计算中已计入竖曲线加高量,建筑限界可不再考虑竖曲线加高,否则应进行加高。

(6)敞开段的限界及设备与管线布设应综合考虑结构等有关专业的要求,视具体情况布置,但不得侵入设备限界。

三、建筑限界

城市轨道交通的区间一般分为地下区间、高架区间和地面线区间。各种区间结构有不同的限界断面。

1.地下线建筑限界

地下线区间隧道的建筑限界是根据给定的车辆类型、受电方式、施工方法、地质条件等不同结构形式确定的。

区间直线段矩形隧道建筑限界,其计算公式为在设备限界基础上,按下式计算:

线路中心线至隧道侧壁净空 = 设备限界之半 + 设备宽度 + 50mm

接触网车辆:

建筑限界高度 = 接触网安装高度 + 接触网系统高度 + 轨道建筑高度 ≈ 5000mm

接触轨车辆:

建筑限界高度 = 轨道建筑高度 + 车辆设备限界高度 + 200mm

对于 A 型车,直线段矩形隧道建筑限界宽度为4300mm,高度为5000mm(接触网供电),如图 5-20 所示。

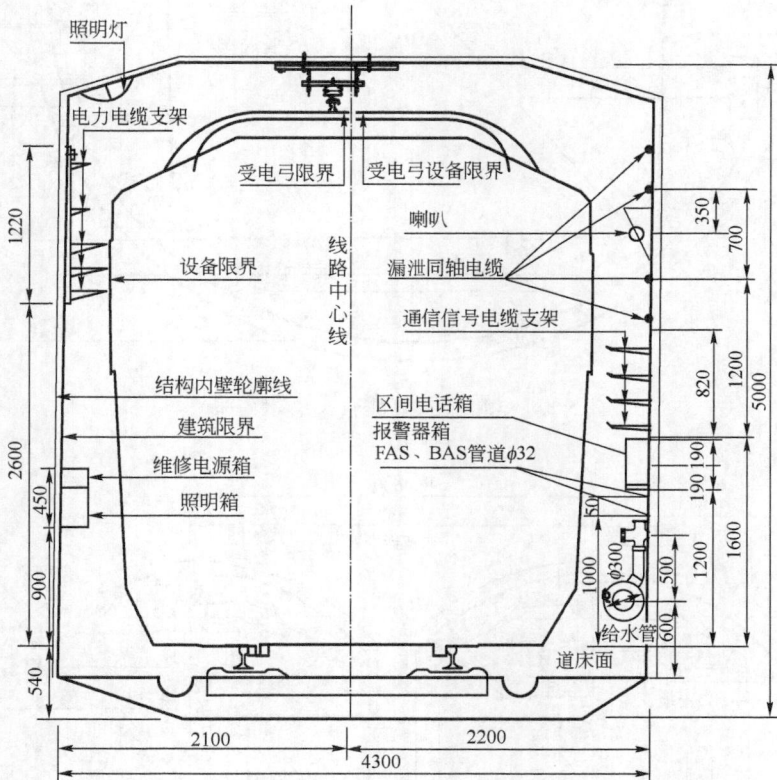

图 5-20 直线段矩形隧道建筑限界(尺寸单位:mm)

单圆隧道建筑限界。盾构法施工的单圆隧道和双圆隧道,在直线和曲线地段只能采用同一直径盾构,直线和不同曲线半径地段无法采用不同直径盾构施工,因此应按全线最小曲线半径选用盾构直径,以满足圆形隧道的建筑限界要求。如对于 A 型车,线路最小曲线半径 $R = 300m$,单圆隧道建筑限界直径宜为 5200mm,如图 5-21 所示。

双圆隧道建筑限界。双圆盾构施工的双圆隧道也需要根据车辆尺寸和全线最小曲线半径来确定盾构直径和线间距。目前国内只有上海 M8 线和 L4 线采用了双圆盾构,其线间距为 4600mm,直径为 5200mm,适用于最小曲线半径 $R = 350m$ 的区间地段,如图 5-22 所示。

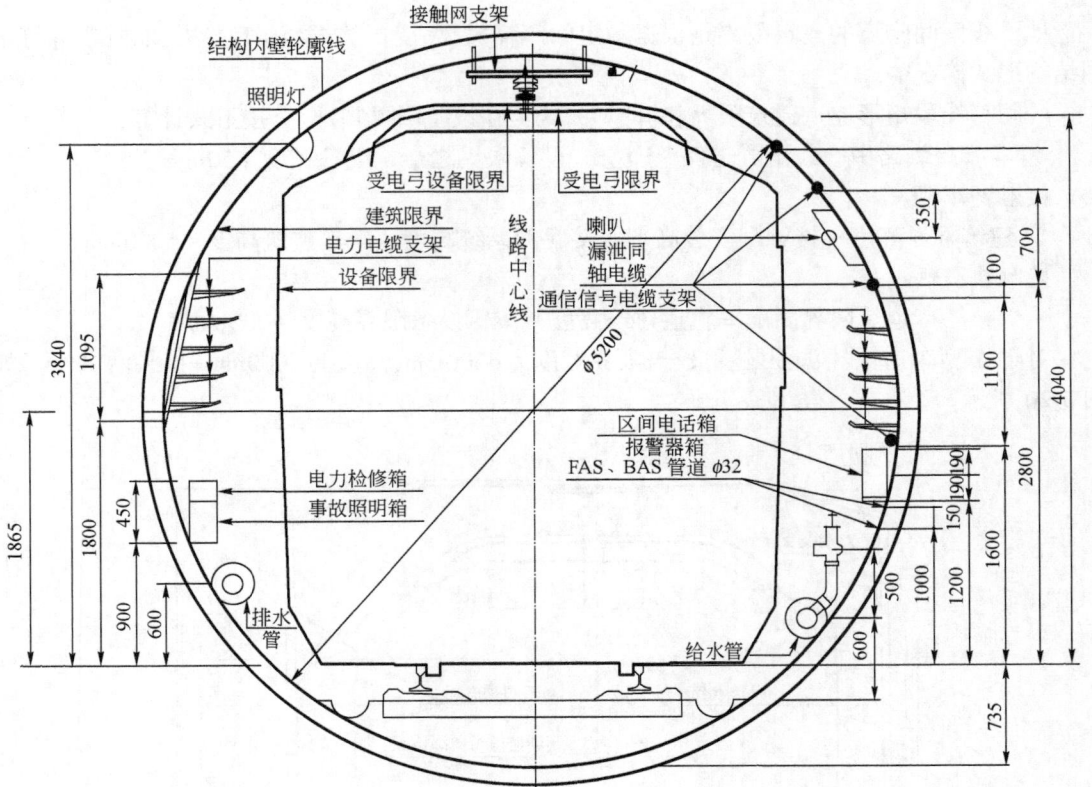

图 5-21 单圆隧道建筑限界(尺寸单位:mm)

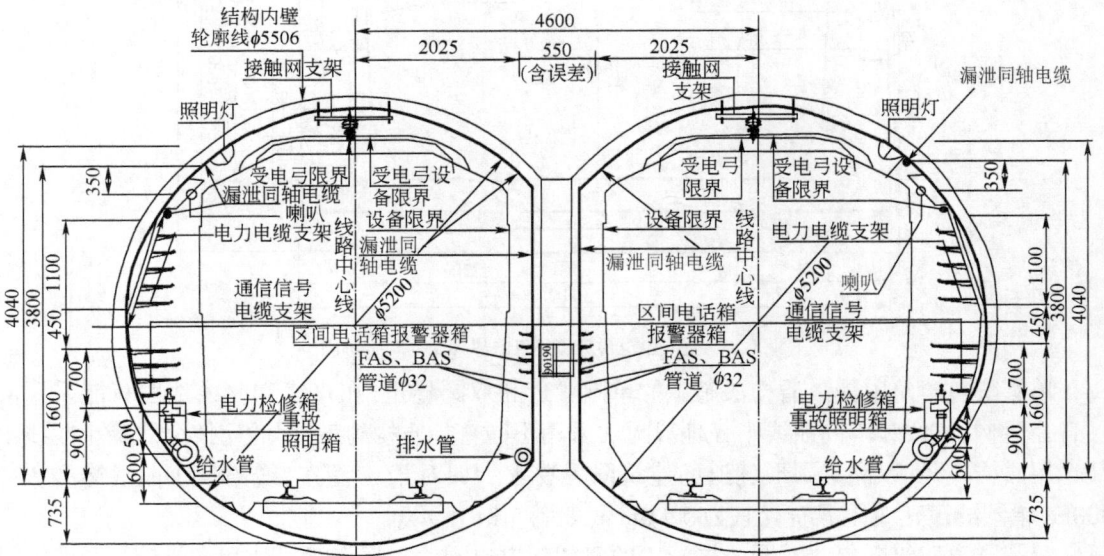

图 5-22 双圆隧道建筑限界(尺寸单位:mm)

马蹄形隧道建筑限界。马蹄形隧道断面需根据围岩条件来确定其形式,当围岩条件较好时,可采用拱形直墙式或拱形墙式;当围岩条件较差时,要增设仰拱。仰拱曲率可根据围岩条件、隧道埋深及宽度、轨道结构高度、排水沟深度等条件确定。马蹄形隧道内部净空尺寸应考虑其施工误差,一般在建筑限界的两侧及顶部各增加 100mm。矿山法施工的浅埋暗挖隧道多采用马蹄形断面。单线马蹄形断面建筑限界最大宽度为 4820mm,最大高度为 5160mm。

2. 高架线桥面建筑限界

高架区间根据结构形式的不同,有箱梁、槽形梁结构等。其直线段建筑限界宽度为线间距 + 线路中心线至护栏柱或防护墙内侧面距离 × 2。如莘闵轻轨线(C 型车)的桥面建筑限界宽度 = 3300 + 2150 × 2 = 7600(mm)。建筑限界高度根据车辆高度、供电方式等予以确定,如图 5-23 所示。

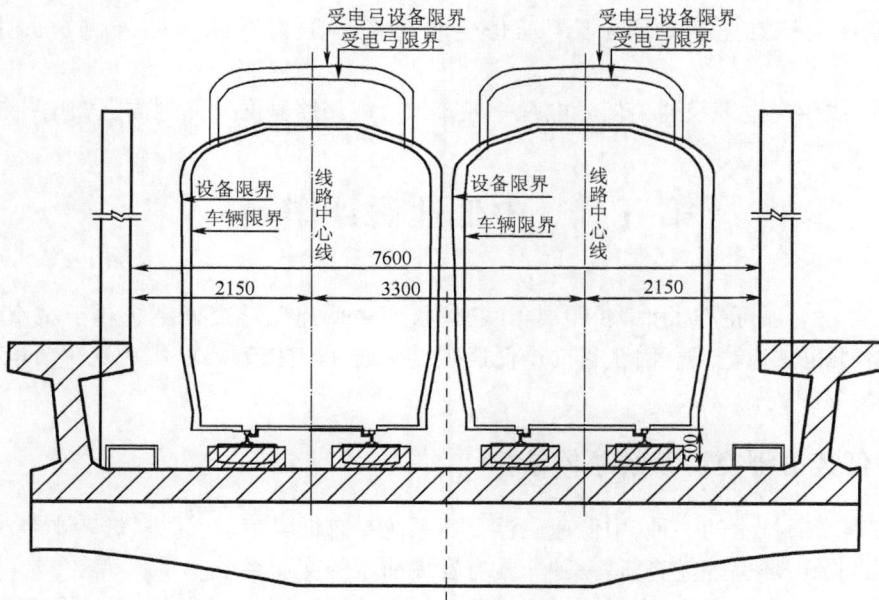

图 5-23 区间直线段双线高架桥面建筑限界(尺寸单位:mm)

3. 地面线建筑限界

地面线建筑限界计算方法与高架线相同。不同的是地面线供电电缆及通信信号电缆一般布设在线路路基两外侧地面上的电缆槽内。

四、各种设备和管线布设原则

城市轨道交通的断面除了必须满足车辆通行限界之外,还必须考虑断面内各种设备和管线的布置。城市轨道交通中各种设备和管线布置的空间分配主要应遵循以下原则:

(1)建筑限界和设备限界之间的空间,需满足各种管线和有关设备安装的要求。有关工种的设备应考虑设备和管线安装、制造误差,在最不利的情况下,均不得侵入设备限界,以确保行车安全。

（2）各种设备和管线的安装位置，应综合布置，互不干扰。未经有关工种同意，不得随意调换和侵占其他工种设备和管线安装位置。部分设备和管线由区间进入车站时，在局部范围内，经有关工种协商后，可以适当调整。

（3）在单圆隧道内，强电电缆及区间排水管一般布置在行车方向的左侧墙上，弱电电缆与区间给水管和消防设备安装在行车方向的右侧墙上。

（4）双圆隧道内，供电、通信信号电缆及给水消防设备均布设在行车方向右侧的结构上，有接触网设备时将其固定在隧道顶部结构上。维修电源箱和事故照明箱可布设于通信信号电缆支架下方，与排水管消防栓错开设置。

（5）采用接触网供电时，接触网及其固定设施安装在隧道顶部或高架车站两线顶部的接触网梁架上；采用接触轨供电时，接触轨及其支架安装在两线路中心线之间。区间隧道内一般不允许较粗的管线从行车隧道顶部横穿。

（6）在区间高架桥面上，供电电缆一般悬挂在两线路外侧的护栏柱或防护墙的内侧面，其电缆设置宜高压在上、低压在下。通信信号电缆一般设在两线路外侧桥面上的电缆槽内。

（7）地面线供电电缆及通信信号电缆一般布设于线路路基两外侧地面上的电缆槽内。

第五节　中低速磁浮车辆 *

高速磁浮适合城际交通和中长距离干线交通，而中低速磁浮交通系统属于城市轨道交通范畴，所以本书也加以论述。由于目前中低速磁浮交通并非主流模式，因此这一节也加上星号" * "，可作为参阅资料。

一、中低速磁浮交通系统总体结构

作为磁浮交通技术的一种，中低速磁浮交通系统具有低噪声、无污染、转弯半径小、爬坡能力强、空间要求低、环保等优势，是一种非常有发展前景的交通系统。

相对高速磁浮交通系统，中低速磁浮交通系统的技术较简单，容易实现，运量不是很大，适宜于机场、港口、市内繁华区、市郊、卫星城镇、城间的中低速交通。

中低速磁浮交通系统是采用常导磁悬浮（EMS）、短定子异步直线电动机驱动技术原理构成的磁浮交通系统。由于这种系统列车的速度低于 200km/h，所以称为中低速磁浮交通系统。

中低速磁浮交通系统由轨道、道岔、供电和运行控制系统等组成。

1. 轨道系统

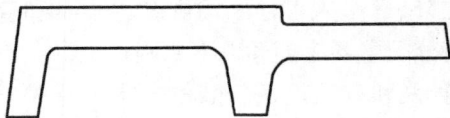

图 5-24　轨道 F 形钢板断面

中低速磁浮的轨道为 F 形钢板，其构造如图 5-24 所示。轨道主要有以下功能：

（1）提供列车悬浮的磁面。

（2）提供车辆滑橇的支承面以及液压制动的摩擦面。

轨道与轨道梁的连接可以采用两种形式:一种是通过轨枕(一般为钢枕)支承于轨道梁上;另一种是通过预埋在轨道梁上的连接件直接与轨道梁连接。

线路主要技术指标,如最小平曲线半径、最小竖曲线半径、最大坡度、允许最大横向加速度、平面缓和曲线线形、最大横向坡度等根据具体的工程项目确定。

轨道与轨道梁连接在一起就形成了完整的轨道结构(图5-25)。低速磁浮车辆的轨距(轨道梁两侧"F"轨磁极中心线之间的距离)可以根据所选用的车辆类型取 1700mm、1900mm 或 2000mm,日本选用的轨距为 1700mm。

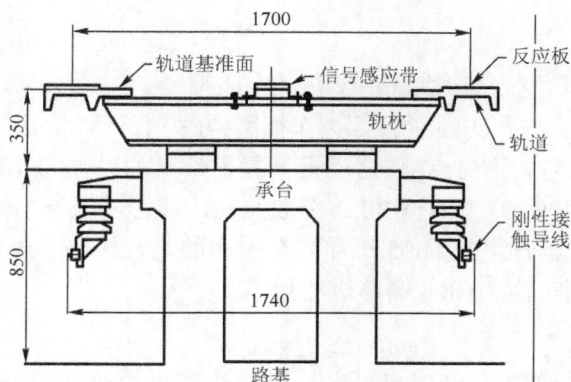

图 5-25　轨道结构图(尺寸单位:mm)

2. 道岔结构

与常见的轮轨铁路道岔相比,中低速磁浮交通系统使用的道岔(图5-26)有所不同:前者只动尖轨和心轨,基本轨保持不动,而后者则是整个道岔梁一起移动,因此这种道岔需要较为复杂的驱动装置。同时,在道岔移动到位后,不仅应该保证轨道的物理连接,还应该保证电气方面的连接。

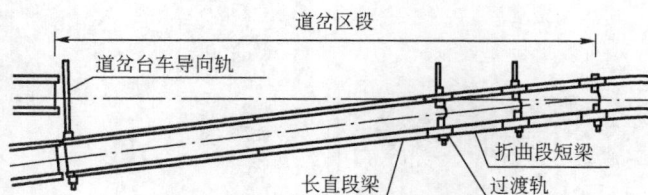

图 5-26　磁浮道岔

3. 供电系统

中低速磁浮列车的特点决定了其牵引供电的电流制式,即采用直流电流制,其电压等级选用国家推荐的 750V 或者 1500V,因此中低速磁浮列车采用交直流牵引变电所,其牵引供电方式与目前地铁、轻轨广泛使用的基本相同,本书不再赘述。

由于车辆正常运行时处于悬浮状态,车辆与轨道之间没有机械接触,磁浮列车无法像地铁、轻轨系统那样可以利用钢轨作为回流线,因此,磁浮车辆的牵引接触网(又称为供电轨)必须由两根相互独立的接触导线(正负两极)构成。考虑到磁浮列车的外包式结构,将牵引接触网布置在梁体两侧。

4. 运行控制系统

中低速磁浮交通系统的运行控制系统与现有的地铁运行控制系统基本一样,可采用基于无线通信的自动闭塞列车控制系统(CBTC),系统满足ATP(列车自动防护)系统的基本功能。为保证行车安全,相关安全设备按照"故障-安全"的原则设计。系统驾驶模式可以为人工驾驶,也可以采用无人自动驾驶方式。

二、国内外磁浮车辆概况

1. 德国

在中低速磁浮交通研究领域,德国进行了一系列研究。

1969 年,德国制造了一个 80kg 的磁浮列车模型,在一个车厢底板上直接固定了 4 个电磁铁,使车体在 5m 长的导磁轨道上悬浮,这就是世界上最早的磁浮列车模型。随后,德国按照同样的结构原理制造了 TR02、TR04、MBB 3 个数吨重的磁浮模型车,推进采用短定子感应式直线电动机。1979 年德国研制的 TR05 磁浮列车采用的是直线同步电动机(LSM)驱动,最终研制出了用于中国上海浦东的 TR08 高速磁浮列车。

2. 日本

早在 1972 年,日本航空公司(JAL)就开始关注磁悬浮列车 HSST(High Speed Surface Transport),1974 年初,日本开始了对 HSST 的深入研究。1975 年 12 月,在横滨市新杉田建设的长 200m 的直线轨道上首次悬浮行驶了重 1t、长 4m 的 HSST-01 磁浮列车(图 5-27)。

1978 年 5 月,日本制造了 HSST-02 磁浮列车(图 5-28)。作为载人演示的试验车,其长约 7m,装备了二系减振系统,乘坐非常舒适,在 8 人乘坐时以 100km/h 的速度行驶。

图 5-27　HSST-01 磁浮列车

图 5-28　HSST-02 磁浮列车

1985 年,在筑波市举行的世界科技博览会上,HSST-03 实用型磁浮列车(图 5-29)进行了载客运行,其车体的大小与实际车辆相似,采用了独特的模块组件作为车体机械支承装置。

1987 年,日本研制了重 24t、长 1914m、可容纳约 70 名乘客的 HSST-04 磁浮列车(图 5-30),该车设计速度为 200km/h,它的悬浮、导向和驱动技术与 HSST-03 一样,不同的是新车结构中,车辆走行机构从外侧包住线路。

图 5-29　HSST-03 磁浮列车

图 5-30　HSST-04 磁浮列车

1989 年 3 月—10 月,HSST-05 磁浮列车(图 5-31)在横滨国际博览会上展示,展示线路长 568m,线路采用单片箱形梁结构,高架梁采用 12m 和 16m 两种跨距,净空高 4.5m,动载荷下梁 的挠跨比为 1/3800,最高速度达到 55km/h。这次 HSST 获得了限制时间的铁路运输许可,第 一次被授权为可选择的公共运输系统,取得了营业许可。

HSST-100S 是继 HSST-01 ~ HSST-05 之后研制的、适用于低速运行的磁悬浮列车 (图 5-32)。该车由两节车厢组成,全长 17.55m,横向宽度为 2.6m,车体高度为 3.3m,空车重 18t,最大负载时重 30t,运行速度为 100km/h,最高速度为 110km/h。

图 5-31　HSST-05 磁浮列车

图 5-32　HSST-100S 磁浮列车

1995 年,在 HSST-100S 的基础上,日本又研制了一辆新的样车,称为 HSST-100L (图 5-33)。与 HSST-100S 相比,HSST-100L 模块组件数量由 6 个增加到 10 个,车辆长度由 815m/辆增加到 1414m/辆。HSST-100L 是一列 3 辆编组的商业运营样车,从 1995 年开始,在 大江试验线路上进行运行试验。

而后,在 HSST-100L 型列车的基础上,增加了中间车,列车全长 43.3m(包括连接装置)并将 其命名为 Linimo(图 5-34)。2005 年 3 月 7 日,Linimo 磁浮列车在一条长 8.9km 复线结构的 HSST 低速磁浮线——东部丘陵线上开始营运。该车最高设计速度为 100km/h,最大加速度为 1.1m/s²。车辆制动采用电油联合制动,常用制动的最大减速度为 1.1m/s²,紧急制动的减速度为 1.3m/s²。车体采用铝合金结构,实现了轻量化。车体宽度与其他新型交通系统车辆相同 (2.6m),长度与单轨铁道车辆相同,头车长 14.0m,中间车长 13.5m,车体高度为 3.445m。

图 5-33　HSST-100L 磁浮列车

图 5-34　日本 Linimo 磁浮车辆

3.中国

早在 20 世纪 80 年代初，我国就有人开始关注国际上对磁浮交通技术的研究工作。此后一直到 21 世纪初，我国的一些科研单位，特别是国防科技大学和西南交通大学对基于 HSST 系列磁浮列车的技术进行了深入、系统的研究，分别造出了试验样车。经过十几年的研究，我国形成了比较有代表性的国防科技大学和西南交通大学两套系统。

2001 年 4 月，西南交通大学开始在青城山建设中低速磁浮交通实验线；2006 年 4 月，实验线联调成功，西南交通大学青城山磁浮车辆如图 5-35 所示。

2001 年 7 月，国防科技大学完成了全尺寸磁悬浮列车的生产制造，并在长沙 204m 试验线上进行试验。从 2003 年开始，国防科技大学又研制了一辆磁悬浮列车工程化样车，该车于 2005 年 7 月底下线，2005 年 12 月正式在长沙试验线运行，2006 年 2 月成功实现双车编组。

国防科技大学研发的中低速磁浮工程化样车（图 5-36）自重 20 ~ 21t，车辆负载 9 ~ 10t，极限荷载 15 ~ 16t，车辆长度 14 ~ 15.5m，车辆宽度 3.0m，最大坡度 70‰。

图 5-35　西南交通大学研制的磁浮车辆

图 5-36　国防科技大学研发的中低速磁浮工程化样车

三、中低速磁浮车辆技术特性

本书以 HSST-100L 列车为例介绍中低速磁浮车辆的技术特点。

1.主要技术参数

日本 HSST-100L 列车为 3 辆编组（图 5-37）；车底架设备配置见图 5-38；车辆主要参数见表 5-9。

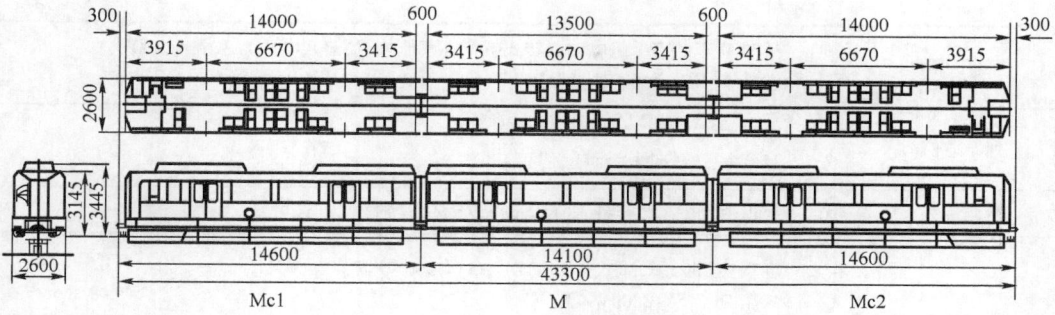

图 5-37 HSST-100L 磁浮列车 3 辆编组视图(尺寸单位:mm)

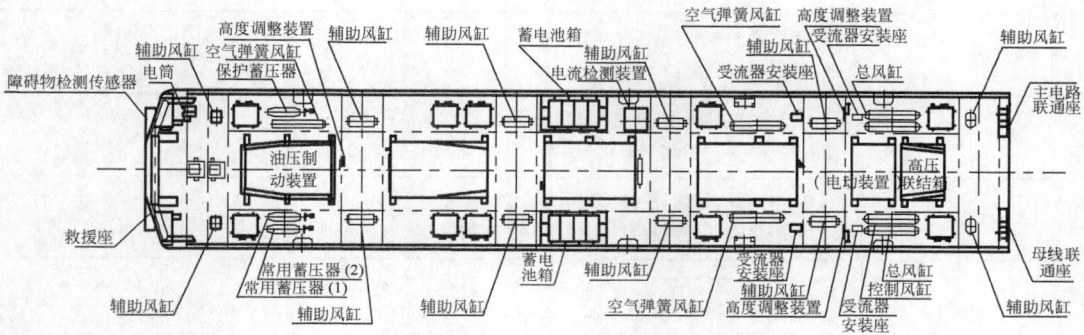

图 5-38 HSST-100L 磁浮车辆底架设备配置

HSST-100L 磁浮车辆主要参数表

表 5-9

定员(人)	244(座席 104)(最大超员 402)
主要尺寸(mm)	车体长 14000(Mc 车),13500(M 车),高 3445,宽 2600; 地板面高 796;车钩高 480;列车编成长度 43300(包括两端车钩)
车体支承	组件挠性转向架方式
推进方式	牵引电动机:两侧式直线感应电动机。 控制装置:使用 IGBT(绝缘栅双极型晶体管)的 VVVF 逆变器
制动方式	常用:直线电动机的电制动优先,带空重车控制的电油协调制动。 紧急:带安全制动的夹压式油压制动
保护装置	车内信号方式 ATC,位置连续检测,驶进、驶出检测方式 ATO 装置 (含定点停车功能)
主要性能	最高运行速度 100km/h;最大加速度 1.11m/s^2; 常用最大减速度 1.11m/s^2,紧急时减速度 1.25m/s^2
最小曲线半径(m)	75
最大坡度(‰)	60
最大超高(°)	<8
受流器	刚性接触导线侧面接触式、弹簧压紧式
油压动力装置	由油压制动装置和紧急滚轮装置的单元油压泵、控制装置、储能电路等组成

空气压缩机	只在 M 车装有 1 组电动回转式螺杆空气压缩机,输入电压为 3 相 AC200V, 供风量/压力为 600L/880kPa
列车通信	感应无线方式(带紧急发报功能) 复信方式,天线与数据电传共用
空调装置	车顶半集中式,17.4kW(15000kcal/h,2 台/辆)
取暖装置	客室:铠装线式 Mc1、Mc2 车 DC275V-7900W/辆, M 车 DC275V-8800W/辆, 暖风加热器 Mc1、Mc2 车 AC275V-700W/辆, 驾驶室:Mc1、Mc2 车 DC275V-200W/辆
换气装置	客室紧急排气扇:2 台/辆。 机器间排气扇:2 台/辆
蓄电池	烧结式碱性蓄电池(镍金属) 237.6V – 20Ah/2HR(0.5C2A) 198 盒/辆(Mc1、Mc2)
车钩装置	编组两端:带橡胶缓冲器的小型密接式车钩 编组之间:带橡胶缓冲器的固定式车钩
车门	自动门:电气空气式,外挂式双拉门,有效开度 1200mm。 前端安全门:位于 Mc1、Mc2 车端墙,外开折页门
每车空车重量(t)	17.3
其他	Mc1、Mc2 车前端下部装有障碍物检测传感器

2. 车体结构

HSST-100L 车体为铝合金焊接结构,由两端安全门和单侧各 2 个侧拉门、空气弹簧支承、半交叉座椅以及每辆车单侧有 5 个柔性多重组件组成。

3. 悬浮导向系统

悬浮导向系统通过安装在组件上的电磁铁从下方吸引轨道而产生的力,使车体浮起,并通过传感器监测电磁铁和轨道的间隙。对于横向偏移,利用在倒 U 形轨道和 U 形电磁铁铁芯之间的吸引力作用矫正其偏移方向。悬浮导向系统由悬浮电磁铁、间隙传感器和磁铁驱动单元(MDU,Magnet Driver Unit)组成,将轨道和电磁铁铁芯的间隙控制在 8mm。悬浮导向系统为非接触性稳定支承结构。

4. 牵引系统

每辆车的牵引装置由 1 个 VVVF 逆变器和 10 个直线电动机(LIM)组成。向 LIM 供给交流电时产生推进力,制动指令控制器控制 LIM 产生再生制动力。

(1)LIM 参数:公称推力为 3000N,3 相/8 极,铝线圈,最大电流为 380A,2 次导体(轨道侧)为 4mm 厚铝板。

(2)VVVF 逆变器主要参数:电源电压为 DC1500V,最大输出为 AC1100V,最大容量为 2 辆车 1450kV·A,频率范围为 0~90Hz,采用电压控制方式(PWM 脉宽调制),采用强制风冷方式冷却。

5. 车体支承机构

悬浮导向装置实现车体的 1 次支承,空气弹簧和杠杆机构实现车体的 2 次支承。1 辆车由 20 个空气弹簧及其支承装置组成,在垂向和横向支承车体。各组件端部和滑动台之间安装 1 个空气弹簧,在将车辆重量传递给各组件的同时,也将它传给车体,抑制组件的运动,从而取得舒适的乘坐平稳性。

6. 横向车体支承机构

每辆车横向支承由 12 个滑动台和横向杆、钢丝绳、钢丝绳臂等组成,各滑动台设在各自组件的前后端。通过曲线时为能与车体随动,滑动台横向可动。

7. 纵向车体支承机构

纵向车体支承机构由安装在车底架下面的线性轴承、滑动台和与之连接的牵引拉杆组成,传递直线电动机的推进力和制动力。

8. 制动系统

制动系统由两个独立部分组成,即正常运行时使用再生制动、逆向制动组成的电制动,低于 5km/h 速度运行时替换成电制动、辅助使用的油压制动。设计考虑电制动出现故障,在全部速度范围内使用油压制动,以满足紧急制动要求。油压卡钳制动装置通过油压将制动靴夹住轨道凸缘形成摩擦力产生制动。

常用制动以电制动为主,低速时根据空重车修正,电制动、油压制动共同使用。

紧急制动为卡钳制动装置夹住轨面的油压制动。

每辆车有 10 个组件,有 6 个油压制动装置,油压制动装置仅安装在中间 6 个组件上。各车辆具有独立的油压系统。油压制动装置由油压制动压力控制部和卡钳制动装置组成。该装置在油压 21kgf/cm^2 下作用,使用难燃的合成动作油(Quintolubric 822 series)作为动力介质。油压动力部由油压泵、常用和保护蓄压器、压力开关等组成。

制动压力控制有 3 个子系统,即常用制动压力控制、紧急制动压力控制和保护制动压力控制。

9. 组件

HSST-100L 车辆单侧装有 5 个组件,共 10 个组件(图 5-39),起到悬浮导向、牵引等作用。各组件安装间隙传感器、着地垫、紧急滚轮、LIM、悬浮磁铁、卡钳制动装置等。

图 5-39 HSST-100L 车辆组件

10. 紧急滚轮装置

正常情况下紧急滚轮处于缩回状态,但当悬浮力部分或全部丧失时,可以手动或用油压将紧急滚轮放下,支承车体和组件,可以进行车辆的运行或回送。各组件有 4 个紧急滚轮,每辆车安装 40 个,由电磁阀、逆止阀、节流阀、10 个自动防漏式接头、40 个油压调节器组成。

11. 电源

车辆的电源装置由车载供电单元(Power Supply Unit,简称 PSU)、输入接线器、蓄电池等组成。PSU 将受流器取得的 DC1500V 变换成 3 种车辆用电:主电源 DC275V,浮起、空调用;通用电源 AC100V,60Hz;控制、通信用电源 DC100V。PSU 由高压逆变器(H-INV)和低压变换器(L-INV)组成。

12.车辆控制装置

车辆控制装置由 3 个相互配合部分组成,即司机台、车辆信息管理装置(TIMS)和显示画面(VDT)。

司机台配置控制板、监控显示板、辅助操纵盘等。

TIMS 采集列车运行基地指挥中心发出的信息和各车辆装置的运行状态信息,并显示到监控画面上。TIMS 的控制装置装在每节车上,用高速数据网络相互连接。TIMS 采用冗余设计,为二重系结构,具有信息收集、信息处理、各车辆设备的整合管理、整备信息支持等功能。

(1)信息收集、处理功能:TIMS 从各车辆设备采集车辆状态信号进行处理。

(2)整合管理:对自动制动、加速度控制、浮起控制、控制显示盘等各车辆的周边设备进行整合管理。

(3)整备信息支持:TIMS 自动进行包括运行前检查的所有检查,并收集主要部件定期检查和整备作业的信息。监控显示画面(VDT)的功能是从 TIMS 控制装置接收各车辆的状态信息,分析数据,并将其结果显示到司机台的监控画面上,另外还显示有关运行的补加信息:浮起状态、车门开闭状态、各系统状况、当前时间。为了进行离线异常数据诊断,车辆上还安装了记忆卡。

13.列车自动控制装置(ATC)

列车自动控制装置包括列车检测装置(TD)、车上的列车自动运行装置(ATO)、列车自动防护装置。

车上的列车自动运行装置(ATO)具有自动控制车站列车出发功能,通过车站 ATO 信息传递装置、应答器等,协调完成列车的停止或起动、车门开闭的控制。列车位于车站之间(区间)时,车上 ATO 装置从道旁的信标接收到 ATC 限制速度参数,实施列车速度控制的监视。当列车接近下一个车站时,由地面发射器激发定位停止信号,ATO 切换到定位停止控制(TASC),使列车停止在各车站的定点位置。

思考题

1.城市轨道交通车辆基本特点有哪些?其由哪些基本部分组成?

2.轨道车辆最小曲线通过半径的影响因素有哪些?

3.试述车体的主要技术标准及参数。

4.简述轨道车辆车体结构组成和铝合金车体的优缺点。

5.简述轨道车辆走行装置的组成。

6.特殊形式的转向架一般包括哪些?其主要用途和开发的原因是什么?

7.试述轨道车辆电传动与控制技术发展历程。

8.轨道车辆为何要设置限界?限界有哪几种?

9.简述磁浮列车系统主要构成及技术模式。

第六章

城市轨道交通列车运行自动控制系统

城市轨道交通的基本任务是安全、准时、高效率、高密度地运送乘客。因此,必须采用可靠的列车运行控制设备来指挥列车的运行,以确保列车的安全运行。从传统的闭塞、联锁信号设备到现代化的列车运行自动控制(Automatic Train Control,简称 ATC)系统,是长期实践、经验积累、技术不断改进和发展的结果。

列车运行自动控制(ATC)系统由列车自动监控(Automatic Train Supervision,简称 ATS)系统、列车自动防护(Automatic Train Protection,简称 ATP)系统和列车自动运行(Automatic Train Operation,简称 ATO)系统组成。

第一节　城市轨道交通信号系统概述

传统的信号系统中,将设置于轨旁的地面信号机作为主体信号,以其不同颜色的灯光显示,向司机发出不同的行车命令,然后由司机来操纵列车的运行;而感应到驾驶室的车载信号只作为辅助信号,向司机提供各种用于驾驶的参考信息。地面信号机显示允许信号,允许列车驶入信号机所防护的轨道区段;信号机显示禁止信号,则不准列车驶入信号机所防护的轨道区段。

在城市轨道交通中,由于采用闭环的自动控制系统,所以在 ATC 系统完好的情况下,司机可以不参与列车的运行操纵。因此,城市轨道交通信号系统中,可以不设置地面信号机,而根据车载信号——速度信号和距离信号,自动控制列车的运行。至于线路上设置的地面信号机,只是对非 ATC 控制的列车,或 ATC 控制列车在 ATC 系统失效时,作为列车的运行凭证。

信号系统的第一使命是保证行车安全,当信号技术设备和信号机的控制设备发生故障时,应立即显示禁止信号,以阻止列车驶入信号机所防护的轨道区段。这就是信号系统中经典的故障导向安全原则。

城市轨道交通信号系统由正线列车运行自动控制系统和车辆检修基地的计算机联锁系统两大部分组成。无人驾驶信号系统中,正线和停车场出入库的信号系统都必须纳入 ATC 系统。

一、城市轨道交通信号系统的作用

城市轨道交通信号系统的作用主要体现在确保列车运行安全、提高列车运行效率和提升行车服务质量三个方面。除此之外,也体现了城市轨道交通的现代化水平。

1. 确保列车运行安全

城市轨道交通信号系统是指挥列车安全运行的关键设备,只有在列车运行前方的轨道区段没有列车占用(列车进路空闲)、道岔位置正确、敌对或相抵触的信号没有建立等条件满足时,才可以向列车发出允许前行的信号,所以只要严格遵循信号的指示运行,就能够确保列车的安全运行;反之,如果列车不遵循信号的指示运行(违章运行),将诱发事故。所以信号系统担负着确保运输安全的重要使命。有了信号系统的保障,可以减少或杜绝列车运行事故。

2. 提高列车运行效率

信号系统在保证列车运行安全的同时,对列车运行效率的提高也起着极其重要的作用。在城市轨道交通中,由于采用了先进的信号系统,列车的行车间隔大大缩短,可以达到很小的运营间隔,缩短列车停站时分,提高行车密度,根据设定的列车运行时刻表,自动、安全地指挥列车按列车运行图运行。据有关资料统计,单线自动闭塞系统在组织追踪运行的条件下,可提高通过能力 25% ~30% ;复线自动闭塞系统可提高通过能力 1~2 倍;采用 ATS 子系统,在不增加车站到发线的情况下,可提高通过能力 12% ~24% 。现代化的信号系统对于提高行车效率有显著的作用。

3. 提升行车服务质量

随着新技术在信号系统中应用的不断提升,列车运行的自动化程度也在不断提高。这一方面使列车运行的速度、密度和安全性得到进一步提高,另一方面在降低司机的劳动强度、为调度员提供更便捷有效的调度与管理手段、为旅客提供更舒适与准时的乘车环境等行车服务质量方面也得到了很大提升。

4. 体现城市轨道交通的现代化水平

我国城市轨道交通得到迅速发展,得益于科技的迅猛发展和技术装备的现代化。信号系统从传统的侧重于确保列车运行安全命令输出的地面信号发展为更注重于列车运行命令执行的列车运行控制系统。这使得列车的驾驶方式由原先的人工驾驶发展为目前的自动驾驶和无人驾驶。信号系统的无人驾驶技术标志性地体现了我国城市轨道交通的现代化水平。

二、城市轨道交通信号系统的特点

为满足城市轨道交通高密度运行的需求,必须采用现代化的信号设备。城市轨道交通信号系统具有以下特点。

1. 以车载信号为主体信号

城市轨道交通信号系统与传统的以地面信号机为主体信号的信号系统不同,它以车载信号为主体信号,除正线道岔区域外,一般都不设地面信号机;而道岔区域地面信号机的显示,只对非 ATC 控制的列车起作用。当然,根据各条线路信号系统的结构不同,个别线路也在车站设置出站信号机,用于 ATC 系统失效时,采用降级信号系统指挥列车的运行。一般情况下,城市轨道交通无岔站的站台上设有紧急停车按钮和发车时间显示器。

2. 车载信号反映了列车前行的目标速度或目标距离

城市轨道交通的车载信号反映了列车运行的目标速度或允许前行的目标距离。目标速度是指列车到达目标点时被允许的速度;目标距离是指当前列车与目标点的距离。

3. 车载信号可反映列车前行的"进路地图"

先进的 ATC 系统车载信号可反映列车前行的"进路地图"。"进路地图"描述了列车运行前方线路的"地图"信息,包括线路坡度、曲线半径、线路限速、道岔开通状态、精确的位置信息等。列车根据这些信息,计算运行速度,自动地控制列车的运行,并保证列车在车站对标停车。

以"进路地图"为车载信号内容的信号系统中,列车位置的精确定位至关重要,列车必须自动判断在线路上的位置。为此,在线路的相关地点设置定位信标,以向列车传送绝对位置。然后,列车根据运行速度和车轮周长算出列车在线路的相对位置;列车在到达下一个定位信标时进行距离校核,以修正距离的误差。

4. 可实现列车运行间隔的自动调整和超速防护

对于配置 ATC 系统的城市轨道交通可实现列车运行的自动调整和超速防护,而且其正线列车最小追踪间隔可达 $1.5 \sim 2\text{min}$。

ATC 系统的核心功能是确保列车运行时刻表的实施。它可根据列车运行轨迹实时跟踪的反馈信息来决定列车时刻表的调整力度。如果列车晚点,则可以缩短列车在车站的停站时分或调整列车运行在区间的速度等级。在时刻表偏离较小的前提下,这种调整信息由系统自动完成。但如果时刻表偏离较大,则需由调度员干预,进行人工调整。

列车调度信息由控制中心传送至列车,列车接收调度信息以后的执行信息也要回送至控制中心,这种车地信息的交换,早期的 ATC 系统都是在车站的站台区域完成;而在基于无线通信的列车运行自动控制系统(Communication Based Train Control,CBTC)中,由于列车和控制中心之间一直在进行无线信息交换,所以 CBTC 制式的车地双向通信是不间断的,不受地点的限制。显然,CBTC 系统的列车调整更及时、有效,车地信息交换的内容也更丰富。

ATC 系统根据列车运行时刻表和列车运行轨迹,自动排列列车运行进路,指挥列车运行;而且当列车运行的实际速度超过目标速度时,车载 ATP 子系统自动启动超速防护,确保列车安全、高速运行;在 ATO 自动运行的情况下,由车载 ATC 系统自动完成超速防护;假如由司机操纵列车,列车也必须在 ATP 的保护下运行。也就是说,假如列车 ATP 子系统出现故障,那么,该列车必须退出正线运行,因为 ATP 出现故障意味着列车不再具备超速防护的功能。

第二节　信号系统的轨旁基础设备

城市轨道交通信号系统的轨旁基础设备主要包括地面色灯信号机、道岔转辙机和轨道电路。

一、地面色灯信号机

城市轨道交通的地面信号是列车运行的辅助信号,平时这些信号机都由轨旁 ATC 子系统自动控制,设置成自动信号或连续通过信号。它根据列车运行时刻表和列车实时信息自动动作;只有在人工控制的情况下,才由调度员或车站值班员排列进路、开放信号。

1.地面色灯信号机的设置原则

城市轨道交通地面色灯信号机的设置原则如下:

(1)正线有岔站时为了防护道岔并实现联锁关系,设置地面色灯信号机,中间站(无岔站)一般不设信号机。

(2)折返站的折返线出入口都设置防护信号机。

(3)一般情况下,正线区间不设通过信号机。

(4)停车场的出入库线应设置出入库地面信号机,指挥列车的出入库。

(5)停车场内,根据调车作业的需要,设置各种用途的调车信号机。

(6)在 ATC 系统没有同步开通的特定情况下,根据列车运行间隔,可设置出站信号机和区间通过信号机。待 ATC 系统开通后,这些信号机就失去作用,只作为后备系统使用。

(7)信号机一般设置于运行线路的右侧。

折返站的地面信号机设置如图 6-1 所示。

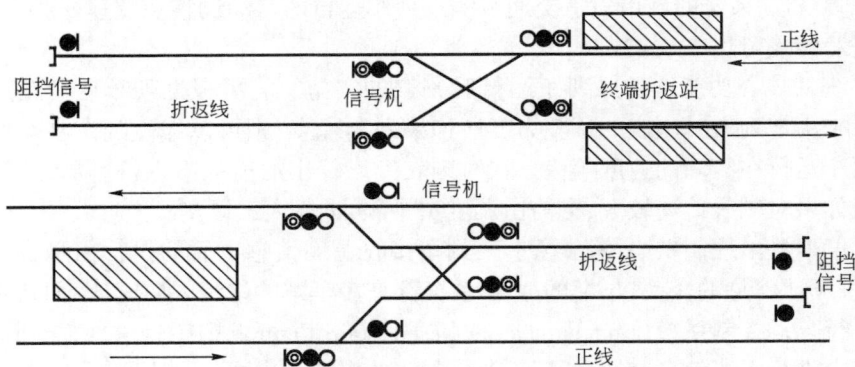

图 6-1　折返站地面信号机设置示意图

2.透镜式色灯信号机结构原理

透镜式色灯信号机有高柱和矮柱两种类型。高柱信号机的机构安装在钢筋混凝土信号机柱上,矮柱信号机的机构直接用螺栓固定在信号机水泥基础上。城市轨道交通信号机基本上都是矮柱信号机。矮柱透镜式色灯信号机如图 6-2a)所示。

城市轨道交通采用二显示和三显示的信号机构。机构的主要部件是透镜组,它由一块外径为 139mm 有色外棱梯透镜和一块外径为 212mm 无色内棱梯透镜通过透镜框组装而成。透镜框上还装有可调灯座,可调灯座在上、下、前、后、左、右 6 个方向调整,使灯泡的主灯丝位于透镜组主光轴的焦点上,灯丝光源发出的光,经有色外棱梯透镜和无色内棱梯透镜前后两次折射,产生平行的有色光束射向前方,以满足信号显示距离的要求。

随着超高亮度发光二极管(Light Emitting Diode,简称 LED)的问世,新型的 LED 信号机已得到广泛应用。LED 信号机是运用近代光电器材和电子稳压技术研制的免维护信号器材。该信号机具有发光强度高、显示距离长、节能、寿命长、消除了灯丝突然断丝和点灯冲击电流、小型化、轻量化、色泽一致、光束集中、应变速度快的特点。近年来,城市轨道交通的新建线路及停车场的地面信号机,都选用 LED 色灯信号机,如图 6-2b)所示。

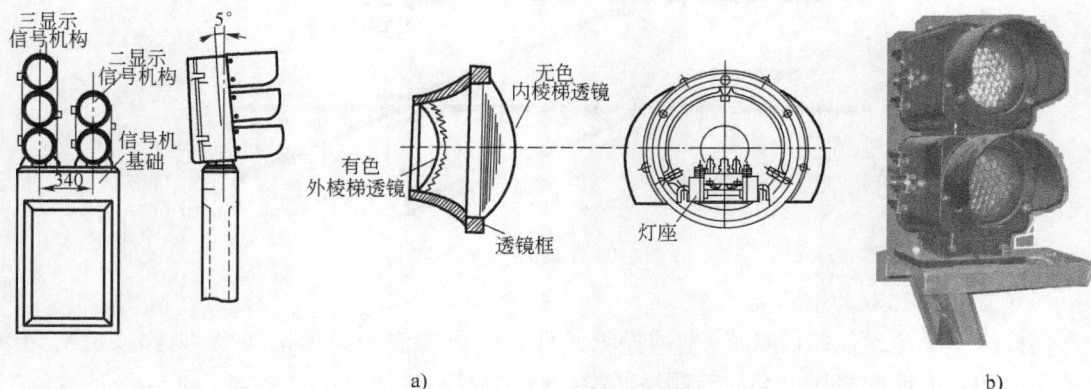

图 6-2 矮柱透镜式色灯信号机和 LED 色灯信号机示意图

二、道岔与转辙机

1.道岔概述

道岔是引导列车从一个股道转向另一个股道的转辙设备,它是轨道线路中最关键的特殊设备,也是信号系统的主要控制对象之一。

1)道岔结构

道岔结构如图 6-3 所示。它有两根可以移动的尖轨,尖轨的外侧是两根固定的基本轨,还有翼轨、岔心、护轮轨等。

2)道岔的定位和反位

道岔有两根可以移动的尖轨,一根尖轨与基本轨密贴,另一根尖轨与基本轨分离。两根尖轨的位置必须同时改变,使原来密贴的分离,而原来分离的密贴。由此可见,道岔有两个可以改变的位置。我们通常把道岔经常所处的位置叫作定位,临时根据需要改变的另一位置叫作反位。

为改变道岔的两个位置,在道岔尖轨处需安装道岔转辙设备,即道岔转辙机。

3)道岔密贴

尖轨与基本轨密贴的程度如何,对行车安全影响很大。比如,列车迎着尖轨运行时,如果尖轨与基本轨不密贴,其间隙超过一定限度(大于 2mm),则车辆的轮缘有可能撞到或从间隙中挤进尖轨尖端,从而造成颠覆或脱轨的严重行车事故。因此,对尖轨和基本轨的密贴程度有严格的规定。为了保证行车安全,当道岔尖轨与基本轨不密贴时,不能锁闭道岔,也不允许开放信号。

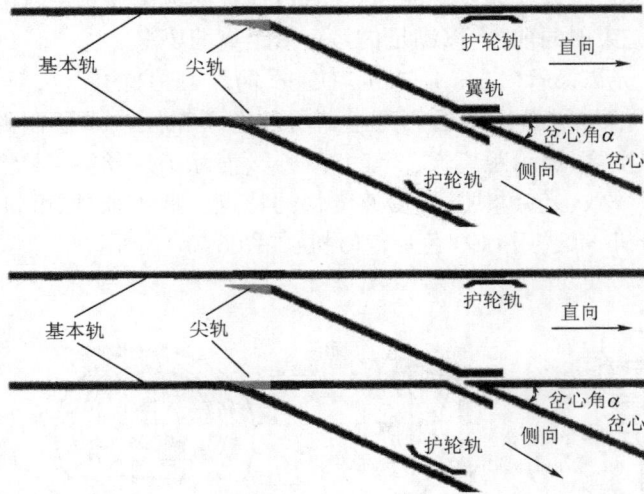

图6-3　道岔结构示意图

4)单动道岔和双动道岔

当按压一个道岔按钮(电动道岔的操纵元件)时,仅能使一组道岔转换,则称该道岔为单动道岔。如果能使两组道岔同时或顺序转换,则称为双动道岔。

2.转辙机

转辙机是控制道岔尖轨动作的信号设备,它的基本任务是转换道岔、锁闭道岔、反映道岔的位置和状态。作为转辙装置的核心和主体,除转辙机本身外,其还包括锁闭装置、各类杆件及安装装置,它们共同完成道岔尖轨的转换和锁闭。城市轨道交通采用的转辙机主要有电动转辙机和电液转辙机两种形式。另外,由于钢轨重量的增加,在正线道岔也有采用双机牵引的情况。

1)转辙机的作用与要求

(1)转换道岔的位置。带动尖轨做直线往返运动;当尖轨动作受阻,不能与基本轨密贴时,应使尖轨恢复原位。

(2)道岔转至所需位置,应将道岔锁闭,确保在车辆通过道岔时,尖轨不移位。

(3)正确反映道岔状态,给出相应的道岔位置表示。

(4)当道岔被挤,或没有道岔位置表示时,信号系统会报警。

2)转辙机的传动机构

转辙机的传动机构是将电动机的高速旋转运动变换成动作杆的低速直线运动,再由动作杆带动道岔尖轨转换。传动机构的另一作用是驱动尖轨的锁闭机构。转辙机的传动机构有齿轮传动和液压传动两类。

(1)齿轮传动机构。

采用齿轮传动时,必须采用摩擦连接器,其原因之一是当尖轨转换完毕时,而电动机还不能立即停转,利用摩擦连接器可以克服电动机的转动冲击。另外,当尖轨在转换过程中受阻,而不能继续动作时,摩擦连接器进入摩擦状态,使电动机能继续转动而不致烧毁。

（2）液压传动机构。

液压传动机构是由电动机来驱动油压泵,加压的液体注于储能油罐中,使罐内油液压缩,以储存一定能量。在转换道岔时,电动机工作,同时将控制油路的阀门打开,使受压的油液注入油缸中,借助活塞与油缸的相对运动推动油缸,再由油缸带动动作杆,使道岔尖轨转换。

当道岔的尖轨转换到规定的位置,且与基本轨保持一定的密贴力时,转辙机将尖轨机械锁闭在密贴状态,以保证在列车通过道岔时,尖轨不致因受震动而离开基本轨。

3）转辙机辅助设备

道岔转辙机在轨间还设有连接杆、尖端杆、密贴调整杆、表示杆等转辙设备。

典型的 ZD6-A 型电动转辙机如图 6-4 所示,它由电动机、减速器、主轴、动作杆、表示杆、移位接触器、外壳等组成。

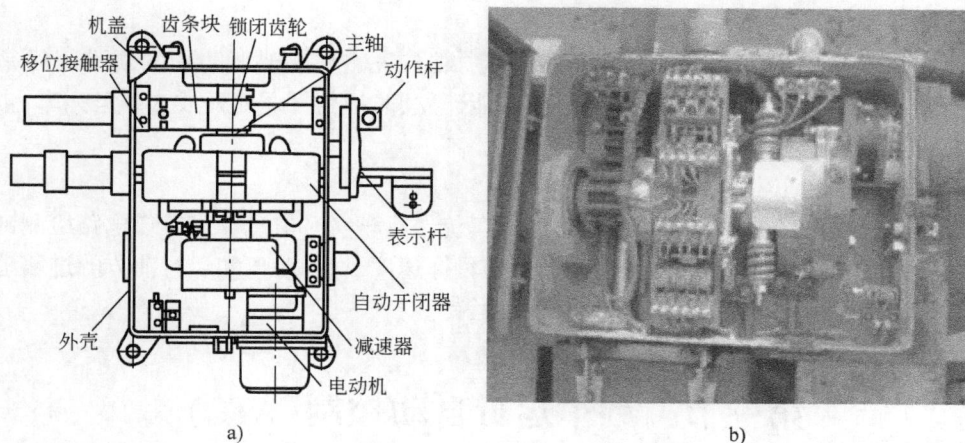

图 6-4 ZD6-A 型电动转辙机结构

三、轨道电路

1872 年,美国人鲁滨逊发明了轨道电路,利用它实现了列车占用钢轨线路状态的自动检查,进而实现了对地面信号的自动控制。在城市轨道交通系统中,轨道电路广泛应用于列车的检测,但在不设轨道电路的情况下,可采用计轴器来检测列车的占用情况。

1. 轨道电路的基本原理

轨道电路是以线路的两根钢轨作为导体,两端加电气绝缘,接上送电和受电设备构成的电路。最简单的交流轨道电路以及无绝缘轨道电路示意图如图 6-5 所示。图 6-5a）是设有钢轨绝缘节的交流轨道电路示意图,图 6-5b）是无绝缘轨道电路示意图。当轨道区段没有列车占用时,轨道电路发送端的电流经由两根钢轨至接收端的轨道继电器,使轨道继电器工作;当列车占用该轨道区段时,列车车轮将两根钢轨短路,导致轨道电路的大部分电流通过车轮被分路,导致轨道继电器因电流不足而失磁,从而检测列车的到达。列车驶离该轨道区段后,车轮的分路被取消,轨道继电器又恢复工作。所以轨道电路是检测列车占用轨道区段的专用设备。

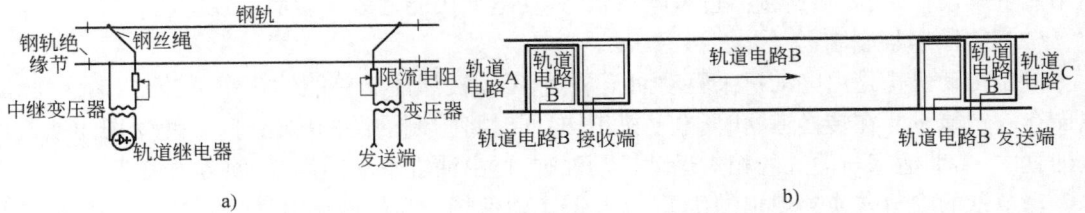

图 6-5　交流轨道电路和无绝缘轨道电路示意图

城市轨道交通正线的轨道电路都采用无绝缘轨道电路。如图 6-5b）所示，其电气绝缘是通过 S 形的连接线（简称 S Bond）来实现的。无绝缘轨道电路的发送设备和接收设备都设置于信号设备室，通过电缆引至钢轨。

2. 轨道电路的作用

1）检测列车是否占用轨道区段

轨道电路通过其接收设备（轨道继电器）的励磁与失磁来反映所防护的轨道区段是否有列车占用，即是否空闲。轨道区段空闲，进路才能建立、防护信号才能开放。一旦列车占用，防护信号自动关闭。

2）向列车传递行车实时信息

城市轨道交通信号系统通过轨道电路向列车传递行车实时信息。当轨道电路检测到列车已经占用时，其发送端立即通过钢轨向列车传送目标速度、目标距离和运行前方的进路地图等信息，列车接收到这些信息以后，自动控制列车运行。

第三节　列车运行自动控制（ATC）

列车运行自动控制系统是保证列车运行安全和提高行车效率的重要系统。由于城市轨道交通的行车密度高、站间距离短，对列车运行的安全性和自动化程度也有更高的要求。ATC 系统取消了传统的地面信号，将车载信号作为主体信号，信号的含义发生了质的变化，传递给列车的是具体的速度或距离信息。后续列车根据与先行列车之间的距离和进路条件，在车内连续地显示出容许的速度信息或按设定的运行条件容许列车前行的距离信息，根据上述信息，列车自动地控制运行速度，进行超速防护，以达到自动调整行车间隔的目的，并实现列车在车站的程序定位停车。

ATC 信息的传输，视城市轨道交通制式而异，地铁、轻轨等可以借助钢轨作为传输信道，用轨道电路来传递速度信息。目前我国已建成的地铁、轻轨基本上都采用这种方式。对于不敷设钢轨的轨道交通，如跨座式独轨交通，可在运行线路上敷设环线，以连续地检测列车所在的位置和发送各种命令信息。除采用钢轨或设环线来连续地传递信息外，也可以通过设于运行线路的点式传感器（应答器），向车上传递特殊的点式信息。

随着无线通信技术可靠性的提高和标准的制定，基于无线通信技术的列车运行自动控制系统（CBTC）也已广泛应用于我国的城市轨道交通。

列车在车站的程序定位停车方式，根据信号传输方式的不同，分为台阶式和速度模式曲线式两种。在模拟信号时代,基本上都是台阶式停车方式;速度模式曲线式制动的控制方式,是建立在数字编码技术和数字信号处理技术基础上的,它可以缩短列车的运行间隔,也可以改善驾驶条件并提高乘客乘车舒适性。

本书先以基于模拟和数字轨道电路的准移动闭塞的 ATC 系统为重点,对 ATC 系统的工作原理、系统结构、各个子系统的功能进行分析,然后介绍基于环线和无线通信的列车运行控制系统(CBTC)。

一、ATC 系统的结构

列车自动控制系统,包括列车自动监控(ATS)、列车自动防护(ATP)和列车自动运行系统(ATO)。这三个子系统通过信息交换网络构成闭环系统,实现地面控制与车上控制结合、现地控制与中央控制结合,构成一个以安全设备为基础,集行车指挥、运行调整以及列车驾驶自动化等功能为一体的列车自动控制系统。

ATC 系统的设备分布于控制中心、车站信号设备室、轨旁及车上。图 6-6 为 ATC 系统的结构图例。

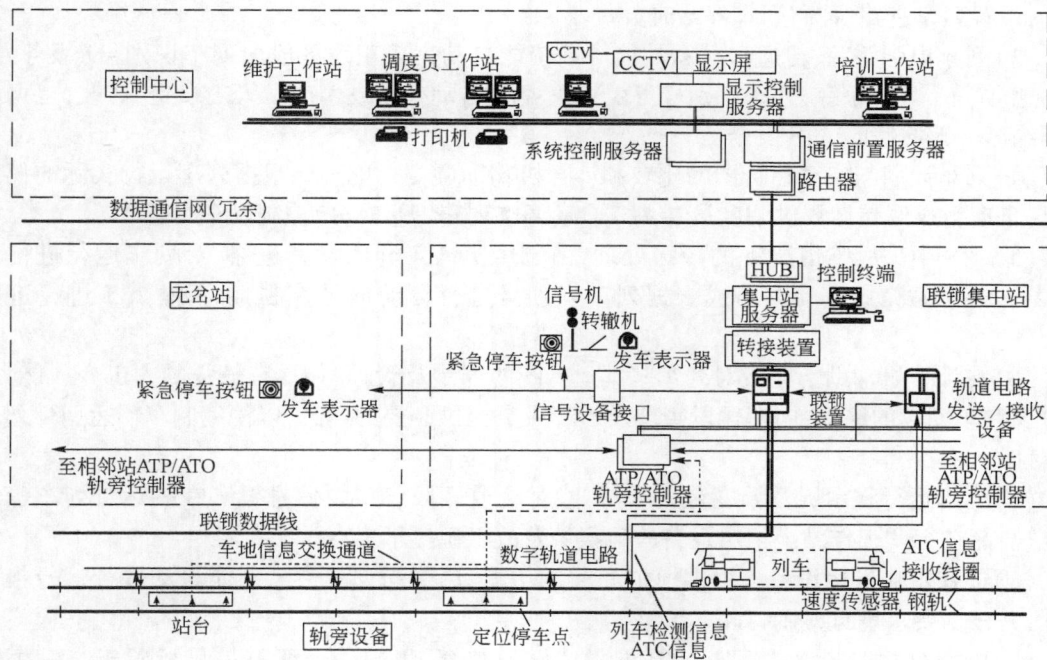

图 6-6 ATC 系统结构图例

如图 6-6 所示,指挥列车运行的控制中心设有作为 ATC 系统中枢的系统控制服务器及其用于调度控制的工作站;数据传输系统包括通信前置服务器、路由器及数据通信网等,实现控制中心与全线车站信号设备室之间的实时数据信息交换;调度员通过调度员工作站下达行车控制命令;现场的列车在线信息、车次号信息以及道岔、信号机的状态信息等由壁式大屏幕显示屏及调度员工作站的阴极射线管(Cathode Ray Tube,简称 CRT)显示器显示。

设于联锁集中站设备室的服务器接收调度员的控制指令,通过联锁装置,排列进路、开放信号,并将列车在线信息、信号设备的状态信息等传送给控制中心。通过 ATP 子系统的轨旁设备，发送列车检测信息，以检查轨道区段内有无列车占用，并向列车发送限速命令或允许运行的目标距离信息、门控命令、定位停车指令等。

车上/车载 ATC 设备，接收并解译地面送来的调度指令和 ATP 速度命令或距离信息，完成速度自动调整和车站程序定位停车，实现列车的自动运行；并将列车的运行状态和设备状态信息返回，经车站服务器传送给控制中心。

二、ATC 系统的功能

1. 按 ATC 系统的组成划分

1）ATS 系统功能

ATS 系统由控制中心、车站、车场及车载设备组成。ATS 系统在 ATP 系统的支持下完成对列车运行的自动监控，主要实现以下基本功能：

（1）通过 ATS 车站设备，能够采集轨旁及车载 ATP 提供的轨道占用状态、进路状态、列车运行状态及信号设备故障等控制和监督列车运行的基础信息。

（2）根据联锁表、计划运行图及列车位置，自动生成输出进路控制命令，传送至车站联锁设备，设置列车进路、控制列车停站时分。

（3）列车识别跟踪、传递和显示功能。系统能自动完成正线区段内列车识别号（服务号、目的地号、车体号）跟踪，列车识别号可由中央 ATS 自动生成或调度员人工设定、修改，也可由列车经车—地通信向 ATS 发送。

（4）列车计划与实绩运行图的比较和计算机辅助调度功能。能根据列车运行实际的偏离情况，自动生成调整计划供调度员参考或自动调整列车停站时分，控制发车时间。

（5）ATS 中央故障情况下的降级处理，由调度员人工介入设置进路，对列车运行进行调整，由 ATS 车站完成自动进路或根据列车识别号进行自动信号控制，由车站人工进行进路控制。

（6）在计算机辅助下完成对列车基本运行图的编制及管理，并具有较强的人工介入能力。通过设在车辆段的终端，向车辆段管理及行车人员提供必要的信息，以便编制车辆运用计划和行车计划。

（7）列车运行显示屏及调度台显示器，能对轨道区段、道岔、信号机和在线运行列车等进行监视，能在行调工作站上给出设备故障报警及故障源提示。

（8）能在中央专用设备上提供模拟和演示功能，用于培训及参观。能自动进行运行报表统计，并根据要求进行显示打印。

（9）能在车站控制模式下与计算机联锁设备结合，将部分或所有信号机置于自动模式状态。

（10）向无线通信、广播、旅客向导系统提供必要的信息。

2）ATP 系统功能

ATP 系统由地面设备、车载设备组成，监督列车在安全速度下运行，确保列车一旦超过规定速度，立即施行制动。ATP 系统主要实现以下功能：

（1）自动连续地对列车位置进行检测，并向列车发送必要的速度、距离、线路条件等信息，以确定列车运行的最大安全速度。提供列车速度保护，在列车超速时提供常用制动或紧急制动，保证前行与后续列车之间的安全间隔，满足正向行车时的设计行车间隔和折返间隔。同时,对反向运行列车能进行自动防护。

(2)确保列车进路正确及列车的运行安全。确保同一径路上的不同列车之间具有足够的安全距离,并防止列车侧面冲撞等。

(3)防止列车超速运行,保证列车速度不超过线路、道岔、车辆等规定的允许速度。

(4)为列车车门的开启提供安全、可靠的信息。

(5)根据联锁设备提供的进路上轨道区间运行方向,确定相应的轨道电路发码方向。

(6)任何车-地通信中断以及列车的非预期移动(含退行)、任何列车完整性电路的中断、列车超速(含临时限速)、车载设备故障等均将使 ATP 产生安全性制动。

(7)实现与 ATS 接口和相关信息交换。

(8)实现系统自诊断、故障报警与记录。

(9)列车的实际速度、推荐速度、目标速度、目标距离等信息的记录和显示,并具有人工或自动轮径磨耗补偿功能。

3)ATO 系统功能

ATO 系统是控制列车自动运行的设备,由车载设备和地面设备组成。在 ATP 系统的保护下,ATO 系统根据 ATS 的指令实现列车运行的自动驾驶、速度的自动调整和列车车门控制。ATO 系统主要实现以下功能:

(1)自动完成对列车的启动、牵引、巡航、惰行和制动的控制,以较高的速度进行追踪运行和折返作业,确保达到设计间隔及旅行速度。

(2)在 ATS 监控范围的入口及各站停车区域(含折返线、停车线)进行车-地通信,将列车有关信息传送至 ATS 系统,以便于 ATS 系统对在线列车进行监控。

(3)控制列车按照运行图运行,以达到节能及自动调整列车运行的目的。

(4)ATO 自动驾驶时实现车站站台定点停车控制、舒适度控制及节省能源控制。

(5)能根据停车站台的位置及停车精度,自动对车门进行控制。

(6)与 ATS 和 ATP 结合,实现列车自动驾驶、有人或无人驾驶。

2. 按 ATC 系统设备的安装位置划分

如按 ATC 系统设备的安装位置划分,则 ATC 系统可分为控制中心、联锁集中站信号设备、车载 ATC 设备,各部分功能如下。

1)控制中心功能

控制中心的核心功能是指挥整条线路的列车运行。而指挥整条线路列车运行的功能是由 ATS 子系统来支持实现的。所以,控制中心的功能也可以理解为是 ATS 子系统的主要功能,即:

(1)列车运行控制和调整控制。

(2)时刻表的编辑、修改、存储及调整控制。

(3)列车位置的实时监视和列车运行轨迹记录。

(4)运行图管理。

(5)列车运行进路的自动设置,车站联锁状态的监督。

(6)线路监控和报警控制、故障记录等。

2)联锁集中站信号设备功能

设置在联锁集中站的信号设备的任务是具体执行控制中心的操纵指令,负责列车的安全运行,完成与列车的信息交换。联锁集中站的功能需要 ATS、ATP、ATO 3 个系统相互配合来完成。所以,联锁集中站功能主要包括:

(1)ATS 系统。

①列车的进路控制及其表示。

②遥控指令的解译及表示数据的编辑。

③折返站折返模式控制。

④车-地信息编译和交换。

⑤旅客导向信息、目的地信息的显示。

⑥运行速度等级、停站时分调整等。

(2)ATP/ATO 系统。

①轨道区段空闲的检测。

②列车运行进路和列车安全间隔控制。

③列车限速控制。

④车站程序定位停车控制。

⑤定位停车校核、列车车门和站台屏蔽门开闭控制。

⑥停站时间控制及目的地选择等。

3)车载 ATC 设备的功能

车载 ATC 设备同样涉及 ATS、ATP 和 ATO 3 个系统。车载 ATS 系统接收控制中心的调度指令,车载 ATP/ATO 系统接收并执行地面送来的各种指令,确保列车按所排列的进路和运行时刻表安全、准点运行。所以,车载 ATC 设备的功能主要包括:

(1)ATS 系统。

①接收非安全控制信息。

②接收运行等级及其目的地调整等数据。

③发送列车状态的自诊断信息。

④提供车内旅客导向信息等。

(2)ATP/ATO 系统。

①接收和解译限速指令。

②根据限速,对列车运行速度自动调整控制和超速防护。

③测速、测距。

④定位停车程序控制和定位停车点校核。

⑤控制车门开闭,发送站台屏蔽门开闭信息。

⑥自动折返和出发控制等。

三、ATC 系统的控制模式

城市轨道交通通过 ATC 系统,在控制中心集中控制列车运行,当遥控发生故障或运行需要的情况下,可以将权力"下放",由相应的联锁集中站进行控制。而列车的操纵,在设置 ATO 系统的前提下,可以实现列车的自动运行、自动折返;也可以由司机进行人工操纵,由 ATP 系统进行超速防护。ATC 系统的控制模式在各个城市的不同线路有不同称呼,但其控制方式的内容基本上大同小异。

1. 行车调度的控制方式

1）集中控制模式

（1）全自动模式。ATC 系统根据列车运行时刻表，由控制中心自动办理进路，调度全线列车的运行。

（2）自动调度模式。根据运行时刻表自动办理列车进路，但列车在车站的停站时分、运行等级等由调度员进行调整。

（3）集中人工模式。列车的始发进路由调度员人工办理，列车运行目的地也由调度员设定。一般车站都设为连续通过进路，由目的地触发的自动进路处于自动状态，列车在各站的停站时间、出发时间、运行等级等由调度员设定。

2）车站控制模式

在调度员授权下，还可将控制权"下放"给联锁集中站（简称站控或紧急站控）；由联锁集中站的车站值班员对所管辖区段的列车运行进路进行控制，也可以设置连续通过信号和自动信号。

2. 列车操纵模式

列车的操纵模式因列车而异，一般有以下几种方式。

1）ATO 模式

在 ATO 模式下，司机根据操作规程，关闭列车门，完成出发检查后，按下出发按钮，列车自动启动运行，在区间根据地面限速指令，自动调整列车运行速度。当列车到达下一站，自动完成程序定位停车控制。

2）手动 ATP 模式

在该模式下，司机关闭车门和执行出发检查后，手动启动，列车 ATP 子系统进行速度控制和超速防护，车站的停车控制由司机负责操纵。

3）慢速前行模式

列车在 ATP 控制模式下运行时，收不到有效的 ATP 信号，或显示为零限速，这时司机在注意的情况下，以低于 20km/h 的限速慢行，以使列车寻找 ATP 信号，当收到有效的 ATP 信号后，可以转为手动 ATP 模式，这种模式也称 CLOSE IN 模式。

4）反向模式

这种情况一般适用于停站超过停车点，列车由司机控制倒车运行。该模式下，限制列车以不超过 10km/h 的速度运行，当速度超过 12.5km/h 时，车载 ATP 子系统会施加全常用制动。这不同于反向运行，因为 ATC 系统在一般情况下都可以实现 ATP 保护下的反向运行。

5）ATC 关闭和旁路模式

该模式下，车载 ATC 系统可以有电，但其输入、输出均被隔离，不起作用，列车由司机人工驾驶，负责运行安全。若 ATP 出现某种故障，禁止列车运行，列车也只能以 ATC 旁路模式，在严格的操作规范下手动运行。

任何模式的转换都必须在停车的情况下进行，而且应取得调度员的同意，如果在列车运行过程中，司机随意改变运行模式，将导致紧急停车。

2017 年 12 月，由北京轨道交通建设管理有限公司、交控科技股份有限公司主编，中车和铁科院等多家单位以及北京、上海等地相关单位参编的《城市轨道交通全自动运行系统建设

城市轨道交通概论（第2版）

指南》正式发布，它定义了不同等级下的列车运行方式，见表6-1。

不同等级下的列车运行方式 表6-1

自动化等级	列车运行方式	自动化等级	列车运行方式
GoA0	目视下列车运行（TOS）	GoA3	有人值守下列车自动运行（DTO）
GoA1	非自动列车运行（NTO）	GoA4	无人值守下列车自动运行（UTO）
GoA2	半自动列车运行（STO）		

第四节　列车自动监控（ATS）

列车自动监控（ATS）子系统，是指挥列车运行的控制、监督设备。它主要完成列车的调度和跟踪、运行时刻表的调整控制和监督，列车进路的控制和表示，系统状况、报警信息的显示和记录，统计汇编、系统仿真和诊断。基于计算机网络的 ATS 系统由控制中心的 ATS 设备（CATS）、联锁集中站 ATS 设备（LATS）和车载 ATS 设备组成。

一、控制中心 CATS 的硬件设备及软件系统

设有 ATC 系统的城市轨道交通线路，平时由控制中心集中控制全线列车的运行，在中心授权下，也可以进行站控，但必须由该车站所对应的联锁集中站进行控制；有的 ATC 系统除了上述控制中心集中控制外，还可由联锁集中站对所管辖的车站进行站控，而且在授权下，也可以由相邻的联锁集中站进行站控，这种方式更为可靠和灵活。下面我们以前者为例，首先对控制中心列车自动监控系统（CATS）的硬件设备及软件系统予以阐述。

1. 硬件设备

图6-7 为 CATS 系统的硬件设备结构图例。CATS 的硬件设备主要由以下几个部分组成。

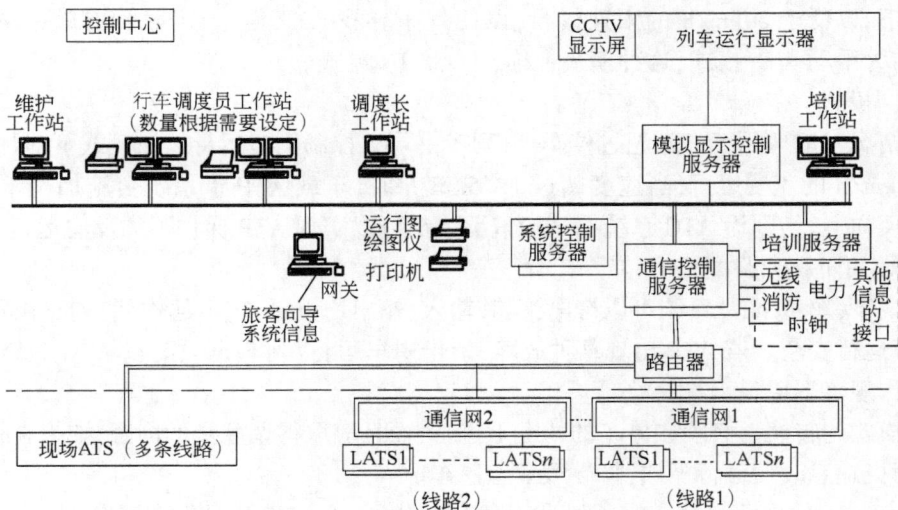

图 6-7　CATS 系统硬件设备结构图例

194

1)控制中心计算机系统

(1)系统控制服务器。

系统设有两台运行控制服务器,以执行列车控制功能。它完成列车运行管理和列车运行图管理、储存列车数据,并通过转换接口与控制表示盘相连。系统控制服务器的具体作用如下:

①控制列车运行。按时刻表的要求或调度员操作指令,产生相应的进路控制命令、调度指令,通过联锁集中站信号设备室的联锁设备及轨旁设备,来控制列车运行进路和调整全线的列车运行。

②处理全线的表示信息。对中心接收到的与列车运行相关的各种表示信息进行处理,然后通过表示盘显示全线的进路开通状态、信号设备状态(包括道岔位置、信号机显示及轨道电路状况)以及列车所处的位置等运行信息和各种报警信息。也可以另外设置模拟显示控制服务器,如图6-7所示。

③采集、存储运行记录并产生各种运行报告。

④管理和维护整个 ATS 的计算机系统。

(2)通信前置服务器。

系统设有两台通信前置服务器,其作用是完成控制中心与各联锁集中站以及车辆段远程终端数据传输单元之间的控制和表示信息的交换。

系统控制服务器和两台通信前置服务器均为冗余配置,它们也可以构成两套独立的 ATS 系统。当主系统故障时,可由人工进行系统转换,使备用系统替代主系统工作。

2)工作站

CATS 系统设置不同需求的工作站,工作站的作用是为系统与行车调度相关人员提供人-机对话界面。它包括行车调度员工作站、调度长工作站、培训工作站、维护工作站等。

(1)行车调度员工作站。根据调度线路的需要,设置不同数量的行车调度员工作站,一般为2~4个。调度员通过操作界面,向其控制区域内联锁集中站发送控制命令并显示现场信号设备的实时状态及列车运行轨迹等。

(2)调度长工作站。调度长是全线列车运行控制的负责人,指挥全线的调度控制,其工作站可以纵观全线的列车运行,指挥相关的调度员进行调度控制。在控制中心监控多条线路的情况下,调度长的全局指挥、集中管理尤为重要。

(3)培训工作站。培训工作站具有行车调度员工作站的相关功能,用于对调度员的培训。一般情况下,培训工作站放置于调度室,它运行于"固定的列车运行图仿真程序"状态,可以模拟系统的控制,也具备录放功能。特殊情况下,当调度员工作站出现故障时,也可用培训工作站来替代。有些线路另外设置培训服务器,并且培训工作站也不安置在调度室,这样更有利于对调度员的培训。

(4)维护工作站。维护工作站提供系统监测功能,以利于管理人员进行系统维护。

3)计算机局域网

系统控制服务器、通信前置服务器、各工作站、运行图绘图仪、打印机等通过网络方式连接起来,构成 ATS 计算机局域网。该网络由两个冗余以太网络组成,每个网络设有以太网转换器。当其中一个网络节点或网络线出现故障,或网络更换设置时,其冗余网络可以继续工作。两个互为冗余的网络,对工作站而言都是有效的,它们始终处于工作状态。

4)表示盘

设置于控制中心行车调度员正面的挂壁式大表示盘,显示全线的线路及车站布置,监视全线控制区域的列车运行轨迹,显示道岔、信号机、轨道电路等信号设备的状态以及站控/遥控状态、终端折返站的折返模式等。其静态信息通过绘于盘面的图形、字符来表示,而与行车相关的动态信息用单个或多个组合的彩色发光二极管(LED)显示。随着计算机大屏幕显示技术的发展,目前新建的线路一般均采用实时性好、显示方便灵活的大屏幕显示屏来替代模块式拼缀的大表示盘。

5)其他终端及外部设备

根据需要,系统还配置软件工作终端,用于 CATS 软件系统的管理和维护;时刻表维护终端,用于时刻表的建立和维护;运行图绘图仪,用于绘制计划运行图和实际运行图;命令记录打印机,用于调度员输入的控制命令和报警信息的实时打印;报告打印机和维护打印机,用于时刻表、各种运行报告、数据文件等的打印。

2. 数据传输系统

数据传输系统(Date Transmission System,简称 DTS),用于控制中心与联锁集中站信号设备室之间的双向信息传输。它借助于光缆传送,一般速率不小于 2400bit/s。数据传输系统是一个全双工系统,包括控制中心和各集中站信号设备室的通信服务器、调制解调器以及车辆段的 ATS 远程终端。图 6-8 为 ATS 数据传输系统示意图。

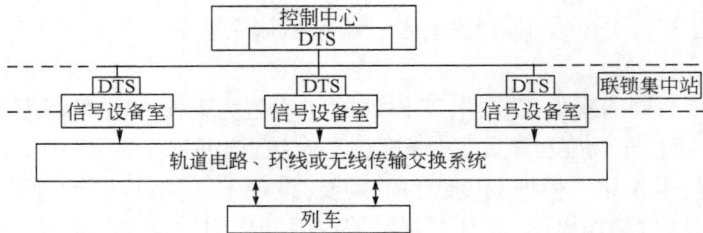

图 6-8　ATS 数据传输系统示意图

DTS 的主要功能是控制中心向联锁集中站信号设备室发送控制命令,如排列进路、设置信号控制方式、停站时间、目的地号、运行等级、"跳停"命令等;联锁集中站信号设备室向控制中心传送其采集的现场设备状态信息,包括轨道电路、信号机、道岔的状态信息以及列车运行状态信息。控制中心以 1~2s 的扫描周期更新现场设备和列车运行的状态信息。DTS 还具有数据传输误差检测功能,即在传输过程中若连续出现两次故障,则及时发出报警信息。

DTS 系统一般由一个光纤网络和通信网络接口组成。网络接口包括光纤接线器和用来连接主光纤环的数据单模光纤,光纤网络为一个反向旋转冗余环。在集中站信号设备室的网络节点之间,两根单模光纤构成 A、B 两个链路环配置;两个路径以相反方向运行,当一条路径出现故障,另一条会自动在线,如果两个网络节点之间的两条路径都断开,那么,相邻网络节点会"回绕",以尽量保持网络工作,提高系统的可靠性。DTS 系统在各联锁集中站信号设备室的非安全逻辑处理器之间,提供非安全信息的通信通道;在站间联锁控制器之间,提供安全信息的通信通道。另外,它还包括联锁控制器与车-地信息交换单元之间的通信通道。DTS 确保控制中心与各联锁集中站信号设备室之间、相邻联锁集中站信号设备室之间以及信号设备室逻辑处理器与联锁控制器和车-地通信控制器之间的直接通信。

3. ATS 的软件结构

不同的 ATS 系统,其软件结构各不相同,一般分为系统软件和应用软件两大部分。这里以某条实际运用的 ATS 系统为例,介绍其相对应的软件系统。

1) 系统软件

(1) VAX 系统控制及通信前置服务器系统,配置了相关公司的操作系统。它是一个实时虚拟存储,并基于硬盘的多用户操作系统,配置了以 FORTRAN 语言为操作语言的数据库,以及编辑器、编译软件、连接程序等各种软件包。

(2) SUN 工作站配置了 SUN 公司的 Unix 操作系统。它是一种分时的、基于硬盘的多用户操作系统,配置了 Windows 窗口系统和数据库。同时配置相关的编辑器、编译软件、连接程序等各种软件包。

2) 应用软件

(1) VAX 计算机中应用软件的主要部分,是采用一种结构化的 FORTRAN 语言——FLECS 编写,其余部分采用汇编语言编写。同时使用 FORTRAN 数据库,存储列车监控数据,供各种执行程序使用。根据数据的变化属性,数据库分成静态数据库和动态数据库。

(2) SUN 工作站中的应用软件,主要采用 C 语言编写,它是一种结构化的程序设计语言;也有一部分采用汇编语言。用数据库来存储列车监控数据,并通过以太网与 VAX 计算机中的数据库交换信息,使两个数据库中的信息保持一致,而且使各工作站的数据库信息保持一致。

(3) 使用 Windows 窗口系统可形成一个醒目的图形用户界面,其中有站场图形窗、时钟窗、用户等级选择窗、运行模式选择窗、登录/退出窗口等,这些图形窗口都配有中文界面,以便于运行人员操作。

(4) VAX 计算机中的应用软件与 SUN 计算机中的应用软件,虽然对应于不同的硬件系统和操作系统,但它们在功能上是相互兼容的,共同组成一个完整的 ATS 软件系统,形成一个高效、完整的 ATS 数据处理流程。另外,ATS 的软件系统采用模块化设计,以其功能为模块划分的基础,所以整个软件系统由许多相对独立的功能模块组成。

二、CATS 系统的用户等级、运行模式和功能配置

1. 用户等级

CATS 系统可根据需要设置系统管理员、系统维护员、调度长、调度员、时刻表管理员、车辆调度员等用户等级。

(1) 系统管理员:负责整个系统的正常运行,它能选择任何一种用户等级,并能执行所有的功能,在用户等级中级别最高。

(2) 系统维护员:负责整个系统软、硬件设备的维护,所以其用户等级及执行的功能都类同于系统管理员。

(3) 调度长、调度员、时刻表管理员及车辆调度员:都是系统的使用者,控制列车的运行。根据担负职责的不同,其功能配置也有所不同。

2. 运行模式

CATS 系统主要有 3 种运行模式:在线控制、模拟运行和运行复示。

1）在线控制模式

在线控制模式是 CATS 系统的主要运行模式，它监督、控制实际的列车运行。该模式下系统的主、备控制服务器及通信前置服务器等都处于工作状态。

2）模拟运行模式

该模式旨在模拟在线运行状态，主要用于系统调试、演示和培训，它模拟在线控制运行的所有功能，但与现场设备没有联系，既不能向现场发送控制命令，也不接收现场的设备状态信息。模式运行时，至少需占用一台工作站和一台系统控制服务器，因此该模式的运行会影响在线控制模式中备机的运行。

3）运行复示模式

运行复示模式下系统可以重新回访 72h 之内的全部运行记录，再现系统的运行情况，也可选择其中任一小时的运行记录。其速度可以调整，也可按事件回访，或按时间回访。对在线运行和模拟运行的运行记录均可以回访。运行复示模式只占用一台工作站，所以不会影响在线运行的控制。

3. 功能配置

1）时刻表功能

时刻表功能的作用是建立和维护时刻表。时刻表管理员有权使用运行时间及运行等级数据库。维护员也可以使用该功能，但维护员只能维护时刻表功能的正常使用，而不能修改时刻表中的有用数据。

具体的时刻表功能如下：建立基本时刻表，即创建一个基本时刻表，输入时刻表数据；安装基本时刻表，即把一个编辑好的基本时刻表安装到 CATS 数据库；修改基本时刻表，即打开一个基本时刻表，然后修改表中的数据；恢复基本时刻表，即将现行的时刻表恢复成基本时刻表；传送基本时刻表，即将基本时刻表从主机传送到备机或反之；打印基本时刻表，即将基本时刻表通过打印机输出；解释基本时刻表，即将基本时刻表加上一些注释，说明其特点和用途。

2）报告功能

报告功能是将系统的运行记录、时刻表数据分类等，按一定的格式打印输出。根据需要可分为每日运行报告、历史运行报告、时刻表偏差报告、驾驶员运行报告、车辆里程报告、ATP 切除报告、时刻表报告、运行时间报告、运行等级报告等。

3）权限管理

根据不同的用户等级，其使用的软件工具功能也不尽相同。调度长和调度员只能使用一部分监视系统和列车运行状态的软件工具的功能。而系统管理员及系统维护员能使用全部的软件工具的功能，也有权访问 Unix 以及关闭 ATS 系统。

三、CATS 系统的在线控制功能

在线控制功能是 CATS 的主要控制功能，它主要有 5 个控制内容，即信号控制、列车描述、列车运行调整、时刻表控制和列车运行图的绘制。

1. 信号控制功能

信号控制功能是指对全线所有车站（车辆段除外）信号设备的控制，其主要内容如下。

1）设置控制模式

控制模式通常指遥控与站控,它的设定是系统控制的关键。遥控是指由控制中心对全线各联锁集中站进行控制;站控是由控制中心授权,相应的联锁集中站才具有控制权。控制模式的转换,由控制中心和车站双方配合完成。特别情况下,可由联锁集中站直接执行紧急站控。站控模式下,经控制中心同意后,才可返回遥控模式。

2）设置终端模式

线路两端的折返站以及具有折返功能的中间站都可以设置终端折返模式。终端折返站设有 3 种终端模式:

模式 1:用折返线 1 进行列车折返;

模式 2:用折返线 2 进行列车折返;

模式 3:用空闲的折返线进行列车折返,优先为折返线 1。

其中,模式 3 为最常用的终端折返模式。当设定了终端模式,车站信号设备根据列车运行的目的地号,自动排列进路并开放相应的信号。

3）进路控制和信号机控制

进路的建立和取消,以及信号机的开放和关闭,是信号控制功能中涉及行车安全的重要内容。为了确保行车安全,控制中心不能直接单独操纵现场的道岔,也不能直接操纵某个信号机的开放和关闭。CATS 系统在控制中心设有人工进路控制功能,调度员通过工作站的显示屏,操纵鼠标,点击进路的始端和终端,建立或取消进路。信号机随着进路的建立而开放,并随着列车占用进路的情况而自动关闭。连续通过信号和自动信号不能由控制中心直接开放,控制中心只能设置连续通过信号和自动信号的信号机工作模式,进而控制进路的工作模式。进路的排列及相应信号的开放,都由车站联锁设备完成。

所谓"连续通过信号",是指以该信号机为始端的进路,是连续的通过进路,列车通过该进路以后,进路将再次自动排列,该信号机自动开放。自动信号是指以该信号机为始端的进路为自动进路,当列车抵达该信号机的接近区段时,车站联锁设备根据列车的目的地号,自动排列列车进路并开放信号;当列车进入信号机内部时,信号自动关闭,进路解锁;待下一次列车抵达该信号机的接近区段时,信号又一次自动开放。

4）呼叫车站

当控制中心调度员要与车站行车值班员联系时,若电话联系不上,可使用呼叫车站功能,使该车站控制台响铃,提醒车站行车值班员与调度员联系。

2. 列车描述功能

列车描述包括三部分内容,即车次号、司机号和列车号,它们各由五位数组成。当然,根据不同的城市和线路可以有不同的定义。例如:车次号的前三位为运行号,后两位为目的地号。运行号是运行列车的标识,是系统联系列车和时刻表的基础,也是系统控制和表示列车的基础。目的地号指明列车运行的终点站,它是系统触发车站信号设备控制的重要参数,据此可以为列车自动排列进路。在运行过程中,系统将各次列车的目的地号,传送给车站信号设备,以控制列车进路,所以车次号是列车描述的重要部分。这里需要说明的是,当列车从停车场出发,列车尚未进入 ATC 控制区域时,目的地号可以先由司机人工设定,列车抵达非 ATC 控制区和 ATC 控制区的转换区域,在车-地信息交换点,列车就从系统自动得到正确的目的地号,以后列车在正线每个车站都会自动得到更新的目的地号信息。

司机号由司机在车上人工输入,并通知调度人员,说明哪一位司机在操纵哪一列车。列车号的设置,是为了使系统跟踪列车的运行,从而产生车辆运行里程报告。

列车运行的车次号、目的地号、司机号及列车号可以设置、修改和删除。在控制中心表示盘的车号窗中,自动地跟踪相应的列车号信息。这里需要指出的是,上述列车号信息设置方式不是固定的,运行管理人员可以根据各地不同线路情况自行设定,但是同一个控制中心的不同线路,其设置方式应相同。

3. 列车运行调整功能

列车运行调整功能是调度和调整列车的运行。

1)系统调度模式的设置

不同的线路,其系统调度模式不尽相同,一般有4种模式:全人工模式、人工调度模式、人工调整模式和自动调整模式。不同的调度模式反映了系统自动控制的程度。

全人工模式,是指系统的自动控制功能不起作用,所有的控制均依赖于调度员指挥。

人工调度模式,是指列车的调度和运行的调整依赖于调度员指挥,但系统具有自动进路功能,也具有时刻表和车号自动管理功能。

人工调整模式,是指运行调整要依赖于调度员,系统除具备人工调度模式的自动控制功能外,还具有自动调度功能,即根据时刻表和调度模式,按时自动地调度列车从折返站(或车辆段)出发。

自动调整模式,是调度自动控制最高级别,系统除具有人工调整模式的全部功能外,还具有自动调整功能,能根据时刻表自动调整列车停站时间及运行等级,以保证列车的安全、正点运行。

2)自动调整模式下列车调度方式的设置

自动调整模式下,列车的调度方式有两种:一种是按列车运行顺序来调度列车的方式;另一种是按列车的列车号来调度列车的方式。

城市轨道交通中间站设有存车线的车站较少,所以基本上都不在中间站折返;而终端折返站也不可能存放多列列车,一般列车到达终端站以后,都折返后再次出发。目前顺序调度模式是常用的列车调度方式。

在折返站存有多列列车的情况下,或者当轨道交通构成网络,有些中间站也会成为折返站。这时,只有当列车的列车号与时刻表中下一次车的列车号相同时,才能调度该列车,这便是列车号调度方式。

3)列车运行的控制

(1)列车进入系统的自动控制。

当列车由停车场出库线出发,进入正线运行前,为了使列车纳入ATC系统的控制,列车必须在停车场出库线的车-地信息交换点自动地设置正确的列车号(包括运行号和目的地号),与时刻表相对应的列车,进入正线就成了时刻表列车,接受系统对其的自动控制。对于反向出库的列车,可以先由司机人工设定列车号,当到达下一个车-地信息交换点,可从系统接收正确的列车号。若取消对列车的自动控制,则该列车成为非时刻表列车;当恢复自动控制后,该列车又成为时刻表列车,系统也恢复对它的自动控制。

无人驾驶的情况下,停车场及出入库线也必须受ATC系统的控制。所以,此时列车在停车场的运行控制,也属ATC系统的自动控制范围。

（2）"跳停"。

"跳停"是列车在某站不停车的功能，"跳停"功能可以对单个列车，也可以对全部列车，也可以设定于某个时间段的某个站，一般用于空车或晚点较多的列车。"跳停"功能必须在"跳停"站的前一站发车前，已得到该信息，并在进入"跳停"站时，再次得到确认。

（3）站台控制。

站台控制包括列车的停站时间设置、列车运行等级设置、扣车和终止停站设置、"跳停"设置等。有的 ATC 系统将"跳停"作为独立的控制项目，这只是归类不同而已。列车在正线运行，除了始发站的发车时间外，正线的运行时间包括区间运行时间和停站时间两个部分。由于各个区间的长度是固定的，决定其区间运行时间的关键是运行速度，而运行速度又取决于 CATS 向列车发送的运行等级。CATS 运行等级一般分为四级，等级 1 和等级 2 对应的速度较高，而等级 3 和等级 4 对应的速度较低。列车从钢轨收到 ATP 速度命令信息，依据车-地信息交换收到 CATS 运行速度等级，从而由车载 ATO 执行运行速度的自动调整。所以调整运行等级，也即调整列车在区间的运行时间。控制停站时间和调整运行等级，是保证列车按时刻表正点运行的主要方法。

①停站时间的设置。在自动调度模式下，系统根据时刻表和列车运行的正点误差值，自动调整停站时间。在人工调度模式下，人工设定车站的停站时间。

②运行等级的设置。在自动调度模式下，系统根据列车运行时刻表和列车运行正点误差值，自动调整该列车的运行等级。在人工调度模式下，可选择 4 种运行等级的任意一种作为列车的新运行等级。在调度员工作站上，可以显示已经设置并正在执行的停站时间和运行等级。

③扣车和终止停站。在特殊情况下，将列车扣于某站，从而使该站的发车表示器不亮，列车不能出发。扣车功能使原来设定的停站时间不起作用。反之，终止停站功能，使该站的发车表示器立即点亮，列车可以发车。

（4）下一列车号的设定。

对于指定时刻表中终端折返站下一趟列车的时间和列车号，一般情况下，下一个列车号是由系统根据时刻表自动设定的，也即依据始发站的列车调度和发车数据，系统自动地把时刻表中下一个列车号按序推进。当自动功能发生错误时，可人工设定下一趟列车的车号，并在调度员工作站上显示。

4. 时刻表控制功能

时刻表控制功能仅供调度员使用，以管理和调整计划时刻表和在线时刻表。计划时刻表是指准备投入在线控制的时刻表；而在线时刻表是指正投入在线控制的时刻表。

调度员选择时刻表管理员所创建的某一种基本时刻表，以进行必要的调整。所以调度员可根据基本时刻表，建立计划时刻表，继而建立在线时刻表；当然也可以从系统中删除计划时刻表或在线时刻表，以增加或删减车次；还可以进行时间偏移调整。

5. 列车运行图的绘制功能

系统在在线控制情况下，能绘制当天和前一天的列车运行图，也可以绘制其中某一段时间的运行图。列车运行图有计划运行图（计划时刻表的运行图形式）、实际运行图（记录列车运行轨迹），以及合二为一的复合运行图。

四、CATS 系统操作

当控制中心的维护员启动 CATS 系统,并开启工作站时,调度员便可对系统进行操作。系统操作一般分正线操作和停车场/测试线操作。这里主要介绍正线操作。正线操作又可以分为正常操作和非正常操作(包括紧急事件)。下面就在线控制的正常操作内容加以阐述。

1. 进入系统

(1)选择语言:即选择中文和英文的用户界面。

(2)登录:输入用户名和口令,以进入系统。

(3)选择运行模式:即选择在线控制模式、模拟运行模式或运行复示模式。

(4)选择命令窗:当选择在线控制模式或模拟运行模式时,工作站的用户界面将显示站场图形窗、命令菜单窗、报警信息窗、时钟窗及处理器状态窗等。

2. 建立在线时刻表

每天正式运行前,必须先建立在线时刻表,可以先建立计划时刻表,再建立在线时刻表,也可以直接建立在线时刻表。建立计划时刻表和在线时刻表都有多个选择,选择其中之一,然后通过加车、减车和偏移功能,对时刻表进行必要的修改。

3. 设置系统的工作模式

每天运行开始前,必须设置系统的工作模式。

1)选择系统调度模式

从全人工、人工调度、人工调整和自动调整 4 种模式中选择一种。系统在自动控制的情况下一般选择自动调整模式,在人工控制的情况下一般选择人工调度模式。

2)设置列车调度方式

系统在自动调整模式下,一般选择列车顺序调度方式。

3)设置系统的控制模式

控制中心控制时,选择遥控模式;必要时可以选择站控模式,这时,控制中心具备监督功能。站控情况下,终端折返模式的设置,通过信号和自动信号的设置等,都由车站值班员完成。

4. 停站时间和运行等级的设置

每天运行开始前,应根据时刻表的设定,为每个车站的站台设置停车时间和区间运行等级(运行等级信息由设于站台区域的车-地信息交换系统送至车载 ATS 系统),以保证列车按时刻表要求正点运行。在人工调整模式下,不必设置停站时间和运行等级。

5. 调度列车由车辆段进入正线,投入运行

控制中心调度员与停车场调度员配合,使列车按时刻表的要求,及时到达停车场的出库线信号机外方。在此过程中,司机应对列车进行投入运行前的相关测试,如列车车门循环测试、列车制动测试、列车灯光和空调测试等。

(1)用"显示下一车次"功能,显示时刻表中下一次出库车次的列车号和时间。若不符,用"指定下一车次"功能进行调整。

(2)用"列车描述"功能,对停在车辆段出口处的列车设置列车号。

(3)自动调度时,由 ATS 系统按时序自动排列进路,指挥列车驶入正线。也可以使用人工调度方法,按时用进路控制方式排列进路,指挥列车驶入正线,投入运行。

6.调度列车从终端折返站发车

(1)列车终端折返后,调度员工作站上显示时刻表中下一趟始发列车的运行号(列车号)和时间。若显示不符,可用"指定下一车次"功能,指定时刻表中下一趟发车的运行号(列车号)和时间。

(2)若列车已有运行号(列车号),并且系统运行在人工调度模式以上,系统将自动修改列车的目的地号。若列车无列车号,用"设置列车描述"功能,对停在折返线上的列车设置列车号(包括运行号和目的地号)。

(3)自动调度情况下,系统将按时刻表和列车运行轨迹自动排列进路,指示列车进入始发站台,正点发车。人工调度时用进路控制功能排列进路,指挥列车出发。

7.监控列车运行

(1)监视终端折返站的列车运行。可用"显示下一车次"功能,查看各终端站下一趟列车的时间和列车号,也可以打开监视窗,连续地监视终端折返站的发车情况、发车车号等。

(2)排列进路。若系统已设置了连续通过信号和自动信号,列车进路就按列车运行时序自动排列,信号自动开放,调度员监视其执行情况。在设置为站控的情况下,由车站行车值班员排列进路和开放信号,控制中心调度员可监视状态信息。若在中控情况下设置进路控制功能,则由调度员排列进路。

(3)停站时间的设置。调度员可用设置停站时间和运行等级功能,调整列车在车站的停站时间和运行等级,以确保列车按时刻表正点运行。若将停站时间调整设置在自动状态,系统将根据列车的运行实际,自动调整运行等级,并自动调整列车在车站的停站时间,但任何列车的停站时间都不能小于15s。

(4)监视报警信息。调度员应随时掌握列车运行的实际情况和系统设备的故障报警信息,以及时采取措施,确保列车安全、正点运行。

8.调整列车运行

对照列车在线时刻表和列车运行实际,当列车偏离时刻表,超出了允许的范围时,可用下述办法进行调整:

(1)若列车晚点,可用"终止停站"功能,催促列车提前发车。

(2)若列车早点,可用"扣车/终止停站"功能,适当延长列车停站时间。

(3)若列车晚点太多,需要赶点,可使用"跳停"功能,但必须提前告知乘客,哪个站"跳停"。一般可对始发站的空车使用"跳停"功能,中间站实施"跳停"影响面较大,必须顾及乘客利益,必须与运营组织相配合。

(4)若出现非常情况,导致不能按在线时刻表运行,可用"时刻表控制"功能中的加车、减车及偏移功能,来调整在线时刻表,重建新的行车次序。

9.异常情况处置

(1)当列车号跟踪不上列车时,可用"移动列车号"功能,将列车号从一个列车号窗移到另一个跟踪的列车号窗内。

(2)当列车号跟踪过程中发生列车号出错时,可用"修改列车描述"功能进行修正。

(3)若终端折返站的下一车次与时刻表不符,可用"指定下一车次"功能进行调整。

(4)当特殊情况下需要加车、减车时,可用"时刻表控制"的"加车、减车"功能,调整在线时刻表。

（5）当某列时刻表列车出现故障，无法继续运行时，可用"取消自动控制"功能，将该列车变为非时刻表列车，然后用人工控制手段将该列车退出运行。

（6）当控制中心显示的列车 ATP 模式与列车实际的模式设置（列车实际模式由车载 TWC 系统传至控制中心）不一致时，调度员可用列车描述的"设置 ATP"功能予以纠正。

（7）为救援故障列车，出现两列车合为一个车号，两车的车号跟踪发生错位时，可重复使用"列车描述的移动车号"功能，使跟踪正常。

10. 运行结束后的日报汇总

（1）用"列车运行图"功能，绘制所需的实际运行图等。

（2）用"报告"功能，打印所需的每日运行情况等报告。

（3）将在线时刻表从系统中删除，以便次日系统建立新的在线时刻表。

（4）调度员下班时，应将工作站从系统退出。

这里需要说明的是，不同线路的 CATS 系统因其系统结构不同，系统功能、操作界面以及操作方式也有差异。此外，我国城市轨道交通不同线路的 CATS 系统，由不同的厂商提供，因此上述差异尤为突出，但其基本功能是相同的。在实际使用中，调度人员应根据各条线路 CATS 系统的操作手册进行调整。除了上述正常操作外，调度人员对于正线运行的非正常操作也应熟练掌握。例如：列车在车站或区间发车出现故障时的操作、ATC 系统轨道电路出现故障时的操作、车-地通信系统出现故障时的操作、控制中心系统出现故障时的操作、终端折返站道岔出现故障时的操作、列车冲出站台停车时的操作等，还有列车在车辆段试车线的在线测试操作、车站值班人员的操作，以及驾驶模式等，调度人员都应有所了解，以便更好地指挥列车运行。当发生故障时，调度人员也能及时、妥善处置，把对行车的影响降到最小。

五、联锁集中站 ATS 设备（LATS）

全线各联锁集中站的信号设备室都设有 ATS 设备，一般称其为 LATS。它不仅在控制中心授权下完成进路控制等功能，也是控制中心与列车之间信息交换的中介；控制中心通过数据通信系统与 LATS 系统进行数据交换。实际线路的 LATS，如图 6-9 所示。控制中心与全线联锁集中站信号设备室之间通过光纤网络交换数据。本节以图 6-9 中 ATC 系统为例，分析 LATS 与 ATC 系统其他子系统的关系。

联锁集中站信号设备室设有两个非安全逻辑服务器（NVLE），在相应的车站控制室设有车站控制工作站。两台 NVLE 为一主一备，每台服务器都设有控制终端和键盘。NVLE 连至控制中心，以接收控制中心的遥控指令和传送现场信号设备的状态信息；它连至联锁逻辑处理服务器（联锁 MICROLOK），以控制相关的信号设备（道岔、信号机等）；连至相邻集中站的 NVLE，以提高 LATS 系统可靠性和控制灵活性；NVLE 与车-地信息交换系统（TWC）相连，以完成车-地的信息交换，将控制中心的 LATS 指令传给列车，并将列车的运行状态信息经 NVLE 传给控制中心。

车站控制工作站实际为 NVLE 提供用户界面。在遥控情况下，车站值班员通常通过 CRT，监视被控车站的线路及运行状态，在 CATS 授权下，车站行车值班员可以控制被控车站的信号设备，指挥列车运行。在特殊情况下也可以紧急站控。当需要站控时，NVLE 向控制中心发出请求，在调度员同意的情况下，CATS 系统可设置站控模式。车站值班员得到站控指令后，可执行车站控制功能,包括进路的排列和信号的开放,临时限速命令控制,站台紧急停车控制,道岔的单独操纵、扣车和催发、引导进路的锁闭,以及引导信号的开放控制、终端折返站的折返模式控制,改变运行方向控制等。

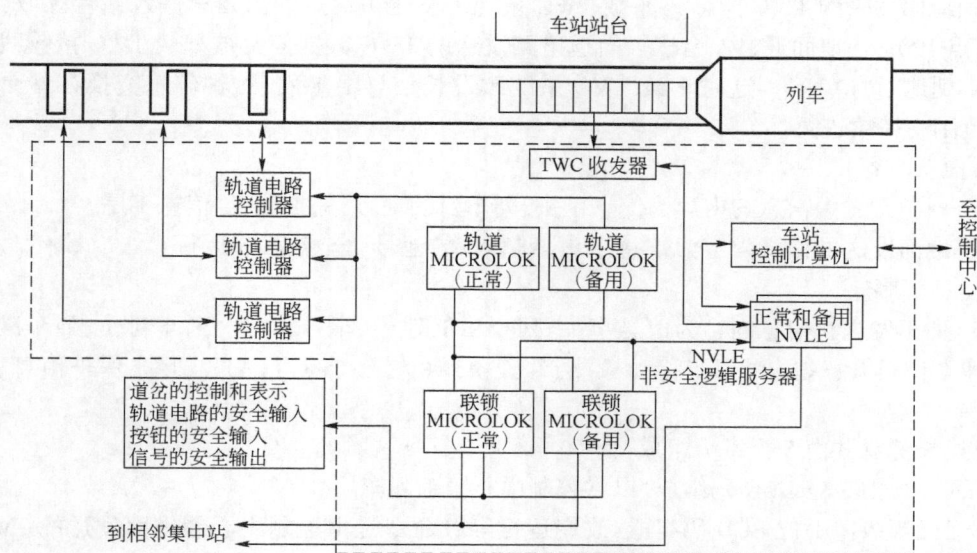

图 6-9　联锁集中站信号设备室功能框图

六、列车与地面通信系统

列车与地面的通信(Train-to-Wayside Communication,简称 TWC)系统,是列车与地面之间的半双工 ATS 信息交换系统。TWC 系统与 DTS 系统相结合,完成控制中心、联锁集中站与列车这三者的信息交换,使三者有机地结合,构成一个完整的系统。需要指出的是,TWC 系统交换的信息是"非安全"的调度信息和列车状态信息。

不同的 ATC 制式,采用不同的 TWC 系统,其传输方式和内容都不相同。下面以站内轨道电路和站内轨道区段敷设环线这两种 TWC 系统为例,就其轨旁设备、数据内容、交换方式等进行介绍。

1. 以站内轨道电路为载体的 TWC 系统

1)设备布置

(1)车站 TWC 模块。联锁集中站信号设备室对应所管辖车站的每个站台,分别设置与其相对应的 TWC 模块,以对车-地交换的数据信息进行处理。

(2)阻抗连接器。在每个站台的两端,设置用于发送/接收 TWC 信息的阻抗连接器,另外在车辆段的出库线及折返站的折返线、存车线,都应设置此类阻抗连接器。

(3)TWC 车载设备。在 A 型车导轮的前方,正对钢轨的上方,设置 TWC/ATP 两个接收线圈,用于列车接收由地面发送的 TWC 信息;在车的底部还设有 TWC 发送天线,用于列车向地面发送 TWC 信息;另外在车载 ATC 系统机柜内,设有相应的 TWC 接收、发送模块。

2)TWC 系统的数据信号

TWC 数据为 9650Hz ±150Hz 的 FSK(频移键控)调制信号,传输速率为 110bit/s。

3）TWC 信息的交换方式

TWC 系统采用半双工、主/从方式工作，即车载 TWC 系统为"主"，地面 TWC 系统为"从"。

平时状态，车载 TWC 系统向地面发送短信息，随后监听地面的"应答"。若地面不应答（收不到地面发来的 TWC 信息），车载 TWC 系统仍发送短信息。当列车进入站台区域（至对位停车点 120m），地面通过站台区段轨道电路发送的 TWC 数据信息被车载 TWC 接收线圈接收，即收到地面"应答"。这时车载 TWC 系统改发长信息给地面，这种信息交换在站台区域 120m 范围内持续进行。

4）信息内容

（1）列车发送短信息的内容为信息字头、列车目的地号、保护信息、信息字尾。

（2）地面发送的信息内容为信息字头、列车目的地号、车号、ATS 运行等级、"跳停"、保护信息、信息字尾。

（3）列车发送长信息内容为信息字头、列车目的地号、车号、车长、列车对位、列车准备就绪、列车车门打开（关闭）、列车移动检测、驾驶模式（人工/自动）、ATP 切除、保护信息、信息字尾。

上述长信息共由 5 个字节组成，其中：

①列车号由 3 位 BCD 码组成，以供控制中心跟踪列车用。

②运行等级由 1 位 BCD 码组成，改变运行等级命令是由控制中心经地面发送的 TWC 信息送出，列车 TWC 长信息中的运行等级数据证实车载 ATS 已经收到地面发来的信息。其中，运行等级 1，指示列车以最大加速度加速，等级 2 为惰行模式生效，等级 3 和等级 4 表示 ATP 限速不同，等级 3 最高限速在 57km/h，等级 4 最高限速在 49km/h。

③目的地号数据由 2 位 BCD 码组成。

④"跳停"是一位命令，它指示列车在当前站或下一站的停车程序被取消，在列车接收对位信息之前，任何时间都可以接收此命令。

⑤列车准备就绪，是指列车已做好发车准备，控制中心收到该信息，通过地面 ATP 系统向列车发送速度命令。

⑥列车对位信息说明列车已在站台正确对位/定位停车，列车 ATO 启动全常用制动，并生成车停站台信号，随之启动打开车门程序，控制中心收到此信息，可显示列车定位停车，并启动停车时间。

⑦列车移动检测、驾驶模式等其他数据都为一位命令。

2. 以站内轨道区段敷设环线为载体的 TWC 系统

上述车-地通信系统中，地面通过钢轨发送 TWC 信息，列车通过 TWC 天线送出车载 TWC 信息，与车站程序定位停车无直接关系。而利用敷设于钢轨之间的环线作为 TWC 信息传输通道的制式中，该环线不仅是车-地信息交换媒介，也作为车站程序定位停车的定位校正设备。关于定位停车，将在 ATO 系统作为专题分析，下面就利用某车站 TWC 环线进行车-地信息交换加以阐述。

1）地面设备

（1）设置地点。每个车站的站台区域、折返线、出库线等处，需要与列车交换信息的区域，其钢轨之间都敷设用于信息交换的交叉环线。

（2）环线的设置。环线离两边钢轨 0.4295m，环线宽度为 0.6m，这样使车载 TWC 接收线圈的接收信号强度最大。图 6-10 所示为车-地通信环线布置示意图。

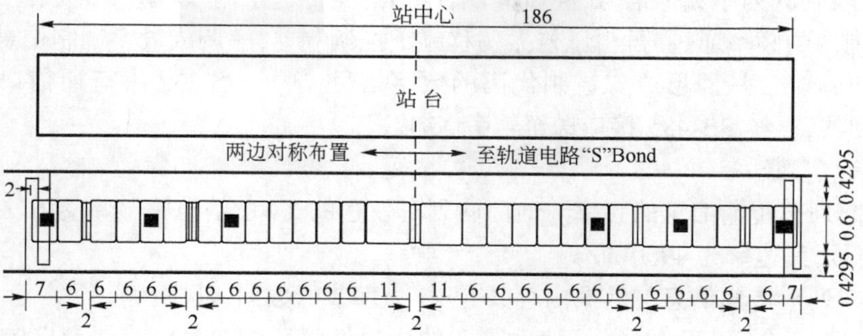

图 6-10 车-地通信环线布置示意图(尺寸单位:m)

（3）环线的长度应覆盖整个站台区域，两端为轨道电路"S"bond 中心之间的距离，即站台的长度（186m）再加 4m（"S"bond 的距离），所以环线的长度约为 190m。

（4）环线的交叉设置。环线以 11m、7m、6m、1m 等有规则地交叉，以站台中心为基准，两边对称设置，以利于双向运行的停车控制。整个环线设奇数次交叉。

（5）耦合单元。在环线的接入口，设有耦合单元，耦合单元与联锁集中站信号设备室之间用传输线相连。耦合单元使传输线与环线之间的阻抗得以匹配。传输线的另一端连至联锁集中站信号设备室的车-地通信控制器，每个车-地通信控制器都有唯一的地址。

2）车载设备

列车为了与地面进行无线数据通信，在列车头、尾的 ATC 机柜内，都配置有车载车-地通信控制器，在其车底，还设有 TWC 接收/发送天线，如图 6-11 所示。

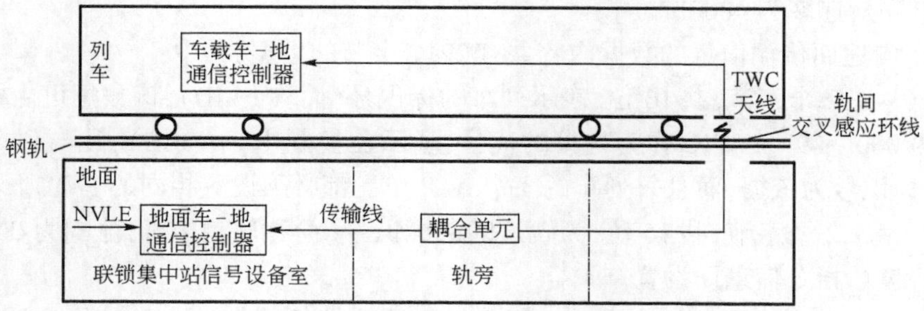

图 6-11 TWC 系统接口示意图

3）工作原理

联锁集中站的车-地通信控制器从收 CATS 发来的有效信息中，提取相关数据，把它压入缓冲，并置于下一次给车载车-地通信控制器的响应中。同样从收到的车载车-地通信控制器发来的信息中提取相关数据，再加上该站车-地通信控制器的数据，压入缓冲后，向 CATS 发送包括上述数据信息的响应。车站车-地通信控制器，实际是 TWC 信息的处理单元，它与非安全逻辑服务器（NVLE）通过 RS-485 接口，收集从 NVLE 传来的信息。这些信息经过缓冲、编码、格式化等处理后，经 RS-232 接口，传至输入/输出单元，再经过传输线送至耦合单元。在输入/输出单元，将发送的数据信号格式化，变为键控数字信号后，输出到压控振荡移频键控调制器，再经单稳多谐振荡器，经末级场效应管的推挽输出放大器，把输出电平提升到能满足传输

207

线需要的电平,最后由耦合单元的外部升压驱动环线工作。

由环线接收到的列车数据信号,经轨旁耦合单元,先传送至输入/输出单元,经过带通滤波器,使解调范围内的频率通过,再由压控振荡移频键控调制器,解调成数字调制信息,以数字电平(+5V 和 0V)输出,从而形成二进制代码的数字信号,通过 RS-232 串行通信口,送至车站车-地通信控制器,再经 RS-485 接口送至轨旁 NVLE。

4)TWC 信息参数

(1)地面向列车传输信息的频率。地面向列车发送的 TWC 信息是频率为 64/56kHz 的移频键控调制信号,其速率为 4900bit/s。

(2)地面向列车传输信息的数据内容共有 16 个字节的数据,其中:

①字节 0~1,2 个字节,共 16 位,表示列车的标识号(简称 PVID),范围为 000~099。

②字节 2~3,2 个字节,共 16 位,表示轨道区段的标识号(简称轨道 ID),范围为 0000~0999。轨道 ID 号根据 CATS 发来的 TWC 指令信息设置。

③字节 4~5,2 个字节,共 16 位,表示目的地号(简称 DID),范围为 000~999。它不仅表示最终目的地,也反映在哪几个车站停车,并作为列车门控制选择的依据。

④字节 6~11,6 个字节,共 48 位,为主时钟,分别代表年、月、日、时、分、秒。

⑤字节 12,1 个字节,共 8 位,为 ATP 的其他命令,其中 2 位表示请求静态发车测试和请求门循环测试(门循环测试应在试车线进行),另外 6 位预留。

⑥字节 13~15,3 个字节,共 24 位,分别表示 ATO 的其他命令,包括"跳停"当前站、"跳停"下一站、取消"跳停"下一站、运行等级、设置惰行模式、惰行模式取消、关闭车门(发车表示器显示)、车站停车制动率、扣车、扣车取消,以及轨旁 TWC 至 NVLE 的连接状态等。

(3)列车向地面传输信息的频率。列车向地面发送的 TWC 信息是频率为 89/79kHz 的移频键控调制信号,速率为 4800bit/s。

(4)列车向地面传输信息的数据内容共有 22 个字节的数据,其中:

①字节 0~1,2 个字节,共 16 位,表示列车的标识号(简称 PVID),该数据可由司机在车上设置,范围为 000~099。PVID 作为列车的代号,显示在控制中心(OCC),凡与列车号相关的信息都以此标识号为依据,而且每列车的 4 个 ATP 单元都必须设置相同的 PVID。

②字节 2~3,2 个字节,共 16 位,为轨道区段标识号(简称轨道 ID),范围为 0000~0999,它根据地面 TWC 指令信息而设置。

③字节 4~6,3 个字节,共 24 位,为车载 ATP 子系统的报警信息。分别有紧急制动、空转/打滑检测、制动故障缓解、气制动故障、ATP 故障、列车处于反向模式、非计划中的停车、车载信号丢失、因 ATP 故障列车无法移动、ATP 故障,但列车可以移动、开门 W/O 命令(判断有否未经 ATC 命令而打开车门)等。

④字节 7,1 个字节,共 8 位,为 ATO 报警信息,包括 ATC 模式改变、冲出站台、没有到定位停车点停车、TWC 连接故障、轮径磨损补偿等。

⑤字节 8~13,6 个字节,共 48 位,为 ATP 状态信息,包括开门、关门、运行方向(上行或下行)、列车停车(零速)、主/辅 ATP 工作、主时钟更新、扫描下一个频率、主/辅 ATC 遥控串行连接故障、ATC 模式、ATP 缓解保持、ATP 非缓解保持、常用制动等。

⑥字节 14,1 个字节,共 8 位,为 ATP 诊断信息,反映门循环测试的状态和静态测试的状态。

⑦字节15~16,2个字节,共16位,为目的地号,范围为000~999;

⑧字节17~18,2个字节,共16位,为ATO状态表示,包括运行等级、车载原始目的地号设置、"跳停"本站、"跳停"下一站、车站停车制动率、惰行模式、列车停站等。

⑨字节19~20,2个字节,共16位,为司机号(即DRID),司机号由司机在A型车通过ADU辅助面板人工设置。

⑩字节21,1个字节,共8位,表示列车长度。这里是指列车编组的车辆数。

第五节　列车自动防护(ATP)

列车自动防护(ATP)子系统,是ATC系统中确保列车运行安全、缩短行车间隔、提高行车效率的重要设备,是ATC系统的核心。ATP子系统的性能优劣是判断和选择ATC系统的关键。ATP子系统由轨旁设备和车载设备构成。列车接收由地面ATP子系统送来的运行于该轨道区段的目标速度,以及达到此目标速度的运行距离等信息。列车只要遵循此目标速度运行,就能保证后续列车与先行列车之间的安全间隔距离。一旦列车实际运行速度超过限制速度,列车将自动实行超速防护。对于联锁车站,ATP子系统确保只有一条进路有效。ATP子系统还具有实现列车车门安全开闭的车门控制功能。设有站台屏蔽门的情况下,ATP子系统还必须满足列车车门和站台屏蔽门之间的联锁关系。

一、ATP子系统概述

ATP子系统最重要的问题是如何正确、可靠地向列车传递速度命令,这也是在选择ATC系统时,必须首先考虑的问题。目前,ATP子系统主要有两种方式,即点式和连续式。

1. 点式ATP子系统

所谓"点式ATP子系统",是利用数字编码轨道电路来检测列车,而向列车传送的速度命令等。ATP信息并不是连续的,而是在线路的关键地点设置地面应答器(无源为主)或应答器加环线,向列车传送速度命令等信息,完成对列车的速度控制。当列车超速时,也可以实施超速防护,确保行车安全。上海轨道交通5号线就是采用点式ATP子系统。对应于点式ATP子系统的ATC系统,一般不设置ATO子系统,而是由列车司机根据地面信号的指示运行。在地面信号机处,设置有源(无源)应答器,将信息传送至列车。信息包括信号信息、限速信息等。然而,点式ATP子系统难以适应运行间隔要求短的大客流量运行线路需求。目前国内的新建线路一般不再采用这种方式。

2. 连续式ATP子系统

连续式ATP子系统,是指向列车传送的ATP信息是连续的。这种制式是城市轨道交通ATC系统的主流。

就其信息传输通道而言,连续式ATP子系统可分为轨道电路(以钢轨作为信息传输的通道)方式和环线(在运行线路上敷设专用的信息传输电缆)方式两类。利用轨道电路,即将钢轨作为传输通道向列车传送ATC信息的ATC系统,称为轨道电路方式的ATC系统。轨道电路方式的ATC系统,又可分为模拟无绝缘轨道电路制式和数字编码轨道电路制式两类。不利用钢轨,而采用敷设在线路上的专用交叉感应环线来检测列车位置和向列车传送 ATC 信息的 ATC 系统,称为环线方式的 ATC 系统。环线方式的 ATC 系统主要应用于独轨、新交通系统、移动闭塞等方式的线路。本节以轨道电路方式的 ATP 子系统为例介绍 ATP 子系统。环线方式的 ATP 子系统将在移动闭塞的章节中加以讨论。

二、模拟无绝缘轨道电路的 ATP 子系统

早期的 ATC 系统采用了以模拟无绝缘轨道电路为基础的 ATP 子系统,如上海轨道交通 1 号线。下面以上海轨道交通 1 号线 ATP 子系统为例介绍 ATP 子系统的基本原理、功能和配置。

根据闭塞设计,ATP 子系统将线路划分成若干不同长度的轨道区段(闭塞分区)。轨道区段之间不设绝缘节,而采用阻抗连接器加以区分。两个阻抗连接器之间为一个轨道区段(闭塞分区)。平时通过阻抗连接器,在轨道电路中传送用于检测列车的模拟检测信号,以检测列车是否占用该轨道区段。当检测到列车占用该轨道区段时,通过阻抗连接器在轨道电路中向列车发送速度命令等模拟信号。所以,阻抗连接器不仅是轨道电路的分割设备,也是轨道电路的发送、接收(相邻轨道区段)设备,同时又是向列车传送速度命令的重要设备。由于这种制式的 ATC 系统只向列车传送速度命令,告知列车离开该轨道区段的出口速度,在城市轨道交通闭塞系统的分类中,将其归类为速度码制式的 ATC 系统。

1. 轨道电路的频率配置

图 6-12 所示为音频无绝缘轨道电路的频率配置示意图。在每个轨道电路的分界点设有阻抗连接器,由它将本闭塞分区的发送器和相邻闭塞分区的接收器耦合至轨道,以检测列车是否占用本闭塞分区。当检测到列车已占用本闭塞分区(轨道电路区段)时,该轨道区段的发送端的阻抗连接器将速度命令耦合至轨道,迎着列车方向,向列车发送目标速度命令信息。可见区间的每个阻抗连接器实际上起着发送/接收检测信息和发送速度命令的作用。

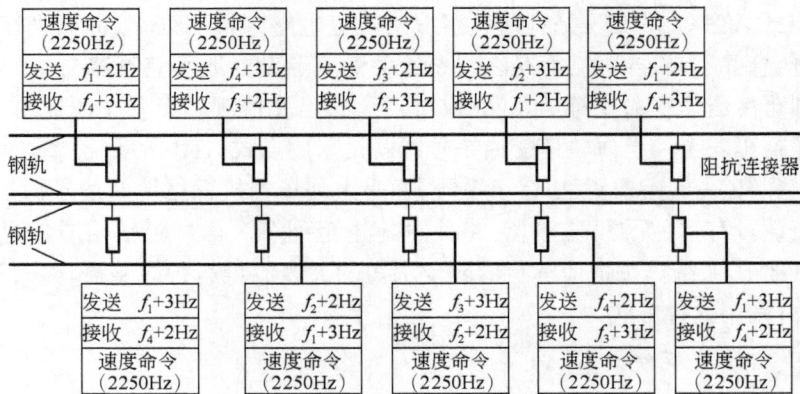

列车检测载频频率:f_1=2625Hz,f_2=2925Hz,f_3=3375Hz,f_4=4275Hz
列车检测调制频率:2Hz;3Hz
速度命令载频频率:2250Hz

图 6-12 音频无绝缘轨道电路频率配置示意图

为了防止相邻轨道电路和邻线轨道电路信号干扰,系统配置了 4 种不同的载频频率和 2 种不同的调制频率,如图 6-13 所示。4 种不同的载频频率在相邻的轨道电路中交替配置使用,

而且相邻轨道区段的调制频率也不相同。4 种载频频率(2625Hz、2925Hz、3375Hz 和 4275Hz)和 2 种调制频率(2Hz 和 3Hz)可以组成 8 种不同的组合。

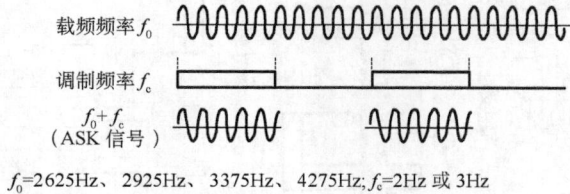

f_0=2625Hz、2925Hz、3375Hz、4275Hz; f_c=2Hz 或 3Hz

图 6-13 音频无绝缘轨道电路列车检测信号波形示意图

当列车占用轨道电路时,列车检测信息被列车车轮分路,导致该轨道区段接收端收不到列车检测信息。在证实列车已经到达的前提下,该轨道电路发送端阻抗连接器开始增发速度命令信息,或在列车到达本轨道区段前,采取预分路方法提前发送速度命令,确保列车连续、不间断地接收到速度命令信息。在发送速度命令信息时,原来的检测信号仍在发送,只是接收端收不到而已。速度命令信息是指列车运行至该轨道区段出口端的目标速度。每个轨道区段的速度命令,根据与先行列车相隔几个闭塞分区(列车间的间隔距离)和线路条件等设定。全线各个轨道区段速度命令信息的载频为 2250Hz,调制频率根据该线路运行速度挡的等级而定,一般分为 6 挡或 8 挡速度,它们分别对应不同的调制频率。速度命令调制频率与限制速度的对应关系见表 6-2。

速度命令调制频率与限制速度对应表　　　　　　　　　　　　表 6-2

载频频率(Hz)	调制频率(Hz)	限制速度(km/h)
2250	6.83	20
	8.31	30
	10.10	45
	12.43	55
	15.30	65
	18.14	80

另外,调制频率 4.5Hz 和 5.54Hz 是用于列车在车站停稳以后,轨旁 ATP 子系统通过站台区段轨道电路向列车发送打开左门或右门的开门信息,其载频频率也是 2250Hz。

2. 阻抗连接器

联锁集中站信号设备室的 ATP 轨道电路发送模块和接收模块,通过电缆和耦合单元与设于每段轨道电路的阻抗连接器相连。阻抗连接器的输出直接连至钢轨。另外,站台区域的轨道电路,为了实现车-地信息交换,其地面 TWC 信息也是通过阻抗连接器送出,即阻抗连接器可以用于向轨道电路发送列车检测信息、目标速度信息和 ATS 调度信息,或接收轨道电路的列车检测信息。因此,阻抗连接器最多由一个带有 4 个调谐二次线圈的变压器构成,它们装在一块金属板上,并置于两根钢轨之间。输出的轨道线圈,通过电缆直接连至钢轨,构成电气回路。阻抗连接器的电气结构示意图如图 6-14 所示。

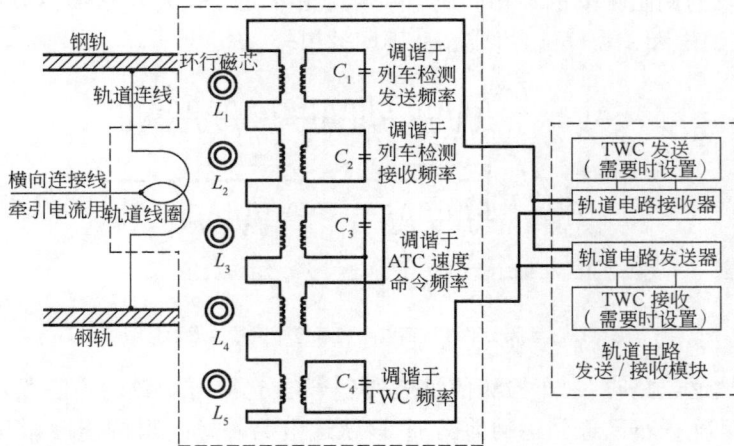

图 6-14　音频无绝缘轨道电路阻抗连接器的电气结构示意图

阻抗连接器对于牵引电流呈现低阻抗的通路，而对于信号电流呈现高阻抗。其阻抗是通过在二次线圈侧并联一个调谐电容而成的。每个二次线圈被调谐在一个特殊的频率，对其他频率有相对低的阻抗。4 个调谐电路构成串接阻抗。L_1C_1 调谐在列车检测的发送载频频率；L_2C_2 调谐在列车检测接收载频频率。对同一个阻抗连接器而言，列车检测的发送频率和接收频率是不一样的。它们分别作用于两个相邻轨道区段；$(L_3L_4)C_3$ 调谐频率在 2250Hz（车载信号的载频频率）；L_5C_4 调谐在 TWC 的中心频率，为 9650Hz。这里需要再次强调的是，同一个阻抗连接器所对应的列车检测信息的发送频率和列车检测信息的接收频率是不相同的，正如轨道电路频率配置图所示（图 6-13），对于列车检测发送频率 f_1 的阻抗连接器而言，其列车检测接收频率不是 f_1，而是 f_4（或其他频率）。所以在维护、更换阻抗连接器时，必须注意其频率配置，因为阻抗连接器不是通用的。

3. ATP 发送、接收模块

轨道电路的发送、接收模块，都设于联锁集中站信号设备室内。每个模块可供二段轨道电路使用，对应每一段轨道电路的发送、接收电路，由 4 块电路板组成。

1）轨道电路发送器

轨道电路发送器由 3 块独立的电路板组成，即振荡板、码率板和功放板。ATP 发送器的框图如图 6-15 所示。

振荡板用于产生列车检测载频（4 种不同的检测载频之一）和车载信号载频（2250Hz）。对于列车检测载频，经该板产生 2Hz 或 3Hz 的调制频率调制以后，形成幅度键控 ASK 信号，输出至功放板。

码率板提供速度命令的低频，以对车载信号载频 2250Hz 进行调制，调制的车载信号信息经功放板输出。码率板也就是速度选择频率发生板，它根据速度选择逻辑的输入，产生不同的低频。速度选择逻辑的依据是 ATP 速度命令控制线。图 6-16 所示为速度命令控制线示意图。

后续列车根据与先行列车的间隔距离和进路条件，其对应的闭塞分区的限速是不同的。如图 6-16 所示，先行列车在 0T 区段，1T 必须空闲，后续列车若在 2T，则后续列车收到的限速应为 0 速,即后续列车在闭塞分区 2T 的出口端必须停车,并由 1T 闭塞分区作为保护距离;若 1T、2T 空闲,后续列车在 3T,那么后续列车接收到的是 20km/h 的速度命令。同理,当 1T、2T、3T、4T、5T、6T、7T 都空闲时,运行于 nT 的后续列车,接收到的速度命令为 80km/h 的信息。由此可见,要使列车运行于最高速度 80km/h,则其前方必须空闲 7 个闭塞分区。当然根据线路情况、车辆性能、轨道电路特性等,应进行闭塞设计,划分合理的闭塞分区,从而产生 ATP 速度命令控制线,作为 ATP 速度命令选择的逻辑依据。

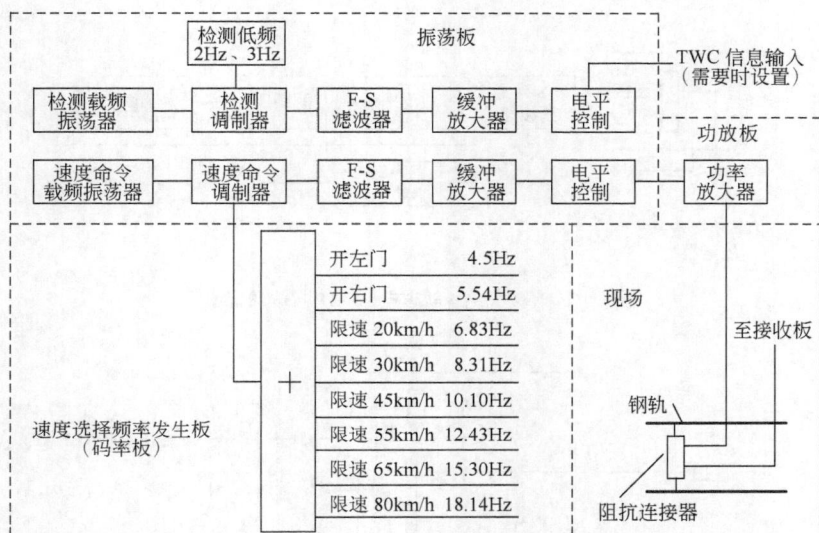

图 6-15　音频无绝缘轨道电路 ATP 发送器框图

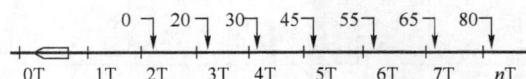

图 6-16　音频无绝缘轨道电路 ATP 速度命令控制线示意图

码率板中 4.5Hz 和 5.54Hz,用于向列车发送打开左门(或右门)的开门信息。打开列车门信息也是用车载信号载频(2250Hz),它通过站台区段轨道电路,向已停于定位停车点的列车传送。开门信息的传送时机可参阅对位模块部分内容。

功放板是将列车检测信号的发送功率和车载信号的发送功率进行放大,经传输电缆接至相应的轨道电路阻抗连接器。

2)ATP 接收器

ATP 接收器是轨道电路的接收端,它用以接收轨道电路的列车检测信息,当闭塞分区内无车占用时,由 ATP 发送器发送列车检测信号,通过发送端的阻抗连接器,经钢轨传送至接收端的阻抗连接器,由 ATP 接收器接收列车检测信号,以证实该闭塞分区空闲。接收器框图如图 6-17 所示。

轨道电路接收端接收到的列车检测信号,是经 2Hz 或 3Hz 的低频对列车检测载频进行调制以后的 ASK 信号。该接收信号被馈入具有故障导向安全特性的带通滤波器,以提取在频带范围内的有用信号,再经设有灵敏度的增益放大器,送至解调器,将正确的低频信号解出,经最小电平幅度检测后,送至动态继电器的驱动电路,驱动末级轨道继电器工作。驱动电路实际上是一种安全与门驱动控制器,其电路如图 6-18 所示。驱动电路的输入,是经解调以后的低频输出(2Hz 或 3Hz)。电阻 R_1、R_2 的输入是相位差 180° 的两个低频信号,当 R_1 有输入时,M_1 处于开启状态,通过电容 C_1 的充放电,RELAY 输出端产生一个半波直流输出;当 R_2 有输入时,M_2 处于开启状态,通过电容 C_2 的充放电,RELAY 输出端产生一个与 C_1 相反的半波直流;当电阻 R_1、R_2 均有输入时,RELAY 输出相当于全波整流后的直流输出,从而可以驱动后级继电器电路。这种安全与门驱动后级继电器电路的方式,在信号系统中得到广泛应用,俗称动态继电电路。

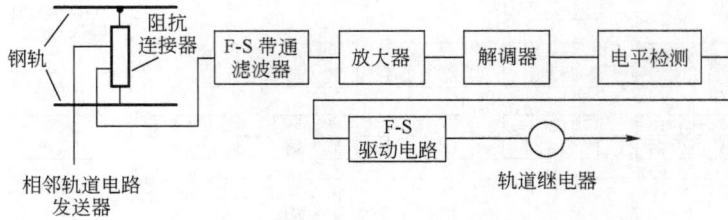

图 6-17 音频无绝缘轨道电路 ATP 接收器框图

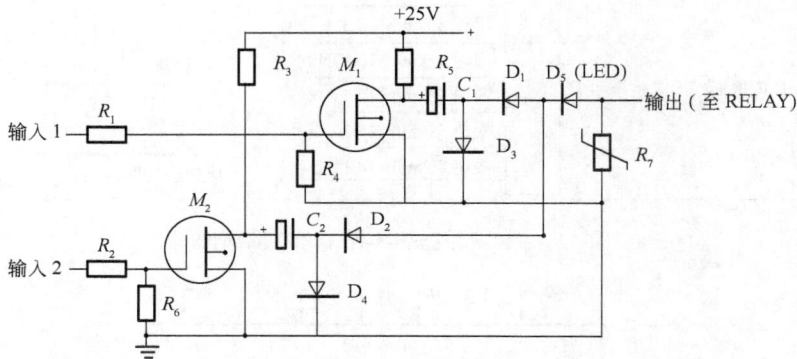

图 6-18 音频无绝缘轨道电路安全与门驱动电路

4. 联锁集中站的道岔区段 4 英尺环线和长导线的设置

有岔站的道岔区段,为了确保道岔的安全动作,在正线和侧线钢轨上都设有绝缘节。这对于列车检测信号的发送和接收,以及车载信号的发送,都产生了影响。为了更好地检测列车位置且不影响车载信号传输的连续性,在正线的绝缘节处增设了 4 英尺调谐环线和 4 英尺速度命令环线(1 英尺 =30.5cm);在道岔的渡线区域设置了长导线。

道岔的正线轨道区段与区间相同,采用音频轨道电路检测列车,而渡线区域采用相敏轨道电路检测列车。相敏轨道电路是交流轨道电路的一种,其轨道继电器设有两组线圈,其轨道线圈接收经钢轨传来的交流电流,其局部线圈接收局部分频器的供电。而且轨道继电器工作时,从轨道电路获取较小的功率(约 0.57W),大部分功率是由局部线圈取自局部电源(8W 左右),所以这种轨道电路的抗干扰性能好,在地铁中也得到了应用。

道岔区段环线布置如图 6-19 所示。图中 a、b、c、d 为 4 英尺调谐环线,它用以发送列车检测信号和速度命令。E、F、G、H 为 4 英尺速度命令环线,它只用于发送速度命令。M、N 为设于渡线钢轨内侧的长导线,它用于向运行于渡线的列车发送速度命令。S、T 为接收-接收连接器(双接收连接器),它用于分割联锁区域的轨道电路,并和 4 英尺调谐环线配合,接收列车检测信号。接收器 S,接收由 a 和 b 发来的列车检测信号;接收器 T,接收由 c 和 d 发来的列车检测信号。

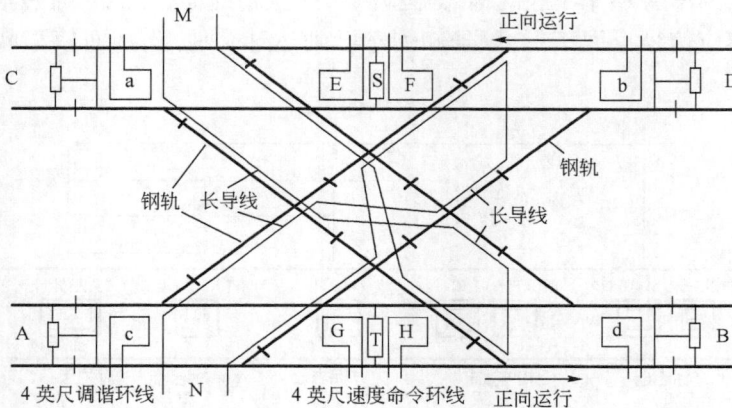

图 6-19 音频无绝缘轨道电路道岔区段环线布置图

各个道岔区段,列车检测信号发送端、接收端配置关系如下:上行线 a、b 为发送端,S 为双接收端;下行线 c、d 为发送端,T 为双接收端;渡线区段为相敏轨道电路。ATP 速度命令的发送,取决于道岔开通的位置,而其发送时机,是检测到列车已到达接近区段轨道电路的信号。下面以列车从 A 口经渡线到 D 口运行为例,来说明 ATP 速度信号的发送顺序。

列车到达 A 口轨道区段,A 口的阻抗连接器迎着列车运行方向发送速度信号,4 英尺速度命令环线 G 和长导线 N 也开始发送速度信号;当列车进入绝缘节内方,接收器 T 检测到列车的进入,A 口的阻抗连接器可以停发速度命令,而 G 和 N 继续发送速度命令信号,而且 4 英尺调谐环线 b 也开始发送速度命令信息;当列车从正线进入渡线区段,渡线区段的相敏轨道继电器失磁,这时 4 英尺速度命令环线 G 停发速度命令信号;N 和 b 发送速度命令信号,根据进路排列,这时 D 口轨道区段的另一端阻抗连接器也开始发送速度命令信号(但它处于反向发送状态);当列车到达 b 口,双接收端 S 检测到列车已进入上行线,这时长导线 N 停发速度命令信号,而 4 英尺调谐环线 b 仍在发送速度命令信息;当列车进入 D 口,4 英尺调谐环线 b 停止发送速度命令信号;列车进入正线,由正线的阻抗连接器发送速度命令信号,从而保证列车可以连续、不间断地接收速度命令信息。

5. 车站程序停车标志器和对位模块

1)标志器的设置

为了实现列车在车站的程序定位停车,在接近车站的区间及站台区域设置了反映与定位停车点距离的标志器(传感器),它们分别设置于离定位停车点 350m、150m、25m 和 8m 处,另外在定位停车点还设有对位天线。图 6-20 所示为车站程序定位停车标志器布置示意图。

离定位停车点 350m 处(位于区间)设有两个外方标志器,它们是无源标志器,其传输频率分别为 110kHz 和 140kHz;离定位停车点 150m 处(已位于站台区域)的两个中间标志器,是无源标志器,它们分别传输 120kHz 和 150kHz 的频率;内方标志器设于离定位停车点 25m 处,也是无源标志器,其作用频率为 160kHz;离定位停车点 8m 的标志器是有源标志器,它由对位模块供电,送出 14.35kHz 的频率。另外,在 350m 标志器的外方,还设有"惰行"无源标志器对,它们的传输频率分别为 100kHz 和 130kHz，以提示列车快要进站，列车控制系统停止牵引，进入"惰行"状态。这些无源标志器利用 LC 并联谐振的原理，分别谐振于上述固定频率。当列车经过标志器时，列车 A 型车车底的标志器检测天线激励地面标志器，通过电磁感应和标志器谐振电路，将感应信号返回车上，以告知列车已到达某个地点，从而使车载程序停车系统工作。

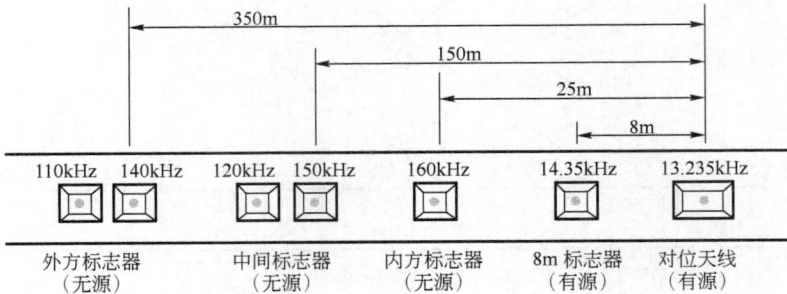

图6-20　台阶式车站程序定位停车标志器布置示意图

2）对位模块功能

对位模块完成列车在站台的对位停车控制。每个车站的上、下行站台，共用一块对位模块，模块内有两套完全相同的工作电路，分别对应于不同的站台。对位模块的功能如图6-21所示。

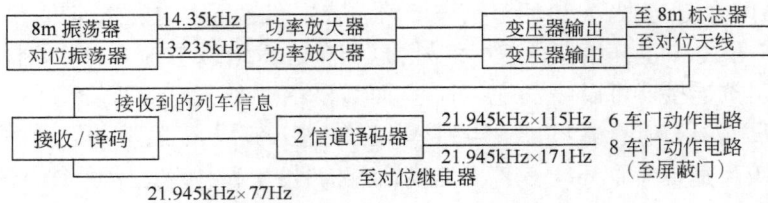

图6-21　定位停车点对位模块功能框图

用于程序定位停车的 8m 有源标志器和对位天线，其发送的频率都由对位模块提供；对位模块接收来自车载对位线圈送来的信息。当列车进入站台区域，站台区段轨道电路的 ATP 接收器检测到列车到达车站，这时通过站台区段轨道继电器的节点和方向继电器的节点，使该运行方向的对位模块工作，其振荡器分别产生 14.35kHz 和 13.235kHz 的频率，经放大后，送至 8m 标志器线圈和对位线圈。列车收到 14.35kHz 信息，进一步修正停车曲线。

列车到达停车点，车上对位天线置于站台对位线圈上方时，车辆与地面的天线间感应耦合才发生。这时列车收到地面发送的 13.235kHz 对位振荡频率，证实列车已到达定位停车点，经列车 ATO 系统确认，向列车控制系统发出列车停站信号，保证列车的制动。当检测到列车的速度为零，证实列车已停稳后，列车向地面送出列车停站信号，其载频为 21.945kHz，调制频率为 77Hz。该信号被车站对位模块接收、解译，使站台对位继电器工作。这时站台轨道电路区段的发送端将打开左门（右门）的调制频率（4.5Hz 或 5.54Hz），对 2250Hz 车载信号载频进行调制，经调制的 ASK 开门信号通过钢轨发送至列车。列车收到此信息，使相应的门控继电器动作，司机按压与门控继电器相对应的门控按钮后，才可打开站台侧的列车车门。

在设有站台屏蔽门的情况下，列车收到打开车门信号后，通过对位天线送出打开屏蔽门信号。该信号的载频频率为 21.945kHz,而调制频率取决于列车长度。6 节编组的调制频率为 115Hz,8 节编组的调制频率为 171Hz。地面对位模块的译码器译出相应信息,驱动屏蔽门控制单元(DCU),使与列车长度相对应的屏蔽门打开。

当停站结束,站台区段轨道电路停发开门信号,使车载门控继电器失磁,司机可关闭列车门;同时列车停发打开屏蔽门的信号,屏蔽门控制单元启动,关闭屏蔽门。当列车接收到速度命令信号以后,司机按压操纵台上的出发按钮,列车自动起动并加速。

三、数字编码轨道电路的 ATP 系统

随着数字化技术的发展与应用,以数字编码轨道电路为基础的 ATP 系统已在我国的多条线路上得到应用。数字式轨道电路的车载信号信息,主要以发送目标速度信息为主,也有发送距离定位或数字拓扑进路地图信息的模式。下面就典型的目标速度模式数字 ATP 子系统及距离定位模式的数字 ATP 子系统分别进行分析。

1. 目标速度模式的数字 ATP 子系统

1)频率配置和数据协议

(1)频率配置。

在这种模式的数字编码轨道电路中,用于列车检测的数据信息载频频率与发送给列车的 ATC 数据信息载频频率是相同的。

图 6-22 为目标速度模式数字编码轨道电路载频频率配置示意图,其数据信息编号为 F1 ~ F7。其中奇数频率 F1、F3 和 F5 分配给下行线,偶数频率 F2、F4 和 F6 分配给上行线,F7 用于渡线环线。正线轨道电路,遵循 3 个频率交替配置的原则。

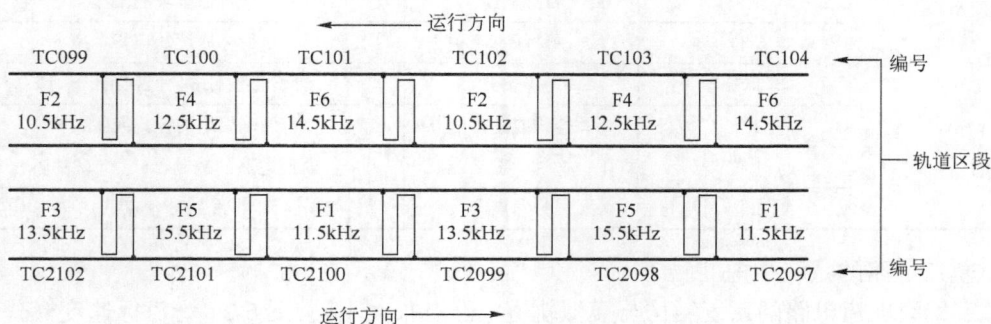

图 6-22 目标速度模式数字编码轨道电路载频频率配置示意图

数字轨道电路的频率范围为 ±200Hz,例如载频为 12.5kHz,则低端频为 12.3kHz,高端频为 12.7kHz。轨道电路的信息发送速率为 200bit/s,它采用二进制移频键控 BFSK 方式对载频进行调制,构成不归零反转编码数据(NRZI)。连续上位时间的频率代表逻辑"1";不连续上位时间的频率,即出现上下频率跳变时,代表逻辑"0"。第一位数据频率取决于上一个周期最后一位的数据频率。波形变化示意图如图 6-23 所示。

从上述波形变化示意图可以看出,在逻辑"1"的情况下,该位的频率与上一位的频率相同。当数据位中出现 5 个"1"时,必须进行位填充,插入"0",强制频率跳变,以证实设备工作正常;接收端对数据进行译码时,接收器应将插入的"0"删除。

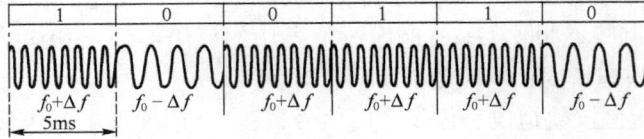

图 6-23　目标速度模式数字编码轨道电路波形变化示意图

（2）数据协议。

轨道电路信息共有 71 位，其中 8 位为标志位，37 位为数据位，16 位为 CRC 检验位，还有 10 位为零插入填充位，以防止在信息中出现非码标志，插入填充字符，以使信息长度固定。

数字编码轨道电路车载信号信息的数据内容见表 6-3。数字编码轨道电路共有 37 位 10 种数据信息，由轨旁设备通过轨道电路发送给列车。智能化的车载系统存储了坡度、长度、轨道电路标识号（ID 号）等信息。当列车进入轨道电路区段时，车载系统根据所接收的轨道电路 ID 号，连续确认列车位置，确保行车安全。

数字编码轨道电路车载信号信息的数据内容　　　　　　　　　　　　表 6-3

标志位	数据位		添加位	CRC
8 位	37 位		0～10 位	16 位
位数	名称		功能	
37 位数据位组成及功能	12 位	轨道电路编号	当前轨道电路的标识号（0～4095）	
	2 位	运行方向	列车运行方向	
	3 位	下一个频率	下一个轨道区段的载频频率	
	4 位	线路速度	最大的线路允许速度	
	4 位	目标速度	本轨道区段的限速	
	7 位	目标距离	至目标速度的运行距离	
	1 位	停站	列车已经到站（允许打开车门）	
	2 位	挂钩或脱钩	列车编组的挂钩或脱钩	
	1 位	主/备	轨道电路的控制器（主机/备机）	
	1 位	分岔点	线路分岔点	

2）轨道电路的系统结构

数字编码轨道电路的系统结构与模拟轨道电路有很大不同，图 6-24 为目标速度模式数字编码轨道电路系统结构框图。

如图 6-24 所示，在每段轨道电路的分割点均设有"S"形连接器（也称"S"Bond）和耦合单元。"S"Bond 设在钢轨之间，耦合单元设在轨旁。只有本轨道区段的传输频率才能通过耦合单元，然后通过与"S"Bond 平行设置的环线，将数据信息耦合至"S"Bond，再感应至钢轨。在钢轨中传输的数据信息通过感应耦合至列车。信号设备室与轨道耦合单元之间通过电缆相连，一般最长的电缆长度为 1828.8m。

为了保证轨道电路工作的可靠性，数字编码轨道电路设有两套完全相同的轨道电路控制器，即主/备控制器，它们设于信号设备室。轨道电路控制器直接与轨道微机系统 MICROLOK 相连。MICROLOK 是安全软件控制的计算机系统，轨道 MICROLOK 与联锁 MICROLOK 具有安全接口。联锁集中站室内设备结构在 ATS 子系统中已做了介绍，NVLE 为非安全逻辑仿真器,LCP 为车站控制室的操作控制盘。联锁 MICROLOK 系统执行与联锁控制相关的安全功能,包括停车逻辑、联锁进路控制逻辑、道岔控制和位置检测、轨道电路占用表示检测、速度码逻辑的接口等。联锁 MICROLOK 系统具有主/备冗余和自动切换特性,包括 MICROLOK 的安全输入、安全输出、非安全输入、非安全输出、串行转换器以及电源等单元组件。CPU 作为其核心处理器,完成相关的联锁功能。轨道 MICROLOK 完成速度码逻辑,执行与轨道电路控制器相关的安全功能。它从 NVLE 接收控制输入,包括紧急停车复位、出发禁止、速度限制等,并将控制命令的执行状态送回控制中心。

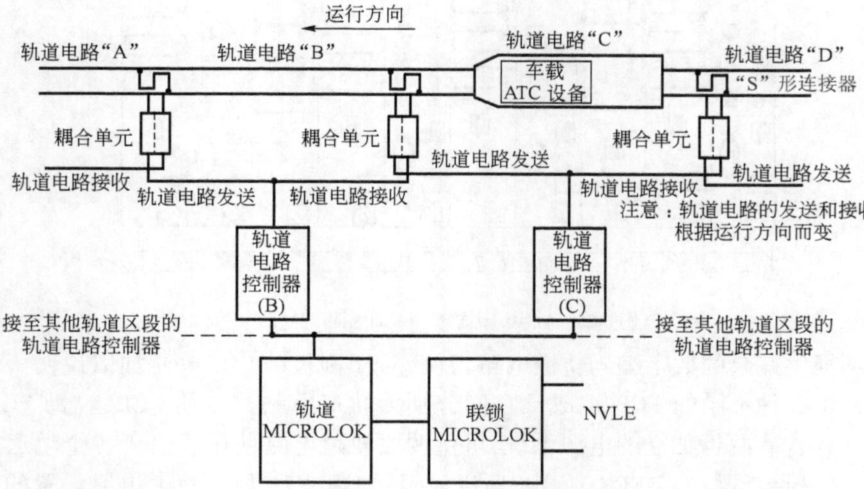

图 6-24 目标速度模式数字编码轨道电路系统结构框图

基于微处理器的轨道电路控制器只负责该段轨道电路信息的接收和发送。它与轨道MICROLOK系统之间通过 RS-485 串行连接,以完成轨道电路的列车检测和发送车载信号信息。所以,每一段轨道电路都设有各自的轨道电路控制器,可以对应 8 种不同的载频,并将ATP 数据信息通过设置于“S”Bond 的感应环线感应耦合至钢轨。

轨道电路的发送端设在每段轨道电路的列车运行的出口端,发送列车检测信息和车载信号信息。每段轨道电路的列车运行入口端为轨道电路列车检测信息的接收端。轨道电路的发送端和接收端应根据列车运行方向而转换。

在数字编码轨道电路中,列车检测信息的内容可以只是编码信息中的轨道电路标识号。所以,轨道电路发送端发送的列车检测信息和车载信号信息可以是相同的内容。发送端发送的信息,与轨道电路接收端的列车检测信息和列车所需要的 ATP 信息,完全是相同的内容,不需要像模拟轨道电路那样。平时轨道电路一直在发送列车检测信息,只有当检测到列车已占用本轨道区段的信号时,发送端才向列车发送 ATP 信息。但是,对于轨道电路检测而言,只要在轨道电路的接收端校核轨道电路的标识号就可以了。因此,这种制式的轨道电路可以防止由于轨道电路分路不良,发不出车载信号信息,而导致的列车在轨道电路分界点因收不到 ATP信息而紧急停车。对于设有工频轨道电路的道岔区段,工频轨道电路只用于列车检测,其轨道电路控制器只负责发送车载信号信息。

包括轨道电路控制器在内的数字编码轨道电路印刷板配置如图 6-25 所示。每个箱笼配置 10 块印刷板。在轨道电路控制器主/备冗余的情况下,每个箱笼控制两段轨道电路区段;在不提供冗余的情况下,可控制四段轨道电路。

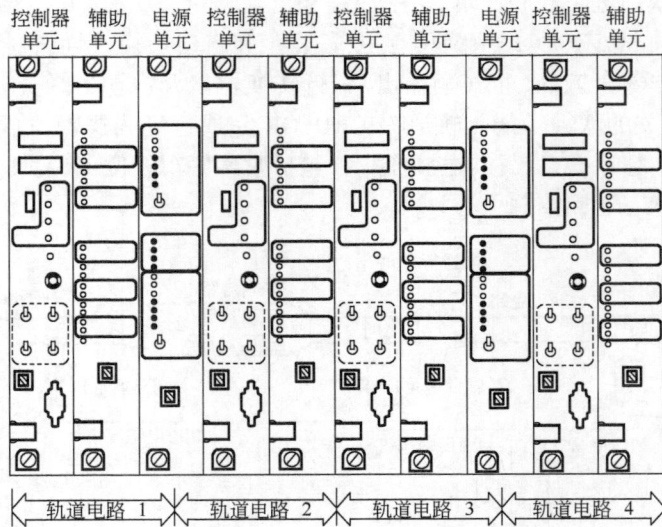

图 6-25　数字编码轨道电路印刷板配置图

下面以不提供冗余的数字编码轨道电路为例,对印刷板(PCB)单元加以说明。轨道电路的接/发模块,由 3 种不同的 PCB 组成。它们分别为轨道电路控制器 PCB、辅助 PCB 和电源 PCB。电源 PCB 含有两组独立的电源系统,可供两段轨道电路使用。由于各个轨道区段的数据编程已置于插板柜母板的 EEPROM 中,所以,在系统调试后,所有轨道电路设置的参数自动地在 EEPROM 中永久保存。这样,在更换 PCB 时,只需换上新的印刷板,EEPROM 内的有关参数会自动调入新板,不需要再次编程。维护人员只要执行轨道电路校正程序、验证设置和计算新的门限值,而且调整工作也只需通过母板上的跳线来完成,这为维护带来了很大方便。每个轨道电路控制器 PCB 都有自己的 EEPROM,其使用的本地数据是轨道电路的 ID 号(12 位)和可能限速。这两个数据是通过控制器 PCB 面板上的开关置入的。另外,其他的单元配置信息,例如载频、轨道电路门限值以及一些半永久性的信息都存储在 EEPROM 中。如果从轨道MICROLOK传来的限速高于本地限速,则使用本地限速。若 MICROLOK 传来的限速低于本地限速,则按 MICROLOK 的请求发送速度命令。

轨道电路控制器 PCB 面板上,设有 4 个触发开关,用以输入轨道电路的设置和检查工作过程中所使用的数据。两个数字显示器显示该轨道电路所发送数据,包括目标速度、目标距离、下一区段载频等。面板上还有其他一些补充用的 LED、串行口等,能实时地检查从轨道MICROLOK 发来的系统数据和监视轨道电路的数据。

辅助 PCB 设有 8 个系统监视 LED,指示各种参数的状态。例如,条件电源状态、单元在线状态、单元健康状态、至轨道 MICROLOK 的链接状态,以及轨道区段空闲情况下的信号电平状态、数据信号状态等。另外,还设有 11 个维修测试点,可以快速地检查系统的电压和信号状态。

电源 PCB 为两个独立的电源子系统,在面板上设有两个电源开关,并分别提供 6 个电源监视 LED 和 4 个测试点。

每个轨道电路接/发单元,安全地监视一段轨道电路的状态。经调制的数字编码数据,由轨道电路迎着列车运行方向的一端发送,另一端接收。其数据信号不仅用作车载信号的数据,也用作列车检测信号。但列车检测接收器只监视接收电平和一部分数字信息(轨道电路 ID),以判断轨道区段是否空闲。当列车进入轨道区段,轨道电路被车辆分路,列车检测接收器的接收信号电平低于一个预置的接收信号门限值,列车检测接收器识别这种分路状态,并向轨道 MICROLOK 报告轨道电路已被占用。当列车跨越相邻轨道区段时,两段轨道电路都被分路。列车出清轨道区段,列车检测接收器又接收到列车检测信号,轨道电路恢复为空闲状态,轨道电路控制器向轨道 MICROLOK 报告,轨道区段已经空闲。当列车检测接收器检测到一个低于设定的门限电平值,或检测到一个错误的轨道电路 ID 数据,该轨道区段也处于分路状态。

3)轨旁设备

相比模拟轨道电路的轨旁设备,数字编码轨道电路的轨旁设备较为简单,它由耦合单元、"S"形连接器、调谐环线等组成。

(1)耦合单元。

轨道耦合单元作为轨道电路接收/发送的接口,将轨道信号调谐到该轨道电路的载频。耦合单元装在一个防潮密封箱内,由两个完全独立的耦合电路组成,如图 6-26 所示。每个电路由一个变压器和一个用跳线调节的电容器组成,轨道信号被调谐到轨道调谐环线所需的频率。耦合单元尺寸为 $40.64\text{cm} \times 20.32\text{cm} \times 24.4\text{cm}$。其电容量根据载频设置,9.5kHz 为 $20\mu\text{F}$,10.5kHz 为 $17.33\mu\text{F}$,11.5kHz 为 $15\mu\text{F}$,12.5kHz 为 $13\mu\text{F}$,13.5kHz 为 $11\mu\text{F}$,14.5kHz 为 $9.47\mu\text{F}$,15.5kHz 为 $8.47\mu\text{F}$,16.5kHz 为 $7.33\mu\text{F}$(各 $\pm 2.0\mu\text{F}$)。

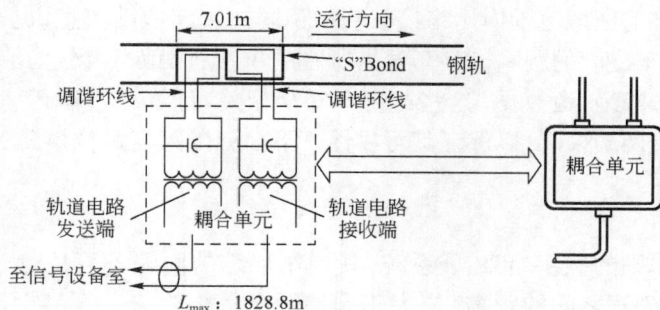

图 6-26 目标速度模式数字编码轨道电路轨旁耦合单元示意图

(2)"S"形连接器。

"S"形铜线连接器用来分割轨道电路,这样不需要设置绝缘节。连接器由几米长的 350 或 500MCM(千圆密尔)电缆组成,电缆弯成"S"形状态,其两端直接连接到两根钢轨上。调谐单元输出的调谐环线分别安装在"S"形连接器的上部和下部,以将数据信号通过"S"Bond 耦合至钢轨。每个"S"Bond 两端的谐调环线,既可作接收环线也可作发送环线,这取决于运行方向。发送时将数据信号通过"S"Bond 耦合至钢轨;接收时将在"S"Bond 中的轨道电流感应到接收调谐环线中。钢轨电流也与载频相关,钢轨中额定电流设定如下:9.5kHz 为 105mA、10.5kHz 为 95mA、11.5kHz 为 87mA、12.5kHz 为 80mA、13.5kHz 为 75mA、14.5kHz 为 70mA、15.5kHz 为 65mA、16.5Hz 为 60mA。耦合单元至信号设备室为双绞线电缆,电缆的最大长度为 1828.8m。

这里还需要说明的是,"S"Bond 不仅是轨道电路接收和发送设备,也是牵引电流的回流设备。由于钢轨也是牵引电流的回流线,对于每一段轨道电路,两根钢轨与两端的"S"Bond 构成信号电流回路,所以两根钢轨中的信号电流方向正好相反。但是对于牵引电流而言,两根钢轨中牵引电流方向是相同的。设于"S"Bond 中点的回流线直接连至牵引变电站。当两根钢轨中牵引电流大小相同方向相反,即牵引电流平衡时,牵引电流对信号系统不会有什么影响。但是当牵引电流不平衡或回流线的电流不畅通时,会影响轨道电路的正常工作。现场轨道电路跳红光带的故障中,"S"Bond 的回流线连接是否完好也应是检查的要素。

(3)联锁区域的车载信号发送环线。

道岔联锁区域由于设置绝缘节,采用工频轨道电路来检测列车,因此必须另外设置车载信号的发送环线,它类似于音频轨道电路的长导线,而车载信号通过设置于钢轨两侧的环线发送。信号设备室的轨道电路控制器,也是通过轨旁耦合单元连至环线。

2. 距离定位模式的数字 ATP 系统

从传输信息的内容分析,目标速度的核心是连续地向列车发送目标速度命令,而且目标速度的发送时机一般是以检测到列车已占用该轨道区段为触发条件。这种制式下,平时在轨道电路中传送列车检测信号,列车占用时,发送端才切换为发送车载信号命令。上述数字编码轨道电路系统中,将列车检测信号与车载信号信息合一。列车检测的检查内容除了电平信号外,还包括发送给列车的车载信号信息中的一部分内容。在跨越轨道区段时,ATP 系统预先做好了接收下一个轨道区段信息的准备,所以列车在跨越两段轨道区段时,不会发生中断信息的情况。

倘若列车在一定的区域范围内始终接收基本相同的进路地图信息,也即告知进路的详细信息,以及与先行列车之间的距离。列车根据所在的位置,以距离定位为原则,根据列车运行的进路描述、线路限速等轨道数据(这些与行车安全相关)计算出其运行速度;并且这些安全数据在传输中要通过两层检测,以保证其可靠性。下面就以距离定位模式的数字 ATP 系统为例进行简单介绍。

1)概述

以距离定位为原则的数字 ATP 子系统,其列车追踪的间隔不再依赖于间隔几个闭塞分区,而取决于与先行列车之间的距离(应大于制动距离),但尚未达到移动闭塞的程度。这种系统将线路划分成不同长度的闭塞分区,但列车的间隔不是以闭塞分区(轨道电路)的分割为依据。ATP 系统向列车传送的信息是列车前行的进路地图,而且这个数据在同一个线路区段是相同的。所以,列车在每一个轨道电路分割点,即使瞬时收不到 ATP 系统的信息,也不会导致紧急停车。对后续列车而言,不存在保护用的闭塞分区,也不会产生追尾现象。正是由于列车不依赖于轨道电路(闭塞分区)的划分,从而可以减少轨道电路的数量,有利于今后发展成移动闭塞电路。不同 ATP 制式的轨道电路数量比较见表6-4。

不同 ATP 制式的轨道电路数量比较表
表 6-4

ATP 制式	线路长度(km)	车站(座)	轨道电路数量
模拟速度码制式	14.6	13	258 个区段
数字目标速度制式	17	12	220 个区段
数字目标距离制式	25	19	160 个区段

由表6-4 可见,相比目标速度制式的数字轨道电路,要得到同样的追踪间隔时间性能,数字目标距离制式轨道电路数量可减少大约30% ~50%。距离定位制式的 ATP 系统,不仅提高

设备可靠性,降低生命周期成本,而且当列车编组发生变化时,也不必对轨道电路的数量进行调整。另外,如果在轨道电路向列车传输信息过程中出现干扰,系统还具有容错功能。因为它在线路描述时,预先定义了空间传输间隙和5s的时间间隔,克服了在速度码制式下跨越两个轨道区段时收不到信息而造成的不良影响。当然,距离定位制式的ATP系统对列车所在位置的定位要求严格,所以这种ATC系统增设了相当数量的定位信标(无源)。由于将列车间隔的管理转化为车载智能系统控制,所以列车可以根据安全行驶距离预制行驶命令,从而到达较佳的追踪间隔时间。

2)距离定位制式的数字轨道电路

(1)数字轨道电路的结构。

距离定位数字报文式轨道电路单元和接口框图,如图6-27所示。

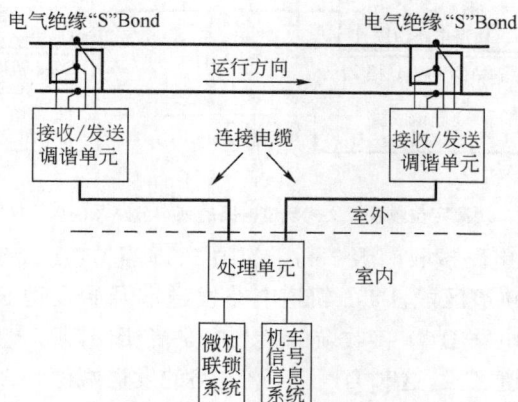

图6-27 距离定位数字报文式轨道电路单元和接口框图

轨道电路处理单元设在信号设备室,它通过电缆与室外调谐单元相连,调谐单元的连接线与钢轨直接相连(不另设调谐环线)。

距离定位数字报文式轨道电路的基本特性:

①轨道电路的载频频率:9.5kHz、11.1kHz、12.7kHz、14.3kHz、15.9kHz、17.5kHz、19.1kHz、20.7kHz。

②轨道电路的长度:20~400m(根据设计而定)。

③最大分路灵敏度:0.5Ω。

④信号设备室的轨道电路处理单元至轨旁调谐单元的最大距离:4.5km。

⑤列车检测码的传输速率:400bit/s。

⑥车载信号数据码(也称SACEM报文)的传输速率:500bit/s。

⑦电气绝缘节长度("S"Bond两端):7.2m。

(2)轨道电路数据信息的切换。

列车跨越两个轨道区段时,轨道电路的列车分路及信息切换情况如图6-28所示。列车从DT-1轨道区段驶向DT-2轨道区段。列车在DT-1区段时,轨道电路DT-1被分路,轨道电路DT-2没有被分路;列车驶入A区段时,轨道电路DT-1被分路,DT-2可能被分路;列车进入C区段时,轨道电路DT-1、DT-2均被分路;列车驶入B区段时,轨道电路DT-2被分路,DT-1可能被分路;列车驶出B区段时,轨道电路DT-2被分路,DT-1没有被分路。

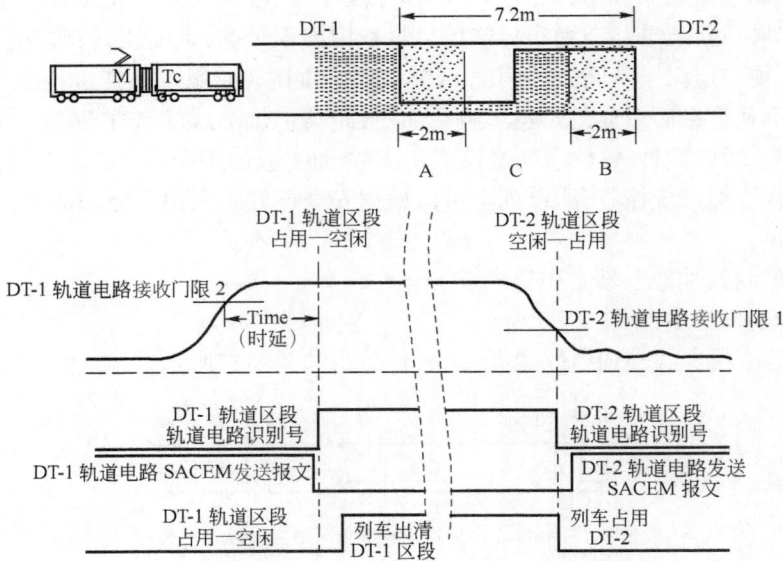

图 6-28　距离定位数字报文式轨道电路的列车分路及信息切换示意图

由图 6-28 可知,轨道电路接收门限 2 高于门限 1,即当 DT-2 接收端的接收电平小于门限 1,判定列车已进入 DT-2 轨道区段,DT-2 轨道电路发送端开始发送 SACEM 信息(车载信号数据信息)给列车。当轨道电路 DT-1 接收端的接收电平高于门限 2,经一定的时延(大约 2s)后判定列车已出清 DT-1 轨道区段,这时 DT-1 轨道电路的发送端停止发送 SACEM 信息。

数字编码轨道电路不仅作为列车检测的主要设备,也是向列车传输进路地图数据信息的通道。图 6-29 为列车检测信息和车载信号数据信息的接口示意图。由图 6-29 可知,平时在轨道电路中发送的是以轨道电路标识号为主的数据信号。轨道电路的地面接收端在判断接收信息时,不仅检出接收电平,而且要进行数据比较,只有在数据比较一致和电平检测符合时,才能打开与门,以示该轨道区段空闲。当检测电平低于门限电平要求时,与门关闭,说明列车已经进入该轨道区段,这时,轨道电路发送端开始发送车载信号数据信息。而当列车出清轨道区段,接收端的接收电平高于门限 2,以证实列车已经出清该轨道区段,经一定的时延,轨道电路发送端恢复发送列车检测信息。

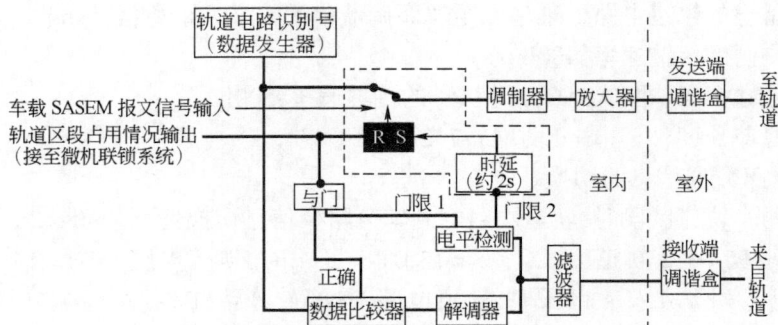

图 6-29　列车检测信息和车载信号数据信息的接口示意图

（3）车载信息的切换。

图6-30为列车跨越第二段轨道电路时车载信息的切换示意图。列车进入电气绝缘节区段前，它接收的是第一段轨道电路的信息，即载频为F_1的车载信号数据信息；随后进入第二段轨道电路，它接收载频为F_2的车载信号数据信息。在"S"Bond电气绝缘节区域，电平信号模糊，轨道电路的标识号和车载信号数据信息的切换也在这个区域发生，所以当列车通过该模糊区时，列车将忽略此时所接收的信息，将这个区域定义为传输间隙。轨道电路数据通道的切换，不会影响车载设备的工作。列车在到达电气绝缘节的传输间隙前30m处，收到定位信标信息，车载设备识别此信息，知道再运行30m便进入传输间隙区域，并提前做好准备，列车在t_1时，还能完整地接收F_1的信息，然后进入信息模糊区域。

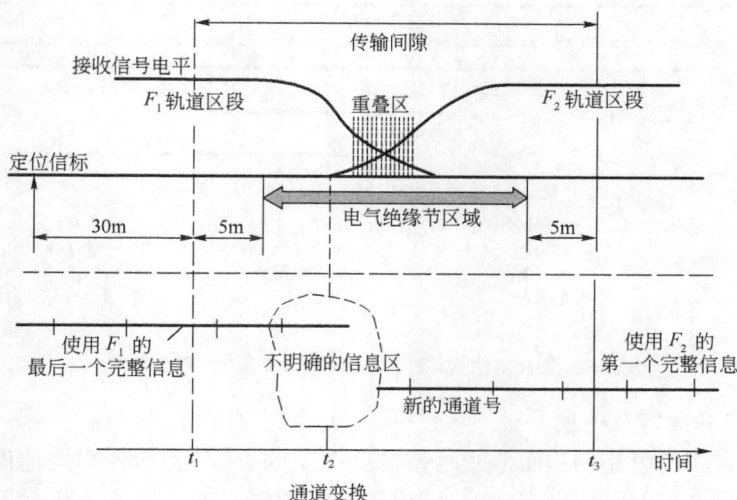

图6-30 列车跨越第二段轨道电路时车载信息的切换示意图

列车在t_2时刻时，进行接收通道切换，但直至t_3时刻开始，列车才能够完整地接收F_2的信息。这种接收信息的取消处理——传输间隙的原理，是通过接收特殊的定位信标信息，并在发送给列车的进路地图数据中，定义传输间隙的奇点来实现。

（4）奇点的描述。

所谓"奇点"，是指进路地图中的变化点。进路地图就是这些奇点的描述。

进路地图的作用是向列车传输列车进路的线路描述，线路转化为二进制树状结构、有交叉点和分枝的网络，而网络被划分成不同的区间（称为Sector），区间又划为分区（Section），分区划为分支（Sub-section），而将分区的起点、坡道、停车点、信标、车站、汇聚点、分散点、信道变化点、传输间隙等都定义为描述的奇点。在移动闭塞系统中，将线路单元以数字地图的矢量表示线路拓扑结构图，由一系列的节点和边线表示，线路的分岔、汇合、运行方向的变更，以及线路的尽头等位置均有节点表示，而任何两个节点的线路称为边线；每一个边线有一个从起始节点至终止节点的默认运行方向，一条边线上的任何一点，均由它与起点的距离来表示，称为偏移矢量。因此，所有线路上的位置均由边线、偏移矢量来定义，而且其标识是唯一的。这些奇点的信息，都纳入向列车传输的进路地图数据之中。

图6-31a）为网络的描述，它将一个分区分成若干个分支，而沿线的变化点及相关数据，都

纳入奇点予以描述。图6-31b）为分区1的分支3线路奇点的描述实例。由图6-31可以看出，诸如分区起点、汇聚点、信标、信道变化点、停车点等线路变化点，都用不同的奇点予以描述，以告知列车向前运行多少距离，将会达到什么特殊点，列车根据车载接收设备接收到的奇点信息进行相应的控制。由此可以看出，在这种制式下，列车对于距离的精度要求很高。

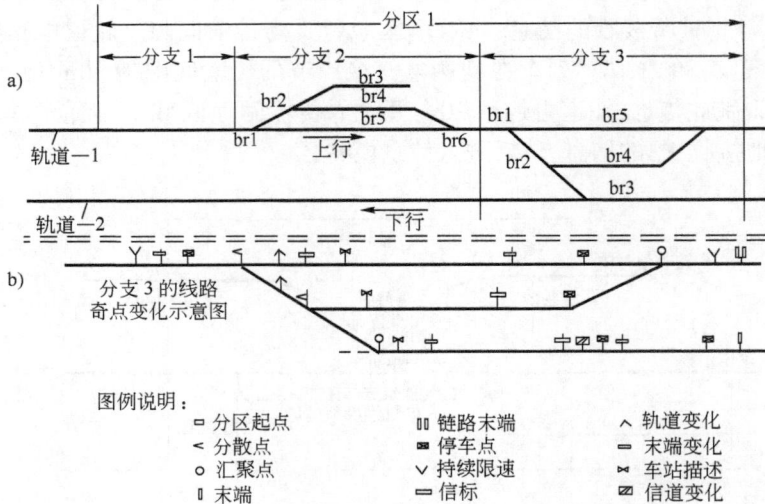

图6-31 距离定位制式数字轨道电路奇点变化实例示意图

（5）数据信息的内容及传输。

轨旁设备通过轨道电路向列车连续地传输静态及动态数据；而列车向地面半连续或点式地传输列车车次号、维护数据、列车定位、精确停车等数据。下面主要分析地面向列车传输的数据。

各种传输数据都包含在不同的信息包中，这些信息分为长信息、短信息、安全型信息和非安全型信息。

①基本报文格式。

基本报文格式为：

4bits	64bits	6bits	10bits CRC
起始/结束位	信息位	解码	第一级检测码

其中4bits的起始/结束位，用于确认接收信息的起始与结束；64bits的信息部分是应该处理的有效信息；6bits的解码部分包括报文类型（长报文、短报文）、报文安全性（安全/非安全）、长报文的单元系列等；10bits的第一级检测码，用于检测和校正传输中的干扰。

②安全相关的不变量报文的描述。

安全相关的不变量（安全静态信息）报文，包括轨道进路地图（奇点）的描述和一个相关的校验和，以保证这些报文信息内容的安全。每个传输分区只有一个这样的报文（＜512bits），因此一个传输区有几个分区，就有几个这样的报文。下面描述的是安全相关不变量报文中信息部分的格式：

第一单元

I	D
4bits	60bits

中间单元(1~6个D)

D
⋮
D

64bits

最末单元

C	DC
48bits	16bits

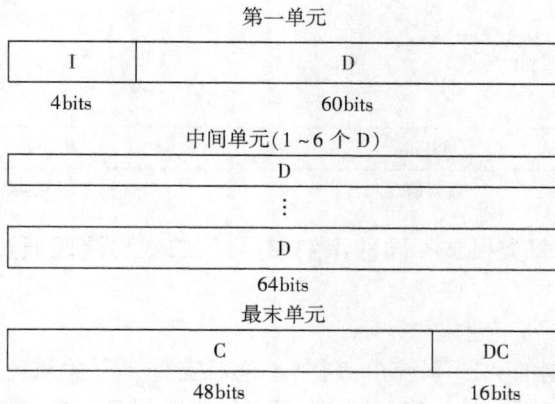

报文中第一单元的 I 为识别码,不变量报文的识别码为 0;D 为进路地图数据,第一单元为 60bits,中间单元为 64bits。最末单元的 C 为安全相关的校验,为 48bits,用于校验和确保对报文中各个不变量的保护;DC 为 16bits 的第二级检测码,它基于循环 BCH 编码。

③安全相关变量(安全动态信息)报文的描述。

其格式为:

2bits	22bits	20bits	20bits
报文类型识别码	变量	第二级检测码认证与校验和	

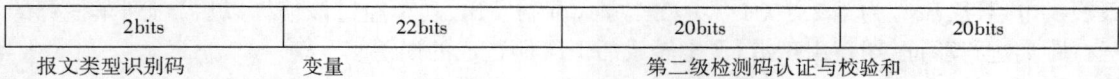

其中,报文类型识别码对应于安全相关变量报文,为 0;变量的最大数量为 22bits,变量的实际数量在每个传输区域专门定义,不用的变量必须限制为 0;40bits(20bits + 20bits)为第二级检测码认证和校验,以及这两部分的合成。

④临时限速的报文描述。

其信息格式为:

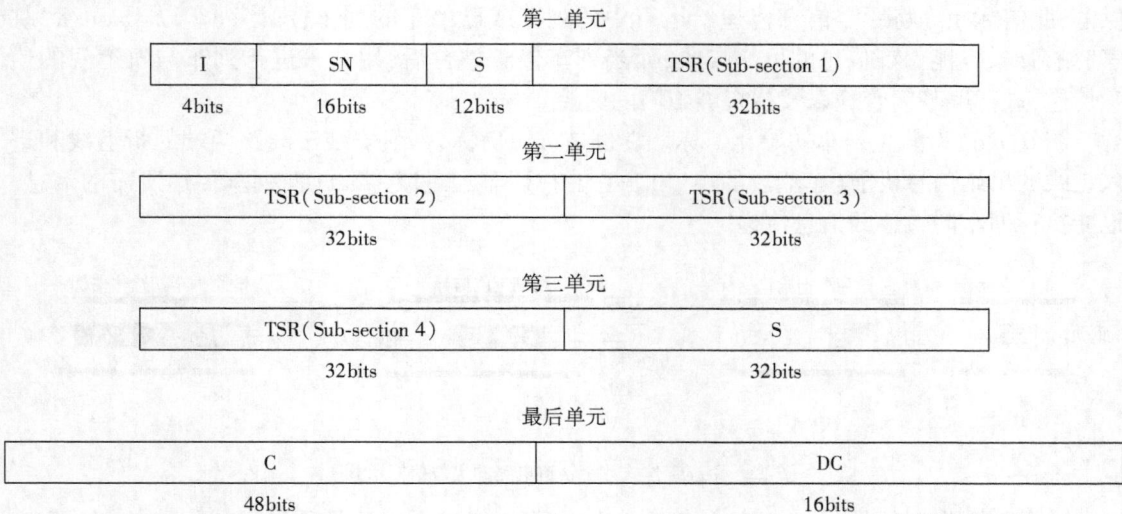

第一单元

I	SN	S	TSR(Sub-section 1)
4bits	16bits	12bits	32bits

第二单元

TSR(Sub-section 2)	TSR(Sub-section 3)
32bits	32bits

第三单元

TSR(Sub-section 4)	S
32bits	32bits

最后单元

C	DC
48bits	16bits

临时限速报文的第一单元 I 标识号为 0;SN 为分区号;S 为备用;TSR 为临时限速;最后单元的 C 为安全相关校验和,确保对报文里的临时限速数据每个域的保护;DC 为第二级检

测码。

⑤非安全变量相关的描述。

其统一的格式为：

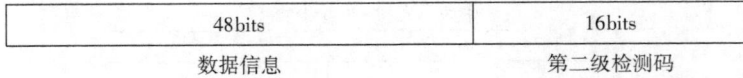

48bits	16bits
数据信息	第二级检测码

其中,数据信息包括每类报文不同的识别编码;第二级检测码通过循环编码(CRC)来检测传输错误。

(6)距离定位制式的列车定位。

在以距离定位为原则的 ATP 系统中,列车定位对安全是至关重要的。所以,列车在进路地图上的定位,是通过位移测量及通过信标的再定位来确保列车定位的准确性。当列车通过初始信标时,便开始了列车定位功能的实现。列车的初始化定位,根据列车通过线路上设置的初始信标,或停站时列车通过站台区域设置的初始信标来确定。这些初始信标设在线路的特殊位置,而且在向列车连续传输的数据信息中,向列车提供了各类信标的绝对位置。所以,这种定位与轨道电路的分界点无关,且精确度更高。

图 6-32 是各类信标的示意图。图 6-32a)为无源信标,当列车经过信标时,信标由车辆的天线供电启动,载频为 4.237MHz,以 FSK 方式调制发送,列车经过该信标以后,对列车估算的运行距离进行验证,纠正由于滑行、空转或后退等所造成的误差。

图 6-32b)为移动列车初始化信标。列车在区间的定位消失后,用此信标对列车重新初始化。另外,当列车进入 SACEM 系统,为了校准编码里程计数据,也可以用此信标来初始化系统。这两个信标之间的距离是固定的。其中,第一个信标给出信息网络上的定位,并启动列车的位移测量系统,来校准编码里程计;第二个信标给出的信息,为网络上的定位及关闭列车位移测量系统,来校准编码里程计。

图 6-32c)为精确定位信标,这种信标安装于站台的停车点,它需要外部 220V 的交流电源供电,此信标允许将所需信息传递给运行中的列车或已停车的列车,即当列车以 45km/h"跳停"站台时,也能保证信息的可靠接收;而当列车停于站台后,用它来进行列车与轨道间的信息传递,进行屏蔽门管理以及授权屏蔽门的门控。

图 6-32d)为静止列车初始化信标。它也是有源信标,一般安装于线路两端的折返线和进入正线的出站信号机前(车辆段的出口)。它能在列车经过或停靠时向列车传递所需的信息,也能执行列车向轨道的信息传递。

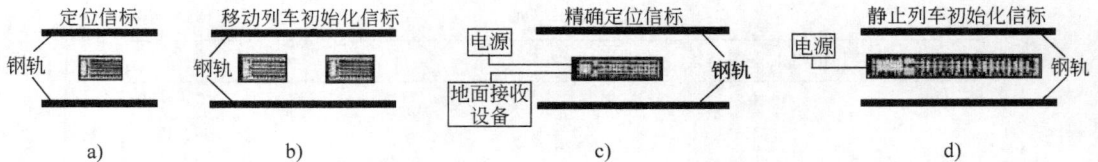

图 6-32　距离定位式数字轨道电路的定位信标示意图

这里需要强调的是,要正确地计算列车的位移。编码测速计是测量列车位移的"故障-安全"设备,它能安全地检测内部的电子故障,通过与另一路设备的测量数据比较,可以检测出机械故障。其中,编码测速计的最小测量位移为 3cm。列车实际位置与 ATP 计算位置的误差,在通过下一个再定位信标后被修正,列车被重新准确定位。当发生空转(速度突然增加)或打滑(速度突然降低)时,车载系统可通过列车定位予以校正。

综上,以距离定位为原则的 ATP 系统通过传输信息的管理,分类接收信息,数据解码后提供给应用软件,确定新接收部分的进路地图,同时与以前收到的进路地图相连接,建立新的进路地图,并在新的进路地图上定位列车。同时,ATP 系统也可计算出列车的位移及加速度和减速度,进行打滑/空转校正,根据接收到的信标信息确定列车的实际位置。

四、Check 方式的 ATP 系统

城市轨道交通系统中,凡设有钢轨的线路,基本上都利用钢轨构成的轨道电路来传输 ATC 信息,并以此来检测列车是否占用轨道区段和检测钢轨的完整。但对于不设钢轨的城市轨道交通,例如:独轨(单轨)交通系统、新交通系统等,其走行轮为橡胶轮,运行在水泥路面,无法使用轨道电路。但这些系统作为大运量的公共交通工具,又以编组方式运行,行车密度高、编组短,输送能力虽低于地铁,但远远高于公共汽车。另外,因其还具有爬坡能力强、速度高、噪声小等优点,国外有不少城市已建成多条这样的线路,我国也有多个城市建有跨座式独轨交通。

对于不设钢轨,即不能用轨道电路作为检测手段的城市轨道交通,其 ATP 子系统中的列车检测方式,必须采用独特的方法,这里介绍一种 Check 方式的 ATP 子系统。

1. 概述

在地铁等利用钢轨作为运行线路的情况下,利用列车分路电阻来检测列车是轨道电路的重要功能,从而可以判断列车在什么区段。当检测到列车已经占用该轨道区段的前提下,ATP 再利用钢轨向列车传送 ATC 信息。

而对于没有钢轨,即不能设置轨道电路的城市轨道交通,只能采用特殊的列车检测方式。根据轨道交通系统的特点,其列车检测方式也不尽相同,这里介绍一种在运行线路上铺设环线的 Check 方式。在其所有的运行线路的中央设置交叉感应环线,其每段环线的长度相当于一个闭塞分区的长度,它根据运行间隔、列车速度、线路情况而计算设定。各个闭塞分区的环线交叉,不仅可以防止干扰,也是列车进行重新定位的手段。环线不仅作为向列车传输车载信号信息(数据)的通道,也是地面检测列车和接收列车信息的载体。

地面设备中,除了设有向列车发送 ATC 信息的发送设备外,还专门设置了用于接收列车检测信号的设备。车载设备中,在列车头部设有 Check in 信号发送器,在列车尾部设有 Check out 信号发送器。根据运行方向,头、尾 Check 信号可以切换,而且头、尾 Check 信号必须相互校核,Check in 和 Check out 缺一不可,否则,列车将停止运行。Check 方式的列车运行控制系统中,连续式 Check 方式的列车控制系统示意图如图 6-33 所示。

2. 检测原理

列车检测系统的地上装置,由照查信号发送部、接收部、闭塞逻辑模块等单元组成。照查信号是载频频率为 14.92kHz、低频频率为 19Hz 的调频波。平时它通过分配器,从环线的一端发送器发送,由环线另一端的接收器接收,当环线接收器接收到上述照查信号时,该环线(3T)的检测继电器(3TJ)处于励磁状态,这相当于该区段空闲。与 3T 相邻的区段,其环线照查信号的载频频率是不同的,相当于轨道电路区段的相邻轨道区段的传输频率是不同的。

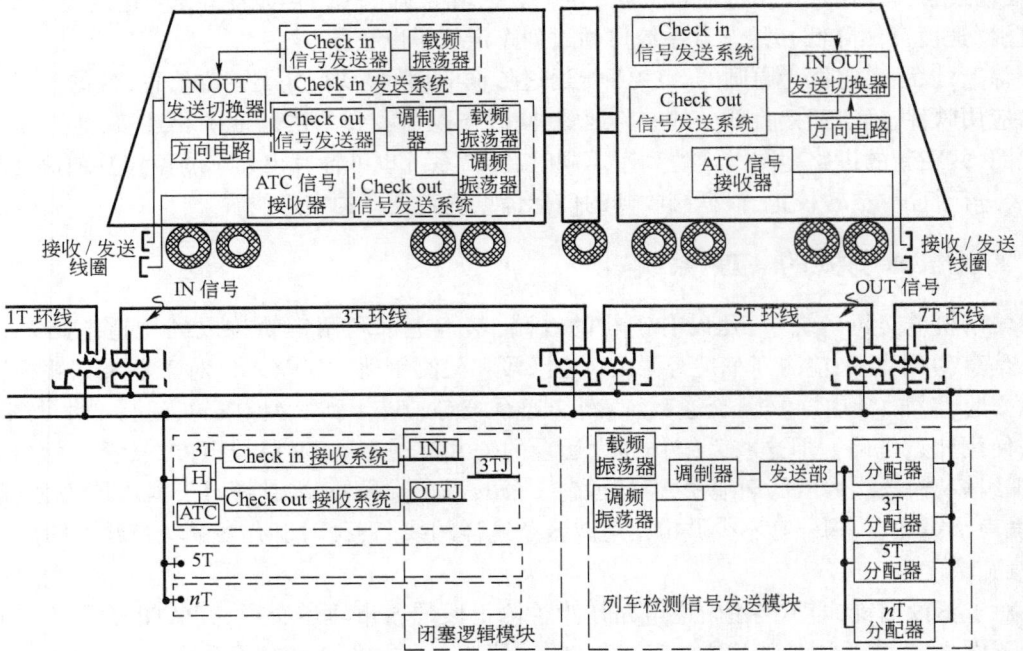

图 6-33　连续式 Check 方式的列车控制系统示意框图

当列车头部输入(3T)环线区段,地面环线接收器接收到由列车头部发出的 Check in 信号,它的频率是 15kHz,使 3T 环线区段的 IN 继电器(INJ)励磁。INJ 励磁,证实列车已经驶入 3T 环线区段,使该环线的检测继电器(3TJ)失磁。这时 3T 环线的发送端迎着列车运行方向,开始发送 ATC 信号给列车。

当列车尾部驶入 3T 环线区段,环线接收器接收到由列车尾部发送的 Check out 信号,Check out 信号是载频频率为 11.8kHz,低频频率为 35Hz 的调幅波,从而使 3T 环线区段的 OUT 继电器(OUTJ)励磁,这时 3T 环线的检测继电器(3TJ)仍处在落下状态。环线发送端继续发送 ATC 信号。

当列车头部进入下一个环线区段(1T),1T 环线区段接收器接收到 Check in 信号,1T 的 IN 继电器励磁。而 1T 检测继电器(1TJ)失磁落下,1T 环线区段发送端开始发送 ATC 信号。3T 环线区段接收器因收不到 Check in 信号,3T 的 INJ 失磁,3T 环线区段可以停发 ATC 信号,但 3T 环线区段接收器还在接收 Check out 信号,所以 3T 环线区段的检测继电器(3TJ)仍处在失磁状态。

当列车完全进入 1T 环线区段,则 3T 环线区段接收器因收不到列车发来的 OUT 信号,使 OUTJ 失磁落下。而因为 3T 环线区段的接收器接收到列车检测信息,所以检测继电器(3TJ)恢复励磁。

这样可以保证列车在线路运行的各个环线区段都能连续地接收到 ATC 信号,而利用环线检测继电器(TJ)的状态,可以判断列车所在位置,从而构成闭塞逻辑关系。

3. Check 方式车载信号发送装置

在列车头、尾两端的车辆,都设有 Check in 和 Check out 信号发送单元,以及发送、接收线圈。Check in 是没有经过调制的信号,频率为 15kHz,Check out 信号为调制信号,调制载频为 11.8kHz,信号频率为 35Hz 的调幅波,为此在车上设置了相应的载频振荡器和低频振荡器。

列车头部和尾部的 Check in 信号和 Check out 信号必须相互照查,以保证这两个信号的不间断发送;只要检测到某一个 Check 信号丢失,列车会自动报警,并使列车自动停车。根据列车运行方向,由 Check in、Check out 发送切换单元,来控制其发送 IN 信号,还是 OUT 信号。

Check in 和 Check out 信号,以及环线检测信号频率,可以根据不同线路的实际情况而做调整。例如,在另外一条独轨交通线路中,Check in 信号是载频为 13.5kHz、低频为 72Hz 的调频波,而 Check out 信号是载频为 15kHz、低频为 72Hz 的调频波等。但不论其频率如何设定,它的检测工作原理基本相同。即使是只有一节车的轨道交通,也得发送 Check in 和 Check out 信息,以检测列车的到达和出清。

针对不设轨道电路的列车控制系统,由于是利用地面接收列车发送的 Check in 和 Check out 信号来检测列车,因此作为地面接收通道的感应环线的完整性是至关重要的。

另外,由采用 Check 方式检测列车的技术可知,传统的轨道电路不是唯一检测列车的方式。

第六节 车载 ATC 设备与列车自动运行(ATO)

车载 ATC 设备包括 ATS、ATP 和 ATO 子系统的设备。车载 ATS 子系统通过车-地双向通信链路,接收控制中心发来的调整列车运行等级、目的地号、"跳停"等指令,并向地面发送列车运行的状态信息,经联锁集中站向控制中心转发。车载 ATP 子系统根据地面发来的 ATP 命令,进行超速防护、制动保证以及车门控制等与安全相关的控制。当 ATP 切除时,由司机负责列车的运行安全。车载 ATO 子系统,替代司机的操作功能,实现列车的自动运行,完成列车在站间的运行速度控制,包括出发加速控制、惰行控制、减速控制以及在车站的程序定位停车控制。城市轨道交通在配备司机的情况下,有些线路为了节省投资而不设 ATO 子系统。但是,在设置站台屏蔽门的情况下,为了保证定位停车精度还是应该设置 ATO 子系统。

一、车载 ATC 设备

城市轨道交通列车以编组方式运行,每列车的两端均设有驾驶室。车载 ATC 的机柜设备一般都集中在驾驶室,而其外挂设备则设置在车辆的底部。

对应于模拟轨道电路速度码制式的车载 ATC 设备示意图如图 6-34 所示。

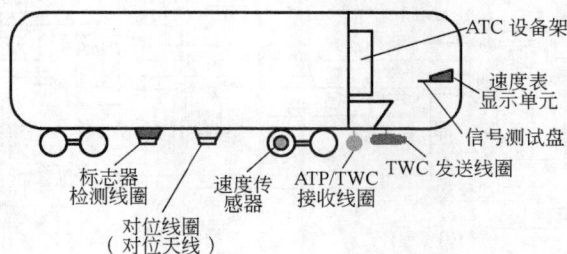

图 6-34 车载 ATC 设备示意图

图 6-34 中，ATC 系统设备架置于驾驶室左侧，机架与车体连接，防振底座和机架在电气上隔离。机架上设有 ATP 模块、ATO 模块、ATS 模块、直流调压器、安全/非安全继电器（包括开门继电器，紧急、常用制动继电器，驱动继电器等）以及制动保证单元。显示单元及速度表等设于驾驶操纵台上。显示单元上有各种控制表示灯，包括列车车次号、列车目的地号、列车运行等级、列车长度、车次号和目的地号的设定开关，以及起动、停车、程序停车、"跳停"、慢行、超速等指示灯和其他相关的按钮。

ATP/TWC 接收线圈设于第一节车辆的第一个轮对前方，其线圈的中心线对准每根钢轨的中心。两组接收线圈串接，用于接收地面 ATP 速度信息、开门信息以及 TWC 信息。车载接收器分别调谐车载信号载频（2250Hz）和 TWC 信息的信号频率（9650Hz）。

速度传感器是车轴脉冲发生器，可以用它来获取实际的列车运行速度和运行距离信息。一般情况下，一辆列车设置两个速度传感器，分别设在 A 型车的不同轴和不同侧，但也有一辆列车只设一个传感器的案例。

TWC 发送线圈安装在 A 型车底部，第一轮轴前方，其中心对准轨道线路的中心线。车载 ATC 通过该线圈将列车运行状态信息送至地面，并经联锁集中站 TWC 模块将信息转送至控制中心。

车载对位天线也置于 A 型车的底部，它沿车辆的纵向中心线安装，用于检测定位停车点的地面对位线圈（有源）信息，并通过地面对位线圈和对位模块交换对位信息。

标志器检测线圈也安装在 A 型车的底部，沿车辆的纵向中心线设置，位于对位天线的后方。它用于检测地面标志器信息。标志器设于车站定位停车点的固定距离处。

车载 ATC 设备视 ATC 系统而异。数字编码轨道电路目标速度制式的 ATC 系统，其车载设备中不设标志器检测线圈和对位天线，其显示单元中增设了至目标速度的距离和冲撞曲线时间（即若不采取任何措施使车辆减速，ATP 系统预期施加全常用制动的时间）表示。另外，速度指示除了模拟式显示外，还有数字式显示。它的车站程序定位停车方式为曲线式制动，它通过接收在站台区域设置的 TWC 环线信息以及环线交叉点的定位信息，实现自动定位停车。

接收进路地图的车载设备除了接收车载信号（SACEM 信息）的 2 个接收线圈外，还有 1 个信标信息接收天线，接收沿线路铺设的各种定位信标信息。车载设备结构框图，如图 6-35 所示。

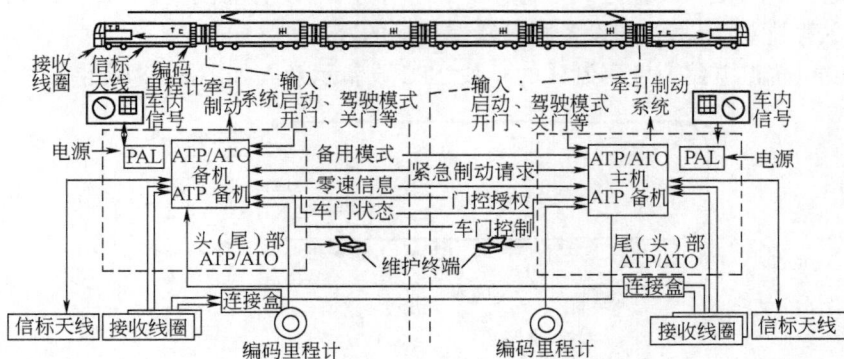

图 6-35　车载设备结构框图

每个驾驶室都有一套 ATC 设备,通过接收线圈接收来自轨旁的进路地图、轨道状态、临时限速、运营调整等指令信息。图中车载 ATP 子系统,头部和尾部各设主、备系统,也可以是列车头、尾两端各设一套 ATP 子系统,互为冗余。这种方式与列车头、尾各两套(主/备)的方式相比,其可靠性更高,即列车头部 A 型车所接收的 ATP 信息通过连接盒可以送至列车尾部 A 型车的 ATP 接收器。

当列车通过或停在信标上方时,专用的初始化信标信息可以对列车位置再定位。初始化结束以后,列车位置由设在车上的编码里程计测量位移更新。在任何情况下,列车必须不时地通过信标定位。作为车站程序定位停车控制,车载设备接收由站台重新定位信标发来的定位信息控制列车的定位停车。在列车头、尾车辆各设一个车载编码里程计。

二、车载 ATP 子系统功能分析

车载 ATP 子系统是确保列车运行安全的关键设备。它与地面 ATP 设备相配合,完成速度或距离信号的接收和解译,实现超速防护、制动保证、零速检测、车门控制、后退防护等。这里以速度码制式 ATP 子系统的车载设备为例,对其系统功能进行分析。车载 ATP 子系统功能框图如图 6-36 所示。

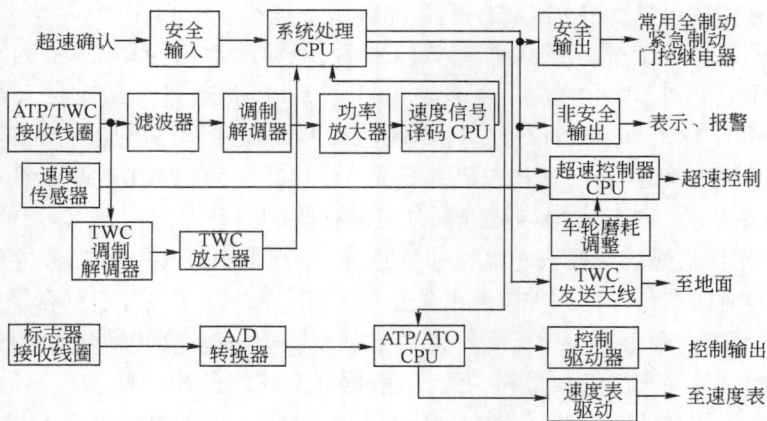

图 6-36   车载 ATP 子系统功能框图

1. ATP 信号的接收和解译

地面 ATP 子系统通过钢轨向列车发送速度命令和门控命令,其载频为 2250Hz。车载 ATP 接收线圈以耦合方式从钢轨接收经低频调制的 ASK 车载信号,通过滤渡器和调制解调器提供一个固定的电平方波,送至速度信号译码 CPU。该 CPU 解译的速度或门控命令,再送至系统处理 CPU 处。

2. 超速防护

ATP 子系统的主要功能是实现列车的超速防护,保证列车不会超出速度命令所规定的速度。该功能由超速控制器 CPU 来完成。超速控制器 CPU 接收来自系统处理 CPU 的限制速度信息和来自速度传感器的列车实际信息。如果列车的实际速度超出 ATP 限速,出现超速状态,在自动模式下,列车将自动调整速度;在人工模式时,由司机采取措施调速。ATP 超速的触发点,一般设定为比限速高 3km/h。

在这里,速度传感器对列车实际速度的测量至关重要。一般在 A 型车中设置 2 个速度传感器,它们分别设在不同车轴的不同侧。2 个传感器由 2 个完全独立的软、硬件信道处理,通过计算在固定周期内的脉冲数来计测速度。而轮轴转动的次数与车轮的周长直接相关,但周长的变化取决于车轮的磨损情况。新的车轮直径为 840mm,完全磨损的车轮直径为 770mm。所以,根据车轮的磨损程度用加强补偿探测信号的办法,对测速精度进行调整,每 5mm 为一挡,共设 15 个设定值。因此,测得的列车速度是综合了轮径磨耗信息的,较为精确的实际速度。当检出列车超速,则在 3s 左右的时间内,列车以 0.715m/s² 的减速率降低速度(该作用时间和减速率因车而异)。如果在规定时间内达不到最小制动率,系统的制动保证功能将发出指令,施加不可逆转的紧急制动。

零速检测在所有的操作模式都有效。当列车速度小于 3km/h,ATP 子系统便确认为零速度,并由超速 CPU 进行零速检测。当列车实际速度小于零速度设定值时,零速检测信息返送至系统处理器。

3. 车门的关、闭控制

当列车到达定位停车点,列车对位天线检测到由站台对位线圈送出的 13.235kHz 频率,证明列车已正确地在站台对位,列车 ATO 子系统将指令进行全常用制动,并生成一个列车停稳信号给 ATP 子系统。ATP 子系统接收到该信号后,施加全常用制动,并检测零速度。这时,ATP 子系统生成一个列车对位信号,给车载 ATO 子系统,并通过车载对位天线,送出载频为 21.945kHz、低频为 77Hz 的调制信号。地面对位线圈接收并译出上述对位信号,使车站 ATP 模块通过站台区域的轨道电路,送出打开车门信号,其载频为 2250Hz,调制频率为 4.5Hz(左门)或 5.54Hz(右门)。列车 ATP 接收线圈从钢轨接收到打开车门信号以后,使相应的门控继电器励磁,并点亮相应侧的门控表示灯;这时司机按压与表示灯相一致的门控按钮,即当且仅当门控继电器的前接点与车辆门控电路的安全接点相一致时,才能开启站台侧的所有车门;与此同时,ATP 子系统指令车辆对位天线停发列车对位信号,改发打开站台屏蔽门信号。开启站台屏蔽门的数量应与列车门的数量相一致,即根据列车编组的不同而发送不同的开启屏蔽门信号。开启屏蔽门信号的载频为 21.945kHz,6 节编组的列车调制频率为 115Hz;而 8 节编组列车发送的调制频率为 171Hz。车站对位模块收到由列车发来的开启屏蔽门信号后,使相应的屏蔽门控制继电器励磁,使与列车编组相对应的屏蔽门自动开启。

当停站计时结束,车站 ATP 模块停止发送打开车门信号,使列车相应的门控继电器失磁,司机可按压车门关闭按钮,门控电路启动列车门关闭程序。当车门关闭,列车 ATP 子系统中止发送开启屏蔽门信号,站台屏蔽门控制继电器失磁,启动站台屏蔽门关闭程序。

这时,地面 ATP 模块通过轨道电路向列车发送速度命令,车辆 ATP 系统译出速度命令,并将车门关闭信号一起发送给车载 ATO 子系统。ATO 子系统收到上述信号后,使司机控制台的 ATO 表示灯以 1Hz 的频率闪光,提示司机按压 ATO 启动按钮。司机按压此按钮后,列车按 ATO 自动运行模式启动加速并自动运行。

在人工模式的情况下,司机必须以人工控制方式将车停于定位停车点。当列车对位表示灯点亮,证明列车正确对位。在确认定位停车后,司机可按压站台侧门控按钮打开车门。关闭车门也由司机控制。

4. 后退防护和无意识运行的防护

驾驶控制台的方向手柄所处的位置决定了列车的运行方向。如果检测到并确认列车的实际运行方向与方向手柄位置不一致,则应施加紧急制动予以防护。不论自动模式还是人工模式,都由超速防护系统提供后退防护。另外,当列车制动停车后,系统施加全常用制动。在尚未收到速度命令的情况下,若列车无意识运行,此时只要检出车速超过 3km/h,那么车载 ATP子系统实施紧急制动予以防护。

5. ATP 的冗余工作

车载 ATC 系统,一般在列车头、尾两端车辆各设两套独立的 ATP 子系统。除车载 ATP 接收线圈和车辆接口的输出继电器共用外,ATP 子系统完全是双套的。两套 ATP 子系统的工作模式,有平行模式、ATP1 模式和 ATP2 模式。平行模式是正常工作模式,选择开关置于平行位置,两套 ATP 子系统同时工作。但 ATO 子系统,只从 ATP1 接收数据,而且 ATP1 的 DC/DC 电源供车载 ATO/ATS/ATP1 子系统工作,ATP2 的 DC/DC 电源只供 ATP2 子系统工作。ATP1 模式或 ATP2 模式下,仅被选择的 ATP 子系统工作,另一套 ATP 子系统断电不工作。工作的ATP 子系统提供 DC/DC 电源给车载 ATO、ATS 模块工作。

三、车载 ATO 子系统的主要功能及工作原理

当列车处在 ATO(列车自动运行)操作模式下,车载 ATO 子系统才能发挥作用,即自动履行司机操作的非安全功能,自动完成列车的加、减速等速度调节控制和自动完成列车在车站的程序定位停车。

1. 速度调节功能

ATO 模块的调速器,使列车以渐进和恒定的速率加速到达由限速设定的运行速度。当列车到达限定速度后,通过连续比较实际速度和限速,控制列车的牵引和制动系统,即应用闭环控制技术达到速度调节的目的。

ATO 根据 ATP 速度命令、ATS 运行等级以及车站停车曲线所决定的最低参考速度,控制、调节列车的速度,使列车速度保持在上述参考速度的范围内。速度调节器将列车的实际速度和上述参考速度进行比较,并计算正(提供动力)或负(制动)牵引力。牵引力计算中考虑了列车的实际速度、与参考速度间的速度差以及加速度的大小等因素,以尽可能地将列车速度控制在参考速度的范围内。当新的牵引力计算出来后,被送至 ATO 接口,将该命令送给车辆牵引系统。车辆牵引系统接口,主要是两个继电器和一个浮动电压源,接口的两个继电器组合,决定了向列车提供动力(正牵引力)、制动(负牵引力)或惰行(零牵引力)。而电压源的电压大小决定了最大牵引力的比例。电压从零动力或零制动的 1V 开始变化,线性地增大到 100% 牵引或制动的 10V。

2. 车站程序定位停车

对运行的列车而言,保证列车在车站的定位点停车,是很重要的作业之一。在人工操作模式下,通常司机在制动时,全凭直觉估计到停车点的距离,根据当时的列车速度来推算减速度,即完全凭经验操作制动,所以要做到定位停车是相当困难的。而定位停车对于城市轨道交通,尤其是在设置站台屏蔽门的车站尤为重要。定位停车控制方式一般采用距离控制方式为多。所谓"距离控制",是根据制动动作点到定位停车点的距离,以及列车实际速度、列车质量、天

气情况、空走时间、线路条件等算出其制动曲线,并在定位停车点的附近进行阶段缓解,以不断修正与定位停车点之间的误差。阶段缓解点为制动中的列车速度与新的制动模式曲线的交叉点。

根据 ATC 制式的不同,定位停车方式有曲线式制动和台阶式制动两种。以模拟轨道电路为基础的 ATC 系统,在距定位停车点规定的距离处设置定位停车用的标志器。标志器设置的数量和设置的距离视列车性能而异,一般为 3 ~ 4 个点。这种借助于非连续的几个固定信号点的列车停车控制方式称为台阶式制动。而曲线式制动是基于数字式轨道电路。数字编码轨道电路可以连续地向列车提供实时信息,而且通过在站台区域设置的交叉环线的交叉点或信标,对停车控制进行定位修正,保证停车的精度,也提高了停车制动时的舒适性。下面就上述两种制动模式对定位停车方式进行介绍。

1) 台阶式定位停车控制原理

基于模拟轨道电路的 ATC 系统,为了实现列车在车站的程序定位停车控制,根据列车运行方向,在离定位停车点 350m、150m、25m 和 8m 处,分别设有定位停车用标志器。其中 8m 标志器是有源标志器,其余均为无源标志器。当列车经过上述各点的标志器时,会收到不同频率的信息,以告知运行列车与定位停车点的距离。

350m 标志器是定位停车控制的起始点。为了保证设备的可靠动作,在该点设置了 2 个标志器,其工作频率分别为 110kHz 和 140kHz。当列车收到上述频率之一,车载 ATO 子系统便启动车站程序停车控制,产生第一制动模式曲线,并点亮驾驶操作台上的程序停车表示灯。

列车运行至站台区域,收到距离定位停车点 150m 处两个中间标志器的信息。它们的频率分别为 120kHz 和 150kHz。之所以设置两个标志器,是为了保证制动控制的可靠性。收到中间标志器的信息以后,车载制动控制系统产生第二制动模式曲线。实际上,第二制动模式曲线是对第一制动模式曲线进行修正,也是对上一次制动的缓解。

列车继续前进,离定位停车点 25m 处,又一次收到由内方标志器发送的信息,其频率为 160kHz。此时,列车制动控制系统产生第三制动模式曲线,进行第二次制动修正,相当于进行第二次缓解。

当列车距离定位停车点 8m 时,接收由有源标志器送来的 14.35kHz 频率信号。列车制动控制系统进行第三次制动修正,再一次制动缓解,使列车准确地停于定位停车点。

当列车收到由地面对位线圈送出的 13.235kHz 频率信号时,证明列车已在定位停车点停车,车载系统检出此信号后,实施全常用制动。其后进入列车车门开启程序。图 6-37 所示为台阶式车站程序定位停车原理示意图。

图 6-37 中横坐标为距离,纵坐标为速度。O 点为设定的定位停车点,A'、B'、C'、D' 分别为制动模式曲线的启动点,也就是标志器的设置位置。列车到达 A' 点(收到 350m 的标志器信息),产生第一制动模式曲线 A_{O_1}。由于列车的实际速度为 v,所以第一制动模式曲线的实际动作点是 E 点,真正的第一制动模式曲线应为 E_{O_1}。E 点是第一制动曲线的实际动作点,以第一制动曲线 E_{O_1} 为例,由于天气、线路、车辆性能等因素影响,第一制动模式曲线应在 $EG \sim EF$ 的区域内变化。以此类推,第四制动模式曲线 D_O,应在离停车点 O 的 ±25cm 范围内变化。±25cm 为定位停车精度,它在设计时应予以确定。在车站设有站台屏蔽门的情况下,一般定位停车精度控制在 ±25cm 内;不设站台屏蔽门的情况下,停车精度可放宽为 ±50cm 左右。

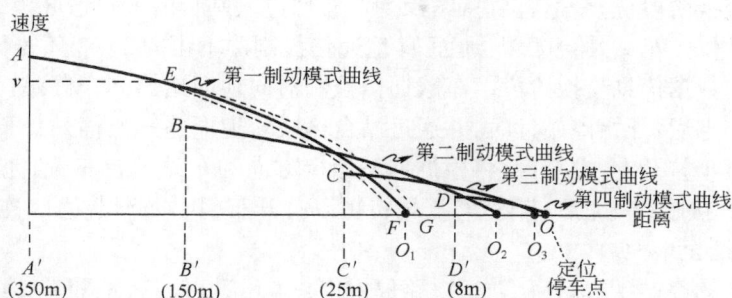

图 6-37 台阶式车站程序定位停车原理示意图

2）曲线式定位停车控制原理

曲线式制动模式是基于数字编码轨道电路的发展的。相比台阶式制动，其定位停车的启动点离定位停车点更近。而且，由于距离定位信息的不断校准而不断地修正制动曲线，故可以近似地看作只有一条制动曲线。在这种制式下，对制动曲线的修正不再依赖地面发送的点式信号，而主要取决于车载计算机的运算。地面环线交叉点或定位信标信息作为车载系统里程计算的定位校正，使制动性能更好、定位停车精度更高。下面以数字编码轨道电路的 ATC 系统为例，介绍车站程序停车控制过程。

为了实现车-地间的信息交换和定位停车控制，在站台区域的两根钢轨间设置了车-地通信环线。站台区段轨道电路的两端"S"Bond 的中心，正好对准站台的两个边缘。假如轨道电路的长度为 186m，那么环线的长度为 186 + 2 × 2（两端引接线长度）=190m。为了实现双向运行和车站定位停车的需要，环线以站台中心为基准，两侧完全对称地铺设，并且按长度 1m、6m、7m、11m 等距离两边对称和有规则地交叉铺设。

通过轨道电路可以检测到列车由区间进入站台区域前方的接近区段。这时地面车-地通信控制器通过站台区域的环线送出控制中心 ATS 的调度控制信息。列车本身也检测到已经进入站台前方的轨道区段，所以列车的车载车-地通信控制器开始向地面发送列车状态信息。但是，由于列车还在车站站台的接近区段，车-地之间没有进入信息交换的阶段，双方处于准备阶段。

当列车进入车站站台区域，车载车-地通信控制器接收到地面送来的控制信息，车载 ATO 子系统启动程序停车控制，列车不向地面发送信息，列车连续地接收由地面送来的调度控制信息，称为 CTM 模式。同时，列车还接收到地面环线各个交叉点的信息，可以精确地测算出到达停车点的距离，进而连续地修正制动曲线。车载计算机自动地计算出到定位停车的距离，并持续地通过环线交叉点来校正。交叉点的设定，可根据需要进行调整。由于车载计算机已将交叉点的距离信息参数存储，因此可以进行多次校正。地面的车-地通信控制器通过 TWC 环线连续地向列车传送包括车站停车制动率、"跳停"当前站等各种数据信息和环线边界数据。与此同时，站台区域段轨道电路仍在不断地向列车传送 ATP 数据信息，其中也包括目标速度和至目标速度的距离。车载计算机根据上述各种相关数据，通过速度传感器运算实际里程，并选择数个环线交叉点进行定位校正，保证定位停车的可靠性和精度。

当列车尾部出清站台接近区段，则说明列车已到达定位停车点（对于不同长度的列车编组,定位停车点是不同的,这可以在车载 ATO 子系统的软件中进行修正)。此时,列车与地面开始进入双向交换阶段,这个过程要持续到列车头部进入站台前方轨道区段。

列车全部都位于车站站台区域,地面车-地通信控制器不再向 TWC 环线传输信息,而进入列车与地面之间数据信息交换阶段。车载通信控制器向地面送出列车停站(零速)信息,地面收到列车停站信息后,开始停站计时,并通过站台区段轨道电路送出停站(开门)信息,允许司机打开车门。至于打开左、右车门,将根据列车运行方向和车站站台布置,完全由车载计算机判别。列车 ATP 接收线圈收到上述信息,司机可以打开车门。而车载通信控制器将开门信息通过 TWC 环线送至地面。

列车在车站的停站计时结束,轨道电路停发停站(开门)信息,地面车-地通信控制器通过 TWC 环线向列车送出关闭车门信息。列车收到上述信息后,司机可关闭车门。车载通信控制器通过 TWC 环线向地面送出关门信息,地面收到此信息,证实车门已关闭。站台区段轨道电路向列车送出目标速度信息,列车 ATP 子系统收到目标速度等数据信息后,驾驶室显示单元的车载信号表示灯亮绿灯,停车结束表示灯亮绿灯,运行方向表示灯亮黄灯,司机按压列车出发按钮,自动 ATO 表示灯亮绿灯,表示 ATC 系统以 ATO 模式工作,实施列车自动运行,同时 ATP 实施自动超速防护。

当列车进入站台前方轨道电路,地面环线停止向列车传送信息,列车也停止发送 TWC 信息。

上述数字编码轨道电路中,采用站台区域设置 TWC 环线的方式,根据环线交叉点来进行列车定位的校正(或称为重新定位)。在以距离定位为原则的数字报文式轨道电路为基础的 ATC 系统中,采用在站台区域设置定位信标的方法,对执行车站程序定位停车控制的列车进行定位校准。

3. 车载 ATC 系统的运行模式

车载 ATC 系统的运行模式和状态显示,因 ATC 系统制式而异,但其主要性能是相似的。在前面曾就列车的操作模式做过简单介绍,这里以基于数字编码轨道电路的车载 ATC 系统为例,再做进一步讨论。

车载 ATC 系统支持 3 种运行模式,即自动(ATO)模式、人工(ATP)模式和切断(OFF)模式,但车载 ATC 系统同样也可以被旁路(Bypass)。所有模式均要求司机在任何时间内,在车上进行操作和监视。

1) 自动(ATO)模式

司机将驾驶台上的模式/方向操纵手柄置于 ATO 位置。列车在站间完全自动运行,由 ATO 子系统进行速度控制调节和车站程序定位停车。由 ATP 子系统提供超速防护,由车载 ATC 系统和司机配合执行列车车门的开、闭操作控制。列车从车站出发要求司机"启动"。

2) 人工(ATP)模式

司机将驾驶台上的模式/方向操纵手柄置于 ATP 位置。列车在站间由司机根据 ATP 速度命令完成速度控制,由 ATP 子系统提供超速防护。到站也由司机完成停车控制,司机在保证安全的前提下,操作列车门的开启和关闭。

3) 切断(OFF)模式

司机关闭控制锁开关,ATP/ATO 子系统被电气隔离,完全由司机完成所有的运行操作功能,但速度传感器仍然将列车运行的实际速度输入至显示单元,显示列车运行速度。

4)旁路(Bypass)模式

相比切断模式,这是一个特定的模式,它只有在列车模式开关置于 ATC 旁路时才有效。在进入旁路模式前,可处在 ATC 系统正常的操作模式。只要列车进入旁路模式,ATC 的输入/输出全被旁路隔离,显示单元的 ATC 旁路表示灯点亮,列车完全依赖于司机人工控制。这种模式往往在正线转至出/入库线时,或者转入非运营线路时采用。另外,有些线路在投入运行后,其信号系统仍在调试过程中。这种情况下,即使列车可以收到 ATP 信息,调试中的 ATP 信息也不允许控制列车的运行,必须将接收的信息予以旁路。

5)反向运行和慢速前行

另外,在人工(ATP)模式中,允许反向运行和慢速前行(CLOSE IN)。当列车在人工(ATP)模式下运行时,列车丢失有效的车载信号信息或显示为零限速时,在列车停车后司机以慢速前行模式,控制列车以低于 20km/h 的车速移动列车,寻找车载信号。一旦在人工(ATP)模式下允许启用慢速前行模式,则 CLOSE IN 表示灯点亮。当列车重新获取车载信号或非零限速时,CLOSE IN 表示灯会熄灭。反之,当列车在慢速前行模式下超速(>22.5km/h),系统会施加紧急制动使列车停车,停止慢速前行模式。

反向模式并不是指上、下行线路的反向运行,它是指在人工(ATP)模式下,列车出现不正确的停车,如冲出站台停车,此时不允许司机打开列车门,但在这种情况下要改变列车的位置是可能的。遵照严格的操作规程,在征得调度员同意后,司机可在停车的情况下,将模式/方向操纵手柄置于反向位置,列车便进入反向运行模式。一旦要求反向运行,方向就丢失,但当列车在站台正确地对位,方向仍可重新建立(通过 TWC 子系统实现),并允许打开车门。

对于上述慢速前行模式和反向运行模式,车载 ATP 子系统提供 20km/h 和 10km/h 限速的超速防护功能,当超出 22.5km/h 时,ATP 子系统自动施加全常用制动,并且若制动保障率没有达到,将施加紧急制动。

列车在移动过程中不允许任何操作模式的转换,只有当列车在停止状态,并征得调度员同意时,才允许进行操作模式的转换。

4. 车载 ATC 系统的状态显示单元(ADU)

ADU 是车载 ATC 系统的用户界面,也是与驾驶员的人机对话装置。ADU 为司机提供了列车的实时信息和 ATC 系统的状态表示,其中包括限速、当前速度、目标速度、列车长度、操作模式表示等,还设有相关的按钮。状态显示单元示例如图 6-38 所示。

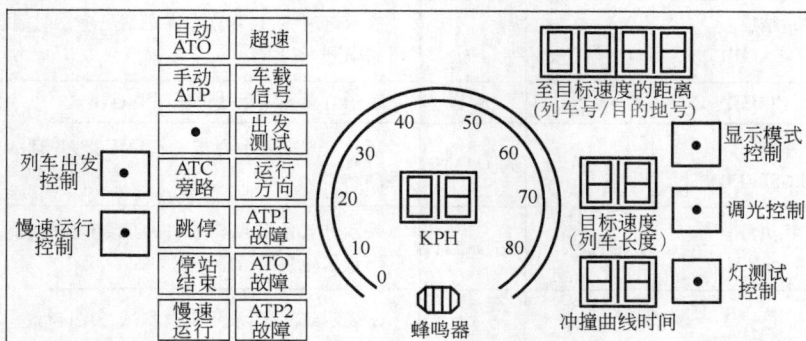

图 6-38 车载 ATC 系统状态显示单元示意图

1)状态显示单元(ADU)概况

(1)实际速度和限制速度显示。ADU 用模拟和数字两种方式显示列车的实际速度。模拟值是一个双色 LED 环,绿色 LED 表示实时速度,红色 LED 表示当前限速。如果列车工作在关闭和旁路的操作模式,则 ATC 设备处于电气隔离的状态,此时模拟速度计环显示红色(或不亮)。数字式速度是指由两个七段数码管显示 0~99km/h 的即时速度,即使在 ATC 设备处于电气隔离的情况下,也由速度传感器通过独立的速度输入信号显示。

(2)声音报警。ADU 内部的压电报警装置在超速和其他报警的情况下,向司机发出报警信息,以提示司机注意。在自动和手动模式下,当显示单元的表示灯发生变化和 ADU 辅助盘输入时,会发出 0.5s 的单音报警。车站停站结束时,发出 2s 的报警。在人工 ATP 模式时,一旦出现实时速度超出限速,便会发生报警,直到速度降至限速以下。

(3)表示灯。在显示单元的左侧设有 14 个表示灯,以反映车载 ATC 系统的状态和运行模式,表示灯的功能见表6-5。

车载信号显示单元表示灯功能表　　　　　　　　　　　　　　表 6-5

序列	表示灯名称	显示	运行模式	表示灯的显示功能
1	自动 ATO (AUTO ATO)	绿色	ATO	①表示灯点亮,表示运行于自动(ATO)模式,由 ATO 实施自动运行,由 ATP 实施超速防护; ②表示灯闪亮,表示在该运行模式下,出现险情或限制条件,从而禁止移动列车
2	手动(ATP) (MANVAL ATP)	黄色	ATP	①表示灯点亮,表示运行于人工(ATP)模式,ATP 实施超速防护,由司机执行其他功能; ②表示灯闪亮,表示在该运行模式下,出现险情或限制条件,禁止移动列车
3	*	黄色	ATP	①空余为预留; ②表示灯闪亮,表示正在试车线进行门循环测试
4	ATC 旁路 (ATC-BYPASS)	红色	旁路	表示灯点亮表示 ATC 系统被电气隔离,其输出被旁路
5	"跳停" (SKIP-STOP)	黄色	ATO/ATP	表示灯点亮表示收到来自 TWC 的"跳停"指令,不在当前站停车
6	停站结束 (DWELL-EXPIRED)	绿色	ATO	表示灯闪亮,表示列车在车站的停站时间已经结束,司机可关闭列车门发车
7	慢速前行(CLOSE IN)	黄色	ATP	表示灯点亮表示处于慢速前行模式
8	超速 (OVER-SPEED)	红色	ATO/ATP	表示灯点亮表示列车已超出限速,并且 ATP 已执行惩罚性制动
9	车载信号 (CAB-SIGNAL)	绿色	ATO/ATP	表示灯点亮表示车载 ATP 子系统从轨道电路接收到有效的车载信号数据信息
10	出发测试 (DEPART-TEST)	黄色	ATO/ATP	①表示灯闪亮,表示出发测试正在进行; ②表示灯点亮,表示测试通过; ③表示灯灭灯,表示测试失败或没测试

序列	表示灯名称	显示	运行模式	表示灯的显示功能
11	运行方向 CACENTATION	红色	ATO/ATP	①表示灯点亮表示 ATP 子系统已明确运行方向；②列车停站时，表示灯点亮，表明 ATP 收到停站(开门)信号
12	ATP(A)故障 [ATP(A)-FAIL]	红色	ATO/ATP	表示车载 ATP(A)子系统故障：①表示灯点亮，表示列车不能移动，ATP(A)正在控制状态和正在接受控制的状态；②表示灯闪亮，表示列车还可以移动
13	ATO 故障 (ATO-FAIL)	红色	ATO/ATP	表示 ATO 子系统故障：①表示灯点亮，表示已不能自动运行；②表示灯闪亮，表示仍可以自动运行
14	ATP(B)故障 [ATP(B)-FAIL]	红色	ATO/ATP	表示车载 ATP(B)子系统故障：①表示灯点亮，表示列车已不能移动；②表示灯闪亮，表示列车仍可以移动

(4)达到目标速度所运行的距离的表示灯。达到目标速度所运行的距离的表示灯采用 4 位数码管显示。"0000"表示列车已在目标速度的限制下，允许以当前速度或低于限速运行。当显示不为"0000"时，表示列车必须在所表示的距离(单位:m)内，将速度调整到目标速度。

(5)目标速度数字表示灯。表示车载信号数据中目标速度的数值。

(6)冲撞曲线时间表示灯。在超速的情况下，在司机若不采取任何动作使车辆减速而 ATP 系统预期施加全常用制动的时间(单位:s)内，必须施加制动，否则 ATP 子系统将进行超速防护。

2)控制

在显示单元(ADU)的左、右两侧，设置了 5 个控制按钮，以允许司机进行相应的控制功能操作。

(1)列车出发控制(VEHICLE DEPART)。在 ATO 模式下，停站计时结束，表示灯会提示司机按下列车出发控制按钮。司机按下该按钮，列车立即启动，自动运行。

(2)慢速前行控制。列车在人工(ATP)模式下，丢失车载信号信息或显示零限速信号，导致列车停车。在这种情况下，司机可按压此按钮，列车进入慢速前行模式，并以低于 20km/h 的速度慢速前行，移动列车，以寻找车载信号信息和非零限速信息。在慢速前行模式下，相对应的表示灯也同时点亮。一旦获得有效的车载信号信息和非零限速信息，表示灯会自动熄灭，列车转入人工(ATP)模式。在慢速前行模式下超速(>22.5km/h)，会导致列车自动停车，并终止慢速前行模式。

(3)显示模式控制。达到目标速度所运行的距离的表示灯，平时显示上述距离，该表示灯也可以临时显示目的地号或显示列车号。另外，目标速度表示灯除平时显示目标速度外，也可以临时显示列车长度(编组)。这种显示的转换，可以通过按压显示模式控制按钮进行。平时不按压该按钮时，上述表示灯分别显示距离和速度。当按压按钮一次，显示列车号/列车长度(编组)，临时显示 5s 以后，恢复显示距离/速度。当按压按钮两次(间隔小于 5s)，则显示目的地号/列车长度,临时显示 5s 以后,恢复显示距离/速度。

(4)调光控制。允许司机对 ADU 显示屏和 LED 在 4 种亮度等级间进行选择,以改善司机的驾驶条件,平时默认为最高等级。

(5)灯测试控制。该控制按钮的按压会短暂地引发 ADU 上各个表示灯和 LED 器件点亮,以检查设备的完好。LED 环会在红色、绿色间变化,声音报警器也会同时鸣响,若连续按压该按钮,声音报警器在 10s 后会自动终止鸣响。

3)ADU 辅助盘

ADU 辅助盘用于司机人工输入司机号和目的地号。司机号仅在 ATO 模式下设置。目的地号在 ATO 模式和人工(ATP)模式下输入。目的地号一般由控制中心通过 TWC 环线自动设置,但是在列车出库时,可先由司机输入。

通过 ADU 辅助盘设置目的地号和司机号,必须遵循以下步骤:

(1)列车处在开启的、可接受辅助盘输入的 ATC 模式下。

(2)输入所需的目的地号和司机号后,应按压输入按钮(Enter)。

(3)输入的目的地号,可在 ADU 单元显示屏上予以显示确认。

司机号输入以后,由车载通信控制器通过 TWC 环线发送,经车站通信控制器送至控制中心,司机也可以通过无线调度电话与控制中心证实。

第七节　基于通信的列车控制(CBTC)

一、移动闭塞系统工作原理和特点

前面我们介绍的是以轨道电路为传输信道,以传输目标速度为主要内容的 ATC 系统。从闭塞概念的角度看,它们都可以归属于准移动闭塞的范畴,后续列车与先行列车之间的行车间隔都与闭塞分区的划分有关。也就是说,后续列车与先行列车不可能运行在同一个闭塞分区,后续列车必须保证在先行列车所占用的闭塞分区的分界点前停车,如图 6-39 所示。

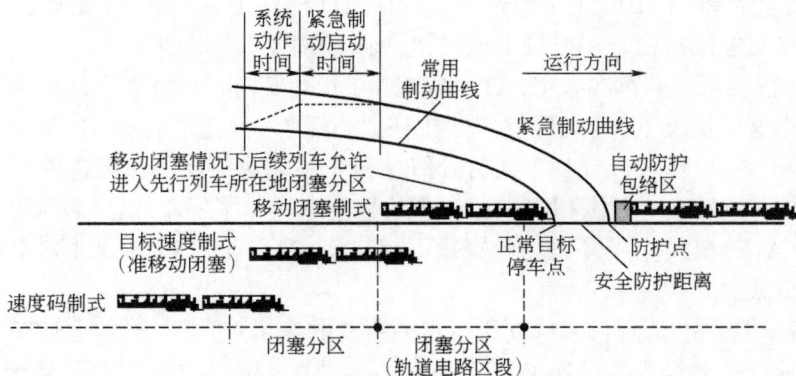

图 6-39　不同闭塞方式的列车运行间隔示意图

图 6-39 所示速度码制式的图例,可以对应于音频无绝缘轨道电路的 ATC 系统;准移动闭塞的图例可以对应于目标速度制式的 ATC 系统。这些制式下为了缩短行车间隔,必须缩小轨

道区段的长度,增加轨道电路的硬件设备。对于不同列车编组的运行线路,更是难以实现。

移动闭塞(Moving Block)是缩小行车间隔、提高行车效率的有效途径。其列车运行的安全保证,不再依赖轨道电路的划分,而是基于列车与地面的双向通信,使后续列车与先行列车之间始终保持制动距离,加上动态安全保护距离。

移动闭塞系统与原有的 ATC 系统相比,主要有以下特点:

(1)可以缩小列车之间的行车间隔。

(2)车-地之间的信息交换不再依赖于轨道电路,即可以不设轨道电路。

(3)车辆控制中心掌握在线运行各班次列车的精确位置和速度。

(4)列车与控制中心之间始终保持不间断的双向通信,调度信息可以随时发送。

(5)不同编组(不同长度)的列车,可以以最高的密度运行于同一线路。

(6)ATC 系统从一个以硬件为基础的系统向以软件为基础的系统演变。

基于通信的列车运行控制系统(CBTC),便是支持移动闭塞的列车运行控制系统。它不仅适用于新建的各种城市轨道交通,也适用于旧线改造、不同编组运行以及不同线路的跨线运行。近年来,随着通信技术的发展,尤其是无线通信、计算机网络技术和数字信号处理技术的迅速发展,信号系统的冗余、容错技术不断完善,为 CBTC 的发展奠定了基础,CBTC 系统已被信号界所认可,并已在我国的城市轨道交通中推广应用。下面分别就基于感应环线通信的移动闭塞 CBTC 系统和基于无线通信的虚拟闭塞 CBTC 系统进行介绍。

二、基于感应环线通信的移动闭塞 CBTC 系统

移动闭塞系统在城市轨道交通中运用的前提是实现列车与地面的双向实时通信。而双向通信的地面有线设备目前主要有两种方式:一种是在全线敷设用于发送微波的波导管,这种制式的移动闭塞,已于 2003 年初在国外的城市轨道交通中得到运用;另一种是利用敷设于全线的感应环线进行双向通信,这种制式的移动闭塞在国外早已得到运用,目前我国也有几个城市的轨道交通采用这种制式。这里主要介绍基于感应环线通信的移动闭塞系统。

移动闭塞原理示意图,如图 6-40 所示。

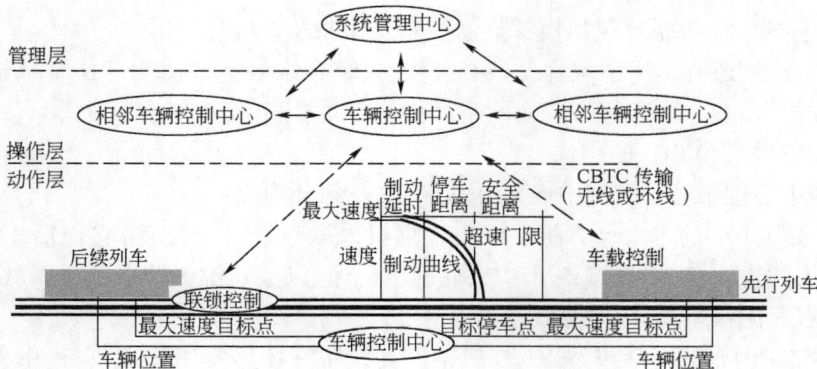

图 6-40　移动闭塞原理示意图

1. 移动闭塞系统的基本构成

移动闭塞系统由系统管理中心(System Management Center,简称 SMC)、车辆控制中心

(Vehicle Control Center,简称VCC)、车载设备(Vehicle On-Board Controller,简称VOBC)、车站控制器(STC)、感应环线通信系统、车场系统设备、车站发车指示器、站台紧急停车按钮、接口等设备组成。如图6-40所示,系统管理中心与车辆控制中心进行双向通信,完成对所有列车的自动监控;车辆控制中心与全线的列车进行不间断的双向通信,所有的列车将其所在的精确位置和运行速度报告给车辆控制中心;车辆控制中心在完全掌握所有列车的精确位置、速度等信息的前提下,告知各次列车运行的目标停车点;列车接收车辆控制中心发来的目标停车点信息,车载计算机根据允许运行的距离、所在区段的线路条件、列车的性能等,不断地计算运行速度,自动地完成速度控制。

车辆控制中心还与车站联锁装置通信,完成列车进路的排列。

1) 系统管理中心(SMC)的构成

系统管理中心对系统进行全面的协调管理,完成所有列车的自动监控功能。其设备设于运营控制中心(OCC),系统的软、硬件都按模块化的原则设计。其主要硬件部分包括:

(1) 系统管理中心工作站。除系统服务器外,系统管理中心工作站还配置调度员工作站、调度长工作站、模拟显示工作站、系统维护工作站、运行图编辑工作站及车场监视工作站。

(2) 运行图调整服务器(SRS)。冗余的运行图调整服务器通过系统管理中心 I/O 与车辆控制中心相连,以实现运行图调整服务器与车辆控制中心的通信,运行图调整服务器还与SCADA、时钟、无线等系统接口。

(3) 数据日志服务器。数据日志服务器属于冗余配置,它可以保留两个月以上的运行数据。

(4) 网络通信设施。网络通信设施包括系统管理中心的双局域网、冗余交换机、与光纤传输通道的冗余接入设施、与培训中心及综合维修基地连接的通信设施等。

(5) 车站控制器紧急通路(SCEG)。当车辆控制中心出现故障,不能对系统进行控制时,系统管理中心通过车站控制器紧急通路,直接与车站控制器(STC)进行通信连接,实现对在线列车和轨旁设备的监控。车站控制器紧急通路由紧急通路切换开关设备、协议转换单元(PCU)组成,每台协议转换单元可与两台车站控制器进行通信连接。

(6) 系统管理中心 I/O 机架。

(7) 显示系统。显示系统包括模拟显示控制工作站及大屏显示屏。

除了以上设备,还有车场系统管理中心工作站、综合维修基地监测工作站、仿真及培训远程终端设备等。

2) 车辆控制中心(VCC)的构成

车辆控制中心位于运营控制中心,它由以下主要部分构成:

(1) 车辆控制中心的中央计算机。中央计算机采取三取二的配置,它包括 3 台工业级计算机,以及相关的输入/输出接口;3 个中央处理单元通过显示/键盘选择开关来共享一个显示器和键盘;还有通用接口盒、电缆分线盒等。

(2) 车辆控制中心的 I/O 机架。I/O 机架主要设备有多路复用输入设备、中央同步设备、电源、定时器、熔断丝等。

(3) 车辆控制中心的数据传输架。

(4) 车辆控制中心的调度员终端。

(5) 中央紧急停车按钮(CESB)。它与车辆控制中心接口,当调度员按下该按钮时,将封锁所有的轨道,而且所有的列车立即停车;只有当紧急停车按钮中插入钥匙后,才可以解除。

车辆控制中心还设有数据记录计算机、打印机等其他设备。

3)轨旁设备

轨旁设备,主要是指车站控制器(STC)、感应环线通信系统、系统管理中心的车站工作站等设备。

(1)车站控制器:设于设备集中站。每个车站控制器都有一个道岔安全控制器;其中带冗余的双CPU固态联锁控制器,是车站控制器的核心单元。车站控制器通过双共线调制解调链路与车辆控制中心通信,它由调制解调器机架、接口盘、电源机架、预处理器及其机架等组成。

(2)感应环线通信系统:位于设备室和轨旁。它由馈电设备(FID)、入口馈电设备(EFID)、远端环线盒、感应环线电缆、支架等组成。感应环线电缆由扭绞铜制线芯和绝缘防护层组成,环线敷设于轨道之间,每25m交叉一次。

(3)系统管理中心的车站工作站:由工业级计算机和接入设备组成。其接入光纤通信环网,实现与系统管理中心的远程通信。它与车站控制器接口,实现车站的本地控制,还与旅客信息导向系统等设备接口。

轨旁设备还包括站台紧急停车按钮,站台发车指示器,车站现地控制盘,以及信号机、转撤机等现场设备。

4)车载设备

ATC车载设备主要包括车载控制器(VOBC)及其外围设备,还包含各种接口。

(1)车载控制器:由电子单元(EU)、接口继电器单元(IRU)、供电单元等组成。

①电子单元包括天线滤波器、高频接收器、数据接收器、数据发送器、高频发送器、定位计算机、双CPU处理单元、输入/输出端口、发送/接收卡、车辆识别卡、输出继电器、距离测量控制、转速表放大器等。

②接口继电器单元包括继电器面板、滤波/防护模块、电子单元与接口继电器单元的互联电缆等。

(2)车载控制器的外围设备:包括天线(每个车载控制器设两个接收天线和两个发送天线)、速度传感器(每个车载控制器设两个速度传感器)、显示盘(TOD每列车设置两套)。

(3)接口。

①信号系统内部接口:包括与信号监测子系统的接口,与电源子系统的接口,与模拟显示屏的接口,与发车指示器的接口,与中央紧急停车按钮的接口,与信号机、转辙机等继电器控制电路的接口,与车站现地控制盘及站台紧急停车按钮的接口,与车场的接口,人-机接口,主系统内部间的接口等。

②信号系统外部接口:包括与无线通信系统的接口,与时钟系统的接口,与通信传输系统的接口,与旅客信息系统(包括车上)的接口,与车辆的接口,与车辆管理系统的接口,与电力SCADA系统、FAS系统、BAS系统等的接口,等等。

2. 系统功能

基于感应环线通信的移动闭塞系统,能实现90s的最小运行间隔。后续列车与前一列车的安全间隔距离,是根据列车当前的运行速度、制动曲线,以及列车在线路上的位置而动态计算出来的。由于列车位置的定位精度高,因此,后续列车可以在该线路区段,以最大允许速度,安全地接近前一列车最后一次确认的尾部位置,并与之保持安全制动距离,如图6-41所示。

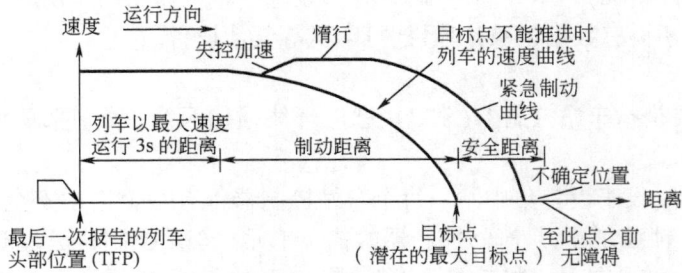

图 6-41　移动闭塞目标点示意图

该安全距离是指后续列车的指令停车点（目标点）与前一列车尾部位置之间的一个固定距离。它是以最不利情况发生时,仍能保证安全间隔为前提计算而得。假如列车采用常用制动,列车可以停在目标点;当常用制动失效,实施紧急制动时,除了紧急制动所需时间外,必须增加系统作用时间和牵引停止到紧急制动启动的延时时间,这种情况下列车真正的停车点并不是目标点,而是远于目标点,但必须停在安全距离的范围内。

为了确保列车安全运行,列车必须连续不断地接收目标点的更新信息,系统设定列车在3s内收不到信息,就判断为通信发生故障,迫使列车紧急停车,以保证列车运行安全。目标停车点的周期性前移,主要取决于前一列车向前移动和其他限制被解除。在车辆控制中心接收来自列车和现场设备的输入报文,当确认输入报文有效后,才产生相应的指令报文。

系统管理中心对整个系统内的列车进路及运行图/时刻表进行管理,并向负责联锁及道岔控制的车辆控制中心发出排列进路的请求,完成道岔联锁功能。一旦车辆控制中心确认道岔已锁在规定位置,才允许列车通过该道岔。在车辆控制层,车载控制器对来自车辆控制中心的报文,校核其冗余性、一致性、合理性,然后解译并执行该报文。当然,它只对该列车（识别号）为报头的报文做出反应。如果报文不是特定选址某一列车,那么车载控制器只从该报文提取环线识别号,以识别从一个环线段至下一个环线段的转换。

1）管理层——系统管理中心（SMC）

系统管理中心负责列车运行自动控制系统的全面管理。它起着系统与中心调度员及系统其他用户间接口的作用,它除了监控和显示列车位置、调整列车运行、排列列车进路、实现停站时间控制等功能外,还具备以下功能:调度列车投入运营（增加或减少投入运营的列车）;运行图/时刻表管理（包括时刻表的生成、指定和取消）;自动调整列车运行（调整列车速度和停站时间）;监测列车性能的状况并收集 ATO 数据;自动跟踪列车;监督列车位置、速度、运行方向;指挥列车操作和排列进路（联锁控制）;优化折返作业;列车及线路的报警;等等。

（1）系统管理中心的中央工作站。

①系统维护工作站。所有工作站都由系统维护工作站管理,即系统维护工作站对网络中的计算机系统进行维护,该工作站主要监视 SMC 网络性能,记录、诊断和维护整个系统。

②运行图/时刻表编辑工作站。运行图/时刻表编辑工作站,可以在离线情况下对运行图/时刻表进行编辑。完成的运行图/时刻表文件通过局域网传送到系统管理中心,也可以在线进行编辑。

③调度员和调度长工作站。调度员和调度长工作站实时监督在线列车的运行,并可实现列车运行的人工控制。

（2）系统管理中心的车站工作站。

所有系统管理中心的车站工作站都接入光纤通信环网,实现与中央系统管理中心的通信。车站工作站可以实现与控制中心调度员工作站相同的功能,受系统维护工作站管理,由调度员授权,并对其授权管辖区域进行控制和监视。车站工作站对车站控制器(STC)进行监视和现地控制,可以实现以下本地控制功能:

①系统在正常情况下,根据控制中心的授权,车站工作站可以对本站进行控制,控制命令通过光纤骨干网首先传回系统管理中心,然后经过车辆控制中心返回本站车站控制器,执行相关命令。

②当系统管理中心正常,车辆控制中心全面出现故障的情况下,车站工作站仍将控制命令首先传回系统管理中心,在中心切换车站控制器紧急通路(SCEG),通过车站控制器紧急通路传递至本站车站控制器,以实施有关控制。

③在特殊情况下,由中央授权,车站值班员进行转换操作,车站工作站可以直接与本地车站控制器通信,这时车站工作站可作为现地控制盘使用。

④当系统管理中心、车辆控制中心全面出现故障时,车站工作站实现对车站控制器、室外设备等车站设备的控制。

⑤车站工作站通过光纤通信网,向系统管理中心传输所管辖范围内的表示信息。

⑥车站工作站还作为旅客导向系统的接口。

（3）运行图/时刻表调整服务器(SRS)。

该服务器的主要功能是为系统管理中心提供运行图/时刻表调整和自动排列进路。时刻表调整服务器还可以提供列车运行预测引擎,即可以预测当前时间之后的一个时间段内列车运行情况,以便为旅客导向系统提供准确的信息。

当系统管理中心的时刻表调整服务器与车辆控制中心的主连接发生故障(包括时刻表调整服务器故障)时,自动切换开关,将通信连接切换到备用的时刻表调整服务器计算机。

该服务器还完成与其他系统(SCADA、时钟、无线、消防等)进行接口的功能,并实现与车站工作站的通信。

（4）局域网。

网络交换机是冗余配置的,所以单台网络交换机的故障不会造成通信的丢失。网络交换机为系统管理中心工作站、服务器、打印机等提供局域网连接。

系统管理中心调制解调器连接到车辆控制中心的数据传输架的调制解调器,对来自在线时刻表调整服务器的串行请求报文进行调制,对来自车辆控制中心的响应报文信息进行解调,转换成串行数据格式后,提供给通信处理器使用。

（5）车站控制器紧急通路(SCEG)。

当车辆控制中心发生严重故障时,调度员可以避开车辆控制中心,从控制中心对道岔进行人工控制,通过系统管理中心直接与车站控制器通信。

车站控制器紧急通路由转换盒和调制解调器等单元组成,转换盒位于运行控制中心的两台协议转换单元(PCU)之间(每台协议转换单元与车站控制器进行通信)。协议转换单元与系统管理中心的数据记录服务器有一个串行连接。这些组件使中央调度员可以转移车辆控制中心对道岔的控制,并通过在系统管理中心输入命令直接与车站控制器通信。

在运行控制中心,激活车站控制器紧急通路开关,从物理上断开了车辆控制中心与车站控制器的通信连接,并将系统管理中心与车站控制器连接起来。来自车站控制器的信息从车辆控制中心改变路线到协议转换单元。协议转换单元对信息进行解码,解码后的信息传送到数据记录服务器,并转发至时刻表调整服务器进行处理。

中央调度员可以在系统管理中心输入道岔转动的请求。请求被送到协议转换单元,协议转换单元发送请求至车站控制器,车站控制器确保道岔安全转换。

2)运营层——车辆控制中心(VCC)

车辆控制中心提供列车自动防护(ATP)功能,具体包括:

(1)车辆控制中心子系统,完成集中联锁功能和排列进路功能,即车辆控制中心接收调度员的指令并按照联锁条件排列进路。

(2)保证列车的自动运行安全间隔并控制列车自动运行。车辆控制中心保证整个系统中列车的安全间隔。车辆控制中心以先行列车尾部最后一次确认的位置为基础,考虑道岔故障、区段封锁等影响安全制动的因素,向后续列车传送与先行列车之间的最小的安全间隔距离信息,即后续列车运行的目标点。所以列车自动运行而无须司机或调度员干预,是通过列车跟踪和移动授权这两个功能实现的。车辆控制中心通过连续地轮询各个车载控制器,实时地得到列车位置信息来跟踪所有列车;移动授权通过车辆控制中心连续地向车载控制器发送下一个安全停车位置(目标点)信息来实现。

对列车的控制,由车辆控制中心与车载控制器的通信完成。车辆控制中心可以发出实施牵引或制动,设置速度限制和制动率、停车站以及开关车门等命令。车辆控制中心根据最后一次报告的列车车速和位置、行驶方向、先行列车最后一次被证实的位置、限速、停站和地面设备状态等实时信息,生成一个包含有目标点、最大允许速度和其他指令的报文。

(3)车辆控制中心还负责对中央紧急停车按钮、车站站台紧急停车按钮、车站现地控制盘的状态进行监督,并做出反应。这些设备的状态信息由车站控制器向车辆控制中心提供。

3)动作层——加强型车站控制器、车载控制器、感应环线通信系统等

(1)车载控制器。

①确保列车安全运行。

车载控制器负责完成车载ATP/ATO功能。车载控制器不断地与车辆控制中心进行通信,在ATP保护下进行牵引、制动及车门控制。对超速、目标点冒进及车门状态进行安全监督,以确保列车在允许的包络线内运行;当列车无法继续安全运行时,车载控制器自动实施紧急制动。

车载控制器负责列车在车辆控制中心控制区域的自动运行,每列车装有主、备两套车载控制器,每端一套,车辆控制中心命令其中一套激活工作,另一套处于备用模式。备用车载控制器监督工作中的车载控制器单元是否正常工作,如果出现故障或车辆控制中心命令切换,立即接管工作,激活的车载控制器负责车载ATP/ATO的功能。正常情况下,激活工作的ATP/ATO,与列车前部司机显示单元通信,当车载控制器出现故障时,备用车载控制器激活,并与列车前部显示单元通信。

②车载控制器确保列车的定位精度。

车载控制器的定位,以敷设于轨道间的感应环线上的信息和安装于车辆轮轴的速度传感器的信息为基础。每段感应环线都有对应的环线编号,车载控制器通过感应环线编号,并计算从每个环线起点开始的环线交叉点,给线路上的列车初步定位。更进一步的精确定

位要通过速度传感器来测量列车从上一个交叉点起所走行的距离来实现。车载控制器传送到车辆控制中心的列车位置分辨率为 6.25m。它是根据感应环线 25m 交叉一次,以 25m 除以 4,作为车载控制器向车辆控制中心传送列车所在位置的数据。车载控制器与安装在列车底部的加速计、速度传感器、天线等配合,能识别和处理列车车辆的打滑、空转,并进行车轮轮径的补偿。

③解码与编码。

车载控制器对发自车辆控制中心的命令进行解码,并控制列车不超出车辆控制中心指令的速度和距离界限;同时向车辆控制中心传送列车位置、速度、行驶方向、车载控制器状态等数据。车载控制器的校核冗余微处理器通过冗余性、合理性和一致性校核,测试来自车辆控制中心的报文,然后进行解译,车载控制器只对发给自己的报文做出反应。

(2)感应环线通信系统。

感应环线数据通信是车辆控制中心和车载控制器之间交换信息的手段,为了进行准确可靠的数据通信,保证被干扰的数据不被接受,通过在所有包含安全信息的数据信息中使用循环冗余校验(CRC)。另外,传输的数据被周期性更新。

交叉感应环线与车载控制信息之间进行双向数据通信。车辆控制中心呼叫区域内的每一列车,并从每一个车载控制器得到信息,通过通信安全性测量来保障车-地通信的可靠性和安全性。

①车-地通信频率。

车到地的通信使用的频率为 56kHz;地到车的通信使用的频率为 36kHz。

②车辆控制中心到车载控制器的命令报文。

报头:用于确定报文的开始部分。冗余码:CRC 码,提供信息质量/完整性的检查。

信息内容:包括车载控制器所在环路编号,列车运行目标点,运行方向(上行、下行),车门控制(开、关、左、右),最大速度,车载控制器编号,车载控制器命令启动、备用,用于慢行区的目标速度,使用非安全码向车载控制器传递特殊数据,制动曲线,停车,列车编号,车载旅客广播信息号,下一个目的地(车站或轨道区段),紧急制动控制,当前位置的平均坡度,来自系统管理中心的特殊 ATC 机车显示信息等。

③车载控制器到车辆控制中心的状态报文。

报头:用于确定报文的开始部分。

冗余码:CRC 码,提供信息质量/完整性的描述。

信息内容:包括车载控制器编码,列车操作模式,紧急制动状态,列车门状态(开、关),列车完整性状态,车载控制器启动、备用,车载控制器所在地实际环路的编号,运行方向(上行、下行),列车所在环路的位置,实际速度,故障报告(例如:自动门切换位置、ATP 倒车状态、无人驾驶状态)等。

(3)车站控制器。

车站控制器的控制功能由来自车辆控制中心的指令报文启动,车站控制器采集所有轨旁设备的状态信息,并报告给车辆控制中心。

①正常运营情况下,所有联锁功能都由车辆控制中心完成。车站控制器可在现地操纵模式下完成道岔转动,即在中央授权下,将车站控制器所在地的车站工作站与车站控制器相连,选择现地操纵模式。而当车辆控制中心与系统管理中心出现故障时,车站控制器自动转为现

地操纵模式。当车站控制器处于现地操纵模式时,车站工作站就可以向车站控制器发送指令,并接收车站控制器的状态信息。

②当车站控制器处于现地操纵模式时,道岔只能由车站工作站转换,而不是由车辆控制中心操纵。处于现地操纵模式下的道岔,不允许自动运行模式的列车和 ATP 防护人工模式的列车通过,只有限制人工模式及非限制模式的列车才可以通过。

③带冗余的双 CPU 的固态联锁控制器(INTERSIG)是车站控制器的主要单元,通过双共线调制解调器链路与车辆控制中心通信。车站控制器为车辆控制中心提供联锁逻辑信息;而车辆控制中心将联锁逻辑命令发送给车站控制器,车站控制器执行车辆控制中心的命令,对相应的轨旁设备进行控制。

所以,车站控制器所提供的功能可以归纳为道岔控制和信息采集;监督并报告中央紧急停车按钮、车站现地控制盘上紧急停车按钮及站台紧急停车按钮的状态;信号机的点灯和灯丝报警;与车辆控制中心通信;与车站工作站通信;等等。

三、基于无线通信的虚拟闭塞 CBTC 系统

微处理器技术的发展,促使 ATC 系统从一个以硬件为基础的系统向以软件为基础的系统演变。移动通信技术的发展,尤其是无线局域网(WLAN)技术的成熟,以及开放的数据通信系统接口标准的制定,极大地推动了基于无线通信的虚拟闭塞 CBTC 系统的发展。无线通信可靠性技术的提高,以及通信协议和国际标准接口的制定,使基于无线通信的虚拟闭塞 CBTC 系统在我国得到快速的发展,几乎新建的城市轨道交通线路都采用基于无线通信的虚拟闭塞 CBTC 系统。下面简要介绍基于无线通信的虚拟闭塞 CBTC 系统。

基于无线通信的虚拟闭塞 CBTC 系统,简称无线 CBTC 系统,是指通过无线通信方式(而不是轨道电路)来确定列车位置,从而实现列车控制的信号系统。列车上的车载控制器,通过探测轨道上的应答器查找它们在数据库中的方位,然后决定列车位置,并且测量自前一个探测到的应答器起已行驶的距离。列车车载控制器通过列车到轨旁的双向无线通信,向轨旁 CBTC 设备报告本列车的位置。

轨旁 CBTC 设备根据各列车的当前位置、速度、运行方向等因素,同时考虑列车进路、道岔状态、线路限速以及其他障碍物等条件,向列车发送移动授权极限,即列车可以走多远、多快,从而保证列车间的安全间隔。

双向通信也加强了对列车的运行和监督。因此,列车在保证与其他列车安全间隔的情况下,能够以更短的行车间隔运行,并提高列车控制的灵活性。

无线 CBTC 系统以目标-距离的原则控制列车。

1. 无线 CBTC 系统的特点

与基于轨道电路的 ATC 系统相比,无线 CBTC 系统主要有如下特点:

(1)不再依赖于轨道电路检测列车位置,而由列车自行检测。

(2)采用无线通信方式保持列车与地面之间的不间断双向通信,列车接收的是移动授权极限距离和进路地图。

表 6-6 对无线 CBTC 系统和基于轨道电路的 ATC 系统做了一个比较全面的比较。

无线 CBTC 系统和基于轨道电路的 ATC 系统的比较　　　表 6-6

比较内容	无线 CBTC 系统	基于轨道电路的列车自动控制(ATC)系统
闭塞分区的划分	通常以数字地图的方式,将全部线路划分为较短长度的逻辑闭塞分区。没有物理的区段分界。 逻辑闭塞分区的长度可以根据要求的运营间隔长短灵活设计,可以是 100m 左右(与固定闭塞相当),也可以是几十米左右(接近于移动闭塞)。一般说法,10m 左右就可以称为"移动闭塞"	全部线路被划分为闭塞分区,其长度为 150～250m。有物理的区段分界(物理绝缘或无绝缘节),因此也称为"固定闭塞"。 一般情况下,列车须在一个闭塞分区的长度内以紧急制动停车;在两个闭塞分区的长度内以常用制动停车。列车运行间隔越小,分区长度越小
列车定位	列车借助通信手段定位随时获取自己的精确位置。 控制中心借助通信手段接收列车报告,随时知道所有列车的精确位置。根据需要,对逻辑闭塞分区占用的分辨率可达到 10m 以下(移动闭塞)或几十米(逻辑闭塞)	列车可能通过识别手段知道自己较精确的位置,但是没有向控制中心报告的手段; 控制中心只能通过轨道电路的占用知道列车的大致位置,分辨率为一个闭塞分区长度
速度控制方式	目标-距离、一次曲线控制方式(无论是逻辑闭塞还是移动闭塞)	模拟轨道电路的速度控制方式是台阶式、多次制动方式; 数字轨道电路的速度控制方式是目标-距离、一次曲线控制方式
移动授权的更新	以闭塞分区为单位更新; 因为逻辑/移动闭塞的长度较小、通信及时,表现为渐进、更频繁的更新	以闭塞分区为单位更新; 由于固定闭塞分区较长,表现为跳跃式更新
车地通信	不依赖于钢轨的通信手段,包括感应环线、漏缆、波导、无线等; 载频从几十千赫兹(36kHz 以上)到几吉赫兹(2.8GHz 或更高); 速率从每秒 600 位到几兆位; 列车与地面(轨旁)的全程双向通信	依赖于钢轨、道床与车载接收天线的传统手段; 载频为几千赫兹; 速率为每秒几十位到 500 位; 只有列车至地面(轨旁)的单向连续通信
运营的灵活性	列车运行间隔更小,运行图打乱后较易恢复; 可以全双向运行,反向运行的 ATP/ATO 性能可以和正向相同; 借助与列车的实时通信、控制,实现调整; 不同编组、不同性能的列车可以在同一条线路上和谐运行,充分发挥系统潜力	列车运行间隔较大,运行图打乱后较难恢复; 反向运行受设备限制,增加设备可以做到反向 ATP; 列车在区间时,无法对列车进行实时调整; 列车编组及性能不同时,闭塞分区长度须按最不利条件设计,通过能力受限

比较内容	无线 CBTC 系统	基于轨道电路的列车自动控制(ATC)系统
其他优势	抗牵引电流谐波干扰的性能较好; 钢轨不再是传输信号信息的信道,对牵引电流回线的设计、设置完全没有限制,有利于平衡回流、减少迷流以及对地下导电体(管道)的电腐蚀; 采用无线时,可以附加增值服务(车内 CCTV 监视、多媒体广告业务等)	易受牵引电流谐波干扰; 对牵引电流回线的设计、设置有限制,不利于平衡回流、减少迷流,可能对地下导电体(管道)的电腐蚀; 由于带宽受限,无法附加增值服务
旧线改造	利用逻辑闭塞的概念,将原闭塞分区根据要求的运行间隔进一步细分(不需要物理上的重新划分),增设区域控制器、无线设施,而不需要废除原有微机联锁(增加接口)就可以实现无扰升级; 过渡时期,新、旧列车可以和谐运行;新、旧系统可以共存,直到旧车全部更新或废弃	如果运行间隔需要在旧线改造时缩短,轨道电路必须重新设置(重新进行牵引计算)。通常硬件设备数量要增加
新线扩容或升级	模块化设计理念使系统扩容时只需增加软、硬件功能模块,而不致废弃原有设备; 同理,模块设计对技术而言是相对透明的。随着计算机、通信技术的发展,可以方便地使用新模块/子系统替代老模块/子系统,而不致造成废弃	系统扩容时只需增加软、硬件功能模块,而不致废弃原有设备
互联互通	CBTC 特别是无线 CBTC 可以通过叠加方式实现在保留原有信号系统的条件下互联互通; 无线 CBTC 可以在遵循符合公认国际标准结构开放、接口开放的条件下,做到互联互通	可以以通用机车信号的方式相对地做到兼容; 不同厂商的 ATC 系统,如果统一载频、调制频率和信息定义,也可以做到 ATP 系统通用,但是 ATO 系统还是很难统一
发展趋势	由于其不依赖于钢轨,对于无线通信、车载设备、联锁都可以根据需要做到双套全冗余,因而其可靠性、可用度、可维护性、灵活性都比较高; 由于轨旁设备最少,维护成本和全生命周期成本较低	基于轨道电路特别是基于数字轨道电路的列车控制系统可以满足目前运营需求;但是由于轨旁设备较多、可靠性较低、灵活性较差、兼容性较差,又不可能做到冗余配置,其性能几乎已经到了极限; 实际应用中,轨道电路的调试复杂,电路故障也较多; 维护成本高,导致全生命周期成本较高

2. 无线 CBTC 系统结构案例

该结构案例使用了 SDH(同步数字体系)冗余骨干网,以确保各子系统之间能相互通信,并保证车-地之间连续的双向通信。沿线分布的数据通信系统包括设备车站及中间车站的若干 SDH 冗余骨干节点(热备冗余 SDH 多路复用器和双以太网接入交换机)和沿轨道分布的许多无线接入点。该案例的总体结构如图 6-42 所示。

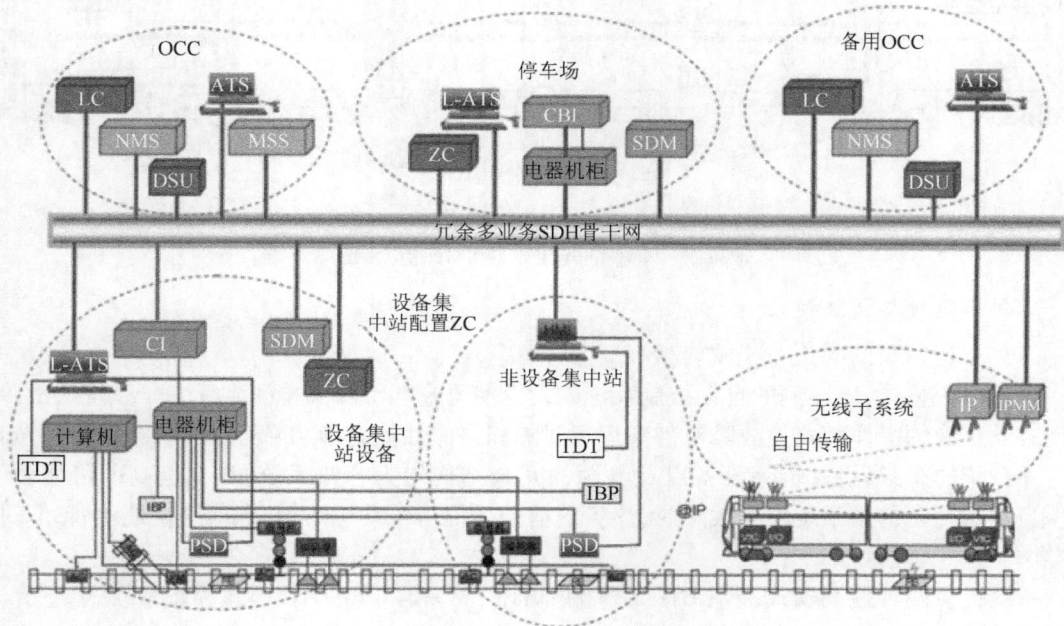

图 6-42　无线 CBTC 系统案例总体结构示意图

1)控制中心(OCC)

控制中心包括线路控制器 LC(三取二安全计算机平台)、网络管理系统(NMS)、数据存储单元(DSU)、维护支持系统(MSS)、中央 ATS 等子系统设备。其中,LC 提供正线所有设备和进路的状态,以及线路地图(包括版本控制)的中央信息系统。

2)停车场

停车场区域设备包括一套本地 ATS 机柜及相应的终端、一套联锁系统 CBI 和一套 ZC。其中,CBI 执行标准联锁功能并控制轨旁设备;ZC 对停车场和试车线进行自动管理,执行 ATP/ATO 功能。

3)设备集中站

设备集中站管理其所辖区域内所有列车按移动闭塞运行,其配置设备包括一套本地联锁系统 CBI 和一台冗余配置的本地 ATS。CBI 执行标准联锁功能并控制轨旁设备(包括相邻的非设备集中站的设备)。

4)轨旁设备

轨旁设备主要包括用于列车定位[正线、出/入场线、停车场(包括试车线)]的信标、作为后备模式的有源信标和欧式编码器,以及用于降级模式下闭塞检测(正线、出/入场线和试车线)的计轴器。

5)车载信号设备

在每列车上设置有两台 CC 控制器和相关的输入/输出模块及适当的传感器。这种结构能够提供热备模式下的 ATP/ATO 功能。图 6-43 所示为车载信号设备的结构与配置。

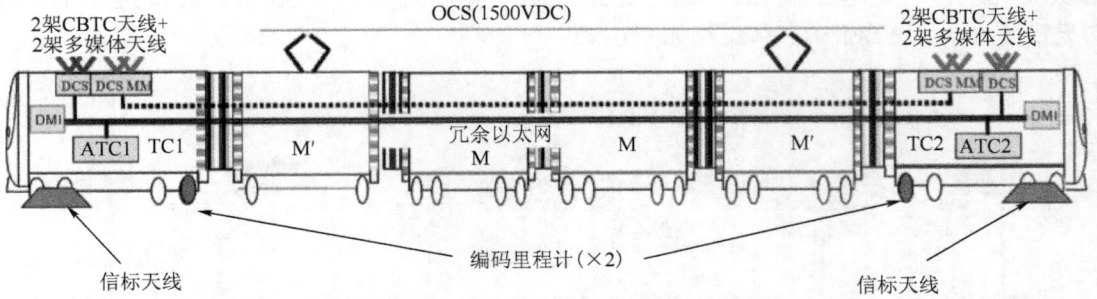

图 6-43　车载信号设备的结构与配置示意图

3. 列车运行与驾驶模式

1）列车运行模式与运行模式转换

作为一个整体，该案例的自动控制系统的设计使得它能够瞬间检测到任一子系统的故障，并且启动正确的操作模式使故障对列车运行间隔和整体性能的影响降至最低。该案例的全自动驾驶系统的车载设备、轨旁设备以及电源的冗余结构均为容错系统，具有极高的可用性级别。当控制列车的主系统发生故障时，热备的辅助系统将自动激活，并立即安全地接管列车控制操作。

系统提供两种控制模式，即 CBTC 模式和 ATP(BM)模式。CBTC 模式为正常模式，它允许列车以移动闭塞方式运行（包括全自动驾驶）；ATP(BM)模式为允许在 ATP 监督下，以点式模式的某些降级配置的人工驾驶模式运行。

系统提供的驾驶模式有自动驾驶模式、人工驾驶模式和蠕动模式。自动驾驶模式又可分为 AM 模式（全自动驾驶）和 AMC 模式（带启动按钮的自动驾驶）；人工驾驶模式又可分为 ATPM模式（人工驾驶）、RM 模式（受限制人工驾驶）和 BY 模式（非限制人工驾驶）。正常情况下，即系统完整运行时，采用自动驾驶模式。

图 6-44 表达了运行模式之间的转换关系。

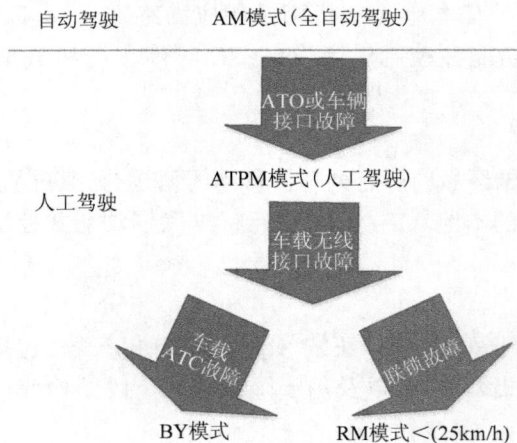

图 6-44　运行模式之间的转换关系

2）驾驶模式

（1）BY 模式（非限制人工驾驶）。在严重降级条件下（例如：司机除了将 ATP 旁路外，没有其他选择),司机(或有驾驶能力的工作人员)选择此"铅封"模式。列车将按照运营规程限制的车速,严格按轨旁信号机指示运行。

该模式在车载 ATP 出现故障情况下使用,且在特定和严格的操作规则下使用。在该模式下,不受 ATP 保护,安全由司机来确保。模式选择器的这一位置需要"铅封",以防止误操作。选择此模式时,要记录破铅封操作。司机或乘务人员须向上一级管理人员报告破"铅封"情况。

列车必须停车才能转换到 BY 模式,BY 模式随时可用。

(2)RM 模式(受限制人工驾驶)。在该模式下,列车由操作员在 ATP 监控下人工驾驶。列车最大允许速度可以由 ATP 限制,例如在 25km/h 以内。当司机选择该受限模式时,司机控制列车的运行,并且必须确保在限制信号前方停车。另外,车在有限距离内限速退行也可以使用该模式。所以,RM 模式可进一步分为 RMF(限制人工前进)和 RMR(限制人工退行)两种子模式。

该模式由 ATP 确保条件的满足,在 CBTC 或 BM 运营模式下都可用,如有必要,可触发紧急制动。

(3)ATPM 模式(人工驾驶)。此驾驶模式在 CBTC 或 BM 运营模式下都可用。当该模式可用时(根据司机显示屏显示内容),司机可通过操作模式选择开关来选择。在该模式下,司机负责驾驶列车,在车站停车并控制车门开关,但仍然受 ATP 全面防护。

该模式在完全移动闭塞模式中运行。它要求 DCS、ZC(区域控制器)、LC(线路控制器)和 CC(车载控制器)全部可用。启用此模式前,ATP 完成自检。RM 模式和 ATPM 模式之间的转换可以在不停车的情况下完成(或反之)。

此模式为非正常模式。需要司机手动控制列车运行(如通过工作区)或 AM 模式失效时,必须使用该模式。

车载 ATP 系统可通过下列方式协助司机:

①显示当前速度和目标速度(前方下一个速度限制点)。

②提供有关驾驶模式、车载设备状态和 ATS 调整命令信息。

③当列车速度将要达到限制速度,司机没有采取措施时,通过蜂鸣器提醒司机。

④列车在车站停稳时,通知司机车门可打开。

⑤列车出站前,管理来自 ATS 的列车离站信息。

(4)AM 模式(全自动驾驶)。AM 是完全的自动驾驶模式,允许列车全自动驾驶。允许 ATO 代替司机响应 ATS 速度调整请求、站台精确停车和车站停车管理(自动车门打开/关闭,经停一段时间后出站)驾驶列车,并确保平稳驾驶。ATO 模式在 ATP 的永久控制下工作,依然由 ATP 负责列车安全。ATO 在完全移动闭塞模式下驾驶列车。ATS 给出的调整命令由 ATO 直接控制。

车载控制器(CC)自动进行以下功能,无须任何人为介入:

①唤醒并初始化存车线列车和其 CC 设备。

②进行日常自检(紧急停车测试和车门测试),并向 ATS 系统报告测试结果。

③接收并确认 ATS 的正向列车识别号。

④根据时间表将列车插入正线(例如从停车场区域插入正线)。

⑤在自动驾驶列车时考虑安全有关的限制和调整请求。

⑥在正线上按照要求驾驶列车,并在降级模式下折返。

⑦自动操作并在车站安全精确停车,安全管理列车车门(开、关顺序),定义列车停站时间和离站时间。

⑧连续记录并向监控系统报告操作和维护数据。

⑨接收和响应远程控制和请求。

⑩收到调整系统发出的请求后,自动执行调整功能。

⑪管理列车退出日常运营。

ATP 系统处理和发送所有安全相关授权,确保不会给出未授权的功能。必要时,将触发紧急制动。通过 CC 产生的功能和维护消息,OCC 操作员能定期收到列车运行信息,在正常情况下不需要人工干预。

AM 模式是正常的运营模式。为了实现 ATO 根据 ATS 的命令自动平滑调整列车运行,AM 模式提供最佳的舒适性和调整功能。当 DCS(数据存储单元)、ZC(区域控制器)、LC(线路控制器)和 CC(车载控制器)都运行正常时,该模式可用。使用该模式前,ZC 需要通过自检。在 AM 模式下,列车监控人员没有特定操作。列车可以以该模式在正线任何 ZC 控制区域的位置包括停车场运行。当所有的安全条件都满足时,列车可以以 AM 模式运行。从 ATPM 模式到 AM 模式的转换(或反之)需要列车停车。

(5)CPM 模式(蠕动驾驶)。对于正线运营中的列车,在站间运行时,如 ATO 全故障,可由控制中心(备用控制中心)行车调度人员人工确认启动蠕动模式。蠕动模式运行时速度将不超过 20km/h。

蠕动模式必须在列车停车后方可启动。根据列车位置,由调度人员确定列车蠕动的方向。蠕动运行时,ATP 仍将监测列车速度,一旦超速将实施紧急制动。

当列车以蠕动模式在车站自动停车后,将施加紧急制动以防止列车移动,等待处理。

(6)AMC 模式(自动控制列车运行)。该模式是完全自动模式,但是车上有司机。ATP 和 ATO 完成与 AM 模式中相同的功能。该驾驶模式的应用条件与 AM 模式完全相同。唯一的区别在于,当 ATO 收到发车命令准备触发时,ATO 在 DDU 上显示一个报警信息,通知司机按压驾驶台上的启动按钮。

4. 列车自动防护系统(ATP)

ATP 系统采用移动闭塞技术,其安全性满足铁路系统安全相关软件的 SIL4 级标准。ATP 系统在 AM、AMC、ATPM、CPM、RMF、RMR 下提供双向列车防护功能。

1)系统组成

ATP 系统构成组件和物理接口如图 6-45 所示。

图 6-45 中,CC(车载控制器)为车载设备;ZC(区域控制器)、LC(线路控制器)、DSU(数据存储单元)和信标为轨旁设备。

(1)车载控制器。车载控制器作为车载设备,位于列车内,按车头/车尾热备冗余配置,包括执行 ATP 功能所需的所有车载设备。

车载控制器的组件包括运行 ATP 软件的中央处理器,用于冗余 I/O 管理的计算机、模式选择开关、模拟速度表、相关指示灯和按钮,以及外接的信标天线和编码里程计等。

(2)ATP 轨旁设备。

①线路控制器(LC)。整条线路由一个位于控制中心的 LC 管理,另外在备用控制中心设

置一个 LC,作为备用。LC 软件由 LC 通用软件针对具体线路的 LC 管理专用数据组成。LC 采用三取二冗余结构。

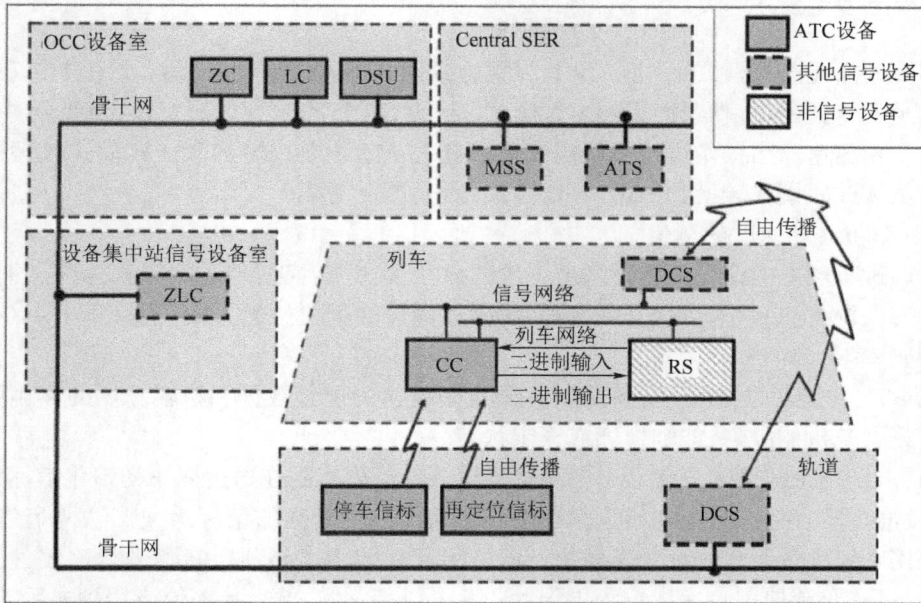

图 6-45 ATP 系统构成组件和物理接口示意图

LC 的主要功能为临时限速和数据版本更新。

②数据存储单元(DSU)。DSU 供维护操作员来存储新版本软件和线路不变量。在维护操作员或 LC 的请求下,它负责将软件和线路不变量发送至车载控制器(CC)和区域控制器(ZC)。整条线路设一个单独的 DSU。

③区域控制器(ZC)。ZC 管理线路上每辆列车的位置,并向每辆列车提供授权终点及相关变量。ZC 软件由 ZC 通用软件及 ZC 所管理区域内的一些专用数据组成。

2)安全相关的 ATP 功能

(1)初始化。

上电时,车载控制器完成对软件的合成和硬件设备正常状态的自动检测。当某一车载设备被激活后,相应的综合测试也将启动。车载控制器控制紧急制动,同时也监视列车设备提供的当前紧急制动状态。

初始化包括列车类型的识别。它由硬件编码插头决定,其相关的常数参数列表与软件相关。

车载控制器从线路控制器接收软件的有效版本号、不变量和临时限速,并将其与存储在非易失性存储器中的数据进行比较。若数据不一致,它将发送请求,从数据存储单元下载此信息。若在初始化中检测到问题,车载控制器将不会授权任何驾驶模式,或仅授权限定的驾驶模式,具体视问题严重性而定。

(2)可用模式管理。

可用模式即车载控制器授权的监视模式。它取决于车载控制器的状态、列车设备提供的车体状态、之前发生的不安全事件、列车在信号网络中的定位状态、区域控制器提供的授权终点数据等。

列车的有效模式取决于该列车的可用模式及车载控制器模式选择开关所指示的驾驶模式。

当列车进入无监控模式工作时,ATP将实施紧急制动,禁止任何移动。司机如果在无ATP保护的情况下驾驶列车,就只能采用BY模式。此时,列车的运行由司机人工保证,并且车辆负责有效防止超速。当操作员希望将模式选择开关从RM模式转到ATPM模式时,列车不必停车。若从ATPM模式转换到AM/AMC模式,列车必须先停车。

(3)列车位移和速度的测量。

列车通过车轴上的编码里程计测量车轮的角速度,并转换成列车的位移速度。编码里程计是故障安全设备,它引入信息冗余技术,使得里程计故障可检测,并达到小于1×10^{-12}的故障未检测概率。

车载ATP功能通过比较冗余车载控制器设备提供的位移数据和车辆提供的零速度信息,可检测出是否是机械故障,如轴损坏或锁定状态。

然而,由于车轮直径的变化会引起测量出错,所以,列车需在通过列车初始化信标(MTIB)时,自动校准车轮直径。列车初始化信标由两个相隔一定距离的信标组成。这两个信标间的预定间隔用于校准编码里程计。车载控制器将测量到的距离与预定间隙进行比较,校准的所有条件满足后,车载控制器导出编码里程计的一个校准常数,然后将该值应用到之后的距离测量中。

在正常使用中,由于存在车轮打滑现象,测量可能会出错。软件的检测和校准功能可减少此现象的影响。

(4)列车在网络中的定位。

车载控制器有多种功能,而执行这些功能需要了解列车在网络中的位置。区域控制器也要了解列车位置,以执行移动闭塞功能。列车在网络上的定位包括列车在线路说明上的定位。

整条线路的静态描述(轨旁设备、坡度、永久速度限制、车站说明等)由车载控制器存储在非易失性存储器中。因此,当这些数据有新版本时,车载控制器仅向数据存储单元请求下载,包括道岔状态、信号状态和授权终点的动态进路信息由车载控制器从区域控制器定期接收。车载控制器设备通过安装在线路上的信标完成定位。这些信标向车载控制器发送唯一的标识号,使车载控制器可在线路数据库说明中搜索信标的位置,并推导出列车的当前位置。在两个信标间,使用编码里程计测量列车位移可更新定位。

ATP通过使用重新定位信标(RB)进行定期的重新定位,复位位移计算中用到的误差。在发生移位时,车载控制器只要读取第一对MTIB信标,即可在线路上任何位置重新定位。

(5)正向列车检测管理。

这是ATP子系统的定位功能。它确保了与列车定位的所有相关内容,如距离测量、轨道上的位置和移动授权管理。

每辆列车的车载控制器通过其里程计获得列车位移和速度。利用车载数据库线路信息(不变量和变量数据)和重新定位信标,即可计算列车位置并将其与列车速度一起发送给区域控制器ZC。

ZC接收每个通信列车的位置并更新其区域内的列车列表。备用模式中使用的列车检测设备可管理静音列车和非设备列车运行在线路上的降级情况。ZC 根据联锁数据和前方列车数据的自动保护确定每辆列车的授权终点。此功能考虑了临时限速和紧急停车区域(ESA)状态。有了 ESA,授权列车在以 CBTC 运行的区域也可得到管理。

(6)列车速度监督。

此功能旨在监督列车速度,使列车始终低于授权的速度限制。速度限制是指以下速度中的最低速度:

①列车的最大速度。在 ATP 完全保护模式(ATPM、AM/AMC)中,列车的最大速度是自动授权的。

②授权的最大速度。在 RM 模式中,授权的最大速度受到限制。

③区段固定限速。列车当前运行的轨道区段的永久速度限制(PSR),这些限制主要是由于曲线、道岔、站台、桥梁等。

④车站限速。列车"跳停"通过车站时的速度限制。

⑤区段临时限速。列车当前运行的轨道区域的临时限速(TSR),通常是由于轨道上的工作而设置的。

在人工驾驶模式下,当列车接近该速度时,将发出报警信息提醒司机必须制动。若司机没有响应,则车载 ATC 设备将启动紧急制动。

(7)列车间隔监控。

区域控制器根据移动闭塞原理管理列车间隔。每个车载控制器将一直向它运行区域的区域控制器发送位置和速度报告。若为静音列车、车载控制器出现故障或非设备列车,区域控制器将使用降级列车检测设备状态,并认为整个闭塞区段被占用。

区域控制器了解到运行在其控制区域的每列列车的位置和速度后,将一直计算授权终点(EOA),并向每个车载控制器发送。

(8)列车速度监视。

ATP/ATO 的列车速度监视功能基于剩余距离原理,即车载控制器一直分析前方轨道数据,并确定下一个停车点,它可以是:

①低于当前速度的速度限制和限制信号引起的停车点。

②EOA 信息显示的前一辆列车。它通过区域控制器的移动闭塞管理功能计算得到。

③启动的紧急停车区域(ESA)。

④配有 ATP 设备区域的结束处等。

对于每个限制目标点,在考虑列车的最小紧急制动减速率和轨道信息后,车载控制器计算出列车在当前位置不能超过的最大总能量(势能和动能之和)。

最大的限制点决定了列车不能超过的最大速度。车载控制器检测到超过最大授权速度后,立即进行紧急制动。

为了在防护点(PP)停车,对每个可能的列车速度值,通过列车参数来计算驱动点(TP)的位置,找到曲线速度和距离的关系,即紧急制动曲线。

图 6-46 所示为 ATP 自动驾驶模式下的停车曲线。

图 6-47 所示为 ATP 人工驾驶模式下的停车曲线。

在 ATP 人工驾驶模式中(ATPM 模式),牵引和制动指令由司机按照其速度表上的目标速度指示进行控制。司机对目标速度降低没有反应时,将发出声光报警。

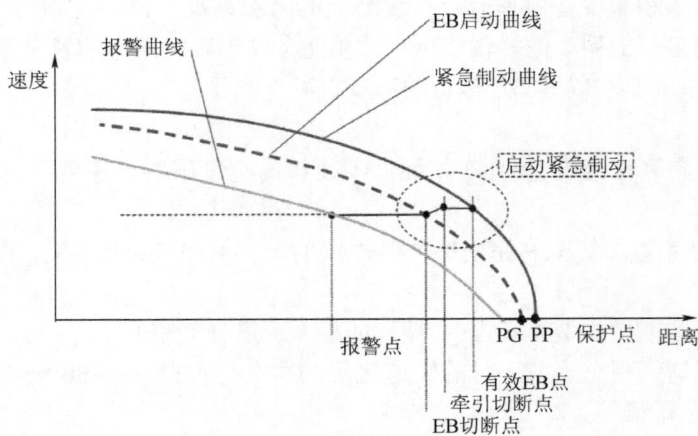

图 6-46　ATP 自动驾驶模式下的停车曲线

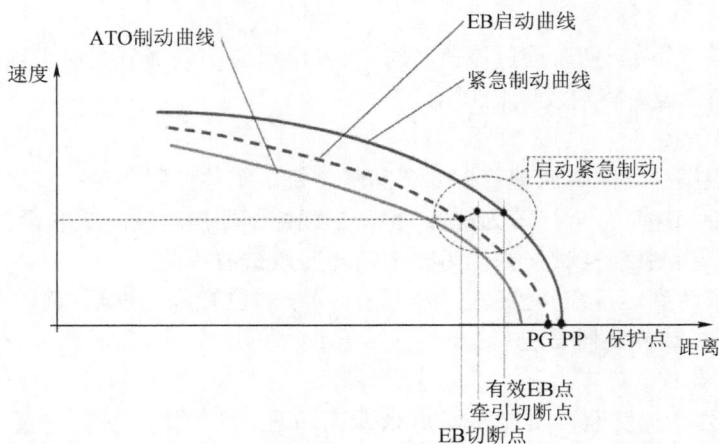

图 6-47　ATP 人工驾驶模式下的停车曲线

有司机(ATPM 模式)时,需要考虑司机的反应时间,可在安全范围上增加反应距离来导出一条报警曲线。

列车停稳后,司机可复位紧急制动和 ATP 紧急制动请求。

(9)反向运行监控。

车载控制器监视并确保列车没有进行未经许可的反向运行,尤其是列车启动时,一旦检测到不必要的反向运行,则立即启动紧急制动。

(10)列车安全停车监控。

列车停稳后,将检查列车的零速度。车载控制器向列车设备提供零速度信息,确保安全停车。

列车的零速检查通过检测里程计的最小角运动完成。它可以防止后退或正向滑动。

(11)临时限速管理。

临时限速(TSR)允许考虑运行线路上的异常情况,如在轨道上施工等。在普通模式下,控制中心的值班员可以在 OCC 中设置、查询或取消临时限速。为避免出现人为错误,ATS 值班员和线路控制器之间通过特定对话过程执行该功能。临时限速也可以在通过位于设备集中站的本地 ATS 上操作该功能。与所有 TSR 有关的数据由数据中央计算机(LC)向所有车载控制器发送。车载控制器定期检查 TSR 的有效性,并在必要时向 LC 发送请求,获取有效的 TSR 数据。

初始化时,LC 不会授权任何移动(零速度的 TSR),直至从 ATS 收到 TSR 或线路上没有实施 TSR 的信息。若车载控制器不知道适用于列车运行轨道区域的 TSR,或 TSR 数据收到的时间过期,车载控制器将不授权任何移动,而会向 LC 发送请求,获取有效的 TSR 数据。

(12)工作区管理。

管理工作区的目的是当维护人员预定工作区域时,对线路区域进行保护。原则是当轨旁有工作人员时,要提醒司机注意,只允许人工驾驶列车缓速通过该区域。

自动驾驶模式下,由于 ATP 禁止自动驾驶列车驶入工作区,故列车将会在进入工作区之前停车。待驾驶模式从自动转换为人工后,司机将接管列车运行,并以工作区最大允许速度驾驶列车。在通过工作区的整个过程中,司机必须对整个由工作人员实施维护工作的区段保持连续的视觉监督。当列车驶出工作区后,恢复自动驾驶模式。

(13)紧急停车状态监督。

当轨旁或车上发生不安全事件时,车载控制器将立即紧急制动。

当站台紧急关闭按钮被启动或检测到站台屏蔽门打开时,位于站台区域的列车会立即实施紧急制动,同时下一辆列车将在进站前停车。

区域控制器将紧急停车区域(ESA)的状态发送给每辆列车的车载控制器。车载控制器将监督以下情况的发生,并在任一情况发生时启动紧急制动:

①车载控制器发生严重故障,不能正常执行安全功能;

②紧急停车区域已启动,但列车在该区域前停靠距离过近;

③在列车停车并打开车门时,检测到列车运动。

(14)列车开门授权监控。

列车准确停在车站停车点,且零速度测量已被检查后,车载控制器向列车设备发送开门授权。列车设备只有在车载控制器发出开门授权且满足其他相关条件后,才可接收并执行开门指令。

(15)站台发车授权。

车载控制器确定满足安全条件后授权 ATO 或司机启动列车。

(16)自动折返运行。

当车载控制器从 ATS 收到授权时,列车将自动运行至折返区域终点,到达并停车后,车载控制器启动另一端的车载设备,告知 ATS 列车已准备好向另一方向发车,并等待 ATS 授权。当车载控制器从 ATS 收到授权后,列车自动向发车站台行驶。

(17)网络完整性检测。

系统将实时监测连接两个车载控制器的车载骨干网是否同时中断。另外,当列车连挂出现故障时,车辆将触发紧急制动。

3)非安全相关的 ATP/ATO 功能

非安全相关的 ATP/ATO 功能包括司机信息的细化和显示、协助控制车载扣车、协助司机在限制点制动、车门控制、停站时间控制、通知乘客,以及维护功能等。

4)车门、屏蔽门控制

对车门、屏蔽门的控制功能包括对位隔离锁定、人工开/关门、解除 ATC/屏蔽门联锁和紧急开屏蔽门等功能。

当列车在站台的停车误差超过 500mm 时,ATP 子系统将不允许打开车门,并通过显示屏将信息发送至司机。

5)紧急制动

在列车出现下列情况时,ATP 将触发列车紧急制动:

(1)列车离站时触发站台紧急关闭按钮。

(2)站台区域离站列车失去相关站台屏蔽门锁闭信息。

(3)车-地通信中断达到预定的限制。

(4)检测出车载 ATP 系统涉及安全故障。

(5)检测到列车非预期地移动。

(6)检测到列车线断开。

(7)检测到列车逃生门未在锁闭状态。

(8)接收到授权行车调度人员下达的紧急停车指令(可针对一特定列车或一组列车或全部列车)。

下列情况下,列车将先进行全常用制动,车载 ATP 检测不能达到预期目的时再实施紧急制动:

(1)列车进站时触发站台紧急关闭按钮。

(2)进站列车失去相关站台屏蔽门锁闭信息。

(3)将作业封锁开关放在封锁位置。

(4)检测到防护隔断门未在开启位置。

6)ATP 系统的安全性和可用性

ATP 的安全性完善度等级为 SIL4,其软件开发符合 EN-50128 标准。

车载控制器的安全性基于编码处理器,其 I/O 基于三取二方式。编码处理器具有极高安全性要求。其安全性依赖于广泛的实时程序和数据检查,而非硬件冗余性。所有重要数据都进行了编码,以保护所有处理器、程序或数据存储器错误。源编码由开发者编写,带最小限制,可确保软件灵活性。错误检测所需的其他编码和辅助数据由专用的编程工具整体生成。这些特性使其可获得非常高的操作安全性和软件质量等级。

为实现高的可用性要求,无论是车载 ATP 系统还是轨旁 ATP 系统均采用热备冗余结构。ATP 系统发生故障时,能自动进行主/备切换或隔离故障设备。故障处理、设备切换/隔离不损害整个系统的安全性完善度。ATP 系统的故障信息通过 DCS 报告给控制中心/备用控制中心。故障切换/隔离的 ATP 设备能由行车调度人员遥控重启,如果重启成功,系统可自动恢复其热备冗余结构。

5.列车自动驾驶系统(ATO)

在 ATP 安全防护的制约下,ATO 将提供自动速度控制与调整、站台停车控制、列车车门控制、跳站控制等基本功能。

1)系统组成

ATO 子系统的设备组成与其他系统的连接关系如图 6-48 所示。

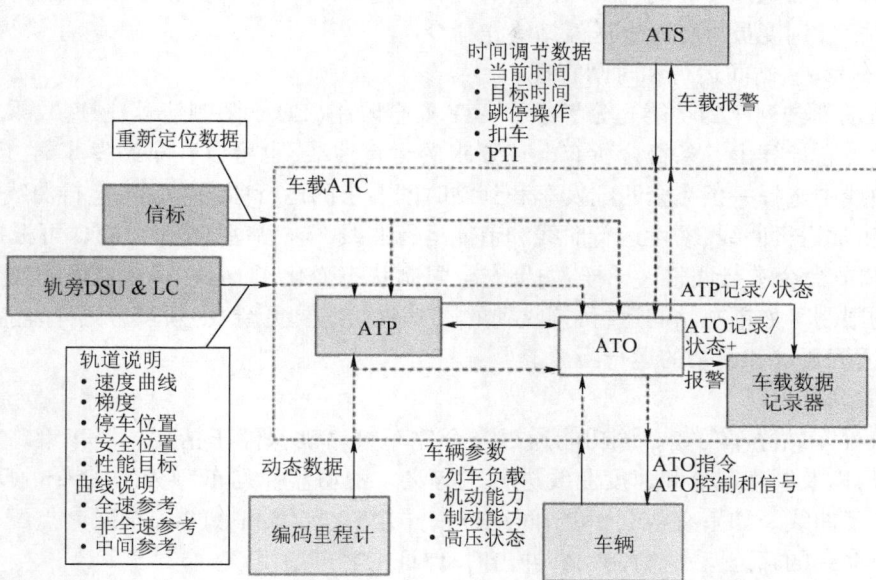

图 6-48 ATO 系统与其他系统的连接

（1）车载部件。

车载部件包括车载 ATO 硬/软件和车载数据记录器。车载 ATO 硬/软件实现 ATO 的全部功能,包括与车辆、车载 ATP、ATS 以及数据记录器的接口,获得列车重新定位、线路描述(来自 DSU 和 LC),以及编码里程计数据等信息。车载数据记录器由车载 ATP 和 ATO 共享,用于存储报警和事件,以及关于 ATO 变量的处理状态。

（2）轨旁设备。

轨旁设备在服务于 ATC 的同时,向车载 ATO 提供支持。与 ATO 相关的轨旁设备有轨旁进站信标(PSBa)、轨旁数据存储单元 DSU、轨旁 LC 等。

2）系统功能

（1）自动驾驶。

ATO 有两种可能的驾驶模式,即 AM(自动列车驾驶)模式和 AMC 模式。

①AM 模式:线路处于完全 CBTC 移动闭塞模式。此时,ATO 在 ATP 的防护下驾驶列车。ATO 要确保遵守来自 ATS 的调整命令,平滑精确地在车站停车,自动进行车门管理(在 ATP 的控制下)和离站管理。该模式用于全自动驾驶的正常情况下的运营。

②AMC 模式:带启动按钮的自动驾驶模式。这种模式在列车监控方面与 AM 模式完全一样,但是需要司机按压 START 按钮列车才可以发车。

（2）车门管理。

ATO 在车站实施车门管理。对于正线服务的列车,当 ATP 检测到列车停稳后,ATO 获得授权将站台侧的车门打开,随后 ATO 发送控制指令给车辆,打开站台侧的车门。在 AMC 模式下,司机可以选择人工控制车门。

（3）车站发车管理。

司机表示屏上将根据 ATS 发送的发车时间显示停车倒计时。为了按照实际到站时间和要求的发车时间确定停车时间,需要进行相应的计算。如果停车时间小于最小的预定义值,则采用该最小值。调度员可随时发送停站终止命令。

(4)列车驾驶、站间运行和时间管理。

ATO 自动驾驶列车的功能充分考虑了 ATP 安全限制(EOA、限制信号、限速)、乘客舒适度及调节限制。它计算出一条符合所有上述要求的运行曲线,也可以在车站发车时,由 ATO 从多条运行曲线中选择一条完全匹配发车和到站时间要求的运行曲线。这些运行曲线包括全速运行曲线、正常运行曲线、惰性运行曲线和节能运行曲线。在站间运行时,ATO 可根据 ATS 发送的 ATO 调节命令进行调整。同样,如果安全限制状态变化了,ATO 将立刻调整以适应 ATP 节能控制的限制。如果在站间运行,接收到的调节命令需要更新,则须符合列车监控、制动能力、乘客舒适度要求和剩余的运行距离等。

(5)车站停车。

ATO 确保车站停车功能。该功能通过一个停车策略确保停车精度。停车策略对所采用的制动等级,以及制动起点和速度曲线进行了定义。密切监控列车对 ATO 命令的反应,并尽可能符合速度曲线。如果有限制,和站间运行一样,ATO 能够和 ATP 安全限制点配合。该功能也通过对命令的筛选,在进行制动和冲击时,保证乘客舒适度。

(6)缓慢跳跃式调整功能。

如果在非正常情况下,列车可能停在可允许范围之外。如果超过的部分未达到预先定义好的值,则通过缓慢跳跃式调整运行。如果超过允许的范围或在给定次数之内还是未能停准,则意味着列车位置定位程度不够精确,ATO 将自动运行至下一站,生成一个警告发送至 ATS,并在车站、OCC 显示,同时启动广播向列车上的乘客播送通知。

(7)"跳停"。

"跳停"能够阻止 ATO 在下一车站停车。接受 ATS 的请求之后,系统在车载显示器上显示一个图标,通知司机,并激活车辆乘客信息系统。ATO 执行站间运行并监控列车速度,在下一车站站台时速度为50km/h,"跳停"命令可以取消,但是只有 ATO 所在位置能够保证在下一车站正确停车时才考虑取消"跳停"。

(8)列车在下一站停车。

列车在下一站停车功能可以在时刻表里没有计划停车的情况下,强制列车在下一个车站停车。当列车是 AM/AMC 模式时,ATS 通知 ATO 改变列车任务,将下一个车站设为下一个停车点。ATO 执行站间运行,控制列车速度并在下一个车站平稳停车。停稳后,ATO 按照正常车站模式管理车门开关。除非 ATS 特别申明,停站时间将采用默认时间。如果列车在 ATPM 模式,根据收到的 ATS 请求,在车载显示器上显示一个信息,告诉司机在下一个车站停车。同时,系统触发一个信息(由车辆执行),告诉乘客列车将在下一个非预期的车站停车。司机必须根据指示减速并在站台平滑停车。

(9)折返区域的停车。

如果 ATS 向联锁发送一个折返命令,则列车停在折返区域。如果进路排列至折返轨(侧向或正向),当列车不在站台区时,ATO 将驾驶列车至折返停车点。这种情况的停车精度要求和车站停车精度相同。当列车到达折返区时,ATO 自动执行折返功能。

折返功能满足系统100s运营间隔的要求。进行自动折返的列车到达目标区域时,车载控制器能自动折返。

（10）中途停车。

该功能的目的是使 ATS 值班员可以在特定情况下让线路上的特定列车立即停车。如果列车是 AM/AMC 模式，ATO 将在保证乘客舒适度的情况下根据一条平滑制动曲线立即将列车停车。如果列车在 ATPM 模式下，司机将接收到"立即停车"指示信息，并伴随声音报警。作为对该请求的响应，司机必须平滑停车直到轨道安全。

（11）适应钢轨不同黏着条件。

根据 ATS 请求，ATO 可以提供调整运行列车常用制动曲线的功能，例如对潮湿钢轨情况的反应。信号系统相应地调整常用制动曲线，以避免发生紧急制动情况。

（12）节能。

ATO 根据时间限制和目标速度优化惰行时间、在非高峰模式 ATO 限制电机牵引力、ATO 限制牵引制动转换数量、最小和最大间隔间的 ATO 平均间隔、ATO 在站间运行时接收调整命令等因素实施节能控制。

（13）加速度控制

站间正常运行时，ATO 限制最大加速度冲击不应超过 $0.2 \mathrm{m/s^3}$。但考虑坡度、列车长度、系统反应时间、全常用制动的偏差、较短的列车间隔要求，最大加速度冲击值不能超过 $0.75 \mathrm{m/s^3}$。

（14）特定的 ATO 功能

特定的 ATO 功能包括自动启动列车、全自动调车和自动洗车。

3）ATO 的安全性和可用性

ATO 的安全性完善度等级为 SIL2，其软件开发符合 EN-50128 标准。

为实现高可用性要求，无论是车载 ATO 系统还是轨旁 ATO 系统均采用热备冗余结构。ATO 系统发生故障时，能自动进行主/备切换或隔离有故障的 ATO 设备。故障设备切换/隔离不能影响列车正常运行。ATO 系统的故障信息通过 DCS 报告给控制中心/备用控制中心。故障切换/隔离的 ATO 设备能由行车调度人员遥控重启，如果重启成功，系统可自动恢复其热备冗余结构。任何 ATO 系统故障，不对处于人工驾驶模式运行的列车产生任何影响和限制。

6. 列车自动监控系统（ATS）

ATS 监督和控制列车的运营，其基本功能包括列车识别、追踪与显示；进路排列与取消；自动列车调整（ATR）；时刻表编辑与调整；列车运行节能优化；实时监视系统状态、记录报告重大事件和故障报警；接收、识别、传递调度控制指令，实现运营调度功能；与 ISCS（综合监控系统）等接口，实时或预先向其他系统提供列车信息；通过 ATS 工作站，授权的调度人员可设定、修改每个区间隧道内的列车数；运营培训和仿真模拟。

在此基础上，ATS 还可以实现车辆、屏蔽门控制指令的发布，车辆管理及派班，停车场运行控制，车辆事件及报警。

1）系统组成

ATS 子系统是一个分布式的计算机监控系统，在系统的关键部位提供了 1＋1 的热备冗余保护，保证系统有高度的可用性。

ATS 的设备将分别配置在：

（1）控制中心：包含控制中心工作人员控制和监视全线列车运行的设备，ATS 中央处理储存设备，以及与其他系统在中心接口等设备。

（2）备用控制中心：控制中心的后备模式，包含实现控制中心功能的所有设备。当控制中心运行正常时，备用控制中心也可用于系统的模拟培训。

（3）正线设备集中站：包含与计算机联锁、管理车站范围内线路以及控制发车计时器的设备。

（4）正线非设备集中站：监督车站范围内线路及控制发车计时器的设备。

（5）停车场：包含与计算机联锁接口、管理停车场范围内线路的必要设备。

2）运营监控模式

正常情况下，中央 ATS 根据列车运行时刻表对全线列车进行集中监控。授权的行车调度人员可在控制中心相应的 ATS/ISCS 调度工作站上实施行车监控。

备用控制中心 ATS 设备（单套配置）与控制中心 ATS 设备（冗余配置）具有相同的集中监控功能，可交替实现集中运营监控。两个中心的 ATS 设备能同时接收系统信息，但同时只能赋予一个中央 ATS 运营控制权，对运营实施控制。控制中心的 ATS 获得运营控制权时，备用控制中心的 ATS 系统可用作系统的仿真培训。

当两个中心的中央 ATS 系统均发生故障时，运营可由集中监控转为区域监控。由联锁车站、停车场的 ATS 根据储存的时刻表对本区域的列车运行实施降级监控。

车站、停车场 ATS 具有较高的优先级，特殊情况下授权人员可登录 ATS 工作站，强行进入车站人工控制。运行控制权可以从控制中心（备用控制中心）集中控制转入车站区域控制，或是从车站区域控制转到控制中心集中控制。

控制中心可以将集中控制权完全交给各车站，也可以只下放一个或是几个区域的控制权到车站。

3）ATS 的安全性和可用性

ATS 的安全性完善度等级为 SIL2，其软件开发符合 EN-50128 标准。

ATS 子系统每一个工作站都采用 Client/Server 模式连接到在线服务器系统中。正常情况下，每个工作站都可独立工作。当其中一个出现故障以后，其他工作站仍能实现所有的功能要求。当用户执行了非正常操作时，系统能给出提示，并且不影响后续操作。

ATS 主要设备采用冗余设计。控制中心设备采用热备冗余结构，能在故障情况下实现无缝切换。

7. 数据传输系统（DCS）

信号系统的 DCS 由信号系统专用的车-地无线通信系统及信号轨旁通信骨干网络组成。

1）无线通信系统的构成

无线通信系统由两部分组成，即轨旁设备和车载设备。

无线通信系统的轨旁设备由两个独立的无线网络组成，即红色无线网络和蓝色无线网络。网络由与轨道沿线分布的天线和与骨干网相连接的无线接入点组成。红色无线网络和蓝色无线网络由冗余的无线网络组成，将用于车载 CBTC 系统和轨旁 CBTC 系统之间信号数据流的传输。图 6-49 是 DCS 无线通信系统的结构。

2）轨旁通信骨干网络（BTN）

轨旁通信骨干网络是 CBTC 信号系统所有通信设施的基础，它主要支持从 OCC 传输至车站和停车场的数据、控制/命令信息。

轨旁通信骨干网络可通过网络交换机和节点接入所有车站信号设备室、中心设备室和停车场(含试车线),接入的系统包含 ATS、ATP/ATO 系统,联锁系统,维护管理(支持)系统(MSS)和信号系统应用的无线电传输系统(APSIG)。

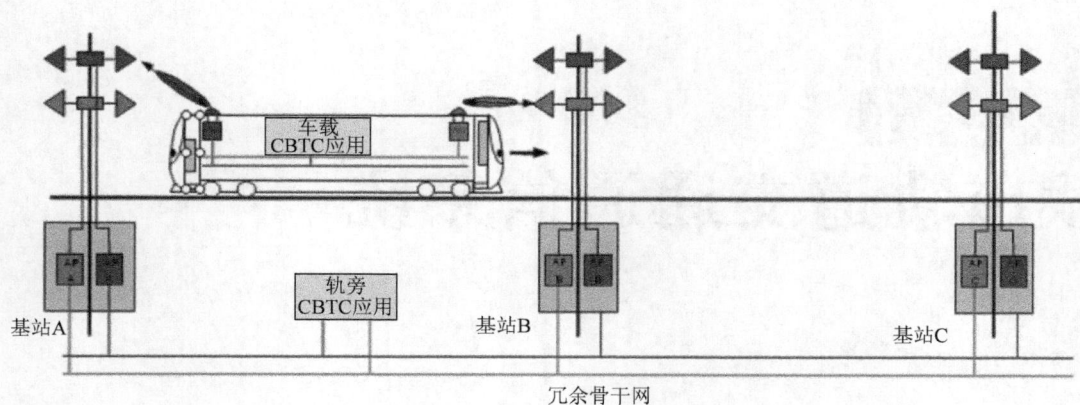

图 6-49 DCS 无线通信系统的结构

思考题

1. 城市轨道交通信号系统的作用和特点分别是什么?
2. 城市轨道交通信号系统有哪些轨旁基础设备? 其主要功能是什么?
3. 简述移动闭塞系统的工作原理和特点。
4. 简述城市轨道交通列车自动运行控制系统(ATC)的基本组成、功能和控制模式。
5. 简述列车自动监控子系统(ATS)的基本组成、功能和接口关系。
6. 简述列车自动防护子系统(ATP)的基本组成、功能和接口关系。
7. 简述列车自动运行子系统(ATO)的基本组成、功能和接口关系。
8. 简述基于通信的列车控制(CBTC)的基本组成、功能和接口关系。

第七章

城市轨道交通通信系统

通信系统是城市轨道交通安全指挥和运营管理的"神经中枢",承担了列车运营组织与指挥、乘客信息服务、公安监控及消防等重要的通信职责;为乘客出行提供便利,满足智能出行的需求。

城市轨道交通管理者(包括控制中心调度人员、车站管理人员等)利用通信系统及时掌握车站和车辆的实时状况、实时客流分布和密度等信息,高效、合理地组织和指挥行车,保障行车安全。同时,乘客利用通信系统提供的服务便捷地获取出行信息。在紧急情况下(如发生列车误点、列车故障、列车重大安全事故时)通信系统将承担应急指挥、乘客疏散、客流引导等责任,以保障城市轨道交通的安全运行。

城市轨道交通通信系统包括传输系统、专用电话系统、公务电话系统、视频监控系统、广播系统、乘客信息系统、时钟系统、消防无线系统等。部分城市根据需要还配置有轨旁应急电话、计点系统等。

第一节　传　输　系　统

传输系统是城市轨道交通通信系统中最为核心的系统之一,为公用/专用电话、乘客信息、广播、视频监控等系统提供传输通道,也为机电、供电、信号等专业提供通信通道。

目前,城市轨道交通传输系统大多采用数字传输系统,包括准同步数字体系(Plesiochronous Digital Hierarchy,简称 PDH)以及同步数字体系(Synchronous Digital Hierarchy,简称 SDH)。随着技术的发展,传输系统从传统的同步数字体系向综合业务传输系统方向演进。综合业务传输系统在传统的同步数字体系的基础上,进一步融合了分组通信业务。未来随着 IP 技术的广泛应用,分组通信业务将占据主导地位。

同步数字体系采用大容量的光纤作为传输介质,规范了数字信号的帧结构、复用方式、传输速率等级、接口码型特性等,具有灵活、可靠、便于管理、易扩展等特点。

目前,部分城市轨道交通的通信传输采用 OTN(开放传输网络),它是采用光纤传输和时分复用技术的同步专网,同属于同步传输体系。OTN 的帧结构与 SDH 不同,OTN 的帧长度为 $31.25\mu s$,帧速率为 32000 帧/秒。

一、传输介质

目前,传输系统采用的传输介质通常是光纤。光是电磁波,光信号可携带信息。光纤造价低,传输容量高,为实现大容量信息传输提供了基础。

光纤的主要成分是 SiO_2(即玻璃的主要成分),由纤芯、包层、涂覆层组成,如图 7-1 所示。光信号封闭在纤芯中传输,光纤的外径通常为 $125\sim140\mu m$。

光纤的分类方法有很多,主要按折射率和传输模式等进行分类。

根据光纤横截面上折射率的不同,光纤可分为阶跃型光纤和渐变型光纤。阶跃型光纤的纤芯和包层间的折

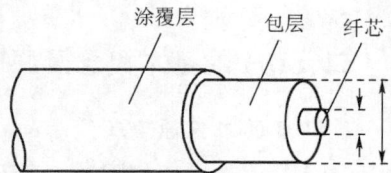

图 7-1 光纤的结构

射率是一个常数,在纤芯与包层的交界面,折射率呈阶梯形突变。渐变型光纤纤芯的折射率随着半径的增加按一定规律减小,在纤芯与包层的交界处减小为包层的折射率。纤芯的折射率的变化近似于抛物线。

光纤按传输模式可分为单模光纤(Single Mode Fiber)和多模光纤(Multi-Mode Fiber)。光以一特定的入射角度射入光纤,在光纤和包层间发生全发射。当光纤直径较大时,允许光以多个入射角射入并传播,这种光纤称为多模光纤;当直径较小时,仅允许一个方向的光通过,这种光纤称为单模光纤。

多条光纤固定在一起构成光缆,如图 7-2 所示。工程光缆如图 7-3 所示。

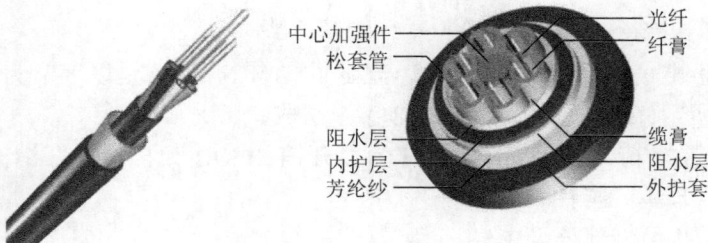

图 7-2 光纤、光缆的结构和组成

光缆的分类方法也有很多,主要有:

(1)按照传输距离及用途,光缆可分为用户光缆、市话光缆、长途光缆和海底光缆。

(2)按加强构件配置方法的不同,光缆可分为中心加强构件光缆、分散加强构件光缆、护

层加强构件光缆和综合外护层光缆。

（3）按照结构方式不同，光缆可分为扁平结构光缆、层绞式光缆、骨架式光缆、铠装光缆和高密度用户光缆。

（4）按用途分，光缆可分为室外光缆和室内光缆。

图 7-3　工程光缆

二、SDH 的基本概念及原理

1. SDH 的工作原理及帧结构

SDH 的工作原理如图 7-4 所示，各种信息封装成信息包，再复用成 STM-N 的帧格式，在SDH 网络中传送；在接收方，通过解复用、拆包后还原成原来的信息。

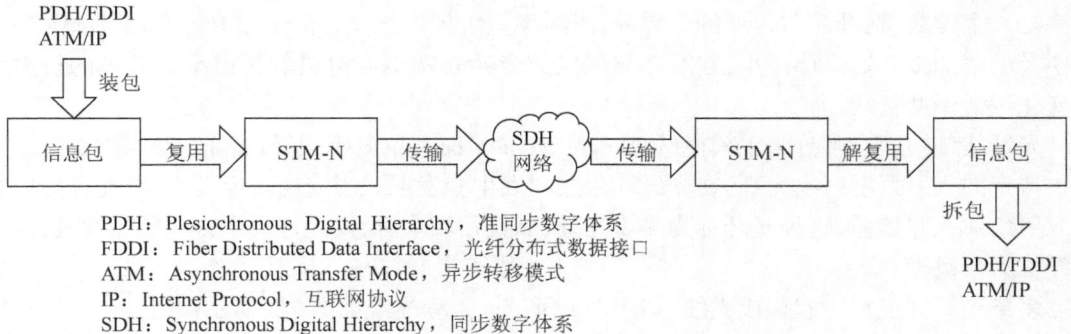

PDH：Plesiochronous Digital Hierarchy，准同步数字体系
FDDI：Fiber Distributed Data Interface，光纤分布式数据接口
ATM：Asynchronous Transfer Mode，异步转移模式
IP：Internet Protocol，互联网协议
SDH：Synchronous Digital Hierarchy，同步数字体系

图 7-4　SDH 的工作原理

国际电信联盟-电信标准化部门(ITU-T)规定了 STM-N 的帧，是以字节为单位的矩形块状帧结构，如图 7-5 所示，由 $270 \times N$ 列 $\times 9$ 行 8 字节组成。

其中，Payload 是净荷(包括 POH)；SOH 为段开销，RSOH 为再生段开销，MSOH 为复用段开销；AU-PRT 为管理单元指针。

STM-N 的帧结构由三部分组成。

（1）段开销(SOH)区域。段开销是为保证信息净荷正常灵活传送所必需的附加字节，主要是供网络运行、管理和使用的字节。如图 7-5 中第 1 至第 $9 \times N$ 列，纵向第 $1 \sim 3$ 行(RSOH)和第 $5 \sim 9$ 行(MSOH)的 $72 \times N$ 字节。

（2）信息净荷区域。信息净荷区域就是帧结构中传送各种信息的地方，如图 7-5 中横向

$10 \times N$ 至 $270 \times N$,纵向第 $1 \sim 9$ 行的 $2349 \times N$ 个字节都属于净荷区。其中含有少量的用于通道性能监视、管理和控制的通道开销字节(POH)。

（3）管理单元指针(AU-PTR)区域。AU-PTR 是一种指示符,主要用来指示信息净荷的第 1 个字节在 STM-N 帧内的准确位置,以便在接收端正确地解复用。如图 7-5 中的第 1 至第 $9 \times N$ 列,纵向第 4 行的 $9 \times N$ 个字节是为 AU-PTR 保留。

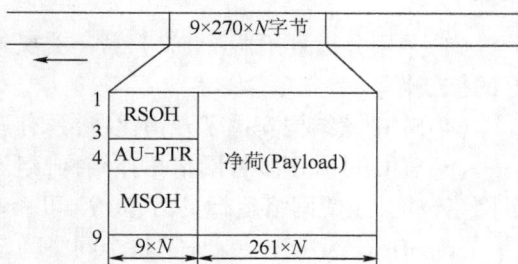

图 7-5 STM-N 帧结构

2. SDH 的复用技术

完整的 SDH 同步复用映射结构及各类复用单元间的关系如图 7-6 所示。

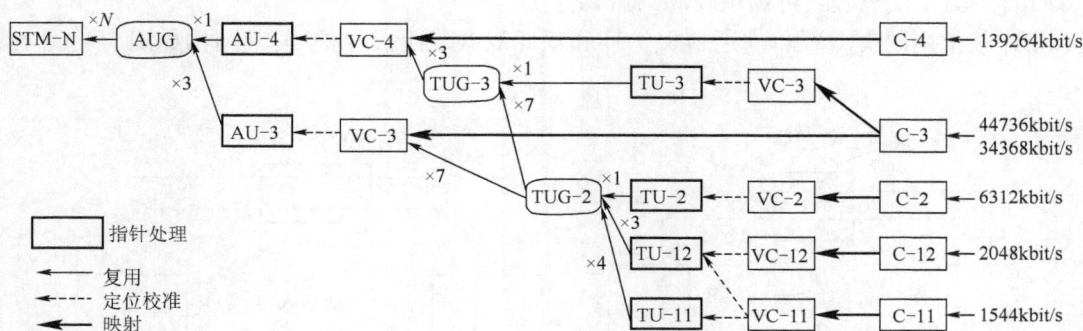

图 7-6 SDH 同步复用映射结构及各类复用单元间的关系

图 7-6 中,C 为容器,VC 为虚容器,TU 为支路单元组,AU 为管理单元,AUG 为管理单元组。

根据图 7-6,复用的方式主要包括:

（1）将 N 个 AUG 复用进 STM-N 帧。采用 3 种途径复用:将 N 个 AUG 复用进 STM-N 帧;将 AU-4 经由 AUG 复用;3 个 AU-3 经由 AUG 复用。

（2）将 TU 复用进 VC-4 和 VC-3。

通过 6 种途径进行复用:将 3 个 TUG-3 复用进 VC-4;TU-3 经由 TUG-3 复用;TUG-2 经由 TUG-3 复用;将 7 个 TUG-2 复用进 VC-3;TU-2 经由 TUG-2 复用。

VC-2 可用来传送非标准 PDH 等级的新业务。

3. SDH 的基本特征

SDH 是数字传输系统,近年来,在铁路和轨道交通领域的通信系统中得到了广泛应用,该系统具有以下特征:

（1）SDH 传输系统具有统一帧结构的数字传输标准速率和标准的光路接口,且能与 PDH 完全兼容,是全球统一的数字传输体制标准。

（2）SDH 接入的不同等级的码流排列在帧结构净荷区内,且净荷与网络同步,直接将高速信号分插出低速支路信号,实现一次复用,克服了 PDH 准同步复用方式对全部高速信号进行逐级分解然后再生复用的复杂过程,减少了背靠背的接口复用设备,提高了网络的业务传送透明性。

（3）采用分插复用器（ADM）、数字交叉连接（DXC）等设备，具有自愈和重组能力，具有较好的抗毁性。

（4）SDH 帧结构安排了开销比特，具有强大的网管功能。

（5）SDH 可采用多种网络拓扑结构，组网灵活，具有运行管理和自动配置功能，不仅优化了网络性能，还使网络运行灵活、安全、可靠。

（6）SDH 严格同步，保证了整个网络稳定、可靠，误码少，且便于复用和调整。标准的开放型光接口可在基本光缆段上实现横向兼容，降低了联网成本。

（7）采用通道冗余技术来保障传输系统的可靠性。

4. SDH 的组网

SDH 网络具有链形、星形、环形、树形、网孔形等结构形式，其中双环结构是一种常用的形式，该结构具有自愈功能，可提供较高的可靠性。

SDH 较常用的有双纤单向通道保护环和双纤双向复用段保护环，其结构如图 7-7、图 7-8 所示。

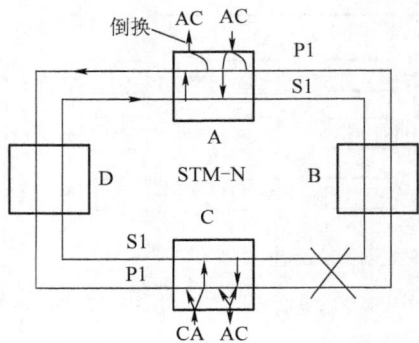

图 7-7　双纤单向通道保护环示意图　　　　图 7-8　双纤双向复用段保护环示意图

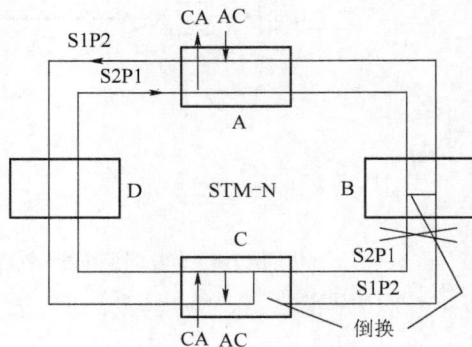

三、SDH 技术的演进与发展

1. IP over SDH（Internet Protocol over SDH）

IP over SDH 采用点到点协议（Point to Point Protocol，简称 PPP），将 IP 数据映射到 SDH 帧上，在 SDH 上进行连续传送（符合 RFC1619，PPP over SDH，RFC1662，"PPP in HDLC"标准）。IP over SDH 也称为 Packet over SDH 或 PPP over SDH，简称 POS。

近年来，数据业务量呈指数增长，未来 SDH 的核心目标是要实现各种类型的数据在 SDH 上的灵活和可靠地传输，即 Data over SDH（DoS）。

DoS 是一种传输机制，使得各种数据接口（如 Ethernet、Fiber Channel、ESCON/IFCON 等）高效地接入 SDH。DoS 主要采用了 3 项关键技术：GFP（通用成帧规程）、VC（虚级联）和 LCAS（链路容量调整方案）。

2. 弹性分组环（RPR）

弹性分组环（RPR）是 IP 技术和光网络技术直接融合的产物，来源于 Cisco 公司 2000 年提出的 DPT 城域网解决方案。DPT 可使 Cisco 的吉比特交换路由器在组网时共享带宽,同时具有完善的保护倒换能力,可靠性可达到电信级运营的要求。

RPR 是由两个独立的、方向相反的单向环组合成的双环结构。每个单向环由一系列相连的节点组成,每个节点具有相同的数据速率,但延时特性会有差异。RPR 环上的节点数最多为 255 个,数据传输速率可达 10Gbit/s。

正常情况下两个环同时工作,当一个环发生故障时,所有帧的传输由另一个环承担。环网上的各个节点共享带宽,利用公平控制算法,自动地完成带宽协调。由于每个节点都有一个环形网络拓扑图,各个节点都可将数据发送到光纤子环上,送往目的节点。为防止光纤或节点发生故障时导致链路中断,RPR 提供保护算法来消除相应的故障段。

第二节 专用无线通信系统

专用无线通信系统是轨道交通运营管理人员实施行车组织、电力调度、环境控制等措施的重要通信手段,调度人员需高效地向相关任务执行者下达各种行车组织命令,尤其是在应急指挥时,需高效地保证行车组织的效率及安全性,针对轨道交通行车组织等特定要求,建立专用无线通信系统。

一、专用无线通信系统的基础

专用无线通信系统由控制中心、总调度台、分调度台、基地台及移动台组成,具有单个呼、组呼、全呼、紧急报警/呼叫、多级优先及私密电话等适合调度业务专用的功能。

常用的通信频段包括 200MHz、400MHz、800MHz 等,我国城市轨道交通通常采用 800MHz 频段;806~821MHz 为移动台发送、基站接收;851~866MHz 为基站发送、移动台接收,信道间隔为 25kHz,双工收发间隔为 45MHz。

专用无线通信系统设置有无线基站、直放站、漏泄同轴电缆和天线,无线信号覆盖至本线各车站、区间,以及控制中心的调度大厅。调度及车站值班人员、各列车和有关移动工作人员分别配置调度台、手持台等无线终端。无线信号在岛式站台通常采用漏泄同轴电缆进行覆盖,在室内、侧式站台、站厅及车场通常采用天线进行覆盖。

专用无线通信系统可分为单基站或多基站,专用无线通信系统可分为单交换中心的单基站网络结构和单交换中心的多基站网络结构。专用无线通信系统按信令方式可分为专用控制信道的集中控制(No.7 信令)方式和随路信令(中国 1 号信令)的分布控制方式。

专用无线通信系统按通话占用信道的方式,分为消息集群和传输集群。消息集群在双方通话的整个过程中始终占据信道;传输集群在完成通话的每次收发转换过程自动换用信道,即每个移动台发出消息 4s 后,系统立即将信道分配给别的用户,可提高信道效率;在传输集群基础上,每个移动台发出消息 4s 后不立即将信道分配给别的用户,而是再加 0.5s 延迟后将信道分配给别的用户,以保证不间断通话的服务质量,称为准传输集群。

除完成调度通信外,该系统可通过控制中心的电话互连终端与本部门的小交换机相连接,提供无线用户与有线用户之间的电话接续。

二、专用无线通信系统功能

专用无线通信系统主要包括以下功能。

1.通话呼叫功能

控制中心列车调度员、事故及防灾调度员、设备维修调度员配置调度台,具有选呼、组呼、全呼,以及转接和监听本系统内部通话的功能;列车驾驶室设车载台,具有选呼功能;车站值班员配置固定台,具有选呼、组呼功能;站台值班员、现场指挥员、维修人员及车场作业人员配置手持台,具有选呼、组呼功能;固定台和移动台对相应的调度台具有紧急呼叫功能,紧急呼叫具有最高优先级;调度台对本系统内无线用户具有强拆、强插功能。

2.数据传输功能

固定台、移动台及调度台之间具有短信息传输功能;车载台通过数据接口,可将列车运行等数据以无线方式传送至控制中心和车辆设施与综合基地的各调度台上。

3.广播功能

列车调度员可选择运行中的全部或部分列车,通过车载台启动列车广播系统,对车内乘客进行广播。

4.显示、存储功能

列车调度员可对无线用户的标识码、用户名、呼叫类型、通话内容、日期、通话持续时间等进行显示和存储,并可随时打印输出;调度台可显示组内所有用户号、组号和工作方式、呼叫类型(紧急呼叫具有明显的声光显示)以及其他必要的相关信息,其中车载台应可显示标识码及相应的车组号、车次号、司机号,并具有中文人机界面。

5.录音功能

位于控制中心的多信道数字录音设备能记录所在地调度员的通话信息;录音记录时长应大于24h,并可进行搜索查询。

6.系统网络管理功能

控制中心网管终端能监测系统各级设备如中心控制器模块、音频交换模块、集群基站接口模块、集群信道机、双向中继器等状态信息,完成自动监测、故障定位、故障报警、远端维护等功能,出现故障时能发出声光报警。

7.扩容功能

系统主要部件设置冗余备份。系统采用模块化结构,具有平稳扩容能力。

8.多用户共享

在系统正常运行之后,如有新用户申请加入,经过审核批准,即可入网工作。

多用户呼叫时,采用排队机制;系统内部采用排队制,即在一次呼叫中,因信道被占用而无法接通时,由储存主、被叫号码的排队设备自动记录下来,一旦有空闲信道,按先后顺序接通。蜂窝状移动电话则是采用呼损系统,一次呼叫如无空闲信道,听到忙音,需挂机后进行重拨。

9.限时功能

由于系统用于轨道交通的调度,用来传送各项指令,通常设有限时功能,时间为1min、

3min 或者更长,通过软件设定具体时间。据统计,正常的调度通话时间平均约为 20s,最长限时不超过 5min。

10. 市话互联功能

专用无线通信系统的用户主要在轨道交通内部,但有少量用户有与市话通信的必要,如消防报警、公安报警等。

三、典型的专用无线通信系统

1. Tetra 专用无线通信系统

Tetra 专用无线通信系统是一种基于数字时分多址技术的无线集群移动通信系统,可在同一技术平台上提供指挥调度、数据传输和电话服务。它不仅提供多群组的调度功能,还可提供短数据信息服务、分组数据服务以及数字化的全双工移动电话服务。

Tetra 数字集群系统支持移动台脱网直通(DMO)方式,并可实现鉴权、空中接口加密和端对端加密功能,同时具有虚拟专网功能,可使一个物理网络为互不相关的多个组织机构服务。

Tetra 通信系统主要工作在 380～400MHz,410～430MHz,806～825MHz,851～870(MHz)频段。接入方式为时分多址,其中每载频 4 个时隙,调制方式为 7/4QPSK,其载频间隔为 25kHz,信道数据速率为 36kbit/s。

2. Tetra 系统的技术特点

Tetra 在系统设计上采用了多种技术来保障系统的指挥调度功能,具有很好的可靠性和抗毁性,主要技术包括:

(1)虚拟网概念,多个功能要求不同的模块共用一个物理网络。模块只要配置调度台和移动台后,便可建立自己的虚拟网,像在传统的专用网中一样工作。

(2)直通工作方式,是指移动台不经网络基础设施便可相互通信的工作模式。这种工作模式适合未设置集群基站地区及覆盖范围外的地区使用。在 Tetra 系统中,脱网工作的移动台可与未脱网工作的移动台保持通信联络。

(3)互连特性,为保证与其他系统和设备相互连接,Tetra 系统定义了各种标准接口:移动台间的数据设备接口,与各种公众网连接的 PSTN、ISDN、PDN 接口,与不同 Tetra 厂家设备连接的 ISI 接口,与其他专网连接的 PABX 接口,LAN/WAN 及计费管理接口。

(4)业务多样性,支持语音业务和多种数据通信业务。其中语音业务包括单呼、群呼和应急呼叫;数据通信业务包括短数据消息、状态消息、分组数据消息、电路交换数据等。

3. Tetra 系统的组网

Tetra 系统通常由数字交换机、基站、调度工作站、网管系统等设备构成。这些设备可组成数字集群公用网,也可组成数字集群专网;可组成单区制网,也可组成多区制网。在单区制网中,移动交换机负责本地交换业务,控制和管理若干基站控制器,基站控制器负责若干基站的管理。

多区制 Tetra 系统则是一个多层次控制的多区系统。Tetra 的数字交换机设有调度工作站接口及与现有各种公众网和专业网相连的接口,个别系统还设有与模拟系统相连接的接口。根据用户要求,交换机可进行模块化扩容。Tetra 系统采用模块化基站,便于扩展信道容量。为提高接收能力,基站和终端脱网工作,以增加网络的覆盖范围和应急通信能力。

Tetra 调度工作站设人-机接口,保证调度员在调度站实现单呼、群呼、建立和撤销用户群、收发电文以及状态信息等业务。计算机是调度工作站的主要设备,调度员通过屏幕了解用户请求和其他信息。通常,大型 Tetra 通过网管系统进行管理,在数字集群公用网中,需配备自动计费系统。中小型系统可直接使用网管终端设备进行管理。

4. Tetra 系统的安全

Tetra 数字集群系统采用数字语音编码、数字传输和交换技术,实现了系统功能和安全保密功能一体化设计,具有鉴权、空中接口加密和端到端加密等 3 种安全功能,配置、使用灵活,具有较好的安全保密性。

第三节　电话系统

电话系统是轨道交通确保行车组织和管理的有效手段和方法,通常分为专用电话系统(也称调度电话系统)和公务电话系统。

一、专用电话系统

城市轨道交通中的专用电话系统包括调度、站内、站间和轨旁(区间)电话子系统。城市轨道交通调度电话子系统主要包括调度总机、调度台和调度分机三部分,并通过城市轨道交通专用传输系统或通信电缆相连接组成调度电话网,为城市轨道交通的调度人员(如行车调度、电力调度、维修调度、环境调度)提供调度通信服务,具有专用的单键直通电话,以及单呼、组呼、全呼、会议、紧急呼叫、强拆、强插等特有功能。

站内电话子系统由用户小交换机(或公务电话交换机远端模块)、车站值班台(主机)和电话分机组成。站内电话子系统的分机除了提供公务电话外,主要提供站内各分机与车站值班主机(台)之间的直达通信或分机间的拨号通信服务。

站间电话可为车站值班员与相邻车站的车站值班员提供直达通信服务。

轨旁电话(即区间电话、隧道电话)为安装在隧道内或地面、高架线路旁的电话机。通过站内电话子系统连接邻站的车站值班台或接入公务电话网,为隧道内、地面、高架线路旁的维修人员和紧急情况下的列车司机提供通信服务。

调度员与调度用户之间是上下级关系,各调度用户之间是同级关系。通常情况下,由调度员发出调度指令,各调度用户之间互相不能下达调度指令。

同一调度专网内有多个调度台和调度员时(例如:城市轨道交通行车调度专网有两个调度台),调度员之间是同级关系,要求各调度台之间互相透明,具有同样的呼叫状态、呼叫提示等信息显示,每个调度台可进行相同或不同的调度呼叫。

由于调度实时性高、操作简单,仅需在按键式键盘或计算机触摸屏上进行"单键直呼""一键多号"的按键操作即可实现自动呼叫,无须记忆对方电话号码,调度员和调度用户间的双向呼叫可实现一键到位。

考虑到调度工作的重要性,要求保证调度呼叫可靠、畅通,可通过呼叫排队、监听、强插或强拆等功能来实现。

会议电话是将参加会议的成员编成会议组,并随时对会议组成员进行编辑。召开某组会议时,只需同时按下会议组号与会议键进行会议录音。

新型的调度台可显示保存有主叫号码、相关资料(例如:姓名、单位、职务、地址等)和操作引导(例如:操作无效、请先摘机),会议显示功能以及用户、中继的状态显示(占用、空闲、振铃等)功能等。

二、调度电话系统的基本功能

调度电话系统的基本功能如下:

1. 指挥、调度功能

(1)调度台与调度分机可实现优先通话或无阻塞通话。

(2)调度员利用按键或摘机,呼叫或应答某个被调用户;也可同时呼叫或应答多个被调用户。

(3)调度员可通过监听、插话或强插,实现对被调用户通话状态的干预。必要时可直接催挂,甚至强行插除其正在进行的通话。

(4)调度员可通过紧急呼叫方式,以 4∶1(振铃∶停振铃)的长振铃急呼被调用户,并可用此功能启动广播呼叫系统寻找被调用户。

(5)调度员可根据预先设置的分组用户进行组呼,按下组呼键一次性呼出该组所有的用户,实现对多个被调用户的通信。有的调度机可进行全呼,即一次呼出所有被调用户。

(6)调度员可召集多方电话会议。调度员可预先设置和编辑多个会议组及其参加成员,根据会议组编号一次呼出所有参加会议的成员。调度员可在会议过程中临时指定某个被调用户加入/退出会议,并可在会议过程中指定某个(或多个)被调用户发言。

(7)对具有自动交换功能的调度机,调度员可设置或修改用户弹性编号、用户服务等级,确定直通、交换、出入中继等用户状态,以及设置热线等。

(8)调度台可根据实际需求配置两个座席,每个座席各配置一台调度电话手机,供两个调度员使用。该调度台对两个调度员而言,具有相同的功能,可通过两个调度台实现互相独立的操作。

(9)调度员可进行中继调度、中继汇接(多局向时)、限止出中继和中继保留等有关调度通信事项。多个调度机组网时,可利用中继接口连接其他调度机的中继或用户接口。

(10)调度机配有调度台接口(例如,2B + D 接口),以便连接带有操作键盘的调度台;调度机亦可配有计算机接口(例如,USB 接口),以便连接配有调度台软件的 PC 机(软调度台),采用鼠标或触摸屏方式实现传统或多媒体调度。

2. 交换功能

调度机可不具备调度用户之间的自动交换功能,调度机仅需配置基本交换功能,以免影响调度功能的正常实施。

交换功能主要包括以下内容(可根据实际需求有所增减):

(1)调度员与被调用户之间、调度用户之间、调度用户与外线之间均可直接拨号。

(2)调度用户之间的呼叫、调度用户呼叫外线、外线呼叫调度用户,必要时可经调度台人工转接。

(3)当调度机与市话交换机的中继以 E1/No. 7 信令连接时,占用市话的号码资源。公共电话网用户可直接拨叫调度用户；调度用户亦可直接拨叫外线。

（4）在多台调度机联网组成的专用调度网中，调度机的外线会有多个局向（其中一个局向可能为市话局）。这种情况下调度用户先拨 2 位或 3 位局向号，再拨外线用户电话号码。

（5）自动交换功能只是作为调度机的选项，并不提倡在城市轨道交通中使用。

3. 中继、组网功能

调度机具有中继、组网功能。调度机的中继、组网功能如下：

（1）调度机具有数字、模拟兼容的组网能力。配备数字（E1）、环路（FXO）、E&M、微波、高频等中继接口，可组成模拟或数字调度专网。

（2）多台数字调度机可互连，组成无级或多级的自动数字调度网。

（3）调度机配置有标准的 E1 接口，可直接与传输系统的 E1 接口相连接，通过传输系统中 PCM 一次群链路的传输，用以实现中继线或用户线的延伸。

（4）某些具有组网能力的调度机，可按用户组网需求设置中继汇接或迂回功能，以确保调度专网的安全与畅通。

（5）不同设备制造商所生产的调度机要求有标准的中继与用户接口，便于不同制造商生产的调度机之间的组网。

在城市轨道交通中，通常是一条线路配置一台调度机。若需要使一个城市多条线路的调度机联网运行，则要求城市轨道交通调度机具有联网功能。

4. 显示、终端功能

（1）调度机可配接 2B + D 数字终端，可直接进行数传。某些 2B + D 数字终端既是上级调度台的调度用户，又具有二级调度台功能。

（2）调度机可配接会议终端设备，会议终端设备配有微音器和扬声器。

（3）调度系统在噪声过大（例如噪声为 110dB）的环境中可配接抗噪声扩音终端，以组成抗噪声通信系统。

（4）调度机可配套使用扩音指令终端，实现自动扩音指令通信。

（5）调度台显示屏可显示用户状态、中继状态、会议状态、引导操作提示、键盘自检等。按键（按键上的发光二极管或可编程字符）可显示对应用户的状态。

5. 维护、测试功能

为提高设备可靠性并方便维护人员的工作，调度系统有下列维护、测试功能：

（1）通过计算机维护终端，采用人机交互（MMI）进行用户、中继、业务、配置等数据的设置或修改；还可采用人工或自动方式，对各种电路板、中继接口电路、用户接口电路以及外线等进行测试、诊断，自动判定并显示故障电路板或电路。

（2）不少调度机公共部分冗余热备，设备能自动监测，出现故障时自动切换；为保证备用部分正常工作，可定期自动切换。

（3）配置热备份一次和二次电源系统。当市电中断时，能自动切换至直流后备电源供电以保证通信的畅通。

6. 特殊功能

（1）计算机显示功能。在调度台显示外，增设计算机显示功能，以显示调度系统的工作状态，例如，调度用户忙闲、中继忙闲、绳路忙闲、呼叫调度员的调度分机号或外线号、通话起止时间等。

(2)与移动通信接续功能。可利用计算机选发或群发移动短信,故障情况下可自动拨叫相关维护人员的手机。

(3)有线、无线用户的连接功能。某些调度机通过用户或中继接口可连接无线基站,调度员可通过调度台直接呼叫无线用户。有线、无线调度分机之间,可通过拨号进行通话。

(4)录音功能。调度机配置有录音接口,可连接录音、录时设备,人工或自动地录音、录时调度通话,并可复录再存档。

(5)打印功能。调度机可配置打印机,打印局数据、中继数据、长途呼叫数据等。

(6)夜间或离位服务。调度员离位或在夜间,可指定任何一个调度分机负责处理所有呼叫调度员的来话,这时所有的调度通信业务均转移到该值班调度分机。

三、调度电话系统的组网

1. 组网方式

1)单机无级调度网组网

在控制中心配置一台调度机,采用用户接入网方式连接各车站(车辆段)的调度分机。局端的 E1(30B + D)接口,通过城市轨道交通专用传输网的 PCM 一次群链路,以点对点的方式连接各车站(车辆段)的远端 PCM 接口架。利用该接口架所提供的 POTS 或 2B + D 用户接口,连接各车站(车辆段)的调度分机,形成单机无级调度通信网。

2)双机调度网组网

控制中心与车辆段各配置一台调度机,设置在控制中心的调度机为主用调度机,设置在车辆段的调度机为备用调度机,形成具有冗余结构的无级调度通信网。

3)二级调度网组网

在控制中心配置一台一级调度机,各车站(车辆段)均配置一台二级调度机。二级调度机的中继接口连接一级调度机的用户接口,形成二级调度通信网。通常设置以下几种类型的调度电话:

(1)行车调度电话。用于控制中心行车调度员与各车站、车辆段值班员等与行车业务直接有关的工作员的业务联络,通常设置两个或多个。

(2)电力调度电话。用于控制中心电力调度员与各主变电所、牵引(含牵引降压混合)变电所、降压变电所及其他特殊需要的地点的工作人员的业务联络。

(3)环控(防灾)调度电话。用于控制中心防灾调度员与各车站、车辆段、主变电所防灾值班人员之间的通信联络。

(4)维修调度电话。用于综合维修基地维修调度员与全线各系统维修车间值班员之间的通信联络,在控制中心与车辆段各设置一台维修调度台。

(5)AFC 调度电话。用于 AFC 调度员与各车站现场 AFC 工作人员的业务联络。

(6)票务调度电话。票务调度电话用于票务中心值班员与各车站票务工作人员的业务联络。

2. 调度总机、分机的设置

调度总机即调度台,城市轨道交通调度电话子系统的调度台设在控制中心的调度大厅内,调度分机设在各车站与各职能部门所在地。例如,列车调度电话系统的调度分机设在各车站、信号楼的车控室和停车场的运转室内;电力调度电话的调度分机设在各变电站的值班室内。

四、公务电话系统

公务电话系统即常规的公众电话,目的是实现轨道交通内部人员间的公务电话通信。

公务电话系统采用专网设置方式,交换机通常设在控制中心,下设各车站远端模块、车辆段远端模块、停车场远端模块。公务电话系统设轨道交通专用公务通信网,由公务电话、市内电话、区间电话等组成。

第四节　视频监控系统

城市轨道交通闭路电视(Closed Circuit Television,简称 CCTV)系统为控制中心调度管理人员、车站值班员、列车司机、站台工作人员等对所管辖车站的站厅、站台、出入口、机房等主要区域提供实时视频监控服务,方便各负责人员根据现场情况进行管理、指挥调度与操作,以确保轨道交通系统正常、安全地运行。

轨道交通 CCTV 监控系统采用车站、控制中心两级互相独立的监控方式。以车站值班员控制为主进行视频监控,中心调度员可任意选择上调各车站的任一摄像头的监控画面。在紧急情况下则转换为以控制中心调度员控制为主进行视频监控。在一个城市有多条线路的情况下,上层网络管理中心可以设置闭路电视监控中心,根据需要调看各线路监控画面,从而形成车站、控制中心和上级管理中心的三级视频监控系统。另外 CCTV 监控系统应具有录像功能。

控制中心行车、环控、维修、车站值班员、电力等调度员应利用中心的综合监控系统(ISCS)终端或控制键盘选择浏览在线车站、列车、车辆段的任意监视点画面,并能实时录像和按需回放。

轨道交通某一条线路的 ISCS 与轨道交通该线路中的各个系统由信号系统(ATS)、通信系统、环境与设备监控系统(Building Automatic System,简称 BAS)、灾害报警系统(Fire Alarm System,简称 FAS)、电力监控(SCADA)系统、自动售检票(AFC)系统等组成。综合监控系统通过统一的接口相连接进行集成,实现对轨道交通中各系统的综合监控。轨道交通中控制中心各调度员、各车站值班员可以利用中心与车站的 ISCS 终端,对轨道交通的各个系统进行综合调度。

一、轨道交通闭路电视监控系统功能

车站/车辆段视频监控系统的功能如下:

(1)车站值班员监视功能。车站 CCTV 系统与车站 ISCS 联网,车站值班员通过 ISCS 系统终端或视频监控终端设备(由监视器与控制键盘组成)实现对本车站的监控。

①利用 ISCS 终端向本车站 CCTV 系统发送操作控制指令,将本车站摄像机的画面调入车站值班员 ISCS 终端显示屏上。监视模式分为两种:

a. 编程自动循环监视模式:自动地对本站全部摄像机摄取的图像以一定的时间间隔进行循环监视。自动循环监视应包括以下 3 种范围:本站、本站站台、本站站厅全部图像。

b. 单选模式:点击电子地图上的摄像机标志对车站内任意摄像机摄取的画面进行人工选择监视。

②可将本车站的视频画面以单画面、四画面模式调入 ISCS 终端进行监视。

(2)采用统一的协议与接口实现与车站 ISCS 系统的互联。

(3)字符叠加功能。

(4)视频分配功能。车站摄像机的图像信号在进行编码之前,应经视频分配器进行分配,分别接入地铁运营和公安 CCTV 系统。

(5)录像功能。

(6)回放及检索功能。各车站被授权人员可对本站视频存储设备内存储的图像进行回放,并可按照记录的时间、日期范围、摄像机位置(编号)等信息进行分类检索图像。回放速度可调(播放速度可根据需求设定为 1~25 帧/秒),且回放时不影响录制。

(7)司机监视功能。车站上下行站台的 4 路固定摄像机监视图像经画面合成后,分别传到上下行站台的监视器上,或采用无线方式传到驾驶室内,供列车司机监视相应站台的旅客上下车情况。

(8)视频终端监视功能。

(9)周界报警功能。周界报警系统用于对车辆段围墙进行监视,当检测到有人非法翻越围墙时,能够以声、光信号或电子地图的方式显示入侵位置,并通过视频监控系统对入侵现场进行摄像和确认。

(10)系统联动功能。车站/车辆段的 CCTV 系统应通过通信传输网络与控制中心 CCTV 系统联网,接受控制中心 CCTV 系统的监视、控制和管理。

二、模拟视频监控系统和组网

1. 模拟视频监控系统的组成

在模拟视频监控系统中,控制中心和各车站(含车辆段)CCTV 的组网方式均采用模拟方式。最主要的设备为视频网络控制设备(视频服务器)和视频矩阵设备。摄像头与监视器之间传输的是模拟视频信号,图像的分配、切换、分割等均由硬件设备(视频分配器、视频矩阵、图像分割设备等)来完成。

车站内的摄像机采集到监控点的视频信号,通过视频电缆连接到车站视频矩阵,车站值班员通过键盘控制视频矩阵的输出,调看监控点画面。

控制中心调度员操作键盘所产生的控制信号,通过控制中心与车站的视频网络控制设备,可控制分别隶属于控制中心与车站的上下两级视频矩阵设备,并可调取任何车站监控点图像。

因控制中心与各车站均采用模拟视频信号组网,当采用硬盘录像时,需配有相应的压缩编码器进行模数(A/D)转换。

车站与控制中心之间的视频信号传送,可通过轨道交通专用光纤传输网的 PCM 数字链路或分组虚链路传输。

模拟视频监控系统目前在轨道交通中还有一定的应用,但在模拟视频监控方案中,难以引入数字处理、智能监控等新技术。

2. 车站(车辆段)模拟视频监控系统设备与组网

如图 7-9 所示,车站模拟视频监控系统设备包括摄像部分、控制部分、传输部分和显示部分。

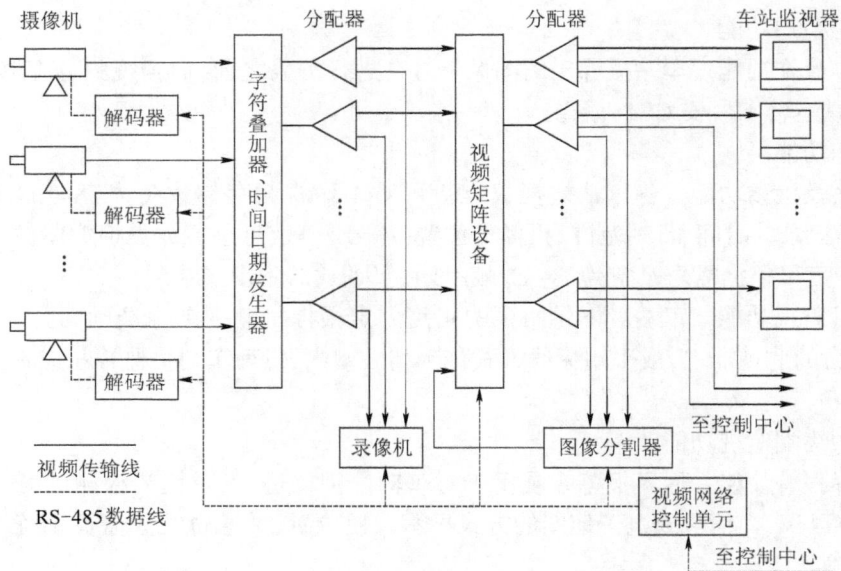

图 7-9　车站模拟视频监控系统的组成

1)摄像部分

车站的监控区域可划分为站厅和站台两个区域。站厅区域的监控点通常设置在售票亭、自动售票机、自动扶梯出入口和闸机出入口,通常配置角度、光圈和焦距可控制的一体化摄像机。站台区域监控点的设置位置,要求列车司机能观察到整列列车乘客上下车的情况,通常按照站台的长度设置 2~4 台固定焦距的枪式摄像机。

2)控制部分

控制部分包括前端解码器、视频放大器、视频分配器、控制键盘、视频网络控制单元、视频矩阵器、图像分割器、时间日期发生器、字符叠加器、数字硬盘录像机等设备。

3)显示部分

显示部分由多台监视器组成。各监视器对所选择的监控点画面可单幅显示、多窗口分割显示和轮巡显示。

4)传输部分

在车站视频监控系统中,视频信号的传输采用同轴电缆,采用细缆还是粗缆由传输距离决定。细缆的无中继传输距离为 300~500m;粗缆的无中继传输距离可达到 1000m 以上;传输距离超过 1000m 时可采用模拟光纤传输。音频传输采用屏蔽 2 芯线,RS-485 数据线一般采用无屏蔽双绞线。

3. 中心模拟视频监控系统设备与组网

中心模拟视频监控系统设备与组网如图 7-10 所示,控制中心视频监控系统设备包括控制部分、传输与显示部分。

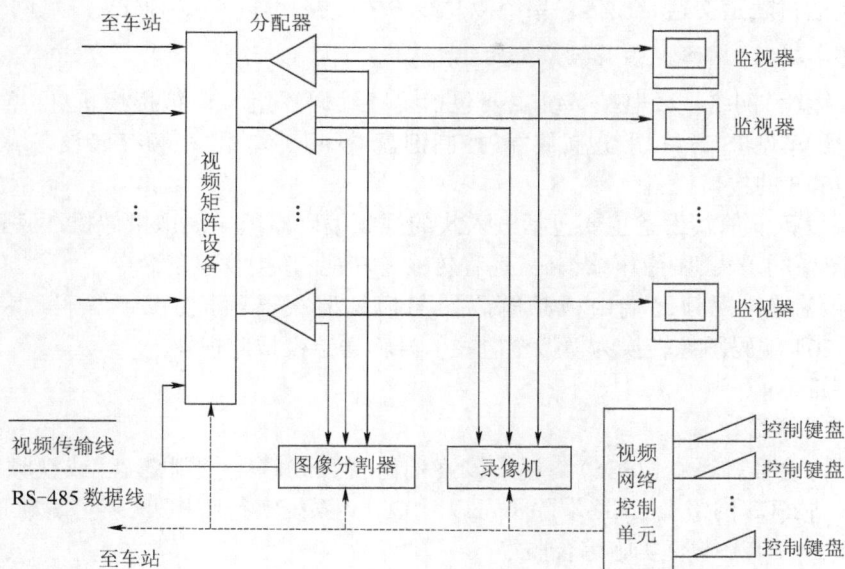

图 7-10 中心模拟视频监控系统的组成

1)控制部分

中心模拟视频监控系统控制部分包括视频放大器、视频分配器、控制键盘、视频网络控制器、视频矩阵器、图像分割器、数字硬盘录像机等设备。

中心模拟视频监控系统接收从各车站传送的图像,通过视频矩阵设备,分别选送行车、环控(防灾)、电力、维修等调度台。

中心模拟视频矩阵器输入端口连接轨道交通传输网数字或分组视频流的解码输出端口。视频矩阵输出端连接一组分配器,各分配器输出的视频信号分别送各调度台的监视器、图像分割器和经 A/D 转换至多通道硬盘录像机。

视频网络控制单元连接调度员控制键盘送来的控制信号,控制单元选择其中优先级最高的控制信号输出控制中心矩阵切换和中心录像机的录像与回放,并通过轨道交通传输网提供的传输通道,控制所选择的车站矩阵切换、一体化摄像机的动作和车站录像机的回放。

2)传输与显示部分

传输与显示部分类似车站级视频监控系统,控制中心除了调度员专用的监视器外,可采用多个单屏显示多幅监控点画面,或采用大屏电视墙显示一幅或多幅监控点画面。

三、数字网络视频监控系统

1. 网络视频监控系统的组成

网络视频监控系统是以计算机通信、视频压缩与处理技术为核心的新型监控系统。

在网络视频监控系统中,控制中心和各车站 CCTV 的组网方式均采用计算机同网(LAN)组网方式。通过轨道交通专用传输网所提供的分组(Ethernet)传输通道,将轨道交通视频监控系统的各局域网连接成为广域网。网络摄像机(或连接有多台模拟摄像机的编码器组)、视频终端(解码器+模拟监视器)、控制键盘、网络视频服务器、录像服务器等均作为节点设备接入控制中心或各车站的计算机局域网(CCTV 局域网)。各车站 CCTV 局域网与控制中心

283

CCTV 局域网通过轨道交通专用传输系统以总线方式直接相连,形成 CCTV 广域网。

2. 车站(车辆段)网络视频监控系统的组成

车站(车辆段)网络视频监控系统主要包括视频编码器组 + 模拟摄像机/网络摄像机、网络视频服务器、车站 ISCS 终端、视频终端、控制键盘、视频工作站、视频存储设备、以太网交换机以及车站 ISCS 的接口设备。

(1)前端设备。前端设备主要包括嵌入式的视频编码器组 + 模拟摄像机/网络摄像机,可以实现现场图像的采集、图像压缩编码、远程传输等功能,并接收控制命令。

(2)视频终端。视频终端由视频解码器与模拟监视器组成,视频解码器将 MPEG-2/MPEG-4/H. 264 编码图像转换为模拟全电视信号输送给模拟监视器。

(3)控制键盘。

(4)视频工作站。

(5)车站综合监控系统(ISCS)终端。该终端由视频终端 + 控制键盘(或视频工作站)组成,连接在车站 ISCS 网络上;该终端除了可以对 CCTV 系统实行监控外,还可对轨道交通中的其他系统(如 FAS、BAS 等)实施综合监控。

(6)网络视频服务器。

(7)视频存储设备。

3. 控制中心网络视频监控系统的组成

控制中心网络视频监控系统用于选择性地浏览或存储全线任何监控点的图像,或选择性回放全线任何监控点的图像。

控制中心网络视频监控系统主要包括网络视频服务器、网管服务器、网管终端、BSCS 终端、ISCS 显示屏、视频终端、控制键盘、视频工作站、视频存储设备、以太网交换机等。

四、数字高清视频监控系统

目前,数字高清视频监控系统主要有两大类:

一是 IP 数字高清视频监控系统:以国际 HDTV 标准,支持 720P、1080i、1080P 分辨率,画幅 16∶9,采用 H. 264 帧间压缩方式,实时全帧率。

二是以广播行业标准演进而来的 HDTV 非压缩监控系统:主要是采用 HD-SDI (1.485Gbit/s)高清视频信号作为高清摄像机、高清光端机、高清矩阵、高清显示设备互连的标准。

1. IP 数字高清视频监控系统

IP 数字高清视频监控系统由高清 1080P 网络摄像机、1080P 高清监视器、高清编解码器、PC 操作终端、交换机、IP SAN 存储器、视频控制键盘、视频管理类服务器等设备组成,主要有以下 5 个特点:

(1)高清摄像机清晰度高,视角广。

(2)图像编码方式采用 H. 264 压缩格式,图像质量高、压缩比高、占用传输带宽小、存储空间占用少等。

(3)支持高清监视器 + 视频解码器的“硬解”方式和 PC 终端内置解码软件的“软解”方式,图像显示更加灵活、方便。

（4）基于互联网 TCP/IP 协议，TCP/IP 是一个开放、透明的基础协议，用户能随时随地进行监控、管理，且可与其他系统无缝对接。

（5）系统设备、传输线缆得到了明显简化。

2. 数字高清视频监控系统的优势

数字高清视频监控系统由高清摄像机、光端机或中继器、高清矩阵、监视器、高清编码器等组成。数字高清视频监控系统的优势包括：

（1）从标清模拟升级到数字高清，只需更换相应的硬件设备，原视频线缆仍可采用，操作简单、方便。

（2）以未压缩信号在同轴电缆上高速传输，原始图像不失真。

（3）高清实时，不受传输网络影响，不会有图像延迟问题。

3. 数字高清视频监控系统在轨道交通中的应用

目前，新建和在建的城市轨道交通工程均采用数字高清视频监控系统，前端采用 1080P IP 网络摄像机直接编码压缩，通过光纤传送图像；车站值班员通过工作站控制、调取本车站相关摄像机图像信息，并在监视器上显示；上下行站台的 1080P 摄像机输出的复合视频信号通过画面合成器合成后输出到司机监视器上显示；在车站部署 IP SAN 存储系统，对本站所有图像进行录制；控制中心系统设备接收线路管辖范围内的全部图像信息，经视频解码器解码后送至控制中心大屏上显示，各调度员通过接入中心工作站对上传的图像进行显示和控制；在控制中心可通过录像服务器及回放终端回溯视频信息。

目前，数字视频监控还引入了人工智能技术，实现智能检测，如监视通信、信号设备的工作状态；利用人脸识别技术寻找特定人员、检票进站等。

第五节　广播系统

广播系统作为城市轨道交通运营行车组织的必要手段，具有快速响应的能力，其主要作用有两方面：一是对乘客进行广播，通知列车到站、离站、线路换乘、时间表变更、列车误点、安全状态等信息，或播放音乐改善候车环境；二是出于安全考虑，在突发或紧急情况时，作为事故抢险、组织指挥的防灾广播，方便对乘客进行及时、有效的疏导和指引，提高应急响应能力。此外，广播系统还可对运营人员进行广播，发布有关通知信息，便于协同配合工作，提高服务质量。

目前的广播系统可实现多音源选区的广播方式，即在不同区域同时选择不同音源广播的平行广播功能，音源可选择人工、线路、预存语音等。对乘客的广播区域主要在全线各站的站厅、站台、列车车厢内；对运营人员的广播区域主要在办公区、站台、站厅、车辆段检修主厂房、运用库、段内道岔群附近，广播区域不覆盖站厅和站台以外的部分（如人行道和走廊连接处、地下街道、十字路口、入口等）。

控制中心和车站广播采用两级控制的工作方式，中心的广播信息通过传输网络提供的语音和数据通道传送到各站，实现中央调度员遥控选择或分组联系各车站的功能，车站只实现本地信息的广播，车辆段和列车的广播则相互独立。

广播系统具有优先级，即控制中心调度人员的优先级高于车站值班员，根据运营防灾抢险的需要，控制中心的环控调度员具有最高优先级。

一、系统功能

广播系统的功能可分为中心广播功能、车站广播功能、站台广播功能、车辆段广播功能、预存广播信息功能、网管功能、自动音量调节功能、音频调节功能、远程控制功能、预示音功能、广播编组及设定功能、一键取消功能、监听功能等。

1. 中心广播功能

控制中心值班人员可通过中心智能广播对任意车站的任何区域进行单选、组选、全站或全线的远程广播，对控制中心的办公区进行本地广播。从中心发出的广播优先于任何车站的广播。

2. 车站广播功能

控制中心无广播时，车站值班员可通过站长广播对本站站台、站厅、办公区进行单选、组选和全站广播。

3. 站台广播功能

控制中心和车站值班员都未对站台进行广播时，站台值班员对所在的站台进行定向广播。

4. 车辆段广播功能

轨旁广播台、桌面广播台均分布在车辆范围内，但独立于车站和中心广播，供车厂值班员和线路上的维修人员进行定向广播。

5. 预存广播信息功能

根据不同的广播需求，通过数字语音存储器可分别录制不同时长、不同数量的预存信息，以满足现场的使用。

6. 网管功能

中心级设备与集中网管监控终端相连，通过网管系统，可实时检测各车站设备的运行状态，故障时会自动报警，便于设备的维护及故障快速定位。

7. 自动音量调节功能

装在车站站台和站厅的噪感探头，可对所在站台、站厅的噪声电平进行检测，并通过自动音量调节器控制信噪比，调整放大器的增益，实现广播音量的自动调节。

8. 音频调节功能

中央处理器具有音频调节功能，可对系统各类放大器、信号发生器的音频电平进行调节，在线音频测试时（导频音为 $1kHz$，$0dB$），可对预定的放大器音量失真度进行校准与调节，且不影响设备的正常使用。

9. 远程控制功能

远程控制功能适用于广播系统中的任何一个站点，通过此站点对其他的站点进行远程控制，实现远控站点的所有功能，该功能与本地控制功能无法同时实现。

10. 预示音功能

系统在每次开始广播前均有标准的预示音发出,广播预示音的开启和关闭,可通过车站广播控制终端进行控制。

11. 广播编组及设定功能

中心、车站广播控制终端及中心广播控制台均可设置编组,用户可按编组操作程序对任意站、任意广播区选择组合编组,广播时仅按编组序号图标(按键),即可对已存编组内的各广播区进行广播。本功能设定后,可以简化操作,实现快速地向多个广播区同时广播。

12. 一键取消功能

在中心及车站的广播控制终端及控制台上均设有一键取消按键,当本地操作员误播或发现其他操作者误播,按下一键取消,可立即切断所有正在进行的广播。

13. 监听功能

在中心广播控制台、车站广播控制台内均具有监听电路和迷你型监听扬声器。车站值班员可通过车站广播控制终端及车站广播控制台选择监听本站任一广播区的广播内容。

二、系统组成

广播系统采用模块化设计、总线式结构,根据应用范围和控制级别的不同,广播系统可分为车站级广播设备(含车辆段)和中心级广播设备,不包括列车广播设备。

1. 车站级广播设备的组成

车站级广播设备主要由站长广播台(车站)、站台广播台(车站)、桌面广播台(车辆段)、轨旁广播台(车辆段)、噪声传感器、扬声器、中央处理器、电子矩阵、监听设备、功放设备、数字传输设备等组成。数字传输设备包括网络存储器和接口模块,传输的信息包括语音信息和控制信息。

2. 中心级广播设备的组成

中心级广播设备主要由智能广播台、扬声器、中央处理器、电子矩阵、监听设备、功放设备、数字传输设备等组成。数字传输设备包括网络存储器和接口模块,传输的信息包括语音信息和控制信息。

三、系统设备与运行控制方式

广播系统设备主要分为控制设备、输入设备和输出设备三部分。

1. 控制设备

控制设备包括中央处理器、电子矩阵模块、输入/输出模块、数字传输模块等。

中央处理器是系统的核心设备,可控制系统所有设备,实现系统监听、自检、音频控制、功放替换、远程控制、故障诊断等功能。

电子矩阵模块是一种 8 输入/8 输出的路由模块,可对设定的路由及优先级进行控制处理,具有扩展功能,经级联后最大可扩展为 128 输入/128 输出。

输入/输出模块是 48 条双向输入/输出询问控制设备(如中继、灯等)。

数字传输模块包括网络存储器和接口模块,通过 RS-422 接口与传输系统的高品质语音卡提供的 RS-422 通道相连,形成广播系统环形网络,实现系统语音信息和控制信息的传递。

2. 输入设备

输入设备包括广播台、前置放大器、信号发生器、混合放大器等。

(1)广播台:根据使用地点的不同,对应的种类和数量也不同,通常分为智能(中心)广播台、站长广播台、站台(轨旁)广播台、桌面广播台四种。

(2)前置放大器:通过系统处理器控制高低音电平的均衡,实现话筒仿真功能输入。

(3)信号发生器:一种能提供各种频率、波形和输出电平电信号的设备。

(4)混合放大器:由前置放大器、信号发生器和接收机群组组成,可控制高低音电平的均衡。

3. 输出设备

输出设备包括功率放大器、功放控制模块、线路分配器、音频监听模块、扬声器等。

(1)功率放大器:具有过载和短路保护、开路保护、过热保护功能,可调节输入电平并监测输出电平,控制功放电源开关。故障情况下,备用功放和主用功放可在线切换,主用功放器恢复正常后,可自动返回主用状态。切换方式分为自动和手动两种。

(2)功放控制模块:连接功率放大器用的接口模块,提供故障报告功能。

(3)线路分配器:可按优先级别进行输出线路的切换。

(4)音频监听模块:通过对系统各类放大器、信号发生器的监听,实现在线监听各广播区的广播内容。

(5)扬声器:根据使用场地和环境的不同进行选择,通常在站台、站厅、办公区采用吸顶式扬声器,露天环境(如车辆段)则采用带匹配变压器的全天候号角扬声器。

4. 运行控制方式

广播系统采用中心广播和车站广播两级控制的工作方式。

控制中心的智能广播台输出的音频信号和控制信号,通过系统的 RS-422 接口与通信传输系统的高品质语音卡提供的 RS-422 通道相连,经光缆传输到各传输系统的高品质语音卡,再连接到车站广播设备,控制相应的广播信道状态,并将语音信号送达被选择的广播区域,实现控制中心的远程广播组织与指挥。

系统以中央主站为中心组成环形或线形网络,通过 RS-422 接口进行互联传输,当其中一个子站出现故障时,系统可通过子站设备中的网络接口单元进行旁路控制,直接连通到下一个子站,从而保证网络的畅通。

系统内站与站之间的连接,可采用 RS-422 及音频总线通过电缆直接连接的方式,但传输距离最长不超过 600m(总线最大传送距离),也可采用 PCM 光纤传输方式,通过通信传输系统的数据和音频接口连接组网。

广播系统采用控制中心和车站广播两级控制的工作方式,通常情况下以车站广播为主,若出现事故抢险、组织指挥、疏导乘客安全撤离的情况,则以控制中心防灾广播为主。因此,广播系统应具有优先级,不仅广播台与广播台之间要有优先级,同一广播台的不同声源间也应具备优先级,优先等级的高低可根据实际应用情况进行修改设置。

根据运营防灾抢险的需要,控制中心的环控调度员具有最高优先级。通常情况下,按优先级由高到低顺序依次排列为环境调度员、行车调度员和维修调度员。控制中心调度人员的优先级高于车站值班员,站长广播台的优先级高于站台广播台。

就同一广播台而言,预存语音信息的优先级高于人工广播,预存语音信息的多少根据实际使用要求而定,依据信息内容的不同,通常预存信息中的防灾广播优先级最高。

当多个等级的信息相继被触发时,正在播放的低优先级广播被中断,自动进入按序等待状态。

智能广播台设置在控制中心,具有语音、信号及各种控制处理能力,分别供维修调度员、环境调度员、行车调度员使用。在紧急情况下,调度人员既可对控制中心也可对任何区域进行人工广播。

四、车载广播

车载广播包括控制机柜(与车载对讲合设)、控制设备、扬声器、功放器、广播电缆、接口等。由专用无线系统提供通道,完成语音信号的传输及控制功能的实现。

车载广播的广播区分为车内、车外两部分,每个广播区作为一个单独的播音区,采用两路总线方式连接。

在保证末端扬声器正常工作的情况下(线路压降应在指标规定的范围内),各路扬声器通过车载广播电缆连接,车内每个播音区组成一个扬声器网,车内扬声器功率为 3W,采用两路总线方式连接,每个客室提供 1 个功率放大器,10 个扬声器。

第六节　乘客信息系统

一、乘客信息系统的功能

乘客信息系统(Passenger Information System,简称 PIS)主要是将列车的到发信息在指定的时间内以指定方式显示(发布)给乘客。其主要功能如下:

(1)导乘和服务功能。向乘客提供轨道交通运行信息,包括下一列列车到站信息、列车阻塞/异常信息、列车时刻表、轨道交通票务票价信息、特别的列车服务安排信息等。

(2)系统集中网管功能。为确保系统的正常运行,系统应提供完备的网管功能。控制中心设置的中心信息服务器能实时监控系统内包括控制中心和各车站/列车设备、网络设备等设备的状态。中心系统管理工作站提供基于电子地图的管理界面,动态显示系统各设备的工作状态,实时监控系统,实现智能声光报警,并能智能分析故障,自动生成网络故障统计报表,减轻维护人员的工作负担。

(3)预置报警功能。PIS 可预先设定多种紧急灾难报警模式,当发生异常情况时,PIS 自动或人工触发进入报警模式。相应的终端显示屏显示报警信息及人流数的信息。即时编辑功能可在多媒体制作中心和车站操作员工作站即时编辑与发布紧急灾难报警信息,并发布至指定的终端显示屏,对人流进行疏导。

(4)系统具备紧急疏散程序。当事故发生时,系统可随时中断部分或所有的服务信息,播放紧急处理相关的信息,引导乘客迅速撤离,将损失降到最低。

(5)车载监视功能。在列车上设置车载监控系统,从使用上满足列车相应的管辖区域的监视需求。监视的目的主要是保障乘客旅行安全,控制中心可对所有运营列车的所有车厢进行实时监视,具备自动循环监视等功能。除各种监视功能外,其他功能还包括预览、录像、回放功能,报警功能,网络功能,综合控制功能。

(6)多媒体信息发布系统。轨道交通已经成为舆论宣传和企业商业信息传播的重要途径。通过多媒体动态广告、静态广告、网络广告等多种广告相结合的方式,为广告商提供多种广告形式选择,同时为轨道交通系统带来更多的广告收入。

(7)实时信息显示。播放实时视频信号(如电视台模拟或数字节目)及其他视频监控信号,在所有 PDP 及 LED 全彩屏上显示。实时信息能够通过控制中心操控周时间表、日时间表、节日时间表、季度时间表等。每个显示终端将根据控制中心发过来的时间表及相关文件,根据预先编辑设定的时间表自动播放多种文件格式的日常信息,包括广告信息、定时的欢迎信息、紧急信息等。

(8)多语言支持。至少能支持中文和英文信息的发布和显示,紧急信息可以优先覆盖预定义的播放信息。

(9)网络传输。基于 TCP/IP 通信网络,无论是在网络设计还是系统设计方面都要充分考虑系统将来的扩展性。例如,控制器与 PDP 的接口方面尽量采用通用接口,尽量采用软件解决办法去解决分辨率、压缩、解压等问题。

(10)时钟同步。显示系统可与系统时钟同步(针对所有终端),在没有时钟的地方,显示屏幕提供显时服务,时钟的显示可以为数字显示和模拟显示两种方式。

(11)播放功能多样性。多媒体显示控制软件支持显示屏幕多区域分割功能(包括 PDP 及全彩屏),视频显示支持多样的播出功能:同屏幕显示多个子窗口,各个子窗口可支持不同的播出方式,信息播出版面效果根据需要随时更新。播放功能应针对所有 PDP 及全彩屏。

(12)网络管理及网络安全功能。在控制中心、车站、列车的服务器、工作站、播放控制器均具备故障自诊断功能,设置在控制中心的网管工作站可对上述设备的运行状态故障信息进行集中监控。网络监控内容主要包括网络设备运行状态、网络数据传输状态等。同时系统可修改网络设备参数、诊断网络设备故障,通过网络监控功能对系统网络状态及数据传输状态进行分析统计,生成系统网络运行报告,并通过下载各种安全补丁、防病毒软件的在线升级及其他安全设施和手段,实现系统网络安全。

二、乘客信息系统的构成

现代城市轨道交通系统的运营越来越注重乘客服务质量的提升,乘客信息系统是依托多媒体网络技术,以计算机系统为核心,通过车站和车载显示终端等媒介向乘客提供信息服务的系统。

乘客信息系统在地铁的出入口、站厅、站台、电梯和扶梯的上下端口、列车车厢等乘客可视的空间设置等离子显示器、液晶显示器、单行或多行发光二极管显示器、彩色发光二极管显示器、投影墙等现代显示装置,并利用这些装置进行信息展示,以方便乘客的候车、乘车,让乘客通过显示屏及时了解列车的运行状态及注意事项,从容候车和上车。

乘客信息系统在正常情况下,提供乘车须知、服务时间、列车到发时间、列车时刻表、管理者公告、政府公告、出行参考、股票信息、媒体新闻、赛事直播、广告等实时动态的多媒体信息;在火灾、阻塞、恐怖袭击等非正常情况下,提供动态紧急疏散提示。

车载设备通过接收无线传输的信息经处理后实时在列车车厢 LCD 显示屏进行音视频播放,使乘客通过正确的服务信息引导,安全、便捷地乘坐轨道交通。

1. 乘客信息系统按控制功能划分

乘客信息系统按控制功能划分为 4 个层次:信息源、中心播出控制层、车站车载播出控制层和车站车载播出显示终端设备。

(1)信息源:主要设备为视频流和数据服务器,向整个系统发放网络视频和数据,能够同时提供多种视频标准的视频。

(2)中心播出控制层:主要负责信息的采集、编辑和播出以及对系统内的播出设备进行集中的播出控制管理。通过对各个车站的播出设备进行集中控制,各个车站乘客信息系统实现无人值守的运行,降低了人为操作带来的故障。

(3)车站车载播出控制层:可以在此即时编辑指定的信息,并发布到指定的终端显示屏,提示乘客注意;可以进行整个车站的某一/某组的工作状态切换,控制对车站的所有播放设备的操作。

(4)车站车载播出显示终端设备:包括站台显示器、车厢显示器、乘客紧急报警通信装置和扬声器。站台显示器显示即将进站的列车信息以及车站状况的信息;车厢显示器显示列车车厢状况,播放新闻、注意事项等,同时提供广播、磁带、CD、小影碟播放的娱乐服务;乘客紧急报警通信装置,遇到紧急情况,给乘客系统提供报警信息,有防止误操作的功能;扬声器提供车内广播,为乘客提供语音信息。

2. 乘客信息系统按结构划分

乘客信息系统按结构划分为 4 部分:中心子系统、车站子系统、网络子系统和车载子系统。中心子系统、车站子系统通过网络子系统进行连接,如图 7-11 所示。

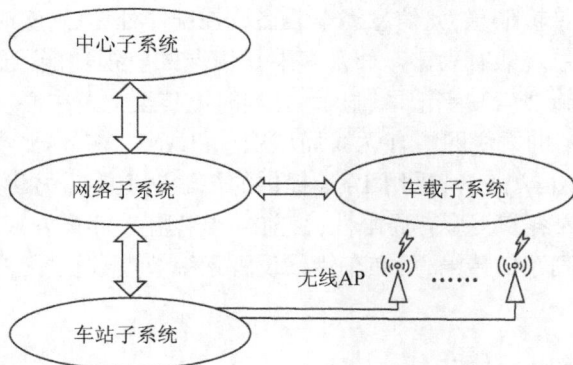

图 7-11　乘客信息系统组成图

(1)中心子系统。中心子系统在整个系统中主要负责外部信息流的采集、播出版式的编辑、视频流的转换、播出控制和对整个系统设备工作状态的监控以及网络的管理。控制中心子系统主要有中心服务器、中心播出服务器、中心操作员工作站、中心网络管理/系统监控工作站、网络视频、DVB 数字电视设备等,整个控制中心设备构成了一个完整的播出和集中控制系统。同时,控制中心子系统还将提供多种与其他系统连接的接口。

(2)车站子系统。车站子系统的主要构成有车站服务器、车站操作员工作站、流解码器、信息播放控制器、分屏器、车站网络系统、现场显示设备等。车站子系统通过传输通道转播来自控制中心的实时信息,并在其基础上叠加本站的信息,如列车运行信息、公告信息和各类个性化信息等。

(3)网络子系统。网络子系统是基于通信系统的传输网来实现具体功能的。通过在骨干传输网上组建成一个典型的 IP 网络来传输从控制中心到各车站的各种数据信号和控制信号。网络子系统由有线网络子系统和无线网络子系统构成。

有线网络子系统用来传输从中心到各车站的各种数据信息、视频信息和控制信息。网络采用开放性体系结构与工业标准,所有网络产品支持主流的网络与接口协议。中心子系统至车站子系统的信息传输通道可利用通信专业提供以太网通道。

无线网络子系统则被用来传输车、地之间的信息,是车、地之间数据传输的桥梁。无线网络子系统中无线网络的空中接口、频点范围和加密措施应满足国家有关标准和相关规定,以防止外部对传输数据的破坏和操控,确保数据安全。此外,该系统还具有良好的切换与抗外界干扰功能以及可防止对其他系统产生干扰的电磁兼容机制。

(4)车载子系统。传统的乘客信息系统仅有车站的信息向导,系统功能较弱。随着无线传输的成熟,城市轨道交通乘客信息系统设置了车载的乘客信息系统。

车载子系统利用无线传输技术,实现列车与地面之间的双向高速实时通信。车载信息显示系统的建设是为了更好地提高对乘客的服务质量。控制中心能快捷、方便地将热点新闻、资讯信息、交通状况、体育赛况、天气预报、时政要闻、股票、广告、公告等信息,通过视频、音频或文字的方式传播到车上,供乘客消遣、娱乐,并及时了解感兴趣的信息。

车载子系统与车站子系统一样,是兼顾运行信息、资源开发、安防监控的系统。在正常情况下,系统可交替或并行发布多种媒体资讯和服务信息,在紧急情况下优先发布报警安抚和引导信息。

车载设备接收无线传输信息,此信息经车载播放控制器处理后,实时地在列车厢显示屏进行音视频播放。车载子系统兼有列车车厢乘客乘车情况的监视功能,通过摄像头采集的运营中列车车厢内乘客情况将在驾驶室记录、显示,并实时上传至运营中心。

目前,用于车-地通信的无线网络有无线局域网(WLAN)、WiMAX、数字电视地面广播、地铁专用无线通信(数字集群 Tetra),采用 Tetra 提供的传输通道不需另建无线网络,但传输带宽较低,车-地间信息传输内容和类型有局限性,目前通常采用 WLAN 方式。

为实现大量数据向列车的传输,可在车辆段设置系统节点,通过无线方式向列车传输部分大容量数据。

三、乘客信息系统显示优先级

乘客信息系统主要是确保乘客安全到达目的地,在此基础上给乘客提供更多的信息、商业广告等,因此,在乘客信息系统中必须考虑信息显示的优先级。高优先级的先显示,相同的优先级按先后顺序显示。

紧急灾难信息的优先级最高,然后依次是列车服务信息、乘客导向信息、站务信息、公共信息和商业信息。

高优先级的信息可中断低优先级信息的播出,低优先级的信息不能中断高优先级信息的播出。当高优先级信息被触发时,低优先级信息被中断停止播出;如果发生紧急信息,自动进入紧急信息播出状态,其他信息播放终止,系统以醒目的方式提示乘客紧急疏散,直到警告解除。

第七节　时　钟　系　统

时钟系统为控制中心调度员、车站值班员、列车驾驶员、各部门工作人员及乘客提供统一的标准时间信息,为城市轨道交通其他系统的中心设备提供统一的时间信号,使各系统的定时设备与本系统同步,从而实现城市轨道交通全线统一的时间标准。时钟系统的设置对保证地铁运行计时准确、提高运营服务质量起到了重要的作用。

城市轨道交通系统通常采用全球卫星定位系统(Globe Position System,简称GPS)标准时间信息。GPS的空间部分由24颗工作卫星组成,它位于距地表20200km的上空,均匀分布在6个轨道面上(每个轨道面4颗),轨道倾角为55°;此外,还有4颗有源备份卫星在轨运行。

卫星的分布使得在全球任何地方、任何时间都可观测到4颗以上的卫星,并能保持良好定位解算精度的几何图像,提供在时间上连续的全球导航能力。GPS接收器捕获到按一定卫星截止角所选择的待测卫星,并跟踪这些卫星的运行。当接收机捕获到跟踪的卫星信号后,就可测量出接收天线至卫星的伪距离和距离的变化率,解调出卫星轨道参数等数据。根据这些数据,接收机中的微处理计算机就可按定位解算方法进行定位计算,计算出用户所在地理位置的经纬度、高度、速度、时间等信息。

城市轨道交通时钟系统所采用的标准时钟设备,在输出时间同步信号的同时,也输出数字通信设备所需的时钟同步信号,使网内各节点设备能同步运行。此外,时钟系统也可另行配置通信楼综合定时供给系统(Building Integrated Timing System,简称BITS),单独提供时钟同步信号。

城市轨道交通时钟同步系统分为两类:

(1)基于协调世界时(UTC)组建的时间同步系统。

(2)用于数字通信设备的时钟同步系统。

在数字通信系统中往往将时钟同步称为频率同步;时间同步称为相位同步。时间同步系统定时(如每隔1s)输出标准时间(年、月、日、时、分、秒、毫秒)信号;而时钟同步系统则输出高稳定度、连续的正弦波或脉冲信号。

传统的时分复用(TDM)承载网络是同步网络,在传送TDM业务(如E1)的同时,可正确地传送同步时钟信息,接收端可从所接收的线路同步码流中提取时钟信息,对业务进行恢复。同时TDM线路还可为某些应用网络提供同步参考时钟信息。

分组网络(IP网络)的同步技术包括:

(1)IETF的网络时间协议(Network Time Protocol,NTP):最早在IP网中采用的分组网同步标准,实现Internet用户与时间服务器的同步。

(2)IEEE1588v2协议:也称为精确时间同步协议(Precision Time Protocol,简称PTP),在IP网中高精度地传输同步时钟信息,不外加辅助硬件可达到几十微秒至几微秒的同步精度。

(3)同步以太网:在高精度时钟的同步下,以太网的物理层按bit或Byte输出连续的以太帧,网络节点可从以太网物理链路的比特流中提取时钟信息。同步以太网在物理层可以做到精确的时钟同步,但不能做到时间同步,需与PTP协议结合才能提供精确的时间同步信息。

在数字通信系统中通常只需要时钟同步信息，但在有些制式的数字移动通信系统中，如在 Tetra 无线集群系统中，同时需要时钟（频率）同步信息和时间（相位）同步信息。

一、时钟系统的组成

时钟系统采用控制中心与车站/车辆段/停车场两级组网方式。由中心一级母钟、车站/车辆段/停车场母钟（二级母钟）、时间显示单元（子钟）、传输通道、接口设备、电源和时钟系统网管设备组成，如图 7-12 所示。

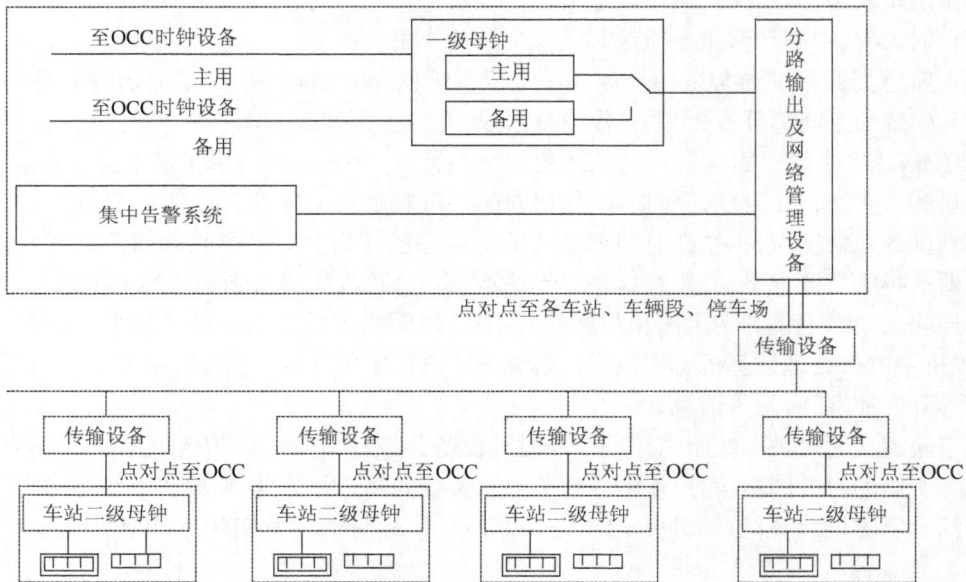

图 7-12　时钟系统组成图

一级母钟包括 GPS 信号接收模块和一级母钟模块。一级母钟的时间依靠 GPS 接收模块接收卫星时标信号，对自身时钟进行校准，从而消除累积误差。

当接收外部同步时标信号的装置出现故障时，一级母钟将利用自身的高稳定度晶振产生的时钟信号驱动二级母钟正常工作，并向时钟网管设备提供报警。当外部时间信号设备恢复时，二级母钟将自动跟随。一级母钟通过城市轨道交通专用传输系统，定时将同步时标信号发送给车站/车辆段的二级母钟，用以同步二级母钟。

二级母钟通常设置在各车站/车辆段/停车场通信设备室内，通过城市轨道交通传输通道接收一级母钟发出的时标信号，产生并输出时间控制信号，用于驱动本站所有的子钟。同时，二级母钟向中心一级母钟回送各站二级母钟及子钟的运行状态信息。二级母钟通过传输元链路将时标信号传送给站内其他系统，并预留系统监测数据接口，以便接入便携式终端进行设备维护管理。子钟接收二级母钟发出的时标驱动信号，进行时间信息显示。

子钟可脱离二级母钟单独运行，子钟显示方式为指针或数显方式。子钟设于控制中心调度大厅和各车站的站厅（部分车站）、车站控制室、公安安全室、AFC 票务室、站台监察亭、问询处、交接班室、站长室、站区长室以及其他与行车有关的场所，并在车辆段/停车场信号楼运转室、值班员室、停车列检库、联合检修库等有关地点设置子钟。

乘客信息系统（PIS）在站台、站厅区均设有显示屏，该设备上已显示了时间信息，在车站站台、站厅区可适当减少子钟的设置。

时钟系统网管设备设于控制中心通信网管中心,用于管理时钟系统,实时监测一级母钟、二级母钟的工作状态,当某个时钟设备产生故障时,一级母钟、二级母钟可实时将报警信号发送到控制中心时钟系统网管设备。在车辆段通号车间设置维护管理终端,通过传输通道与控制中心的网管设备相连,在车辆段实现对全线时钟的监控。

传输通道服务于一级母钟与二级母钟之间时钟信号和故障报警信号的发送和接收。传输系统为控制中心、车站、车辆段、停车场的时钟系统分别提供点对点 RS-422 数据通道,基于 TCP/IP 协议,传送由控制中心发送至各车站、车辆段、停车场的校时信号;同时传送车站、车辆段、停车场至控制中心的网络管理信号。

在控制中心与车辆段通信信号车间之间提供 10/100M 以太网通道,用于维护管理终端接入时钟系统网管设备。

数字同步网节点时钟设备整机配置为主从热备的工作方式,有完善的系统报警功能、网络管理功能和系统配置功能。

二、时钟系统的设备及运行

时钟系统的设备主要由中央级设备和车站级设备组成。

中央级设备主要是一级母钟系统,包括一级母钟和 GPS 接收单元。一级母钟自动接收 GPS 标准时间信号,校准自身的时间精度,并分配精确时间给二级母钟。中央级设备还包括 GPS 接收模块、一级母钟显示屏、GPS 信号模拟输出模块等。GPS 接收模块将接收到的 GPS 信号转换为系统可辨认的时间信息,再将时间信息通过系统总线传送给其他模块。当模块无法正常接收 GPS 信号时,通过内置高稳定晶振提供时间信号,4 ~ 8 个并行通道同时间接收4 ~ 8 个 GPS 卫星信号;一级母钟显示屏按时、分、秒格式显示,全时标日期显示屏按年、月、日、星期、时、分、秒格式显示;GPS 信号模拟输出模块,模拟 GPS 信号输出,设计多个 GPS 信号输出端,直接输出 GPS 时间信号给特殊要求系统。

车站级设备主要是二级母钟系统,包括二级母钟、一级母钟信号同步模块、子钟驱动模块、信号输出模块等。二级母钟同步一级母钟时间,再驱动子钟运行。

二级母钟能自主产生时间信息,与一级母钟是校对关系,而不是绝对服从;一级母钟信号同步模块,接收一级母钟标准时间信息,内建高稳定晶振,自主产生时间信息,定时与一级母钟校对,同步 GPS 标准时间;子钟驱动模块驱动子钟运作,为子钟提供时分驱动;信号输出模块为其他需要标准时间系统提供时钟信息,提供匹配的接口类型和传输通信协议。

时钟系统还包括外围设备,主要包括 GPS 信号接收天线和子钟。GPS 信号接收天线通常采用全向天线,并采用全天候保护措施,以保证能同时接收 4 颗卫星信号。在站台、站厅使用直径 800mm 或 600mm 子钟,双面显示且带背光照明,供乘客、工作人员使用,在办公区,采用 300mm 单面无背光照明子钟,供站内工作人员使用。

三、时钟系统的控制模式

1. 中央控制运行模式

中央控制运行模式是时钟系统正常状况的控制模式,此时一级母钟系统正常接收 GPS 信号,传送标准时间给二级母钟及其他需要时间信号的设备;当一级母钟不能正常接收 GPS 信号时，通过自身高稳晶振工作提供时间信号给二级母钟等终端用户，以满足地铁运营的要求。此时各设备所接收的信号仍然来自一级母钟，只是这个时间信号并不是来自 GPS，而是来自一级母钟的晶振。

2. 车站降级控制模式

当一级母钟不正常接收 GPS 信号且一级母钟出现故障不能向二级母钟传送时间信号时，使用车站降级控制模式。此时二级母钟自身高稳晶振工作提供子钟时间信号，但不给其他系统提供时间信号；当二级母钟出现故障时，子钟自行工作，继续向乘客提供时间显示。

第八节　消防无线系统

消防无线系统是以车站、停车场、区间等遇到意外（如火灾），需要社会消防介入抢救时使用，保证地下消防人员与消防指挥中心之间、消防地铁中队等相关部门之间的无线通信系统。

消防无线系统须覆盖站厅、站台、出入口通道、隧道区间，实现地下全线、地下车站之间、车站与地面之间的通信。

系统为常规模拟专用信道系统，采用符合消防局要求的同频单工对讲通话方式，地面链路信号通过集中引入的方式引入地下。地下信号通过安装在隧道洞口的隧道天线和站厅的室内天线进行覆盖。

1. 设备及线路概况

在地铁控制中心设置与消防中心相联系的链路台，工作方式为异频单工；各车站设置单频点（地下消防专用）的基站台，隧道内使用的隧道天线是专门为上海地铁订制的 350MHz 的小型端射天线，室内天线采用标准消防频段的半波振子天线。中心链路台与各站基站台之间采用音频电缆传输语音和亚音频控制信号。

2. 系统功能

系统旨在满足消防作战要求的通话功能，可用于地面消防指挥员和地下消防战斗员之间的通话。由于消防频点十分紧张，目前仅有一个频点用于消防无线系统，地下消防人员之间采用直接对讲方式进行通话。

第九节　通信电源、接地及避雷系统

通信电源系统为城市轨道交通信息通信系统中所有的通信设备提供电力，是城市轨道交通信息通信系统中必不可少的子系统，一旦通信电源发生故障而停止供电，必将造成信息通信子系统中断工作，从而直接影响运营安全。因此，通信电源系统的可靠性极为重要，要求能为各通信子系统设备提供不间断、无瞬变、稳定的供电。城市轨道交通信息通信系统中的接地及避雷系统，对确保人身和通信设备安全、正常地工作，起着十分重要的作用。

一、通信电源系统

通信电源系统承担全线范围内所有车站、控制中心、车辆段及停车场通信设备的供电。系统为不间断供电系统,系统的交流输入由各变电所引接,按一级负荷供电,引进两路独立的三相五线制交流电源。当两路交流电源同时断电时,系统的高频开关电源蓄电池可满载为使用 -48V 直流供电的通信设备维持供电 4h,UPS 蓄电池可满载为使用 220V 交流供电的通信设备维持供电 2h。

通信电源系统的主要设备有:

(1)交流配电屏:主要负责高频开关电源和 UPS 的两路交流市电的引入与切换;同时还负责交流 UPS 负载的配电。

(2)直流高频开关电源:由整流模块、监控模块、直流配电单元等组成。

通信设备多数采用直流供电,直流供电系统输入为交流市电;输出标称值为 -48V 的稳压直流,其调整范围为 -43.2 ~ -54V。直流高频开关电源的交流电源由交流配电屏引入,输出可靠的 -48V 直流电源至相关的通信设备。正常供电时,整流器一方面给通信设备供电,另一方面给蓄电池充电;停电时,直流高频开关电源则通过配备的蓄电池组向负载供电。整流模块采用 N + 1 备用。直流高频开关电源应有过压、过流保护功能,防雷和输出端浪涌吸收装置,故障报警功能,并能提供本地和远端监控功能的通信接口,如图 7-13 所示。

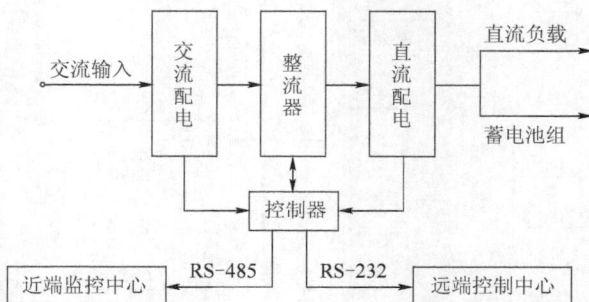

图 7-13 电源系统工作原理图

(3)交流不间断电源(UPS)。在正常供电时,交流不间断电源设备能起到稳频稳压作用,并向负载供电,同时给蓄电池充电;当停电时,交流不间断电源设备则通过配备的一组蓄电池经逆变器向负载供电。交流不间断电源设备具有手/自动旁路功能。在负载端发生过载以及逆变器发生损坏的情况下,交流不间断电源设备将自动无间断地切换到电子旁路继续供应负载;当交流不间断电源设备内部的电子部件损坏维修时,为不影响对负载的供电,可人为将交流不间断电源设备切换到手动旁路。交流不间断电源设备能显示工作状态和报警状态,并提供本地和远端监控功能的通信接口。

(4)蓄电池组:将电能转换成化学能储存起来,在外电消失时为用电设备提供后备供电。城市轨道交通通信系统采用的蓄电池通常为阀控式密封铅酸电池。常用的蓄电池分为两种:单体标称电压 2V 蓄电池和单体标称电压 12V 蓄电池。其中 2V 蓄电池由 24 节单体电池组成,每站点配置两组,两组电池并联使用,单组电池容量为设计容量的 1/2,满足 -48V 设备的需要(使用时蓄电池组正极接地)。12V 蓄电池组根据设备的容量一般在 27 ~ 32 节单体电池之间,为满足交流设备的需要,每站点配置一组。

（5）电源集中监控：是对交流不间断电源（UPS）、交流输出配电单元、交流电源切换屏、−48V直流高频开关电源等的工作状态，以及蓄电池组的充放电情况、蓄电池组单节电池状态的监测和管理。通信电源系统的各电源设备配有监控单元。各车站、车辆段、停车场及控制中心的电源监控信号经数据采集器采集，通过传输系统提供的数据通道传送至控制中心。在控制中心设置一套通信电源监控系统网管终端，对全线各车站、车辆段、停车场及控制中心的通信电源设备进行遥控、遥信、遥测，实时监控电源设备运行状况，记录和处理相关数据，及时发现故障。

控制中心、各车站、车辆段及停车场的通信电源设备的运行监控是各自独立的，但各车站、车辆段及停车场的电源设备的运行状态及故障报警信息将通过传输系统送到控制中心统一监测。

城市轨道交通通信电源系统配电根据现场情况通常采用两种方式：一种是由弱电综合UPS供电，通信专业配置高频开关电源、交流配电盘等，综合UPS输出两路交流电源给通信系统，一路给交流配电盘，负责给通信220V耗电设备供电；另外一路给高频开关电源，负责给通信−48V耗电设备供电。外供交流电源停电时，综合UPS应为通信各子系统提供不小于4h的备用电源。此方式电源系统构成如图7-14所示。

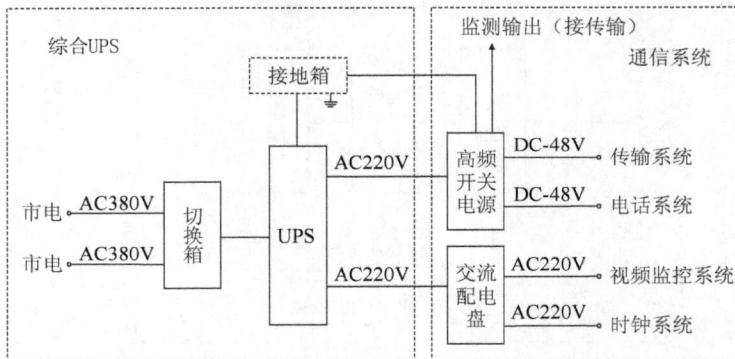

图7-14 弱电综合UPS电源供电系统构成图

另一种方式是由通信专业独自提供UPS设备，通信电源系统由UPS（含蓄电池）、交流配电屏（具备两路交流切换）、高频开关电源（含蓄电池）、交流配电盘等设备组成。通信系统交流电源由低压配电专业提供两路三相五线制交流电源，引至通信交流配电屏，交流配电屏可实现两路输入电源自动切换，并为UPS和高频开关电源输入供电，预留检修及备用交流分路。

UPS设备负责输出交流电源至交流配电盘，由其分配给各系统220V耗电设备。高频开关电源负责为−48V用电设备供电，主要由交流输入模块、高频开关整流模块、直流输出模块和监控模块组成。配套的备用蓄电池在外部交流电源停电时，可提供不小于2h的备用电源。

二、接地系统

接地系统是通信电源系统的重要组成部分，它不仅直接影响通信电源系统和通信设备的正常运行，还起到保护人身安全和设备安全的作用。

城市轨道交通通信接地系统宜采用联合接地的接地方式（工作地和保护地接在一起），在各车站(场)、控制中心均设置一组通信接地系统。接地系统由接地体、接地引入线、地线盘、室内接地配线等组成。

室外接地体由供电系统设置,通过两条不同的引接线与通信电源室内地线盘的接地铜排相连。通信接地系统接地电阻标准:综合接地体接地电阻应小于或等于 1Ω(自地线盘处测得)。

三、避雷系统

防雷区域主要包括轨道交通地面线路车辆段、停车场、车站及高架区间等易遭雷电入侵的区域。雷电包括直击雷和感应雷。其中,通过供电线路入侵的雷电感应由供电专业考虑(设备应具备 C 级防雷能力)。

通信系统避雷的原则包括:

(1)安装通信设备的建筑物本体具备相对完善的防雷措施。各建筑物本体均采用共用接地方式,接地电阻不大于 1Ω。

(2)通信设备防雷应注意设备所处空间雷电电磁环境的整治,设备和线路所在空间的合理布置,按地面区域雷电活动和设备安装环境进行分区分级防护,并根据多重保护、分级泄放、规范接地的原则实施通信系统综合防护。

(3)对所涉及的各子系统均采取不同的措施来进行安全有效的防雷保护。通过对直击雷的防护、电源系统的浪涌保护、反馈系统的防雷保护、数据传输系统的感应防护以达到减少落雷概率、降低落雷能量、迅速泄放雷击电流并具备自恢复功能来保护整个系统的安全。

四、通信机房要求

通信机房(包括控制中心、车站、车辆基地)的机房温度应不超过 28℃;湿度应不超过 80%(不得凝露);直径大于 $0.5\mu m$ 的灰尘粒子浓度不大于 3500 粒/L;直径大于 $5\mu m$ 的灰尘粒子浓度不大于 30 粒/L。

机房内设有消防灭火装置,并通过消防部门定期合格检查;设有灭鼠设施,并定期检查。

地板下送风、空调顶部上回风或吊顶回风方式,应有防止冷凝水滴漏的措施;空调出风口、新风通风口不得对准机架。

通信机房地面、墙面、顶部等部位无积水、渗水。

通信机房防静电地板选用须符合相关国家标准,安装牢固且平整。系统扩容或改造等施工后,须恢复防静电地板,不得影响地板的平整性。

机架及机架内布线规范、整洁,部件标识明确;配线架、管道井中的电缆或线路应有吊牌,标识明确、明显。

思考题

1. 简述光纤的基本组成与分类。
2. STM-N 的帧结构由哪些部分组成?

3. 专用无线通信系统包括哪些组成部分?

4. 简述专用无线通信系统的功能。

5. 电话系统主要分为哪两类? 两者的主要区别是什么?

6. 电话系统的主要功能有哪些?

7. 请详细说明城市轨道交通 CCTV 监控系统的监控方式。

8. 车站/车辆段视频监控系统有哪些主要功能?

9. 简述广播系统的基本组成及功能。

10. 根据应用范围和控制级别的不同,广播系统可分为哪两种设备?

11. 简述乘客信息系统显示优先级规则。

12. 乘客信息系统主要有哪些功能?

13. 时钟系统由哪些部分构成?

14. 简述时钟系统的控制模式。

15. 消防无线系统需要保证的要求与功能有哪些?

16. 简述通信电源系统的重要性。

17. 通信电源系统的主要设备包括哪些?

18. 模拟视频与高清视频各有什么特征? 为什么现在要采用高清视频?

19. 近年来传输系统发展较快,请问:除 SDH(同步数字体系)外,还有哪些传输技术?

20. 专用无线通信系统在特定位置为什么有些时候能正常呼叫,而有些时候却不能?

第八章

城市轨道交通供电系统

第一节 典型的供电方式

城市轨道交通的牵引供电方式可分为实时授流和非实时授流两大类,如图 8-1 所示。实时授流方式需要在沿线敷设供电设施(如架空接触网、接触轨等),通过车载受流器(如受电弓、受电靴)实时接触,实现由电网向移动列车持续大容量的电力供应。此种供电方式在电气化铁路 AC25kV 和地铁 DC750V、DC1500V 的牵引供电制式中普遍采用。非实时授流方式中普遍采用的是车载储能供电,列车在特定地段进行快速充电,非充电区段不设置沿线供电设施。

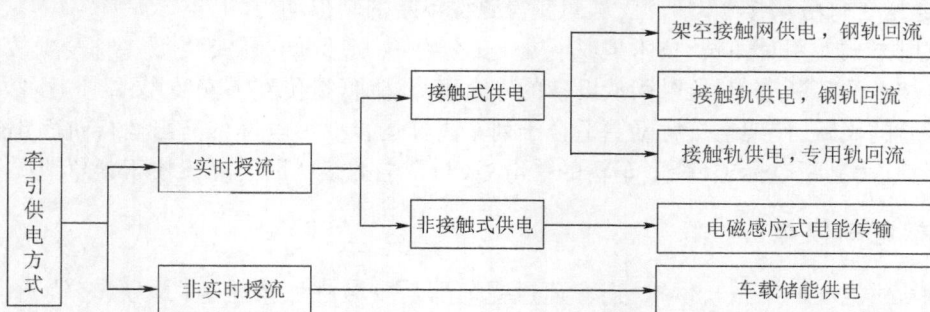

图 8-1 城市轨道交通牵引供电方式基本分类示意图

根据电能传输方式,实时授流方式又分为接触式和非接触式两类。接触式采用架空接触网或接触轨供电,对于接触轨供电,根据回流方式不同,其又可分为钢轨回流和专用轨回流。非接触式一般采用电磁感应原理授流。

一、架空接触网供电

架空接触网供电方式,是指列车通过受电器在接触网上连续取流获取电能,是目前已开通的地铁、轻轨、有轨电车等城市轨道交通系统中最普遍采用的供电方式。其供电系统一般由中压网络、牵引变电所、降压变电所、接触网等构成。利用中压网络将由城市电网引来的电源进行分配,由牵引变电所将交流电降压整流后变为直流电供车辆使用。供电系统结构图如图 8-2 所示。

我国自 1969 年在北京建成第一条地铁以来,相继已有上海、广州等 20 多个城市的轨道交通投入商业运营。目前国内城市轨道交通的供电方式主要还是触网式供电,如上海地铁采用的就是 DC1500V 架空接触网供电。

对于触网式牵引供电,国家标准规定的电压制式有 DC750V、DC1500V 两种,其电压允许波动范围分别为 DC500 ~ DC900V、DC1000 ~ DC1800V。牵引供电系统组成如图 8-3 所示。

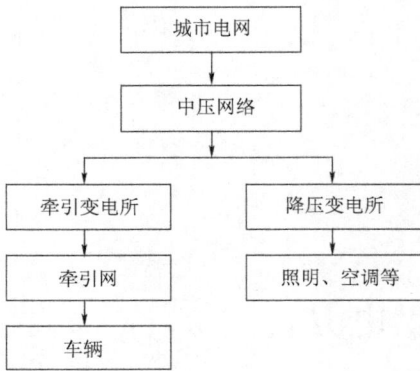

图 8-2　供电系统结构图　　　　　　　图 8-3　牵引供电系统组成

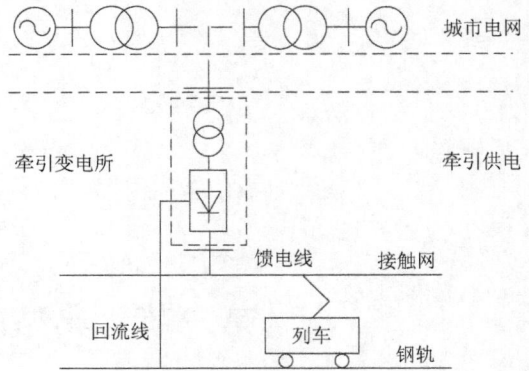

城市轨道交通作为城市电网的一个用户,一般从城市电网直接获取电能。目前我国用得最普遍的输电电压等级为 110kV,由主变电所降压为轨道交通内部供电所需的电压等级 AC10kV 或 AC35kV,再经过三相输电线输送给本区域的牵引变电所,电能经降压整流后, AC35kV(或 AC10kV)三相交流电转变为 DC1500V(或 DC750V)直流电,经馈电线馈送给接触网,列车通过受电弓从接触网取流,从而获得源源不断的牵引动力。

该供电方式使用时间长,技术成熟,具有安全可靠、造价低、易安装、易维护、少故障等优点。随着技术的不断进步,接触网从设备的安全可靠、降低造价到易安装、易维护、少故障等方面都有了质的飞跃,使架空接触网更适合于列车高速运行。带电部分高出运行轨面 4m 以上,安全性好,有明显断电标志(降下车辆的受电弓,与带电的接触网脱离),便于紧急情况处置。

二、接触轨供电

接触轨供电又叫第三轨供电,列车通过受电器从安装在城市轨道(地铁、轻轨、有轨电车等)线路旁边的单独供电轨获取电能。

随着人们对城市景观效果的日益重视,新建的城市轨道交通系统采用第三轨供电方式的也日益增多。第三轨供电方式最早应用于伦敦。第三轨安装在车辆走行轨外侧700mm处,高出轨面140mm,由导电接触轨、绝缘子、绝缘支架、防护罩、隔离开关、电缆等组成。其构造简单,安装方便,可维修性好,对隧道建筑等净空要求低,受流性能满足DC750V供电的需要,因而在标准电压DC750V供电系统中得到广泛应用。系统允许电压波动范围为DC500~DC900V。供电轨的电压据IEC标准为DC600V和DC750V,北京地铁采用了DC750V接触轨供电的方式。但也有国家采用较高电压,如西班牙巴塞罗那地铁就采用了DC1500V和DC1200V。

接触轨受流方式有3种:上接触式、下接触式和侧接触式。

(1)上接触式:受流器从上压向供电轨轨头,从供电轨顶面受流。受流器靠弹簧的压力受流平稳,施工作业简便,可以在轨头上通过支架安装不同类型的防护板。

(2)下接触式:供电轨的轨头朝下,通过绝缘肩架、橡胶垫、扣板收紧螺栓、支架等安装在底座上。欧洲国家比较青睐这种受流方式。下接触式的优点是上部通过橡胶垫直接固定在第三轨周围,对人员安全性好,利于防止下雪和冰冻造成的取流困难,但这种方式安装结构复杂,费用较高。

(3)侧接触式:供电轨轨头端面朝向走行轨,受流器从侧面受流,其受流器安装在转向架下部。

我国北京、广州、武汉等城市的城市轨道交通,均有采用接触轨供电的案例。接触轨供电有易于安装、检修方便、维护简单、寿命长等优点。供电轨安装在轨道梁上,车辆受流器与供电轨接触面大且对其磨损极小。据调查,车辆运营30年,接触轨磨耗量不到5%,按此推算,即使使用100年接触轨的磨耗量也不到25%,基本上可以做到无维修或少维修,因而相应减少了后期的维修费用。另外,由于其单位电阻值低,电能损耗小,供电区间长度选取可以更大,可减少牵引变电所的数量,减少投资。

但与此同时,由于受流器与接触轨在高速状态下难以准确地接触,故采用接触轨供电的线路运营速度不能太高。由于带电轨道接近地面,虽然安装了整体绝缘支架,但和架空接触网相比,仍会有较多的电流流失到地面,造成杂散电流增多,电腐蚀更严重。

此外,由于接触轨临近地面,与人身发生接触而导致触电的可能性较大,虽然可以通过相应的安全措施来防止事故的发生,但客观上的疏忽还是难免的。在紧急事故情况下,接触轨不利于疏散乘客,对乘客的人身安全有影响。

三、电磁感应输电

电磁感应输电(Electromagnetic Induction Power Transmission,简称EPT)以磁场为媒介,利用变压器的耦合,通过一级、二级线圈感应产生电流,通过电磁场将电能从发射端送至接收端,实现电车无电气连接的电能传输。

EPT系统主要由信号控制电路、地面电源侧发射端以及车辆侧接收端组成。通过预先埋设于地表的变压器一次侧线圈与固定于车底的变压器二次侧线圈的电磁耦合来实现电能的传输。EPT系统工作原理如图8-4所示。

电源侧发射端从电网获得电能后,通过整流、滤波变为直流电,直流电输入逆变器,经过高

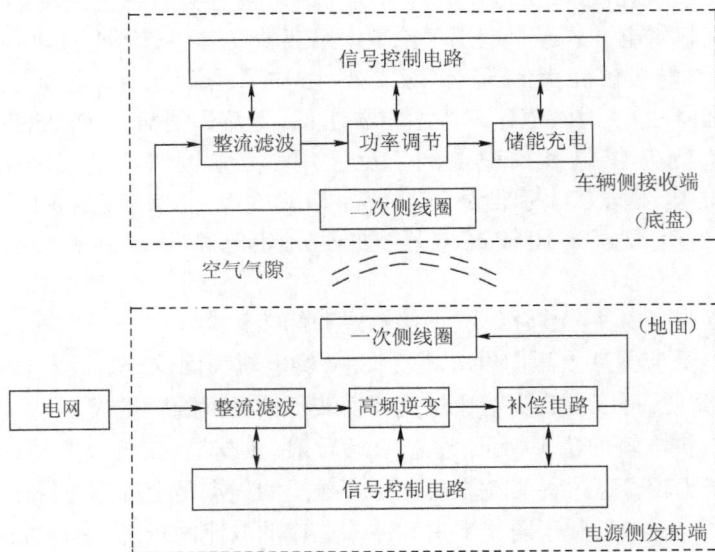

图 8-4　EPT 系统工作原理示意图

频逆变产生高频交流电,高频交流电在信号控制电路的作用下,经过一次侧的补偿电路进入一次侧线圈,在附近空间产生高频交变磁场。

位于车底的二次侧线圈,通过感应耦合高频交变磁通获得感应电动势,与此同时,信号控制电路通过对整流滤波和功率调节进行控制,对车载储能装置进行充电。系统本质等效于变压器疏松耦合系统,其一、二次侧线圈之间通过电磁感应实现电能的传输。气隙的存在,使其耦合系数降低,可以通过提高一次侧电压频率来补偿。

庞巴迪的 Primove 无线供电系统就是一种典型的利用电磁感应原理的供电技术(图 8-5)。当车辆驶近时,由车辆发出的信号触发轨旁供电设备,向车辆下方对应的地面一次侧线圈供电。通过电磁感应,车辆上的二次侧线圈感应到电源并将其转换成驱动车辆前进的能量。车辆驶离时,车辆信号消失,地面一次侧线圈断电,保持安全状态。

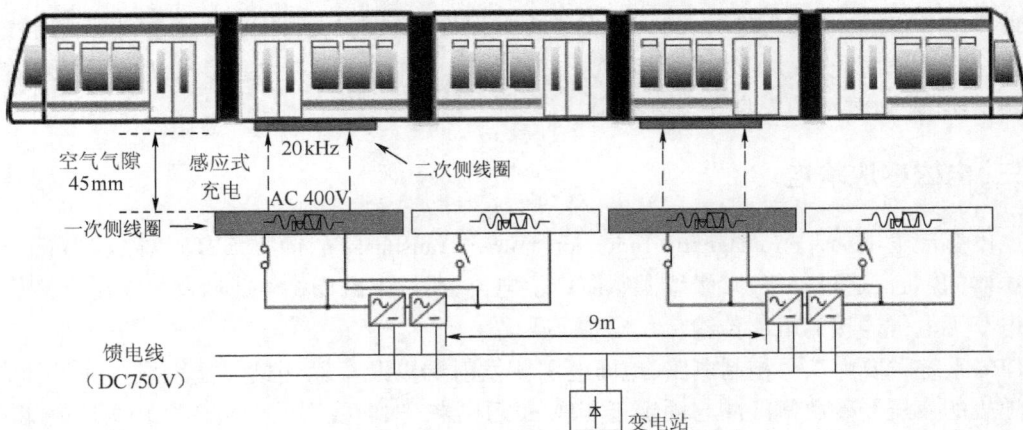

图 8-5　Primove 系统工作原理图

系统运行时,逆变装置将直流电转变为频率 20kHz、电压 AC400V 的交流电进行供电。敷设在轨道中间的 3 条并行的电缆通电后作为一次侧线圈产生交变磁场,安装在车底的二次侧线圈在磁场的作用下,产生约 400V 的交流感应电压,经整流转变为 DC600V,经逆变后为列车交流电动机供电。

线路沿线敷设 DC750V 供电电缆,每 9m 为一个单元,设置一个逆变器,将直流电逆变为高频交流电,为一次侧线圈供电。一次侧线圈敷设在地面两条走行轨中间,二次侧线圈安装在列车上。二次侧线圈电磁感应供电系统的效率取决于二次与一次侧线圈之间的空气气隙大小,空气气隙大小约 45mm,最大不超过 70mm,其会随着车体垂直方向的上下振动而发生变化。

该供电方式兼容所有路面,不必架设架空接触网系统。然而,需要在线路的轨道之间和沿线埋地敷设与安装供电设施,其投资和后期的维护成本较高。

四、车载储能供电

车载储能式牵引供电是电动汽车理念在城市轨道交通领域的延伸与发展,主要应用在有轨电车供电系统中。储能技术与电力电子技术及其控制技术的发展,使得储能式牵引供电有了跨越式的发展。

车载储能供电方式与地面供电方式相比,不需要在轨道上建立庞大辅助设施,彻底解决了架空接触网对城市美观的影响。目前,已经应用的车载存储介质主要有飞轮、超级电容、蓄电池及其组合方式。

飞轮储能是一种大容量的机械储能技术,在轨道交通领域尚处于初步研发应用阶段。飞轮储能装置是一种用高速旋转的飞轮将能量转换为动能形式储存的装置,主要由旋转元件和真空密闭容器构成。其储能密度高、能量转换效率高,对温度不敏感,对环境友好,使用寿命和储能密度不会因过充电、过放电以及充电次数而受影响。

超级电容是随着材料科学的突破而出现的新型绿色环保的无污染储能装置,具有充电速度快、使用温度范围宽、循环使用寿命长、比功率高等优点。目前产品相对比较成熟,已成功应用于电动汽车、新能源发电、工业不间断供电等领域。

蓄电池储能是现在使用较为广泛的储能技术之一,技术最为完善,也是目前产量最大的储能装置,它在技术及价格方面有着无可比拟的优势,在轨道交通制动能量回收以及将局部无网运行列车作为动力能源方面已有一定应用,但它也具有功率密度低、充电速度慢、使用寿命短、对温度敏感度高等缺点。

相比于传统的城市轨道交通,储能式供电系统中的牵引变电所不再直接为车辆提供牵引动力,而是在整流机组后面增加了带有 DC/DC 转换器的充电站,其作用就是为车载储能装置在到站停靠期间充电,列车在行驶时的直接动力来自车载储能装置。储能式城市轨道交通供电系统如图 8-6 所示。

10kV 开闭所直接从城市电网取得电源,两路电源互为备用。供电网络采用 AC10kV 电压等级,在车辆基地和车站设置 AC10kV/DC750V 的牵引变电所和 AC10kV/0.4kV 的降压变电所。

由图 8-6 可知,储能式供电与传统的接触网供电在结构上除了增加了充电装置外,高压电源系统部分结构和功能没有区别;整流站,即相当于传统轻轨供电系统的牵引供电站,其结构也没有区别,只是功能不同。

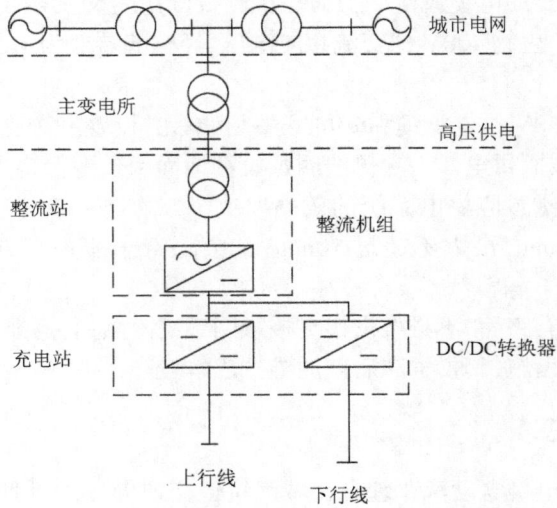

图 8-6 储能式城市轨道交通供电系统

这种供电方式的主要问题是储能装置的容量限制了电车的一次性运行距离。而且,由于充电时间短,充电电流大,所以,对充电设备和牵引变电所设计容量的要求也会比较高。同时,由于长期的大电流充放电,储能设备的寿命也会缩短,甚至会对牵引供电网造成不良影响。

第二节　供电系统的结构及功能

城市轨道交通供电系统,根据用电性质的不同可以分为两大部分,即为牵引电力机车供电的牵引供电系统和为动力、照明及其他用电设备供电的动力照明系统。

一、牵引供电系统

牵引供电系统结构如图 8-7 所示。

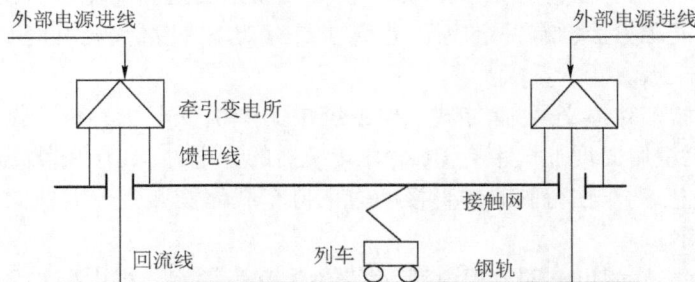

图 8-7 城市轨道交通牵引供电系统结构示意图

牵引供电系统的功能是将交流电压经降压整流后转变为 DC1500V 或 DC750V 的直流电压,为电力机车提供牵引电能。它包括牵引变电所和牵引网系统两大部分。

牵引变电所在一定区段内为电力机车供给牵引电能,它的电能从主变电所获取,经过降压和整流后变成车辆所需的直流电。根据运行的需要,牵引变电所可以双机组运行或单机组运行,并对牵引网实行双边供电或大双边供电。当有牵引变电所解列时,相邻的牵引变电所要有支援供电的能力,不应影响城市轨道交通的正常运营。

牵引网系统包括接触网、馈电线、回流线、钢轨等部分。接触网是以一定的悬挂形式在城市轨道交通沿线架设的导电网,通过电力机车的受电弓或受电靴将电能供给电力机车。馈电线是指牵引变电所牵引母线和接触网之间的导线,它将牵引变电所变换完备的电能输送至接触网。回流线是轨道回路与牵引变电所之间的连接线,它的作用是将牵引电流直接回送至变电所内的牵引变压器,一方面减少电能损失,另一方面降低了对沿线通信、信号线路和装置的电磁谐波干扰。钢轨除了承载列车外,还被作为牵引回流回路的一部分。

二、动力照明系统

动力照明系统的供电示意图如图 8-8 所示。

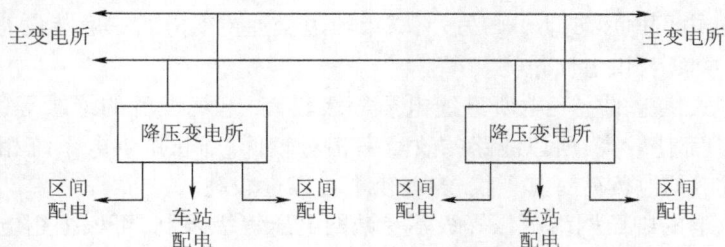

图 8-8 动力照明系统供电示意图

动力照明系统由降压变电所及动力照明设备组成。每个车站都应设降压变电所,地下车站负荷较大,一般设于站台两端,其中一端可以和牵引变电所合建成混合变电所;地面车站负荷较小,可设置一个降压变电所。

降压变电所将三相电源进线电压降为三相 380V 或单相 220V 交流电,主要为风机、水泵、照明、通信、信号、防火报警等用电设备供电。配电所(室)起分配电能的作用,降压变电所通过配电所(室)将三相 380V 或单相 220V 交流电分别供给动力照明设备,各配电所(室)为本车站及两侧区间动力和照明设备供电。配电线路是指配电所(室)与用电设备之间的连接线路。

在动力照明系统中,车站设备用电负荷分为三类:一类负荷包括事故风机、消防泵、主排水站、售/检票机、防灾报警、通信信号、事故照明;二类负荷包括自动扶梯、普通风机、排污泵、工作照明;三类负荷包括空调、冷冻机、广告照明、维修电源。

第三节 外 部 电 源

外部电源有集中式、分散式和半集中式三种供电方案。外部电源方案的确定,需要从不同角度由经济技术综合比较确定,比选因素包括工程条件、工程方案、投资和运营管理等。

一、集中式供电方案

集中式供电方案,是指由专门设置的主变电所集中为牵引变电所及降压变电所供电的外部供电方式。为保证供电的可靠性,每个主变电所设置两路独立的 110kV 进线电源,经降压后变成 35kV 或 10kV,为牵引变电所供电。牵引变电所、降压变电所同样引入两路独立的电源。集中式供电方案如图 8-9 所示。

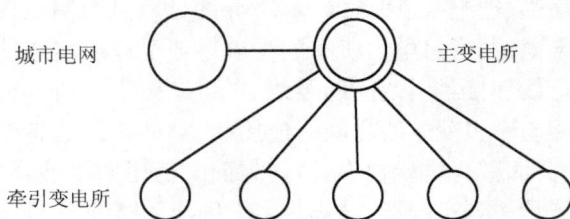

图 8-9　集中式供电方案示意图

集中式供电方案的优点如下:

(1)集中式供电的外部电源引自城市高压电网,电压等级高,输电容量大,系统短路容量大,抗干扰能力强,电网电压波动小。另外,城市轨道交通主变电所一般装设有载调压装置,因此中压侧电压相对稳定,供电质量高。

(2)由于集中式供电的主变电所进线电压等级较高,电气设备的绝缘等级、制造水平、继电保护配置等要求都比较高,所以线路的故障率相对较低。同时,供电系统相对独立,与城市电网接口较少,城市其他负荷对其干扰较少,供电可靠性较高。

(3)集中式供电的中压网络电压等级不受城网电压等级限制,可根据用电负荷、供电距离等情况确定,这样在提高系统供电能力与供电可靠性的同时,还能降低供电线路的功率损耗。

(4)采用集中式供电有利于主变电所电力资源的共享。具体来说,一方面两条及以上数量的城市轨道交通线路可以共享一个主变电所;另一方面城市轨道交通主变电所可以和城网主变电所合建,向城市轨道交通系统和地区用户同时提供电源。

(5)集中式供电的主变电所与城网的接口少,外部电源引入路径相对较少,城市建设与城市规划的协调工作也较少,方便实施。

(6)系统相对独立,如果发生故障需要改变其运行方式时,属于系统内部调整,调度管理方便,工作效率较高。

集中式供电方案存在的缺点如下:

(1)建设投资高,除电源外线的投资外,还要建设主变电所,主变电所的投资又包括土建和设备两大部分。设备的电压等级高、绝缘要求高、容量较大,所以价格相应会比较高。

(2)电压等级高,管理难度比较大。

二、分散式供电方案

分散式供电方案,是指沿线分散引入城市中压电源,直接为牵引变电所及降压变电所供电的外部供电方式。分散式供电方案如图 8-10 所示。

分散式供电直接从城市电网引入 10kV 中压电源,也有少量引入的是 35kV 中压电源;与城网接口比较多,这就要求城市轨道交通沿线有足够的电源引入点及备用容量。

分散式供电方案的优点如下:

(1)分散式供电的外部电源一般从距离城市轨道交通线路较近的城网变电所直接引入,输电线路短,线路损耗小。

（2）电源引入点多,供电可靠性可以保证。

（3）对于中压网络资源丰富的城市,采用分散式供电可以充分利用既有外部城网中压资源,节省城市轨道交通主变电所的建设费用。

（4）分散式供电的电压等级低,设备要求相对简单,投资相对较低。

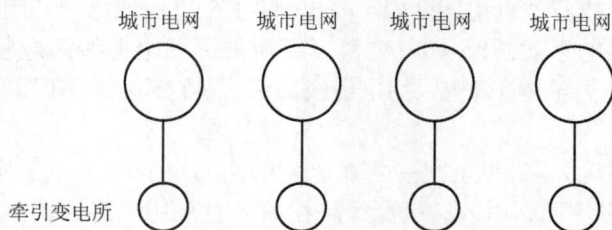

图8-10 分散式供电方案示意图

分散式供电方案存在的缺点如下:

（1）城市轨道交通供电系统与城网关系紧密,独立性差,运营管理相对复杂。

（2）由于10kV电压等级较低,10kV系统接入的用户较多,所以系统网压波动较大。

（3）10kV系统处于城网继电保护的中末端,城轨供电系统的运行会受到其他用户的干扰。

（4）供电系统与城网接口过多,可能会导致部分电源电缆的敷设路径难以解决,尤其在中心城区,地下各种管线及构筑物错综复杂,电缆路径更是难以设计与施工。若轻易改变电源开闭所位置或者电缆敷设路径,那么系统的供电质量与末端电压就难以保证。另外,中心城区城网变电所负荷相对饱和,如果新增城市轨道交通这样的大用户,电能质量有时也难以满足要求。

（5）同一条城市轨道交通线路的电源引入点往往会涉及城市的多个行政区域,如果供电系统发生故障需要改变运行方式,则需要相关城区电力部门协调配合,工作效率明显降低。另外,在电源调度、管理上还要受到城市电力部门的管理与制约,城市轨道交通内部操作不便。

三、半集中式供电方案

半集中式供电也叫混合式供电,是前两种供电方案的结合,多以集中式供电为主、分散式供电为辅。现有的城市轨道交通线路多采用此供电方式。半集中供电方式不设置专用的降压主变电所。由城市电网引来10kV电源,通过建设10kV中心配电室,将电源分配给城轨供电系统使用,如图8-11所示。

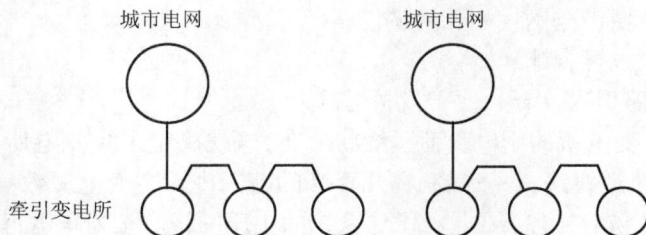

图8-11 半集中式供电方案示意图

半集中式供电方案根据城网现状、规划以及城市轨道交通自身的需要,吸收了集中式供电方案与分散式供电方案各自的优点,系统方案灵活,使供电系统更加完善和可靠。

四、外部电源的设计原则

(1)所有的电源外线应就近由城网引至变电所(主变电所或电源开闭所)。

(2)对于分散式供电方案,引至同一电源开闭所的两回电源线路应从城网变电站不同馈电母线直接引入,电源线路在城区应采用电缆线路引入,在郊区宜采用电缆线路(也可采用架空线路)引入。

(3)对于集中式供电方案,引至同一主变电所的两回电源线路至少应有一回电源直接从城网变电站馈电母线专用回路引入。电源线路在城区宜采用电缆线路引入,在郊区可采用架空线路引入。

(4)对于电缆线路,引至同一电源变电所的两回电源线路应敷设在不同的电缆通路或同一通路的不同支架和管道内。

(5)电缆线路敷设等其他工程条件根据线路情况具体确定。

第四节　主　变　电　所

对于集中式供电方案,需要设置专用的主变电所,其功能是接受城网高压电源,并降压后为牵引变电所、降压变电所提供中压电源。城市轨道交通主变电所一般沿轨道交通沿线布置,其数量需要根据系统容量及线路电压损失来确定,具体位置需要与城市规划、电力等部门协商确定。

对于分散式供电方案,往往需要设置电源开闭所,电源开闭所一般不单独建设,而是在城市轨道交通车站与牵引变电所或降压变电所合建,且共用中压母线,中压母线采用单母线分段接线。

一、主变电所选址

主变电所的选址,除了要考虑设计负荷分布、现有电网状况、线路走廊、选址地形地质、与城市规划的一致性等诸多因素外,还要满足下列要求:

(1)靠近负荷中心,布置在城市轨道交通线路附近。

(2)满足中压网络压降要求。

(3)满足城市轨道交通供电网络规划中主变电所资源共享的要求。

(4)和城市规划、城市电网规划相协调。

(5)可独立设置,也可合建。

(6)便于电缆线路引入、引出,便于设备运输。

城市轨道交通主变电所的用电负荷呈线状分布,这就决定了主变电所只能布置在轨道交通沿线,且尽量靠近轨道线路,一般控制在几百米的范围内。主变电所数量的确定应满足《地铁设计规范》(GB 50157—2013)要求:"供电系统的中压网络应按列车运行的远期通过能力设计,对互为备用线路,一路退出运行另一路应承担其一、二级负荷的供电,线路末端电压损失不宜超过5%。"

二、主变电所电气主接线

主变电所的电气主接线可以从高压侧和低压侧两个方面来描述。高压侧主接线主要有线路-变压器组接线、内桥型接线和外桥型接线三种接线形式,如图 8-12 所示。

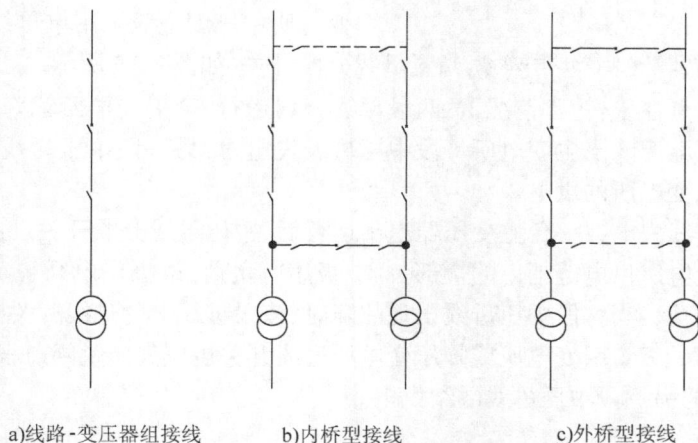

a)线路-变压器组接线   b)内桥型接线   c)外桥型接线

图 8-12　主变电所高压侧主接线形式

线路-变压器组形式的接线,具有结构简单、高压设备少、占地少、投资少、继电保护简单等优点。在正常运行方式下,两路外部电源进线各带一台主变压器。若主变压器一、二级负荷的负载率低,系统发生故障时,恢复供电操作十分方便,当一台主变电所或一条线路故障退出运行时,只需在主变电所中压侧做转移负载操作,由另一路进线电源的主变压器承担本主变电所范围内的全部一、二级用电负荷,对相邻主变电所无影响。若主变压器一、二级负荷的负载率高,当主变电所或线路发生故障时,需要通过相邻主变电所联络来转移部分负荷,实现相互支援。此接线类型的主变电所不设高压配电装置,一台主变压器退出时,其他主变压器能承担本主变电所供电范围内的全部一、二级负荷,被广泛应用于城市轨道交通主变电所。

内桥型接线有 3 台断路器,线路故障操作简单方便,系统接线清晰,正常运行方式下桥联断路器打开,类似于线路-变压器组接线。因线路侧装有断路器,线路的投切十分方便,当送电线路发生故障时只需断开故障线路的断路器,不影响另一回路的正常运行,必要时可以闭合桥联断路器,由一路进线电源带两路主变压器。缺点是当主变压器发生故障时,与该变压器连接的两台断路器都要断开,影响未故障回路的正常运行,另外,当桥联断路器、出线断路器检修时,电源线路需较长时间停运。因主变压器运行可靠且主变压器故障率远低于线路故障率,同时主变压器不需要经常切换,因此这种主接线形式应用较多。对于电源线路较长、故障率较高的系统,采用这种接线方式可以提高供电可靠性。

外桥型接线也有 3 台断路器,在正常运行方式下,外桥联断路器打开,类似于线路-变压器组接线,两路线路各带一台主变压器。当一路进线电源失电后,外桥联断路器合闸,由另一路进线电源带两路主变压器,承担本主变电所供电范围内的全部一、二级用电负荷,根据系统负荷变动情况,判断三级负荷是否保留。线路的投切并不方便,需操作两台断路器,并有一台主变压器暂时停运。桥联断路器检修时,两个回路需解列运行,主变压器侧断路器检修时,主变

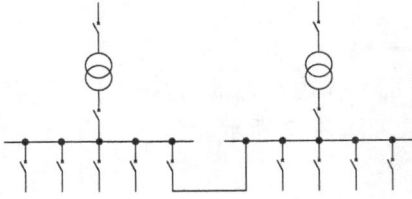

图8-13　主变电所中压侧单母线分段主接线

压器需较长时间停运。该接线方式适用于电源线路较短、故障率较小的系统。当电源线路有穿越功率时,也可采用。由于城市轨道交通主变电所属于终端变电所,没有穿越功率,因而基本不采用这种接线形式。

主变电所中压侧一般采用单母线分段形式,并设置母线分段开关,如图8-13所示。

这种接线的优点在于:正常情况下,两段母线分列运行,牵引变电所和降压变电所可以从不同母线取得中压电源。当主变电所一段中压母线失电时,另一段中压母线可以迅速恢复对牵引变电所和降压变电所的供电。

当一路高压进线失电或一台主变压器退出运行后,中压母线分段开关迅速合闸,由另一台主变压器承担本变电所供电范围内的全部一、二级用电负荷,根据供电系统负荷变动情况,判断是否切除三级负荷。当一段中压母线出现故障时,该段母线上的进线开关分闸,同时该段母线上馈线所接的第一级牵引变电所或降压变电所进线开关也应失压跳闸。根据中压网络运行方式,由主变电所的另一段中压母线继续供电。

第五节　中压网络

中压网络是指通过电缆纵向把上级主变电所和下级牵引变电所、降压变电所连接起来,横向把全线的各个牵引变电所、降压变电所连接起来组成的输电网络。

中压网络是城市轨道交通供电系统设计的核心内容,涉及外部电源方案、主变电所的位置及数量、牵引变电所及降压变电所的数量与主接线方案等。要实现中压网络安全、可靠、经济、高效运行,需要分析城市轨道交通供电系统在各种运行方式下各个点和各条线路上的电压分布和功率分布情况,即对中压网络的潮流分布进行分析。

一、中压网络电压等级

我国现行的中压配电标准电压等级有35kV、20kV、10kV、6kV和3kV。目前国内既有城市轨道交通的中压网络电压等级采用的是35kV(若采用国外设备则为33kV)或10kV。随着城乡电力消费能力的增长,20kV电压等级的配电网也逐渐开始发展。20kV是目前公认的具有发展前景的优选电压等级,20kV开关柜、变压器、电力电缆等一系列设备也完全实现了国产化。

对于集中式供电系统,由于其运营管理、维修养护等均相对独立并自成系统,因此,它的中压网络电压等级不一定要与外部城网电压等级一致。电压等级的选择,是在综合分析线路走向、站点设置、外部电源条件、设备供应情况等诸多因素之后,经过技术经济比较而决定的。

电压等级不同,线路功率输送能力、电压损失功率损耗也不同。

线路的功率输送能力计算见式(8-1):

$$P = \sqrt{3}\,UI\cos\varphi \tag{8-1}$$

式中：P ——线路输送功率(kW)；

   U ——系统标称电压(kV)；

   I ——线路计算电流(A)；

  $\cos\varphi$ ——负荷功率因数。

线路电压损失计算公式如下：

$$\Delta u\% = \frac{(R + X\tan\varphi)Pl}{10U^2} \tag{8-2}$$

式中：$\Delta u\%$ ——线路电压损失百分比；

   R ——三相线路单位电阻(Ω/km)；

   X ——三相线路单位感抗(Ω/km)；

   P ——有功负荷(kW)；

  $\tan\varphi$ ——功率因数角的正切值；

   l ——线路长度(km)。

由式(8-1)、式(8-2)可知,在其他条件不变的情况下,电压等级越高,则供电长度越大,线路的功率输送能力越强,线路电压损失越小。

因此,对于城市轨道交通供电系统的中压网络,在考虑可实施性的前提下可以采用高电压等级,但同时电压等级的选择还要综合考虑工程的技术性和经济性,故城市轨道交通中压网络的电压等级,需要经过诸多技术经济因素比较之后再确定。

二、中压网络构成形式

在城市轨道交通供电系统中,中压网络主要有单环网和双环网两种形式。如上海地铁1号线就采用了电缆单环网。基于消防等系统电源特殊需要,不适合于动力照明网络,目前国内城市轨道交通已基本不采用单环网中压网络,电缆双环网是国内城市轨道交通最为常见的中压网络接线形式。

外部电源方案不同,中压网络的结构也不相同。下面介绍不同外部电源方案下常见的中压网络构成形式。

1. 集中式外部电源方案下中压网络构成

当牵引网络和动力照明网络为两个独立网络时,牵引网络常用的接线方式有4种类型,如图8-14所示。

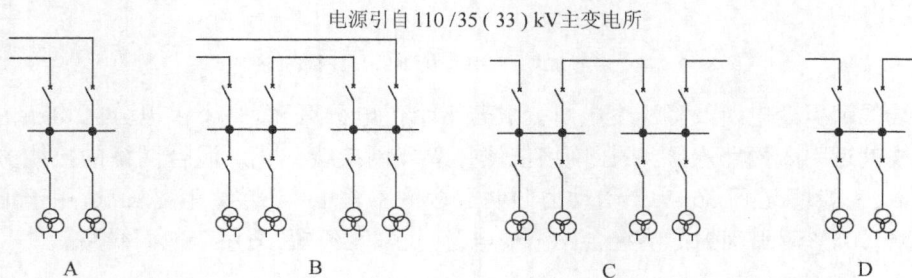

图 8-14　集中供电方式下牵引网络的接线方式

A 型:牵引变电所主接线为单母线,牵引变电所的两个独立电源来自同一主变电所的不同母线。此类接线适用于位于线路始末端且紧邻主变电所的牵引变电所。

B 型:牵引变电所主接线均为单母线,两个牵引变电所为一组。两路独立的引入电源来自同一个主变电所的不同母线,两个牵引变电所之间通过联络电缆实现电源互为备用。此类接线适用于位于线路始末端的牵引变电所。

C 型:牵引变电所主接线均为单母线,两个牵引变电所为一组。两路独立的引入电源来自不同的主变电所,两个牵引变电所之间通过联络电缆实现电源互为备用。此类接线适用于位于两个主变电所之间的牵引变电所。

D 型:牵引变电所主接线为单母线,牵引变电所的两个独立电源来自左右两侧不同的主变电所。此类接线适用于位于两个主变电所之间的牵引变电所。

动力照明网络采用双环网接线方式,将全线的降压变电所分成若干个供电分区,每一个供电分区均从主变电所就近引入两路独立电源,两个主变电所各自负责的两相邻供电分区间可以通过环网电缆联络。降压变电所母线一般采用分段母线形式,该接线方式运行灵活。接线方案如图 8-15 所示。

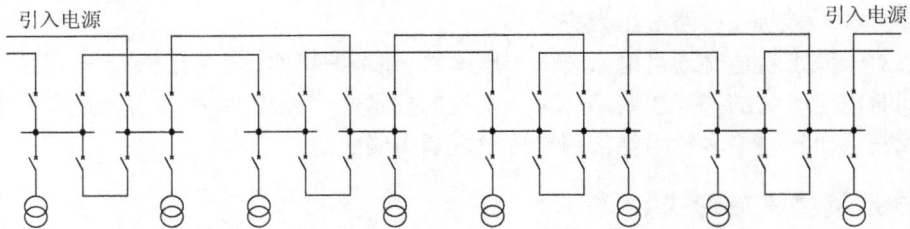

图 8-15 集中供电方式下动力照明网络的接线方式

当牵引网络与动力照明网络采用同一个电压等级时,可以将两者混合接线,接线方式如图 8-16所示。

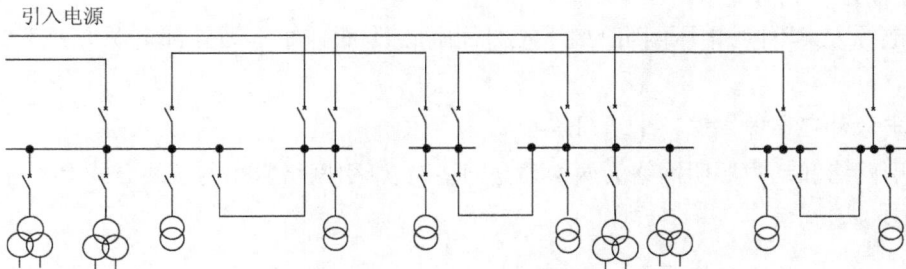

图 8-16 集中供电方式下牵引动力照明混合网络的接线方式

将全线的牵引变电所及降压变电所分成若干个供电分区,每一个供电分区均从主变电所的不同布线就近引入两路电源,中压网络依然是双环网接线方式。混合网络的接线方式和运行方式灵活,一般情况下,35kV 牵引动力照明混合网络输电容量大、距离长,适用于地下和运能大的线路;10kV 牵引动力照明混合网络输电容量小、距离短,适用于地面线路。

2.分散式外部电源方案下中压网络构成

在分散式外部电源方案下,中压网络采用的都是牵引动力照明混合网络,基本接线方式主要有 3 类,如图 8-17 所示。

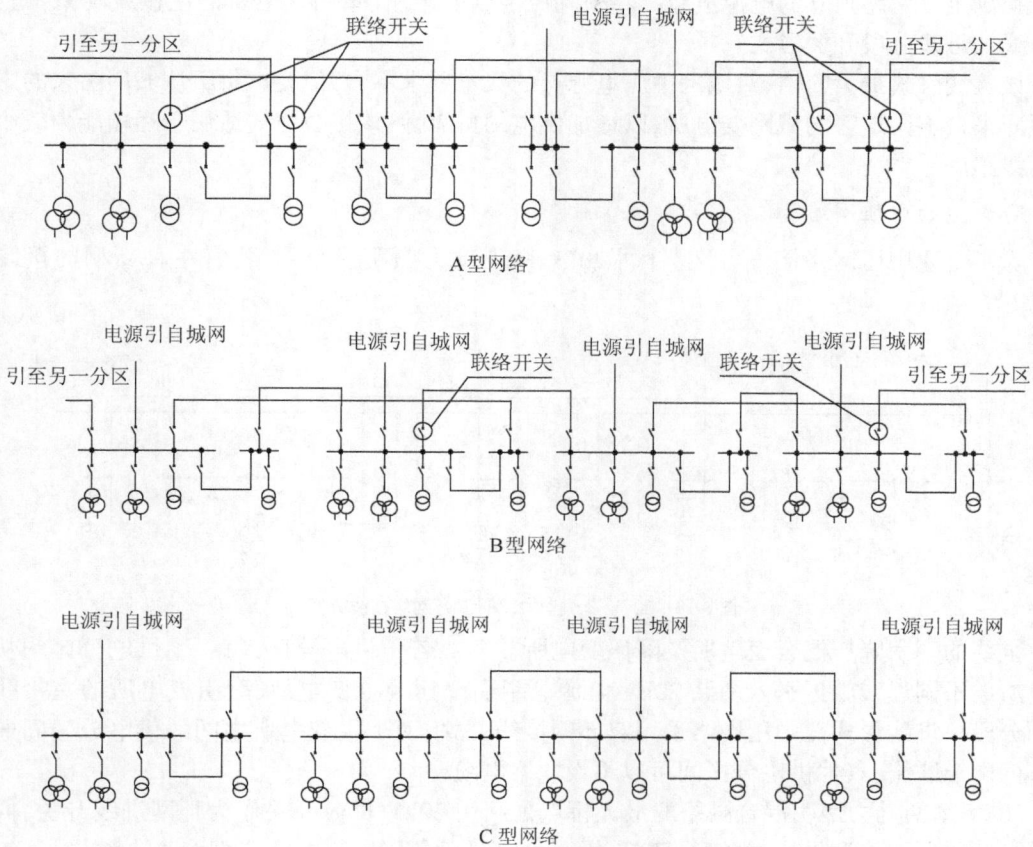

图 8-17 分散式供电方式下牵引动力照明混合网络的接线方式

A 型:全线的牵引变电所、降压变电所被分成若干供电分区,中压网络采用双环网接线,两个相邻的供电分区通过环网电缆联络。每一个供电分区均从城网就近引入两路独立电源,牵引变电所、降压变电所的主接线均采用分段单母线加母线分段开关形式。

该接线方式运行灵活,同一供电分区的外部电源可以来自不同地区的城网变电所,也可以来自同一地区城网变电所的不同母线。该方式要求城网有比较多的中压电源点,且不存在供电能力不足的问题。

B 型:全线的牵引降压混合变电所两两一组,每组均从城网引入两路独立电源,同一组的两个牵引降压混合变电所间设双路联络电缆,实现电源互为备用。相邻两组牵引降压混合变电所之间设单路联络电缆,增加系统的供电可靠性。牵引降压混合变电所、牵引变电所的主接线均采用分段单母线加母线分段开关形式。

该接线方式比较简洁,对城网中压电源点的数量要求不多,但要求每组从城网引来的两路独立电源应来自不同地区的城网变电所,以增加供电的可靠性,该接线方式适用于地面线路。

C 型:全线的牵引降压混合变电所均从城网引入一路独立电源,最后一个牵引降压混合变电所从城网直接引入两路中压电源,这既是本变电所的主电源,又是前一个变电所的备用电源。若前面变电所的主电源直接来自城网,备用电源则来自下一个变电所,这样一来,所有变电所均满足有两路独立的电源进线。牵引降压混合变电所、牵引变电所的主接线均采用分段单母线加母线分段开关形式。

该接线方式最为简洁,对城网中压电源点的数量要求不多,但要求每组从城网引来的中压电源应来自不同地区的城网变电所,以增加供电的可靠性,该接线方式适用于运输能力较小的地面线路。

3.新型的中压网络

除了上述中压网络接线方案,针对20kV牵引动力照明混合网络,有一种新型的接线方案,如图8-18所示。

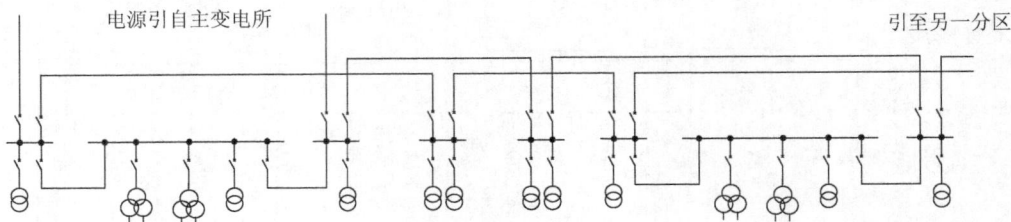

图 8-18   20kV 牵引动力照明混合网络接线方案

全线的牵引降压混合变电所及降压变电所被分成若干供电分区,每一个供电分区均从主变电所的不同母线就近引入两路20kV电源。牵引降压混合变电所、牵引变电所的主接线均采用分段单母线形式。中压网络采用双环网接线方式,两个主变电所之间的供电分区间通过双环网电缆联络,其他供电分区间可以不设联络电缆。

20kV牵引动力照明混合网络的最大特点是利用20kV负荷开关作为环网进线开关,同时设置了两段环网电源母线,主接线简单,投资少,充分利用20kV电压等级设备的特点。

该接线方式的优点为当中压网络中的一个环网电缆出现故障时,主变电所中相应的20kV馈出断路器将跳闸,相关牵引母线的联络断路器也将失压跳闸,随之备用联络断路器将自动投入,保证对牵引整流机组的不间断供电。

第六节   牵引变电所

牵引变电所引入两路独立的中压交流电源,同时将来自主变电所的中压交流电能通过牵引整流机组的降压和整流转化为直流电能,承担着向电动列车提供优质直流牵引电能的功能。牵引变电所之于牵引供电系统犹如心脏之于血液循环系统,是接受与分配电能并改变电能电压的枢纽,是外部电源到列车之间的重要环节之一,它对整个牵引供电系统的电能质量、经济运行和可靠供电起着关键的作用。

牵引变电所的数量与直流牵引电压等级、牵引网最大电压损失允许值等多个因素有关。牵引供电系统设计容量应满足远期高峰小时的用电负荷需求,正常运行方式下,牵引供电系统的电能损耗应最小,牵引变电所供电效率不得低于96%。

正线牵引变电所一般与车站合建,在长大线路区间也有单建形式或是牵引变电所形式。

车辆段牵引变电所一般紧邻"咽喉区"布置。大多数情况下,牵引变电所与降压变电所合建,形成牵引降压混合变电所。

牵引变电所一般采用设备安装在建筑物内的形式,另外也有少量的箱式牵引变电所。为了满足城市轨道交通相关设计要求,各类箱式牵引变电所逐步设计投产。箱式牵引变电所具有布置紧凑、占地面积小、选址灵活等优点。目前,箱式牵引变电所在国内已经开始广泛应用。牵引变电所的选址应满足以下条件:电源引入方便;尽可能与降压变电所合建;设备运输方便;应和城市规划相协调。

一、直流牵引供电系统的供电方式

直流牵引供电系统的典型结构如图 8-19 所示。

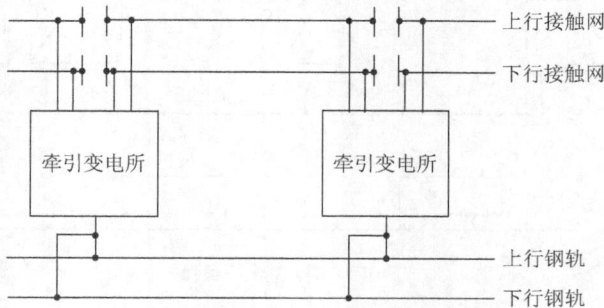

图 8-19 直流牵引供电系统典型结构

满足直流牵引供电系统运行要求的供电方式有以下 3 种:

(1)单牵引整流机组双边供电。牵引变电所设置一套牵引整流机组,同一供电分区由相邻变电所各经一路馈线同时馈电,牵引网电压质量较好且能耗较低。

(2)双整流机组双边供电。牵引变电所设置两套牵引整流机组,馈电方式和单牵引整流机组双边供电形式相同,牵引网电压质量好且能耗较低。

一套牵引整流机组故障或检修退出后,另一套牵引整流机组若继续运行,牵引变电所整流方式将由双机组等效 24 脉波变成单机组 12 脉波,谐波含量增加。

(3)大双边供电。正常工作状态下,正线接触网由两个相邻牵引变电所构成双边供电,当某一牵引变电所(非端头牵引变电所)解列时,由与该牵引变电所相邻的两个牵引变电所通过直流母线或纵向联络开关等方式实现越区供电,即大双边供电。

牵引供电系统供电方式如图 8-20 所示。

停车场内接触网由停车场牵引变电所供电,当车辆段或停车场牵引变电所解列时,由正线牵引变电所通过闭合正线与车辆段或停车场接触网分段隔离开关供电,而车辆段或停车场牵引变电所不承担向正线支援的任务。

牵引变电所的设置主要考虑牵引网电压等级、牵引网电压损失,牵引变电所宜均匀分布,以便于牵引整流机组规格的统一,便于设备管理。过长的供电分区会造成网压过低,同时不利于杂散电流防护。

当有再生电能需向交流网返送时,直流牵引变电所须增设可控硅逆变器组(包括交流侧的自耦变压器),其功能和设备也相应增加,运行、技术都较为复杂。直流牵引变电所间距离较短,一般不设分区所和开闭所。

a)正常运行

b)任一牵引变电所解列

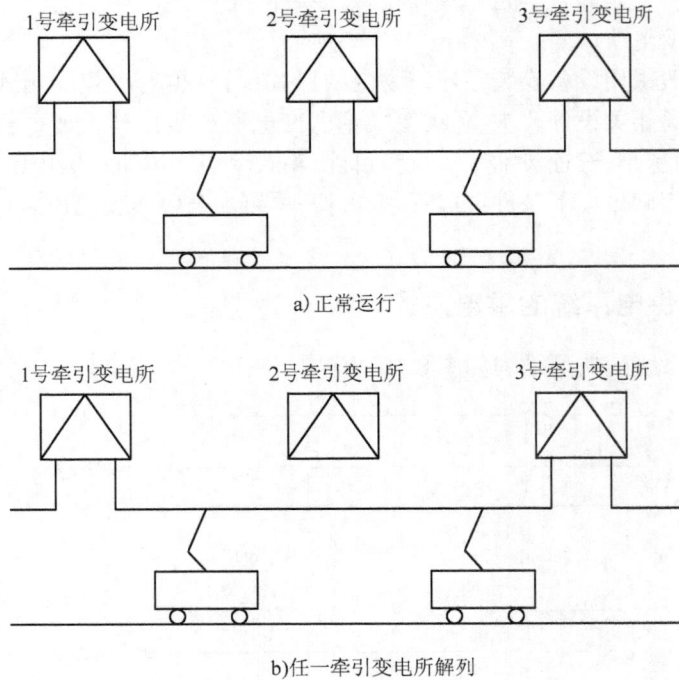

图 8-20　牵引供电系统供电方式

二、多相整流基本工作原理

整流机组是直流牵引变电所的关键设备,为降低直流中的脉动分量和整流变压器一次侧的谐波分量,一般采用十二相或二十四相整流接线方式。当牵引变电所与降压变电所合并形成牵引降压混合变电所时,主电路结构和电气设备与一般直流牵引变电所相比有所不同。

整流机组是整流变压器和整流器的合称。为了提高直流电的供电质量,降低直流电源的脉动量,通常采用多相整流的方法,它可以是六相、十二相整流,还可以增加到二十四相整流。

图 8-21a)为最简单的三相半波整流电路。图中整流变压器的二次侧三相绕组 a、b、c 呈星形连接,分别接大功率半导体整流管 D_1,D_2,D_3,R 为负载电阻,三相交流电压(U_a,U_b,U_c)波形如图 8-21b)所示。任何时刻,相电压最高的一相的整流管导通,此时整流电压(加在负载 R 上的电压)即为该相的瞬时电压,如图中 $\omega t_1 \sim \omega t_2$ 时,为 a 相 D_1 管导通,此时整流电压为 U_a,同理,D_2,D_3 导通时,整流电压依次为 U_b,U_c。

这种线路的特点为变压器副边每相绕组只导通 1/3 周期,即相差 120° 电角度,利用率较差;整流管承受的反向电压高。当一个整流管导通时,另外两个整流管必承受反向电压,其值为副边绕组线电压。变压器绕组总是通过单方向电流,引起直流磁化,造成铁芯饱和,需增大铁芯尺寸,且漏抗增大,损耗增大。

要改善以上整流电路,首先可以设想有两组负荷接近的三相半波整流电路,但是一组为共阴极接线,另一组为共阳极接线,如图 8-22a)所示。此时整流电路的工作情况就有所改善。

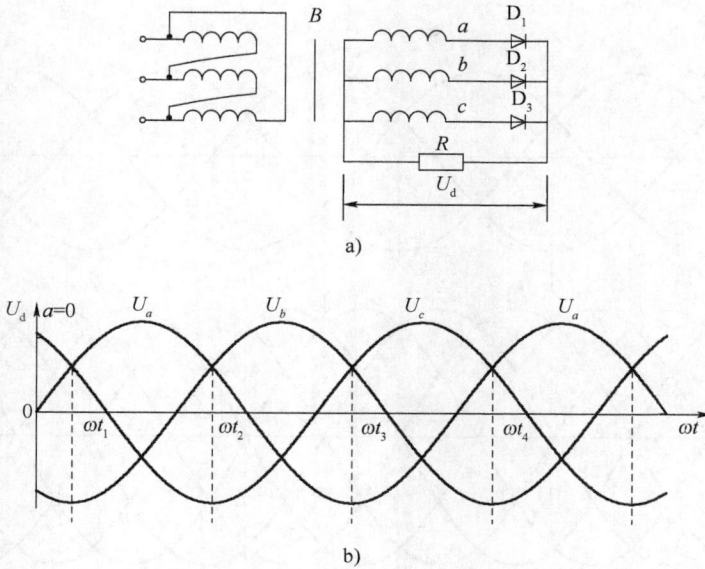

图 8-21 三相半波整流电路

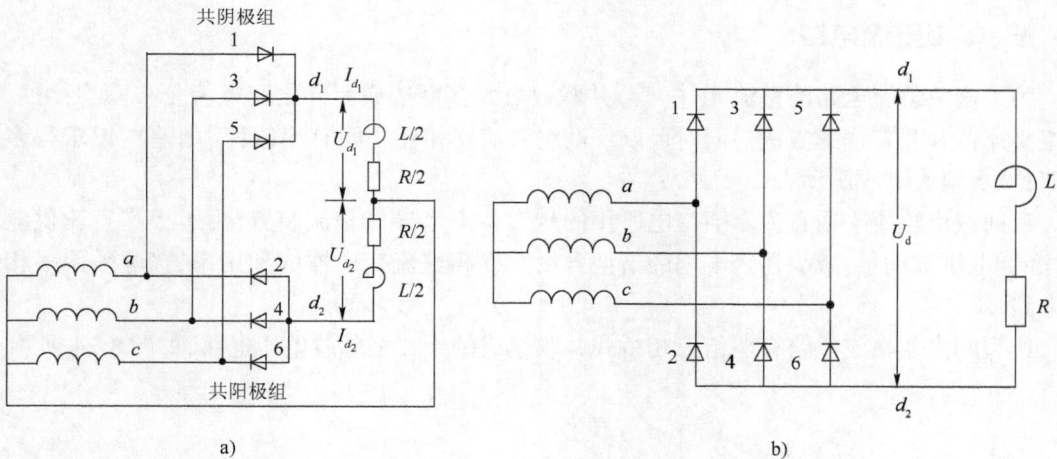

图 8-22 三相半波共阴极组与共阳极组串联电路

图 8-22a）所示为两组半波共阴、共阳极串联电路，如其负荷电流相等，则零线电流为零，零线可以取消，同时两组整流器共用一组三相副边绕组，对于每相绕组，其通过的电流方向相反，各占 1/3 周期，这样就提高了各绕组的通电时间（加倍），提高了利用率，而且先后的电流方向是相反的，又消除了直流磁化的问题。

以上接线中两组半波整流的负荷电流数值相等，零线可以取消，将两组负载阻抗叠加为一个，则成为图 8-22b）所示的三相桥式整流电路。

桥式整流电路对同样变压器绕组电压来说，其整流电压升高一倍。反之，如整流电压保持一定，则变压器绕组电压可以降低，因而整流元件承受的反电压可以低些。三相桥式整流变压器无直流磁化问题，整流电压 U_d 的波形为六相脉冲波形，如图 8-23 所示。

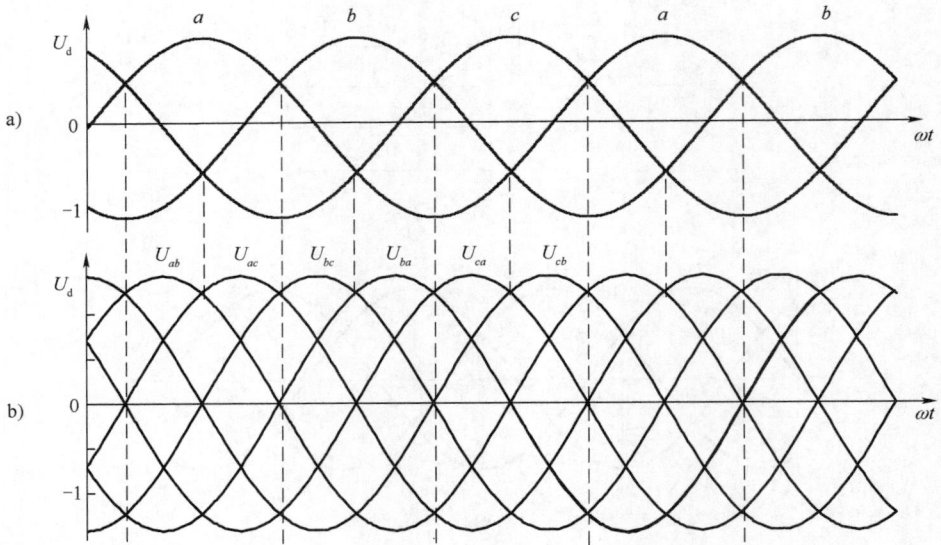

图 8-23　三相桥式整流电路整流电压波形

三、多相整流电路

为了避免整流电路的整流元件（管）并联数目太多而造成元件之间电流分布不均，可以用两组整流器并联工作的方法。同时可以使两组整流器相互之间有相位移（相差），以求得多相整流，减少整流电压脉动。

目前城市轨道交通直流牵引变电所用的是大功率半导体整流装置，为了提高直流供电质量，降低电压脉动量，减少注入电网的谐波含量并提高整流变压器的利用率，普遍采用多相整流电路。

典型的多相整流电路有两组三相桥式并联组成的十二相脉波整流电路，如图 8-24 所示。

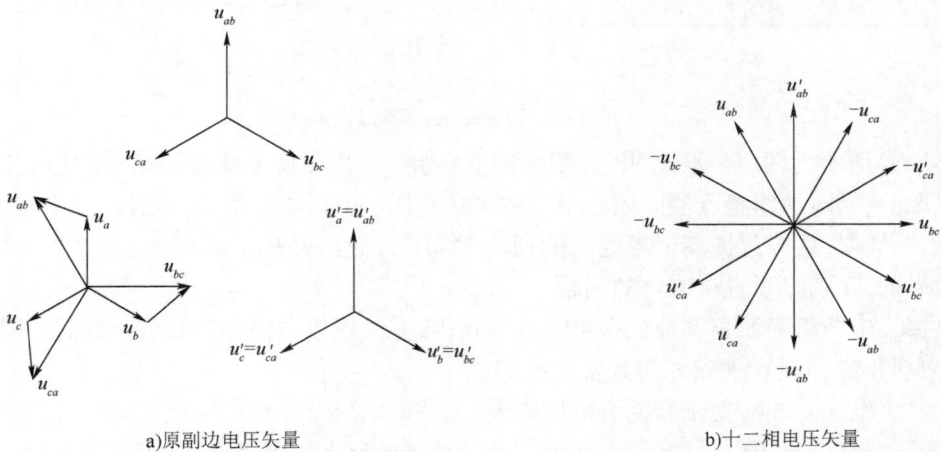

a)原副边电压矢量　　　　　　　　　　　　　　b)十二相电压矢量

图　8-24

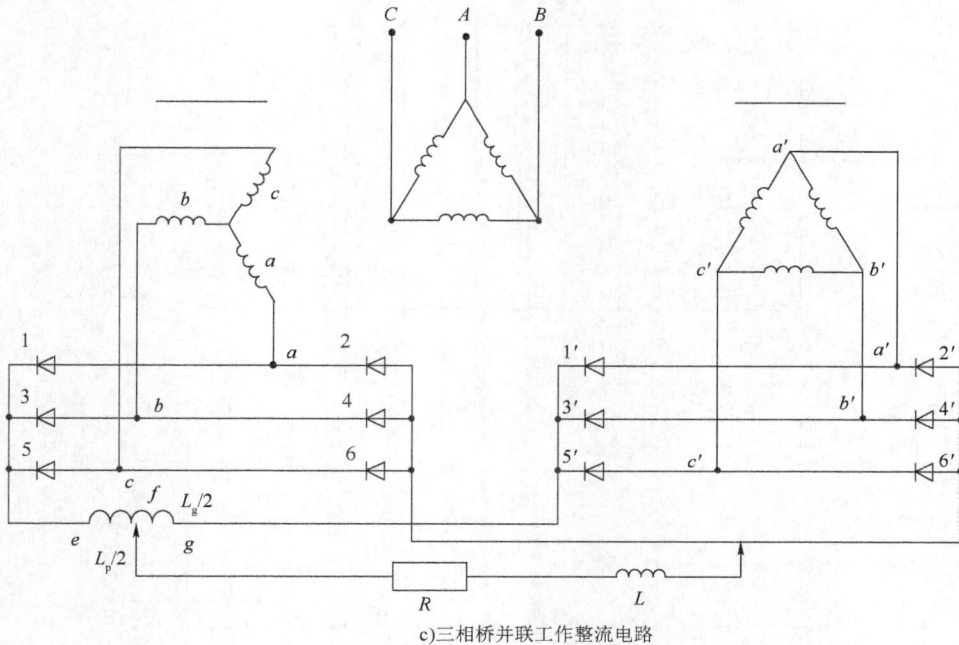

c)三相桥并联工作整流电路

图 8-24　两组三相桥式并联组成的十二相脉波整流电路

整流变压器原边三相绕组为△接线;两个副边绕组,一个为 Y 接线,另一个为△接线。Y 接线副边绕组连接到由整流管 1～6 组成的三相整流桥上。△型副边绕组连接到由整流管 1′～6′组成的三相整流桥上。两组整流桥的正端通过平衡电抗器 L_p 相连接,平衡电抗器的中点 f 接负载(R,L)一端,负载的另一端接到两组整流桥负端的连接线上,这样就构成了两个三相桥通过平衡电抗器连接的并联工作电路。由于一个三相整流桥的输出整流电压为六相脉波,各波相差 60°。如果另外一个三相整流桥的输出整流电压脉波相位与第一个相差 30°,则两组三相桥通过平衡电抗器并联就能构成十二相脉波整流电路。

四、等效 24 脉波整流电路

整流机组输出电流的纹波系数越小,越接近直流,则其谐波总含量越小,功率因数越高,运营越经济合理,越有利于提高电能质量。要达到这一目标,最简单的方法是增大整流电路工频周期内的导电相数。近年来,轨道交通中广泛采用由两套 12 脉波整流机组构成的等效 24 脉波整流电路,从而可在一个工频周期的时间内形成 24 脉波整流的效果。等效 24 脉波整流电路如图 8-25 所示。

它由两套相同容量的 12 脉波整流机组构成,各设有轴向分裂式三相四绕组整流变压器 T1 和 T2,以便产生 $+\pi/24$($+7.5°$电角度)和 $-\pi/24$($-7.5°$电角度)的移相。二次绕组(d、Y 绕组)输出分别连接至两组三相整流桥,各组成一套 12 脉波整流电路。正常运行情况下,等效整流电路两台整流变压器的阀侧同名端线电压的相位差为 $\pi/12$(15°电角度),考虑各整流桥臂电压的反向($-180°$)导电后,可保证在一个工频周期内产生 24 脉波整流电压。

由于采用了轴向双分裂结构的整流变压器,归算到阀侧(二次侧)绕组的每相漏抗和分裂电抗较大,可取代平衡电抗器的作用,故接线图中不设平衡电抗器。

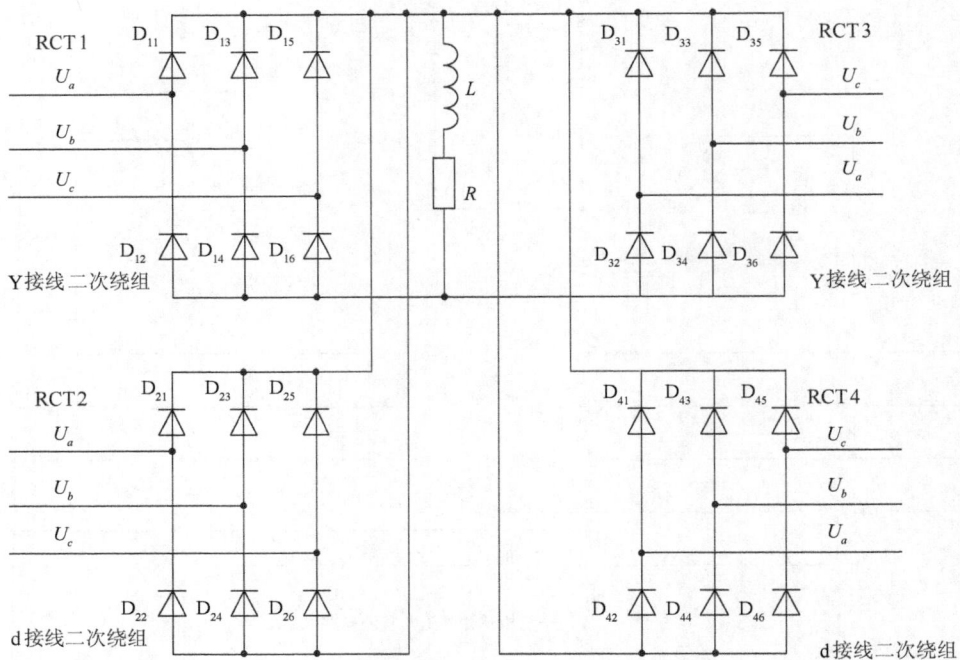

图 8-25　等效 24 脉波整流电路原理图

第七节　降压变电所

降压变电所将中压电能转换为低压电能,为车站、区间、车辆段(停车场)、控制中心所有低压用电负荷提供电源。它是城市轨道交通运营安全、行车安全、防灾安全、应急处理等动力照明供电的保障,与牵引变电所同等重要,有独立式、跟随式、混合式 3 种类型,可采用与车站合建式、单建式、箱式 3 种建筑形式。

一、降压变电所的负荷性质与分类

降压变电所可分为一级负荷、二级负荷和三级负荷三类。

1. 一级负荷

一级负荷是指短时停电(恢复供电所需时间短)会造成主要设备损坏或危及人身安全,并直接影响运输秩序紊乱的用电负荷。

变电所操作电源,通信系统设备,信号系统设备,自动售/检票系统设备,屏蔽门/安全门设备,火灾自动报警系统设备,消防系统设备,电力监控与环境(包括通风与空调)监控系统设备,气体灭火系统设备,人防门,防淹门,消防泵,车站废水泵,区间主排水泵,雨水泵,地下车站站厅、站台公共区的一般照明,应急照明,地下区间照明,兼做疏散用的自动扶梯,锅炉设备(东北地区),区间射流风机及其他与防灾有关的风机、电动阀门属一级负荷。

车站站厅及站台照明由降压变电所两段低压母线分别供电,各带约50%的照明负荷。其他一级负荷应由低压双电源双回线路供电,当一个电源发生故障时,另一个电源不应同时受到破坏。

一级负荷中的特别重要负荷如变电所操作电源、火灾自动报警系统、通信系统、信号系统及应急照明系统,还应设置不间断电源装置。

2. 二级负荷

二级负荷是指允许短时停电(最多几分钟),恢复供电后,对车站运营不造成明显不利影响的用电负荷。与防灾无关的风机,污水泵,设备管理用房照明,不用于疏散的自动扶梯、电梯属二级负荷。

二级负荷宜由双回线路供电。对电梯及其他距离变电所不超过半个站台有效长度的负荷,可采用双电源单回线路专线供电。

3. 三级负荷

三级负荷是指不属于上述一、二级负荷的其他低压用电负荷。

空调制冷及水系统设备、广告照明、清扫电源、电热设备、锅炉设备(长江以南地区)属三级负荷。

三级负荷可为单电源单回线路供电,当系统中只有一个电源工作时允许切除该类负荷。

二、降压变电所主接线特点及基本要求

(1)降压变电所的供电电源,应按一级负荷由双电源两回路进线供电,一般设有两台配电变压器,每台配电变压器能满足远期一、二级负荷所需的容量,正常情况下,两台配电变压器分别供电。对一级负荷,应增设独立于正常电源的应急电源。

(2)降压变电所数量多,沿线分布广,从综合经济技术性能考虑,除应设在负荷中心外,还应尽可能与牵引变电所合建。对不同工作环境和服务对象的降压变电所(如线路区间内的跟随式降压变电所),其主接线应有所不同。

(3)电气主接线由电源中压侧和低压(380V/220V)侧接线两部分组成。当中压侧任一进线断路器,高、低压母线,任一配电变压器及其低压输出自动开关退出运行时,主接线的无故障设备和接线应能保证一、二级负荷的可靠供电。

(4)电气主接线应能满足故障和间歇情况下,调度控制灵活性的要求,高、低压断流开关(断路器和低压自动开关)应具有自动或远动监控跳闸、合闸功能。在满足可靠性、灵活性和先进实用技术的前提下,同时具备经济合理性。

三、降压变电所典型电气主接线形式

降压变电所中压侧电气主接线主要有3种形式:带分段断路器的分段单母线接线(图8-26)、不带分段断路器的分段单母线接线和线路-变压器组接线。

低压配电系统直接面向车站、区间的低压用户,一、二级负荷占绝大多数,对低压电源的可靠性要求高,因而低压配电系统采用分段单母线接线,设母线分段开关。两段低压母线上的负荷应尽量均衡分配,与配电变压器安装容量相匹配。0.4kV低压母线设电力电容器组进行低压集中补偿,电容器组通过无功功率补偿控制器进行分组循环投切。

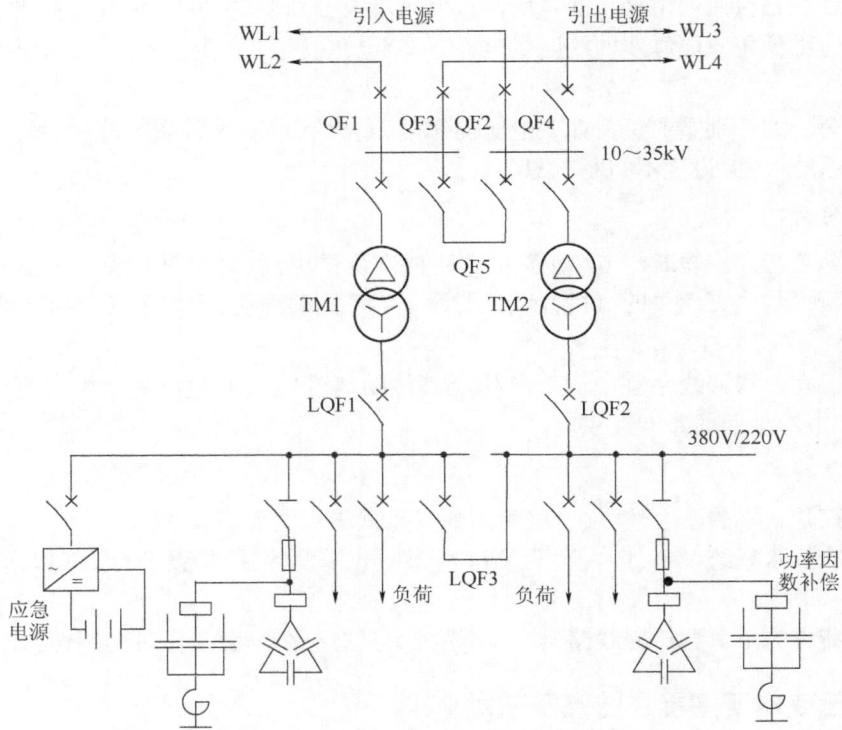

图 8-26　降压变电所典型电气主接线示意图

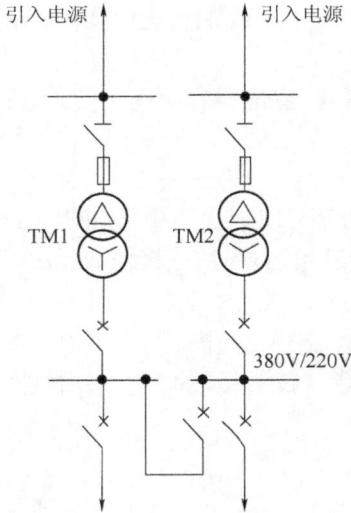

图 8-27　线路-变压器组接线示意图

不带分段断路器的分段单母线接线与带分段断路器的分段单母线接线的设备配置基本相同,只是不设母线分段断路器,中压侧主接线运行的灵活性稍差。线路-变压器组接线形式一般用在跟随式降压变电所,由两组带熔断器的中压负荷开关和配电变压器组成,如图 8-27 所示。其中负荷开关可切断负载电流(带负荷操作),熔断器可切断短路故障电流。这种接线形式的运行比较简单。

降压变电所中,低压带分段断路器(自动开关)的分段单母线主接线在任何单一设备、母线出现故障或检修和两路电源进线失电而退出运行时,均能实现不影响一、二级负荷持续供电的需要。主接线系统有很高的可靠性和运行灵活性。

与不设分段断路器的分段单母线主接线比较,分段单母线增设分段断路器后,投资增加不多,但供电可靠性和运行操作的灵活性大大提高,因而在轨道交通线路中广泛使用。

第八节　牵引网系统

如果说牵引变电所是列车牵引能量的汇聚分配中心,是牵引供电系统的心脏,那么牵引网系统就是将血液从心脏输送到器官的大动脉,负责传输牵引电能,是列车牵引动力的直接分配环节。与牵引变电所一样,牵引网在牵引供电系统中占有举足轻重的地位。

一、系统的组成与结构

最简单的牵引网由馈电线、接触网、轨道和大地、回流线构成。牵引电流从牵引变电所主变压器流出,经由馈电线、接触网供给车辆,然后沿轨道和大地、回流线流回牵引变电所主变压器。

接触网从结构形式看主要可分为接触悬挂、支持和定位装置、支柱与基础、附加导线、保护设备等部分。

接触悬挂主要包括承力索、吊弦、接触线及连接它们的零件等(见图 8-28),其中接触线直接与电力机车受电弓接触。

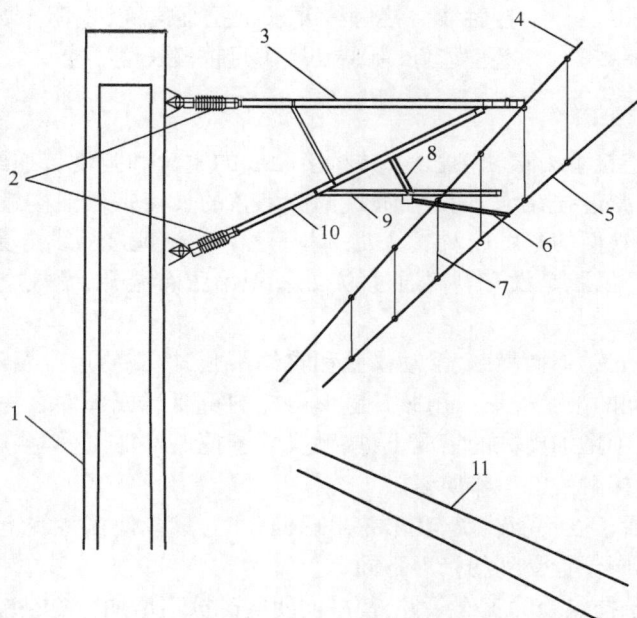

图 8-28 接触网组成

1-支柱;2-棒式绝缘子;3-平腕臂;4-承力索;5-接触线;6-定位器;7-吊弦;8-定位管支撑;9-定位管;10-斜腕臂;11-钢轨

支持和定位装置由腕臂、拉杆(或压管)、定位装置等连接件组成,用来悬吊和支持接触悬挂,并将其负荷传递给支柱或其他建筑物。支持装置有腕臂支持、软横跨、桥隧支持装置等形式。腕臂支持是接触网应用最多的支持形式,它有柔性支持和刚性支持两类结构。刚性支持装置与柔性支持装置相比,具有结构简洁、零件数少、稳定性高、受流特性好、便于施工和维修的特点,在接触网中得到广泛应用。

支柱与基础用以承受接触悬挂及支持和定位装置的全部负荷,并把接触悬挂固定在规定的位置和高度上,支柱有金属支柱和钢筋混凝土支柱两类。

1. 承力索

接触网承力索是单芯式多层绞线,作用是通过吊弦将接触线悬挂起来以减少其弛度。承力索还可承载一定电流来减小牵引网阻抗,降低电压损耗和能耗。

承力索要柔软,能承受较大的张力,并且弛度受温度的影响要小,现有铜和钢两种主要材质。为了简化接触网结构,降低接触网阻抗,近年来又研制出一种铝包钢承力索。

2. 接触线

接触线也称电车线,是接触网的重要组成部分。电力机车运行中,电力机车与受电弓滑板直接接触摩擦,并获得电能。接触线截面积的选择应满足牵引供电计算的要求。

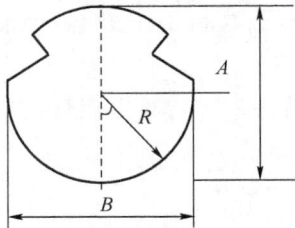

图 8-29　接触线截面示意图

接触线一般制成两侧带沟槽的圆柱状,其沟槽是为了便于安装线夹并按技术要求悬吊固定接触线位置而又不影响受电弓滑板的滑行取流。接触线下面与受电弓滑板接触的部分呈圆弧状,称为接触线的工作面。接触线截面如图 8-29 所示。

接触线按照材质主要分为铜接触线、钢铝接触线和铜合金接触线。接触线要求抗拉强度高、电阻系数低、耐热性能好、耐磨性能好,制造长度满足锚段长度要求。

3. 吊弦

吊弦的作用是连接承力索和接触线,并将接触线的重量和弛度传递给承力索。在链形悬挂中,接触线通过吊弦悬挂在承力索上,通过调节吊弦的长短来保证接触悬挂的结构高度、接触线弛度、接触线距轨面的高度以及线岔处的水平、抬高,保证接触线与受电弓良好摩擦,提高电力机车取流质量。吊弦是没有电流通过的,如发现吊弦有温升、发红或烧伤,说明该段接触网导流不正常。

吊弦分为普通吊弦、弹性吊弦、滑动吊弦和整体吊弦,按其使用位置不同,在跨距中、软横跨上或隧道内有不同的吊弦类型。吊弦是链形悬挂的重要组成部件之一,在链形悬挂中安设吊弦,使每个跨距在不增加支柱的情况下,接触线的悬挂点增加,这样接触线的弛度和弹性均得到了改善,提高了接触线的工作质量。

普通吊弦安装后长度不能改变,在吊弦出现偏角时,只能使接触线上移,导致接触线高度发生变化,使其在不同位置受到的张力不同。

为了改善支柱悬挂点处的工作条件,使弓网间的摩擦不增加,在支柱悬挂点处采用弹性吊弦。弹性吊弦只安装在支柱悬挂点处,用来减小定位器硬点的影响,改善该点的弹性,弹性吊弦由普通吊弦和辅助绳组成,如图 8-30 所示。图中实线部分为 Y 形,用于接触线正定位处,虚线部分为 Π 形,用于接触线的反定位处及软横跨上。

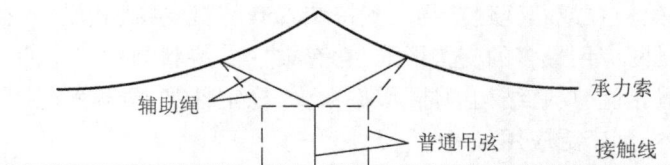

图 8-30　弹性吊弦

若在某些极限条件下,吊弦的倾斜角超出允许的范围,就要采用滑动吊弦。如在隧道内因受净空高度的限制,接触网结构高度较小,吊弦较短,偏斜角容易超出允许范围,所以在隧道内多采用滑动吊弦。所谓滑动吊弦,就是吊弦的一端可沿线路方向滑动,其形式多样。

列车提速后,接触网也开始采用不锈钢直吊弦,不锈钢直吊弦是一个整体吊弦,减小了检修工作量,提高了接触悬挂的工作特性。

4. 电连接

电连接由电连接线和线夹组成,其作用是连接几组接触悬挂,保证电路的畅通;实现并联供电,减小接触网阻抗,减少电能损耗,提高供电质量。在电气设备与接触网之间,用电连接线进行可靠的连接,使设备充分发挥作用,避免出现烧损事故,完成各种供电方式和检修的需要。

电连接线一般和隔离开关配套使用,分为横向和纵向两种。在锚段关节处的电连接为纵向电连接,用来使供电分段或机械分段处两侧的接触悬挂实现电连通,在检修和事故处理时,可通过隔离开关达到电分段的目的。沿线路每隔一定距离将承力索和接触线连接起来的电连接为横向电连接,其主要作用是实现并联供电。

5. 锚段和锚段关节

为满足接触网在供电和机械两方面的需求,需将接触网分成若干个长度一定且相互独立的分段,每一个分段叫一个锚段。划分锚段的目的是便于接触网机械分段和电分段,以及张力补偿器和其他设备的安装,提高供电灵活性,缩小事故范围。

锚段之间的衔接部分称为锚段关节。锚段关节应能使电力机车受电弓平滑、安全地从一个锚段过渡到另一个锚段,且弓网接触良好,取流正常。在隧道内应尽量避免分段,但若隧道长度超过2000m,应在隧道内设置锚段关节。

6. 中心锚结

在接触网中,为防止接触网线索断线造成整个锚段的接触悬挂解体,缩小事故的范围,同时为了减小因温度变化给线索造成的张力差,增强接触悬挂弹性的均匀性,在锚段中心位置通过中心锚结绳和中心锚结线夹将接触线和承力索固定在接触网支柱上,这种固定的结构就叫作中心锚结。

7. 腕臂支持装置

腕臂安装在支柱上端,用于支持定位装置和接触悬挂,并起传递负荷的作用,由绝缘子及相关连接零部件组成。腕臂系统包括平腕臂、斜腕臂、定位管、定位器、定位管支撑等组成部件,如图 8-31 所示,腕臂承受着外部设备、自然环境引起的外力及组成零部件的重力,要求具有足够的机械强度,结构尽量简单、轻巧,易于施工安装和维修更换。腕臂支持装置在设计上要满足受电弓限界的要求,以保证受电弓无障碍地通过。

平腕臂用于组成旋转腕臂结构三角形的上部,平腕臂悬臂一端通过承力索座支撑承力索,另一端与棒式绝缘子相连。平腕臂长度根据施工实际需要确定。

斜腕臂用于组成旋转腕臂结构三角形,斜腕臂一端为单耳(单耳孔径为14mm,单耳厚度为10mm),通过套管双耳支撑平腕臂,另一端与棒式绝缘子相连。斜腕臂长度根据施工实际需要确定。每套斜腕臂均含一套腕臂支撑装置,每套腕臂支撑通过两套支撑管卡子(型号与管径匹配)分别与平腕臂和斜腕臂相连。

腕臂按其与支柱之间是否绝缘分为绝缘腕臂和非绝缘腕臂。绝缘腕臂具有结构简单灵活、成本低、便于安装、便于带电作业、对支柱容量和高度的要求低等许多优点,在接触网中得到广泛应用。绝缘子安装在靠近支柱侧,减少了对支柱容量和高度的要求。同时在内电混合牵引区段不易被污染,减少了清扫和维护绝缘子的工作。

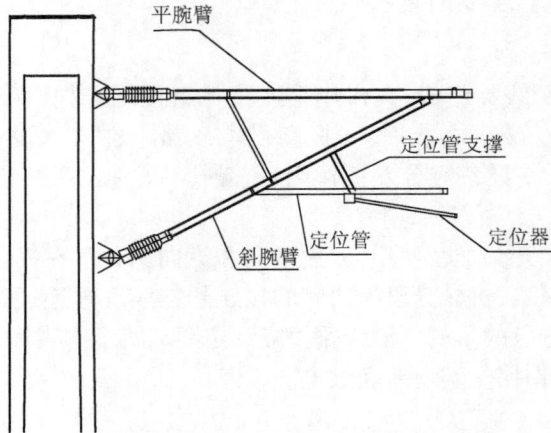

图 8-31　腕臂支持装置

非绝缘腕臂一般由角钢、槽钢加工而成,承力索和接触线通过悬式绝缘子串悬挂于腕臂上。其特点是结构复杂、笨重,不能实施带电作业。它主要用于两股道或者三股道而又不便于设置软横跨的地方。

8. 软横跨

在站场上,多股道的接触悬挂借助于单根或数根横向线索悬挂布置在两侧的支柱上,这种装置称为软横跨。软横跨依据定位索的结构类型和定位器在定位索上的固定方式而有多种形式,如图 8-32 所示。

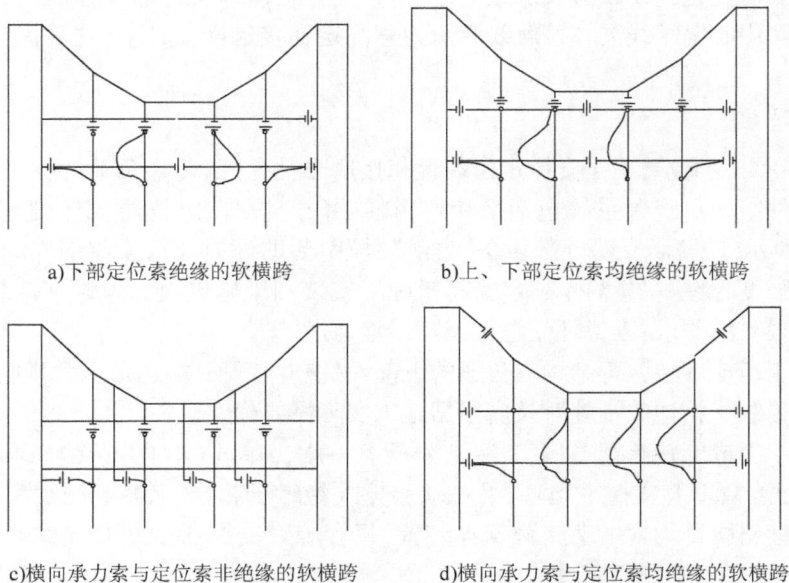

a)下部定位索绝缘的软横跨　　　　　b)上、下部定位索均绝缘的软横跨

c)横向承力索与定位索非绝缘的软横跨　　d)横向承力索与定位索均绝缘的软横跨

图 8-32　软横跨类型

在一组软横跨中,有 3 根横向索道,即横向承力索、上部定位索及下部定位索。横向承力索是软横跨受力的主要构件,它承受链形悬挂的垂直负荷。横向承力索一般由单根或数根钢绞索组成,对于跨越 3~4 股道的情况,通常使用单根钢绞索,而跨越股道较多、负载较大时,则使用两根或四根钢绞索。为了将悬挂导线固定在水平面内的一定位置上,在横向承力索的下部还布置有定位索。

9. 定位装置

定位装置是支持结构中的主要组成部分,它是在定位点处根据技术要求,把接触线进行横向定位的装置。在直线区段,相对于线路中心把接触线拉成"之"字形状,在曲线区段,相对于行迹则拉成切线或割线。

对定位装置的技术要求如下:一是动作要灵活,在温度发生变化接触线移动时,定位装置应能以固定点为圆心,灵活地随接触线沿线路方向相应移动。二是质量应尽量轻,在受电弓通过定位点时,它上下动作自如,并且有一定的抬升量,不产生明显硬点,其静态弹性与跨距中部应尽量一致。三是具有一定的风稳定性。

定位装置由定位管、定位器、支持器、定位线夹及其他连接部件组成。定位器是定位装置的主体,它是通过线夹把接触线固定到相应位置上。定位器从形状上可分为直管式定位器、弯管式定位器、特型定位器等数种,常用的定位器类型如图 8-33 所示。在曲线区段上,由于线路的外轨超高,机车受电弓随之向曲线内侧发生倾斜,为避免定位器碰撞受电弓,要求定位器具有一定的倾斜度,其倾斜度规定在 1:10~1:5 之间。

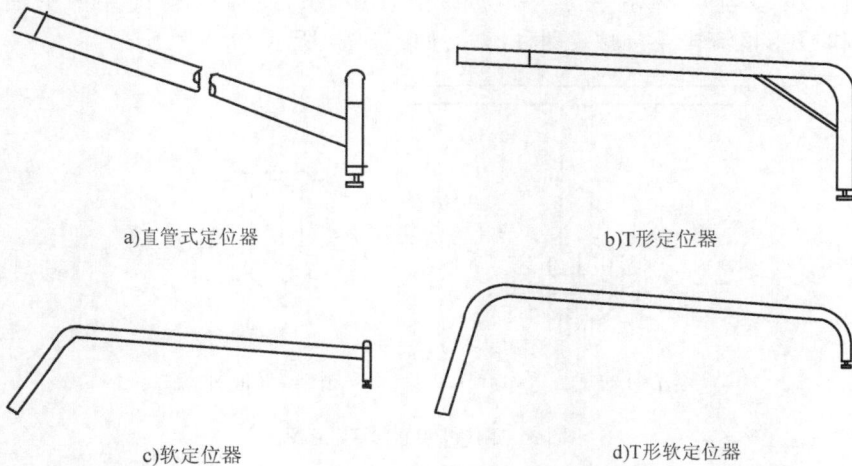

a)直管式定位器　　　　　　　　　　　　b)T形定位器

c)软定位器　　　　　　　　　　　　d)T形软定位器

图 8-33　定位器类型

定位装置的功能是固定接触线的位置,使接触线始终在受电弓滑板运行轨迹范围内,保证接触线与受电弓不脱离,并将接触线的水平负荷传给支柱。根据支柱所处位置、功用及地形条件不同,定位装置的形式也不同,主要有正定位、反定位、软定位、组合定位、单拉定位等几种形式。

10. 支柱与基础

支柱是接触网中最基本、应用最广泛的支撑设备,用来承受接触悬挂与支持设备的负荷,其使用材质分为预应力钢筋混凝土支柱和钢柱两大类。

预应力钢筋混凝土支柱,简称为钢筋混凝土支柱,采用高强度的钢筋,在制造时预先使钢筋产生拉力,它比普通钢筋混凝土支柱在同等容量情况下节省钢材、强度大、重量轻。钢筋混凝土支柱本身是一个整体结构,不需另制基础。目前轨道交通应用较多的是钢柱,钢柱根据结构形式可分为圆形等径支柱、锥形钢管柱和 H 形钢柱。

从工程投资角度分析,H 形钢柱造价低,但由于其受本身特性限制,抗扭能力差,对于线路情况复杂的轨道交通,支柱需要具备一定的抗扭能力,此时就不宜采用 H 形钢柱。圆形等径钢管柱和锥形钢管柱在抗扭性能及美观性方面都能满足工程需要。同等容量下,锥形钢柱的材料利用率更高,而且造价更低,因此,采用锥形钢柱是理性方案。

二、接触网的主要悬挂形式

架空接触网的悬挂类型大致有 3 种:刚性悬挂、简单悬挂、链形悬挂。相应的架空接触网也分为刚性接触网和柔性接触网。其中,简单悬挂和链形悬挂都是弹性悬挂。

1. 刚性悬挂

刚性悬挂是以硬质的金属条(通常是铜条)代替软质的导线的新型悬挂方式。它是将接触导线夹装在汇流排上的一种悬挂方式,依靠汇流排自身的刚性使得接触导线保持在同一安装高度,从而取消链形悬挂承力索而使接触悬挂系统具备最小的结构高度,最大限度利用有限的悬挂空间。刚性悬挂系统中接触导线及汇流排不受张力作用,与柔性接触悬挂系统相比,绝无断线的可能。刚性悬挂接触网作为一种全新的接触悬挂方式,具有占用空间少、安装简单、少维护、稳定性好、安全可靠等特点,广泛应用于城市轨道交通的地下线路,它有 T 形汇流排 + 接触线和 Π 形汇流排 + 接触线两种形式,如图 8-34 所示。

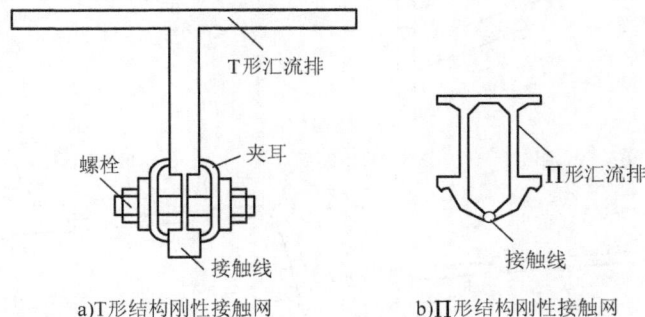

a)T形结构刚性接触网   b)Π形结构刚性接触网

图 8-34　刚性架空接触网示意图

T 形汇流排需用汇流排线夹夹持接触线,零件多,单位质量大。Π 形汇流排结构紧凑,它通过自身弹性夹持接触线,零件较少,应用较多。刚性悬挂系统的特点是高阻力,只有极少的几个零部件是可移动的,且移动量微小,接触导线沿汇流排全长加牢,不承受机械应力,所以运营期间磨耗最小,无须维修和调整。

刚性接触网普遍应用于城市轨道交通(主要用于地下铁道),至今已有一百多年历史,其在 80km/h 低速线路的设计、运营及维护技术相对比较成熟。1895 年,架空刚性悬挂首次在美国巴尔的摩第一条电气化铁路中应用;1961 年,在日本营团城市轨道日比谷线投入使用了 T 形刚性悬挂;1983 年,在法国巴黎 BAJPA 线投入使用了 Π 形刚性悬挂;我国第一条架空刚性悬挂于 2003 年 6 月 28 日在广州建成(即广州地铁 2 号线,三元里—琶洲,长约 18.4km),采用了 PAC110 型单 Ⅱ 形汇流排结构。目前刚性接触网在运营过程中普遍存在拉弧、磨耗大及松动等问题,主要技术原因是膨胀关节、线岔处拉弧及磨耗偏大,刚性梁中间接头易松动塌腰,弓网机械摩擦和电化学磨损较大等。

从弓网关系良好运行角度而言,受电弓滑板工作面被磨耗后的理想形状应为光滑的曲线形状,为达到这个效果,要求接触线拉出值的分布密度服从正态分布。因设计、施工等影响,刚性悬挂接触线拉出值的实际分布密度不服从正态分布,而是呈现波纹状,受电弓滑板不同位置与接触线相互接触的概率相差较大,接触较多的部位磨耗较大,接触较少的部位磨耗较小。这样,随着运行时间的增长,受电弓滑板就会出现凹凸不平的不规则磨耗。

刚性悬挂刚度大而弹性很小,在减振、变坡等区段,受电弓滑板因振动、晃动而引起接触线的性能变差。这会导致弓线间的实际导电斑点数目大为减少,或接触压力变小,使接触电阻增大,弓线间接触点的温升较大,当车辆取流大时,甚至会形成电火花。随着运行时间的增长,在弓网间复杂的振动下,因施工、材质等影响,汇流排中间接头可能会发生螺纹滑牙,汇流排定位线夹可能会与绝缘子发生松脱。在这些部位会形成刚性接触网的硬点,受电弓通过时不但会产生较大的机械磨耗,而且受电弓滑板因受硬点冲击还可能发生离线,使弓线间接触点的温升急剧上升,形成电火花,甚至出现拉弧。

因此,在进行刚性悬挂接触网设计时,要综合考虑整条线的接触网布置。在低速区段,接触线拉出值应适当减小,锚段长度应适当增大;在高速区段,接触线拉出值应适当增大,锚段长度应适当减小。全线接触线拉出值的分布密度应尽可能呈正态分布,绝缘锚段关节设在车辆惰行减速区。刚性接触网的悬挂跨距宜为 6~8m,不应大于 10m。在变坡区段,根据车辆的运行速度,接触线的坡度宜为 2‰~5‰。同时,还要合理确定汇流排悬臂的长度,减小汇流排的变形。

刚性悬挂接触网的安装精度要求高、调节范围小,要严格控制每一道工序的施工质量。在进行施工安装时,短汇流排安装位置应靠近悬挂定位点,避免放于跨中位置,最好使定位点位于短汇流排中部。汇流排中间接头尽可能靠近悬挂定位点,避免处于或靠近跨中,也应避免处于悬挂定位线夹位置。中心锚结两端锚结绳的张力应一致,且不能使锚固点出现负弛度。对于锚段关节、线岔、分段绝缘器、刚柔过渡等位置,要保证受电弓的过渡平滑。接触线工作面应平行于两轨面连线。一个锚段的接触导线,中间不得有接头。

在刚性悬挂接触网日常检修时,应重点加强对紧固件的检查,特别是对汇流排中间接头、汇流排定位线夹与绝缘子连接的检查。重点测量和检查锚段关节和线岔两网转换处接触线的磨耗情况。检查分段绝缘器接头平滑过渡状况以及有无电气烧伤痕迹。

针对灾害情况,应在刚性悬挂接触网设计中注意高抗灾能力问题,如地铁隧道内灾害主要是地震、火灾、渗漏水或结冰等,对刚性悬挂接触网的影响主要是锚固件脱落、刚性梁连接松动、绝缘子短路闪络等,应紧紧围绕"救援疏散、人身安全"主题,采取防开裂型化学锚栓、扣紧螺母及防水融冰等措施,并采用隧道内接触网视频监控装置对各接触网关键点的工作状态及受电弓运行状态进行实时监控,指导接触网设备维护、抢修及救援疏散等工作。

2. 简单悬挂

简单悬挂方式只有导线,没有承力线,接触线直接固定在支柱支持装置上。结构简单,支柱高度小,支持装置承受的负荷较轻,一般运用于隧道等低净空的场合。但是跨度小、弛度大,弹性不均匀,悬挂点有硬点,且在运行中导线会上下振荡,不适用于高速铁路,但能满足以中低速为主的城市轨道交通网的需要,一般车速不宜超过 40km/h,法国使用简单悬挂接触网最高试验速度达到 160km/h。

简单悬挂在发展中经历了未补偿简单悬挂、季节调整式简单悬挂和目前采用的带补偿装置的简单悬挂(图 8-35)。

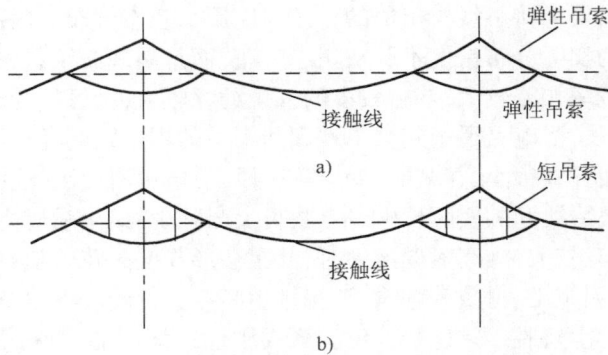

图 8-35　弹性简单悬挂示意图

未补偿简单悬挂结构简单,要求支柱高度较小,建设投资低,施工和检修方便。其缺点是导线的张力和弛度随气温的变化较大,接触线在悬挂点受力集中,形成硬点,弹性不均匀,不利于车辆高速运行时取流。因此,简单悬挂多在接触网下锚处装设张力补偿装置,以调节张力和弛度的变化。在悬挂处加装 8～16m 长、倒 Y 形的弹性吊索,通过弹性吊索悬挂接触线,增加了悬挂点,减小了悬挂点处产生的硬点,改善了取流条件。另外,跨距适当缩小,增大接触线张力的同时改善弛度对取流的影响。根据我国的试验,这种弹性简单悬挂在行车速度 90km/h时,弓线接触良好,取流正常,所以在多隧道的山区和行车速度不高的线路上可以使用。弹性简单悬挂空中架线少,对城市景观影响相对较少。天津、上海、沈阳等地新修建的有轨电车线路都采用该模式。

3. 链形悬挂

链形悬挂是一种运行性能较好的悬挂形式。它的结构特点是接触线通过吊弦悬挂在承力索上,承力索通过钩头鞍子、承力索座或悬吊滑轮悬挂在支持装置的腕臂上,使接触线在不增加支柱的情况下增加了悬挂点,通过调节吊弦长度使接触线在整个跨距中对轨面的高度基本保持一致;减小了接触线在跨距中的弛度,改善了接触线弹性,增加了接触悬挂的质量,提高了稳定性;可满足电力机车高速运行时取流的要求。链形悬挂的可靠性及安全性比简单悬挂高,但也带来了结构复杂、造价高、施工和维修任务量大等许多问题。

链形悬挂分类方法较多,按悬挂链数的多少可分为单链形和双链形(又称复链形),按悬挂点处吊弦的形式不同又可分为简单链形悬挂和弹性链形悬挂,如图 8-36 所示。

简单链形悬挂结构简单,安全可靠,安装、调整、维修方便,适用于高速受流。缺点是定位点处弹性小,易形成相对硬点,磨耗大,如果选择结构形式合理、性能优良的定位器,则可消除这方面的不足。此外,这种悬挂方式的跨中弹性大,会造成受电弓在跨中抬升量大,若在跨中采用预留弛度,则受电弓在跨中的抬升量可降低。

弹性链形悬挂在支柱悬挂点处增设了一根弹性吊弦。弹性吊弦由辅助绳和一根(或两根)短吊弦构成。安装时,辅助绳两端分别固定在承力索上,短吊弦上端用 U 形滑动夹板同辅助绳连接,下端与接触线定位器相连;当温度变化时,可避免短吊弦产生过大偏斜。弹性链形悬挂结构比较简单,改善了定位点处的弹性,使得定位点的弹性与跨中的弹性趋于一致,整个接触网的弹性均匀,受流性能良好。其缺点是弹性吊索调整维修比较复杂,定位点处导线抬升量大,对定位器的安装坡度要求较严格。

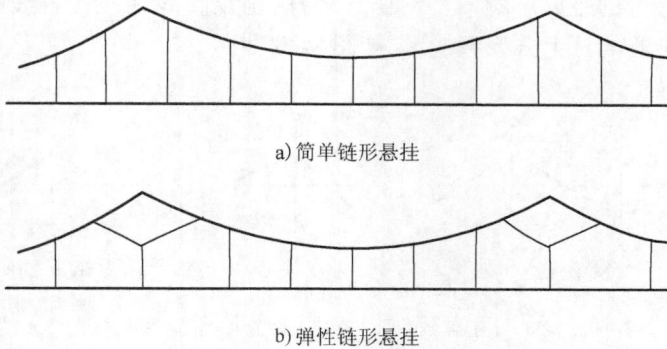

a) 简单链形悬挂

b) 弹性链形悬挂

图 8-36 链形悬挂示意图

三、接触网的主要技术参数

接触网是一种特殊形式的供电线路,它的任务是保证对电力机车可靠、不间断地供应电能。要保证受电弓与接触线的良好接触和可靠受流,对接触悬挂的设计、施工和运营必须有一定的要求,而且在运营过程中必须进行一系列检测工作,以便及时发现隐患,克服接触悬挂在某些环节中存在的问题,保证接触悬挂时刻处于良好的工作状态。

接触网的主要技术参数如下。

1. 接触线拉出值

为了延长受电弓的使用寿命,使滑板磨耗均匀,接触线在线路的直线区段沿线路中心被布置成"之"字形,在曲线区段被布置成折线的形式,而且此折线一般与受电弓中心的行迹相割或相切。定位点处接触线与受电弓中心线行迹的距离称为拉出值(或称伸出值),在直线区段上也被称为"之"字值,如图 8-37 所示。

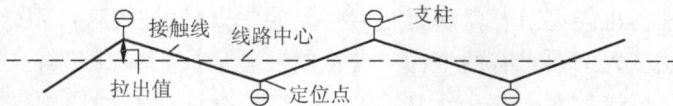

图 8-37 接触线的"之"字形布置

接触线的工作不能脱离电力机车的受电弓,受电弓的最大工作宽度为 1250mm,考虑到受电弓和接触线的摆动以及接触线受风偏移等因素,确定接触线在受电弓上的允许工作范围为中部的 1000mm,即从受电弓中心线起两侧各 500mm,接触线的悬挂应保证不超过这个范围。

显然,接触线拉出值如果设置得太小,则达不到均匀滑板磨耗和延长受电弓寿命的目的;如果拉出值设置得太大,在某些情况下,如遇到大风,接触线在某些部位就会超出受电弓的有效工作长度,造成刮弓或钻弓事故。同时,在接触网架设以后,有时也会因为金属零件的松动、气温的变化、支柱倾斜等,接触线拉出值超出设计值。在某些偶然条件下,就会出现事故。为了避免上述现象的发生,要经常检测接触线拉出值的大小及变化。

另外,为了使受电弓滑板磨耗均匀,在曲线区段接触网采用直链形悬挂,在直线区段采用半斜链形悬挂。所谓直链形悬挂,是指承力索和接触线布置在同一垂直面内,即承力索和接触线在水平面上的投影完全重合,在曲线区段接触线布置成受拉状态,即把支柱定位点处的接触线向曲线外侧拉出一定的距离。所谓半斜链形悬挂,是在直线区段接触线布置成"之"字形,承力索架设在线路中心的正上方成直线形,如图8-38所示。

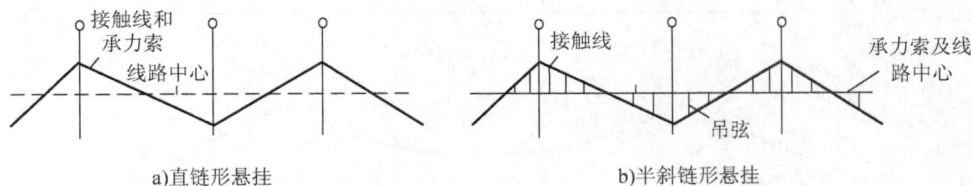

图8-38 按接触线和承力索相对位置划分的链形悬挂

2. 导线高度

导线高度是指接触导线距钢轨面的高度。它的确定受多方面因素制约,不同的轨道交通由于车辆限界、绝缘距离、车辆和线路振动、施工误差等条件的不同,其导线高度要求也不一样。

3. 接触线张力及张力补偿

接触线张力是影响接触网状态安全的重要因素,接触线、承力索的额定工作张力应符合工作应力的安全要求。接触线额定工作张力应符合波动传播速度的要求,并经系统仿真评估后确定,允许最大磨耗时安全系数不应小于2.0。在考虑接触线和承力索允许工作温度、接触线最大磨耗、风和冰载、补偿装置精度和效率等因素引起的折减系数后,接触线、承力索允许工作应力不应大于其抗拉强度或拉断力的65%。接触线、承力索截面和工作张力应根据实际工况,通过供电计算及弓网仿真计算后确定,轨道交通的设计速度越大,接触线的额定工作张力要求越高。

接触网补偿装置又称张力自动补偿器,是自动调节接触线和承力索张力的补偿器及其自动装置的总称。补偿器也能调节补偿瞬时线索张力变化,起保护线索作用。

对张力自动补偿装置的要求有两个:其一,补偿装置应灵活,在线索内的张力发生缓慢变化时,应能及时补偿,传送效率不应小于97%。其二,具有快速制动作用,一旦发生断线事故或其他异常情况而导致线索内的张力迅速发生变化时,补偿装置还应有制动功能。一般情况下,对于全补偿的承力索补偿装置,如不具备制动功能,还需专门增加断线制动装置,以防止发生断线时坠砣串落地,进而造成事故扩大、恢复困难。接触网补偿装置有很多种类,如滑轮式、棘轮式、鼓轮式、液压式、弹簧式等。

4. 接触线预留弛度

在接触线安装时,要使接触线在跨内保持一定的弛度,以减少受电弓在跨中对接触线的抬升量,改善弓网的振动。简单链形悬挂设预留弛度,弹性链形悬挂一般不设预留弛度。若跨距为L,则预留弛度可取为$L/1000 \sim L/500$。一定跨距的预留弛度都有一个最佳值,大于或小于最佳值都会降低受流质量。

5. 跨距

跨距是指两相邻支柱中心线间的距离,跨距的大小受接触网弹性的影响,跨中弹性与跨距成正相关。

跨距的大小与接触悬挂弹性、接触网磨耗、接触线风偏移有密切关系。跨距偏大,跨中弹性偏大、弹性差异系数偏大、跨中接触线的磨耗偏大,接触线的疲劳应力增加,疲劳断裂的概率随之增加;跨距偏小,跨中弹性与定位点弹性差异降低,接触悬挂的弹性均匀度增加。但是从经济角度来说,减小跨距会造成支柱数量增多,大大提高工程造价,同时增大了产生硬点的概率,定位点磨耗增大,对受流不利,接触线寿命缩短。因此,在大跨距和小跨距之间有一个最佳跨距问题。所以,跨距的确定应综合考虑悬挂类型、曲线半径、导线最大受风偏斜值、运营条件等因素。

6. 结构高度

结构高度指的是定位点处承力索与接触线的距离,它是由最短吊弦长度决定的。长吊弦情况下,当承力索和导线材质不同时,因温度变化引起的吊弦斜度小,锚段内的张力差小,有利于改善弓网受流特性。长吊弦的另一个优点是,高速行车引起导线振动时,吊弦弯曲小,可以减少疲劳,延长使用寿命。因此,为了使架空接触网适合于高速运行,在条件允许时,应给定足够大的结构高度。但结构高度的采用受到悬挂形式、跨距(经济性)的影响,也与侧面限界有关。

7. 吊弦分布和吊弦间距

吊弦分布有等距分布、对数分布、正弦分布等几种形式,为了设计、施工和维护的方便,吊弦分布一般采用最简单的等距分布。吊弦间距是指一个跨距内两相邻吊弦之间的距离。吊弦间距对接触网的受流性能有一定的影响,改变吊弦的间距可以调整接触网的弹性均匀度。但是,如果吊弦过密,将影响接触导线的波动速度,而对弹性改善效果不大。所以,确定吊弦间距时,既要考虑改善接触网的弹性,又要考虑经济因素。

8. 锚段长度

锚段长度的确定应满足接触线和承力索的张力增量不宜超过 10%,且张力补偿器工作在有效工作范围内,定位器的偏移、导线高度的变化都应在允许的范围内。

9. 定位管坡度

定位器是支持和确定接触线相对于线路中心线的横向位置的装置,接触线拉出值就是靠定位器的支持(拉、压)来实现的。为了避免在受电弓通过定位器时因抬起接触线而造成受电弓滑板撞击定位器,其连接定位器的定位管是以 1:10(或 1:6)的坡度来安装的。

10. 绝缘模式

国内城市轨道交通在地面段对接触网加强绝缘并设置架空地线,在该模式下,当直流绝缘子出现闪络时,理论上牵引变电所内的框架保护装置应该动作。而根据污秽试验的结果,污秽电流不超过 25mA,几乎不能造成框架保护动作。事实上,从近 20 年轨道交通运营故障统计来看,由于直流污闪导致的绝缘子损坏时有发生,而框架保护并未产生动作。因此,该绝缘方式并不能有效切除闪络故障。

在国外,城市轨道交通接触网普遍采用加强绝缘方式,以玻璃钢复合材料腕臂和绝缘拉线作为支持装置,起到了类似双重绝缘的作用,从根本上提高了接触网的整体绝缘能力和雷电冲击耐受能力,很好地解决了闪络故障问题。同时,接触网采用加强绝缘方式又带来了质量轻、强度高、腕臂纤细、美观等诸多优点。

11. 接触线的磨耗要求

接触线的磨耗使接触线截面积减小,会影响到接触线的强度安全系数。运营中,要求每年至少进行一次接触线磨耗测量,当接触线磨耗达到一定限度时,应局部补强或更换。如发现全锚段接触线平均磨耗超过该型接触线截面积的20%,应当全部更换;平均磨耗未达到25%、局部磨耗超过30%时可局部补强;当局部磨耗达到40%时应更换。

12. 接触线的接头要求

新建线路:每个锚段中接触线接头的数目,正线不应超过1个,站线不应超过2个,接头间距不应小于150m。

运行线路:锚段长度在800m及以下时,接头不超过4个;锚段长度超过800m时,铜合金及铜线接头不超过8个,其他导线不超过6个,接头距悬挂点不小于2m,接头间距不小于80m。

四、牵引网系统的工作特点

1. 没有备用

牵引负荷是重要的一级负荷,向牵引变电所供电的电源线均设置两个回路,牵引变电所内主变压器及其他重要设备也在设计中考虑了备用措施,一旦主电源、主要设备出现故障,备用电源、备用设备可及时(自动)投入运行,以保证对牵引网的不间断供电。牵引网由于与电动车组空间关系,和轨道一样无法采取备用措施。所以,一旦牵引网故障,整个供电区间就会全部停电,其间运行的电动车组失去电能供应,列车停运。

2. 经常处在动态运行状态中

和一般的电力线路只在两点间固定传输电能的作用不同,由于有许多动车组高速与接触网接触摩擦运行,通过牵引网的电流很大。运行中不可避免地会发生受电弓离线而引起电弧,再加上在露天区段还要承受风、雾、雨、雪及大气污染的作用,接触网时时处在振动、摩擦、电弧、污染、伸缩的动态运行状态之中。这些因素对牵引网各种线索、零件都会产生恶劣影响,使其发生故障的概率较一般电力线路的概率要大得多。

3. 结构复杂,技术要求高

牵引网的运行环境和运行特点决定了牵引网的结构较一般电力线路有很大的不同,为了保证电动车组安全、可靠地从牵引网取流,牵引网的结构比较复杂,技术要求也较高,如对接触网导线的高度、拉力值、定位器的坡度,接触网的弹性、均匀度等都有定量的要求。

由于牵引网在工作中无备用网,因而要求牵引网强度高、安全可靠、在各种气候条件下均应受流良好。因牵引网部件更换困难,所以,要求牵引网性能好、运行寿命长。因其维修是利用行车中的间隔时间进行的,所以要求其结构轻巧,零部件互换性强,便于施工、维护和抢修;因牵引网无法避开腐蚀强、污秽严重等异常环境,所以应采用耐腐蚀和防污秽技术措施;因采用与受电器摩擦接触的受流方式,所以要求接触网有较均匀的弹性,接触线等部位要有良好的耐磨性。

第九节 主要电气设备

城市轨道交通供电系统需要将引入的电源进行接收、变换和再分配,完成这些功能需要各类电气设备。这些电气设备按照功能可以分为开关设备、变压器、整流器和继电保护设备四大类。开关设备包括交流开关设备和直流开关设备,变压器包括主变压器、牵引变压器、降压变压器等。按照电压等级,电气设备可以划分为高压设备、中压设备和低压设备。高压设备包括主变压器和高压开关设备,中压设备包括中压开关设备、配电变压器、牵引变压器和1500V直流开关设备,低压设备包括低压开关设备、整流器、750V直流开关设备和继电保护设备。

设备选择即确定设备类型和参数,其原则是安全可靠、经济合理。应考虑以下三个方面的问题:其一是设备使用的条件,如设备正常使用的温度、湿度、海拔等;其二是设备的有关技术参数,如开关设备要满足系统所要求的电压等级、动热稳定性等要求,这需要根据系统设计确定;其三是设备类型,需要按照目前设备的技术现状进行合理选择,以满足技术、经济的合理性。

一、高压开关设备

高压开关设备(也称高压GIS设备)应用于城市轨道交通工程主变电所,作为高压配电设备,接受城网电源并分配给主变压器。目前国内城市轨道交通工程涉及的高压等级为110kV和66kV,此等级的高压开关设备已由敞开式室外设备发展为户内式安装的高压GIS全封闭组合电气设备,并且由三相分箱发展为三相共箱,设备体积大大减小。

GIS设备将SF_6断路器、隔离开关、接地开关、互感器、避雷器、母线、连接件、出线终端等组合在一起,全部封闭在已接地的金属外壳中,在其内部充有一定的SF_6绝缘气体。由于GIS是将多个高压电器元件有机地结合在一起,因此具有结构紧凑、元器件不受污染及大气环境因素的影响、安装方便、有利于缩短安装工期等特点。

高压GIS全封闭组合电气设备不仅电气绝缘介质采用SF_6绝缘气体,灭弧介质也是SF_6绝缘气体。虽然SF_6绝缘气体本身极稳定,有很高的绝缘强度和灭弧能力,但在SF_6气体环境中的断路器和电气设备的稳定性、可靠性完全取决于SF_6气体的纯净度。如果纯净度受到破坏,例如混入了过量的水分、杂质、加工余屑、金属粉末等,它的稳定性就会受到破坏,同时受到弧光温度的作用和影响,还将分解出有害的物质,严重时甚至会危害人体健康。

由于GIS内部的工作电场强度较高,当绝缘存在各种形式的缺陷时,就可能形成局部放电,在GIS中,应尽量避免局部放电,长期出现局部放电是不允许的。在多材料系统中,放电时的气体分解物会与固体绝缘材料发生反应,在绝缘表面上产生覆盖层,降低沿面放电电压;在单材料系统中,气体分解物也会使放电变得不稳定,降低击穿电压。短时存在的稳定局部放电,对绝缘能力的影响不大,因而在过电压短时作用下,或做耐压试验时,有时允许有局部放电出现。

自20世纪60年代实用化以来,到目前为止,世界上已有大量高压GIS设备安装运行(图8-39)。实践证明,GIS设备运行安全可靠、配置灵活、环境适应能力强、检修周期长、安装方便。

图 8-39　户内安装的高压 GIS 设备

我国的 63～500kV 电力系统中,GIS 设备已应用相当广泛。目前,我国已有多家生产厂商能够提供 GIS 产品,产品使用环境和技术参数能够满足城市轨道交通工程使用要求。

GIS 设备制造技术仍在不断进步和发展,随着大容量单压式 SF_6 断路器的研制成功和氧化锌避雷器的应用,GIS 设备的技术性能与参数已超过常规开关设备,并且使结构大大简化,可靠性大大提高,为 GIS 设备进一步小型化创造了有利条件。

除此之外,20 世纪 90 年代又出现了一种紧凑型组合式高压开关设备,它综合了敞开式设备和封闭式开关设备的优势,将高压元件高度集成,使高压开关更加紧凑,这种组合式高压开关设备俗称 HGIS,即半 GIS(Half GIS)。它与敞开式开关设备相比,把断路器、隔离开关、互感器、避雷器等集成为一个模块,大大节省了占地面积,提高了设备可靠性。它与 GIS 设备相比,省略了封闭式母线,大大节省了费用。随着 HGIS 设备的逐步使用,对于占地位置受到限制不能选用敞开式 AIS 设备、经费紧张又不能选用封闭式组合电器 GIS 的变电所,宜选用 HGIS。

二、高压断路器

高压断路器又叫高压开关,它是变电所的重要设备之一。高压断路器不仅可以切断与闭合高压电路的空载电流和负载电流,当系统发生故障时,它还与保护装置、自动装置相配合,可以迅速切断故障电流,以减少停电范围,防止事故扩大,保证系统的安全运行。

高压断路器的主体结构大体分为导流部分、灭弧部分、绝缘部分和操作结构部分。高压断路器闭合时起接通回路的作用,断路器断开时,触头虽然已经分开,但触头间仍会产生电弧,因而断路器应具有灭弧能力。

高压断路器的功能有:

(1)不仅能开断工作电路,还能开断各种形式的短路故障电路。由于短路电流要比正常负荷电流大得多,这时电路最难断开,所以选择高压断路器时,首先要校核的参数就是断路器开断短路故障的能力。

(2)电力系统发生短路故障之后,要求继电保护装置快速动作,断路器开断越快越好。这样可以缩短系统的故障时间,减轻故障对电气设备及线路的危害,提高系统运行的稳定性。标志断路器开断过程快慢的参数是开断时间,具体如下:

低速动作断路器:$t > 0.12s$;

中速动作断路器:$t = 0.08～0.12s$;

高速动作断路器:$t < 0.08s$。

(3)电力系统中的电气设备或输电线路有可能在未投入运行之前就存在绝缘故障,甚至处于短路状态,这样在断路器的关合过程中就可能出现短路电流,有可能造成断路器的损坏或爆炸。为避免出现这一状况,断路器应具有足够的关合短路电流的能力。

(4)电力系统输电线路因雷击闪电和鸟害等将发生瞬时性故障,故断路器应具有自动重合闸能力,这是提高供电可靠性的有力措施。

（5）在电力系统运行过程中,断路器分合电路时可能会产生过电压,而断路器的绝缘能力应能承受这种过电压。

（6）断路器应有一定的分合次数,以保证足够长的使用寿命。

断路器按照灭弧方式的不同可分为油断路器、真空断路器、SF_6 断路器。

油断路器采用绝缘油(一般用 45 号或 25 号变压器油)作为灭弧介质,根据油量多少分为多油断路器和少油断路器两种,目前我国生产的高压断路器主要是少油断路器。油断路器的灭弧室和触头都安装在瓷套中,瓷套中的油作为灭弧介质。油断路器在早期使用较多,随着技术的发展,由于油断路器油量多、体积大、运行维护困难,已逐步被性能更优越的断路器所取代。

真空断路器是利用真空作为绝缘和灭弧手段的断路器。其核心部件是真空灭弧室,真空灭弧室内的压力很低,绝缘强度高。真空断路器寿命长,能频繁操作,新型的真空断路器可以开断额定电流上万次,开断短路电流数十次,而且无爆炸、火灾的危险,目前正得到广泛的应用。但是真空断路器也具有一定的缺点:一是在开断感性小电流时容易产生截流引起过电压,二是产品的一次投资较高。

SF_6 是一种无色、无臭、无毒、不燃的惰性气体,它有良好的灭弧和绝缘性能,SF_6 气体是目前为止最理想的绝缘和灭弧介质,用 SF_6 气体作为灭弧和绝缘介质的新型气吹断路器,已得到了广泛的应用。SF_6 断路器在吹弧的过程中,气体不排入大气,而在封闭系统中反复使用。根据灭弧原理的不同,SF_6 断路器可分为双压式、单压式和旋弧式 3 种结构。目前供配电系统的 $10 \sim 35kV$ 的 SF_6 断路器大多数采用旋弧式结构。

三、高压隔离开关

隔离开关也称刀闸,是电力系统中使用最多的一种高压开关设备。隔离开关没有灭弧装置,因此严禁带负荷进行分、合闸操作。在分闸状态下隔离开关有明显的断口,在合闸情况下能可靠地通过额定电流和短路电流。因其没有灭弧装置,不能切断负荷电流和短路电流,因此隔离开关通常和断路器配合使用,且在操作中必须注意与断路器操作的先后顺序。当合闸时,先合隔离开关,后合断路器;分闸时,先分断路器,后分隔离开关。这种操作常称为倒闸操作。为了保证安全,一般采用连锁装置,以防误操作。

隔离开关的作用是在检修电气设备时用来隔离电压,使检修的设备与带电部分之间有明显可见的断口,以保证检修人员的安全。在改变设备状态(运行、备用、检修)时用来配合断路器协同完成倒闸操作。用来分、合小电流,分、合电压互感器、避雷器和空载母线,分、合励磁电流不超过 2A 的空载变压器,关合电容电流不超过 5A 的空载线路。隔离开关的接地刀闸可代替接地线,保证检修工作安全。

隔离开关按安装地点可分为户内型和户外型,根据开关闸刀的运动方式可分为水平回转式、垂直回转式、伸缩式和直线移动式;按有无接地可分为有接地刀闸隔离开关和无接地刀闸隔离开关。隔离开关的操作机构有手动和电动两种。一般对改变运行方式的隔离开关采用电动操作机构,以便实现距离控制。

四、中压开关设备

中压开关设备用于接收和分配中压电能,一般指 35kV 或 10kV 开关柜。其按照电气绝缘介质可分为空气绝缘开关柜、复合绝缘开关柜和 SF_6 气体绝缘开关柜;按照开关柜内安装的开关设备可分为断路器柜、负荷开关柜、隔离开关柜和熔断器柜。

空气绝缘和复合绝缘开关柜的结构形式为金属铠装封闭式，内部设有不同功能隔室，手车可为落地式或中置式。SF$_6$气体绝缘开关柜可分为全封闭充气（SF$_6$）环网开关柜和C-GIS（Cubicle Type-GIS）开关柜。

不同的电气绝缘介质，对开关柜的外形尺寸影响很大，采用空气绝缘的开关柜体积最大，复合绝缘开关柜次之，SF$_6$气体绝缘时开关柜体积最小。对于10kV开关柜，空气绝缘开关柜的宽度多为800～1000mm，采用复合绝缘时宽度可为650mm，采用SF$_6$气体绝缘时宽度可为400～600mm。对于35kV开关柜，空气绝缘开关柜的宽度多为1400mm，采用SF$_6$气体绝缘时宽度可为800mm左右。采用空气绝缘和复合绝缘开关柜的外壳防护等级在IP20以上。

35kV开关柜多采用C-GIS开关柜，以减小变电所的土建规模，20kV及以下开关柜应采用空气绝缘的金属铠装开关柜，避免温室气体SF$_6$对环境的影响。

金属铠装封闭手车式开关柜、C-GIS开关柜可用于主变电所、牵引变电所和降压变电所，全封闭充气（SF$_6$）环网开关柜、负荷开关柜一般用于跟随式降压变电所。

五、低压开关设备

低压开关设备用于降压变电所中，是动力照明供电系统的核心。它接收配电变压器提供的低压电能，为车站、区间、车辆段、停车场和控制中心的低压动力照明设备提供电源。低压开关设备一般设置于断路器本体的脱扣器作为保护设备。

低压开关柜多采用金属封闭间隔式开关柜。开关柜的电气绝缘和开关设备的灭弧介质均为空气。开关柜的外壳防护等级在IP20及以上。开关柜柜体为模块化框架结构，基本分为3个功能隔室：水平母线隔室、功能单元隔室、电缆隔室。功能单元某一隔室产生故障电弧时，不影响相邻的气体隔室。开关能前接线或后接线，接线端子规格及固定的牢靠性能满足所连接电缆的需要。

低压开关柜按低压电器的安装方式可分为固定式、抽出式和混合式三种。混合式是在同一低压开关柜中，低压电器既有固定式安装，也有抽出式安装。抽出式断路器可以是插拔式，也可以是固定安装在低压开关柜的抽屉中。低压开关柜的各安装单元之间均采用金属或绝缘板分隔，以避免在某安装单元出现故障时，对其他安装单元产生影响，扩大故障范围。

低压电器安装于低压开关柜内，一般分为配电电器和控制电器。配电电器包括低压断路器、熔断器、低压负荷开关、低压隔离开关等，控制电器包括接触器、启动器、主令电器、各种控制继电器等。低压开关柜的主要电器是低压断路器。

低压断路器主要用于配电线路和电气设备的过载、失压和短路保护。按照断路器的极数可分为单极断路器、双极断路器、三极断路器和四极断路器；按照是否具有隔离功能，可分为具有隔离功能断路器和不具有隔离功能断路器；按照动作速度可分为一般型断路器和快速型断路器（快速型断路器通常为限流型，其分断时间短到足以使电流在未达到预期值之前即被分断）。按照用途分为配电断路器、保护电动机用断路器、剩余电流断路器等。

六、直流开关设备

直流开关又称为直流快速开关或直流快速自动开关，它是一种操作和保护电器，能对直流额定电压600～1500V电路中的直流电机、整流机组、直流馈线等进行分、合闸操作，并在短路、过载、逆流(反向)时起保护跳闸作用。

直流电弧的熄灭过程和交流电弧不同,其电弧电流在时间上不过零点,属于非周期变化的,因而直流电弧的熄灭比交流电弧困难,只能靠强制电流为零来熄灭。一般来说,熄灭直流电弧的直流断路器在速度上有较高的要求,在中、低压直流回路中可以使用电磁吹弧断路器。

当断路器跳闸后,主回路磁场将动、静触头之间产生的电弧吹入灭弧室。灭弧室采用冷阴极设计,由许多相互绝缘的灭弧板(金属栅片)组成。一旦电弧进入灭弧室,就被金属栅片分裂为许多串联的小弧段,所以总的电弧电压便大大增加(取决于灭弧板的数量),高于断路器QF电压,电弧电流强制为零,电弧得以迅速熄灭。

瑞士赛雪龙公司生产的断路器有 UR 系列(500~4000A)和 HPB 系列(4500~6000A),它是一种双向、单极快速直流空气断路器,其响应时间仅几个毫秒,能较好地熄灭直流电弧,适用于直流牵引配电网络,作为接触网和铁轨的保护以及故障区域隔离。由于其具有抗振动及抗冲击性特点,UR 和 HPB 可以安装在牵引机车上。其设计紧凑合理,反应速度快,灭弧时间短,成为牵引机车优良的开断保护装置。

直流开关设备在直流牵引供电系统中承担接收和分配直流电能的作用。它接收牵引整流机组提供的直流电能,分配给上、下行牵引网,为车辆提供直流电能,包括牵引变电所内的直流开关柜和一般设于牵引变电所外的上网开关柜。

直流开关柜包括正极开关柜、负极开关柜、馈出开关柜和上网开关柜(图 8-40)。正极开关柜内设直流快速断路器或电动隔离开关,负极开关柜内设电动隔离开关或手动隔离开关,馈出开关柜内设直流快速断路器,上网开关柜(包括纵向联络开关设备)内设电动隔离开关。上网开关柜用于牵引网断电检修和形成大双边越区供电。

直流开关柜分固定式和移动式两种。固定式开关柜是将断路器固定安装在柜体内部,移动式开关柜将断路器固定安装在可移动的手车上。赛雪龙公司生产的 KMB 移动式直流开关柜适用于额定工作电压低于 3000V、额定电流最大至 6000A 的直流牵引供电系统,主要用于地铁、城市轻轨等轨道交通运输系统的电力分配。具有如下特点:

图 8-40 直流开关柜组合排列图

(1)一体化手车式金属封闭式直流开关柜,带有抽出式直流快速断路器,检修、维护方便。

(2)具有高防护等级和完善的封堵措施。

(3)具有高分断能力。

(4)可实现靠墙安装。

(5)带安全联锁的隔离开关易于接近,方便柜前或柜后操作维护。

(6)装有集成化的控制保护系统,可在牵引网络控制中心实现遥控、遥测和遥信。

(7)新型的快速连接技术确保柜间二次连线方便、快捷。

另外,赛雪龙公司生产的 MB 型移动式开关柜也适用于轻轨、地铁等城市轨道交通,可满足电流 1000~6000A、电压 DC750~DC3000V 的各种应用需要。

七、牵引整流机组

牵引整流机组包括牵引变压器和整流器两大部分,广泛采用等效 24 脉波整流,额定负荷效率不低于 98%,在额定负荷时功率因数不应小于 0.95,固有电压调整率不大于 6%。

1. 牵引变压器

城市轨道交通工程要求牵引变压器体积小、工作可靠、抗负荷冲击能力强,负荷等级为Ⅵ类重牵引,即 100% 额定负荷,连续运行;150% 额定负荷,运行 2h;300% 额定负荷,运行 1min。

随着绝缘材料的发展,牵引变压器也在不断进步。在绝缘材料方面,目前一般采用环氧树脂浇注和杜邦纸绝缘方式。环氧树脂浇注的干式变压器机械强度高,耐受短路能力强,防潮及耐腐蚀性能好,且局部放电小、运行寿命低、损耗低、过负荷能力强。

杜邦纸绝缘方式的变压器不仅有卓越的机械和电气性能指标,更为突出的是对周围的温度和湿度不敏感。它在高温、低温、较大湿度、严重污染的情况下仍有优良的性能。

牵引变压器高、低压绕组采用圆筒式,高、低压侧导线的连接采用电缆连接,铁芯采用高标号、低损耗冷轧优质高导磁冷轧硅钢片,铁芯和金属件均有防腐蚀的保护层,并可靠接地。牵引变压器设置温控显示仪,可显示绕组、铁芯温度,并能输出温度报警及跳闸信号,此信号同时送向变电所综合自动化系统。

2. 整流器

整流器由大功率二极管及散热器、保护器件、故障显示器件、通信接口等组成。整流器的可靠性要求高,噪声、谐波污染要求小,维修要少。为满足城市轨道交通直流牵引供电系统要求,整流器主电路由两个三相全波整流桥并联后,与牵引变压器构成单机组 12 脉波或者双机组等效 24 脉波输出。

整流器的主要部件整流二极管由硅单晶片制成,热容量很小,对电流、电压非常敏感,因而整流器的过电流、过电压保护十分重要。目前国内企业提供的整流器一般采用大容量的平板、烧结式二极管。为抑制直流侧过电压,常用的措施有装配 RC 阻容装置或压敏电阻。整流器每个桥臂并联二极管的电流均流系数一般都大于 90%,且当一个二极管损坏时,在额定负荷下仍可继续运行,并能通过智能化数据采集装置进行报警。

整流器柜一般采用无焊接全螺栓结构,以便出现故障时拆卸更换。屏蔽门板及外骨架采用喷塑防护,绝缘材料阻燃。为防止潮湿产生凝露,可设置防凝露控制器。

国内整流器设备的外形尺寸差异主要与散热器选型有关。目前国内普遍采用陶瓷散热器和铝合金散热器。采用陶瓷散热器时,整流器柜外形尺寸较大;采用铝合金散热器时,同等规格下的整流器柜外形尺寸较小。

整流器主要技术参数见表 8-1。

整流器主要技术参数 表 8-1

序号	项　　目	直流 1500V 系统	直流 750V 系统
1	额定功率(kW)	1500 ~ 4000	1500 ~ 2250
2	额定频率(Hz)	50	
3	额定阀侧电压(V)	1180 ~ 1220	590 ~ 610

序号	项 目	直流 1500V 系统	直流 750V 系统
4	额定直流电压(V)	1500	750
5	最高直流电压(V)	1800	900
6	负荷特性	反电动势、再生	
7	负荷类型	100% 额定负荷连续,150% 额定负荷 2h; 300% 额定负荷 1min	
8	主回路工频耐压	5kV/1min	3.8kV/1min
9	辅助回路工频耐压	2kV/1min	
10	冲击电压(1.2/50μs 冲击波)(kV)	12	7
11	二极管反向重复峰值电压(V)	≥4400	≥3000
12	冷却方式	自然风冷,户内安装	
13	外壳防护等级	IP20	

八、主变压器

城市轨道交通主变电所高压侧电压为 110kV 或以下,选用三相变压器。目前,我国城市轨道交通主变压器大多采用 110/35kV 两线圈变压器,少数城市由于历史原因仍采用 110/10kV 两线圈变压器。目前主变压器一般采用 Yd 接线,有载调压开关装在高压侧。

主变压器的选择,主要是主变压器台数和容量的确定。原则上,主变压器台数应结合供电网络规划、中压网络形式、系统运行方式、主变电所容量备用要求等因素综合分析确定。目前国内城市轨道交通主变电所均设置两台主变压器,互为备用,正常情况下两台主变压器并列运行,各负担约 50% 的用电负荷。国外城市轨道交通主变电所中主变压器数量不尽一致,有 2 台的、3 台的,还有 5 台的。

主变压器容量的选择涉及供电网络资源共享、运行方式、建设时序、建设资金等多个因素。对于已经完成城市轨道交通供电网络规划的城市,新建主变电所的主变压器容量选择应根据城市轨道交通供电网络规划进行。设计阶段要对主变电所的供电范围进行确认,并根据最新资料对主变压器容量进行核算。在供电网络资源共享的情况下,主变压器容量规格与单线建设时相比会有所增加。对于尚未完成城市轨道交通供电网络规划的城市,应首先考虑主变电所是否资源共享,主变压器容量可以按照加大一级容量规格考虑。

在实际工程设计中,国内大多数城市的设计原则是当一座主变电所退出运行时,由其他相邻主变电所承担全线一、二级负荷的供电,保证列车正常运行。个别城市的设计情况是当一座主变电所退出运行时,其他相邻主变电所不能完全承担全线一、二级负荷的供电,而是通过适当降低列车发车密度,维持列车继续运行。前者对主变压器备用容量要求高、投资大、能耗大;后者对主变压器备用容量要求低、投资小、能耗小。

根据《地铁设计规范》(GB 50157—2013),地铁工程的设计年限分为初期、近期和远期 3 个阶段。主变电所应根据远期高峰小时各类负荷的用电需求设计一次完成。经综合比较后,主变压器等设备配置可以按近、远期分期实施,也可按远期需求一次建成。若分期实施,土建规模应按远期预留。

若近、远期主变压器容量差别不大,初期投资相差不大,则建议主变压器的容量配置按远期需求一次到位。若近、远期主变压器容量差别较大,结合主变压器使用寿命,则建议主变压器的容量配置按近、远期分期实施,以节省工程初期投资。

国内 110kV 级变压器以油浸式为主。油浸式变压器价格较低,油的绝缘性能好、导热性能好,能够解决变压器大容量散热问题和高电压绝缘问题。但变压器油除了遇明火可能会发生燃烧、爆炸外,还对人体有害、不环保,并且变压器油需要定期检查,增加了维护工作量。

SF_6 气体绝缘变压器在北京、上海等城市的地铁中已有应用,但也存在一些不足,如在大气压力下,SF_6 气体的绝缘强度仅相当于绝缘油的 2/3。同时,由于 SF_6 气体的散热冷却能力较差,变压器的容量越大、结构越复杂,散热冷却就越困难。此外,SF_6 气体绝缘变压器的生产制造和维修对环境要求也比较高,还存在环保问题。

随着绝缘材料的发展,110kV 级环氧树脂浇注干式变压器因其具有优良的防火防灾性能、抗短路能力强、可靠性高、体积小、质量轻等优点而逐渐为广大用户所接受。

九、配电变压器

目前在国内一些已建城市轨道交通线路中,存在配电变压器容量选择偏大的现象。造成配电变压器容量选择过大的主要原因是动力照明专业提供的低压用电负荷裕量大,与供电专业间配合不足等。

在城市轨道交通车站、车辆段或控制中心,动力照明设备种类繁多,基本上不存在各机电设备同时工作的可能。因此,配电变压器容量不能简单地将各低压负荷容量进行叠加,而应充分考虑用电负荷的设备构成与运行工况,优化计算统计方法,合理进行选择,以达到投资合理、运行效率高、电能损耗小、运行费用低的目的。

第十节　杂散电流及其防护

杂散电流也叫迷流,是在城市轨道交通直流牵引供电回流中产生的。杂散电流的存在会使走行轨、各种金属管线,金属部件等产生电腐蚀,影响轨道交通的正常运营,因此需要对杂散电流腐蚀进行防护和监测。对杂散电流腐蚀一般采取"以防为主、以排为辅、防排结合、加强监测"的综合保护措施。

一、杂散电流的产生

走行轨作为牵引电流回路,虽然对地绝缘,但因存在对地过渡电阻,所以在直流牵引供电系统中,牵引电流并非全部沿走行轨流回牵引变电所,还有一部分由走行轨杂散流入道床,并由道床流向结构钢筋、电缆外皮、水管等金属管线,而后又经这些金属管线流回道床,再由道床流回走行轨并返回牵引变电所,从而形成了杂散电流。杂散电流的路径如图 8-41 所示。图中,I_1、I_2 为牵引电流,I_{r1}、I_{r2} 为回流电流,I_{s1}、I_{s2} 为杂散电流。

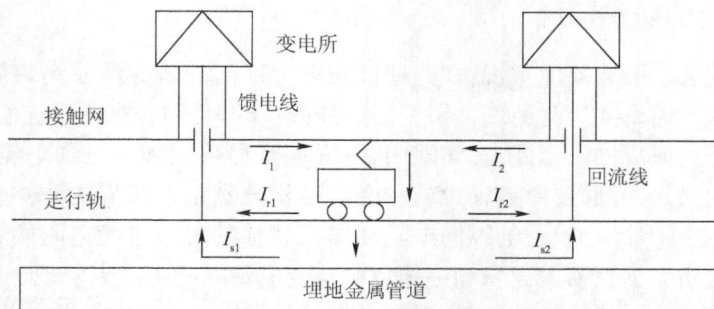

图 8-41　杂散电流路径

二、杂散电流的危害

杂散电流是一种有害电流,会对城市轨道交通中的电气设备、设施的正常运行造成不同程度的影响,还会对隧道、道床的结构钢和附近的金属管线造成危害。杂散电流的危害形式主要是电化学腐蚀,一般特点如下:腐蚀强烈、集中于局部位置;当有防腐层时,又往往集中于防腐层的缺陷部位。杂散电流腐蚀会造成严重的后果,我国香港地铁就曾因地铁杂散电流引起煤气管道的腐蚀穿孔而造成煤气泄漏事故,英国地铁曾因杂散电流的腐蚀使钢筋混凝土形成塌方。

总体来说,杂散电流的腐蚀危害主要体现在以下几个方面。

(1)走行轨及其附件的腐蚀。在列车下部,走行轨处于阳极区,容易发生电腐蚀。尤其是隧道内、道岔等部位的走行轨,杂散电流腐蚀现象尤为明显,有些地方 2~3 年就要更换轨道。道钉也有杂散电流腐蚀现象,而且多发生在钉入部位,从表面很难发现。

(2)钢筋混凝土金属结构物腐蚀。杂散电流通过混凝土时对混凝土本身并不产生影响,但如果有钢筋存在,则钢筋就容易汇集杂散电流。汇集杂散电流的部位,钢筋呈阳性并发生腐蚀,腐蚀产生物在阳极的堆积会以机械作用排挤混凝土而使之开裂。如果结构中的钢筋与钢轨有电接触,就会更容易受到杂散电流腐蚀。若在城市轨道交通运营一段时间后,要维修和更换被杂散电流腐蚀破坏的钢筋混凝土结构物将是十分困难的。

(3)周围埋地金属管线的腐蚀。城市轨道交通在建设时不考虑杂散电流对周围埋地金属管线的电腐蚀会产生极其严重的后果。城市轨道系统内的管线主要有自来水管线等,在系统外可能还有煤气管线、石油管线、自来水管线、公共事业管线等各种电缆管线。工程实践表明,平行于城市轨道交通线路的长距离管线和与城市轨道交通交叉的管线都会产生不同程度的杂散电流腐蚀,有些管线数年内甚至数月内即发生点蚀。钢管纵向电导通良好,容易汇集电流,受到杂散电流腐蚀,如果钢管管壁较薄,在阳极区很容易被腐蚀击穿。

(4)异常腐蚀。为了维修或装卸货物方便,在把轨道引入修理库、交检库、运转库等建筑物时,往往忽视轨道、枕木、道床间的绝缘问题,使钢轨和建筑物发生某种程度的电连接,导致泄漏电流增大,产生较强的杂散电流腐蚀。

此外,如杂散电流流入电气接地装置,将会引起过高的接地电位,导致某些设备无法正常工作。同时杂散电流流过大地时将产生对地电压,严重时会危及人身安全。

三、杂散电流的防护措施

杂散电流的危害已引起高度重视,铁路通信和电力部门的研究所及高等院校内均设置了专门的机构从事这方面研究。从原理上讲,消除泄漏电流即可防止杂散电流腐蚀,但这在实际操作中几乎是不可能完成的。因此,在实践中,一方面要尽可能减小泄漏电流,即从源头入手治理杂散电流问题,另一方面要对各种设施和金属结构分别采取相应的防护措施。从理论上讲,减小泄漏电流主要有减小轨道的纵向电阻和增大轨道的对地过渡电阻两条途径。减小轨道纵向电阻可通过增大钢轨横截面积和缩短负载与变电站间的距离来实现。

杂散电流的防护是一项系统的工程,目前常用的防护措施大致可分为3类。

1. "防"——源头控制

让回流轨中的电流全部流回牵引变电所的负极,而不能向地下泄漏,即在回流轨与地之间采取有效的绝缘。控制和减少杂散电流产生的根源,隔离所有可能的杂散电流泄漏途径,俗称"堵"或"防"。

影响杂散电流大小的主要因素有牵引电流、牵引变电所之间的距离、走行轨的电阻值、对地过渡电阻值等。根据实践经验,单边供电情况下杂散电流的估算公式如下:

$$I_g = \frac{1}{8}I\frac{R_{s1}}{R_{g1}}L^2 \tag{8-3}$$

式中:I——列车牵引电流(A);

R_{g1}——走行轨对地过渡电阻(Ω/km);

R_{s1}——走行轨纵向电阻(Ω/km);

L——牵引变电所到列车的距离(km)。

由式(8-3)可知,杂散电流与牵引变电所到列车距离的平方成正比,与回流走行轨的纵向电阻成正比,与牵引电流成正比,与走行轨对地过渡电阻成反比。目前已建成的或在建的城市轨道交通工程中采用了很多有效的杂散电流腐蚀防护措施,具体如下。

(1)提高牵引网压。杂散电流随着牵引电流的增加而增加,根据功率的计算公式可知,在相同的牵引功率下,提高直流网压,可以按相同的比例降低负荷的电流值,从而达到降低杂散电流的目的。在我国现行的轨道交通牵引供电系统中,采用DC1500V电压等级的牵引供电就比采用DC750V电压等级牵引供电产生的杂散电流小。

(2)合理设置牵引变电所。杂散电流随着列车与牵引变电所之间距离的增加而增加,因此牵引变电所的位置设置要合理,所间距离不宜过大,结构钢筋及道床钢筋的极化电位要控制在《地铁杂散电流腐蚀防护技术标准》(CJJ/T 49—2020)规定范围内。另外,在满足供电负荷、供电质量的前提下,可以适当调整牵引变电所的数量和位置,尽量使牵引变电所均匀布置。

(3)牵引网采用双边供电。在牵引网制式、牵引变电所间距、走行轨电阻值等条件相同的情况下,采用双边供电比采用单边供电的牵引电流值减小近一倍,杂散电流仅为单边供电的1/4,故城市轨道交通正线的牵引变电所采用双边供电,除端头牵引变电所解列时采用单边供电外,其他牵引变电所解列时应优先采用大双边供电。此外,停车场或车辆段需要单独设置牵引变电所,正常情况下停车场或车辆段和正线牵引变电所之间无电气连接,防止正线杂散电流流入停车场或车辆段。

(4)回流通路降阻。走行轨电阻较大时,回流电流流过时产生的电压降较大,使钢轨对地的电位差也较大,从而增大了泄漏的杂散电流,因此必须设法降低走行轨的电阻值。可以在防护设计中选用电阻率低的材料,增大钢轨横截面积,将短钢轨焊接成长钢轨,在接头之间的电阻值应低于长为5m的回流轨的电阻值。现在一般利用长钢轨($L \geqslant 100$m)和架设电缆的方法连接两回流轨来减小钢轨接缝的电阻,焊接至钢轨的电缆或者铜芯绝缘线的电阻应满足接头标准电阻的范围,满足牵引电流通过时温升要求。

正线上、下行走行轨之间设置对地绝缘均流线,把上、下行走行轨并联起来,以降低走行轨回流电阻,均流线的设置需要与信号专业沟通后确定。牵引变电所到走行轨的负回流线采用铜芯电缆也能起到降低回流通路电阻的效果。在车辆段和停车场,根据各供电分区的划分,设置多个回流点,使牵引电流就近回流,并设置均流线,减小回流通路的电阻,以降低车辆段或停车场杂散电流的总量。

(5)增大轨道对主体结构的过渡电阻。在城市轨道交通运营过程中,轨道过渡电阻值的降低是产生杂散电流最主要的原因。提高钢轨对结构钢的绝缘水平,增大过渡电阻值,可以有效减小杂散电流。《地铁杂散电流腐蚀防护技术标准》(CJJ/T 49—2020)规定:新建线路的走行轨与区间隧道主体结构之间的过渡电阻值不应小于$15\Omega \cdot$km,对于运行线路不应小于$3\Omega \cdot$km。

(6)重视日常维护。对于杂散电流腐蚀防护,在工程建设时采取合理措施,严格施工,同时加强运营养护和维修,保证杂散电流腐蚀防护获得长期效果。在城市轨道交通建成并投入运营的初期,走行轨与道床之间的绝缘程度较高,杂散电流较少。随着运营时间的增加,走行轨周围铁屑、灰尘、油污、含盐沉积物的积累,甚至道床排水沟长时间积水,对地过渡电阻将逐步减小。因此,运营、维护显得格外重要,应采取相关措施保证轨道绝缘性能保持在一定水平上。如必须定期清扫线路,清除粉尘、油污、脏污、沙土等,保持走行轨的清洁和绝缘水平良好;及时消除道床积水积雪,保持道床的清洁、干燥状态。根据杂散电流监测系统的报警消息,及时处理线路异常现象。

2. "排"——排流法

将回流轨中部分向外泄漏的电流以某种渠道将其引回牵引变电所的负极,即设置合理的排流机构,为杂散电流提供一条畅通的低电阻通路,俗称"排"。排流法又分为直接排流法、极性排流法和强制排流法3种。

直接排流法是将被保护的结构件与回流轨直接用导线连接起来,这种方法虽然简单,但只能在没有逆向电流时才能使用。极性排流法是在直接排流的连接线上加装半导体整流器,只允许电流单方面流向钢轨,不允许逆向流通。

当被保护的结构处于杂散电流交互干扰区,采用直接排流或极性排流都不能将杂散电流排回走行轨时,就需要采用强制排流法,此时需要外加一直流电源促进排流,并阻止逆向电流。这种排流措施具有较强的抗交变电流腐蚀的能力,但需要额外的整流电源,因此投资和运营费用较高,而且还可能使被保护的金属导体产生过负电位区,进而使走行轨发生电化学腐蚀。

对于杂散电流的防护而言,极性排流法由于成本低、工作可靠,在城市轨道交通中应用最为广泛。虽然极性排流法在防止杂散电流腐蚀上起到了很好的效果,但也会带来一些负面影响。当牵引变电所负母排通过排流柜与道床收集网钢筋电气连通后,原来负母排的负电位因钳制作用而接近为零,使得两座牵引变电所之间的走行轨对地电位成倍增加,两座牵引变电所间几乎全为阳极区,除牵引变电所附近钢筋腐蚀减少外,其他区域以及走行轨腐蚀将更严重。

杂散电流收集网就是在整体道床内铺设钢筋网并进行电气连接,以便为杂散电流由道床流回牵引变电所提供一个良好的电气回路,可利用道床本身的钢筋作为杂散电路收集网。

在地下隧道内,杂散电流收集网纵向钢筋沿隧道纵向敷设在道床混凝土内,道床内纵向每间隔一定距离选一根以上横向钢筋与道床内所有纵向钢筋焊为一体形成网状,构成道床钢筋收集网,如图 8-42 所示。它在道床结构变形缝或沉降缝断开,并在两侧引出测防端子。纵向钢筋网通过绝缘电缆将所有引出道床表面的测防端子连接成连续的收集网,以建立一条低阻抗的杂散电流收集、排放通路。收集网钢筋截面的大小应根据高峰小时走行轨有效电流、走行轨纵向电阻及泄漏电阻等参数,通过计算收集网极化电压的正向偏移值来确定。

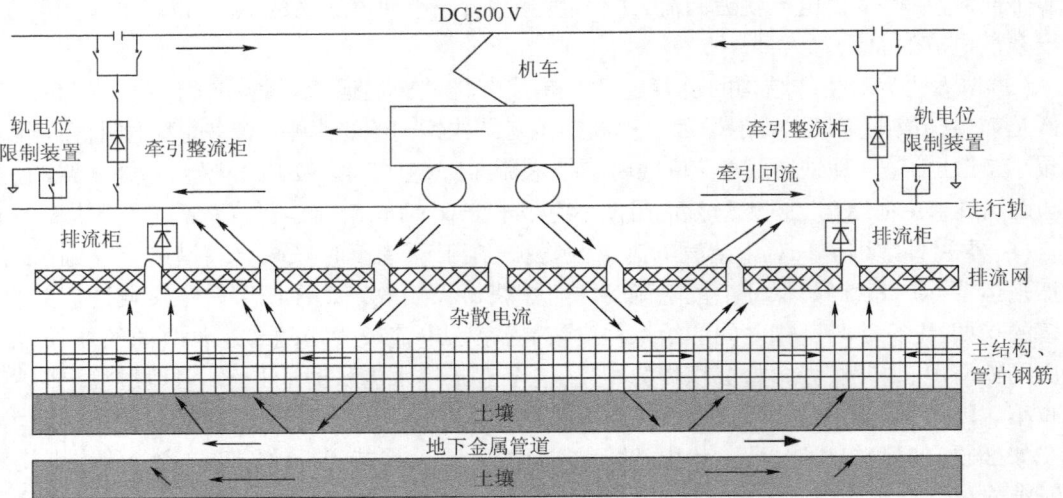

图 8-42　排流网的布置及杂散电流路径

排流柜作为杂散电流疏导设备,安装于牵引变电所内,一端接牵引变电所负极柜内的直流负母排,另一端通过排流电缆连接排流网引出端子。目前城市轨道交通所采用的智能排流柜工作原理如图 8-43 所示。

智能排流柜回路的核心元件为硅二极管,利用硅二极管正向导通反向截止的特性,实现杂散电流的极性排流。

电流传感器用于检测排流回路中的排流电流量的大小,通关单片机控制 IGBT 通断的占空比,以实现对排流电流大小的控制。当 IGBT 关断时,排流回路串联了可调电阻和固定限流电阻,阻值大排流电流较小。当 IGBT 导通时,仅串入阻值较小的固定限流电阻,排流较大。固定限流电阻用于限制排流的瞬时电流,以保护 IGBT。可调电阻和 IGBT 构成了排流支路的电阻调节电路,保证了设备既处于可靠安全的工作状态,又能够根据设备的排流能力尽可能地将更多的杂散电流通过负母线回收。

排流柜应具有的功能为单向极性排流;自动调节排流电流值,大电流限度排流;自动监测、记录收集网的排流电流值;与电力监控系统的数据通信功能。

排流柜在线路开通时应安装到位,但杂散电流值在满足规程要求时排流柜不投入运行。只有当监测到道床收集网钢筋极化电位值超过设定数值时,排流柜才投入运行。排流只能作为一种应急手段。一旦监测到结构钢筋极化电位严重超标,则断开排流通路,加强轨道维护,提高走行轨对地过渡电阻,减少道床收集网钢筋及结构钢筋的杂散电流腐蚀。

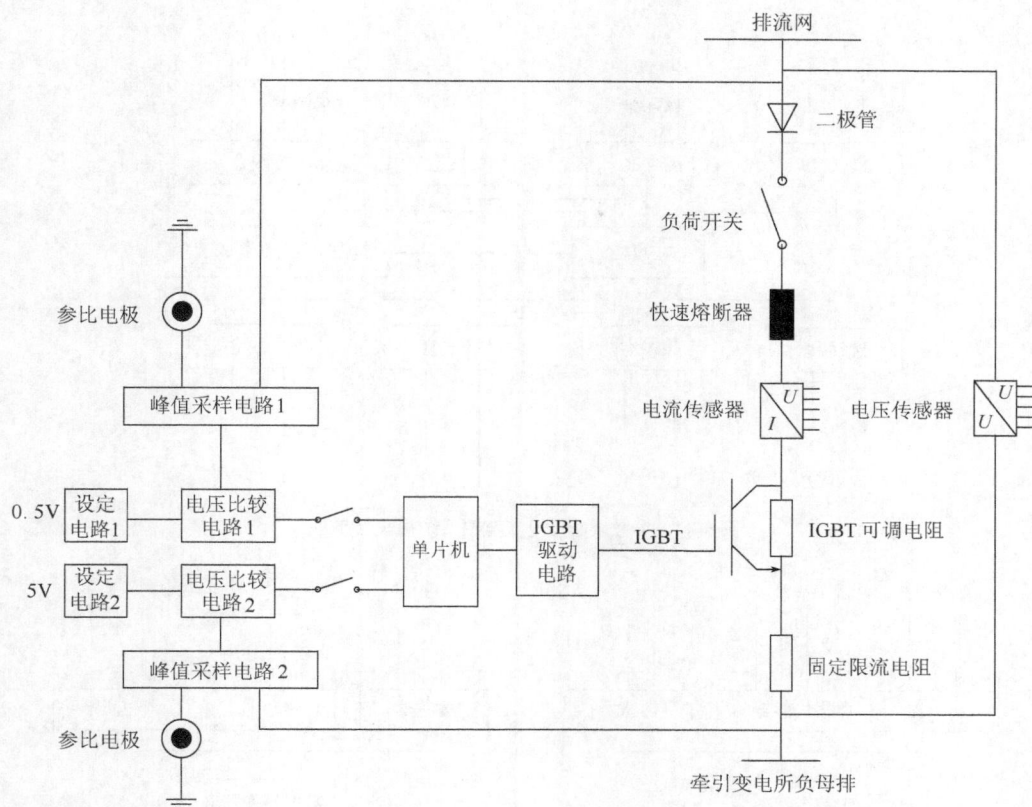

图 8-43 排流柜工作原理

3. "测"——杂散电流监测系统

通过与排流网电气连接的测防端子和走行轨来检测杂散电流的大小,以便超标时及时采取措施,俗称"测"。

杂散电流监测系统可以为运营后杂散电流腐蚀防护提供准确的数据,指导轨道的维护与保养工作,监测主要内容包括泄漏量和极化电位。杂散电流监测系统目前可分为分散式和集中式两类。

分散式杂散电流监测系统由测试端子、参比电极、接线盒、排流柜、便携式综合测试装置等组成,如图 8-44 所示。图中,"1"为测试端子,"2"为参比电极。

分散式杂散电流监测系统的监测方法是通过便携式综合测试装置,在各个测试点分别进行人工测量,主要是测量结构钢筋极化电压偏移值和道床钢筋极化电压偏移值,最后将测量值汇总在一起,传送到综合测试装置中,构成全线的杂散电流极化电压图形,从而发现薄弱环节,及时进行维护。分散式杂散电流监测系统结构简单,便于施工,但需要工作人员逐个进行测试,不能实现全线杂散电流泄漏及腐蚀状态的实时监测功能。

集中式杂散电流监测系统由参比电极、传感器、数据转换器、排流柜等组成,如图 8-45 所示。图中,"1"为道床钢筋,"2"为主体钢筋结构,"3"为参比电极。

集中式杂散电流监测系统是将杂散电流监测纳入电力监控系统统一进行管理。由电力监控系统对全线车站及区间的杂散电流进行监视和数据采集,并进行数据统计、整理和存档。控

```
    1   2        1   2        1   2        1   2
    |   |        |   |        |   |        |   |
  ┌─────────┐  ┌─────────┐  ┌─────────┐  ┌─────────┐
  │  接线盒  │  │  接线盒  │  │  接线盒  │  │  接线盒  │
  └─────────┘  └─────────┘  └─────────┘  └─────────┘
        │            │            │            │
     ┌───────────┐       ┌──────────────────────┐
     │   排流柜   │       │   便携式综合测试装置   │
     └───────────┘       └──────────────────────┘
        │            │            │            │
  ┌─────────┐  ┌─────────┐  ┌─────────┐  ┌─────────┐
  │  接线盒  │  │  接线盒  │  │  接线盒  │  │  接线盒  │
  └─────────┘  └─────────┘  └─────────┘  └─────────┘
    |   |        |   |        |   |        |   |
    1   2        1   2        1   2        1   2
```

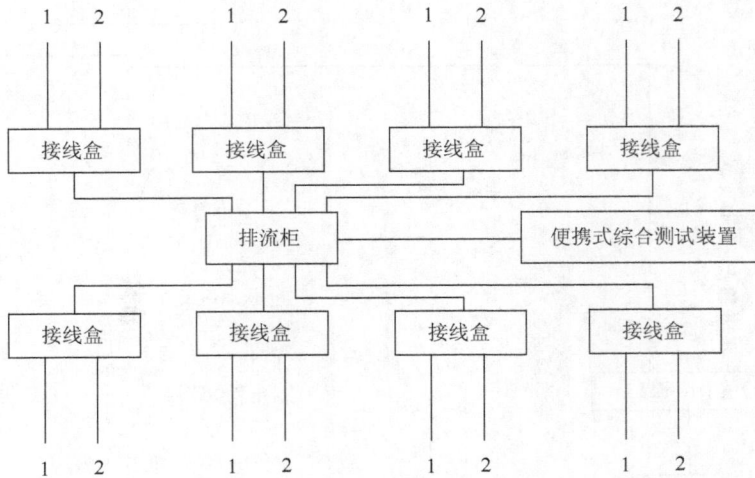

图 8-44　分散式杂散电流监测系统构成示意图

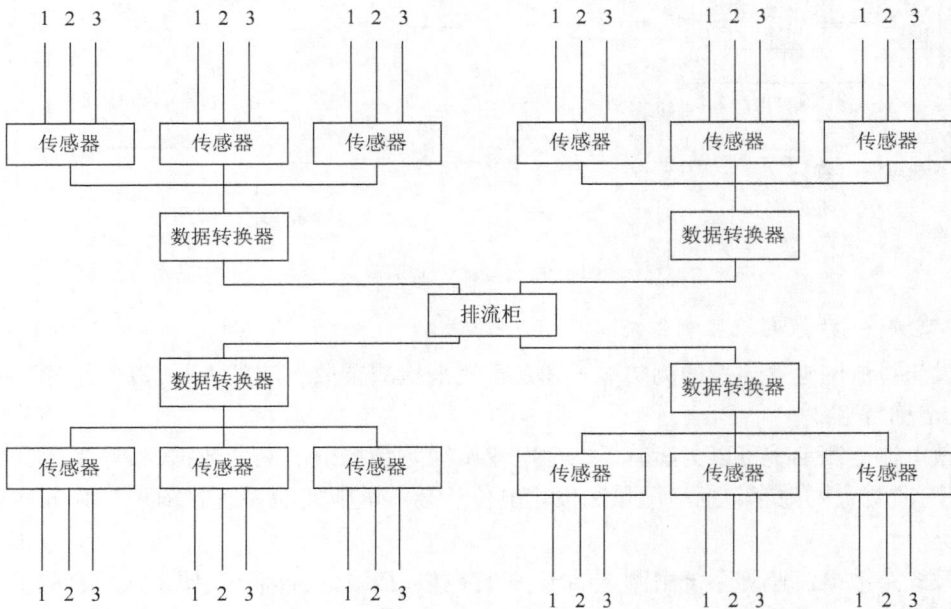

```
  1 2 3      1 2 3      1 2 3          1 2 3      1 2 3      1 2 3
 ┌──────┐  ┌──────┐  ┌──────┐       ┌──────┐  ┌──────┐  ┌──────┐
 │传感器│  │传感器│  │传感器│       │传感器│  │传感器│  │传感器│
 └──────┘  └──────┘  └──────┘       └──────┘  └──────┘  └──────┘
      ┌────────────┐                     ┌────────────┐
      │ 数据转换器 │                     │ 数据转换器 │
      └────────────┘                     └────────────┘
                    ┌──────────┐
                    │  排流柜  │
                    └──────────┘
      ┌────────────┐                     ┌────────────┐
      │ 数据转换器 │                     │ 数据转换器 │
      └────────────┘                     └────────────┘
 ┌──────┐  ┌──────┐  ┌──────┐       ┌──────┐  ┌──────┐  ┌──────┐
 │传感器│  │传感器│  │传感器│       │传感器│  │传感器│  │传感器│
 └──────┘  └──────┘  └──────┘       └──────┘  └──────┘  └──────┘
  1 2 3      1 2 3      1 2 3          1 2 3      1 2 3      1 2 3
```

图 8-45　集中式杂散电流监测系统构成示意图

制中心调度员可通过电力监控系统的画面对全线所有车站及区间的钢筋极化电压和道床钢筋极化电压的实时数据和历史数据进行查询,如车站或区间某点杂散电流(极化电压)"超标",系统自动报警,提醒调度员及时处理。

一般在牵引变电所的上、下行轨道回流点附近及上、下行线路区间设置测试端子,测试端子分别与道床钢筋和主体结构钢筋相连,在测试端子附近设置参比电极。每个牵引变电所安装一台排流柜,利用信号电缆把分布在各个测试点的极化电位等信号统一连接到变电所排流柜中的监测装置,上传到计算机综合装置进行数据处理。

集中式杂散电流监测系统可以实时监控杂散电流情况,以便及时做出判断并采取措施,这为城市轨道交通的运营与维护提供了方便。

无论是分散式杂散电流监测系统还是集中式杂散电流监测系统,参比电极都是系统的一个重要组成部分。测量用参比电极应该满足电位长期稳定、不易极化、寿命长、有一定机械长度的要求。

参比电极的种类很多,常用的有甘汞、银/氯化银、铜/硫酸铜、氧化钼电极等,工程中固定设置的还有锌参比电极的长效铜/硫酸铜电极。对于城市轨道交通来说,参比电极敷设在地下或隧道壁上,长期进行监测,需要选用嵌入式长效参比电极。目前城市轨道工程中多选用氧化钼型,这是因为氧化钼参比电极具有电位稳定、寿命长、机械长度大的特点。

参比电极一般设在地下车站两端进出站信号机附近的道床和隧道处以及牵引变电所的上、下行轨道负回流点附近,对于特殊地段(如越江段、长大区间等)需增设参比电极。同时,在有效站台端部至区间一定距离处(一般为200m)也需设置参比电极。

杂散电流监测系统主要监测对象包括全线所有车站及区间局部地段的结构钢筋极化电压偏移值和道床钢筋极化电压偏移值。当采用集中式杂散电流监测系统时,主要测量的参数有整体道床钢筋的极化电位、主体结构钢筋的极化电位、列车运行时主体结构钢筋对参比电极的自然本体电位。

思考题

1. 城市轨道交通供电系统方式有哪几种? 选择时应考虑的主要因素有哪些?

2. 牵引变电所供电半径确定的技术因素有哪些? 直流1500V供电系统,牵引网压允许的变化范围是多少?

3. 城市轨道交通杂散电流的主要危害有哪些? 有效的工程防治措施有哪些?

第九章

城市轨道交通车站机电设备

　　城市轨道交通车站是机电设备集聚的场所,包括通风空调、给水与排水、电梯与自动扶梯、站台屏蔽门、火灾报警、环境与设备监控、自动售检票、低压配电与照明等系统及相应的维修养护设备等。车站机电设备是轨道交通安全运营与维护的重要保障,也是实现乘客安全、便捷、舒适进出站与换乘的重要保障。

第一节　通风空调系统

　　城市轨道交通的通风空调系统,也称环控系统,是采用人工的方法,创造和维持满足一定要求的空气环境。通风空调系统应保证其内部环境的空气质量、温度、相对湿度、气流组织、气流速度、噪声等均能满足人员的生理及心理条件要求和设备正常运转的需要。

一、通风空调系统的功能

　　位于地面及高架上的轨道交通线路,其环控问题比较容易解决,而位于地下的轨道交通线路,除了其车站出入口等极少部位与外界相连通外,其他基本上与外界隔绝,只有用人工气候环境才能满足乘客的要求。因此,通风空调系统应具备以下基本功能:

　　(1)列车正常运行时,调节车站站厅、站台、隧道设备、管理用房等空气环境,包括空气中的温度、相对湿度和空气质量,对新、回风中的粉尘和有害物质及人员呼出的二氧化碳进行过滤和处理。

（2）列车阻塞在区间隧道内时，当列车采用空调时应向阻塞区间提供一定的送、排风量，借以保证列车空调的继续运作，从而维持列车内部乘客能接受的热环境条件。

（3）列车在区间隧道或车站内发生火灾时，应提供有效的排烟，并向乘客和消防人员提供必要的新风量，形成一定迎面风速，诱导乘客安全撤离。

（4）对车站内各种设备管理用房分别按工艺和功能要求提供空调或通风换气，公共区排风系统要兼容排烟功能。

二、通风空调系统的组成

通风空调系统分为通风系统和空调系统。按控制区域分，其由隧道通风系统和车站通风空调系统两部分组成。其中，隧道通风系统又分为区间隧道通风系统和车站隧道通风系统；车站通风空调系统又分为车站公共区域通风空调系统、车站设备及管理用房通风空调系统和车站空调水系统。通风空调系统的构成如图9-1所示。

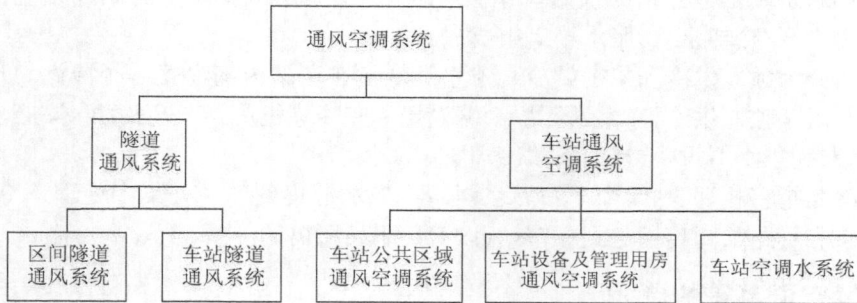

图9-1 通风空调系统的组成

1. 隧道通风系统

1）区间隧道通风系统

区间隧道通风系统主要由可逆反式隧道风机、推力风机、射流风机、电动风阀、消声器、风室和风道组成。隧道风机布置在区间隧道的两端，每端设两台隧道风机，风机前后设消声器及控制转换风阀，以实现设备相互备用。在长度大于2.4km的特长区间中部应设置独立的活塞风道至地面。推力风机一般布置在有联络线、渡线、折返线及部分单洞双线区间。射流风机一般布置在线路的端头、联络线内。各类风机装置能有效地组织气流，控制隧道内温度和在火灾时组织排烟。

2）车站隧道通风系统

车站隧道通风系统主要由排风兼排烟风机、站台及轨顶风量调节阀、防火阀及轨顶排风道和站台下排热风道组成，将停站时列车空调冷凝器和制动装置散发的热量直接排至室外，避免车站隧道内温度持续上升；在火灾时，配合区间隧道通风系统和车站通风空调系统进行消防排烟。

2. 车站通风空调系统

1）车站公共区域通风空调系统

地下车站公共区域（站厅、站台）通风空调系统设备组成的通风（兼排烟）系统习惯称为大系统,同时兼作车站公共区域排烟系统。车站大系统主要由组合空调机、回风机、排风机、新风机、排烟风机,以及各种风阀、防火阀等组成。正常情况下,在需要空调的季节为站厅、站台提供冷气和新风;在需要通风的季节为站厅、站台通风换气。当车站公共区发生火灾时,负责公共区域的排烟,并向乘客输送必要的新风,诱导乘客疏散。

2)车站设备及管理用房通风空调系统

车站设备及管理用房通风(兼排烟)空调系统,简称小系统,由小空调机、排风/排烟风机、风阀、防火阀等组成。正常情况下,在需要空调的季节为站厅、站台层设备及管理用房提供冷气和新风;在需要通风的季节为站厅、站台层设备及管理用房通风换气。在设备及管理用房火灾情况下,车站小系统可配合其他灭火系统完成灭火,排除烟气和气体灭火系统产生的有害气体。

对于地面车站、高架车站,公共区域由于散热、散湿条件好,为降低造价、节省能源,一般采取自然通风,通常不设置通风空调系统;必要时站厅可设置机械通风或空调系统,站厅通向站台的楼梯口、扶梯口处及出入口设置风幕;车站设备及管理用房设有小系统。

3)车站空调水系统

车站空调水系统是指各站为供给车站大、小系统空调用水所设置的制冷系统,由冷水机组、冷却塔、冷冻泵/冷却泵、膨胀水箱等组成。

供冷方式分为独立供冷和集中供冷。独立供冷是在车站内部设置一个冷站,只负责本站的冷量供应。对于独立供冷,车站站厅层一端设置一座冷冻机房,用于安放冷水机组、冷冻泵/冷却泵、分水器和集水器设备,地面安放冷却塔和膨胀水箱。

集中供冷是指将相邻 3~5 个车站的空调用冷冻水汇集到某一处集中处理。冷冻水再由二次冷冻水泵和管路长距离输送到各车站,以满足车站所需的冷量。

三、通风空调系统的制式

通风空调系统的制式一般分为开式系统、闭式系统和屏蔽门式系统 3 种。

1. 开式系统

开式系统是应用活塞效应或机械的方法使地铁内部与外界交换空气,利用外界空气冷却车站和隧道。站与站之间设置通风井,车站内有空气调节。正常运行时,所有通风井全部开启,让外界空气和隧道内空气互相交换。开式系统多用于当地最热月的月平均温度低于 25℃ 且运量较小的地铁系统。开式系统中地铁内部与外界交换空气的方式分活塞通风及机械通风两种。

1)活塞通风

当列车的正面与隧道断面面积之比(称为阻塞比)大于 0.4 时,属活塞效应通风。活塞风量的大小与列车在隧道内的阻塞比、列车行驶速度、列车行驶空气阻力系数、空气流经隧道的阻力等因素有关。利用活塞风来冷却隧道,需要与外界有效交换空气,因此对于全部应用活塞风来冷却隧道的系统来说,应计算活塞风井的间距及风井断面的尺寸,使有效换气量达到设计要求。由于设置许多活塞风井对大多数城市来说都是很难实现的,因此全活塞通风系统只用于早期地铁,现今建设的地铁多设置活塞通风与机械通风的联合系统。

2)机械通风

当活塞通风不能满足地铁排除余热与余湿的要求时,应设置机械通风系统。根据地铁系统的实际情况,可在车站与区间隧道分别设置独立的通风系统。车站通风一般为横向的送排风系统;区间隧道一般为纵向的送排风系统。这些系统应同时具备排烟功能。区间隧道较长时,宜在区间隧道中部设中间风井。对于当地气温不高、运量不大的地铁系统,可设置车站与区间连成一起的纵向通风系统,一般在区间隧道中部设中间风井,但应通过计算确定。

2. 闭式系统

闭式系统多用于当地最热月的月平均温度高于25℃且运量较大,高峰时间内每小时运行的列车对数与列车编组数之积大于180的地铁系统。闭式系统能使地铁内部基本上与外界大气隔断,仅供给满足乘客所需的新鲜空气量。夏季需要空调的季节,整个地下区间及车站除两端隧道洞口、车站出入口和空调有新风外,车站及区间基本与外界相隔绝。车站一般采用空调系统,而区间隧道的冷却是借助列车运行的活塞效应携带一部分空调冷风来实现。该系统仅在车站两端设通风井,因车站内有空调,故正常运行时所有通风井都关闭,以防外界空气从风井流入隧道。

在实际应用中,往往采用开式和闭式相结合的环控系统。

3. 屏蔽门式系统

在车站的站台与行车隧道间安装站台屏蔽门(简称屏蔽门),将两者分隔开后,车站安装空调系统,隧道使用机械通风或活塞通风(或两者兼用)。若通风系统不能将区间隧道的温度控制在允许值以内,应采用空调或其他有效的降温方法。

设置屏蔽门后,车站空调制冷系统仅需承担车站内部乘客散热、机电设备产热和新风冷负荷等,因而可以降低空调系统冷负荷。此外,可以改善站内候车环境的噪声水平,同时还可以减少事故隐患,防止站台拥挤时乘客被挤入轨道。

四、通风空调系统的运行模式

1. 车站公共区域通风空调系统

车站公共区域通风空调系统运行分空调运行、全新风运行和事故运行三种模式。

(1)空调运行。在夏季,站台、站厅的温度、相对湿度大于设定值时,启动空调系统,向站台和站厅送冷风。通过送、回风的温度、相对湿度变化调节新风与回风的比例及进入空调器的冷水量,保证站台、站厅的温度、相对湿度要求。

(2)全新风运行。主要是在春、秋两季,当室外空气的焓值低于站内空气的焓值时,启动全新风风机将室外新风送至车站。

(3)事故运行。车站事故通风是当站厅层发生火灾时,关闭站台层送风系统及站厅层回/排风系统,启动全新风风机向站厅送风,由站台层回/排风系统将烟雾经风井直接排向地面。

2. 车站设备及管理用房通风空调系统

车站设备及管理用房包括站长室、站务室、车站控制室、公安人员室、站台服务室等房间,管理人员较为集中。为提高各房间的空气调节效果,一般采用分体式空调机组,另外设置机械送排风系统,提供新风和其他季节的通风换气。除此之外,还要对车站降压变电所、环控机房、车站出入口等地方采用机械送排风的措施。

3. 区间隧道通风系统

区间隧道通风系统的运行主要有正常运行、堵塞运行和事故通风运行等3种工况。

(1)当列车正常运行时,利用列车在隧道内高速运动产生的活塞效应从车站一端风井引入新风,经过区间隧道由下一站风井排风。列车停靠车站时列车下部的制动发热量和顶部的空调冷凝发热量由站台排热通风系统排放。

(2)堵塞运行是当列车因故滞留在区间隧道时,为使列车空调器正常运转,关闭列车后方事故机房内的旁通风门,事故风机区间隧道送入新风,前方站事故风机将区间隧道内的空气排至地面。区间内的气流方向应与列车的行进方向保持一致。

(3)当列车在区间隧道内发生火灾时,区间隧道一端的事故风机向火灾区间送风,另一端事故风机将烟雾经风井排至地面。中央控制室确认火灾后,根据事故列车在区间隧道内的位置、列车内事故的位置和火灾源与安全通道的距离等决定通风方向,以利于乘客的安全疏散。乘客的疏散方向必须与气流的方向相反,使疏散区处于新风区。

4.车站隧道通风系统

在正常运营时,车站隧道通风系统运行,排除停站列车车顶冷凝器和车厢底部发热设备的热量;当发生火灾列车停靠在车站时,利用车站轨行区排热系统进行排烟;在区间隧道事故运行时,根据系统的控制模式要求开启或关闭车站轨行区排热系统。

五、通风空调系统的控制方式

通风空调设备通过中央级、车站级、就地级三级进行监控,实现设备集中监控和科学管理,提高综合自动化精度。通过运行不同环控模式,满足不同场合对设备的运行要求。

1.中央级控制

中央级控制装置设在运行控制中心(Operation Control Center,简称OCC),配置有中央级工作站、全线隧道通风系统及车站环控系统中央模拟显示屏。OCC工作站可对隧道通风系统进行监控,执行隧道通风系统预定的运行模式或向车站下达大、小系统和水系统各种运行模式指令,其控制权限最低。

2.车站级控制

车站级控制装置设在各站车站控制室,配置车站级工作站和紧急控制盘,在正常情况下可监视本站的隧道通风系统,空调大、小系统及水系统,向中央级控制传达本站设备信息并执行中央级控制下达的各项运行指令。在中央级控制工作站的授权下,车站级工作站可作为本车站的消防指挥中心,当车站级工作站出现故障时,紧急控制盘可以执行中央级工作站下达的所有防灾模式指令。这也是环控设备最常见的控制方式。

3.就地级控制

就地级控制装置设在各车站的环控电控室,通过对设备就地控制箱的直接操作来达到控制设备的目的,便于设备调试、检查和维修。就地控制是所有控制级别中权限最高的控制方式,也是最重要的应急操作方式。

第二节　给水与排水系统

城市轨道交通车站的生产、生活及消防都离不开水资源,给水与排水的作用是满足生产、生活和消防用水对水量、水质和水压的要求,保证车站和车辆段排水畅通并满足排放标准要求,为城市轨道交通安全运营提供服务。

一、给水与排水系统的功能

车站给水系统的主要功能是向车站工作人员提供符合要求的洁净饮用水、卫生间清洁用水、保洁清洗用水、制冷系统用水,以及符合压力、流量需求的消防用水和其他生产所需用水。

车站排水系统的主要功能是将车站内生活、生产所产生的污、废水,车站出入口的雨水及地下结构渗漏水,及时排到站外市政污水管网或雨水系统。

二、给水与排水系统的组成

城市轨道交通的车站给水与排水系统由给水系统和排水系统两部分构成。给水系统包括生产、生活给水系统和消防给水系统;排水系统则包括污水排水系统、废水排水系统和雨水排水系统。

1.车站给水系统

车站(含区间隧道)给水系统以城市自来水作为供水源,进站前设置水表和水表井,进水管水表前设置室外消火栓和水泵接合处。生产、生活给水系统和消防给水系统在站内分开,自成独立的系统。车站给水系统结构图如图9-2所示。

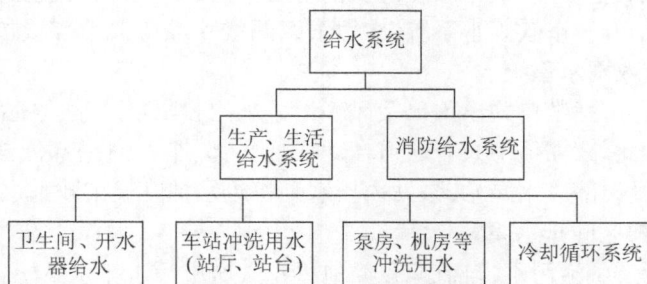

图 9-2 车站给水系统结构图

以下从地下站、地下区间给水系统与高架车站、高架区间给水系统两个部分进行介绍。

1)地下站、地下区间给水系统

当城市供水管网有两路或呈环状管网,并且管网的供水能力满足车站及相邻区间的要求时,各车站从城市供水管网的不同管网或环状管网上引入两根进水管,两路引入管互为备用,平时一开一闭,定期轮换供水,每一路自来水管均应满足全部消防用水量。当城市自来水管网为枝状管网,不能提供两路供水,且相邻车站也不具备两路供水时,应设消防水池及增压泵和配套稳压给水装置。

2)高架车站、高架区间给水系统

高架车站、高架区间的生产、生活给水系统利用市政供水压力直接供水,在车站内布置成枝状供水系统。若城市自来水管网的供水压力不能满足车站消防用水的要求,在车站设置消防增压泵房,消防栓系统通过水泵加压稳压后,在车站纵向和横向分别连通形成环状供水管网。若市政提供的供水压力能满足消防要求,消火栓系统也可以不设置消防增压泵房,利用市政压力直接供水。在车站站台公共区、设备区(层)、管理用房区设置消火栓。高架区间的消防利用市政现有的消火栓设备,不再增设消火栓给水系统。

2. 车站排水系统

车站排水系统主要针对结构渗漏水、事故水、凝结水、粪便及生活污水、消防及冲洗废水以及车站露天出入口、隧道洞口的雨水等。排水采用分流制排水方式,各类污水分类集中,就近排入市政下水道。图9-3所示为车站排水系统结构图。

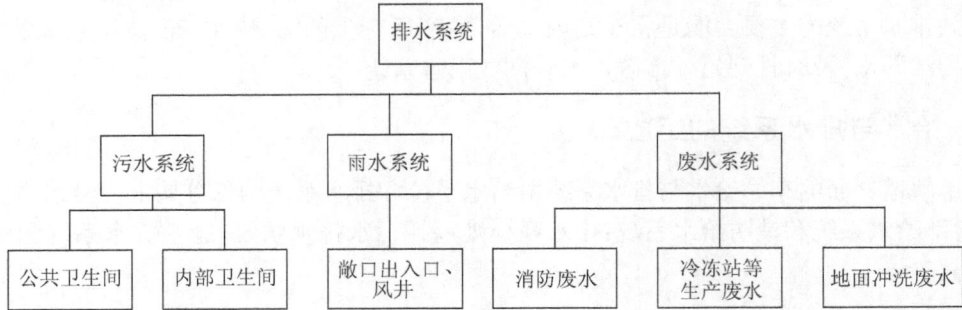

图9-3　车站排水系统结构图

1) 地下站、地下区间排水系统

地下车站厕所下方设污水泵房,污水泵将污水直接提升至地面,经化粪池处理后排入市政污水系统;结构渗漏水、生产废水、车站冲洗及消防废水利用排水沟自流排入车站废水泵房的废水池,通过废水泵抽升至市政雨水系统;在地下区间线路坡度最低点设废水泵站,泵站内排水泵将废水抽升至市政雨水系统。

在隧道出洞口处、车站敞口式出入口及风亭设排水沟和雨水泵站,泵站内排水泵将雨水抽升至市政雨水系统。此外,在地下人行通道自动扶梯底部、车站内局部低洼处、地下区间折返线、车辆检修坑端部设局部废水泵站,泵站内排水泵将废水抽升至市政雨水系统。

2) 高架车站、高架区间排水系统

高架车站的厕所及生活污水,自流至化粪池再排入城市污水排水系统;车站的冲洗水及消防废水,通过排水管道利用重力流的形式直接排入城市污水排水系统;车站及区间的雨水,通过排水管道利用重力流的形式直接排入城市雨水系统。

三、给水与排水系统的控制方式

1. 生产、生活给水系统控制方式

在车站两根给水引入管上安装电动蝶阀,互为备用,定期轮换使用。

2. 消防给水系统控制方式

在车站值班室显示消防水泵的故障状态、运行状态和手动状态,火灾自动报警系统在值班室可直接控制消防水泵的启停。

3. 排水系统控制方式

(1)各地下车站的污水泵、废水泵、局部排水泵等除通过控制箱实现现场水位自动控制和就地手动控制外,还由环境与设备监控系统实行监视。对于采用直线电机运载系统,为了提高区间排水的安全性,地下区间的所有排水泵都由环境与设备监控系统在车站控制室内远程监控。

（2）在就近车站的值班室可以显示每台水泵的运行状态、故障状态、水位状态等，同时每台泵有运行计时装置。

值得注意的是，不管是车站还是区间排水系统，一旦不能及时将积水排走，都会对乘客或工作人员的生活和工作甚至对列车的运行造成影响。因此，在一般情况下，每处排水系统都设置两台或以上的水泵并联运行，通常为一备一用，在出现大量积水时两台或以上的水泵可同时启动进行大量排水。

第三节 电梯与自动扶梯系统

电梯与自动扶梯系统作为一种便捷的运输工具，是城市轨道交通站台、站厅、地面间运送客流的主要设备，每天承担着运送大量乘客的任务，对客流及时疏散起到了至关重要的作用，并满足乘客对乘降舒适度的要求。

一、电梯系统

电梯是用于高层或多层建筑物中的固定式升降运输设备，其轿厢沿着垂直方向在各楼层间运行，是输送人员或货物的垂直升降设备。在城市轨道交通系统中，垂直电梯除了供盲人、手动轮椅者等残疾人使用外，还可供老、弱、病人及车站工作人员使用。

在不宜安装自动扶梯和电梯的车站，为方便行动不便者或使用轮椅者出入，部分楼梯还会加装楼梯升降机。楼梯升降机安装在车站站台到站厅和地面到站厅步行楼梯一侧，能沿着楼梯连续作上升、水平和90°转角运行，运行倾角不大于35°。车站出入口的楼梯升降机应采用室外型，车站内楼梯升降机则宜采用室内型。

1. 电梯的分类

按电梯有无机房可分为有机房电梯、小机房电梯、无机房电梯等。无机房电梯是指在不设机房的条件下，将轿厢、驱动主机、控制柜、限速器等关键部件布置在一般电梯井道内的电梯。无机房电梯的驱动电机，采用绿色环保永磁同步驱动技术，具有节能、环保、运行精度高的特点，使电梯运行更平稳、控制更精确。

按电梯驱动方式可分为液压电梯、曳引驱动电梯等。由于地铁车站很难在电梯井道的顶部设置机房，以往多选用液压电梯，但液压电梯主要靠油液驱动，故障率高、维修量大，而且在车站内必须设置机房，不利于减小车站土建规模。随着技术的发展，客货两用无机房曳引驱动电梯逐步代替了液压电梯，并在城市轨道交通中得到广泛应用。

2. 电梯的基本结构

电梯主要由曳引系统、导向系统、轿厢系统、门系统、重量平衡系统、电力拖动系统、电气控制系统和安全保护系统组成。图9-4所示为曳引电梯的基本结构。

电梯各部分组成与功能简述如下：

（1）曳引系统：主要由曳引钢丝绳、导向轮、反绳轮等组成，实现动力输出与传递。

（2）导向系统：主要由导轨、导靴和导轨架组成，限制轿厢和对重的活动自由度，使轿厢和对重只能沿着导轨做升降运动。

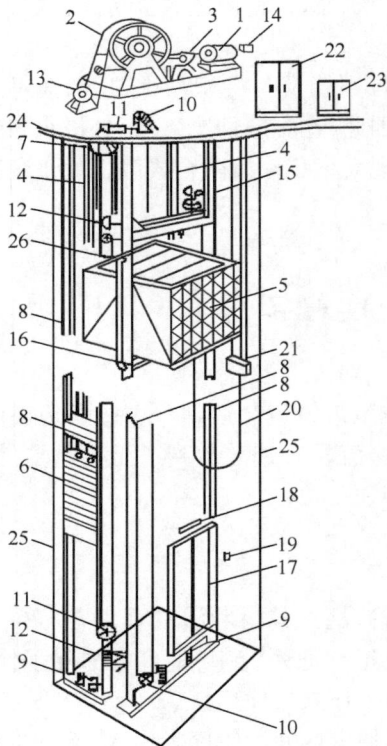

图 9-4　曳引电梯的基本结构

1-主传动电动机;2-曳引电动机;3-制动器;4-曳引钢丝绳;5-轿厢;6-对重装置;7-导向轮;8-导轨;9-缓冲器;10-限速器;11-极限开关;12-限位开关;13-楼层指示器;14-球形速度开关;15-平层感应器;16-安全钳及开关;17-厅门;18-厅外指层灯;19-召唤灯;20-供电电缆;21-接线盒及线管;22-控制屏;23-选层器;24-顶层地坪;25-电梯井道;26-限速器挡块

(3)轿厢系统:由轿厢架和轿厢体组成,是运送乘客和货物的载体。

(4)门系统:由轿厢门、层门、开门机、联动机构和门锁装置组成,其功能是封住层站入口和轿厢入口。

(5)重量平衡系统:由对重和重量补偿装置组成,用于平衡轿厢重量,保证电梯的曳引传动正常。

(6)电力拖动系统:由曳引电动机、供电系统、速度反馈装置、电动机调速装置等组成,为电梯运行提供动力,并实现电梯速度的控制。

(7)电气控制系统:主要由操纵装置、位置显示装置、控制屏、平层装置、选层器等组成,对电梯的运行实施操纵和控制。

(8)安全保护系统:由限速器、安全钳、缓冲器、端站保护装置组成,用于保证电梯安全使用。

二、自动扶梯

自动扶梯是带有循环运动梯路向上或向下倾斜运输乘客的固定电力驱动设备。不同于一般商用型自动扶梯,在使用的自动扶梯,不仅具有运量大、满载工作时间长等特点,还应具有极高的安全性和可靠性。因此,城市轨道交通车站中应采用重载型设备,自动扶梯的传输设备及部件应采用不燃或难燃材料,地下车站的露天出入口应采用室外型自动扶梯。

当换乘站之间的换乘距离较大时,为改善换乘条件,可增设自动人行道。自动人行道工作原理与自动扶梯相似。

1.自动扶梯的分类

自动扶梯可分为端部驱动自动扶梯与中间驱动自动扶梯。

端部驱动自动扶梯,又称为链条式自动扶梯,其驱动装置位于自动扶梯的头部,以链条为牵引构件,一系列的梯级与两根牵引链条连接在一起,运行在按一定线路布置的导轨上。牵引链条绕过上牵引链轮、下张紧装置并通过上、下分支的若干直线、曲线区段构成闭合环路。上牵引链轮通过减振器等与电动机相连以获得动力。

中间驱动自动扶梯,又称为齿条式自动扶梯,其驱动装置位于自动扶梯中部,以齿条为牵引构件。一台自动扶梯可以装有多组驱动装置,也称多级驱动组合式自动扶梯。运行时,电动机通过减速器将动力传递给两侧的构成闭合环路的传动链条,每侧的传动链条之间铰接一系列的滚子,滚子与牵引齿条的牙齿啮合,驱使自动扶梯运行。

2. 自动扶梯的基本结构

自动扶梯的基本结构如图 9-5 所示,主要设备包括桁架、梯级、围裙板、驱动装置、梯级链、梯级链张紧装置、梯级导轨、扶手装置、梳齿板、电气控制系统、安全装置以及润滑系统等。

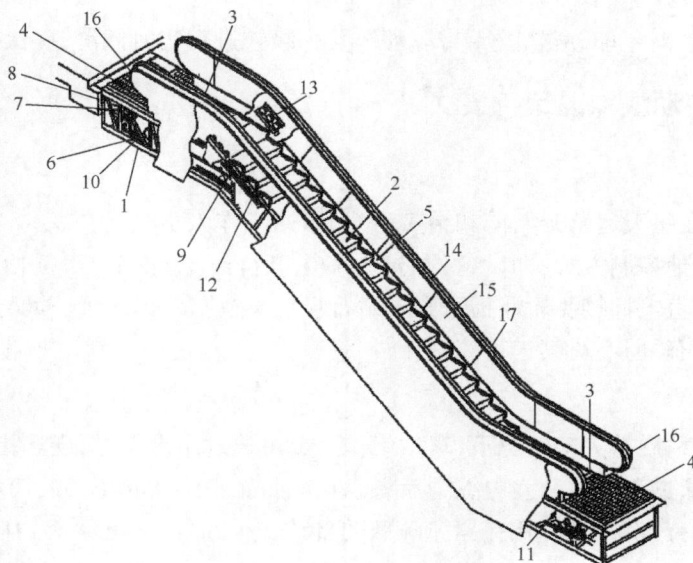

图 9-5　自动扶梯的基本结构

1-桁架;2-梯级;3-梳齿;4-地板及梳齿板;5-围裙板;6-驱动链;7-减速机;8-电动机;9-梯级链;10-主驱动轴;11-梯级链张紧装置;12-梯级导轨;13-扶手带驱动装置;14-扶手带;15-内侧板;16-操纵板;17-盖板

自动扶梯主要设备的功能简述如下:

(1)桁架:用于安装和支承自动扶梯的各个部件,承受载荷并将建筑物两个不同层面的地面连接起来。

(2)梯级:供乘客站立的部件,在自动扶梯桁架上循环运行。

(3)围裙板:与梯级、踏板两侧相邻的金属围板。

(4)驱动装置:将动力传递给梯级和扶手装置。一般由电动机、减速机、主驱动轴、驱动链等构成。

(5)梯级链:带动梯级运行的部件。

(6)梯级链张紧装置:使自动扶梯的梯级链获得必要的初张力,保证自动扶梯正常运转,并在自动扶梯运转过程中补偿梯级链的伸长,以及用于梯级链和梯级由一个分支过渡到另一个分支的改向等。

(7)梯级导轨:供梯级滚轮运行的导轨,保证梯级按一定的线路运动。

(8)扶手装置:主要供站立在梯级上的乘客扶手之用,对乘客起安全防护作用。扶手装置是安装在自动扶梯两侧的特种结构形式的带式输送机,由扶手带驱动装置、扶手带和内侧板组成。

(9)梳齿板:与梯级相啮合的部件,位于运行的梯级出入口,为方便乘客上下自动扶梯。

(10)电气控制系统:用于控制电梯的运行,主要由主机板、变频器、主开关、各种继电器、接线端子、通信接口、接地保护装置等构成。

（11）安全装置：保证乘客乘坐自动扶梯安全的各种安全保护开关，包括：断链（梯级链）急停开关、断带（扶手带）急停开关、梯级水平监测装置、电流保护装置、驱动轴安全制动器、楼层地板安全触点、盖门连锁装置、电气防反转装置、防梯级举升轨道、扶梯内烟雾探测装置等。

（12）润滑系统：对主驱动链、扶手带驱动链及梯级链进行实时润滑，确保扶梯平稳运行。

三、电梯与自动扶梯的运行模式

1. 正常情况

正常情况下，在每天运营开始前和结束后，由车站工作人员启动或关停自动扶梯、垂直电梯。设备均采用就地控制方式，即设备的启动、停止、运行（上行/下行）需由车站值班人员在现场操作完成。垂直电梯接受轿厢指令和层站召唤信号控制。车站级环境与设备监控系统监视各设备的运行状态，但不对其进行控制。

2. 灾害情况

在火灾、水灾、地震等灾害情况下，车站工作人员可通过站内广播、现场指挥等多种形式引导乘客疏散，同时通过车站控制室内综合后备盘（Integrated Backup Panel，简称 IBP）上的紧急停止按钮使站内所有自动扶梯（用作紧急疏散的自动扶梯除外）停止运行，作为固定楼梯疏散乘客。

垂直电梯不具备消防功能。当灾害发生时，垂直电梯应在接收到环境与设备监控系统发送的火灾报警信号后自动停靠基站，开门并疏散乘客后，将不再响应轿厢指令和层站召唤信号。

第四节　站台屏蔽门系统

站台屏蔽门通常简称为屏蔽门（Platform Screen Doors，简称 PSD），是安装于城市轨道交通沿线车站站台边缘，用以提高运营安全系数、改善乘客候车环境、节约运营成本的一套机电一体化设备。屏蔽门将轨道与站台候车区隔离，设有与列车门相对应、可多级控制开启与关闭的滑动门，列车进站时配合列车车门动作打开或关闭，为乘客提供上下列车的通道。

一、PSD 系统的分类

按照其结构形式的不同，屏蔽门可分为全封闭式屏蔽门、开式全高屏蔽门和开式半高屏蔽门。

1. 全封闭式屏蔽门

全封闭式屏蔽门一般用于地下车站，采用全立面玻璃隔离墙和滑动门，沿着车站站台边缘和两端头设置，将站台侧面从地板到顶棚全部遮挡起来，把站台乘客候车区与列车进站停靠区完全隔离，可以较好地减少空气对流造成的站台冷热气的流失，一般用于有空调节能要求的地下站台，同时起到降低噪声的作用。

2. 开式全高屏蔽门

开式全高屏蔽门与全封闭式屏蔽门结构形式相似,只是其上部不封闭,门体下部可以根据需要设置通风口,通过借助地铁活塞风对站台进行空气置换。相对于全封闭式屏蔽门,开式全高屏蔽门造价低,通常应用于没有空调系统的地下车站。

3. 开式半高屏蔽门

开式半高屏蔽门,采用一定高度的玻璃隔离墙和滑动门或不锈钢栏杆,把站台乘客候车区与列车进站停靠区隔开,空气仍可以通过屏蔽门上部流通。开式半高屏蔽门不能完全隔离站台区域与轨行区,主要是起一种隔离的作用,提高站台候车乘客的安全。开式半高屏蔽门通常又称为安全门,主要应用于地面站、高架站及旧线改造加装,具有设备自重轻、安装接口少、维护方便等特点。

二、PSD 系统的功能

PSD 系统为站台公共区与列车之间提供可控通道,其主要功能如下:

(1)保护乘客的安全:屏蔽门隔断站台候车乘客与通过列车,防止乘客跌落轨道而发生危险;列车也可在较安全的环境下行驶,减少司机驾车进站时的不安全感。

(2)改善站台候车环境:屏蔽门降低列车进站或通过站台时产生的活塞风,减少噪声,保证乘客有较为舒适的候车空间及环境。

(3)节省运营成本:避免了活塞风所造成的站内空调冷量的损失,减少地下车站空调设备的容量和数量,减少土建工程量等建设成本;提高整个站内空调系统的利用率,降低能耗。

(4)减缓火灾影响:当站台侧或轨道侧发生火灾时,屏蔽门可隔绝火势及烟雾由轨道侵入站台或由站台延烧至轨道,且可延长其两侧相互影响时间,增加乘客疏散时间。

三、PSD 系统的组成

PSD 系统由机械和电气控制两部分组成,其中机械部分包括门体系统和门机系统,电气控制部分包括电源系统和控制系统,如图9-6所示。

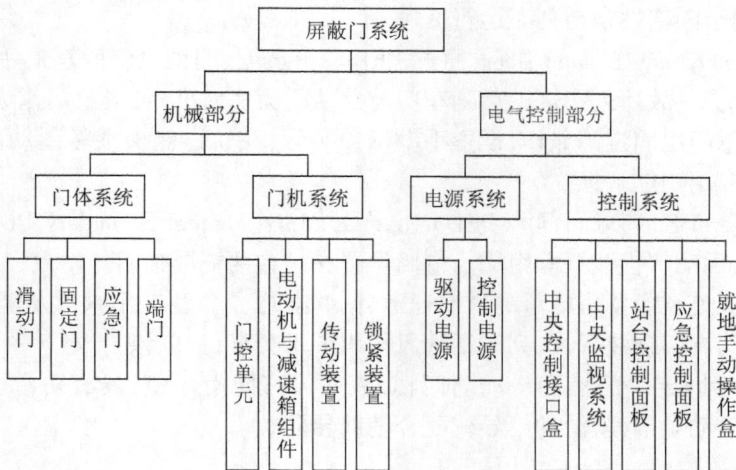

图9-6 屏蔽门系统的组成

1. 机械部分

1)门体系统

门体系统由承重结构、顶箱、门体、门槛等组成。

(1)承重结构:包括底部支承部件,门机梁,立柱杆主、顶部自动伸缩装置等部分,能够承受屏蔽门的垂直载荷、通风系统产生的风压、活塞风形成的正负方向水平载荷、乘客挤压力,以及地震、振动等载荷。

(2)顶箱:由铰接前盖板、后盖板、门楣等组成,内部装设门机系统等部件。前盖板上设有盖板锁,盖板周边有橡胶密封条,当盖板关闭锁紧后,形成完整的密封箱体,对顶箱内电气设备起到防护作用。

(3)门体:包括滑动门、固定门、应急门、端门,如图9-7所示。门体玻璃为钢化安全玻璃或钢化夹层玻璃,门体外露材料一般采用铝合金或不锈钢。

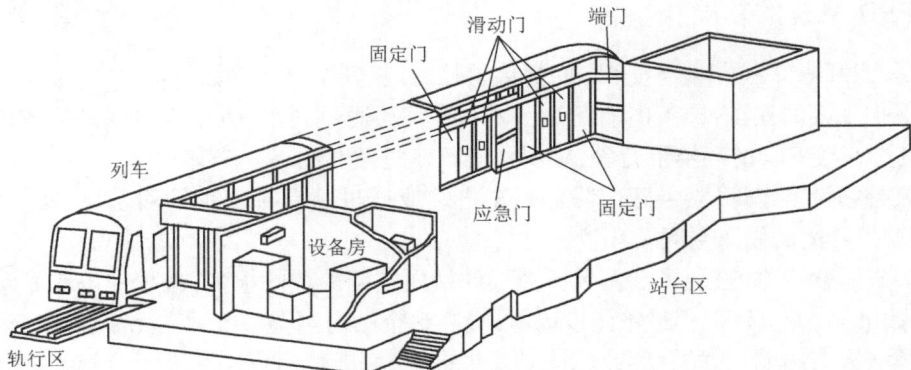

图9-7 PSD门体示意图

①滑动门(Automatic Sliding Door,简称ASD):也称为活动门,由玻璃、门框、门吊挂连接板、门导靴、手动解锁装置等组成,开门方式采用中分双开式。正常情况下,滑动门是乘客上下列车的通道,也是紧急情况下列车到站后乘客的疏散逃生通道。

②固定门(Fixed Panel,简称FIX):由玻璃、门框等组成,通过螺栓连接在结构立柱上。固定门不可开启,用于隔离站台与列车运行区域。

③应急门(Emergency Escape Door,简称EED):由玻璃、门框、转动铰轴、手动解锁装置等组成。在紧急情况下,故障列车进站后列车门与滑动门无法对准时,应急门作为乘客进出列车的疏散通道。应急门由固定门兼作,设置手动解锁装置,在轨道侧由乘客手动开启,在站台侧由工作人员使用专用钥匙解锁。

④端门(Platform End Door,简称PED):也称为MSD(Manual Secondary Door),由玻璃、门框、闭门器、门锁、手动解锁装置等组成。端门设置在站台两端屏蔽门与站台设备房外墙之间,作为站台到区间隧道和设备房区域的进出通道,同时兼作紧急情况下乘客从隧道逃生疏散到站台的通道。端门有门锁装置,在列车活塞风作用下不会自行开启。

(4)门槛:包括固定门门槛和滑动门门槛,表面设有防滑齿槽,具有防滑及耐磨的功能。门槛结构中设有滑动导槽,与滑动门导靴配合辅助导向。

2)门机系统

门机系统设在站台侧,包括门控单元、电动机与减速箱组件、传动装置、门锁紧装置等。

（1）门控单元(Door Control Unit,简称DCU)：滑动门电动机的电子控制装置,每个滑动门均配置一个DCU,安装在门体上部的顶箱内。它具备自诊断功能,能与维护计算机连接,可进行测试、组态编程维护,从而实现了信息化、智能化及集成网络控制。

（2）电机与减速箱组件：电机可采用交流或直流电机,由门控单元驱动;减速箱用于减速及提高电机输出驱动力矩。

（3）传动装置：由皮带和滚轮挂板等组成,是电动机与减速箱组件输出轴至门扇的传动机构,用于驱动滑动门的开启和关闭。

（4）门锁紧装置：由闭锁检测开关、手动解锁检测开关、解锁电磁铁凸轮和门锁支架等组成。

2. 电气控制部分

1）控制系统

控制系统主要是对屏蔽门系统开门、关门进行控制,保证与列车车门动作同步。屏蔽门控制系统包括就地控制盒、站台操作盘、中央控制盘、操作指示盘、控制回路及声光报警装置等。

（1）就地控制盒(Local Control Box,简称LCB)：设于每樘屏蔽门的上方,由模式开关和单档屏蔽门控制开关组成,具有自动/手动/隔离选择功能。在正常情况下,用钥匙将模式开关置于"自动"状态,屏蔽门可接收其他控制方式的命令进行开关门。当某樘屏蔽门发生故障需维修或保养时,可将该樘屏蔽门的模式开关置于"隔离"状态,与整个PSD控制系统隔离,而不会影响其他屏蔽门的正常功能。

（2）站台操作盘(PSD System Local Controller,简称PSL)：安装在车站首尾端轨道侧墙,对应列车停站时首尾驾驶室车门位置,属冗余设计且操作互锁,在PSD系统控制发生故障时,列车司机操作PSL直接进行屏蔽门的开启和关闭。

（3）中央控制盘(PSD System Controller,简称PSC)：屏蔽门控制系统的核心,设置在屏蔽门设备室内。PSC由屏蔽门单元控制器(Platform End Door Controller,简称PEDC)和主监视系统(Main Monitoring System,简称MMS)组成。PEDC为MMS的逻辑输入模块提供操作状态,MMS完成整个车站所有门单元的相关信息集成,并提供与车站主控系统(Main Control System,简称MCS)的接口界面,完成屏蔽门系统的监视功能。

（4）操作指示盘(PSD Supervision Local Alarm Panel,简称PSA)：安装在车站控制室里,由中央监控接口和屏蔽门紧急控制装置(Platform Emergency Controller,简称PEC)组成。中央监控接口经串行总线与PSC连接,用于监控屏蔽门系统运行状态、诊断屏蔽门故障、查看/下载屏蔽门系统运行历史记录、重载软件等;在紧急情况下,操作PEC能够直接控制一侧站台上的滑动门的开关,一旦PEC被激活,信号系统及PSL对屏蔽门的控制权被取消。

（5）控制回路：包括安全继电器回路、火灾模式控制回路、控制变压器及相关通信总线。

（6）声光报警装置：安装在门体上部的顶盒内,在屏蔽门开启/关闭的过程中,向乘客发出预警信号。任何一扇门被意外打开,声光报警装置都会发出报警信息。

2）电源系统

电源系统为滑动门驱动系统和屏蔽门控制系统提供电源,包括门机驱动电源、控制电源和系统配电柜。屏蔽门应配有不间断电源(Uninterruptible Power Supply,简称UPS)和蓄电池,作为事故停电时的备用电源。

（1）驱动电源：采用 UPS 为门机提供电源，当外电中断供电时，能为断电后的屏蔽门提供一定开关门次数的驱动能量，为车站人员提供应急处理的时间。

（2）控制电源：采用 UPS 为系统控制线路提供电源，当外电中断供电时，能为屏蔽门控制回路提供不少于 30min 的后续供电，为车站人员提供应急处理的时间。

（3）系统配电柜：包括系统总开关、主隔离变压器、门单元分路负荷开关、各控制回路工作电源开关、车站低压配电接地保护等。

四、PSD 系统的运行模式

PSD 系统运行模式分为正常运行模式、非正常运行模式、紧急运行模式和火灾应急运行模式。

1. 正常运行模式（系统级控制）

在系统正常情况下，屏蔽门接受信号系统的指令控制滑动门的开关。列车正确停站时，司机发出开门指令给信号系统，信号系统经过对比发出命令给屏蔽门的门控单元，进行解锁开门。当列车准备发车时，司机发出关门指令给信号系统，信号系统将命令传给屏蔽门主控机，通过门控单元进行关门锁闭操作，允许列车离站。

系统级控制受到停站位置的限制，若列车未在停车允许误差范围内，则信号系统的开关门指令无效，此时必须由司机手动驾驶列车重新修正停车位置，直到信号系统允许开关门操作为止。

2. 非正常运行模式（站台级控制）

当系统级控制不能正常运行时，如列车停位不正确、信号系统故障、信号系统与屏蔽门系统通信中断、屏蔽门系统局部故障等非正常情况下，由司机或被授权操作人员操作 PSL 进行屏蔽门的开门、关门操作，实现屏蔽门的站台级操作。

3. 紧急运行模式（手动控制）

手动操作是由站台工作人员或乘客对屏蔽门进行的操作。当控制系统电源发生故障或个别屏蔽门操作机构发生故障时，在站台侧，由站台工作人员用专用钥匙打开滑动门；在轨道侧，由乘客操作手动解锁装置自行开启滑动门。这种操作模式不受列车停站位置的限制。

4. 火灾应急运行模式

在隧道/车站发生火灾时，车站工作人员通过在车站值班室的 IBP 上的紧急控制开关，打开滑动门，疏散乘客并配合车站环控系统执行火灾模式。

上述屏蔽门运行模式中，控制优先级从高到低依次为紧急运行模式（手动控制）、火灾应急运行模式、非正常运行模式（站台级控制）和正常运行模式（系统级控制）。

第五节　火灾报警系统

城市轨道交通以其大运量和快捷的运输在城市公共交通中扮演着十分重要的角色，其事故和灾害将会产生巨大的影响。尤其在地下车站和隧道发生火灾时，人员疏散、救生和灭火都十分困难，造成的灾难和损失将难以估量。因此，必须设置火灾报警系统（Fire Alarm System，简称 FAS),对可能发生的灾害进行自动监视,及早发现灾情;同时配备相应的消防灭火系统,针对灾害情况采取应对措施。

一、FAS 的功能

火灾报警系统将传感技术、通信技术、智能化信息处理技术等综合应用于火灾预防与消防,具有自身的网络结构和布线系统,可实现独立操作、运行和管理,其主要功能如下:

(1)监视车站消防设备的运行状态、接收车站火灾探测器、手动报警按钮等现场设备的报警信号,显示报警位置。

(2)优先接收控制中心发出的消防救灾指令和安全疏散命令,并能在发生火灾时发出模式指令,使机电设备监控系统运行转入火灾模式,实现消防联动,同时可通过事故广播系统和闭路电视系统组织疏散乘客。

(3)对气体灭火系统保护区域进行火灾监视,做到及早发现火灾,通报并发送火灾联动指令。

二、FAS 的组成

FAS 主要由设置在沿线各车站、区间隧道、控制中心大楼、车辆段/停车场、主变电所等的火灾报警设备以及相关的网络设备和通信接口组成。FAS 按中央级和车站级两级监控、管理方式设置,采用中央监控管理、车站控制和现场控制的三级控制方式。FAS 的结构示意图如图 9-8 所示。

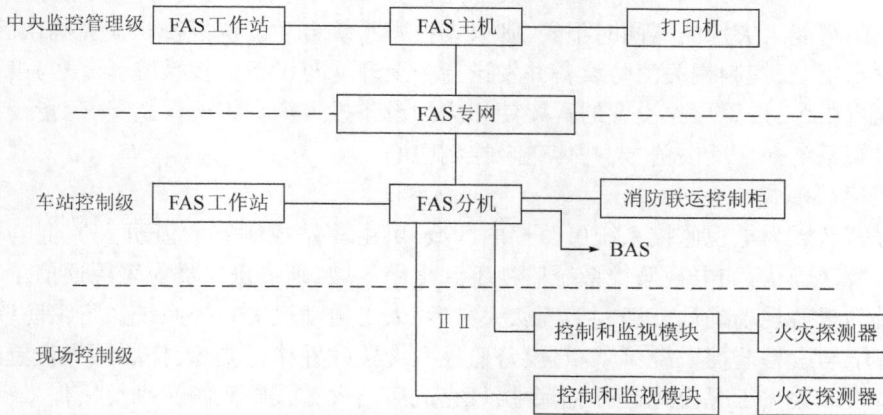

图 9-8 FAS 结构示意图

1. 中央监控管理级

中央监控管理级设于线路控制中心(OCC)的中央控制室内,是城市轨道交通消防的指挥和控制中心。在控制中心设中央级报警主机、中心级图形界面工作站和打印机,通过专用网络连接各车站级火灾报警系统构成全线火灾报警系统。中央级设有联动控制台、防灾广播与电视监视的切换装置,防灾调度电话总机,与市消防、防汛、地震预报中心联系的外部电话等。

2. 车站控制级

在各车站、控制中心大楼等消防设备室设火灾报警控制器,实现对其管辖范围独立执行消防监控与管理,并通过 FAS 网络与其他车站的 FAS 分机及控制中心操作工作站进行通信,报告火灾报警、系统故障、联动控制及各消防设备的运行状态等信息。车站级 FAS 管辖范围除车站外,还包括车站相邻的区间隧道和隧道中间风井。车站级 FAS 由车站值班员工作站、火灾报警控制器、消防专用电话系统、消防广播系统、IBP、相关接口设备等组成。

3. 现场控制级

现场设备在第一时间探测到火灾发生并报警,以便疏散人员,呼叫消防人员,执行相关的联动措施。现场控制级由各种火灾报警探测器、火灾报警手动和自动按钮、消防电话分机及电话插孔、水灭火设备(消防泵、喷水泵、防火卷帘)、气体灭火设备等组成。

三、FAS 的运行模式

根据 FAS 的功能和职责,其运行模式分为监视模式、报警模式及消防联动模式。

1. 监视模式

在正常状态下,火灾报警控制器及车站现场设备均处于监视状态,车站图形显示终端显示车站各防火分区、防烟分区的平面及车站现场设备位置,通过车站设备的颜色变化显示车站现场设备的运行状态。

2. 报警模式

报警模式包括自动确认模式、人工确认模式。

1) 自动确认模式

任何一个报警区域,如有一个智能火灾探测器报警,同时有一个手动报警按钮报警,或者两个及以上的智能火灾探测器同时报警,则火灾报警系统自动确认报警。火灾确认后,火灾报警控制器发出指令,控制相关消防设备并发送指令至环境与设备监控系统,环境与设备监控系统接收并执行指令,按照预先设置的程序使相应的设备投入火灾工况模式运行,指令执行完成后给火灾报警系统一个反馈信号,并传送至控制中心。

2) 人工确认模式

如果报警区域为电视监控系统可监控的区域,可由车站控制室的值班人员将电视监控系统切换到报警区确认;如电视监控系统监视不到报警区域,则值班人员应采用通信工具通知现场值班人员到报警现场确认。经人工确认火灾后,人工启动火灾报警系统进行消防联动,并发出指令至环境与设备监控系统,环境与设备监控系统接收并执行指令,按照预先设置的程序使相应的设备投入火灾工况模式运行,指令执行完成后给火灾报警系统一个反馈信号,并传达至控制中心。

3. 消防联动模式

消防联动模式是火灾报警系统自动实现火灾探测、火灾报警功能,控制和监视火灾时排烟、防烟防火阀动作状态,控制相关消防设备的联动,接收其状态反馈信号,并将信息上送控制中心。火灾报警系统、环境与设备监控系统均设有通信接口,火灾时,火灾报警控制器发出指令,环境与设备监控系统执行指令、启动相应的设备,按预先设置的火灾工况模式运行,火灾报警系统指令具有最高优先权。

消防联动控制主要包括:

(1)消防泵联动控制。火灾报警控制器、消防泵处于自动方式下,FAS 接收到消火栓按钮消防泵启动请求后,火灾报警控制器报警,消防泵启动并反馈状态信息;当火灾报警控制器处于手动方式、消防泵处于自动方式下,FAS 接收到消火栓按钮消防泵启动请求信号,需人为确认后手动启动消防泵。

（2）防烟/排烟联动控制。环境与设备监控系统启动相应火灾模式,FAS 按预先编制的联动控制逻辑通过输入/输出模块开启相应区域内的排烟防火阀、防烟防火阀、排烟风机、送风机进行排烟与通风。

（3）防火卷帘门联动控制。FAS 接到报警信息后,根据监控程序,向卷帘门控制器发出下降指令,使卷帘门自动下降。

（4）非消防电源切除。按照防火分区,FAS 自动切除空调、非疏散用扶梯、电梯系统等非消防电源。

（5）气体灭火系统联动控制。当气体灭火保护区发生火灾时,探头将火警信息传输给火灾报警控制器,火灾报警控制器向气体灭火控制器发出控制指令,对火灾区域进行灭火控制。

（6）开启应急照明系统以及应急疏散指示。

（7）电梯联动控制。由 FAS 通过环境与设备监控系统发指令给电梯控制器,控制电梯自动停靠在基站,打开电梯门,并将电梯状态信号反馈给 FAS。

（8）自动扶梯联动控制。由 FAS 通过环境与设备监控系统发送联动指令给自动扶梯电控箱,控制非疏散用自动扶梯停止,如果消防疏散用自动扶梯的运行方向与疏散方向一致,则继续运行;与疏散方向不一致,则停止运行。

（9）自动售检票联动控制。由自动售检票系统控制打开所有自动检票机,并将执行结果反馈给 FAS。

四、消防系统

图 9-9 所示为城市轨道交通消防系统结构图。在实际应用中,通常采用消火栓系统与灭火器相结合的消防方式。在地下车站控制室、通信及信号机房、变电所等重要电气设备房间设置气体灭火系统;与站厅层或地下车站相连开发的地下商业等公共场所,根据规范设置自动喷水灭火等系统。

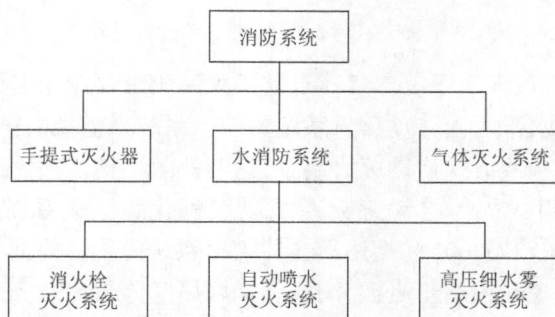

图 9-9 城市轨道交通消防系统结构图

1. 手提式灭火器

常用的手提式灭火器主要有干粉灭火器、二氧化碳灭火器和泡沫灭火器。

(1)干粉灭火器:适用于扑救各种易燃、可燃液体火灾和易燃、可燃气体火灾,以及电气设备火灾。

(2)二氧化碳灭火器:主要适用于扑救各种易燃、可燃液体火灾和易燃、可燃气体火灾,还可扑救仪器仪表、图书档案、工艺器、低压电气设备等的初起火灾。

(3)泡沫灭火器:主要适用于扑救各种油类火灾,木材、纤维、橡胶等固体可燃物火灾。

2.水消防系统

1)消火栓灭火系统

消火栓灭火是最常用的灭火方式,主要设置在车站的管理用房、站厅层、站台层、出入口、车站和区间风道内,如图9-10所示。采用消防水泵时,在每个消火栓内设有消防按钮,当发生火灾时,用小锤打破按钮盖的玻璃窗,消防按钮不再被玻璃面板压迫,由闭合状态恢复常开状态,信号被传送到车站控制室,由火灾报警控制器确认后自动遥控消防泵启动灭火程序。

2)自动喷水灭火系统

自动喷水灭火系统主要设置在车站的票务房、易燃库房、备品库及商业区,由水源、加压送水装置、火灾探测器、报警阀、管网及喷头组成。当喷水灭火分区发生火灾时,由于现场温度升高而使闭式喷头上低熔点合金熔化,或玻璃球爆裂,喷头即可喷水灭火,压力开关把信号传送给车站控制室,经确认后自动或遥控喷水泵启动(消防泵和喷水泵合用)。

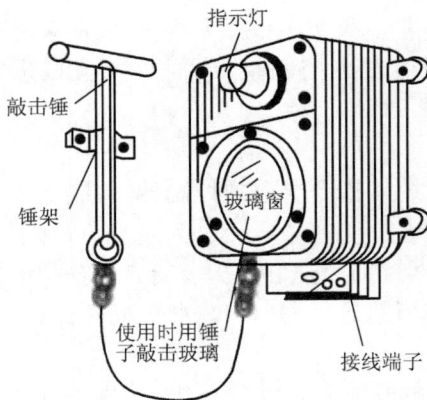

图9-10 消火栓灭火系统

3)高压细水雾灭火系统

高压细水雾灭火机理是使用具有特殊机构的细水雾喷嘴,使水通过雾化介质作用面产生水微粒,水微粒有较大表面积,利于吸收火场热量,蒸发产生体积急剧膨胀的水蒸气(大约1700倍),这种水微粒具有较好灭火效果。上述过程一方面能冷却燃烧反应产生的高温;另一方面,水蒸气的大量产生能降低封闭火场的氧浓度而起到窒息燃烧反应来达到双重物理灭火的效果。此外,细小的水颗粒能有效地吸收并分散热辐射。

3.气体灭火系统

气体灭火系统为全淹没灭火系统。气体自动灭火系统由存储输送灭火介质的管网系统和探测报警的控制系统组成,平时由自动灭火系统的控制系统来监视防护区的状态,火灾时能自动报警,并按预先设定的控制方式启动灭火装置,达到扑救防护区火灾的目的。

城市轨道交通常采用的气体自动灭火系统以二氧化碳灭火系统、卤代烷灭火系统(如1301)、七氟丙烷灭火系统(FM200)和烟烙尽气体灭火系统为主。前面3种灭火系统对大气或人体有不同程度的伤害,现在正逐步更换、淘汰。烟烙尽气体灭火系统灭火剂采用IG-541混合气体,符合环保要求,无色、无味、无毒、无害,不污染被保护对象,且电绝缘性好,因此得到了广泛的应用。

气体灭火系统主要由管网系统和报警控制系统组成,图9-11所示为气体灭火系统基本组成结构图。

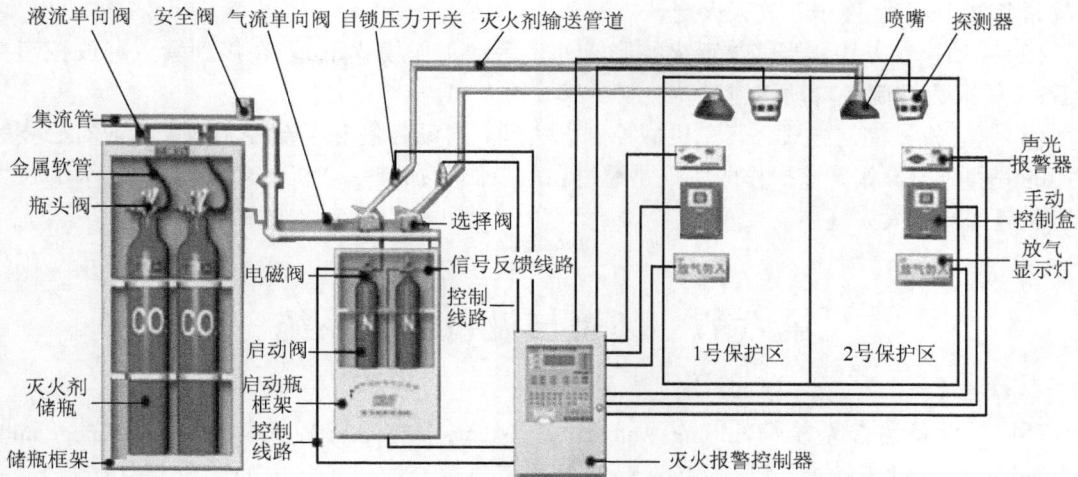

图9-11 气体灭火系统基本组成结构图

1）管网系统

每个保护区气体管网系统由气瓶及组件、机械启动器、电磁阀、高压软管、集流管、安全阀、逆止阀、减压装置、选择阀、自锁压力开关及管道和喷头等组成。

管网系统中灭火剂瓶组、选择阀、高压软管、集流管、安全阀、单向阀、减压装置、自锁压力开关等设备设置于车站的气瓶间内。喷头和自动泄压阀安装在防护区内。

2）报警控制系统

报警控制系统由感烟探测器、感温探测器、控制模块、信号模块、控制盘（含中继器）、警铃、蜂鸣器及闪灯、释放指示灯、紧急释放按钮、紧急止喷按钮、手动/自动转换开关等组成。

报警控制系统中的气体火灾报警控制器设置于车站控制室内的消防立柜中，每个车站设置一台气体火灾报警控制器。钢瓶控制盘按照保护区的数量对应设置，安装于钢瓶间内。点型光电式感烟探测器、点型感温探测器、气体喷洒指示灯、紧急启停按钮、声光报警器等外围设备安装在防护区内外。

气体灭火控制盘是控制系统的核心，与外围设备一起实现系统的探测报警、自动喷气、手动喷气、止喷、手/自动切换等功能。气体灭火系统有自动控制、手动控制和紧急机械控制3种方式。

（1）自动控制方式。气体灭火控制盘处于自动工作状态下，自动完成火灾探测、报警、联动控制及灭火等过程。其控制过程如下：

①当防护区内的一组探测回路探测到火灾信号后，气体灭火控制盘启动被防护区内的警铃，同时向FAS提供火灾预警信号。

②当同一防护区内的另一组探测回路探测到火灾信号后，气体灭火控制盘启动防护区内的疏散指示灯闪灯，同时向FAS提供火灾确认信号并进入延时状态（0～30s可调）。

③延时结束时，气体灭火控制盘输出有源信号启动电磁阀，打开相应防护区的选择阀及相应的储气瓶，气体通过管道进入防护区。压力开关将信号传至FAS和控制盘，由控制盘启动

防护区外的释放指示灯。如值班人员发现火势不大,用灭火器可以灭火时,则应关闭防护区门外的紧急停止开关,停止喷放灭火剂。

(2)手动控制方式。当气体灭火控制盘处于手动工作模式下时,在接到紧急释放按钮指令后,气体灭火控制盘自动实施联动控制并释放灭火剂。

(3)紧急机械控制方式。紧急机械控制方式是当自动控制和手动控制均失灵或有必要时采用的一种应急操作。该操作的实现是通过在瓶口阀上加装一个机械启动器,用人为的拉力开启瓶口阀释放灭火气体。

第六节　环境与设备监控系统

环境与设备监控系统(Building Automatic System,简称 BAS),又称为 Environment and Mechanical Control System,简称 EMCS,是指对城市轨道交通建筑物内的环境与空气调节、通风、给水与排水、照明、乘客导向、电梯及自动扶梯、屏蔽门、防淹门等建筑设备和系统进行集中监视、控制和管理的系统。针对城市轨道交通的特点和各城市的气候环境、经济情况,设置不同等级的 BAS,以达到营造良好舒适环境、降低能源消耗、节省人力、提高管理水平的目的,满足城市轨道交通运营管理的需要。

一、BAS 的功能

BAS 是一种以集中监控和科学管理为目的的综合自动化系统,其基本功能包括:

1)机电设备的监控功能

BAS 具有中央级、车站级二级监控功能;BAS 控制命令能分别从中央工作站、车站工作站和车站紧急控制盘人工发布或由程序自动判定执行,并具有越级控制功能,以及各种控制手段;具备注册和权限设定功能。

2)执行防灾及阻塞模式功能

BAS 接收车站 FAS 的火灾信息,执行车站防烟、排烟模式;接收列车区间停车位置信号,根据列车火灾部位信息,执行隧道防排烟模式;接收列车区间阻塞信息,执行阻塞通风模式;监控车站逃生指示系统和应急照明系统;监视各排水泵房危险水位。

3)环境监控与机电设备节能运行管理功能

通过对车站环境参数监测,对机电设备能耗进行统计分析,控制通风、空调设备优化运行,提高车站整体环境的舒适度,降低能源消耗。

4)车站环境和设备管理功能

对车站环境等参数进行统计;对设备的运行状况和运行时间进行统计,据此优化设备的运行,提高设备管理效率。

5)系统维护功能

监视全线环境与设备监控系统被控对象的运行状态,形成维护管理趋势预告等;维护环境与设备监控系统软件、组态,设置运行参数并修改操作界面等;判断环境与设备监控系统硬件设备故障并维护、管理系统硬件设备。

二、BAS 的组成

BAS 采用分布式计算机系统,由中央管理级、车站监控级、现场控制级(就地级)、维护工作站及相关系统网络组成,如图 9-12 所示。

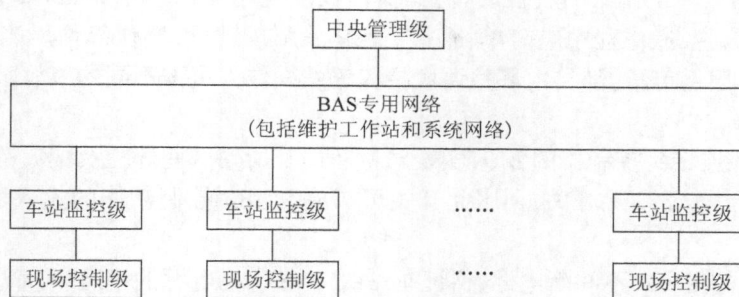

图 9-12 BAS 结构图

1. 中央管理级

BAS 中央管理级设于运行控制中心的中央控制室,负责监视全线环控设备的状态和全线的环境状况并向各站发布控制命令,定时记录设备运行状态,记录车站温度、相对湿度等原始数据,同时可根据操作人员的需要绘制曲线图、定制报表等。

中央管理级由服务器、工作站、打印机、模拟屏、接口装置和电源组成。

(1)服务器。根据系统实际需要选用服务器或小型机对整个系统实现优化控制、管理及数据备份。除配置两台冗余服务器外,还需配备数据记录设备,如光盘刻录机或磁带机,作为系统历史数据备份归档用。

(2)工作站。配置两台或两台以上的操作工作站,采用并列运行或冗余热备技术,使工作站处于热备状态,保证故障情况下的自动投入。

(3)打印机。至少配置一台事件信息打印机,作为事件流水账记录使用;至少配置一台报表打印机,作为全线报表输出使用。

(4)模拟屏。配置马赛克或背投式模拟屏,或大屏幕投影系统,直观显示全线重要设备运行状态、报警信息、主要运行参数等,便于环控调度掌握总体情况,及时发现问题。其主要显示内容有隧道风机和推力风机的运行状态及风向、列车正线阻塞信号、接收到 FAS 火警信号提示、各车站环控大系统运行状态、各车站公共区温度超限报警。

(5)接口装置。配置与 FAS 的中央级接口,接收火灾报警信息;配置与 ATS 的接口设备,接收列车区间阻塞信号;配置与通信母钟通信的接口设备,定时与母钟时间同步,并进一步实现系统内部各设备间的同步。

(6)电源。配置在线式不间断电源,保证中央级 BAS 供电电源的稳定、可靠。

2. 车站监控级

车站监控级设在各车站和车辆段。通过车站级监控工作站和模拟屏设备提供相应的人机界面,监控本站及所辖区间隧道的环控、给水与排水、自动扶梯、照明、屏蔽门、防淹门、车站应急照明电源等设备的运行状态。

车站控制级由监控工作站、IBP、电源等组成。

(1)监控工作站:设置在车站控制室内,实现操作界面功能,一般选用工业控制计算机。监控工作站配有在线式不间断电源,配置一台打印机兼作历史和报表打印机。监控工作站不应兼有网关功能。

(2)IBP:车站监控工作站的后备设备,其操作权限高于车站和中央工作站。盘面以火灾及紧急工况操作为主,操作程序应简单、直接。IBP采用按键式,操作简便。当车站或所辖区间发生火灾、列车阻塞等情况时,由环控调度授权车站操作人员按不同的事故区域在IBP上启动相应的应急模式。

IBP通过硬线连接到控制器的I/O,实现对本车站及所辖区间环控及救灾有关机电设备的控制。IBP上设有投入/切除开关,利用此开关可以实现IBP控制功能的投入和切除,防止出现误操作。

(3)电源:配置在线式不间断电源,保证车站级BAS供电电源的稳定、可靠。

3. 现场控制级

现场控制级位于车站各就地监控点或数据采集点,实现对所监控设备的直接控制,并传送设备的运行状态及故障信息到车站工作站,执行车站监控级发出的指令。现场控制级设备具有脱离全线网络系统独立运行的功能,控制器的存储容量满足监控数据的存储需要。

现场控制级包括现场控制器、传感器与执行器、远程输入/输出(Remote Input/Output,简称RI/O)模块等。

(1)现场控制器。BAS可选择分布式控制系统(Distributed Control System,简称DCS)和可编程逻辑控制器(Programmable Logic Controller,简称PLC)作为现场控制器。现场控制器宜采用可扩展、易维修的模块化结构,并具有远程编程功能。为提高BAS的可靠性,现场控制器采用冗余配置,能实现无缝切换,任何一台出现故障均不会造成机电设备监控系统功能的下降。

(2)传感器与执行器(调节阀)。在车站公共区(站厅/站台)、隧道口、新风道/排风道、混合风室等极重要设备用房分别设置温度、湿度传感器;在水系统管路上设置水温、压力、压差、流量、液位传感器,测量水系统中需要重点监测及控制的参数;在冷冻水管路上,设置二通或三通流量调节阀,对冷量进行调节。

(3)远程输入/输出(RI/O)模块。在被监控设备相对集中的场所,如照明配电室、空调机房、冷水机房、区间风井等处,设置RI/O模块,就近与电气控制设备接口,RI/O模块可具有带电插拔功能并设有必要的隔离措施。

4. 维护工作站

为了实时监视BAS的运行情况,提高系统运行的可靠性,及时发现并排除故障,减少故障延时,在控制中心的中央控制室及车辆段的系统维修车间分别设置维护工作站。

维护工作站监视全线BAS运行情况,是维修人员专用的远程维修终端,可赋予最高的操作级别和一定的软件修改权限,即维护系统软件,定义运行参数,形成系统数据库,修改、增加用户操作画面,等等;可监视全线系统运行情况,及时反映现场故障,迅速组织系统抢修;可为系统开发、优化提供平台,减少对在线系统运营的影响。

5. 系统网络

系统网络是支撑 BAS 三层结构、传递 BAS 各种数据的基础平台。BAS 网络结构采用分布式结构，由通信传输网、中央级监控网和车站级监控网(局域网)及现场总线组成。

(1)通信传输网。中央级与车站级之间的传输网络由通信系统提供,通信传输网为 BAS 数据传输提供的通信速率宜不低于 2Mb/s。

(2)中央级监控网。中央级监控网通过通信传输网与车站级监控网相连。任一车站工作站和中央工作站的退出,均不应造成网络通信中断。

(3)车站级监控网。车站级监控网(局域网)连接控制器、操作站和通信设备,必须保证数据传输实时可靠,并应具备良好的开放性和采用标准通信协议,具有抗电磁干扰能力。

(4)现场总线。BAS 主控制器与远程控制器或远程 I/O 模块通过现场总线连接。现场总线实现系统的分散控制,可连接智能化仪表,连接远程 I/O 模块和控制器,适应城市轨道交通现场环境并具有抗电磁干扰能力。

三、BAS 的运行模式

BAS 的运行模式分为正常模式、火灾模式和阻塞模式,每一种模式又可以按照时间、地点、环境、工况的不同进行进一步细分。

1. 正常模式

正常模式是列车按运行时刻表正常运营时 BAS 的工作模式。

在正常模式下,各系统及主要设备运行正常,BAS 按照设备监控时间表,对各种机电设备进行常规控制。控制中心中央系统实时显示各车站全部监控对象的工作状态,在对全线各车站及区间内设备实时运行状态巡检记录的基础上,建立全线机电设备的管理历史数据库,并根据需要生成各种统计报表,为变频节能控制储备历史资料。

2. 火灾模式

火灾模式是轨道交通发生火灾情况下的 BAS 的工作模式。

当车站或区间隧道发生火灾、火灾报警控制器的报警信号被确认时,火灾报警控制器将火灾的位置以及联动控制的模式指令发送到 BAS,触发 BAS 进入火灾模式。BAS 按照火灾报警控制器的模式控制指令,强制执行预先编制的控制预案,调用相应模式的控制程序,或由人工操作指令执行相应的控制动作,配合车站和区间的防排烟控制和人员疏散。

发生火灾时,通过 BAS 与 FAS 的通信接口,FAS 将其监控的对象信息传递至 BAS,在 BAS 图形界面应显示 FAS、BAS 系统所有监控设备(即火灾联动工况对象)的实际动作情况与预设动作情况对照表。

在火灾模式下,BAS 可按照人工操作的方式进行强制切换,以执行预案程序。

3. 阻塞模式

阻塞模式是列车在隧道区间或地下车站运行受阻,导致无法按运营计划正常行车时的 BAS 运行模式。行车调度员人工确认后,由操作人员在 BAS 工作站上执行阻塞模式,按照列车阻塞位置及区间、车站的人员情况,执行预先编制的控制预案,配合进行车站和区间的通风控制和人员疏散。

第七节　自动售检票系统

自动售检票(Automatic Fare Collection,简称 AFC)系统是基于计算机、通信、网络、自动控制等技术,使用智能 IC 卡作为支付工具,实现轨道交通购票、检票、计费、收费、统计、清分、管理等全过程自动化的票务管理系统。AFC 系统的应用,使城市公共交通"一卡通"和轨道交通网络单程票"一票换乘"成为可能,不仅为乘客提供方便、快捷的售票服务,同时也是实现轨道交通综合自动化、增加经济效益、加强安全管理、提高运营管理水平的必要手段。

一、AFC 系统的功能

AFC 系统可以精确记录乘客乘车的起、终点,准确掌握客流时空分布规律,实时统计各线路及各车站的客流量,为地铁运营组织提供基础数据,应对客流变化,及时调整客运能力,缓解拥挤。它不但是地铁运营面向乘客的窗口,也是运营收入的现金流,其优劣直接影响城市公共交通系统的形象,影响城市畅通工程的顺利实施。

AFC 系统总体功能主要包括售检票作业处理、票务管理、运营管理、设备管理、财务管理、清算对账管理、统计查询管理、网络管理、数据管理、安全管理、用户权限管理及运营模式的监控管理等。

二、AFC 系统的组成

整个城市轨道交通网络 AFC 系统根据功能可分为 5 个层面:第一层为轨道交通"一票通/一卡通"清分系统;第二层为由线路中央计算机系统构成的中央层;第三层为由车站计算机系统组成的车站层;第四层为由车站终端设备组成的终端层;第五层为各类票卡。AFC 系统网络构架如图 9-13 所示。

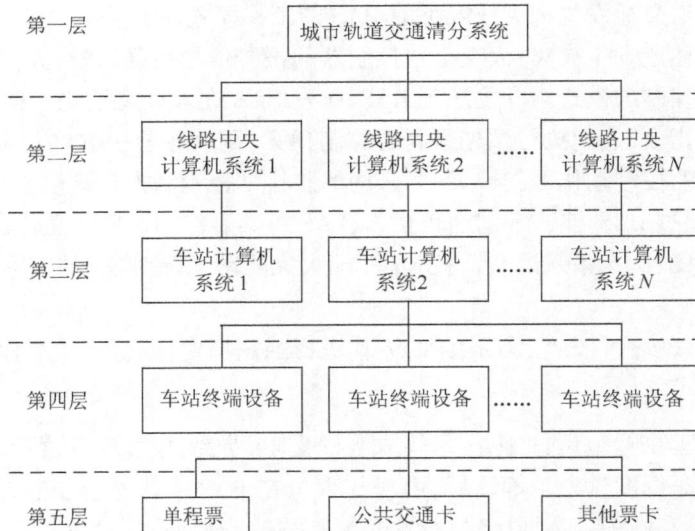

图 9-13　城市轨道交通 AFC 系统网络构架

1. 清分系统

网络化运营的城市轨道交通自动售检票系统需设置清分系统,清分系统位于 AFC 系统架构的最高层,其主要功能是在城市轨道交通不同线路间实现票款收入的清分功能;对降级运营模式下或可疑的换乘票务做出可接受的清分或调整后的清分处理;与外部相关系统(如城市"一卡通"系统)交换在城市轨道交通系统中使用的交易数据,完成相应的清算、对账及分账工作。采集和统计相关的 AFC 系统运营管理数据,接收和处理各线路上传的票务交易(含售票和进、出站等)、客流及其他相关数据。制定、配置和下发运营类参数和车票类参数。

清分系统一般由两台服务器、磁盘阵列、磁带库、管理工作站、千兆交换机、路由器等网络设备、打印机、不间断电源及编码机组成。两台服务器中一台是主服务器,另一台是备份服务器,两台服务器实现热备份,当主服务器出现问题时,备份服务器能自动切换,不会中断正常服务。

2. 线路中央计算机系统

线路中央计算机系统(Line Central Computer,简称 LCC)安装在线路控制中心内,是本线 AFC 系统的管理控制中心。其主要功能是采集本线路 AFC 系统产生的交易数据、设备状态数据和其他运营数据,监视全线路的运行状态,并将此数据传送给城市轨道交通清分系统,并与其进行对账,根据需要向车站或终端设备下达运营参数和设备控制指令。

LCC 由两台互为热备份的小型机、通信服务器、以太网交换机、结算系统工作站、线路运营管理系统工作站、数据交换系统工作站、报表管理系统工作站、IC 卡查询工作站、制卡工作站、编码/分拣机、打印机、不间断稳压电源等组成。线路中央计算机系统通过通信传输系统提供的高速以太网通道与车站计算机系统进行通信。

3. 车站计算机系统

车站计算机系统(Station Computer,简称 SC)安装在各车站的车站控制室内,对车站 AFC 系统运营、票务、收益、维修等功能进行集中管理。SC 能收集、处理车站内各类数据,并将这些数据上传到线路中央计算机;接收线路中央计算机下传的各类系统参数,并下载到各车站设备;可接收线路中央计算机下达的各类系统命令,并下传到各车站设备;同时,可根据系统运作时间表,自行向车站设备下达控制命令,并将该操作记录上传到线路中央计算机。

SC 由服务器、操作工作站、以太网交换机、紧急控制系统、不间断稳压电源等组成。车站计算机系统通过工业级以太网与车站终端设备进行连接。

4. 车站终端设备

车站终端设备(Station Terminal,简称 ST)安装在各车站的站厅,直接为乘客提供售检票服务。ST 接受中央控制系统和车站控制系统的管理,按照设置参数的方式上传票款交易数据、设备状态数据;接收运营参数和控制指令,根据需要在正常运营模式和降级运营模式下工作。

ST 由自动售票机(Ticket Vending Machine,简称 TVM)、半自动售票机(Booking Office Machine,简称 BOM)、自动增值机(Automatic Vending Machine,简称 AVM)、自动检票机(Automatic Gate Machine,简称 AGM)、自动验票机(Ticket Checking Machine,简称 TCM)、便携式验票机(Portable Card Analyzer,简称 PCA)等组成。

5. 票卡

票卡是乘客乘车的凭证,票卡记载了乘客从购票开始,完成一次完整行程所需要和产生的费用、时间、乘车区间等信息。票卡有单程票、多程票、一日票、储值票、纪念票、公共交通卡等多种类型。

三、AFC 系统的运行模式

AFC 系统应满足城市轨道交通各种运行模式的要求，包括正常运行模式、降级运行模式和紧急运行模式。在非正常运营状态下，AFC 系统应能由正常运行模式转为相应的降级运行模式或紧急运行模式，并应为票务管理、客流疏导提供方便。

1. 正常运行模式

车站设备的运行是通过系统的运行参数进行控制的。AFC 系统可以针对每个车站的各类设备设置开启、关闭的时间。同时，根据车站运作的需要，通过计算机临时关闭某些设备。当设备发生故障时，车站工作人员通过 AFC 值班员及时进行维修。

2. 降级运行模式

降级运行模式包括列车故障模式，进、出站免检模式，时间免检模式及超程免检模式。当车站出现突发客流、火灾等情况，或出行列车晚点、列车运行中断等情况时，AFC 系统可以采用降级运行模式中的一种或几种的组合来应对。

（1）当列车出现运行故障，使部分车站暂时中止运行服务时，暂停服务的车站需根据相关规定的要求设置列车故障模式。

（2）由于突发事件等导致进、出站乘客拥挤或车站全部进、出站检票机故障的情况出现时，即可根据运行工作的需要及相关规定的要求设置进、出免检模式，允许乘客不通过检票机进、出站验票而直接进、出车站。

（3）当发生事故或车辆故障等引起列车延误，或因时钟错误等导致大量持票乘客超时无法出站的情况出现时，可根据相关规定的要求设置时间免检模式。

（4）如果某个车站因为事故或者车辆故障而关闭，导致列车越过该站后才停车，可根据相关规定的要求设置超程免检模式。

3. 紧急运行模式

当车站发生紧急情况时，可通过中央计算机系统、车站计算机系统及手动控制紧急按钮启动紧急运行模式。在紧急运行模式下，所有进、出站检票机的闸锁全部解锁，乘客不需要使用车票就可以快速离开车站。

第八节　低压配电与照明系统

一、低压配电系统

车站低压配电系统一般采用 380V 三相五线制和 220V 单相三线制方式供电。它为站台、站厅和设备及管理用房的环控、给水与排水、消防、电梯、自动扶梯、自动售检票、通信、信号等系统设备供配电，为区间内动力设备、环控设备供配电。图 9-14 所示为低压配电系统负荷配置示意图。

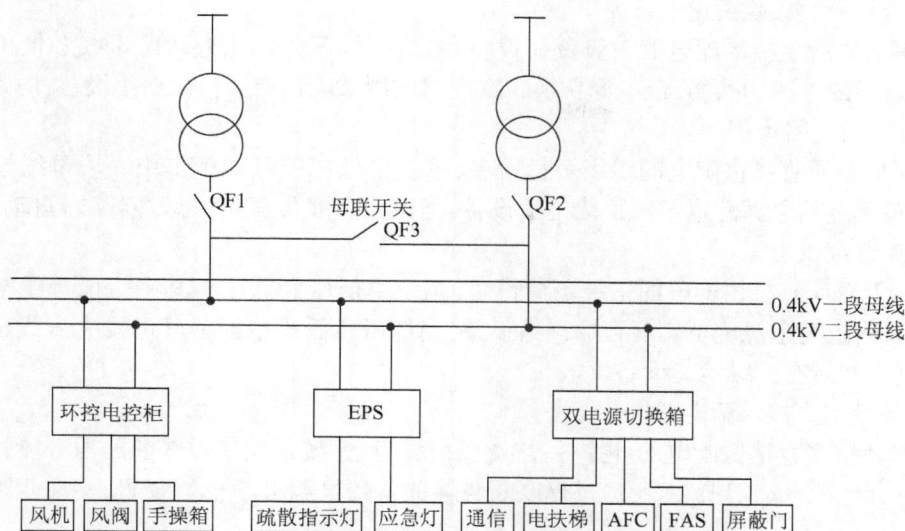

图9-14 低压配电系统负荷配置示意图

1. 城市轨道交通用电负荷等级

根据用电设备的重要性及其对供电可靠性的要求,将城市轨道交通的用电负荷分为三级:

(1)一级负荷突然停电,将导致运营中断,可能造成人身伤亡、重大社会影响、重大经济损失或秩序严重混乱。一级负荷要求由两个独立电源供电,当一个电源发生故障时,另一个电源应不致同时受到损坏。特别重要的负荷,还必须增设应急电源(Emergency Power Supply,简称EPS)。应急电源包括独立于正常电源的发电机组、蓄电池组,或供电网络中独立于正常电源的专用馈电线路。

(2)二级负荷突然停电,也会对列车的运行造成很大的影响。二级负荷应由两个回路供电,两个回路应尽可能引自不同的变压器或母线段,供电变压器亦应有两台。

(3)三级负荷突然停电,不会对列车运行造成大的影响。三级负荷对供电无特殊要求,可采用单回路供电。

在正常情况下,变电所同时向各个负荷供电,若供电系统发生故障或者出现事故,则断开二、三级负荷,优先向一级负荷供电,以最大限度地保证城市轨道交通系统的安全。

2. 车站机电设备用电负荷分类

(1)一级负荷:包括防排烟风机、废水泵、消防泵、防淹门、通信、信号、防灾报警、自动售检票系统、车站控制室、屏蔽门和应急照明(含疏散指示照明)等区间的风机和水泵。

(2)二级负荷:包括自动扶梯、电梯、普通风机、污水泵、一般照明、管理用房及设备房照明。

(3)三级负荷:包括冷水机组及其配套的冷冻泵、冷却泵、冷却塔、茶水间热水器、广告照明、清洁机械等。

3. 车站机电设备供配电方式

低压配电系统所供配电设备分为由车站400V低压所直接供配电的设备和由环控室直接供配电的设备。

1）由低压所直接供配电的设备

（1）对低压所直接供配电的一级负荷设备，系统由低压所低压柜两段母线各馈出一路电源至设备附近的电源切换箱，经电源切换箱实现双电源末端切换后再馈出给设备，两路电源正常时一路工作，一路备用。

（2）对低压所直接供配电的二级负荷设备，系统由低压所低压柜其中一段母线馈出一路电源至设备附近的电源配电箱后再馈出给设备，当该段母线失压后，母联断路器自动合闸，由另一段母线继续供电。

（3）对低压所直接供配电的三级负荷设备，系统由低压所低压柜其中一段母线馈出一路电源至设备附近的电源配电箱后再馈出给设备，当低压所低压柜任一段母线失压或出现故障时，均联跳中断所有三级负荷设备供电。

2）由环控室直接供配电的设备

（1）对环控室直接供配电的环控一、二类负荷设备，系统采用单母线断路器分段接线形式供电，并设有电源自动切换装置，通过母联断路器的备用电源自动投切装置，实现两路电源互备供电。

（2）对环控室供配电（直接或间接）的环控三类负荷设备，系统采用单母线接线形式供电，当该母线失压或出现故障时，供电中断，当电网只有一路电源供电时，也联跳中断供电。

4. 低压配电设备及其功能

（1）环控电控柜（开关柜、控制柜、继电器柜）：安装于车站环控电控室内，提供环控电控室直接供配电设备所需的电源，实现环控设备的电气控制及距离操作控制。

（2）环控设备就地控制箱：安装于车站各环控设备附近，用于维修调试各环控设备时的就地控制操作。

（3）防淹门控制柜：安装于过江隧道两端防淹门控制室及车站控制室，用于防淹门的操作控制。

（4）雨水泵控制柜：安装于地下隧道入口处雨水泵控制室内，用于地下隧道入口处雨水泵的运行控制。

（5）废水泵、污水泵、集水泵控制箱：安装于车站废水泵、污水泵、集水泵用电设备附近，用于废水泵、污水泵、集水泵的运行控制。

（6）区间隧道维修电源箱：安装于正线区间隧道内，约80m设1台，提供隧道内设备维修作业时所需的电源。

（7）电源配电箱、电源切换箱：安装于车站各动力用电设备（如自动扶梯、水泵、信号设备、通信设备、自动售检票设备）附近，提供设备所需电源。

（8）防火阀（DC24V）电源配电箱：安装于车站防火阀相对集中处附近，将AC220V整流为DC24V电源，提供给防火阀关闭电磁阀动作所需电源。

（9）自动扶梯应急停机按钮：安装于车站控制室内，用于在发生紧急状况（如火灾）时自动扶梯应急停机控制。

（10）灯具（白炽灯、荧光灯，包括灯架）：照明电光源，安装于车站各照明场所，用于车站各照明场所的照明、疏散指示。

（11）一般照明控制就地开关（翘板开关）盒：安装于各设备及管理用房门口处，用于各设备及管理用房一般照明就地控制。

（12）照明配电箱、照明控制盘：安装于各车站照明配电室、车站控制室和部分设备房，用于集中控制相应场所的一般照明、节电照明、应急照明及广告照明，实现照明配电室集中控制和车站控制室集中控制操作。

（13）应急照明电源装置：包括充电柜、交直流电源切换柜和蓄电池，安装于车站站台蓄电池室，实现蓄电池充电和应急照明电源交直流切换，为车站提供事故状态下的应急照明电源。

5. 低压配电系统的控制方式

（1）对通信、信号、车站控制室、废水泵、电梯、自动扶梯等由低压所直接供配电的各系统设备，低压配电系统为各设备附近的配电箱或电源切换箱供电，工作人员可在低压所或设备附近的配电箱或电源切换箱上对各设备做电源通断或切换操作控制。

（2）对活塞式冷水机组、离心式冷水机组等，FAS 相关设备（如风阀、防火阀、防火卷帘门、气体灭火系统等）及 BAS、AFC 系统等由环控室直接供配电的设备，低压配电系统提供电源至各设备附近的配电箱或电源切换箱，工作人员可在环控室或设备附近的配电箱或电源切换箱上对各设备做电源通断或切换操作控制。

（3）对环控室直接控制的环控设备（如空调机、风机等），采用三地控制方式，即就地控制（设备附近）、环控室控制及车站控制室控制（通过 BAS 系统控制）。

（4）自动扶梯正常时由现场控制，事故状态下可在车站控制室内按下应急停机按钮停止所有的自动扶梯运行。

二、照明系统

城市轨道交通车站照明系统采用 380V 三相五线制、220V 单相三线制方式供电。系统范围为车站 400V 降压所变压器后的照明设备、设施及线路，如图 9-15 所示。车站照明主要包括站台与站厅公共区的工作照明、节电照明（包括站名牌标示照明）、应急照明（包括疏散诱导指示照明）、广告照明；设备及管理用房的工作照明、应急照明；出入口的疏散诱导指示照明、工作照明与应急照明；电缆廊道的工作照明及区间隧道的工作照明、应急照明。

根据各场所照明负荷的重要性，照明负荷可分为三个等级：应急照明、疏散诱导指示照明为一级负荷；工作照明及各类指示牌为二级负荷；广告照明为三级负荷。

1. 照明系统的配电方式

（1）原则上在车站站台、站厅的两端各设置一个照明配电室，室内集中安装各类照明配电控制箱；在站台两端各设置一个应急照明装置室，室内安装一套应急照明装置。

（2）工作照明、节电照明、设备及管理用房照明的电源，分别在 400V 低压变电所的低压柜两段母线上各馈出一路电源，与照明配电室的两个配电箱连接，以交叉供电方式，向站台、站厅、设备及管理用房供电。

（3）应急照明电源是由 400V 低压变电所的低压柜两段母线上各馈出一路电源，经应急照明装置再馈出至各照明配电室的应急照明配电箱后配出。应急照明装置带有蓄电池，当进线电源交流失压后，应急照明装置电源切换柜自动切换为蓄电池 550V 直流电源，经过逆变后向外供电；当进线恢复供电后，再自动切换为交流对外供电。

（4）站台、站厅及人行通道的疏散诱导指示照明由应急照明配电箱单独供电。

（5）广告照明及其他各类照明（区间隧道工作照明除外）也均由照明配电室配电箱配电。

（6）区间隧道工作照明由设在站台两端隧道入口处区间隧道工作照明配电箱配电。

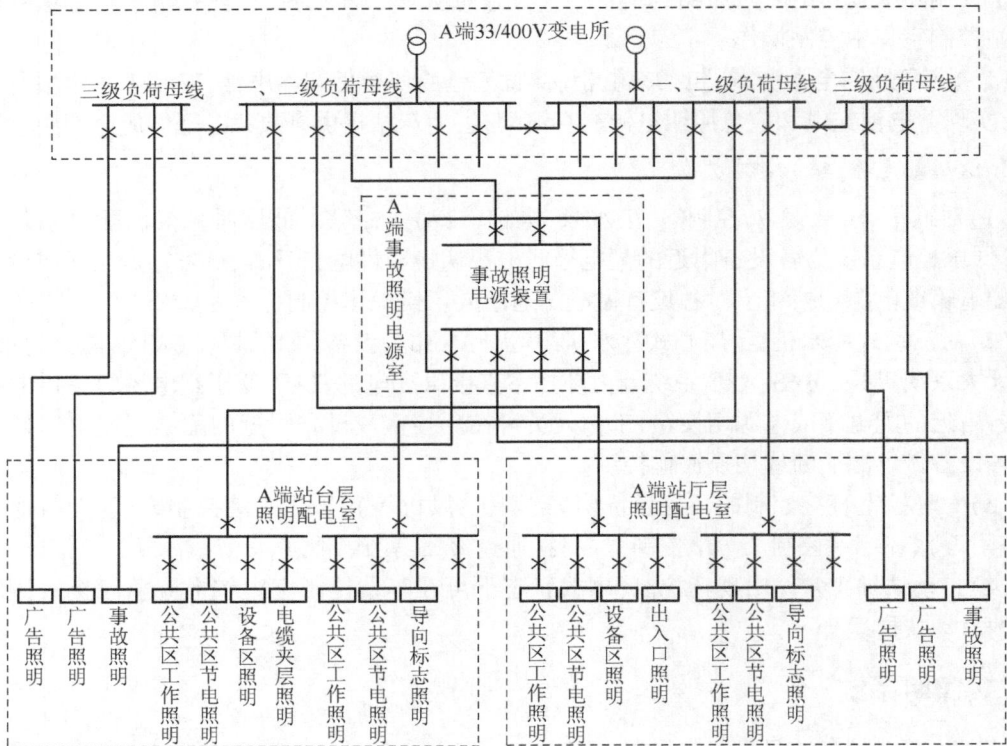

图9-15　车站照明系统图

2.照明系统的控制方式

车站照明系统可分为以下三级控制。

（1）就地级控制。

各设备及管理用房进门处设有就地开关箱或盒,可通过开关箱或盒上开关控制相应设备及管理用房的一般照明。区间隧道一般照明可由设于隧道两端入口处的区间隧道一般照明配电箱控制。

（2）照明配电室集中控制。

照明配电室内设有相应照明场所的照明配电箱,可在室内集中控制相应场所的一般照明、节电照明、应急照明及广告照明。正常情况下,配电箱所有开关均应全部合上,以便通过就地级控制和车站控制室集中控制相应场所照明。

（3）车站控制室集中控制。

车站控制室内设有照明控制柜,通过柜面上的转换开关和按钮,可实现站台层、站厅层公共区一般照明、节电照明、广告照明的手动/自动控制(手动控制,指通过照明控制柜上按钮或照明配电室照明配电箱上按钮开/关控制;自动控制,指通过 BAS 实现控制)及区间隧道一般照明手动控制。在 BAS 上可监控站台层与站厅层公共区的一般照明、节电照明、广告照明的工作状态(手动/停/自动)。此外,根据需要应急照明也可在蓄电池室交直流切换柜上进行控制。

思考题

1. 简述车站机电设备的组成及其作用。
2. 简述通风空调系统的组成及其功能。
3. 简述给水与排水系统的控制方式。
4. 简述电梯与自动扶梯的运行模式。
5. 屏蔽门系统的控制分为哪几级？优先级如何设置？
6. 简述火灾报警系统的组成及其功能。
7. 试述环境与设备监控系统和其他车站机电系统的接口关系。
8. 简述自动售检票系统的层次结构及功能。
9. 车站机电设备用电负荷是如何分类的？

▌第十章▐

城市轨道交通运营管理

城市轨道交通线路建成后即投入运营。完善的交通设施是提供良好服务的物质基础,但光有硬件还不够,一流的设施,必须加上一流的管理才能为乘客提供一流的服务。城市轨道交通线路顺利竣工,可以说是"万事俱备,只欠东风"。这个"东风"就是运营管理。

第一节　运营的功能目标及组织架构

从运营功能角度,城市轨道交通大致可以分为 3 个子系统:列车运行系统、客运服务系统和检修保障系统。这 3 个子系统的总目标是不间断地运送乘客,让他们安全、准时地抵达目的地。

一、城市轨道交通运营的功能目标

城市客运交通系统的功能可以描述为:"利用可能的交通形式在最短的时间内,将城市内某一位置的服务对象,送达其所要到达的另一位置。同时,服务对象要求这种服务安全、舒适、经济。"这就是城市客运交通应当具备的"快速性、可达性、安全性、舒适性、经济性"五项基本功能。城市轨道交通作为城市客运交通的一个重要子系统,显然,这五项基本功能也是乘客对城市轨道交通系统的基本需求。围绕这一功能目标,城市轨道交通网络的设计者、运营者及城市管理者承担着不同的责任和义务。

设计者应该进行人性化设计。设计和建设要贯彻一切服务运营的理念,把满足运营需求作为设计的出发点和归宿,最大限度地方便未来的运营管理,提高运营效率。线路设计要充分考虑乘客的需要,努力增强线路的吸引能力,方便乘客乘车、换乘,降低乘客出行成本,以提供舒适、快捷、安全的运输服务,实现以人为本的运营功能。

运营者要加强交通管理,搞好交通服务,保障交通安全,优化配置运输设备,为乘客提供良好的运输环境。

城市管理者要正确把握城市轨道交通的社会功能,倡导公交优先,引导城市科学发展;建设城市轨道交通不是以盈利为主要目的,而是为了缓解城市交通压力,安全、快捷地输送城市内部客流和城际客流,支持城市乃至整个区域的经济发展和社会发展。

二、城市轨道交通运营管理架构

系统的结构决定系统的功能。系统功能的实现,需要有组织架构来提供保障。

1. 运营组织架构的设置原则

运营的组织架构,是指在运营组织内部,为完成运营目标和功能而确定的构成要素以及这些要素之间的相互关系,主要涵盖组织内部各部门的机构设置及其功能定位、权限划分(控制机制)、组织内部协调等。

城市轨道交通线路运营组织架构的设置应遵循"精简高效、设置合理、权责分明、统一协调"的原则,对运营组织架构和职责进行分析;在进行管理层次和跨度的设计时应考虑地铁运营的特点;组织内部各部门架构的设置要做到在公司整体运营目标下,能够充分发挥各部门的功能和积极性;各部门的岗位职责、权利和义务必须明确,这样才有助于内部协调和人力资源管理。随着组织内外互相交往和渗透的扩大与深化,为了适应组织运营活动和条件的变化,应建立灵活的组织架构,使组织能够得到重新整合和加强。

2. 运营管理架构特征分析

1)运营管理与基础设施(维修)的关系

运营管理与基础设施(维修)的关系有以下几种:

(1)运营和维修不分开,并为国有制的独立自主的地铁企业(如:莫斯科地铁、纽约地铁、东京地铁、新德里地铁)。

(2)运营和维修不分开,公私合资的独立地铁企业(如:香港地铁)。

(3)运营和维修分开,运营部分体制为公有制的独立自主的地铁企业(如:伦敦地铁)。

(4)运营和维修分开,运营部分体制为私有制的地铁企业(如:新加坡 SMRT 地铁)。

基础设施(维修)和运营管理(运营)分离,这种理想的地铁组织模式始于 20 世纪 90 年代。基础设施属于国家和市政府所有,由一个或多个企业负责维护保障(大部分是以公私合营的方式),并由一个或多个企业经营该系统(如:伦敦地铁有限公司)。我国上海、南京等城市也采用该模式。

2)线网规模与运营管理体制的联系

(1)小规模网络:小于 5 条线路的城市轨道交通网络系统。

小规模网络一般为中小城市的轨道交通网络系统,或大城市轨道交通网络系统的初始阶段。其特点是线路间依赖性小,呈现单线运营特点,即线路是以相对自给自足的方式运营。

大城市发达网络系统处于小规模网络运营阶段时,必须根据所有线路完成后的最终情况,从总体上规划系统,还必须为正在发展中的更多线路逐步结合做好准备。

图 10-1 为小规模网络运营管理的架构图,其地铁系统只有直接的组织结构,各条线路单独管理。由各条线路经理或由一个独立运营的公司负责重要的运营职能,负责所有的承包者的职责(运营、维修、管理、安全、职工)。

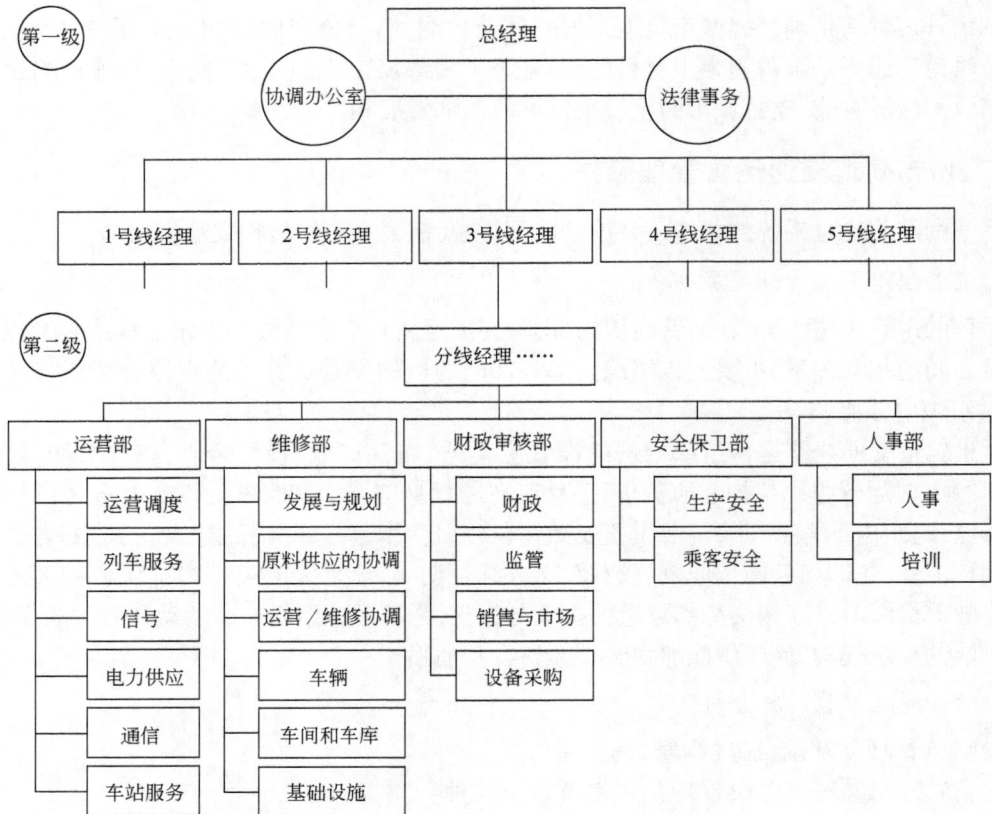

图 10-1　小规模网络运营管理架构

(2)中等规模网络:大于等于 5 条、小于 10 条线路的城市轨道交通网络系统。

对于中等规模的地铁企业而言,应建立一个中央组织结构,以便使财政、运营(运营、维修、安全)、人力资源等功能发挥整体效用。这样做的目的是从运输和经济的角度最有效地利用规模经济学。

中等规模网络必须强调系统的网络功能(从交通方面和技术方面),因为网络的进一步延伸将直接影响现存的地铁线路,这就要求进行运营调整,这些调整只能以合作方式和进行中央管理才能实现。

(3)大规模网络:大于等于 10 条线路的城市轨道交通网络系统。

大规模网络需要通过多种经营和专业化来扩大中央组织结构。

①运营(运营部门、维修部门);

②财务(管理、营销与销售部门);

③人力资源部门；

④安全与保卫部门。

考虑到技术或运营主要条件方面现存的差异，运营部门可以根据分工再细分。需要从整个系统全盘考虑网络中大数量的连接和换乘的客流，以便通过最经济的、优质的服务取得更好的业绩。

3）运营管理的相对集中性

对于交通线路数目较多的城市轨道交通网络，运营企业将整个城市轨道交通网络作为一个整体进行运营管理和协调优化。对于大、中型网络规模的城市轨道交通运营管理，其经营相对集中，主要采用由一家独立经营，或以一家为经营主体、其余辅助的管理模式。

例如，日本的地铁线路由两家公司联合运营，且以负责8条地铁线路运营的东京地下铁道株式会社（Tokyo Metro Co. ,Ltd. ）为主；巴黎的巴黎运输自治公社（RATP）负责运营整个巴黎地区的地铁网络，而法国国有铁路公司（SNCF）只负责部分 RER 线路的运营；伦敦地下铁道公司（London Underground）负责所有地铁线路的运营；纽约的地铁系统都在纽约市运输局（MTA）的管理下运营。

相对集中的经营管理有利于整个城市轨道交通的资源整合、系统协调，更好地发挥地铁网络的优越性：

（1）综合系统经营提高效率，在各条线之间及与其他交通工具（如：电车、公共汽车、短途和长途的铁路交通、私人交通工具等）之间的多种换乘关系产生了必然的高客流量，满足了乘客短而复杂的出行要求。确保在服务提供、服务间隔、执行质量上得到最佳匹配。

（2）统一的地铁系统形象、统一的质量和服务标准，能够提高乘客满意度。

（3）有助于在整个网络中创建和巩固统一的收费系统。

（4）整个系统的运营和维修标准化，互相协调。

第二节 行车组织

一、列车运行组织

1.运行方式

城市轨道交通的运行方式有以下两种。

1）独立运行

独立运行，是指一条城市轨道交通线自成系统，独立组织列车在本线路上运行，与其他城市轨道交通线路间只有乘客的换乘，无列车的跨线运行。在国内外的城市轨道交通运营中，大多数线路采用独立运行方式。

2）共线运行

共线运行，是指在相邻的两条或多条城市轨道交通线路中，运营列车交路从一条线路跨越到另一条线路，存在着两条或多条列车交通线路共用某一区段的情况。共线运营的部分线路称为共线段。

共线运行方式在欧美和日本的城市轨道交通系统中被广泛推广应用。尤其在日本，参与共线运行的城市轨道交通公司总数占日本所有城市轨道交通公司总数的 55%。除香港地铁外,上海地铁也有共线运行线路,如图 10-2 所示,上海城市轨道交通 3 号线、4 号线在宝山路站至虹桥路站的 9 站 8 区间内共线运行。

2. 行车交路

行车交路是一种运输计划(列车运行方案),它规定了列车的运行区段、折返车站和按不同列车交路运行的列车对数。

行车交路主要有 3 种形式:大小交路运行方案(图 10-3)、交错运行交路方案(图 10-4)、分段运行交路方案(图 10-5)。在对这 3 种交路形式进行运营方案设计时,需要对不同交路的起终点、不同交路内列车开行对数进行合理设置,尽可能减少乘客的换乘次数和候车时间,充分发挥线路的通过能力,满足各区段不同的输送能力需求。

图 10-2　上海轨道交通 3 号线、4 号线线路示意图

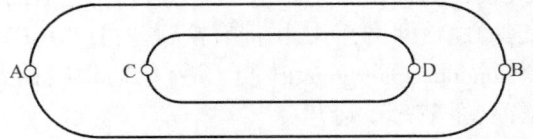

图 10-3　大小交路运行方案示意图

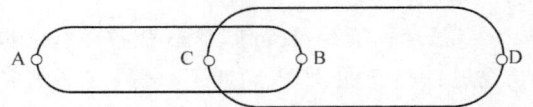

图 10-4　交错运行交路方案示意图

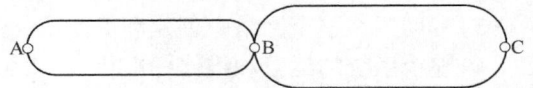

图 10-5　分段运行交路方案示意图

二、列车运行图

列车运行图是利用坐标原理表示列车运行状况的一种图解方式。它规定了各次列车占用区间的顺序、列车在一个车站的到达和出发(或通过)的时刻、列车在区间的运行时分、列车在车站的停站时分、折返站列车折返作业时间、列车出入场时刻等行车信息。

列车运行图是城市轨道交通运行组织的综合性计划,在保证城市轨道交通线路运营各部门的相互配合和协调上起到了重要的组织作用,各业务部门都需要根据列车运行图所规定的要求来安排运营生产工作。

1. 列车运行图的图解表示要素

如图 10-6 所示,列车运行图主要包含 7 个要素:

(1)横坐标:表示时间,按要求用一定的比例进行时间划分,一般城市轨道交通列车运行图采用 1 分格或 2 分格,即每一等份表示 1min 或 2min。

(2)纵坐标:表示距离,根据区间实际里程,采用规定的比例,以车站中心线所在位置进行距离定点。

(3)垂直线:一组平行的等分线,表示时间等分段。

（4）水平线：一组平行的不等分线，表示各个车站中心线所在的位置。

（5）斜线：列车运行轨迹（径路）线，一般以上斜线表示上行列车，下斜线表示下行列车。

（6）在列车运行图上，列车运行线与车站的交点即表示该列车到达、出发或通过的时刻。

（7）在列车运行图上，每个列车均有不同的车号与车次。一般按不同的列车类别规定代号与列车号。

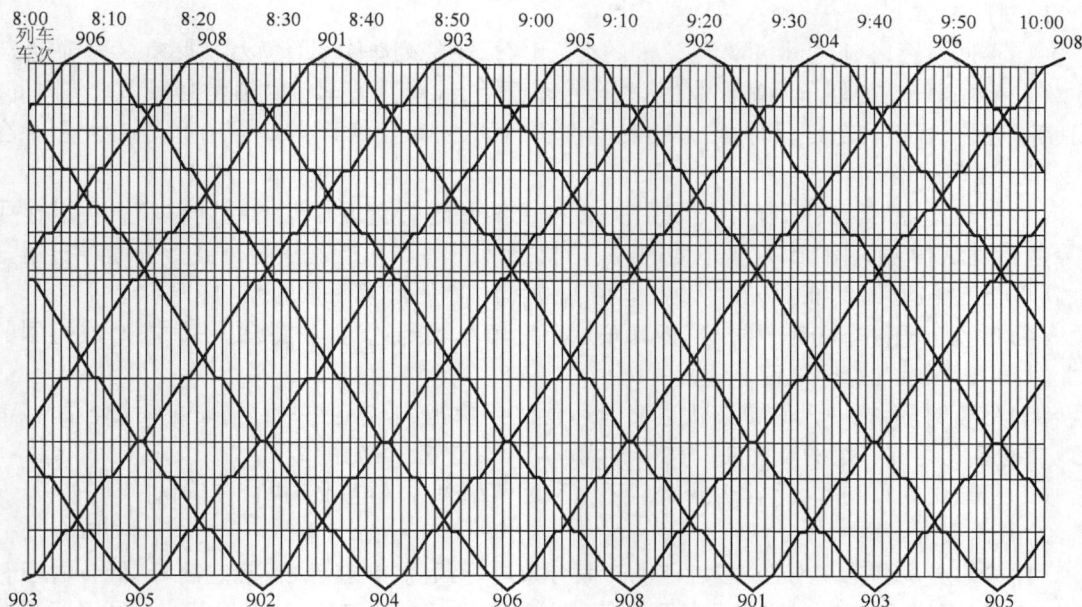

图 10-6　列车运行图

2. 列车运行图的格式与分类

1）列车运行图的格式

（1）一分格运行图。它的横轴以 1 分钟（min）为单位用细竖线加以划分，十分格和小时格用较粗的竖线表示。主要在编制新运行图和调度指挥时使用。

（2）二分格运行图。它的横轴以 2 分钟（min）为单位用细竖线加以划分，常用于市郊铁路运行图的编制。

（3）十分格运行图。它的横轴以 10 分钟（min）为单位用细竖线加以划分，半小时格用虚线表示，小时格用较粗的竖线表示，主要用于调度在日常指挥中绘制实绩运行图。

（4）小时格运行图。它的横轴以小时（h）为单位用竖线加以划分，主要在编制旅客列车方案图和机车周转图时使用。

列车运行图上，以横线表示车站中心线的位置。一般以细线表示中间站，以较粗的线表示换乘站或有折返作业的车站。

2）列车运行图的分类

（1）按区间正线数分为单线运行图和双线运行图。

（2）按列车之间运行速度差异分为平行运行图和非平行运行图。

（3）按上下行方向的列车数分为成对运行图和不成对运行图。

（4）按同方向列车运行方式分为连发运行图和追踪运行图。

（5）按使用范围分为日常运行图、节假日运行图、其他特殊运行图。

城市轨道交通系统的列车运行图因其系统特征，一般均为双线成对追踪平行运行图。

3. 列车运行图的组成要素

城市轨道交通列车运行图组成要素在内容上有 3 类：时间要素、数量要素和相关要素。

1）时间要素

（1）区间运行时分：指相邻车站之间的运行时分，需经列车牵引计算和实际查标后确定。

（2）停站时分：指列车停站作业（从列车停车开始，计算开关车门的预警时间和动作时间，包括各车门乘客不均衡延缓时间、车辆启动准备时间、屏蔽门关闭的延缓时间等），加上乘客上下车所需时间总和。

（3）折返作业时分：指列车到达终点站或在区间站进行折返作业的时间总和。折返作业时分包括确认信号时间、出入折返线时间、司机换岗时间等。折返作业时分受折返线折返方式、列车长度、列车制动能力、信号设备水平、司机操作水平等多因素的影响。

（4）出入车辆停车场作业时分：指列车从车辆停车场到达与其相接的正线车站或返回的作业时间，也需通过查标确定。

（5）运营时段：指一天中城市轨道交通运营线路承担载客任务的时间段。一般各国城市轨道交通系统均有一定的夜间时间（2～6h 不等）用作设备、设施的维护。

（6）停送电时间：指每天营运开始前送电和运营结束后停电所需操作和确认的时间。

2）数量要素

（1）全日分时段客流分布：按客流的时间分布进行预测，调查分析，确定高峰、低谷时段客流量，从而对列车编组数或列车运行列数等相关因素进行合理安排，并作为开行不同形式列车的主要依据，如区间列车、连发列车等。

（2）列车满载率：指列车实际载客量与列车定员数之比。编制列车运行图时，既要保证一定的列车满载率，又要留有一定余地，以应付某些不可测因素带来的客流量波动，同时也要考虑乘客的舒适水平。

（3）出入库能力。由于车辆基地与线路车站之间的出入库线有限，加之出入库列车插入正线受正线通过能力的影响，因此，每单位时段通过出入库进入运营线的最大列车数，即出入库能力，是编制列车运行图的一个重要因素。

（4）列车最大载客量：一个编制列车按车厢定员计算允许装载的最大乘客数，分为定员载客量和超载客量。

3）相关要素

（1）与其他交通方式的衔接：包括大交通系统如铁路、港口、机场、公路交通枢纽等；城市交通方式如公交线路、车站布置、自行车停放、其他车辆停放等。

（2）与大型体育场所、娱乐、商业中心的衔接。这些场所会有突发性的客流冲击城市轨道交通，造成车站一时运力和人力安排的困难。

（3）列车检修作业：为保证列车状态完好，需均衡安排列车运行与检修时间，既使每个列车均有日常维护时间，又使各列车日走行千米数较为接近。

（4）列车试车作业：检修完的列车除了在车辆基地试验线试车外，某些项目有可能在正线上试车，此时需在运行图编制时考虑周全。

（5）司机作息时间：根据司机作息制度、交接班地点与方式、途中用餐等因素，均衡安排各个列车的运行线。

（6）车站的存车能力：线路上的车站大多数无存车线，在终点站、区间个别车站设有停车线，可存放一定数量列车，在日常运行时可作为停车维护用，在夜间可存放列车，减少空驶里程，均衡早上运营发车秩序。

（7）电动列车的能耗：在计算、查定电动列车的各区间运行时分时，要协调区间的运行等级、限速与给电时间的关系，尽可能使之达到最佳。同时也要使同一区段同时启动的列车最少。

三、行车计划编制

1. 车站中心线的确定方法

1）按区间实际里程比率确定

按整个区段内各车站间实际里程的比例来画横线。采用这种方法时，列车运行图上的站间距完全反映实际情况，能明显地表示出站间距离的大小。但由于各区间的线路和纵断面不一样，使列车运行速度有所不同，因此列车在整个区段的运行线往往是一条斜折线，既不整齐，也不易发现列车在区间运行时分上的差错，所以一般不采用这种方法。

2）按区间运行时分比率确定

按整个区段内各车站间列车运行时分的比例来画横线。采用这种方法，可以使列车在整个区段的运行线基本上是一条斜直线，既整齐又美观，也容易发现列车在区间运行时分上的差错，故多被采用。

列车运行图上的列车运行线与车站中心线的交点，即为列车到发或通过车站的时刻。所有这些表示时刻的数字或符号，都填写在列车运行线与横线相交的钝角处。

2. 列车运行图的编制原则

（1）在保证安全、可靠的条件下，通过提高列车旅行速度、压缩折返时间、减少出入库作业时间等方式，可提高系统的运行效率和服务水平。

（2）编制低谷运行（早发车、晚收车时段）方案时，列车的最大运行间隔不宜超过 15min。在平峰时段，为避免乘客长时间等待，列车的最大运行间隔不宜超过 6min［见《城市轨道交通工程项目建设标准》（建标 104—2008）］。

（3）充分利用线路的能力和车辆的能力，在折返能力较为紧张时尽可能安排平行折返作业。当车辆周转达不到运营要求时，要通过改变交路方式等措施合理安排列车运行方案解决高峰客流组织。

（4）在保证运量需求的条件下，综合考虑高峰时段列车运行速度、折返时间、列车开行方式等要素，使运营列车数量达到最少，从而降低系统的车辆保有量与运营成本。

3. 列车运行图的编制步骤

在新线开通或线路客流量、技术设备和行车组织方式发生变化时都需编制列车运行图。其编制步骤如下：

（1）按要求和编制目标确定编图的注意事项。

（2）收集编图资料，对有关问题组织调查研究和试验。

(3)若要修改运行图,应总结分析现行列车运行图的完成情况和存在问题,提出改进意见。

(4)确定全日行车计划。

(5)计算所需运用列车数量。

(6)征求调度部门、行车部门、客运部门和车辆部门的意见,调整行车运行方案。

(7)根据列车运行方案铺画详细的列车运行图、列车运行时刻表和编制说明。

(8)全面检查列车运行图的编制质量,并计算列车运行图的指标。

(9)编制完毕的列车运行图、时刻表和编制说明经有关部门审批、执行。

4. 制订全日行车计划

1)确定小时开行对数

根据全日分时段断面客流量资料,计算营业时间内最大客流断面每小时应开的列车数,注意设有短交路的线路,其长短交路相邻断面的列对也须予以计算。计算公式如下:

$$n = \frac{P_{max}}{q_{列} \cdot \beta_{线}}$$ (10-1)

式中:n——分时开行列车数(列或对);

P_{max}——最大单向断面客流量(人);

$q_{列}$——列车计算载客量(人/列);

$\beta_{线}$——线路断面满载率(%)。

2)计算行车间隔时间

行车间隔时间的计算公式如下:

$$t_{间隔} = \frac{3600}{n}$$ (10-2)

3)编制全日行车计划

在高峰时段(一般为早晚)可以按计算所得的列车数安排行车计划。编制非单一交路行车计划时,要注意不同交路列车的匹配比例,做到各区段内行车间隔的均衡性。

城市轨道交通各设计年限的列车运行间隔,应根据各设计年限预测客流量、列车编组及列车定员、系统服务水平、系统运输效率等因素综合确定。与高峰时段相比,非高峰时段列车的行车间隔可以有所增加。

第三节 线路运输能力

一、输送能力

输送能力是指在一定的车辆类型、信号设备、相关的配套设备、行车组织方式等条件下,城市轨道交通线在单位时间内(小时、日、年)所能运送的乘客量。城市轨道交通线路的设计运输能力,应满足预测的远期高峰小时单向最大断面客流量的需要。

高峰小时单向断面运输能力是一个很重要的指标,其计算公式如下:

$$P = N \cdot q_{列} \cdot \beta_{线} \tag{10-3}$$

式中:P——高峰小时单向断面输送能力(人次/h);

  $q_{列}$——列车额定载客量(人次);

  $\beta_{线}$——线路断面满载率(%);

  N——高峰小时单向通过的列车数(列/h)。

当 N 用线路最大通过能力代入时,计算结果即为线路最大断面输送能力 P;当 N 用不同设计年份的列车对数代入时,计算结果为相应年份的实际输送能力 P。在线路设计初期,必须考虑 P 应大于预测的高峰小时单向最大断面客流量 P_{max},并留有适当的余地,以满足客流的波动。

二、折返能力

1. 折返方式

列车折返有站前折返、站后折返和混合折返 3 种方式。

1)站前折返

站前折返是列车经由站前的渡线完成折返,列车无空车走行,折返时间较短,旅客在同一站台乘降,缩短了停站时间。此外,站线和折返线相结合,节省了工程投资。但由于侧向进(出)站,列车受到限速,乘客舒适度差;列车到发存在进路交叉,影响行车安全;上下车乘客同时上下车,在客流量大的情况下,站台乘客秩序会受到影响。

列车到发作业产生交叉干扰的条件是进路有交叉,并且占用进路的时间相同,两个条件必须同时具备才构成真正的进路交叉。在行车密度很大的情况下,采用站前折返方式,要完全消除到发列车的干扰难度较大。所以站前折返方式宜用于起(终)点站和工程分期中的临时折返站,其主要站型如图 10-7 所示。

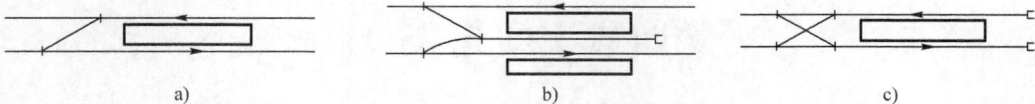

图 10-7 站前折返站型示意图

2)站后折返

站后折返是列车先停站下客,然后经由站后的渡线或尽端式折返线完成折返,再在另一站台上客。

站后折返方式列车到发无交叉,行车安全,直向进出站速度高、乘客舒适、站台固定使用秩序好。站后折返的主要缺点是列车折返时间较长。所以站后折返在中间站和起终点都可采用,其主要站型如图 10-8 所示。

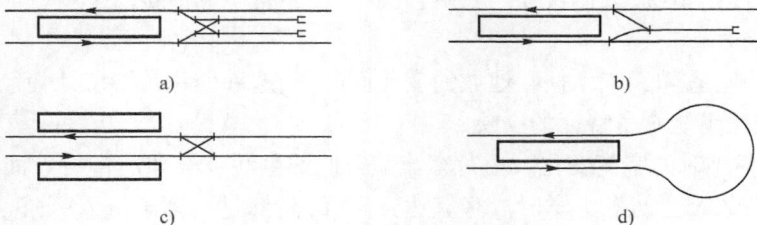

图 10-8 站后折返站型示意图

3）混合折返

混合折返是在一个折返站上可进行站前和站后两种折返作业,其折返能力较大,但工程投资也较大,所以只有能力要求很大的起终点折返站上,或有另一条城市轨道交通线引入的折返站可以采用,其站型如图 10-9 所示。

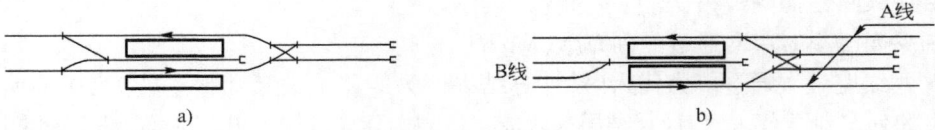

图 10-9　混合折返站型示意图

2. 折返能力计算

折返能力可按下式计算:

$$N_折 = \frac{3600}{T_折} \tag{10-4}$$

式中:$N_折$——折返站能力(对);

$T_折$——列车的折返间隔时间(s)。

提高折返能力主要从以下几个方面着手:

(1)采用先进的信号系统,减少办理进路的时间并缩短安全距离。

(2)缩短道岔区长度,加大道岔的导曲线半径,提高列车的侧向过岔速度,缩短侧向进出站和侧向进出折返线的时间。

(3)选用运行性能好的车辆,缩短驾驶系统换向的时间,使其不大于办理进路的时间。

(4)加强车站管理,优化客运组织,缩短上下客停站时间。

第四节　客运管理

一、客流组织

1. 客流的特征与调查分析

客流是规划城市轨道交通网络、安排工程项目建设顺序、设计车站规模和确定车站设备容量的依据,也是城市轨道交通系统安排运力、编制运输计划、组织行车和分析运营效果的基础。因此,要抓住客流的特征,通过调查分析将得出的结果运用到工作中,不断完善、不断改进,使工作计划更贴近实际情况,取得最佳的效果,同时也减少资源的浪费。

1）客流的特征

客流是动态流,它随天气、时间、地域的变化而改变,这种变化是城市社会经济活动和生活方式以及轨道交通系统本身特征的反映。

(1)一日内各小时的客流变化。小时客流随人们的生活节奏和出行特点而变化。一般清晨与夜间的乘客最少,上班和上学时段客流达到高峰,高峰过后渐渐进入低谷,傍晚下班和放学时段客流进入次高峰。

（2）一周内每日客流的变化。由于人们的工作与休息是以周为循环周期进行的,这种活动规律性必然要反映到一周内每日客流的变化上来。例如在双休日,上、下班的两次高峰就不明显,全日客流往往也有所减少。而在连接商业网点、旅游景点的城市轨道交通线路上,双休日的客流往往会有所增加。另外,周一与节日后的早高峰小时客流和周末与节日前的晚高峰小时客流会比一般工作日的早、晚高峰小时客流要大。

（3）季节性或短期性客流的变化。客流还存在着季节性的变化。例如,每年的6月份和学生复习迎考时期,客流通常是全年的低谷。另外,在旅游旺季,城市中流动人口的增加会使轨道交通线路的客流随之增加。而短期性客流的激增,通常是因举办重大活动或遇天气骤变引起的。

除了从客流的时间分布上找到客流的特征外,还可以从空间分布上抓住客流的特征。

（1）各条线路客流不均衡。各条线路客流的不均衡包括现状客流分布的不均衡和客流增长的不均衡两个方面,它们形成了整个不均衡的城市轨道交通网客流分布。

（2）各个方向客流不均衡。在城市轨道交通线路上,由于客流的流向不同,各个方向的客流通常是不相等的。在放射状的轨道线路上,各个方向的早、晚高峰小时客流的不均衡尤为明显。

（3）各个断面客流不均衡。在城市轨道交通线路上,由于各个车站乘降人数不同,线路单向各个断面的客流存在不均衡现象是不可避免的。

（4）各车站乘降人数不均衡。在少数线路上,全线各站乘降量总和的大部分往往是集中在少数几个车站上。此外,新的居民住宅区形成规模和新的城市轨道交通线路投入运营,也会使车站乘降量发生较大的变化。

2）客流调查

客流是动态变化着的,但这种动态变化又是有规律的,可以在实践中了解它、掌握它,并根据客流的动态变化,及时配备与之相适应的运输能力,给乘客提供良好的服务。在运营过程中,要掌握客流在时间、空间上的动态变化规律,必须经常进行各种形式的客流调查。

客流调查问题涉及客流调查内容、调查地点和调查时间的确定,调查表格和设备的选用以及调查方式的选择等事项。根据不同的情况和不同的需要,运营轨道交通系统的客流调查种类主要有以下几种。

（1）全面客流调查。全面客流调查是对全线客流的综合调查,通常也包括乘客情况抽样调查。这种类型的客流调查时间长、工作量大、需要较多的调查人员。但通过调查及整理、统计和分析调查资料,能对客流现状及出行规律有一个全面、清晰的了解。

（2）乘客情况抽样调查。乘客情况抽样调查通过问卷方式进行,内容包括乘客构成情况调查和乘客乘车情况调查两项。乘客构成情况调查在车站进行,被调查人数取全天在车站乘车人数的一定比例,调查表内容有年龄（老、中、青）、性别（男、女）、居住地（本地、外地）、出行目的（工作、学习、购物、游览、访友、就医、其他）等。

（3）断面客流目测调查。断面客流目测调查是一种经常性的客流抽样调查,根据需要,可选择一或两个断面进行调查,一般是对最大客流断面进行调查,调查人员目测估计各车辆内的乘客人数。

（4）节假日客流调查。节假日客流调查是一种专题性客流调查,重点对春节、元旦、国庆节、双休假日和若干民间节日期间的客流进行调查。调查的内容包括机关、学校、企业等单位的休假安排，都市旅游业、娱乐业的发展程度，城市居民生活方式的变化等。该项调查一般是通过问卷方式进行的。

2. 客流组织的主要内容

城市轨道交通主要通过合理的客流组织来完成其大容量的客运任务。客流组织是通过合理布置客运有关设备、设施以及对客流采取有效的分流或引导措施来组织客流运送的过程。客流组织的主要内容包括车站售检票系统的位置设置、车站导向的设置、车站自动扶梯的设置、隔离栏杆等设施的设置、乘客信息系统（PIS 系统）的布设、工作人员的配备以及应急措施等。城市轨道交通客运工作的特点决定客流组织应以保证客流运送的安全、保持客流运送过程的畅通、尽量减少乘客出行的时间、避免拥挤、便于大客流发生时的及时疏散为目的。

在运营管理中如何正确设置售检票系统的位置、合理布置付费区、合理导向对客流组织起着很重要的作用。在布置时一般要以符合运营时最大客流量、保持客流的畅通为原则，因此一般按以下要求进行布置：

（1）售检票设备的位置与出入口、楼梯应保持一定距离。售检票设备一般不设置在出入口、通道内，并尽量保持与出入口、楼梯有一定的距离，从而保证出入口和楼梯的畅通。

（2）保持售检票设备前通道宽敞。售检票设备一般选择站厅内宽敞位置设置，以便于售检票设备前客流的疏导。售检票位置应保持一定距离，避免排队时拥挤。

（3）售检票位置应根据出入口数量相对集中布置。因城市轨道交通车站一般有多个出入口，为了减少乘客进入车站后的走行距离，一般设置多处售检票位置，但过多的售检票位置容易造成设备使用的不平衡，降低设备使用效率，并且不利于管理，因而售检票位置应根据车站客流的大小相对集中布置。

（4）应尽量避免客流的对流。客流的对流减缓了乘客出行的速度，同时也不利于车站的管理。因此，车站一般需对进出客流进行分流，进出车站检票位置宜分开设置，保证乘客经过出入口和售检票位置的线路不至于发生对流。

3. 车站大客流组织

城市轨道交通线路的走向一般都是客流集中的交通走廊，连接着重要的客流集散点，如铁路车站、汽车客运站、航空港、航运港等交通枢纽，大型商业经济活动中心、体育场、博览会、大剧院等重要文体活动中心，以及规模较大的住宅区，等等。正因为如此，某些车站会遇到大客流。为了保证乘客的安全和正常的运营秩序，这些车站在客流组织方面应备有完善的运营组织方案和措施。在一定程度上这些方案、措施弥补了硬件设施的缺陷。

1）大客流的定义

大客流是指车站在某一时段，集中到达的客流量超过车站正常客运设施或客运组织措施所能承担的客流量时的客流。大客流一般在大型文体活动散场时或重要枢纽节假日期间发生。

大客流一般可分为常态大客流、偶发性大客流、可预见性大客流和周期性大客流。常态大客流通常是指工作日早、晚高峰时形成的集中客流；偶发性大客流是指遇恶劣天气、系统故障等突发事件情况下形成的集中客流；可预见性大客流是指有计划的商业活动或大型文体活动形成的集中客流；周期性大客流通常是指节假日期间形成的集中客流。

2）大客流的组织措施

大客流的组织应在保证疏散客流安全的前提下，尽快地疏散客流。大客流组织的主要措施包括：

（1）增加列车运能。根据大客流的方向，在大客流发生时，利用就近的折返线、存车线组织列车运行方案，增加列车运能，从而保证大客流的疏散。线路的运能是大客流组织的关键。

（2）增加售检票能力。售检票能力是大客流疏散的主要障碍，车站在设置售检票位置时应考虑提供疏散大客流的通道。在大客流疏散时，应事先准备足量车票，在地面、通道、站厅增加售票点，增设临时检票位置来疏散大客流。

（3）采取临时疏导措施。在大客流组织中，临时合理的疏导是限制客流方向一项很重要的组织措施，主要包括出入口、站厅的疏导，站厅、站台扶梯及站台的疏导。出入口、站厅的疏导主要是根据临时售检票位置的设置，限制客流的方向，来保持通道的畅通和出入口、站厅客流的秩序。站厅、站台扶梯及站台的疏导主要是为了尽量保证客流均匀上下扶梯和尽快上下列车，保证站台候车的安全。疏导措施主要有设置临时导向、设置警戒绳、采用人工引导、通过广播宣传引导等。

（4）关闭出入口或进行进出分流。大客流往往是难以预测的，因此为了保证大客流发生时乘客的安全，在难以采用有效的措施及时疏散客流时，可采用关闭出入口或对某部分出入口限制乘客进入车站的措施来阻止一部分客流或延长大客流疏散时间。

（5）换乘枢纽站。遭遇大客流时要及时通知控制中心及网络运营监控中心，必要时控制邻线客流的换入，并及时启动枢纽站大客流处置预案，通过车站广播、车站乘客信息系统等及时告知乘客。

二、客运服务

1. 客运服务流程

服务可定义为具有无形特征的一种或一系列活动，通常发生在顾客同服务提供者及其有形的资源、商品或系统相互作用的过程中，以便解决消费者的有关问题。城市轨道交通服务是为广大乘客提供安全、便利、舒适、快捷的乘车、候车环境。

（1）引导乘客进站。在地铁各出入口设立明显的导向标志，方便乘客识别并根据导向指示进站乘车。在一些轨道交通比较发达的城市，几乎每隔500m即有一个明显的导向标志，便于乘客选择各出入口进站。

（2）问询服务。车站的问询服务可分为有人式服务和无人式服务，车站的工作人员应向问询的乘客提供服务。随着时代的发展，车站的问询服务向自助式服务方向发展，车站设置计算机查询平台、服务机器人，可供乘客查询出行线路、票价及各类票卡的金额。在一些城市，已经采用了自动售票机这种售票和部分问询功能一体化的设备。

（3）售检票服务。目前，世界各国城市提供售票服务的主要形式是自动为主、人工为辅，采用自动售检票系统替代人工，可以提供更为准确的售票服务，提高服务效率和水平，从长远发展角度来看，也可以提高企业的经济效益。

（4）组织乘降。站台应设有明显的候车安全线，提示乘客在列车未进站停稳、车门未完全打开之前，不要越过安全线，以防发生意外事件。许多城市已经采用站台屏蔽门技术，既可以为乘客提供一个舒适的候车环境，又能保障乘客的候车安全。另外，车站还提供广播，为乘客预报下次进站列车的方向。目前已经有两种新技术投入运用：一种是自动广播系统,当后续列车踏入接近区段时,广播系统自动工作;另一种是在站台设置同位显示器,向乘客预告列车运行情况及列车进站时间。

（5）出站验票。乘客到达目的站后,需验票出站,车站应有各类导向标志,引导乘客从所需的出入口出站。对所购票卡票款不足的乘客,车站应提供补票服务。如使用自动售检票系统,车站还须提供票卡分析服务。

2.客运服务质量控制

城市轨道交通是一个技术密集型的大联动机,整个系统工作状态的好坏,直接表现在是否能安全、舒适、快捷地运送乘客。客运服务工作是反映城市轨道交通企业运营管理水平的重要标志,而且服务质量是判断一家服务公司好坏的最主要的依据。因此,客运服务质量的控制对于提高城市轨道交通运营管理企业的服务及管理水平有着重要的意义。

1）服务质量模式

服务质量模式是一项综合质量体系,是对城市轨道交通运营管理理念的研究和探讨,它由以下三部分组成：

（1）企业形象：指公司的整体形象及整体魅力。城市轨道交通面向大众、服务大众的社会特征,决定了城市轨道交通运营管理企业不仅仅要讲究经济效益,更要考虑社会效益。企业文化的发展以及企业良好的社会形象同样是企业管理水平的体现。

（2）技术性质量：即提供的服务是否具备适当的技术属性。这是服务质量技术上的保证,通过采用新技术,提高城市轨道交通运行安全的保障力度,并为乘客提供一个舒适的乘车、候车环境。

（3）功能性质量：研究服务是如何提供的。对客运服务的整个流程进行分析研究,不断完善各项服务设备及辅助性服务设施,增强各类设施设备的功能性和简便实用性,以更好地满足乘客的需求。

2）服务质量控制措施

首先,要对客运服务确定目标并制定各种规章制度及各岗位的工作职责。目标的确定直接影响客运服务的质量,决定了客运服务质量的水准。

其次,要对客运服务进行现场管理。这是实施、落实客运服务质量管理的有效手段。服务质量的现场管理,是以满足乘客的出行需求和精神需求为目的的。也就是要尽可能满足乘客对功能性、经济性、安全性、时效性、舒适性和文明性的要求。为了满足这些要求就要对人、设备设施、方法、环境等四大因素进行控制。可以从以下几个方面来开展服务现场的质量管理工作：

（1）安全管理。对于任何一个行业来说,安全总是前提。离开了这个前提来谈服务质量就毫无意义。因此,我们必须把安全管理纳入服务质量管理的范畴之中。

（2）操作管理。车站的服务主要是通过服务人员在现场的操作来体现的。服务人员的操作水平直接反映了服务质量,所以操作管理显得格外重要。

（3）设备管理。我们在强调服务质量的同时,相对忽视了处于静态的设施状况。设备管理的好坏与服务质量的高低密切相关。

（4）卫生管理。卫生水平对车站来说十分重要。卫生管理的好坏直接影响企业的形象。

最后,要对客运服务进行跟踪,这是对车站客运服务质量管理的有效保障。需要建立起一种有效的机制来全面地考查服务质量的整体状况。

3.投诉及客伤处理

城市轨道交通作为一个服务性的行业以及公共交通工具,投诉及客伤的处理是不可避免的,妥善接待、处理投诉及客伤,是良好企业形象、企业管理水平的体现。

1)投诉的处理

城市轨道交通运营管理企业应建立投诉处理制度,并可指定运营服务主管部门受理,也可设立服务热线接待乘客的咨询和投诉。投诉处理应遵循认真受理、有理有节的原则,在发生乘客投诉后,应认真核实情况,做好投诉回复工作。

投诉可分为有责投诉和无责投诉两类。作为管理部门应认真对待乘客的两类投诉,妥善进行处理。投诉的接待处理作为企业的一个服务窗口,工作人员应具有一定的城市轨道交通运营管理专业知识和经验,了解企业的有关规章制度,语言得体,思维敏捷。

2)客伤的处理

客伤是指乘客在城市轨道交通管辖的运营区域内发生的人身伤害及伤亡事件的总称。

能否妥善处理好客伤事件直接影响到企业的对外形象,企业应制订客伤处理的规则,指定专门部门和专人负责处理客伤事件,处理客伤的工作人员要了解企业的各项规章制度、设施设备的工作和使用要求,并掌握一定的法律知识。

三、票务管理

1.票务管理系统概述

1)定义及功能管理

城市轨道交通票务管理系统通过对车票制作、车票出售、入站检票、出站检票和补票、罚款等营收信息进行有效管理,实现城市轨道交通票务策略的运作。

随着系统功能外延的不断扩展,票务管理系统也承担起对营运状况进行实时监控管理的职责。此外,城市轨道交通票务系统还具有制定票价费率、监控营运质量和线路运营模式等管理功能。

城市轨道交通的网络化运作对票务系统产生以下需求。

(1)统一车票制式,实现"一票换乘"。网络票务系统是实现线路之间换乘的基础条件。如果没有网络票务系统,各条线路票务系统的建设可能导致系统和车票介质的互不兼容,各线路系统将无法实现互联,不能实现信息的共享,进而也无法进行换乘交易数据的清分。

(2)有利于城市轨道交通运营管理体制的改革和发展。由于城市轨道交通的发展和建设速度很快,城市轨道交通的投资体制、建设方式和运营模式呈现多样化形式。多家运营单位之间出现有序竞争,促进管理体制的改革和发展。各线路业主通过线路的票务系统掌握运营的详细收支信息,使企业间的竞争更具公平性和客观性。

(3)充分发挥城市轨道交通的效益。

2)网络票务系统架构

根据票务系统功能,城市轨道交通全路网系统一般采用分级集中式结构,主要分为5个层次:第一层是全网络票务系统的汇集层;第二层是各线路票务系统的线路中央层;第三层是各线路票务系统下属的车站层;第四层是终端设备层;第五层是车票层。

（1）网络汇集层：清分系统，负责交易数据的清分、票卡的管理以及票款和客流的统计与分析。它主要包括数据库服务器、清分应用服务器、网络设备、发卡管理服务器、清分应用工作站、管理工作站、数据备份设备、通信处理机以及清分算法软件，同时还须构建必要的灾备体系。

（2）线路中央层：线路中央计算机系统，负责交易数据的接收和分析，与清分系统的数据交换以及应用的管理等。它主要包括数据库服务器、工作站、网络设备、通信处理机、数据备份、应用系统软件等。

（3）线路车站层：车站计算机系统，负责收集交易数据、监控运行状况等。它主要包括自动售票机、半自动售票机、进出站检票机、验票机、补票机等。

（4）终端设备层：包含售票机、补票机、闸机等，用于乘客出入站时对车票进行检验，并完成一定的数据读写工作，便于车票的统计和分析。

（5）车票层：城市轨道交通自动售检票系统的进出站凭证。

3）票务收费系统

（1）人工售检票方式：主要分为进站检票、出站检票、进出站都需检票3种方式。前两种方式只适用于单一票价的城市轨道交通系统，第三种方式适用于计程票价的城市轨道交通系统。人工售检票方式的主要优点是设备投资低，缺点是需要雇佣大量的检票人员，支付较多的人工费用，该方式往往在新线开通初期、客运量较小的线路上采用。

（2）自动售检票系统：基于计算机技术、网络技术、自动控制技术等实现购票、计费、统计全过程的自动化系统，为目前多数城市轨道交通系统所采用。

（3）联网结算：以非接触智能卡为车票载体，以计算机和各种电子收费终端为核心，以局域网和远程网络作为支撑，在城市如轨道交通、公共汽车、出租车、轮渡等各种交通方式中，实现计费、收费、统计、汇总、中央清算等业务，为乘客提供方便的乘坐服务。

2. 票务设备

（1）自动售票机：安装在车站非付费区内，由乘客操作自动出售单程票。

（2）半自动售票机：由售票人员操作，向乘客发售各种类型的车票，并提供验票服务。

（3）进出站闸机：安装于车站付费区与非付费区的交界处，实现乘客自助式进出站检票。进出站闸机应能接受城市轨道交通专用车票和公共交通卡，并满足乘客右手持票快速通过的需求。

（4）自动加值机：设置在车站非付费区内，接受纸币对公共交通卡进行充值（加值）和对各种车票的查验。

（5）人工售票/补票机：由城市轨道交通工作人员操作，发售各种类型的车票，兼有补票、对公共交通卡充值（加值）、对车票进行查验和票据打印的功能。

（6）便携式验票机：由车站工作人员随身携带，对乘客所持车票进行核查，为及时解决票务纠纷提供帮助。

3. 票价方案

1）单一票制

单一票制是指不论运营里程的长短，都实行同一价格。其优点是票制单一，易于管理和操作，服务人员相对较少；其缺点也很突出，长短途客流在费用支出上不合理，票价制定时既不能过高也不能过低,经济效益体现得不够充分。

2)多级票制

多级票制是指按运营里程的长短实行不同的票价。其优点是充分考虑了长短途客流的不同需求,价格较为合理;缺点是增加了管理难度。随着自动售检票系统的逐步推广和投用,多级票制越来越易于管理,便于操作。

在制定多级票制时有3种方案:第一种是计程,第二种是计站,第三种是按照区域进行划分。

对于刚开通投入运营、客流较小的线路,可以考虑采用单一票制,且票价取较低位,以吸引客流。而对于客流较大、趋于成熟的线路,以及具有一定规模的城市轨道交通网络,宜采用多级票制,尽可能达到经济效益最大化。

4.车票种类

(1)单程票:指在城市轨道交通网络中只能使用一次的车票,票卡内保存有车票金额信息。乘客持票旅行时,车站的出站检票机根据费率判断购票金额是否足够这次的旅行费用(即车费)。单程票在购买后的有效时段内有效。单程票按用途可以分为普通单程票和预赋值应急票两种。

(2)应急票:缓解大客流时车站的售票压力而预先赋值的车票。发行时的预赋值票应写入进口线路和车站的编号、使用时段和票价等信息,线路发行赋值应急票须事先向清分中心提出申请。

(3)计次票:指被赋予固定信用额(乘次),在有效期内可以一次或多次使用的车票。该车票在使用时只计次数,不考虑程距。车票内信用额使用完后由出站检票机回收。

(4)优惠票:包括老人、学生、儿童及非高峰时段的各种票,根据需要给予特定乘客一定的折扣优惠。

(5)纪念票:包括普通纪念票、旅游纪念票,赋予一定的面值,在有效期内可以一次或多次使用,扣款方式与单程票类似。纪念票一般留给乘客作纪念。

(6)出站票:出站补票使用,在发售当天当站有效,出站时由检票机回收。

(7)公务票:由清分中心发行和管理,仅限公务使用,可分为全网络乘行和在指定线路上乘行两种,并具有有效时间限制。

(8)测试票:由清分中心统一发行和管理,用于城市轨道交通网络运行时对系统的测试、维修测试和新系统开发测试等,并具有一定时间限制。测试票应包括回收型和不回收型两种,以满足设备测试的要求。

(9)预留票种:城市轨道交通将预留若干票种供后期定义和开发使用。

(10)储值票:指车票内预存一定金额,每次旅行均根据费率表扣费,票内金额不足时,根据具体规定可以透支使用一次,充值后才能继续使用。目前,储值票采用公共交通卡。

(11)赠票:一种特殊形式的储值票。在有效期内,乘客持该票可在城市轨道交通网络内乘坐一次,出站时由出站检票机回收。

5.票务清分中心

1)票务清分中心的基本职责

城市轨道交通实行"一票换乘"后,必须统一全网络的票务规则,各线路必须严格执行票务规则。城市轨道交通票务清分中心基本职责如下:

（1）合理分配收益、妥善协调各种增值服务。

（2）负责全网城市轨道交通专用票的初始化、调配、回收等工作。

（3）为系统安全保障提供关键的技术服务。

（4）及时、安全、准确地提供统计数据信息。

2）票务清分中心的功能

（1）统一发行和管理各类票卡。清分中心作为网络唯一具有票卡发行权的单位，对全网络各类票卡（不含公共交通卡）按有关采购流程进行统一的采购、制作、发行和管理，负责所有票卡的编码初始化、调配、发放、回收、注销等工作。

（2）统一清分票务收入。清分中心为网络信息的汇集地，必然承担重要功能。统一清分城市轨道交通网络中所有的票务收入。清分中心从各运营线路中央系统接收所有交易和票务数据，根据票务清分规则，及时对各线路的票务收入进行清分。同时清分中心还将统一全网络对交通卡清算中心的数据交换接口，及时与公共交通卡进行相关交易数据的交换处理，实现各线路票务收入公正、合理、快速、高效的清分。

（3）统一进行网络售检票系统的安全管理。由于城市轨道交通票务体系涉及面广，且直接关系到各个利益方的收益，因此，必须建立统一的安全体系，进行集中管理。

（4）提供有关的统计信息。清分中心将及时对客流、票务收入、车票使用等信息进行统计分析，提供有关的统计信息，同时对各类数据（含费率表、黑名单等）进行维护管理。

（5）其他功能。一是接入测试，保证合格线路按时投入运营；二是监督功能，作为全网络票务系统的上层机构，监督核实各线路客流和票务信息。

第五节　网络化运营管理

一、网络化运营管理的概念和基本特征

随着城市轨道交通线网的不断发展和完善，城市轨道交通运营将告别单线运作模式，迈入网络化运营管理新时代，随之也带来了紧缺人才培养和储备、换乘枢纽的管理、系统互联互通、设施设备资源共享、线路间运力协调、运营组织配合等管理新问题。

1. 网络化运营管理的概念

城市轨道交通网络从广义上是指多条线路通过换乘衔接组成网络系统。

我们将城市轨道交通网络定义为由多条城市轨道交通线路组成的一个城市综合、大容量、快速客运公共交通运输系统，这些线路通过城市轨道交通车站相互衔接和连接，形成一个规模大、功能强的客运网络，在这样的网络上，线路、车辆、信号等制式往往多样化，设有大型的换乘枢纽、折返系统、车辆段等大型基础设施，通过这些设施使线路之间实现互联互通、资源共享，从而满足城市交通和乘客出行的需求。

城市轨道交通网络化运营管理，是指针对城市轨道交通形成网络后产生的运行组织多样化、设备制式多样化的特征，通过建立安全、高效、系统的城市轨道交通网络运营管理体系，统筹安排既有资源，统一协调线网间的关系，实现线网运营有效性、安全性和可靠性，实现网络运营社会效益、经济效益最大化。

2. 网络化运营管理的基本特征

城市轨道交通的网络化运营管理主要体现在网络功能的完善和高效灵活的运营管理体系，充分体现协调性、网络性、整体性的显著特征。

（1）线路互联互通，不同线路之间的建筑结构空间、线路轨道、供电和接触网可实现联通。

（2）设备制式兼容统一，车辆、通信、信号、供电、AFC 等关键运营设施设备要求具有较好的兼容性和扩充性。

（3）乘客出行要求快速、便捷、信息获取方便，乘客可在不同线路间进行便捷的一票换乘。

（4）行车组织多样化，列车共线运行方式、大小交路方式、分段交路方式等随着线路长度的增加而增多。

（5）经营管理高效，运营保障单位呈高度专业系统化，使整体网络表现出效益最大化，形成安全、高效、低成本的城市轨道交通网络管理体系。

二、枢纽站运营管理

为了适应网络化对于车站客运服务的人性化要求，以及行车组织多样化的要求，达到减少管理幅度、减少管理接口和界面、减少基层间协调沟通环节的目的，精简人员，提高应急处置效率，枢纽站必须实行统一、集中、规范的管理。

1. 城市轨道交通枢纽的特点

1）规模大、结构复杂

与单线车站和一般的换乘站相比，城市轨道交通枢纽往往具有更大的规模、更复杂的结构，这既包括枢纽站的站台数、出入口数目、换乘通道等土建设施，也包括自动扶梯、站台屏蔽门、售检票系统、防火卷帘门等机电设备。要从系统整合的层面上对枢纽站进行高效、有序、可靠、安全的管理。

2）换乘量大

城市轨道交通枢纽一般位于三线及以上城市轨道交通交汇点，或位于城市公共中心区、交通枢纽区，能给乘客提供更为便捷的换乘服务。因此，枢纽的换乘客流量较大，换乘客流在整个枢纽站的客流量中所占比例也较大。

3）地位突出

城市轨道交通枢纽站点一般也是整个城市的交通枢纽，与其他交通工具有机结合成客流的集散场所。此外，枢纽站是线路管理的重点，由于客流量较大，一旦发生突发事件，枢纽站就是传播故障的节点，某条线路上的延误将通过枢纽站波及其他相关线路，甚至影响整个城市轨道交通网络，运营调整的难度将很大。因此，在城市轨道交通网络中，枢纽的地位应高于一般车站。

4）运营管理复杂

城市轨道交通网络化对枢纽站的运营管理提出了更高的要求。行政管理方面，要求由一个运营主体集中管理枢纽站，并与其他相关运营主体进行业务协调；设施设备方面，要求能够统一监控、资源共享；行车管理方面，枢纽站可能对应不同的运营控制中心，要求通过网络综合监控中心进行综合协调管理;客运组织上,要对车站广播、导向标志以及各类车站信息统一整合。在非常规的运营状态下,要求通过对枢纽站的高效、可靠、安全的管理来调整相关线路的运营状态等。

2. 城市轨道交通枢纽的设置要求

(1)客运服务人性化:通过系统规划客运服务设施,提供人性化的客运服务,提高乘客满意度,真正体现"以人为本",是枢纽站管理的重点。

(2)设备资源共享:包括对枢纽站的土建、机电、行车、客运服务设施等资源进行共享及合理布置。

(3)行车指挥系统化:在日常运营和突发事件情况下,调度系统要系统地指挥运营和应急处置,这是高效、安全行车的关键。

(4)应急处置高效化:枢纽站的应急处置要做到统一指挥、信息共享、协调一致,高效、准确、及时地处置各类突发事件。

3. 城市轨道交通枢纽的管理模式研究

枢纽站日常行车组织遵循"属地管理"的原则,按线路分别由本线控制中心(OCC)指挥、组织行车,不论枢纽站行车人员设置是否共享。

遇突发事件、波及整个网络的事件行车组织时,事发线路 OCC 为处置主体,提出处置方案,快速处置。城市轨道交通网络运营监控中心总体协调处置,向其他线路 OCC 发布相应处置命令,协调各线路、OCC 间的行车组织,将网络影响降到最低。

三、网络运营监控中心

1. 功能定位

城市轨道交通网络化后,除了要做好各条线路自身的运营组织优化外,还应充分考虑线路间的相互协调优化,发挥网络整体运营效率,体现城市综合效益。

网络运营监控中心主要承担各条线路间行车组织、客运组织等相关业务的协调优化工作。

2. 工作职责

(1)审核线网运力配置计划,并监督执行。

(2)组织研究制订线网调度规则。

(3)线网突发事件应急处置的协调指挥。

(4)审查各运营主体突发事件应急处置预案,组织制订线网各运营主体间突发事件应急处置配合预案。

(5)线网运营情况的信息汇总、统计分析,并向市政府相关部门报送。

(6)组织制订城市轨道交通线网乘客信息的发布规则。

(7)组织制订与各线路控制中心的通信接口、设备要求、配置方案,审核线路控制中心的工程建设方案及系统招标文件。

(8)向市政府应急指挥中心及政府相关部门报送突发事件应急处置工作信息。

3. 工作流程

网络运营监控中心从有效性、安全性、可靠性、协调性等诸多方面对全网络的运营组织工作进行协调管理,以适应线网的发展,最大限度地满足客流的需求,发挥系统的整体能力和综合效益。

网络运营监控中心在日常工作中则重点对各线路的运营组织方案进行审查协调,对运营信息进行汇总以及网络内有关问题的迅速处理。在出现突发事件时,配合应急中心对网络列车运行组织进行统一调度指挥。同时,在突发事件情况下,网络运营监控中心是领导、组织应急救援的平台,承担城市轨道交通网络重大突发事件的应急处置职能。当有重大事件发生时,有关人员可根据预案,在应急中心通过专用的通信设施,了解、汇总有关场所的语音、视频和数据信息,并按照预案要求实施应急处理。在有关专家和数据库的协助下,还可根据处置过程的进展情况,适时修改、调整和优化工作流程,以提高应急处置的时效性和科学性。

第六节 安 全 管 理

城市轨道交通的安全性要远远高于其他交通方式,但仍应重视安全管理。安全防范工作没有做好,轻则扰乱运营生产秩序,重则损坏设备甚至危及乘客的生命、财产安全,给社会带来重大损失。安全是城市轨道交通运营管理的头等大事,运营必须安全,只有安全才能保障运营。

"安全第一、预防为主、综合治理"是城市轨道交通企业永恒的主题。

一、城市轨道交通安全系统工程

运营安全是一项系统工程,因此应该从系统工程的角度考虑安全问题。

1. 系统构成

安全运营是运营企业各项管理工作的核心任务。把城市轨道交通作为一个大系统进行分析,可把人、设备、环境3个因素作为事故发生的直接原因,而管理缺陷是造成事故的间接原因。这4种因素和事故发生存在着必然的逻辑关系,借助事故树中的条件或门,运用布尔代数原理可写出如下公式:

$$T = X_1(X_2 + X_3 + X_4) \tag{10-5}$$

式中:T——城市轨道交通运营事故;

X_1——事故的管理原因;

X_2——事故的人为原因;

X_3——事故的设备原因;

X_4——事故的环境原因。

由式(10-5)看出,事故发生的原因可归结为管理、人为、设备和环境四大因素。这四大因素中的任何一种因素运行不良,都会引发事故。而管理因素随时随地制约着其他三种因素,管理因素或管理因素与上述任何一种因素结合,都会引发事故。管理缺陷是诱发事故的关键原因。

2. 城市轨道交通系统的安全性工程

安全系统是"由与生产安全问题有关的相互联系、相互作用、相互制约的若干因素结合成的具有特定功能的有机整体"。安全管理系统的中心任务即对运营管理系统的安全状况进行管理和控制。

安全性工程的内容可以用图 10-10 所示的框图表示。

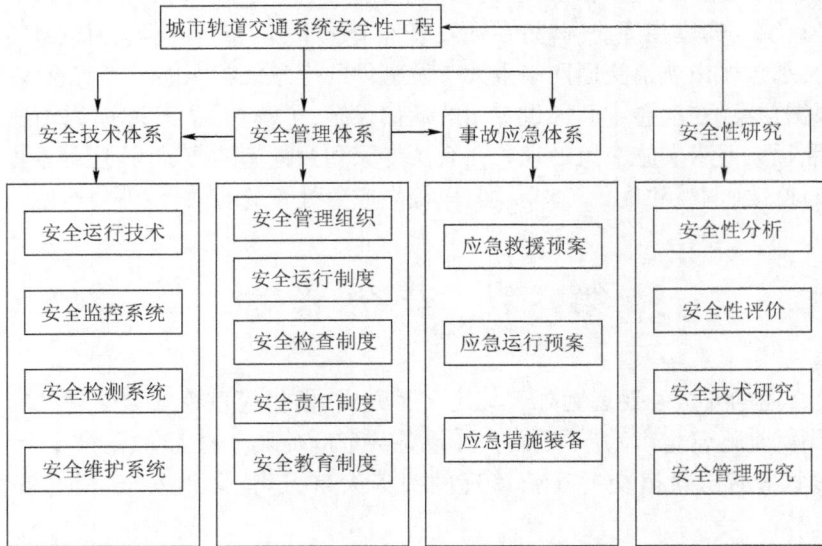

图 10-10　城市轨道交通系统的安全性工程框图

二、城市轨道交通安全管理体系

城市轨道交通安全管理体系由安全保证系统、安全控制系统和安全信息系统构成（图 10-11）。在这三个系统中，安全保证系统是前提，安全控制系统是核心，安全信息系统是基础。安全保证系统为整个管理工作提供组织保证和制度保证，是该体系运行的前提和根本。安全控制系统是整个管理工作的核心，是实现有效管理的关键环节，在整个管理体系中处于中心地位。安全信息系统是用来进行信息的收集、分析统计并利用信息进行预测和控制的，是整个安全管理工作的基础。

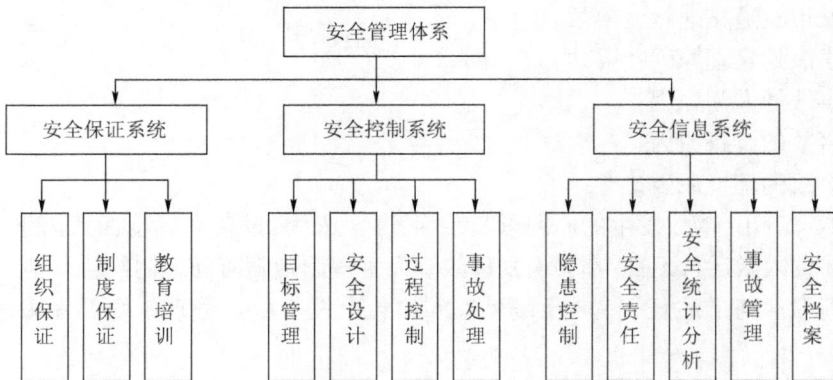

图 10-11　城市轨道交通安全管理体系

三、城市轨道交通安全管理的主要内容

城市轨道交通运营企业安全管理主要归纳为运营安全管理、设备安全管理、消防安全管理、公共安全管理和应急管理 5 个方面。

1. 运营安全管理

从安全管理的危险源角度分析,运营安全管理主要有以下内容。

1) 人员管理

人员因素是导致城市轨道交通事故的主要原因,一般性事故主要是因乘客未能遵守安全乘车规则,而险性事故多是由于工作人员职责疏忽引发的。

(1) 人多拥挤。1999 年 5 月,在白俄罗斯,地铁车站人员过多,混乱拥挤,导致 54 名乘客被踩踏致死。2001 年 12 月 4 日,北京地铁 1 号线一名乘客在站台候车室被拥挤的人流挤下站台,此时列车驶入车站,该乘客当场死亡。

(2) 道床伤亡。道床伤亡又称为人车冲突,长期以来因人员进入城市轨道交通线路造成列车延误的事件屡有发生,对正常运营造成很大的影响。例如,2005 年 6 月,上海城市轨道交通 3 号线内发生了 2 起人员跳轨自杀事件。

(3) 事故处置措施不当。2003 年韩国大邱市地铁火灾事故中,地铁司机和调度有关人员对灾难的发生有着不可推卸的责任。在车站已经断电、列车不能行驶的情况下,司机没有采取任何果断措施疏散乘客,而是紧闭列车车门。在火灾发生 5min 后,调度还下达"允许 1080 号车出发"的指令,导致另一辆载客列车驶入烟雾弥漫的站台,最终导致数百人伤亡失踪。

2) 应对自然灾害

(1) 台风。根据国内外城市轨道交通事故的统计分析,台风对沿海城市的轨道交通特别是高架桥部分的损坏程度较高。例如,2001 年 9 月,纳莉台风使台北地铁站内水流成河。因此,在有可能遭受台风威胁的地区,在工程设计及施工过程中就应加强对台风危害的防范。

(2) 水灾。城市轨道交通尤其是地下线路的车站和隧道,一方面易遭遇洪涝灾害积水回灌的风险,另一方面受到岩土介质中地下水渗透浸泡危害。地下水或地表水进入地下车站和隧道内,会使装修材料霉变,电气线路、通信、信号元件受潮失灵,危及行车安全。

(3) 地震。地下线路的车站和隧道包围在周围的地理介质中,地震发生时地下构筑物随着围岩一起运动,与地面结构不同,围岩介质的嵌固改变了地下构筑物动力特征。一般认为地震对地下结构影响较小。

(4) 暴雪。暴雪天气对城市轨道交通线路的影响也较大。寒冷天气下,需要加大对设施的维护力度。特别是钢轨,容易出现裂纹或发生断裂,从而严重威胁行车安全。

3) 施工控制

(1) 不良自然条件。各类不良地质条件,如暗河、古河道,地下人防设施,地下不明障碍物,承压水底层,复杂地貌条件等,以及施工方法不当等方面的原因,都隐藏着塌方、异常涌水、有害气体堆积等安全隐患。

(2) 施工管理。被拆迁建筑的外接管线,特别是与电源、燃气等有关的管线;施工人员携带火种、打火机等可引起火灾的物品进入隧道;施工机械振动噪声过大,会妨碍信息的传递,甚至影响信号联络,还会威胁作业人员的身体健康。

2. 设备安全管理

随着城市轨道交通线路逐渐增多，设备的种类和型号也呈多样化，合理运用现代化手段，引进先进的管理方法对做好设备管理工作具有重要意义。

1）车辆系统

车辆故障通常是影响线路运营的主要原因，日常运营中以车门故障、主回路故障居多，其中，车门故障受客流变化影响较大。

列车失控，尤其在地下线路车辆事故发生后，较难进行事故救援和人员疏散，会造成严重的人员伤亡和经济损失。列车出轨所产生的影响非常大，例如，在 2000 年 3 月发生的日本日比谷线地铁列车脱轨，造成了 3 死 44 伤的惨剧。在 2003 年 1 月 25 日，一列 8 节编组地铁列车在行经伦敦市中心一车站时脱轨并撞在隧道侧壁上，导致 3 节车厢在站台区域倾倒，32 名乘客受轻伤。

2）通信信号系统

通信信号系统的电源发生故障或通信设备本身发生故障时，不能保证各种行车信息及控制信息不间断地可靠传输，从而引发事故。

由通信信号引起的故障以车载故障最为频繁：出现 SACEM 故障后需用电话闭塞法行车，在行车密度较大的线路上，对运营仍有较大影响；对于列车收不到速度码、车站停车后发车表示器不亮、中央 ATS 故障、CBTC 系统中的计轴受扰等常见的信号故障，需要调度员和列车司机共同监控，对此类故障做到及时发现，尽快处理。

3）通风/排烟系统

通风系统管理缺陷，如风亭、风道设置不合理，会妨碍通风系统的正常工作。如在城市轨道交通系统内，在地下线路内发生火灾，不仅火势蔓延快，而且积聚的高温浓烟很难自然排除，给人员疏散和灭火抢险带来了极大的困难，严重威胁乘客、员工和抢险救援人员的生命安全。

4）电气系统

接触网一旦发生接触网断线或绝缘子损坏，任何金属结构物与之接触就会带电，危及人身安全。由于电气设备损坏和使用不当常发生触电伤亡事故；变电所、配电室中的电气设备由于短路、过载、接触不良、散热不良、照明等电热器具违章作业等均会引起触电事故；杂散电流会给城市轨道交通以外的金属管道、金属结构造成电蚀伤害。列车的高压电气设备安全防护措施不当，也可能会引起人员伤亡事故。

5）给水与排水系统

给水与排水管道的防腐、绝缘效果不佳会发生泄漏；隧道内排水系统不完善，地面车站的地坪高度低于洪水设防要求，会导致涝灾或地表水侵入；排水系统设置不完善，污水、垃圾排放不合理会影响运营环境卫生。

3. 消防安全管理

在城市轨道交通灾害中，火灾发生的次数最多、危害最为严重。在运营时间内，在隧道、车站、列车等封闭环境中发生火灾，高温伴随着有毒浓烟，加上被困在一个有限空间内的恐惧感，乘客往往惊慌失措、作业人员应对出错，从而增加了疏散乘客、救人灭火的难度，往往会带来群死群伤的严重后果。因此，火灾预防是城市轨道交通防灾的重点。

2003 年 2 月 18 日上午，韩国大邱市下行的地铁 1079 次列车驶入中央路站时发生了纵火事件,3min 后上行的 1080 次列车也驶进了中央路站,大火迅速蔓延到 1080 次列车上。大火在燃烧了 3 个多小时后才被扑灭,火灾造成数百人伤亡失踪。两列车的 12 节车厢全部被烧毁,几个月之后该地铁线路才恢复运营。

地铁在通风系统、列车材料等方面的特点导致纵火行为在地铁内易实施,其可能以较小的犯罪成本导致严重的破坏效果。

城市轨道交通消防安全管理包括以下 3 个方面的内容。

1)设计、建设阶段的防火措施

采用阻燃、低烟材料和无卤电缆;设置火灾报警系统;配备高效消防设备;提高通风系统排烟能力;设置紧急疏散导向标志等。

2)运营阶段的防火管理

健全防火管理体制,编制火灾应急预案,建立应急指挥体系,进行防火安全思想教育,开展防火与应急救援培训,组织火灾应急救援演习,加强易燃、易爆危险品管理,确保消防技术设备状态良好,定期检查防火措施的落实情况等。

3)列车火灾的应急处置

列车火灾的应急处置原则是"救人第一、及时扑救、快速撤离"。当列车在车站上发生火灾时,列车司机、车站值班员应迅速向控制中心报告火灾情况;车站应立即通过广播向车内乘客和候车乘客发出火灾警报,指明乘客应从哪条路线撤离,并派车站工作人员组织、引导乘客快速疏散;切断牵引供电,以防救援人员触电;车站通风系统进入火灾模式;车站的检票口和安全出口全部打开;同时应组织力量进行初步的扑救和救护伤员,并将重伤员及时送往医院。

当列车不能继续前行时,司机应立即通过广播要求乘客保持镇定,并告知乘客撤离方向与方法。乘客撤离方向主要取决于列车着火位置与列车停车位置。此外,司机应迅速将火灾情况、乘客撤离方向报告给控制中心。根据列车着火位置、列车停车位置、乘客撤离方向、列车运行方向等,控制中心启动相应的送风排烟模式。原则上通风排烟方向应与大多数乘客撤离方向相反。在组织乘客撤离时,应切断牵引电流,打开隧道内照明灯;行车调度员应封锁火灾发生区间,停运有关车站。同时,邻近车站应派救援人员赶往火灾现场进行扑救,协助乘客撤离,及时对伤员进行救护,并将重伤员送往医院。

4. 公共安全管理

近几十年来,世界范围内针对城市轨道交通的恐怖袭击事件或灾难性事故屡有发生,造成了巨大的人身、财产安全损失。西班牙马德里、俄罗斯莫斯科、英国伦敦等城市地铁都曾遭遇爆炸、毒气、火灾等社会灾害。城市轨道交通车站及列车是人流密集的公众聚集场所,一旦发生爆炸、毒气、火灾等突发事件,会造成群死群伤或重大损失,严重影响社会秩序的稳定。据统计,从 1998 年到 2003 年,全球共发生 181 起针对地铁(包括火车)及其相关设施的恐怖袭击事件,近几年此类恐怖袭击更是有增无减。

城市轨道交通公共安全威胁,是指企图以大量人员伤亡和财产损失、破坏运营秩序或危害社会,达到造成重大影响或某种目的,对城市轨道交通乘客和有关人员实施的危害、威胁行为。其主要表现为恐怖主义及严重的暴力犯罪行为。

城市轨道交通的公共运输特性决定了在同一时刻有大量乘客处在地下狭小封闭的空间内,使其最易成为威胁和袭击的目标。

城市轨道交通系统不能牺牲其公共服务特性而采取隔绝措施或者像机场那样进行严格控制以确保安全。必须分析城市轨道交通系统的安全威胁的特点，提出防范目标，采用技术防范措施；并根据各种措施的功能和特点，系统性地设计和运用，以满足保证乘客和相关人员安全的要求。

城市轨道交通公共安全研究涉及内容较多、难度较大，是一个全新的研究领域。由于前人研究基础薄弱，研究成果较少，且目前地铁恐怖事件呈不断上升趋势，因此，城市轨道交通公共安全研究需得到更大的重视。

我国城市规划已经把公共安全作为法定要求内容，城市轨道交通线网规划和近期建设规划等法定程序也提供了从规划入手破解公共安全难题的思路。安全规划是系统有效建立城市轨道交通公共防范体系的最佳途径。

城市轨道交通安全规划的必要性体现在以下方面：

（1）在不能采用隔离封闭式的安检措施的要求下，需要系统地运用多重和多种安全防范技术和措施构建协调一致的整体防范体系，达到逐步化解威胁的目的。

（2）城市轨道交通系统的复杂性和关联性使局部威胁容易扩散，以至于影响整个系统。制定安全规划是为具有不同安全风险的防护对象建立整体设防系统的重要途径。

（3）有限的安全投入需要通过规划才可能获得最大的安全效果，达到防范技术运用与安全目标的协调与平衡。

2017年，国家颁布了《城市轨道交通公共安全防范系统工程技术规范》（GB 51151—2016），为我国城市轨道交通公共安全管理提供了专业技术依据。

5. 应急管理

应急管理是指应对突发公共安全事件的一系列举措，包括预防、准备、响应、恢复、重建、倡议、立法等，目的是减少人员伤亡，降低财产损失，控制破坏程度，以尽可能快的速度和小的代价终止紧急状态。

应急管理是一个过程，包括预防、准备、响应和恢复4个阶段。

（1）预防：指为预防突发事件对人类生命、财产、环境等的长期危害所采取的行动，目的是减少突发事件的发生。

（2）准备：指突发事件发生之前采取的行动，目的是提高事故应急行动能力并提高响应效果。

（3）响应：指突发事件即将发生或发生期间采取的行动。目的是尽可能降低生命、财产和环境损失，并有利于灾害恢复。

（4）恢复：指使生产、生活恢复到正常状态或进一步改善。

应急预案是针对可能发生的事故，为迅速、有序地开展应急行动而预先制订的行动方案。针对具体设备、设施、场所或环境，在风险评估的基础上，评估突发事件的形式、发展过程、危害范围和破坏区域，为预防和降低突发事件造成的人身、财产与环境损失，就突发事件发生后的应急救援机构和人员，应急救援的设备、设施、条件和环境，行动的步骤和纲领，控制事件发展的方法和程序等预先做出科学而有效的计划和安排。

应急管理是一项系统工程，生产经营单位的组织结构、管理模式、风险大小以及生产规模不同，应急预案体系构成也不完全一样。城市轨道交通运营单位应结合本行业的具体特点，从公司、企业（单位）到车站车间、岗位分别制订相应的应急预案，形成体系，互相衔接，并按照统一领导、分级负责、条块结合、属地为主的原则,同地方人民政府和相关部门应急预案相衔接。

应急预案可分为综合应急预案、专项应急预案和现场处置方案。以下是我国某地铁公司编制的城市轨道交通应急预案体系中的部分预案目录。

(1)突发大客流预案。

(2)群死群伤应急预案。

(3)行车中断预案。

(4)公交配套保障预案。

(5)列车故障救援预案。

(6)列车倾覆、脱轨、冲突事故(故障)预案。

(7)通信、信号故障预案。

(8)供电系统故障预案。

(9)正线车站大面积停电预案。

(10)AFC系统事故(故障)预案。

(11)防恐预案。

(12)火灾、投毒、爆炸预案。

(13)突发公共卫生事件预案。

(14)道床伤亡事件处置预案。

(15)区间乘客疏散预案。

(16)地震、恶劣气候列车运行组织预案。

(17)防台、防汛预案。

四、城市轨道交通故障和事故

1.城市轨道交通运营状态

按照运营安全的要求,城市轨道交通系统运营状态可以分为正常运营、非正常运营和紧急运营三类,如图10-12所示。

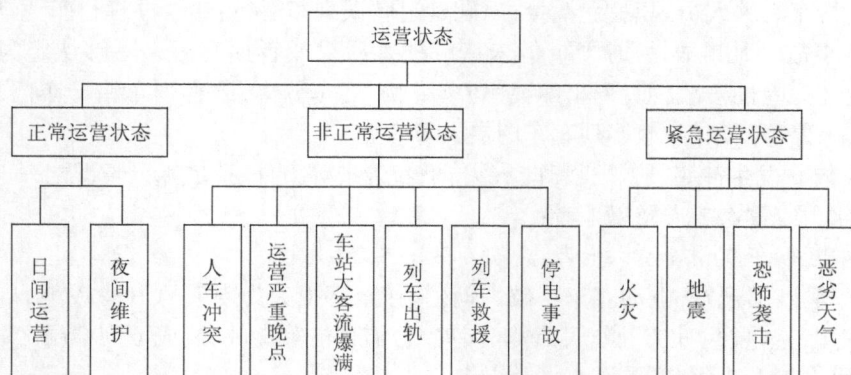

图10-12 城市轨道交通运营状态示意图

2.城市轨道交通故障和事故的定义

影响城市轨道交通系统运营安全和可靠性的因素统称为事件。根据其发生的原因、特点以及造成的后果和影响,事件可分为事故和故障两类。

城市轨道交通系统故障是指因设备质量或人员操作不当,设备无法正常使用,须人工干预或维修的事件。其根据表现和影响程度可分为轻微故障、一般故障和严重故障。按照设备类型和故障原因,也可分为车辆故障、线路故障、通信信号故障、供电故障、环控设备故障、车站客运设施故障等。

城市轨道交通系统事故是指因列车故障或人员操作不当,或管理人员指挥不力而造成人员伤亡、设备损坏,影响可靠性或危及运营安全的事件。根据事故的表现、影响程度和范围,其可分为一般事故、险性事故、大事故、重大事故等;按专业性质可分为行车事故、客运组织事故、电力传输事故等。

不同的城市轨道交通系统可根据各自的运营实践制定不同的事故等级标准,判定城市轨道交通事故的严重程度主要考虑以下几个方面的因素:

(1)城市轨道交通线路中断运营时间。

(2)人员死亡和重伤人数。

(3)直接经济损失金额。

(4)需要紧急疏散乘客,或需紧急解困人员。

(5)发生在城市轨道交通路网内,需要相关部门处置和协调。

(6)需要政府机关处置和协调。

3.城市轨道交通安全生产事故的等级划分

安全生产事故是指生产经营单位在生产经营活动(包括与生产经营有关的活动)中,突然发生的伤害人身安全和健康或者损坏设备设施或者造成经济损失,导致原生产经营活动暂时中止或永远中止的意外事件。

1)行车事故

按照人员伤亡、财产损失、对正常运营的影响,行车事故分为一般事故、险性事故、大事故和重大事故。

(1)一般事故。包括调车冲突、调车脱轨;调车作业冒进信号;列车运行中因其他原因损坏行车设备;行车有关人员因漏乘、漏接、出乘延迟耽误列车运行;错误办理行车凭证发车等。

(2)险性事故。凡事故性质严重,但未造成损害后果或者损害后果不够认定为大事故的行车事故,定性为险性事故,如:列车冲突、列车脱轨、列车分离、载客列车错开车门、运行途中打开车门、车未停稳开车门、载客列车车门夹人等。

(3)大事故。发生冲突、脱轨、爆炸、火灾、恐怖袭击等事件,造成下列情况之一时:

①人员死亡或重伤2人及以上者;

②双线中断行车90min及以上者;

③根据车辆破损规定,电动客车小破一辆(直接经济损失为现值的10%以上)。

(4)重大事故。发生冲突、脱轨、爆炸、火灾、恐怖袭击等事件,造成下列情况之一时:

①人员死亡3人或死亡、重伤5人及以上;

②双线中断(某一站或某一区间及以上上下行行车中断)时间在150min及以上者;

③根据车辆破损规定,电动客车中破一辆(直接经济损失为现值的40%以上)。

2)设施设备事故

凡是设施和设备的操作人员在工作中因违章操作、失职或设备隐患等,造成设施设备损坏,损失达到一定程度或对列车运行造成严重影响的均属设施设备事故。

（1）故障和障碍:因违章操作、失职或设施设备隐患等造成直接经济损失低于 5 万元。

（2）一般事故:因违章操作、失职或设施设备隐患等造成直接经济损失 5 万 ~ 10 万元。

（3）大事故:因违章操作、失职或设施设备隐患等造成直接经济损失 10 万 ~ 30 万元。

（4）重大事故:因违章操作、失职或设施设备隐患等造成直接经济损失高于 30 万元。

3）客伤事故

客伤事故是指在城市轨道交通运营区域范围,包括运营企业管辖的附属设施如出入口、自动扶梯、通道等区域内,因乘客受伤造成的事故。

4）因工伤亡事故

因工伤亡事故是指企业从业人员在劳动过程中发生的人身伤害、急性中毒等。按照事故伤害的严重程度其可分为轻伤、重伤、死亡事故。

5）严重晚点事件

凡在行车过程中因违章操作、技术设备不良及其他原因而造成一定时间标准的晚点,如 10min、15min、30min 及以上晚点。

第七节　运营管理评价指标体系

一、城市轨道交通评价指标体系

有代表性的国内外城市轨道综合评价指标体系主要是 CoMET、Nova 和 MOPES 体系。

1. 国际地铁协会（CoMET 和 Nova）

CoMET 和 Nova 是国际地铁协会下的两个地铁评价组织,它们同样使用关键绩效指标（KPIs）对城市轨道交通进行绩效评价,不同的是 CoMET 的门槛更高,要求会员必须达到每年 5 亿乘次以上。

CoMET 的核心是建立衡量地铁运营效率的关键绩效指标（KPIs）系统,并建立有针对性的基准化分析方法,以对城市轨道交通运营期的绩效进行测评。关键绩效指标是基准化过程的基础,旨在比较绩效和确定研究路线。CoMET 和 Nova 旨在评估组织中 6 个不同领域的总绩效:学习与创新,财务表现,乘客,内部流程,安全,环境。

2. 城市轨道交通运营绩效评价体系（MOPES）

MOPES 组织成立于 2009 年 3 月,作为城市轨道交通的绩效评价体系,其构建及指标的选取更多是从城市轨道交通运营方和管理者的需求出发。MOPES 的目的是加强城市轨道交通行业内部的密切联系、统一运营绩效评估指标和统计方式、树立绩效参照标杆、建立经验交流平台、组织开展专题攻关等。

指标体系由基础指标和绩效指标两个大类构成,总计 117 个指标。其中基础指标包括线网指标、车站指标 2 种类型,共计 8 个指标;绩效指标包括客流指标、运行指标、服务指标、安全指标、能耗指标、成本指标 6 种类型,共计 109 个指标。

CoMET 与 MOPES 评价指标体系构成如图 10-13 所示。

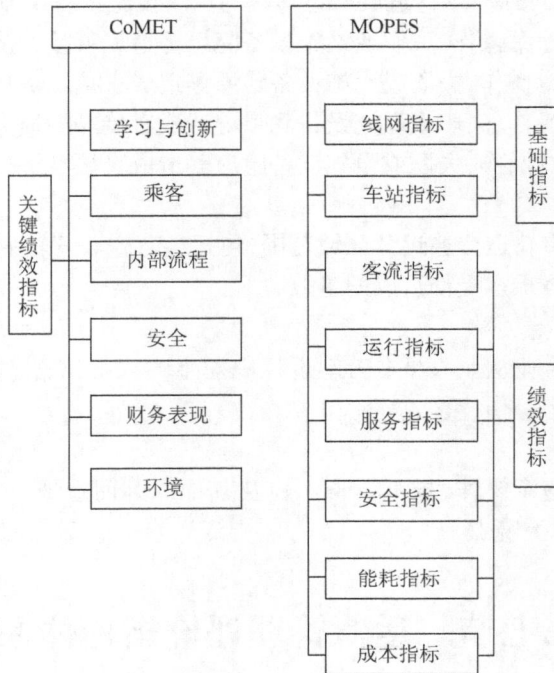

图 10-13　CoMET 与 MOPES 评价指标体系构成图

二、城市轨道交通运营管理相关概念

无论是 CoMET 还是 MOPES,评价内容更多的是涉及运营企业更为关心的城市轨道交通运营绩效方面,安全和服务等相关指标选取较少。但是城市轨道交通作为垄断性经营的准公共服务产品,仅仅从运营企业角度将运营绩效管理作为城市轨道交通运营管理的重点,从社会环境中全体交通参与者的角度来看不够全面。

在构建城市轨道交通评价体系前,根据运营管理的原则,需要参考用户的需求,对运营管理的内容进行分类。

1.管理的原则

城市轨道交通运营管理的原则是提供安全、高效与高质量的服务。确保城市轨道交通运行安全是基础。在保证安全的前提下,运营绩效反映了城市轨道交通运营管理的高水准,可以通过优化客运组织方案等方式,提升列车运行及乘客运输的效率,减少资源浪费,获得更高的交通、经济和社会效益。高质量的服务是城市轨道交通运营管理的最高经营目标,其本身也是城市轨道交通的优点之一。

2.用户需求

1)乘客

城市轨道交通为乘客提供相应的运输服务,运输行业作为服务行业,客运服务质量是城市轨道交通行业向消费者展示服务产品的核心内容,所以必须要保障服务质量。

乘客是城市轨道交通服务的主要对象,其在出行方式选择中最关心两个方面:通达性和舒适便利性。通达性要求决定了城市轨道交通的基础建设、线路运营等是否让乘客愿意乘坐地铁,如果不满足通达性要求,例如,车站太远、末班车时间太早等,乘客会转向次优交通方式或放弃本次出行。如果通达性要求被满足,乘客将比较城市轨道交通与其他可选交通方式的舒适便利性。从乘客角度来看,只有通达性和舒适便捷性的要求同时被满足时,乘客才会将城市轨道交通作为自己首选的出行方式。

2)企业

运营企业作为城市轨道交通运营管理的主体,对城市轨道交通运营状态的首要关注点是运营安全,因为运营安全是企业运营管理工作的基础;其次关注点集中在系统运行的有效性、高效性及经济性上,通过一些运营指标的测量发现系统运营过程中存在的某些问题,从而指导其优化运营组织策略、提高运营管理水平和企业经济效益。由于满足乘客出行需求是其提供运输服务的根本宗旨,所以必须重视乘客的诉求及社会关心的突出问题。

运营企业对于运营状态的评估包括三点:生产性、经济性和设备性能。生产性是指运营企业通过运行图兑现率、正点率、晚点率、故障率等生产性指标考核系统运输服务能力和运营管理水平;经济性是指企业追求经济效益以维持运营企业自身运作的特性,是其运营的目标之一,所以客运收入和运输成本成为它们最为关心的两大要素;人、车、设备是城市轨道交通系统构成的三大要素,设备性能,即设备利用率、设备故障率、设备维护是考核设备运行状态的主要指标。

3)政府

政府作为城市轨道交通的监管方,关注城市轨道交通的社会意义在于缓解城市交通拥堵、减少空气污染、构建可持续发展的城市形态等方面。相对于普通地面公共交通方式,城市轨道交通有诸多优势,如行驶速度快、运输效率高、无空气污染等。从社会民生角度对城市轨道交通运营状态进行测评主要考虑经济性、环境问题等,如城市轨道交通造成的财政负担、列车运行中运营效率、列车行驶造成的振动噪声污染等。

同时城市轨道交通的安全问题是政府必须关心的。一方面,地铁事故会造成大面积的交通延误,影响乘客出行效率;另一方面也是最为关键的一点,可能发生的安全问题会引起极大的社会负面影响,甚至造成社会的不稳定。

3. 用户需求关系

城市轨道交通不但是一种公共交通工具,而且是一种服务产品。乘客通过消费的方式获得交通上的便利,企业作为城市轨道交通运营的主体提供城市轨道交通服务,政府则是城市轨道交通运营的监管方。综合三方的需求,乘客在保证出行安全的前提下追求出行的通达性、便利舒适性等;企业作为城市轨道交通运营主体,需要提升自身运营管理水平以减少事故的发生,保障乘客安全,不断提升客运效率,为乘客提供更为优质的服务;政府作为城市轨道交通运营监管方,一方面要求保证城市轨道交通的安全运行,另一方面期望为城市带来更高的交通效益,同时也需要关注乘客对城市轨道交通的反馈。城市轨道交通用户的需求关系如图10-14所示。

综上,以运营安全管理、运营绩效管理和服务质量管理作为城市轨道交通运营管理的主要内容,符合乘客、企业和政府对于城市轨道交通运营管理的诉求,也符合城市轨道交通提供安全、高效、高质量服务的原则。同时针对城市轨道交通运营管理评价体系的研究也将围绕运营安全、运营绩效和服务质量三个方面的评价开展。

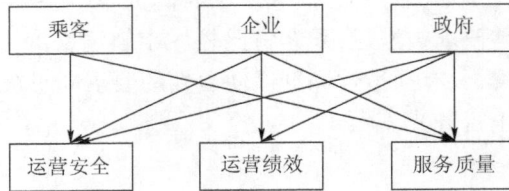

图 10-14　城市轨道交通用户需求关系

三、城市轨道交通运营管理评价指标体系的构建

1. 构建原则

(1)指标体系应能全面地反映城市轨道交通运营管理的评价内容。

(2)指标体系要从客观实际出发,减少主观因素对于评价结果的影响。

(3)指标体系需选用易于收集和更能直接反映问题的定量指标。

(4)指标体系应能满足不同时间不同空间的各种城市轨道交通情况,能够反映运营管理的共性特征。

(5)在同层面的分类评价中,指标的选取应避免重复评价的情况,保证其不相关性。

2. 评价指标体系的结构

1)运营安全评价

在《地铁设计规范》(GB 50157—2013)和 MOPES 等相关标准中,将运营安全评价指标分为定性指标和定量指标两大类,如图 10-15 所示。其中将定性指标分为管理类与专业类。管理类评价指标以人员规范、规章制度等指标为主,专业类评价指标规定了城市轨道交通设施设备性能因素等。将定量指标分为符合性指标和状态性能指标。符合性指标通常指城市轨道交通的设施设备的某些性能指标,这些指标需要满足或符合相关规范标准的具体量化要求。状态性能指标是指反映城市轨道交通系统运行过程中各种安全运行状态和设施设备性能的定量指标。

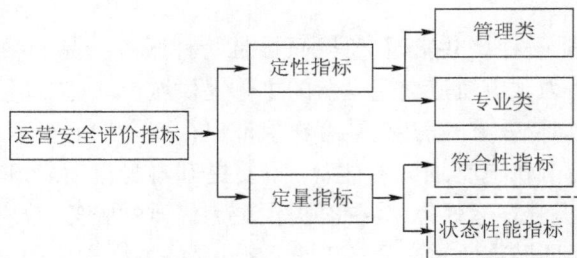

图 10-15　运营安全评价指标分类

结合现有规范和标准,将运营安全中状态性能指标分为系统负荷、列车运行和设施设备指标三类。具体指标结构如图 10-16 所示。

2)运营绩效评价

现有指标对城市轨道交通运营绩效的考核通常从线网基础、客流、列车运行、能耗、财务、安全、服务等方面进行评价。本书将城市轨道交通运营管理评价分为运营安全、运营绩效和服务质量三个方面。为了避免指标重复,同时突出运营相关内容,重点选取包括线网基础指标、客流指标及列车运行指标等在内的定量指标来构成运营绩效指标。

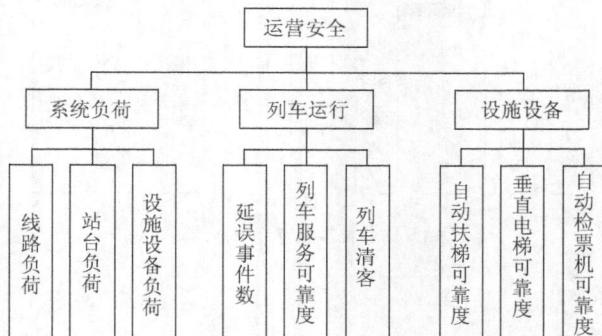

图 10-16　运营安全评价指标结构

结合 MOPES 和《城市轨道交通路网运营指标体系》(DB11/T 814—2011)等现有指标体系和规范中绩效相关指标,归纳城市轨道交通运营绩效评价指标结构如图 10-17 所示。

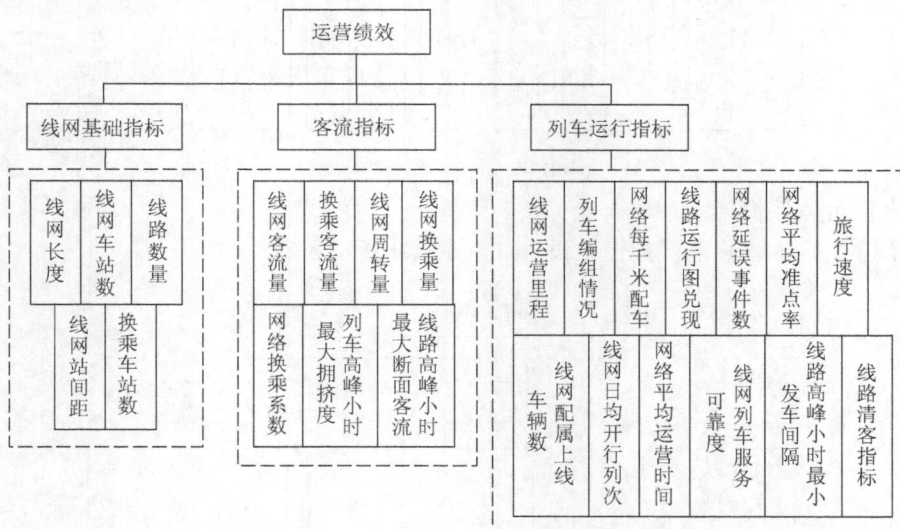

图 10-17　运营绩效评价指标结构

3)服务质量评价

服务质量评价指标分为乘客满意度指标和规范类指标两类。

乘客满意度指标是根据乘客问卷调查所得数据进行量化处理后所得的定量指标。该类指标的选用建立在乘客主观感受上,以乘客的角度直接反映城市轨道交通服务水平。乘客满意度指标结构如图 10-18 所示。

规范类指标是根据《城市轨道交通客运服务》(GB/T 22486—2008)等相关标准筛选的定量指标,此类指标特点是有客观的定量数据要求。规范类指标可分为行车服务、服务监管和设施设备可靠度三方面,规范类指标结构如图 10-19 所示。

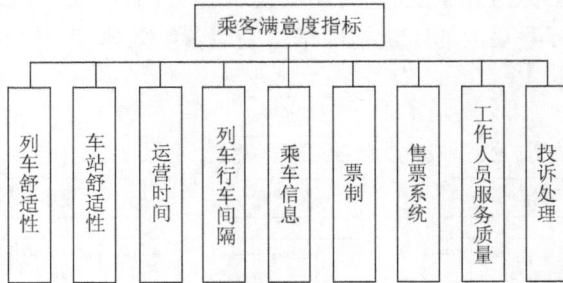

图 10-18　乘客满意度指标结构

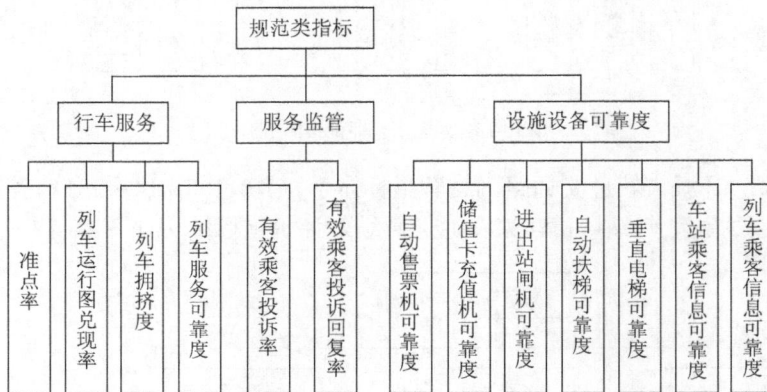

图 10-19　规范类指标结构

4)综合评价体系框架

城市轨道交通运营管理指标框架设计如图 10-20 所示。

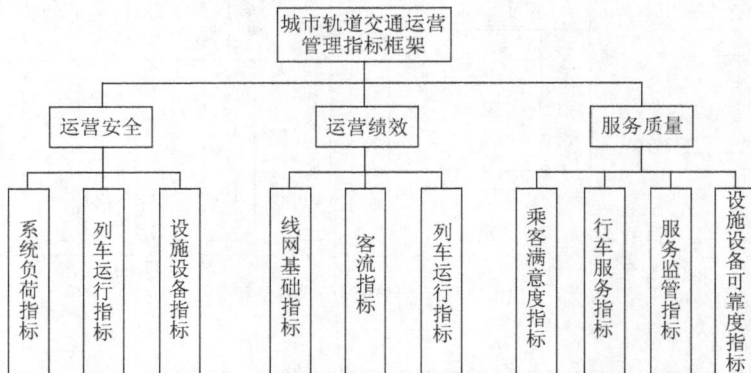

图 10-20　城市轨道交通运营管理指标框架设计

第八节　技术经济指标的分类及计算方法

城市轨道交通运营管理水平可以通过各类运营、服务技术指标的计算来衡量。随着国内部分城市轨道交通网络的逐步成网,网络化后的运营管理要求对经济技术指标进行了更为深入的统计和分析。本节对城市轨道交通主要的技术指标进行了汇总介绍,通过对各类技术指标的深入了解,我们可分析研究运营、服务、安全质量,从而为改善运营服务质量和提高运营管理水平提供科学的依据。

一、基本统计指标

1. 运营线路条数

定义:为运营列车设置的固定运营线路总条数。

单位:条。

2. 单线运营线路长度

定义:提供客运服务的单条运营线路的长度。

计算公式:

$$单线运营线路长度 = \sum \frac{上行起点至终点长度 + 下行起点至终点长度}{2}$$

单位:km。

3. 运营线路总长度

定义:全部运营线路的长度之和。

计算公式:

$$运营线路总长度(km) = \sum 各条运营线路的长度 = \sum 单线运营线路长度$$

单位:km。

4. 运营线网长度

定义:地铁运营线路网所通过的线路净长度,有线路重复、共线运营的,线路重复部分不重复累计。

计算公式:

$$运营线网长度 = \sum 运营线路总长度 - \sum 重复的线路长度$$

单位:km。

5. 车站数

定义:运营线路的车站数。

计算方法:2 条或更多线路相交处的换乘站,计作 2 个(或更多)站;2 条线路的共线段车站只计 1 次。

单位:座。

6. 配属车辆数

定义:由地铁公司拥有的/承租的所有旅客列车的车辆数。

单位:节。

7. 开行列次

定义:统计期内,地铁列车为完成运营生产任务在正线上行驶的次数,分为载客列次和空驶列次两部分。

计算方法:地铁列车在运营线路上行驶一个单程,不论线路长短,是全程或是区间,均作一列次计算。

单位:列次。

8. 载客里程

定义:统计期内,地铁列车为完成运营生产任务在正线上载客行驶的全部里程。

计算方法:载客列车的里程总和。

单位:车公里。

9. 总行驶里程

定义:统计期内,地铁列车为完成运营生产任务所行驶的全部里程。

计算公式:

总行驶里程 = $\sum$(载客里程 + 空驶里程 + 调试车里程 + 救援车里程 + 科学试验里程)

单位:车公里。

10. 旅行速度

定义:地铁列车在运营线路上运载乘客时的速度。

计算公式:

$$旅行速度 = \frac{2 \times 运营线路长度}{往返行驶时间 + 上下行折返时间}$$

单位:km/h。

11. 技术速度

定义:地铁列车在运营线路上自起点至终点不计停站时间的运行速度。

计算公式:

$$技术速度 = \frac{运营线路长度}{单程行驶时间 - 中途停站时间}$$

单位:km/h。

12. 平均编组数

定义:每列车平均连挂的车辆数。

计算公式:

$$平均编组数 = \frac{车辆数}{列车数}$$

单位:节/列。

13. 图定最小行车间隔

定义:按照运行图计划,两个相邻载客列次之间的最小时间间隔。

计算方法:从运行图中计算得出,上下行分开统计。

单位:s。

14. 图定平均行车间隔

定义:在运行图计划中,运营期间的平均行车间隔。

计算公式:

$$平均行车间隔 = \frac{单向运营总时长}{单向计划载客列次}$$

备注:单向计划载客列次是运行图中的上行或下行的计划载客列次,单位为列次。上下行分开统计。

单位:min。

二、客流统计指标

1. 单线客运量指标统计体系

1)单线客运量

定义:统计期内,某条城市轨道交通运营线路统计期内实际运送乘客人数。

计算公式:

$$单线客运量 = 单线进站人数 + 换入人数 + 途经人数$$

单位:乘次。

2)单线日平均客运量

定义:统计期内,某条城市轨道交通线路平均每天的客运量。

计算方法:通过 AFC 设备自动统计得出。可以细分为单线的工作日平均客运量、双休日平均客运量、周五平均客运量、最高日客运量等指标。

单位:乘次/d。

3)单线换乘客流

定义:统计期内,某条城市轨道交通运营线路经由本线路换至其他线路,或经由其他线路换入本线路的实际乘客乘次。

计算公式:

$$单线换乘客流 = 本线换入人数 + 途经人数 + 本线换出人数$$

单位:乘次。

4)单线客运周转量

定义:某条城市轨道交通运营线路,在统计期内乘客出行里程之和。

计算公式:

$$单线客运周转量 = \sum 乘距$$

单位:人次公里。

5)高峰小时断面客流

定义:在高峰时段,某条城市轨道交通运营线路高峰小时内在同一方向通过某区间断面的乘客数量。

计算方法:通过 AFC 设备自动统计得出。

单位:人次/h。

6)线路小时客流

定义:某条城市轨道交通线路所有车站在一个小时内通过闸机进站的人数总和。

计算方法:通过 AFC 设备自动统计得出。

单位:人次/h。

7）高峰小时最大满载率

定义：一个高峰小时时段内，某条城市轨道交通运营线路在同一方向通过某区间断面的列车车厢的平均载客情况。

计算公式：

$$高峰小时最大满载率 = \frac{高峰小时最大断面客流}{高峰断面的小时运力} \times 100\%$$

8）运能利用率

定义：统计期内，某条城市轨道交通线路所提供运能的利用程度。

计算公式：

$$运能利用率 = \frac{客运周转量}{额定运能} \times 100\% = \frac{客运周转量}{载客里程 \times 每节车厢定员人数} \times 100\%$$

9）单线平均运距

定义：某条城市轨道交通运营线路，在统计期内所有乘客乘坐距离的平均值。

计算公式：

$$单线平均运距 = \frac{\sum 单线客运周转量}{\sum 单线客运量}$$

单位：km。

10）单线运营收入

定义：某条城市轨道交通运营线路，按照票价体制，在统计期内乘客因乘坐城市轨道交通而需要支付的货币金额之和。

计算公式：

$$单线运营收入 = \sum 每人次所获得的收入$$

单位：元。

11）单线平均票价

定义：某条城市轨道交通运营线路，在统计期内平均每位乘客在乘坐该线路时所需要花费的货币金额。

计算公式：

$$单线平均票价 = \frac{单线运营收入}{单线客运量}$$

单位：元/人次。

2.网络客流量指标统计体系

1）网络客流量

定义：统计期内，整个城市轨道交通网络范围内实际运送乘客的总人数。

计算公式：

$$网络客流量 = \sum 单线进站人数$$

单位：人次。

2）网络日平均客流量

定义：统计期内，整个城市轨道交通网络平均每天的客流量。换乘客流不重复累计。可以细分为网络的工作日平均客流量、双休日平均客流量、周五平均客流量、最高日客流量等指标。

计算公式：

$$网络日平均客流量 = \frac{网络客流量}{统计期实际天数}$$

单位：人次。

3）网络客运总量

定义：管辖的城市轨道交通网络范围内，统计期内实际运送乘客的乘车次数。换乘客流重复统计。

计算公式：

$$网络客运总量 = \sum 单线客运量$$

单位：乘次。

4）网络日平均客运量

定义：统计期内，整个城市轨道交通网络平均每天的客运量。可以细分为全网络的工作日平均客运量、双休日平均客运量、周五平均客运量、最高日客运量等指标。

计算公式：

$$网络日平均客运量 = \frac{网络客运总量}{统计期实际天数} = \sum 单线日平均客运量$$

单位：乘次。

5）网络换乘客流总量

定义：统计期内，城市轨道交通网络范围内换乘客流的总和。用以表示城市轨道交通线路中换乘量的规模，衡量城市轨道交通网络连通性强弱。

计算公式：

$$网络换乘客流总量 = \sum 单线换出客流$$

单位：人次。

6）单线换乘客流比例

定义：某条城市轨道交通运营线路，在统计期内其单线换乘客流在单线客运量中所占的比例。

计算公式：

$$单线换乘客流比例 = \frac{单线换乘客流}{单线客运量} \times 100\%$$

7）网络换乘客流比例

定义：管辖的城市轨道交通网络范围内，统计期内网络换乘总乘次占网络客运总量的比例。用以表示城市轨道交通线路中换乘量的规模，并衡量城市轨道交通网络内部连通性、乘客出行便捷性强弱。

计算公式：

$$网络换乘客流比例 = \frac{网络换乘客流总量}{网络客运总量} \times 100\%$$

8）网络人均乘坐次数

定义：管辖的城市轨道交通网络范围内，统计期内人均乘坐次数。用以衡量城市轨道交通网络内部连通性、乘客出行便捷性强弱。该数值越大，表明网络的连通性越强。

计算公式：

$$网络人均乘坐次数 = \frac{网络客运总量}{网络客流量}$$

单位：乘次／人次。

9）网络客运周转量

定义：管辖的城市轨道交通网络范围内，统计期内各单线客运周转量之和。

计算公式：

$$网络客运周转量 = \sum 单线客运周转量$$

单位：人次公里。

10）网络平均运距

定义：管辖的城市轨道交通网络范围内，统计期内平均每个乘客所乘坐的距离。

计算公式：

$$网络平均运距 = \frac{网络客运周转量}{网络客流量}$$

计算单位：km／人次。

11）网络运营收入

定义：管辖的城市轨道交通网络范围内，统计期内各条运营线路运营收入的总和。

计算公式：

$$网络运营收入 = \sum 单线运营收入$$

计算单位：元。

12）网络平均票价

定义：管辖的城市轨道交通网络范围内，统计期内每位乘客在利用城市轨道交通出行花费的货币金额。

计算公式：

$$网络平均票价 = \frac{网络运营收入}{网络客流量}$$

计算单位：元。

3. 其他客流统计指标

1）乘距分布比例

定义：根据多级票价，不同票价对应的乘距范围内乘客乘坐比例情况。用以研究各个乘距客流分布，便于研究运力利用情况，调节客流。

计算方法：通过 AFC 设备自动统计得出。

2）票种使用比例

定义：城市轨道交通线路（单线或网络）中，各种制式票卡使用的比例。

计算方法：通过 AFC 设备自动统计得出。

3）票卡流失率

定义：统计期内，单程票的流失量占发售量的比例。

计算公式：

$$票卡流失率 = \frac{票卡流失量}{票卡发售量} \times 100\% = \frac{发售与进站流失量 + 进出站流失量}{票卡发售量} \times 100\%$$

$$= \frac{(发售量 - 进站数) + (进站数 - 出站数)}{票卡发售量} \times 100\%$$

三、运营质量统计指标

1. 正点率

定义：统计期内，列车运行正点列次与运行图计划总开行列次之比。用以表示运行图计划时刻表执行情况。

计算公式：

$$正点率 = \frac{图定计划总开行列次 \times 2 - 晚点数（列次）}{图定计划总开行列数 \times 2} \times 100\%$$

2. 兑现率

定义：运行图计划执行过程中，根据计划实际开行的列次与运行图计划总开行列次之比。用以表示运行图计划执行情况。

计算公式：

$$兑现率 = \frac{实际开行列次}{计划总开行列次} \times 100\%$$

3. 晚点

定义：图定计划列次在执行过程中，列车在始发站出发或到达终到站的时刻与运行图计划时刻表相比绝对值大于 2min。分为始发晚点和终到晚点两部分。

单位：列次。

4. 5min 延误

定义：图定计划列次在执行过程中，列车在全程或某个车站/区间的延误时间的绝对值大于等于 5min。

计算方法：若同一列次全程及某个车站/区间的延误时间的绝对值均大于等于 5min，仅统计一列次，不重复计算。

单位：列次。

5. 运休

定义：在运行图计划执行过程中，图定运行计划因故无法得到执行。

单位：列次。

6. 清客

定义：在运行图计划执行过程中，已进行载客的列车因故无法继续执行载客业务，需要在车站、区间将乘客由车厢中清出至站台。

单位：列次。

7. 严重晚点事件

定义:在运行图计划执行过程中,当列车因故停止行驶,造成某条线路的某站或某区间计划相邻载客列次间时间间隔延长,当减去该时段运行图计划行车间隔后的间隔时间大于等于15min。

单位:个。

8. 严重晚点发生频率

定义:每行驶100万车公里的运营里程,严重晚点的发生频次。上海地铁细分为15min、30min 严重晚点发生频率。

计算公式:

$$严重晚点发生频率 = \frac{\sum 严重晚点}{\sum 列车运营里程}$$

单位:个每百万车公里。

9. 掉线

定义:在运行图计划执行过程中,因故无法按照列车出库计划继续执行图定计划列次,需要退出至正线上折返线、存车线或车库的。

单位:列次。

10. 换表

定义:在运行图计划执行过程中,因故需要将出库列车所执行计划列次顺序调整的调整措施。换表涉及列车数量即为换表次数。

单位:列次。

四、客运服务指标

1. 客运服务质量

定义:在地铁客运服务中,安全、迅速、准点、舒适、便捷、文明等方面的优劣程度。

2. 服务质量评价指标

服务质量评价指标一般分为自我测评指标和委托第三方测评指标两种。较常用的有乘客投诉率、乘客投诉回复率、乘客满意度指数。

(1)乘客投诉:乘客通过一定方式或途径,对客运服务质量表示的不满或批评。

乘客投诉率:指一定时期内,乘客投诉的发生数与客流量之比,即

乘客投诉率 = 乘客投诉发生数/客流量 × 100%

(2)乘客投诉回复率:指在受理乘客投诉后3个工作日内处理完毕并回复乘客的执行率,即

乘客投诉回复率 = 受理后3个工作日内乘客投诉回复数/乘客投诉受理数 × 100%

(3)乘客满意度:乘客认为所得到的出行服务已达到或超过其期望的一种感知。

乘客满意度指数:运用计量经济学的理论处理多变量的复杂总体,全面、综合地度量乘客满意程度的一种指标。通过委托第三方机构进行满意度指数测评,能够比较客观、全面地了解服务情况。

思考题

1. 简述行车交路及其主要形式。
2. 简述列车运行图的功能及组成要素。
3. 简述列车运行图的编制原则。
4. 简述大客流的特征、分类及组织措施。
5. 城市轨道交通安全管理的主要内容有哪些?
6. 简述城市轨道交通运营管理原则及管理内容分类。

参 考 文 献

[1] 叶霞飞,顾保南.轨道交通线路设计[M].上海:同济大学出版社,2010.

[2] 练松良.轨道工程[M].北京:人民交通出版社,2009.

[3] 中华人民共和国国家标准.GB 50157—2013 地铁设计规范[S].北京:中国建筑工业出版社,2014.

[4] 中华人民共和国国家标准.GB/T 51293—2018 城市轨道交通给水排水系统技术标准[S].北京:中国计划出版社,2018.

[5] 徐金祥,贺鹏,冲蕾,等.城市轨道交通列车运行自动控制技术[M].北京:中国铁道出版社,2013.

[6] 贾文婷.城市轨道交通列车运行控制[M].北京:北京交通大学出版社,2012.

[7] 李锐,张国侯,穆中华.城市轨道交通列车运行自动控制[M].合肥:中国科学技术大学出版社,2015.

[8] 邱薇华,谭晓春,谭复兴.城市轨道交通车站设备[M].北京:中国铁道出版社,2012.

[9] 朱爱华.城市轨道交通设备[M].北京:北京交通大学出版社,2011.

[10] 朱济龙.城市轨道交通车站机电设备[M].北京:机械工业出版社,2012.

[11] 刘峻峰.城市轨道交通概论[M].重庆:重庆大学出版社,2013.

[12] 朱宏,林瑜筠.城市轨道交通概论[M].北京:中国铁道出版社,2011.

[13] [日]川濑太郎.接地技术与接地系统[M].冯允平,译.北京:科学出版社,2001.

[14] 袁成华.信号设备故障分析与处理[M].北京:中国铁道出版社,2003.

[15] 傅世善.闭塞与列控概论[M]北京:中国铁道出版社,2006.

[16] 郭进,魏艳,刘利芳.铁路信号基础设备[M].成都:西南交通大学出版社,2008.

[17] 刘伯鸿,李国宁.城市轨道交通信号[M].成都:西南交通大学出版社,2011.

[18] 张喜.城市轨道交通信号与通信概论[M].北京:北京交通大学出版社,2012.

[19] 张强锋,陈林秀,杨德文.城市轨道交通系统概论[M].北京:科学出版社,2013.

[20] 林瑜筠.铁路信号基础[M].北京:中国铁道出版社,2019.

[21] 宋保卫,王燕梅.城市轨道交通通信与信号控制[M].北京:北京交通大学出版社,2015.

[22] 王邠,王泉啸.高速铁路通信技术[M].北京:中国铁道出版社,2016.

[23] 广州市地下铁道总公司,广州地铁设计研究院有限公司,广州市交通规划研究所.广州市轨道交通2015年建设规划[R].广州:广州市地下铁道总公司,2010.